XINTIAN YEARBOOK 2017

新田年鉴

（2017）

新田县年鉴编纂委员会 编

方志出版社
Publishing House of Local Records

图书在版编目（CIP）数据

新田年鉴．2017 / 新田县年鉴编纂委员会编．-- 北京：方志出版社，2018.12

ISBN 978-7-5144-3215-2

Ⅰ．①新… Ⅱ．①新… Ⅲ．①新田县—2017—年鉴

Ⅳ．① Z526.44

中国版本图书馆 CIP 数据核字（2018）第 201385 号

新田年鉴（2017）

编　　者： 新田县年鉴编纂委员会
责任编辑： 陈　菁

出 版 人： 冀祥德
出 版 者： 方志出版社
地址　北京市朝阳区潘家园东里 9 号（国家方志馆 4 层）
邮编　100021
网址　http://www.fzph.org
发　　行： 方志出版社图书经销中心
电话　（010）67110500
经　　销： 各地新华书店
排　　版： 北京中文天地文化艺术有限公司
印　　刷： 北京中科印刷有限公司

开　　本： 889 × 1194　　1/16
印　　张： 22.5
字　　数： 614 千字
版　　次： 2018 年 12 月第 1 版　2018 年 12 月第 1 次印刷

ISBN 978-7-5144-3215-2　　**定价：** 299.00 元

序

贫困问题一直是困扰人类社会发展的重大问题。中国作为世界上最大的发展中国家，为解决贫困问题进行了长期不懈的努力。改革开放以来，特别是党的十八大以来，以习近平同志为核心的党中央把脱贫攻坚作为全面建成小康社会的底线任务和标志性指标，纳入“五位一体”总体布局和“四个全面”战略布局，以前所未有的力度推进精准扶贫、精准脱贫，扶贫开发成就举世瞩目，显著改善了贫困地区和贫困群众生产生活条件，具有重大的现实意义和深远的历史意义。身处中华民族几千年发展历史上将首次整体消除绝对贫困现象的伟大时代，如何更好地发挥地方志的存史、育人、资政的作用，是新时代全国地方志系统必须深入研究和着力解决的重大课题。

党的十八大以来，在党中央国务院的正确领导下，全国地方志系统深入学习贯彻习近平新时代中国特色社会主义思想和党的十九大精神，紧紧围绕党和国家事业发展需要，深入推进地方志改革创新发展，凝心聚力，稳扎稳打，勇于担当，主动作为，全国地方志形势和地方志工作者的精神面貌发生了深刻变化，取得了优异成绩。其中，为贯彻落实《全国地方志事业发展规划纲要（2015—2020年）》，经中国地方志指导小组领导批准，中国地方志指导小组办公室于2015年、2017年先后启动民族地区与贫困地区志书、年鉴出版资助工程（以下简称“志鉴出版资助工程”），对国家级贫困县（区、旗、县级市），中西部地区、少数民族边疆地区面临出版经费困难的志书和综合年鉴给予出版资助。实施志鉴出版资助工程是紧扣时代脉搏、坚持创新发展、传承弘扬中华优秀传统文化的一项创举，不仅有力推动了“两全目标”的实现，而且数十部资助出版的志书、年鉴及时记述了民族地区与贫困地区在全面建成小康社会伟大征程中取得的新成绩和新经验、出现的新情况和新问题、涌现的优秀人物和典型事迹，留住地方文化的“根”和“魂”，为这些地区的经济社会发展、地域文化传播、爱国主义教育、精神文明建设等提供了历史借鉴和智力支持，对全面提升民族地区与贫困地区文化建设水平、确保民族地区与贫困地区和全国其他地区同步全面建成小康社会具有重要意义。

尤为可喜的是，志鉴出版资助工程促成了一批扶贫志书的编纂出版，在文化脱贫攻坚中发挥了独特的作用。例如，《贵州省减贫志》全面系统客观记述了从1978

年至2015年贵州省扶贫、减贫工作的历程及取得的经验，为贵州省实施大扶贫战略提供了有力的资政辅治参考，集中体现了地方志工作因时而动、顺势而为的新作为。前不久，由福建省地方志编委会和人民网共同编纂的《闽宁扶贫协作图志》，是全国首部扶贫协作图志，图文并茂、直观立体、全方位地展现闽宁扶贫协作波澜壮阔的历程，弘扬“闽宁一家亲”“携手奔小康”的深厚情谊和滴水穿石、久久为功的精神，是贯彻落实习近平总书记扶贫工作重要论述精神，服务国家精准扶贫、精准脱贫战略的有力举措。希望各地以此为鉴，编纂出版更多、更好的扶贫志书、年鉴，助力国家精准扶贫、精准脱贫战略的实施，充分展现地方志的独特价值和作用。

当前，我国脱贫攻坚已进入全面决战决胜的关键时期，尚未脱贫的贫困地区集中分布在中西部深山区、极端干旱山区、高寒阴湿地区等，文化建设还比较薄弱，文化产品还不够丰富，文化精品更是少之甚少。同时，这些地区往往是民族文化、历史文化、红色文化、生态文化富集区，具有发展文化旅游、推进文化扶贫的巨大潜在优势，也是繁荣发展地方志事业的巨大文化宝库。要发挥好文化扶贫凝聚人心的优势，善于利用方志文化优势为贫困地区“赋能”，在脱贫攻坚中做出方志人应有的贡献。要发挥好中国名镇志文化工程、中国名村志文化工程的引领作用，大力加强乡镇村志编纂，让百姓记得起乡情、记得住乡愁，凝聚贫困乡镇村庄的强大民心，补齐贫困乡镇村庄的文化短板，以“扶智”的方式“扶志”，践行习近平总书记强调的“扶贫先扶智，扶贫必扶志”的重要理念。

求木之长者，必固其根本；欲流之远者，必浚其泉源。扶贫扶起的是志气骨气，传承的是家国情怀，守护的是绿水青山。扶贫既要富口袋，也要富脑袋。必须坚持文化脱贫和物质脱贫两手抓，筑牢贫困地区文化之基，补足信仰精神之钙，引领脱贫发展之舵。全国地方志系统要围绕中心、服务大局，坚决投入脱贫攻坚这场必须打赢的硬仗，积极参与脱贫攻坚战，发挥优势和特长，深入挖掘文化资源，着力补齐文化短板，努力帮助民族地区与贫困地区的文化建设实现较大的发展提升，在全面建成小康社会、实现中华民族伟大复兴中国梦的征程中贡献方志人的力量。

是为序。

中国社会科学院院长
中国地方志指导小组组长
谢伏瞻

民族地区与贫困地区年鉴出版资助工程领导小组

组　　长：高　翔　中国社会科学院副院长

常务副组长：冀祥德　中国地方志指导小组秘书长

中国地方志指导小组办公室主任

副 组 长：高京斋　中国地方志指导小组办公室党组书记

邱新立　中国地方志指导小组办公室副主任

民族地区与贫困地区年鉴出版资助工程领导小组办公室

主　　任：冀祥德　中国地方志指导小组秘书长

中国地方志指导小组办公室主任

副 主 任：邱新立　中国地方志指导小组办公室副主任

成　　员：于伟平　方志出版社总编辑

刘永强　中国地方志指导小组办公室年鉴处处长

冷晓玲　中国地方志指导小组办公室年鉴处副调研员

李　静　方志出版社地情与专业年鉴编辑部副主任

新田年鉴编纂委员会

名誉主任：唐　军

主　　任：秦山成

副 主 任：王名扬　刘安平

委　　员：（排名不分先后）

胡承斌　郑水龙　何建飞　何　昕　邓黎春　周荣和
周宏武　周红霞　郑新万　刘　鲲　郑　霞　骆桐雄
朱永林　黄向法　刘高庆　刘志斌　雷柏生　肖方英
肖亚飞　唐述根　赵海燕　李文众　宋文斌　邓振斌
吴桂虎　郭小兵　郑志宏　雷逸婷　肖　慧　蒋　健
周阳明　盘文顺　谢观军　唐小军　陈　巍　王中滨

主　　编：刘宏林

副 主 编：邓国福　梁　剑

编　　辑：危艳华　蒋毛英　郑　萍　彭晓英　谢　华　熊阳军

编 辑 说 明

一、《新田年鉴》坚持以马克思列宁主义、毛泽东思想、邓小平理论、“三个代表”重要思想、科学发展观、习近平新时代中国特色社会主义思想为指导，坚持辩证唯物主义和历史唯物主义的立场、观点和方法，存真求实，全面、客观、系统地记述年度发展情况。

二、《新田年鉴（2017）》主要记载2016年1月1日至12月31日新田县自然、政治、经济、文化、社会等方面的基本面貌和发展情况，为各级领导、决策者、管理者提供准确的情况，为社会各界了解、研究新田提供基本信息，并为编修地方志书积累资料。

三、本年鉴采用编年体和分类梯级编辑法编辑。全书分特载、专记、大事记、新田概貌、政治建设、经济建设、文化建设、社会建设、人物、乡镇概况、附录11个部类。条目为记述的基本单位，条目标题用黑体加【 】表示。

四、《新田年鉴（2017）》的稿件和图片由县直各部门各单位、各乡镇及驻新田单位负责提供，并经各级领导审核，最后由编委会定稿。全县国民经济和社会发展数据以县统计部门提供为准，其他数据由各部门提供。

五、《新田年鉴（2017）》所录各级领导干部名录，以2016年12月31日在职为主，因2016年度县乡领导调整幅度大、人员变动频繁，县直各单位、各乡镇及驻新田单位领导只收录单位党政主要领导名录，以上名单均以县委组织部门提供的名单为准。

六、由于统计数据的来源、口径、方式或时间不同，部分数据可能存在差异，请以统计局提供的统计资料为准。

新田县行政区划图

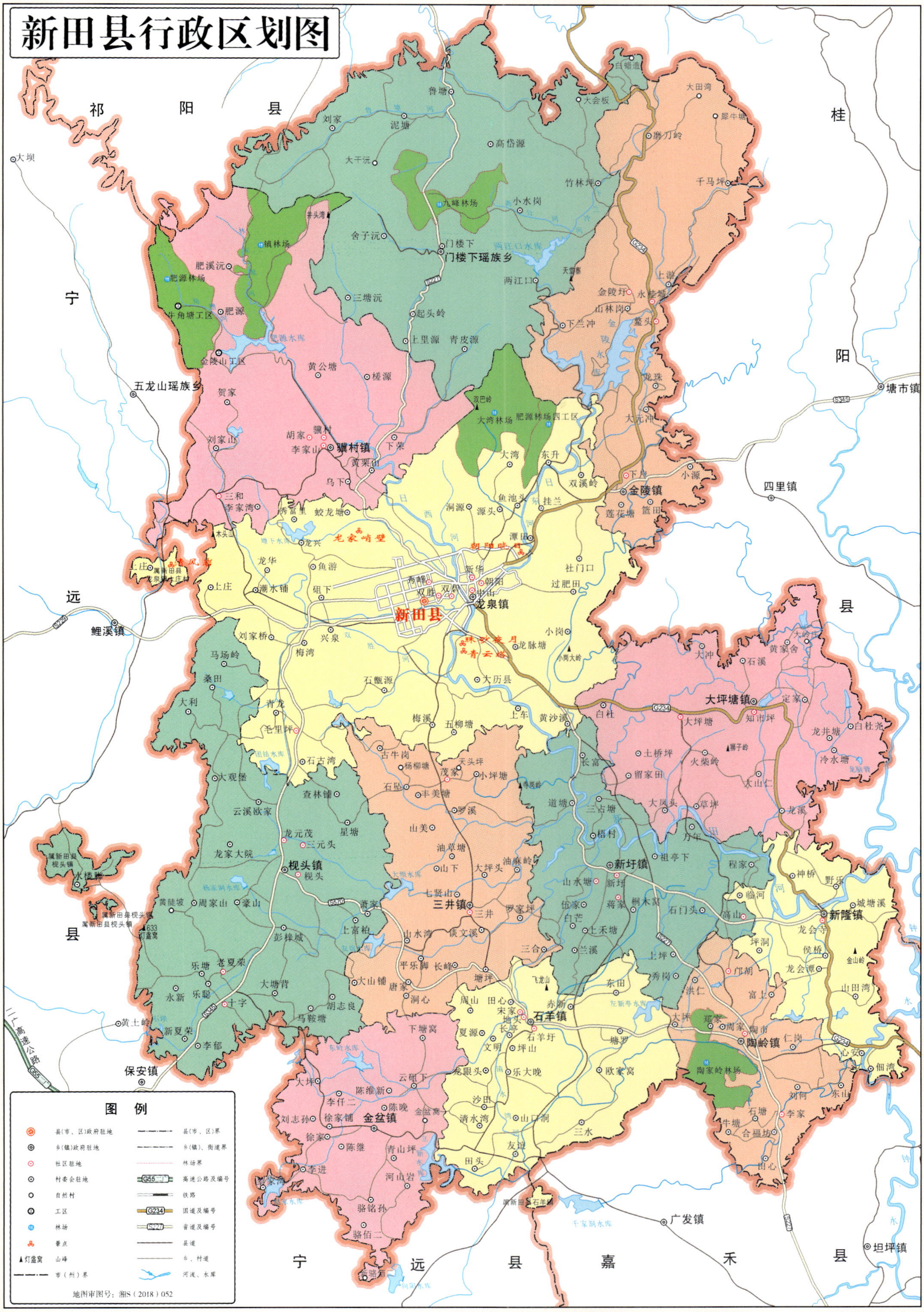

祁　阳　县
桂
阳
县
宁
远
县
宁　远　县　嘉　禾　县
大坝
五龙山瑶族乡
鲤溪镇
保安镇
黄土岭
塘市镇
四里镇
广发镇
坦坪镇
鲁塘
刘家
泥塘
高岱源
大千沅
竹林坪
小水岗
九峰林场
舍子沅
门楼下
门楼下瑶族乡
两江口
三塘沅
起头岭
上里源
青皮源
镇林场
肥溪沅
肥源林场
牛角塘工区
肥源
金陵山工区
黄公塘
楼源
贺家
刘家山
胡家
骥村
李家山
骥村镇
下荣
黄栗山
乌下
三和
李家湾
大会坂
白蜡滥
大田湾
犀牛塘
磨刀岭
千马坪
天雷寨
金陵圩
永龙塘
山林岗
鳌头
下兰冲
龙珠
大元冲
下肖
金陵镇
小源
莲花塘
篱田
双龙岭
大湾林场
肥源林场四工区
大湾
东升
双溪岭
鱼池头
挂兰
洞源
源头
秀富里
蛟龙塘
龙家峭壁
龙兴
谭田
新圩映月
社门口
过肥田
龙华
鱼游
上庄
潮水铺
砠下
新华
朝阳
双胜
双泉
中山
龙泉镇
新田县
小岗
小岗大岭
刘家桥
兴泉
梅湾
珠玑映月
青云塔
龙脉塘
石瓢源
大历县
马场岭
桑田
大利
青龙
毛里坪
梅溪
五柳塘
上车
黄沙滨
石古湾
古牛岗
杨柳塘
茂家
天头坪
小坪塘
石坠
丰美塘
罗溪
大观堡
查林铺
云溪欧家
山美
龙元茂
三元头
星塘
龙家大院
枧头镇
枧头
油草塘
山下
大坪头
油麻岭
七贤山
三井镇
三井
罗家坪
黄陡坡
周家山
豪山
上富柏
彭梓城
山水湾
侯文溪
乐塘
老夏荣
平乐脚
长岭
大塘背
大山铺
唐家
塘坪
水新
乐聪
十字
胡志良
洞心
马鞍塘
新夏荣
李郁
白杜
大坪塘镇
大坪塘
知市坪
定家
黄家舍
石溪
大冲
龙井塘
白杜兴
土桥坪
火柴岭
狮子岭
冷水塘
留家田
大山仁
大凤头
草坪
龙溪
长富
道塘
三占塘
梧村
新圩镇
祖亭下
方午
程家
山水塘
新圩
蒋家
桐木底
石门头
伍家
白芒
上禾塘
兰溪
三合
上坪
秀岗
高山
神桥
野乐
临河
新隆镇
城塘溪
坪洞
龙会寺
侯桥
金山岭
龙会潭
邝湖
洪仁
富上
山田湾
飞龙山
东田
周山
田心
宋家
地头
长亭
石羊镇
赤新
夏源
石羊圩
文明
坪山
塘罗
龙眼头
乐大晚
欧家窝
沙田
山口洞
清水湾
三水
友谊
田头
大坪
胡家
周家
陶岭镇
仁岗
心安
佃湾
陶家岭林场
刘何
东山
李家
石塘
牛塘
合福坊
田心
下塘窝
东岭水库
云砠下
陈维新
李仟二
陈晚
金盆窝
刘志孙
徐家铺
金盆镇
徐家
陈维
青山坪
李进
河山岩
骆铭孙
骆佰二
骆昭
千家洞水库
属新田县石羊镇
属新田县枧头镇
属新田县龙泉镇上庄村
高速公路
S322
S345
S570
S221
S216
G234
G55
图　例
县(市、区)政府驻地
乡(镇)政府驻地
社区驻地
村委会驻地
自然村
工区
林场
景点
灯盏窝 山峰
市(州)界
县(市、区)界
乡(镇)、街道界
林场界
G55 高速公路及编号
铁路
G234 国道及编号
S227 省道及编号
县道
乡、村道
河流、水库
地图审图号：湘S（2018）052

考察调研

2016 年 3 月 9 日，湖南省人大常委会副主任、省总工会主席刘莲玉（左二）到新田县华泰家私产业园调研

2016 年 5 月 17 日，湖南省政协副主席孙建国（左二）考察智慧新田综合展厅

2016 年 11 月 8 日，湖南省委组织部原副部长、省委第八巡视组原组长郭树人（右二）到新田调研扶贫工作

2016 年 11 月 15 日—16 日，民进中央参政议政特邀研究员周建明（左二）到新田调研指导脱贫攻坚工作

2016 年 1 月 17 日，永州市委书记陈文浩（左三）考察枧头镇老屋村美丽乡村建设

2016 年 9 月 21 日，永州市委书记陈文浩（右二）到新田县参加全市重大项目建设流动现场推进会，参观新田县润兴 · 家博城

2016 年 7 月 13 日，湖南省文化厅党组书记、厅长李晖（左三）考察新田县政务服务中心

2016 年 8 月 26 日，湖南省团省委书记汤立斌（右三）到新田调研精准扶贫工作

2016 年 11 月，湖南省委统战部副部长龙建湘（右二）、省佛教协会会长圣辉大和尚（右三）考察市级“同心项目”新田县苦志育才慈善学校

2016年10月17日，湖南省总工会党组副书记、副主席钟小汨（左二）到新田察看“一户培养一产业工人”建设点

2016年7月6日，湖南省政府参事、省烟草局总农艺师、课题负责人赵松义（中）到新田县万家鹅业调研

2016年1月29日，永州市委常委、副市长蒋善生（左二）考察知市坪乡敬老院建设

2016 年 7 月 19 日，永州市委常委、政法委书记唐能武（右二）考察新田县汽车站“三品”检查台

2016 年 6 月 2 日，永州市委常委、纪委书记杨永（右一）到新田政务中心调研

2016 年 8 月 5 日，永州市委常委、组织部部长吴志雄（右一）到新田察看“智慧党建”组工文化走廊

2016 年 7 月 5 日，永州市人大常委会主任高建华（左一）考察新田县新天地超市

2016 年 5 月 24 日，永州市人大常委会副主任郑柏顺（左三）到新田县考察闲置土地清理处置工作

2016 年 6 月 16 日，永州市副市长刘尤碧（中）深入新田县吉星家居有限公司考察安全生产工作

2016 年 2 月 3 日，永州市政协副主席吕斌（左一）走访慰问贫困户

2016 年 3 月 16 日，永州市政协副主席、市卫计委副主任、市妇幼保健院院长田洁（左三）到新田县调研妇幼健康工作

2016年1月5日，新田县举行农村淘宝开业激励表彰大会暨年货节启动仪式

2016年1月15日，新田温氏金盆种猪场开工仪式在金盆镇骆铭孙村举行

2016年3月8日，湖南省委巡视第八组巡视新田县工作动员会召开

2016年1月21日，永州市委常委、政法委书记唐能武（中）指导新田县委班子“三严三实”民主生活会

2016 年 2 月 25 日，新田县第十六届人民代表大会第四次会议在县文体中心开幕

2016 年 3 月 11 日，中央电视台重大题材栏目摄制组到新田县莲花乡小源会议旧址取景拍摄《〈大会师〉——纪念红军长征胜利 80 周年大型纪录片》镜头

2016 年 5 月 25 日，新田县金穗农村建设投资开发有限公司揭牌仪式在县征稽所举行，县委副书记、县长秦山成（左一）为公司揭牌

2016 年 6 月 28 日，全国土地质量地球化学调查成果服务精准扶贫经验交流会在新田县召开

2016 年 6 月 30 日，新田县委副书记、县长秦山成（右一）为首批 6 名权利申请人颁发新田县第一张不动产权证

2016 年 6 月 30 日，新田县纪委组织 2016 年新提拔任用干部进行廉政培训暨廉政考试

2016 年 7 月 1 日，县委常委、宣传部部长赵红萍（左二）接受老党员高焕（右二）向新田县委宣传部捐赠历史照片，并向其颁发荣誉证书

2016 年 7 月 23 日上午，新田县佛教协会成立暨第一届第一次会员代表大会在县鼎丰国际大酒店召开

2016 年 7 月 23 日，永州市委统战部副部长吕文桂（右一）向新田县龙泉镇东升村授予省级“同心乡村”奖牌

2016 年 8 月 15 日，珠海市监察局副局长彭洪（左三）率领学习考察团到新田县考察廉政文化建设工作

2016 年 9 月 7 日—9 日，国家爱卫专家组对新田创建国家卫生县城工作进行技术评估，通过评估，新田县进入国家卫生县城行列

2016 年 10 月 17 日“全国扶贫日”，新田县表彰 10 家产业扶贫重点企业

2016 年 11 月 9 日，新田县三井镇谈文溪村首个入选第四批中国传统村落名录

2016 年 11 月 23 日，新田县政协委员参观城市基础设施建设

2016 年 11 月 25 日，新田县 202 名人大代表参观城市基础设施建设

2016 年 12 月 5 日，新田县人大常委会组织部分县人大代表和乡镇人大主席到县法院开展“阳光司法 · 与人大代表面对面”系列活动

2016年1月6日，新田县首座220千伏智能变电站正式投入运行

2016年2月3日，新田县城市供水工程项目（一期）竣工通水仪式在县金陵水厂举行

2016年3月1日，新田德恒实验学校建设开工仪式在龙泉镇土珠山村举行

2016 年 4 月 28 日，新田县举行 2016 年重点项目集中开工启动仪式

2016 年 4 月 28 日，新田大道东项目开工典礼

目　录

特　载

专　记

大事记

新田概貌

中共新田县纪律检查委员会

党务工作

社会团体

法　治

军 事

经济建设

综合经济管理

农　业

工业·电子信息产业

财　税

金　融

文化建设

教 育

文化业态

社会建设

公用事业

卫 生

社会保障

乡镇概况

附　录

特 载

脱贫攻坚 决战“十三五”奋勇争先 再创新辉煌

——在县委经济工作会议上的讲话

（2016年2月23日）

中共新田县委书记 唐 军

一、回顾2015年：我们攻坚克难、聚力实干，在奋发赶超道路上迈出坚实步伐

2015年，面对复杂多变的宏观经济环境和艰巨繁重的改革发展任务，全县上下深入实施“产业提质、城镇带动、生态优先、民生为本”既定工作部署，开拓进取、奋发赶超，经济社会呈现出良好发展势头。先后获得“国家级出口食品农产品质量安全示范区”“湖南省平安县”等荣誉称号。全面小康工作硕果累累，实现程度排全省三类、县前十位；提升幅度排全省三类、县第四位；经济快进县考核排全省三类、县第二位；扶贫实绩综合考核排全省第六位；继续获得“湖南省全面小康推进工作十快进县”荣誉称号。省市各级领导先后亲临新田考察指导，对新田县的工作给予充分肯定。人民群众的安全感不断增强、满意度不断提升，社会管理综治民调连续四年排全省前二十位。

县域经济：大融合促进大发展

按照融合发展的要求，推动产业发展与项目建设、园区建设、品牌创建深度融合，积极应对大环境，着力营造小气候。经济指标平稳增长。2015年，完成地方生产总值63亿元，同比增长8.9%；财政总收入完成6.1亿元，增长20.6%，增幅排全市第二位；金融支持增势强劲，全年净增贷款9.3亿元，增速稳居全市前三；其他各项经济指标均有较大幅度提升。产业发展长势喜人。家私、富硒、机械制造三大主导产业切合新田实际，顺应发展需求，集群效应进一步凸显，产值占规模工业产值比重达71.1%，成为带动县域经济发展的强劲动力。电子商务蓬勃兴起，在全市率先启动农村淘宝项目，开启新田“互联网+”经济新时代。项目引领成效突出。坚持融合发展，以项目建设带动整体工作上台阶。先后引进投资15亿元的中部家博城等一大批优质项目落户新田，招商引资项目实现100%全落地。全县重点项目总数达131个，比上年度增加37个，亿元项目实现零的突破达12个。硒城变电站投入运行，城市集中供水一期工程竣工通水，俊毅创新创业园等项目进展顺利。全县83个实施类项目全部实现开工。市“1511重点投资计划”项目完成投资18.2亿元，占年计划的129.2%。园区基础

不断夯实。新建标准厂房22万平方米，新增储备土地1000亩，新入统企业9家，进驻项目16个。园区水、电、路、讯等基础设施不断完善，发展潜力不断积聚。工业园区完成税收3611万元，是上年度的3.6倍，连续两年被评为市先进园区。品牌建设深入推进。富硒品牌创建成效明显，陶岭三味辣椒等获评“中国名优硒产品”，石羊醋水豆腐等获评“中国特色硒产品”，恒丰粮油等3家企业被评为“全国富硒明星企业”，新田大豆获评“国家地理标志保护产品”，龙昶机械、吉星家居成功创建为湖南名牌。

制约要素：大破解实现大支撑

坚持打基础、谋长远，基础设施、资金、土地、物流、民生难题破解给力。基础设施不断完善。S231线基本完成施工任务，S228线进展顺利，G234线得到省交通运输厅批复，实现乡乡通省道，形成“大进大出、循环连通、辐射带动”的交通格局。在全市率先开通农村赶集客运班车，农民出行更为安全便捷。整合资金，加快农田水利基础设施建设和产业基地建设，农业综合生产能力和抗灾减灾能力明显提升。资金瓶颈有效破解。在全市率先探索政府性投融资平台公司改革转型，做大做强城投集团。2015年，共包装融资项目12个，融资规模达26亿元。完成农商行组建工作，引进湖南建工集团，与新天地集团继续合作，投资规模分别达10亿元以上，为经济发展、城市建设等领域提供强大的资金支持。土地难题极大缓解。争取新增建设用地指标85公顷，排全市第4位。加大征地工作力度，完成征地4503亩。直面问题，较真碰硬，重拳打击“三非”行为，共拆除和捣毁非法建筑201处，面积4.78万平方米；清理处置闲置土地739.87亩，进一步弘扬正气，打击邪气，赢得民心。现代物流蓬勃兴起。积极发展现代物流业。中部国际家博城、商贸综合物流园落地开工。农村淘宝县级运营中心及60个农村淘宝服务站点顺利开业，物流配送网点实现全覆盖。

深化改革：大举措释放大红利

处理好改革“最先一公里”和“最后一公里”的关系，着力创新“新田模式”，打造“新田经验”，实现改革破题、破局。行政管理体制改革领先推进。全力推行“四单”管理，加大行政审批制度改革力度，取消审批事项27项。颁发永州市县区首张“三证合一、一照一码”营业执照，办理“三证合一”的企业执照285家。完成乡镇行政区划调整改革，乡镇数量由19个合并为12个，是全市改革最迅速、最完整、最平稳的县区之一。整合部门职能，推进政府机构改革和政府职能转变。以“互联网+政务”为引导，建成全省规模最大的县级政务服务中心，入驻职能部门60个、行政审批和公共服务351项。将政务服务有效延伸至乡镇、社区和村级便民服务站，通过政务中心内部后台运转，确保前台所受理事务不受干扰地完成，真正打通“线上”与“线下”，规范权力运行，杜绝索拿卡要等行为。农村产权制度改革卓有成效。土地确权颁证工作进展顺利，新增流转耕地2.8万亩，被评为全省确权登记工作先进单位。在全市率先开展农村土地经营权授信贷款，经全国人大常委会决定，新田被授权为“全国农村承包土地经营权抵押贷款试点县”。社会治理机制改革落地生根。社区标准化建设全面推进。成立“一委一会一办三站”，坚持下沉工作力量、下沉工作重心，选派社区党工委书记6人、党工委委员30人，公开招聘网格员66人，确保工作力量下沉到基层、深入到群众。下放公共服务职能，群众足不出社区就能享受人社、民政等9个职能部门的60项基本公共服务。县城公共区域监控摄像机达800台，构建全天候立体化的治安防控体系，实现平安家居工程、视频监控探头、治安便民岗亭“三个全覆盖”。投融资体制改革成效突出，省市改革年度任务全面完成。

城市建设：大创建带来大改观

把创国卫作为加强县城建设管理、助推经济社会发展、检验各级领导干部能力水平的第一抓手和重要平台，着力抓好城乡规划、建设和管理，城乡面貌明显改观。规划编制不断完善。加快推进建设、用地、环保等“多规合一”，县城总体规划修编、控规编制、10余个专项规划及乡镇集镇与村庄整治规划有序推进，实现乡镇规划全覆盖，计划3年内完成全县所有行政村规划。大力实施“轴线引领、串点成线、以线带面、组团发展”的城区扩容战略，推进东部人文宜居城、西南工业新城、西北商贸物流城建设。县城建设提质扩容。实施县城提质改造行动计划，投入6.8亿元，加强县城基础设施建设，完成中山路改造，实施飞马路等12条道路人行道板铺装和18条背街小巷改造。实行保洁服务外包，环卫保洁向社区、城中村延伸。集中规范整治全面铺开，“马路市场”全部取缔，“禁燃”工作取得实效，中山商业广场等重要区域整治成效显著，交通秩序和渣土运输明显好转，市容市貌焕然一新。美丽乡村建设扎实推进。知市坪、宋家等村连片拆除“空心房”1万余平方米。大力开展农村环境卫生整治，建成秀美村庄40个。十字镇成功创建“省级卫生镇”。河山岩被评为“湖南省最美乡村”。

社会事业：大统筹推动大进步

统筹经济与社会发展，持续加大民生投入，财政用于民本民生相关支出占总支出的76%，各项工作取得全面进步。突出精准扶贫。利用国土资源部、光大集团等中央、省、市工作队定点扶贫机遇，加快扶贫开发步伐。派驻扶贫工作组125个，确保工作取得实效。整合涉农资金2.03亿元，成功争取农发行贷款8亿元用于易地扶贫搬迁，安排6300万元用于贫困人口解决教育、住房、产业发展等事业。2015年实现减贫1.6万人。注重生态建设。取缔、关闭“五小”企业7家，全面完成二氧化硫、氨氮等主要污染物减排任务。积极开展国家森林城市创建工作，植树造林5.1万亩，森林覆盖率提高到55.5%。坚持创业创新。率先在全市建成县、乡、村三级就业服务体系，创业培训、新增城镇就业、农村劳动力转移就业分别完成全年任务的127%、124%、135%。实施教育强县计划。引进德恒兆业公司投资2.5亿元，兴建南部生态新城学校，建成后可增加学位5200个。“名师、名校、名校长”工程取得新进展，教育质量稳步提升。实施智慧新田建设。投入3000余万元，建成全省首个县级云平台，并在此基础上，启动“智慧新田”二期建设，打造智慧政务、公共服务、社会治理、智慧党建“四位一体”的智慧平台，为社会发展提供信息化支撑，小投入达到大效果，小县域实现大治理。实施“宽带中国”，4G信号县城实现全覆盖，行政村覆盖率达85%。加快发展文化旅游业。注重加强重点文物的修缮与保护，完成文庙、万寿宫修缮工程，实施大观堡、龙家大院提质改造和郑作民故居配套建设，红军长征纪念园投入使用。成功举办全国首届建文帝踪迹新田暨文化旅游产业发展研讨会等活动，做大做强建文帝踪迹新田、富硒养生、红色旅游等品牌，新田知名度进一步提升。完善社会保障体系。新农合、城乡医保参保率均达98.5%以上。发放社保卡30.2万张，成为全市首个“‘一卡通’应用示范县”。着力办好市定“六件实事”。被市委评为“六件惠民实事先进单位”。投入农环资金8425.7万元，加快推进人居环境整治、改水改厕改厨工作。在全市率先建成水质检测中心，水质监测全部合格。抓好放心食用油和米粉监管，成功创建食用油、米粉示范店40家，食品药品安全监管得到加强。2347套保障性住房和棚户区改造有序推进，棚户区改造开工率居全市前列，城市小区管理整改效果明显。推进平安建设。加强法治宣传，县法院、县司法局分别获得“全国法院信息工作先进集体”“全国人民调解工作先进集体”称号。强化执法队伍建设，“反贪斗士”陈运周被中宣部评为十大最美人物——群众最喜爱的检察官，并荣获CCTV2015年度法治三大致敬英雄称号；龙泉司法所所长刘红梅获“全国模范司法所长”荣誉称号，树立政法干部忠诚担当的良好形象。始终保持对各类违法犯罪行为的高压态势，全县刑事、治安发案率同比分别下降12%、18%，县公安局百日会战工作获全市第一。协调发展社会事业。全面推行“诚信计生”工作，受到省市卫计委充分肯定和重点推广。启动县级公立医院综合改革，实行药品零差率销售。县中医院、县妇幼保健院成功创建为“二甲”医院。移民工作连续五年被评为省、市先进。认真开展社会统战工作，设立“唯爱公益基金”“米靓助学基金”等，引导社会力量积极参与助学助残等工作，创办全省唯一的全免费寄宿学校，龙泉镇新屋场村被授予“全省同心乡村”称号。外宣、民族、宗教、编制、质监、人防、盐务、邮政、价管、气象、侨务、文史、档案、残联、工青妇、老龄等工作取得新的进步。

从严治党：大党建夯实大基础

努力推进党建工作上台阶，为经济社会发展提供坚强保障。抓牢宣传思想文化。组织县委中心组开展理论集中学习，提高领导干部的思想政治水平。组织党政考察团外出观摩学习，增强党员干部奋发赶超的危机感、自信心和责任感。广泛开展群众文体活动，引导干群参与文明县城、平安县城创建等工作，群众文明素质大幅提升。加强网络宣传管控，创新宣传方式，“新田发布”微信公众号关注人数达11万人，新田影响力扩大提升。筑牢基层发展基础。把基层党建纳入各级领导班子和领导干部年度考核，层层压实各级责任。对新纳入的38个软弱涣散村基层党组织实行“一村一策”，农村软弱涣散党组织得到全面整改。下派143名“第一书记”，开展基层党务工作者和村干部集中培训，全面提升基层干部能力素质。创新党建方式，打造“智慧党建”平台，真正实现组织生活“无处不在”。流动党员管理“新田模式”得到广州市委组织部高度关注，被评为广州市社会治理十大创新项目之一。提升干部执行力。通过考核、调度、问责“三把利剑”，抓好执行力建设。县委常委班子成员带头公开承诺“解难题”，“三非”行为、单位集资建房等一大批事关群众切身利益的问题得到妥善化解。连续两年以县委“一号文件”出台《新田县机关作风效能建设问责暂行办法》，用追责问责的办法来教育和鞭策干部，进一步正风肃纪。把股级单位纳入“满意不满意”民主测评范围，形成“倒逼”机制，在全县营造干事创业的良好局面。坚持凭实绩用干部，打造一支忠诚、干净、有担当的高素质干部队伍。营造风清气正氛围。积极推动党委主体责任和纪委监督责任的落实。对乡科级党政正职开展“述责述廉述德”集中评议活动，促进领导干部正确履职。继续保持对腐败的高压态势，2015年，共立案71件，立案率同比增长42%。深入开展“四风”和侵害群众利益行为专项整治，对群众办事难等13项工作实行联动整改，共查处问题52个、人员63人。

回首过去的一年，事实最具公信力，变化最有说服力。过去的一年，我们遇到的困难比预料的多；经受的考验比预想的大；取得的成效比预期的好。成绩来之不易，之所以有这样完美的收官，关键是我们有讲大局、讲团结、讲奉献的好班子；有敢负责、敢吃苦、敢争先的好干部；有能理解、能依靠、能相信的好群众。在此，我代表县委，向全县广大党员干部和群众，向关心支持新田改革发展的社会各界人士，表示衷心的感谢，致以崇高的敬意！

历尽天华成此景，人间万事出艰辛。这些成绩的取得，离不开科学的谋划和坚定的执行，我们要善于梳理和坚持贯彻一些行之有效的基本理念与具体做法。

一是坚持一张好的蓝图绘到底。近两年，我们始终坚持“产业提质、城镇带动、生态优先、民生为本”的既定发展思路；始终坚持做大做强家私、富硒、机械制造三大主导产业；始终坚持“一年打基础、三年上台阶、五年大变样”，一年接着一年干，一张蓝图绘到底，实现经济社会的快速发展。今后，我们要做到“三个不动摇”，即：坚持既定工作部署不动摇，坚持“后发赶超”的信心和决心不动摇，坚持继续走具有较高增长速度的追赶型发展道路不动摇，续写“南有新田”新辉煌。

二是坚持用执行力建设推动工作。干部执行力就是县域发展的软实力和核心竞争力。要继续把提升干部队伍执行力作为优化经济发展环境的重要抓手，牢固树立创先争优意识，凭借一流的作风、一流的服务、一流的经济发展环境，集聚合力、吸引投资。

三是坚持项目引领带动。过去一年，我们在严峻的经济形势下，不仅抢抓机遇，更创造机遇，逆势而上大力推进项目建设，通过项目建设拉动经济增长，开创县域经济快速发展的全新局面。我们要把项目建设看得至关重要，始终坚持以项目为引领，带动整体工作上台阶。

四是坚持凭实绩用干部。目前，我们的发展目标确定了，发展思想清晰了，主攻方向明确了，这些奋斗目标能否实现，关键是人的因素，特别是干部的因素。我们要一如既往地相信干部、爱护干部、保护干部，坚持凭实绩用干部、以实绩论英雄，形成正确的选人用人导向，充分调动干部的积极性，让干事的干部上主战场、到关键岗位。

五是坚持改革创新来破除障碍、激发活力。发展的空间取决于开放的空间，发展的速度取决于创新的速度。越是困难时期，越是复杂局面，越需要我们创新实干，这样才能占领制高点。新田的快速发展，就是我们以改革的勇气、开放的眼界和创新的思维干出来的。如果循规蹈矩、按部就班，就不可能取得今天的成效。我们要旗帜鲜明地鼓励创新、激发活力。

在肯定成绩的同时，我们也要清醒地看到经济社会发展面临的诸多困难和问题：受宏观环境的影响，传统增长动力减弱，经济增长约束增多；项目落地、推进仍然较难；各项工作上下衔接的压力较大；基层组织，特别是村、社区的自身“造血”功能较差；稳定形势依然严峻；财政收支矛盾异常突出；保障和改善民生任务依然任重道远等。这些问题和困难必须引起高度重视，在今后的工作中加以解决。

二、展望新征程：我们科学研判、把握大势，进一步坚定后发赶超的信心和决心

1. 洞察经济形势，探寻发展空间。我们必须看到，“十三五”规划前进的道路上依然布满荆棘，充满各种不确定因素。国内经济正处在增速换挡、动力转换的阵痛期，经济下行压力依然存在，大气候回暖之日仍不可预知。但是从中央、省、市对今年经济形势的定调来看，我们仍处于大有可为的重要战略机遇期，发展的前景依然广阔。从国内层面看，今年中央明确“去产能、去库存、去杠杆、降成本、补短板”五大任务，从某种程度为我们提供较好的发展环境。特别是“补短板”意味着对城市建设、扶贫攻坚、社会事业的投入力度更大，将为新田这样经济总量小、结构不优的后发展地区提供巨大的发展空间。从省内层面看，为促使供给侧结构性改革落地，省里将全力做好“加法”和“乘法”，增加有效供给，提高全要素生产率，加快产业结构优化升级，产业园区将成为新一轮的扶持重点，这有利于我们破解土地、资金、技术等发展瓶颈，进一步增强产业的带动力和辐射力。从县内层面看，当前新田县的城镇化、工业化的水平都还偏低，城市和产业的支撑作用还未凸显，我们必须在有效投资上狠下功夫，对接中央、省、市的产业政策和重点投向，不断夯实与完善发展基础，加快形成新的经济增长动力。

2. 廓清思想迷雾，坚定发展信心。从2015年的发展趋势来看，经济下行压力的增加给新田的发展速度造成一定影响，GDP增速有所回落、重大项目资金供给紧张、规模工业企业总量增长不大。少数干部群众认为在全国经济增速换挡的大背景下，我们也要有意识地放慢发展速度，甚至对新田的发展前景感到迷茫。需要强调的是，尽管2016年经济发展任务依然繁重，但是新田跟全国、全省、全市一样，经济发展基本面向好的趋势没有变，产业培育、城市建设、民生改善的良好势头没有变，更难能可贵的是，通过几年来的辛勤耕耘，我们在发展过程中奠定坚实的基础，积累很多宝贵的经验，锻造了一支善于攻坚、敢于担当、乐于奉献的干部队伍，新田正处于一个健康有序的上升阶段。基于这些有利因素，我们要乘胜追击、拾阶而上，积极主动地把好的来势、好的环境、好的机遇转化为前行的信心和动力。在这个新的历史时期，我们的要务是加快发展，我们的路径是后发赶超，我们的目标是脱贫摘帽、全面建成小康社会。

3. 树立全新理念，抢抓发展机遇。面对艰巨而紧迫的发展任务，我们要牢牢把握创新、协调、绿色、开放、共享的发展理念，以超常规的胆识促进工作更快更好落实，提升发展加速度。把创新发展作为主攻方向，以解放思想为先导，以深化改革为引擎，以大众创业、万众创新为契机，激发更大更持久的发展活力。把协调发展作为基本要求，着力补齐发展“短板”，优化产业机构，统筹城乡发展，在全局思维和融合思维的引领下拓展发展空间。把绿色发展作为原则底线，倍加珍惜新田的生态资源，加大生态环境的保护、治理和开发力度，让新田天更蓝、山更绿、水更清。把开放发展作为必由之路，充分发挥承接产业转移中心区域优势，用“互联网+”催生新业态、新模式，在产业开发上打造更多更有影响力的新田品牌，为转型升级提供更加广阔的舞台。把共享发展作为宗旨要求，着力维护社会公平正义，着力保障和改善民生，着力打好精准脱贫攻坚战，既要把蛋糕做大，又要把蛋糕分好，真正实现各领域全面进步、人口全覆盖、人民满意的小康。

4. 明确主攻方向，保持发展定力。过去两年，县委、县政府带领全县干部群众，紧紧围绕“产业提质、城镇带动、生态优先、民生为本”的工作思路，开拓进取，狠抓落实，给新田带来一些有深度、有品质的变化，在经济整体下滑的背景下形成特有的“小气候”，也为日后的发展找准路子、凝聚共识、积蓄能量。纵观今年的政策环境，这一工作思路既与中央“五位一体”“五化同步”方略相适应，又与省里提出的“十项重点工作”和市里提出的“八大计划”相匹配，也与新田实际情况相吻合，是我们下段工作要继续遵循的总体方向。全县上下一定要保持发展定力，进一步增强思想自觉和行动自觉，不争论、不折腾，不故步自封、不急功近利，积跬步致千里，积小胜为大胜，努力推动新田各项工作再上新台阶。

三、面对2016年：我们要精准发力、奋勇争先，不断谱写发展新篇章

2016年，是全面建成小康社会决胜阶段的开局之年，是“十三五”规划开局之年，也是新常态下推进供给侧结构性改革的攻坚之年。做好全年各项工作，我们要认真贯彻落实中央、省市委决策部署，紧紧围绕全面建成小康社会和脱贫出列这个总目标，牢固树立和贯彻落实创新、协调、绿色、开放、共享的发展理念，协调推进“四个全面”，深入实施“产业提质、城镇带动、生态优先、民生为本”工作思路，突出打基础、谋长远，转作风、解难题，保持发展定力，狠抓工作落实，加快建设“品质活力智慧新田”，促进全县经济社会有质量、有效益、可持续发展，努力实现“十三五”规划经济社会发展的良好开局。

全年经济发展的主要预期目标是：地方生产总值增长10.5%；规模工业增加值增长13.5%；财政总收入增长16%；固定资产投资增长19%；社会消费品零售总额增长14%；城乡居民人均可支配收入分别增长10.5%。精准脱贫1.9万人，全面小康实现程度提升4个百分点。成功创建国家级卫生县城。

做好2016年工作，全县各级各部门必须围绕目标，理清思路，强化落实。在具体工作中，要坚持做到“十个突出抓好”。

1. 突出抓好脱贫攻坚工作。习近平总书记在中央扶贫开发工作会议上强调：“脱贫攻坚任务重的地区党委和政府要把脱贫攻坚作为‘十三五’期间的头等大事和第一民生工程来抓，坚持以脱贫攻坚统揽经济社会发展全局”。我们把脱贫攻坚排在2016年十项重点工作之首，并提出“脱贫攻坚，决战‘十三五’；奋勇争先，再创新辉煌”的口号，也是基于上级和新田县情实际的要求。作为“国家扶贫开发工作重点县”，确保2018年摘掉贫困县的帽子，是政治任务，也是民生责任，还是经济工作。实现精准扶贫、精准脱贫，总的要求是认真贯彻落实中央扶贫开发工作会和全省脱贫攻坚推进会精神，全面落实“1+X+部门”政策文件，解决好“扶持谁”“谁来扶”“怎么扶”三大问题，以更大的决心、更明确的思路、更精准的举措、超常规的力度，众志成城实现全年脱贫1.9万人的目标。2016年，要严格按照县委、县政府《关于贯彻落实中央、省市委精准扶贫战略部署的实施意见》要求，推进脱贫攻坚各项工作部署，为“六大工程”的实施开好头、起好步：一是实施基础设施攻坚工程，大力改善贫困地区水、电、路、信等基础设施条件；二是实施富民产业振兴工程，大力发展特色农业、电子商务业、乡村旅游业、金融服务业，探索资产收益扶贫，引导和支持有劳动能力的人通过创业就业实现脱贫；三是实施教育就业帮扶工程，扶智助学，抓好就业培训，丰富贫困群众文化生活；四是实施生态文明建设工程，建设美丽乡村；五是实施救助兜底保障工程，抓好危房改造工作，加快易地搬迁，抓好医疗卫生，抓好政策兜底；六是实施基层基础提升工程，筑牢村级阵地，发展村级集体经济，做好驻村帮扶示范带动，积极引导社会参与。农业、扶贫等相关部门要积极争取上级支持，对接中央、省、市“十三五”发展规划及各类专项规划，向中央、省、市争取更多的资金、项目、技术投入，确保更多优惠政策落地，从做好顶层设计的高度抓紧制定出台资金项目整合方案，确保扶贫对象共享政策红利，加快脱贫步伐。

2. 突出抓好新型工业化。工业是经济的根基所在，是新常态下推动经济发展提质、增效、升级的主战场。要以最大的决心和行动发展工业，促进工业增量提质，力争规模工业增加值实现18亿元。夯实园区基础。完成园区总体规划和控制性规划修编，明确扩园方向与控制区域，科学规划专业园区，合理布局三大主导产业及电子信息新材料、生物制药等新兴产业，不断完善产业发展格局，形成“3+2”产业发展模式。要按照“道路先行、水电跟进、环保配套、功能完善”的要求，有序推进园区水、电、路、信等基础设施建设。加大标准厂房建设力度，创新园区自建、合作共建、企业自建等方式，力争建设标准厂房20万平方米，新进各类项目20个，新增规模企业9家。抓好项目引进。始终把招商引资作为“第一菜单”，转变招商理念，做到方向

"准"，定位"高"，形式"活"。方向上，围绕三大主导产业和电子信息新材料、生物制药等新兴产业，大力引进投资商和战略投资者，注重培育成长性强的企业。定位上，坚持招大引强和填充补链，重点瞄准大型国企、上市公司、高新技术企业和主导产业上下游链条企业，优化发展格局。形式上，因地制宜推行小分队招商、以商招商、产业链招商、网络招商和重点项目招商，立足园区资金投入压力大、工业用地日趋紧张等现实，除辐射带动能力强的优质项目外，原则上其他项目不再单独供地。力争2016年承接产业转移项目20个以上，引进固定资产投资上亿元以上的企业10家以上；实现利用外资3200万美元，内联引资11.5亿元，外贸进出口5200万美元。破解要素制约。土地、融资、物流、人才等要素是制约新田县企业发展的症结所在，要强化要素保障。资金方面，要加强银企合作，争取信贷支持，提高资金使用效率，有效缓解企业融资难、融资贵、融资乱等问题。用地方面，要坚持"用好增量，盘活存量"，加大征地力度、加快土地报批，严格执行每亩土地实际投资强度达到100万元以上的规定，对于达不到要求的工业用地实行退出机制，提高土地的利用率和产出率。劳动力方面，要进一步健全就业服务体系，围绕园区发展需要，强化"产、学、研"联合发展，引导企、校合作，以培养高级技术工人和熟练工人为重点，加强专业技能培训，定向培养和引进人才。提升发展质量。鼓励主导产业优化重组，开展联营联产联销，增强集群效应，全年培育壮大龙头企业3家以上。强化品牌创建，引导企业规范化、标准化、品牌化发展，力争年内创建湖南名牌和永州名牌各2个。结合"互联网+"与"一带一路"等倡议，鼓励企业开辟电商、外贸等多种营销渠道，拓展产品市场。

3. 突出抓好新型城镇化。实施"城镇带动"战略，加快推进县城提质改造行动计划，把新田建成宜居、精致、休闲的山水小城。统筹规划建设管理环节。坚持规划先行，全面完成县城控规和县城人口与土地规模报告，争取年内完成乡镇总体规划编制。加快推进提质改造，完善市政设施，配套学校、市场、环卫、公园等公共服务设施，建设环城路，打通断头路。规划实施旧城改造，加大棚户区拆迁改造力度，优化旧城区功能布局，改善人们经营和居住条件。进一步规范城市管理，大力开展市容市貌、交通秩序、划行归市、乱搭乱建、占道经营、渣土运输等专项整治行动，提升城市管理水平。加强土地管理，要用史上最严的管理制度管好每一寸土地，继续强化"三非"行为打击、闲置用地清理和农村耕地保护，以优化土地资源利用方式和提高土地资源利用效率为核心，促进土地集约节约利用，争创国家集约节约用地示范县。坚决打赢创国卫攻坚战。创建国家卫生县城是一项重要的利民、惠民、爱民工程，要把创国卫作为2016年"一号民生工程"，加强县城公共服务配套设施建设，完成与创国卫有关的42条道路项目建设，加大清扫保洁力度，解决环境脏乱差的问题，确保城市美化、绿化、亮化。2015年，我们实施城市集中供水"一号民生工程"，与寒冬作战、与风雨作战、与泥泞作战，夜以继日，攻坚克难，以干部的辛苦指数诠释新时期的"南有新田"精神——"供水精神"。完成2016年"一号民生工程"，时间紧、任务重、要求高，必须发动广大干部群众，进一步学习和弘扬"供水精神"，确保成功创建国家卫生县城，带动"省级文明县城""省级安全生产示范县"创建成功，提升城市品质活力。加快培育特色小镇。突出小城镇连接城市和农村的纽带作用，强化其在城镇体系中的重要节点地位，稳步推进小城镇建设。以并乡合村为契机，积极探索小城镇体制机制改革，加强中心镇扩权强镇改革力度，真正解决小城镇发展的土地、资金、规划等要素问题。突出新圩、枧头等重点镇建设，大力发展特色城镇，因地制宜培育商贸重镇、旅游名镇。

4. 突出抓好农业现代化。做好“三农”工作，需要落实新理念，走产出高效、产品安全、资源节约、环境友好的农业现代化发展道路。加快美丽乡村建设，积极开展“乡乡示范、村村整治”行动，大力开展农村环境卫生整治，加快农村污水集中处理设施、生活垃圾无害化焚烧炉等建设，确保完成省定美丽乡村人居环境整治 20 个村，实现农村垃圾集中收运率 80%，厕改覆盖率 70%，完成养殖场治理 16 家。构建现代农业体系。结合富硒优势，加快调整农业种养结构，大力发展富硒农产品加工业，实施“互联网 +”现代农业行动，发展观光农业、旅游农业、精品农业，培育农业农村经济新增长点，为农民稳定增收注入持续动力。加强农村土地流转的有序引导，培养新型职业农民和新型经营主体，发展省市级农业产业化龙头企业 5 家、专业合作社 60 家、家庭农场 25 家以上，支持新型农业经营主体和新型农业服务主体成为建设现代农业的骨干力量。加强政策引导，加大电子商务人才培养，完善物流体系建设，推进农产品电子商务发展步伐，做好特色农产品的包装和营销。加强与阿里集团、甲骨文科技等知名电商企业合作，打造 100 个美丽乡村电子商务便民点，发展电商企业 200 家。加快补齐农业农村短板。组建农村建设投资开发公司，整合涉农资金，加快推进农村尤其是贫困村公路、水利、电力、饮水安全等基础设施建设。不断提升基础设施、医疗卫生服务、教育服务、就业服务、社会保障服务、文体服务、政策配套的一体化、均等化水平，增加农村赶集客运班车开通线路，实现农村客运赶集班车全覆盖。大力发展多种形式的村级集体经济，加强农村集体资金、资产、资源管理，提高集体经济组织资产运营管理水平。

5. 突出抓好第三产业。坚持把第三产业作为调结构、扩就业、促繁荣的重要着力点，加快资源开发，变资源优势为经济优势。深化文化体制改革。超前谋划，主导、激励和促进文化产业发展。进一步优化资源配置，保护历史文化，弘扬传统文化，传承民俗文化，建设先进文化，深入挖掘新田县人文资源优势，鼓励、引导文化产业加快发展，转化为产业优势和经济优势。加快发展旅游产业。做大做强建文帝踪迹新田、富硒养生旅游品牌，做好建文帝踪迹新田说申报为国家级“非遗”名录相关工作。整合资源，推进福音山国家森林公园建设。注重加强重点文物、旅游景区的修缮与保护，按国家 AAAA 级旅游景区要求完善龙家大院相关配套设施。全面完成文庙、万寿宫提质改造，争创国家 AAA 级旅游景区。加大乡村旅游开发力度，争创一批省级特色旅游养生小镇、乡村旅游示范点，实施新屋场、三占塘等 3 个第一批国家旅游扶贫重点村建设。推进服务业繁荣发展。加快现代综合物流园和冷链物流园等物流基础设施建设，构建“快进快出”物流格局。大力发展家政、健康、养老等生活性服务业，扩大消费市场。加强银企、银项对接，确保金融机构净增贷款 11 亿元。

6. 突出抓好生态文明建设。生态是新田的最大资源和优势，正是因为近年来我们坚定不移地走“生态优先”的发展之路，才形成新田山清水秀的生态环境，也奠定今后健康持续发展的良好基础。我们要倍加珍惜这一宝贵资源，像爱护自己的眼睛一样爱护新田的生态环境。要大力推进“绿色新田”建设。全力推进全国生态主体功能区试点示范，落实主体功能区规划，加强土地用途管制，严守城市开发边界、耕地保护和生态保护三条红线，优化布局生产、生活、生态三类空间，构建生态安全屏障。抓好通道绿化、荒山造林和城区绿化等工程，加强造林管护和封山育林，严防森林火灾，逐步提升森林覆盖率，努力构建绿色秀美新田。要切实加强环境保护。实施更加严格的环境准入标准、污染物排放标准和产品能耗限额标准，严格执行环境影响评价和投资项目节能评估审查制度，凡是没有达到环保、安检、林业、国土、水利等要求的企业和项目一律不得动工投产，坚守环保底线，从源头上杜绝破坏环境的行为发生。开展重点区域、重点行业、重点企业环境污染整治，加大依法打击环境违法行为力度。要注重生态资源开发利用。积极推动节能环保技术应用，促进节能消费、绿色消费，推动大众养成绿色出行、低碳生活的习惯。积极策划包装优良生态资源，探索生态观光与富硒开发深度融合的新型产业，真正让绿水青山成为我们的“金山银山”。

7. 突出抓好全面深化改革。要增强改革定力，保持改革韧劲，紧盯重点，抓住关键，争创试点，扎实推进。深化行政管理体制改革。深入推进审批制度改革，及时全面清理取消非行政许可审批事项。坚持“四单管理”，构建权责明晰、分工合理、运转高效的政府职能体系。充分发挥政务中心平台作用，全面实行“一站服务、一门受理、一窗审批、一体网络”，从制度的层面上、用信息化的手段实现阳光操作、规范操作。明确乡镇便民中心职能，进一步下放权力、下移重心。彻底简政放权、提高办事效率，与老百姓有关的服务事项要坚决放到社区，能够直办的坚决直办，减少协办、代办。深化农村综合改革。认真执行省市关于合乡并村改革精神，全面完成合并142个行政村的改革任务。整合农口、规划建设、国土等力量，完成乡镇一级农地利用规划编制工作。加快农村土地流转，提升规模化和机械化生产水平。大力推动农村土地承包经营权抵押贷款，加大涉农资金整合力度，大胆探索农建投等农村投融资新途径，开展以村集体经济股份制为主要内容的农村集体经济组织产权制度和农村宅基地入市改革试点，为现代农业发展注入新的活力。深化社会治理机制改革。不断完善“条块结合、以块为主”的网格化管理体制机制，完善以党工委为核心的“一委一会一办三站”社区机构格局。强化社区工作保障，健全社区人、事、物、经费等工作保障机制，充分调动社区干部的积极性，提升发展的内生动力。全力推动农村网格化建设，进一步做实做强网格服务，不断推进乡镇、社区、村便民服务中心及服务站建设，把更多的服务职能下放到乡镇、社区、村，把更多权力空间下放到乡镇、社区、村，真正做到畅通服务群众“最后一公里”。到年底，初步建成农村网格化服务管理新模式，全面实现城乡一体网格化服务管理。深入推进财税投融资体制改革，进一步推动城投集团转型发展，扩大其融资能力。坚持问题导向，统筹推进公车改革、不动产登记改革、公立医院综合改革，探索建立城镇职工医疗保险、城镇居民医疗保险和合作医疗保险合三为一的保险新机制，力求推出一批符合县情实际、助推经济发展的自主改革事项。

8. 突出抓好基础设施建设。基础设施滞后是长期以来制约新田发展的重要因素，也是当前推进供给侧结构性改革的重要领域。要加快实施一批交通、水利、电力等重大公共服务设施和基础设施工程，不断强化支撑发展的基础性、先导性和服务性功能。大干交通。推进交通大建设行动，举全县力争取兴永郴赣铁路过境新田，争取启动永郴高速建设，启动G234线县城至新隆土桥段建设，加快推进竹林坪至县城段建设，着力打造“对内大循环、对外大通畅”的交通格局。加快站场建设，建成农村客运南站、北站，完成现代综合物流园、冷链物流园等物流园建设。大兴水利。做好水利建设规划，推进大型水利设施建设。整合涉农项目和资金，实行“整区推进、综合治理”，加快农田水利基础设施建设和产业基地建设，实现资金整合，优势互补，效益放大。积极争取并抓好中小河流治理、小型农田水利建设、安全饮水等项目，突出抓好金陵水库等一批除险加固工程，切实抓好立新水库灌区配套等项目。加快农村饮水工程建设，力争农村自来水普及率100%。大造能源。大力发展光伏、风能发电等新能源，力争“十三五”期间改造和升级110千伏、35千伏输变电站4座以上，完成所有行政村的农网升级改造和低电压整治。

9. 突出抓好“智慧新田”建设。继续巩固“智慧新田”一期、二期建设成效，把“智慧新田”建设作为整合利用开发各种要素和资源的重要手段，运用大数据培育新的增长动力，以数据流引领技术流、物质流、资金流、人才流。启动“智慧新田”三期“智慧民生”工程，以信息化为支撑，逐步实现扶贫、卫生、医疗、教育、交通、旅游、食药监督、消费等民生事业的智能化服务，满足群众多样化的需求，进一步保障和改善民生，提升城市功能品质。加强信息基础设施建设，统筹规划城乡通信基础设施，积极推进“三网”融合，打造光网无线县城，建设“宽带乡村”。

10. 突出抓好社会民生事业。坚持共享发展，一以贯之保障和改善民生。继续推进教育强县。优化城区学校布局，重点推进南部新城学校建设，争取实施一中、一小搬迁，采取有效措施，新增城区学位，解决“大班额”现象。落实乡村教师支持计划，加快农村地区教育设施建设，进一步改善农村办学条件。加强教师队伍建设，重点培育“名校、名师、名校长”，进一步提升教学质量。积极整合教育培训资源，大力开展校企合作，培养专业对口人才，为工业发展提供人才支撑。提升社会保障水平。全面推进“五险”改革统一征缴进程，实现城乡居民养老保险应保尽保，城乡医疗保险制度有效对接。深入推进公立医院改革，加大医保筹资力度，确保“新农合”参合率稳定在98%以上。全面开展低收入家庭认定工作，建立动态管理机制，及时排除不符合条件人员，提高社会救助精准化水平。完善社会保障和服务体系，稳步提高城乡低保、五保供养、孤儿救助保障水平，加快发展养老服务事业，切实关心留守儿童、孤寡老人等弱势群体。完成市定六件惠民实事。加快棚户区改造，完成棚户区改造244户。规范小区管理，完成小区整治突出问题扫尾工作，按时完成三年整治工作任务。加大农村环境治理力度，加强农村面源污染治理、污水治理、垃圾集中处理和村容村貌整治工作。抓好食用油、米粉放心工程，加强食品安全监管，确保舌尖上的安全。坚持整合资金，大干五小水利，解决农田灌溉“最后一公里”问题。创新和完善立体化社会治安防控体系，坚决打击违法犯罪活动，不断提升人民群众安全感。全面发展社会事业。统筹做好就业优先、住房保障、食品安全、安全生产等各项重点民生工作，积极支持统战、工青妇、工商联等群团组织开展工作，发挥其各自优势，促进社会事业发展。

四、肩负历史重任：我们强化党建、凝聚合力，不断增强驾驭全局、引领发展的本领

不断加强和改进党对经济工作的领导，为经济社会发展提供思想、执行、制度、作风、组织保障。

1. 努力解放思想。深刻认识县域经济比拼中新田作为追赶者而且随时有可能掉位落后、差距变大的现状，把解放思想作为打开工作局面的“金钥匙”。党委中心组要加强学习，继续邀请高水平的专家、学者为我们讲课，进一步提升领导经济工作的能力和水平。全县广大党员干部要自觉用新理论、新方法武装头脑、指导实践、推动工作。继续坚持外出考察学习、召开务虚会等行之有效的方式方法，不断开阔眼界、拓宽思路，切实解决“不会为”“不善为”的问题。要切实加强融资建设、负债发展等宏观政策的深入研究，树立适度超前思维，努力破解资金、土地等瓶颈制约。进一步树立融合发展思维、信心思维、“互联网 +”思维、起跑线思维等全新思维理念，坚定发展信心，瞄准优势领域，综合运用改革、发展、市场、苦干加巧干等多种办法来分析解决各种问题，既敢于先行先试，又善于依法办事，把近乎不可能的事变成可能，把可能的事变成现实，把现实的事做到极致。

2. 狠抓工作执行。当前正值改革攻坚期、经济调整期、社会转型期、矛盾凸显期，发展道路上充满许多意想不到的困难和问题，迫切需要广大党员干部敢于担当，能够担当，创造经得住实践、人民和历史检验的工作业绩。一方面，县委将在全县范围内树立抓执行的良好导向。要继续坚持凭实绩用干部，把更多的优秀干部放到更重要的岗位上来。要为担当者打气撑腰，对那些勇担当、有本事、坚持原则、不怕得罪人、个性鲜明的干部，组织上一定要为他们说公道话。县委对此导向是一贯鲜明的，那就是：凡是为新田发展用心干事、为老百姓用力干事，凡是出以公心、没有私利，只要不触犯党纪国法，只要不是主观故意，出现问题坚决保护，坚决不让吃苦的干部吃亏，坚决不让流汗的干部流泪，坚决为敢于担当者担当、为敢于负责者负责。这是县委的郑重承诺。各级党组织要牢固树立奖优罚劣、奖勤罚懒的导向，落实好“政治上激励、工作上支持、待遇上保障、心理上关怀”，让干事的干部有舞台、有奔头、受尊重，努力营造宽容失败、允许失误的干事创业氛围。另一方面，各级干部要努力提升抓执行的意识、能力和水平。广大党员干部必须树立“知识恐慌”“本领恐慌”的强烈意识，不断加强学习，善于借鉴先进理念和成功经验，着力提高把握全局的能力、执行政策的能力、深化改革的能力、依法行政的能力、动员群众的能力，真正做到心中有大势、谋事有全局、干事有办法。要本着“干什么、学什么”“缺什么、补什么”的原则，开展精准化的理论、政策、管理和法制培训，提高广大干部的专业素养、专业能力和专业水平。

3. 加强责任意识。县委将出台 2016 年“一号文件”，建立完善涵盖党风廉政建设、基层党建、意识形态教育等为主要内容的大党建机制，为新田的有序健康发展提供坚强保障。一要切实履行党风廉政建设主体责任。各级党委（党组）要进一步完善责任体系，党委（党组）负责人要履行好“第一责任人”职责，坚持民主决策，带头依法行政，认真落实“三重一大”“三不一末”等制度，严格遵守组织、人事、财经等各项纪律。纪委（纪检组）要履行好监督责任，改进和加强纪律审查工作。二要切实履行基层党建主体责任。始终把抓党建作为第一责任和最大政绩，认真落实党委书记抓基层党建工作责任制，党委（党组）要把党建工作列入议事日程，做到党建工作和中心工作一起谋划、一起部署、一起考核，定期研究讨论，提出具体措施。重点落实好党组向县委报告、联系群众、改进作风等各项制度，充分发挥基层党组织战斗堡垒作用。三要切实履行意识形态工作主体责任。突出抓好互联网等领域的意识形态工作，着力引导广大党员干部切实增强政治意识、大局意识、核心意识、看齐意识，在思想上政治上行动上同党中央、省委、市委、县委保持高度一致。强化宣传舆论引导，把好各类宣传文化阵地的导向，充分调动社会各界的积极性和创造性。加强新田电视台、新田网、新田手机报和“新田发布”等媒体的阵地建设，打造有影响力的宣传窗口，形成经济社会发展强大舆论场。

4. 改进工作作风。开展“两学一做”学习教育，继续抓好群众路线教育实践活动和“三严三实”专题教育成果的巩固，始终保持作风建设的高压态势。一要严格教育管理。对各级干部，既要看得重，也要看得紧，越是重要的干部越要看得紧。要通过一些血的教训强化干部的教育管理，按照《中国共产党纪律处分条例》和《中国共产党廉洁自律准则》的要求从严管理干部。二要着力改进作风。坚决贯彻落实中央八项规定和省市各项规定要求，继续坚持联网考勤、公车标识、电视问政等行之有效的作风建设举措，整合县作风办、县政府效能中心职责，增强工作力量，从严查处“庸懒散”“门难进、脸难看”和“索拿卡要”等行为，形成廉政勤政的新常态。三要坚持严肃问责。将追责问责向纵深推进，强化“无为无过、不在状态”的问责力度，不仅对乱作为的实施问责，而且要对工作不在状态、不想作为的实施问责；不仅要对因工作疏忽造成重大公共事件、安全事故或影响社会稳定的事件实施责任追究，还要对创国卫、重大项目工作不力，错失机遇、造成工作被动地进行追责。

5. 夯实基层组织。结合并村工作，切实抓好班子队伍建设，把选好、用好、管好带头人作为抓好基层党建的关键举措。认真做好村级后备干部选拔培养工作，加强跟踪培养，切实解决基层组织后继乏人的问题。进一步规范对村党组织第一书记的管理使用，加强教育培训，强化日常考核，实现“选派一个人、带活一班人、发展一个村”的目标。做好村级组织活动场所的管理使用，高标准建设好乡镇党建工作站。依托“智慧党建”新平台，不断提升基层党员服务管理水平。大力发展村级集体经济，确保2016年村级集体经济“空壳村”大幅减少直至完成“清零”目标。着力改善基层工作条件，落实好基层干部的政治待遇和经济待遇，激发他们干事创业的热情。

同志们，道不行不至，事不为不成。2016年目标已经确定，“十三五”规划蓝图已经绘就，让我们凝心聚力，真抓实干，改革创新，奋勇争先，努力将美好蓝图变为现实愿境，以发展成果造福全县人民，共同谱写“南有新田”新篇章。

新田县人大常委会工作报告

——在县第十七届人民代表大会第一次会议第二次全体会议上

（2016年11月26日）

新田县十六届人大常委会主任 曹桂秀

本届常委会工作回顾

本届以来，在县委的坚强领导下，县人大常委会认真贯彻落实中共十八大、十八届历次会议和习近平总书记系列讲话重要精神，依法履职，积极作为，在监督工作、重大事项决定、人事任免、代表工作、自身建设等方面都取得了新成绩，为推进全县经济社会发展和民主法制建设做出了积极贡献。

一、始终坚持突出重点强监督，着力推进小康新田建设

常委会始终把围绕中心，服务大局，推进科学发展作为工作的出发点和落脚点。坚持抓重点、求实效，着力强化工作监督。

加强对财政经济运行的监督。认真贯彻落实新《中华人民共和国预算法》，借鉴外地预算审查监督的先进经验，结合新田县工作实际，以预算决算审查为重点，替人民管好“钱袋子”。在预算编制上，全面实行全口径预算和部门预算，规范预算编制程序和预算内容。在预算执行上，督促财政部门和预算单位按收支分类细化，全面公开“三公”经费预算。在预算外政府性支出和政府融资平台举借债务监督上，坚持预算外政府性支出在500万元以上需县人大常委会审议，政府融资平台的举借债务以及政府财政投资基础设施建设必须经县人大常委会审查决定。根据财政收支变化的实际情况，及时作出调整财政预算的决定。强化审计结果的运用，认真听取审计工作报告指出问题的整改情况，加强跟踪监督，确保审计效果。

加强对重点项目建设的监督。听取和审议县城总体规划修编工作情况，督促和支持政府及有关部门修订完善城市总体规划，加强城市基础设施建设，完善城市功能配套，提高城市管理水平。听取和审议政府性投融资重大项目实施情况的报告，督促县政府进一步理顺体制，强化管理，不断提高政府性投资工作的科学性、实效性和安全性。对创省卫国卫、工业园区及“135”工程、过境国道省道、城乡断头公路、县城供水、金陵水库水源连通工程等市县重点项目、重点招商企业开展视察调研。向政府和有关部门提出并交办了一批针对性较强的建议意见，有力地促进重点项目建设的进度、质量和企业健康发展。

加强对民生民本问题的监督。以民生保障为根本，加强对群众关注的扶贫、卫生、教育、环保等问题的监督。听取和审议精准扶贫工作情况报告，建议县政府进一步狠抓工作薄弱环节，突出产业扶贫、兜底扶贫、基础设施扶贫，整合扶贫资源，形成工作合力，整体推进扶贫工作。听取和审议疾病预防及控制情况报告，对乡镇卫生院进行视察、对公立医院改革进行调研，督促县政府及有关部门加强公共卫生服务体系建设，深化公立医院改革，提高疾病预防控制和突发公共卫生事件应急处置能力。听取和审议义务教育均衡发展情况报告，视察农村合格学校建设、城区学校建设，调研县城“大班额”问题，为县委、县政府科学调整城乡学校建设规划，加快教育强县工作步伐，推进教育事业均衡发展，发挥了积极的作用。高度关注人民群众来信来访问题。四年来，共接待人民群众来信268件，来访356人次，“9·17”医患纠纷案等一批社会关注度高的信访案件，切实维护人民群众的合法权益，促进社会的和谐稳定。重视民生民本，认真组织专项活动。开展“新田环保世纪行”活动，加大环境资源执法监督力度，推动了美丽新田建设；开展“新田农产品质量安全行”活动，强化农产品质量安全监管，提高了全社会对农产品质量的安全意识；开展“三湘农民健康行”活动，加大乡镇卫生院、村级卫生室建设，全面提升了乡村医疗卫生服务水平；开展“民族团结进步行”活动，促进了新田县少数民族地区的生产生活条件改善，加快脱贫致富步伐。

二、始终坚持依法履职促规范，着力推进法治新田建设

依法开展法律监督工作，确保法律、法规的正确实施，是宪法赋予各级人大常委会的一项重要职权。常委会切实加强法律监督，有力地推进法治新田建设。

开展执法检查，保障法律实施。先后组织了《中华人民共和国食品安全法》《中华人民共和国水污染防治法》等6部法律法规的执法检查。通过《中华人民共和国食品安全法》执法检查，督促职能部门开展食品油和米粉、学校食堂及周边餐饮服务等食品安全的专项整治，促进校园周边食品安全卫生的持续好转，食品生产、销售企业的安全意识和消费者的自我保护意识得到了加强。通过《中华人民共和国城乡规划法》执法检查，促使政府职能部门简化审批程序，严格执行规划许可，加大了对违法违规案件的查处和打击力度。通过《中华人民共和国水污染防治法》执法检查，有关部门加强了水污染综合整治力度，建立健全了水污染防治长效机制。积极配合省市人大开展《中华人民共和国大气污染防治法》《中华人民共和国道路交通安全法》等5部法律法规的执法检查，确保相关法律法规在新田县有效实施。

强化司法监督，保障公正司法。坚持每年2次听取和审议公检法司工作情况汇报，听取和审议法院、检察院、公安关于行政审判、反贪污贿赂、“打黑除恶”等15个专项工作情况的报告，督促相关部门认真履职，依法查处罪犯，严厉打击犯罪活动，维护社会稳定。听取和审议县人民政府关于“六五”普法实施和“七五”普法规划情况汇报，作出开展法治宣传教育的相关决议，推动民主法治建设。组织视察社会治理网格化建设、基层法庭、公安看守所和道路交通工作，对人民群众反映强烈的社会治安问题进行重点督办。高度重视人民陪审员工作，在全市率先为法院配齐配强人民陪审员，落实人民陪审员专项经费。人民陪审员参与案件审理1256件，普通程序参审率达99.3%。

组织工作审议，保障依法行政。严格落实《中华人民共和国各级人民代表大会常务委员会监督法》要求，把工作审议作为监督支持政府及组成部门的有效方式、有力手段。先后对发改、国土、环保等13个部门进行了工作审议。在工作中注重会前审议调查，向省市县人大代表和服务对象发放征求意见函，搜集对审议部门的建议意见560条。审议时直面问题不回避，整改不达要求不放过，在审议过程中做到了测评打分客观公正。通过工作审议，有力促进政府部门廉洁高效、务实为民。及时启动规范性文件备案审查工作，制定出台备案审查办法。4年来，共收到县人民政府报送的规范性文件177件，县人大常委会相关工委对此都进行了认真审查备案。

三、始终坚持依法决定和任免，着力保障和助推科学发展

坚持以全县发展为第一要务，以贯彻落实县委战略决策为第一责任，以担当求实的精神，依法科学行使重大事项决定权和人事任免权，积极保障和全力助推科学发展。

科学决定重大事项，为经济社会发展保驾护航。为了使重大事项决定有序推进，制定出台《新田县人大常委会关于讨论决定重大事项的若干规定》。本届常委会紧紧围绕县委关于改革发展稳定的重大决策部署，作出事关民生民本问题的决定、决议42个，是作出决定、决议最多的一届。围绕全县交通建设、精准扶贫、城市建设、园区建设、美丽乡村建设以及创省卫国卫，及时作出了《关于依托国土资源部定点扶贫，加快扶贫开发工作的决定》《关于同意新田俊毅创新创业园有限公司标准化厂房建设项目的决定》《关于同意县人民政府出资置换县信用联社不良贷款的决定》《关于建设美丽新田的决议》《关于同意南部新城学校招商方案的决定》等着眼社会发展大局的决议、决定，涉及资金31亿元，有力地推动了建设资金难题的破解和全县基础设施建设，为新田县的经济社会发展做出了积极贡献。同时，还对决议、决定的贯彻落实情况加强跟踪监督，适时听取融资贷款资金的使用情况报告，确保决议、决定效果。

依法决定人事任免强化任后监督，为改革发展提供组织保障。坚持依法依程序任免监督国家机关工作人员，认真做好任前调查、任中规范、任后监督三个环节工作。任前深入到被任命人员所在单位开展民意测评，并将测评情况、离任审计情况和任前法律考试情况向常委会组成人员报告；被任命对象必须在常委会会议上作任前发言，接受询问，并向宪法宣誓；任后听取履职情况报告，建立干部履职档案。4年来，共依法任免国家工作人员206人次，圆满实现了党委意图与人民意志的有机统一。强化干部任后监督，出台《关于对“一府两院”被任命人员进行年终考核考评的决定》，干部任后监督呈现新常态。连续3年对政府组成部门的主要负责人和“两院”的副职进行年度述职测评，在集中述职测评会上，常委会组成人员进行认真审议，面对面开展询问，现场测评打分，测评结果在新闻媒体上公开，并向县委、县政府报告和通报。任后监督工作得到了省市人大的充分肯定和宣传推介，《新田县：干部任后监督新常态》在省《人民之友》杂志刊载。

四、始终坚持完善机制增活力，着力发挥代表主体作用

代表是国家权力机关的主体。常委会始终把加强代表工作、发挥代表主体作用作为经常性、基础性工作来抓，不断完善机制，优化服务，提高代表履职水平。

抓培训、搭平台，积极发挥代表作用。通过组织培训、开展交流活动以及向代表赠阅《人民之友》《中国人大》等学习资料，提升代表素质和履职能力。出台《关于加强县人大常委会与人大代表和县人大代表与人民群众联系的意见》，常委会委员联系代表和群众常态化。指导乡镇创建"代表之家"活动室，代表履职有了固定场所。邀请代表参与常委会会议、视察、调研以及优化经济发展环境"满意不满意"测评等活动，较好地实现了代表知政参政的民主权利。组织省市人大代表参与视察调研，为经济社会发展建言献策，围绕交通、水利、扶贫等问题，向省市人大提出议案和建议 86 件。其中，兴永郴赣铁路过境新田、金陵水库除险加固、永郴高速、享受片区扶贫政策、220 千伏电网建设等一批建议得到省市高度重视。认真开展优秀代表评选表彰活动，激发代表履职动力。

抓督办、创机制，认真办理代表建议。把提高代表建议办理满意度作为激发代表履职热情、推进民主政治建设的重要抓手，认真做好代表建议办理工作。一是创新机制促落实。积极探索，不断创新，形成了"主任领衔、县长领办、部门承办、工委督办、代表问效"机制。二是强力督办促落实。常委会主任会议每年从代表建议中确定 10—20 件事关发展、民生的建议与大会议案一同进行重点督办。通过持续跟踪督办，"加强对金陵水库等饮用水源保护""举全县之力创建国家卫生县城""打击'三非'加快闲置土地清理""两江口水库应当保证在 2014 年正常蓄水及完成灌区渠系配套，2017 年向县城供水"等议案办理成效明显。"恢复滨河风光带西门桥西段功能""城镇低保清理""农村道路修复"等重点建议的办理进展快、效果好。常委会还对"物流中心建设""断头路建设"等当年办理效果不理想的议案、建议进行"回头看"，跟踪督办问效。三是投票测评促落实。本届以来，常委会每年组织县人大代表对议案和重点建议办理情况进行投票测评，对办理工作成绩突出的先进单位和议案、建议撰写先进个人给予表彰，推动代表议案和建议的办理工作。本届人大一至四次会议期间，共收集大会议案 11 件，代表批评、意见、建议 457 件，办复率 100%。通过对议案、建议的认真督办，推动了一批民生民本问题的解决，促进了全县经济社会发展。

抓规范、严法纪，圆满完成代表选举。县乡人大换届选举工作是事关全县人民政治生活中的大事。今年的换届工作比以往任何时候都标准高、要求严，任务异常艰巨。为了做好本次换届选举工作，在县委的统一领导下，常委会依法担负起换届选举工作的组织指导和依法指导责任，配合县委组织部做好代表资源摸底和连任代表提名推荐工作，严把代表"入口关"。严格遵守中央、省市县委有关代表选举要求及选举法的相关规定，以高度负责的态度和严谨的工作作风，认真做好选区划分、选民登记、确定候选人、投票选举等工作，圆满完成了县乡人大代表换届选举工作任务。

五、始终坚持勇于担当善作为，着力服务全县中心工作

按照县委的安排部署，常委会领导主动服务全县经济社会发展，不折不扣完成了县委交办的各项中心工作任务。在推动重点项目上，充分发挥班子成员特点和优势，积极参与争取234国道立项并过境新田，将改变新田县无国道的历史。参与指挥的城市供水项目、水源连通工程、污水处理工程顺利建成。竭力投身创国卫工作，常委会领导挂大片区、专业组，主持创卫办日常工作，主动作为、敢于担责，为创国卫成功作出了积极贡献。在推动产业发展上，常委会领导多次深入所挂企业协调矛盾，解决用地、用电、融资等难题，为企业的发展提供保姆式服务。成功引进计划投资2亿元的富锶矿泉水开发项目，多次到省厅、市局协调立项审批工作，为新田县列入全省富锶水开发示范县创造了有利条件。主抓富硒产业开发，为发展壮大富硒产业、扩大富硒品牌影响力作出了积极努力。在调研经济社会发展上，常委会对“十三五”规划、行政区划改革、精准扶贫等关系到新田县经济发展和社会稳定的重大工作开展专题调研31项，为推动县委、县政府重大决策部署的落实发挥了积极作用。围绕“十三五”规划编制，常委会组织四个专题调研组，开展了为期一个月的调研，并将调研情况及时与县委、县政府汇报衔接，使一批有关交通、水利和产业发展的项目成功列入省市县“十三五”规划。每年“两会”前夕组织代表座谈，县政府和“两院”积极采纳代表和选民意见，解决了不少群众急需解决的问题。同时，县人大机关在新农村建设、精准扶贫、征地拆迁、打击“三非”、创卫创森等中心工作方面都取得了较好的成绩。

六、始终坚持加强机关自身建设，着力提高常委会履职能力

常委会适应新形势的要求，始终不渝地把加强自身建设作为依法履职、科学履职和民主履职的重要基础与有效保障，全面提高科学、民主、依法履职能力。

加强作风建设。扎实开展“党的群众路线学习教育”“三严三实”“守纪律、讲规矩”和“两学一做”等学习教育活动，坚持把调查研究、学习提高、查摆问题、整改巩固贯穿活动始终，做到规定动作求实效，自选动作有创新。常委会班子成员抛开面子、掏心窝子，以“整风精神”开好专题民主生活会，出实招，动真格，一钉一铆抓好整改落实。严格执行中央八项规定，打好作风建设“持久战”，以“三严三实”的工作标准，制定出台《关于改进作风、密切联系群众的若干规定》，促进机关文风、会风、纪律作风的持续转变。

加强制度建设。扎紧制度的笼子，坚持用严格的制度管人管事管物，先后修订完善了《人事任免办法》《常委会议事规则》《常委会讨论决定重大事项规定》《财政预算监督管理办法》以及机关的会议、学习、财务管理、接待等20多项制度，涵盖代表大会、常委会及机关人财物等各方面。制度形成后，常委会领导带头遵守，有效地提高了机关的服务质量和工作效率，树立了为民、务实、清廉、高效的良好形象，县人大机关成功创建为市文明单位。

加强阵地建设。一是注重对外宣传。及时总结工作中的特色和亮点，积极向国家、省市各级媒体进行推介，宣传人民代表大会制度，讲好人大故事，传播人大声音，展现人大风采。认真编辑《常委会公报》《新田人大》，向《人民之友》、《人民代表报》、省市人大网站报送各类通信信息300余篇。成功召开纪念人民代表大会成立60周年暨地方人大设立常委会35周年座谈会。在往届常委会工作的基础上，本届常委会认真组织，精心编纂和出版了《新田县人大志》，留下了宝贵历史资料。二是密切上下联系。承办4次全市县区人大工作联席会和全市第三届人大系统离退休老年门球赛。制定乡镇人大工作业务考核办法，对乡镇人大进行精细化考核，评选年度先进人大工作者，切实提高乡镇人大工作的整体水平。三是加强组织建设。认真贯彻中央、省市文件精神，在县委的高度重视和关心下，新设立了财政经济、法制两个专门委员会及代表服务中心，常委会内设机构由上届的4委1室增加到7委1室，常委会委员比上届增加14人，组成人员专职比例按上级要求达到60%，机构力量进一步充实，为人大工作提供了坚强的组织保障。

各位代表，常委会四年来取得的这些成绩，是县委正确领导、关心重视的结果，是常委会全体组成人员共同努力、辛勤工作的结果，是“一府两院”、各位代表及社会各界对常委会工作大力支持和配合的结果。在此，我谨代表县十六届人大常委会，向大家表示衷心的感谢！

在回顾成绩、总结经验的同时，我们也清醒地看到，虽然我们对任期内应该做的事情，努力去做了，并力争做好，但工作中仍有不少差距。主要表现在：决定重大事项的科学性、有效性需要进一步提高；监督实效需要进一步加强；联系代表、服务代表、发挥代表作用等方面还要进一步改进；常委会组成人员、人大干部的总体素质和履职能力，还不能完全适应新要求。这些都需要在今后努力加以改进。

过去四年的工作经验和体会

四年来，常委会在实践中不断探索，在探索中不断创新，在创新中不断发展，积累了一些经验和体会。这些经验和体会来之不易，弥足珍贵。

第一，做好人大工作必须坚持党的领导。四年来，县人大及其常委会自觉把坚持党的领导、人民当家做主和依法治国有机结合起来，在监督、决定重大事项、人事任免等各项工作中，全面贯彻党的路线、方针、政策和县委决策。常委会的年度计划以及准备开展的重大监督活动，常委会党组都事先报告县委。人大工作中的重要情况和重要问题，及时向县委请示汇报。实践证明，只有正确处理坚持党的领导与人大依法行使职权的关系，把坚持党的领导贯穿于人大工作的全过程，才能确保人大工作正确的政治方向。

第二，做好人大工作必须坚持以民为本。四年来，常委会坚持把保障和改善民生始终贯穿于人大工作的全过程，把事关群众利益的重大事项作为人大工作的重点，加大监督力度，提高监督实效，积极推动工作落实。如扶贫、教育、医疗、卫生、食品安全等，通过审议意见的落实，推进行政机关和司法机关不断改进工作。通过督办人大代表议案和建议，为群众谋利益、办实事，使一些影响人民生产、生活的问题得到了有效解决。实践证明，只有把人民群众当家做主的政治权利保障好，把人民群众的根本利益维护好，人大工作才能赢得群众的信任和支持。

第三，做好人大工作必须坚持发挥代表作用。四年来，常委会高度重视发挥代表作用，在开展工作中，坚持认真听取人大代表的意见和建议，力求充分体现人大代表的意愿和要求；切实加强与代表的日常联系，精心组织代表开展各类视察检查、调查研究活动；认真办理代表议案和建议，督促“一府两院”切实解决好代表反映的热点、难点问题，积极发挥了人大代表的作用。实践证明，做好人大工作必须高度重视发挥代表作用，集中代表智慧，切实将各项工作置于代表有力监督之下，才能进一步提高人大工作实效，更好地履行宪法和法律赋予的职责。

第四，做好人大工作必须坚持求真务实。四年来，常委会持续改进工作作风，无论监督工作，还是决定重大事项，都着眼于对新田改革开放和现代化建设有实实在在的推动，着眼于对新田广大人民群众利益有实实在在的维护。大兴调查研究之风，察民情，听民声，积极向县委建言献策，反映真实情况。在审议视察“一府两院”及部门工作中，实事求是地查找不足，正视存在的问题，以较真碰硬的作风推动工作落实。实践证明，只有求真务实，依法履职，人大工作才能取得实效，才能更好地服务全县经济社会发展。

对新一届人大常委会工作的建议

各位代表，即将选举产生的县十七届人大常委会肩负着光荣而艰巨的使命。建议在今后的工作中要坚持邓小平理论、“三个代表”重要思想、科学发展观，认真学习习近平总书记系列讲话精神，深入贯彻落实县第十二次党代会精神。坚持党的领导、人民当家做主、依法治国有机统一，依法履行宪法和法律赋予的职权，为决战脱贫攻坚，决胜全面小康，建设品质、活力、智慧新田做出新的贡献。

一、强化核心意识，正确把握工作方向

党的领导是做好人大工作的根本保证。认真执行县委关于人大工作的决策部署，自觉把人大工作融入县委的整体工作布局，增强人大工作的协同性、实效性。围绕贯彻落实中央“五大发展理念”，县委“产业提质、城镇带动、生态优先、民生为本”战略，认真履行宪法法律赋予的监督职能，形成加强和改进工作的强大合力，确保全县如期脱贫摘帽，如期实现全面小康。

二、强化监督意识，认真履行人大职能

全面落实《中华人民共和国各级人民代表大会常务委员会监督法》，创新监督方式，加大跟踪监督力度，增强监督刚性和效力。紧紧围绕法治国家、法治政府、法治社会一体建设的要求，不断强化司法监督，推动“一府两院”依法行政、公正司法。紧紧围绕民生改善加强人大监督工作，保护人民群众的合法权益，维护人民群众根本利益，保障和促进为民办实事工程，促进公共服务质量提升，加快改善城乡居民生活，努力把改革发展成果转化为人民群众实实在在的幸福感、获得感。紧紧围绕“十三五”规划的实施促进科学发展，全面部署和统筹安排监督、决定重大事项等各项工作，更好地发挥地方国家权力机关的作用。

三、强化主体意识，突出发挥代表作用

深入贯彻《中华人民共和国全国人民代表大会和地方各级人民代表大会代表法》，认真做好代表工作。加强国家机关同人大代表的联系，扩大代表对常委会工作的参与，加强“一府两院”同人大代表的联系，更广泛深入听取代表意见建议。进一步提高代表议案建议办理质量，引导代表深入调研，积极建言献策。强化代表履职服务保障，加强代表履职培训，提高代表素质和能力。丰富代表活动，保障代表活动经费，完善代表工作机制。加强代表履职监督，健全代表述职制度，建立代表履职档案，建立健全不称职代表退出机制。严格依法执行代表职务，模范遵守宪法法律，自觉遵守社会公德。

四、强化服务意识，不断提升履职水平

加强人大自身建设，继续深入贯彻落实《中共全国人大常委会党组关于加强县乡人大工作和建设的若干意见》（中发〔2015〕18号）、《中共湖南省委关于加强县乡人大工作和建设的实施意见》（湘发〔2015〕26号）等文件精神，加强人大组织建设，进一步提高人大工作水平。加强常委会组成人员的履职保障和教育管理，严格要求、严格管理、严格追责，切实增强政治意识、大局意识、核心意识、看齐意识，真正把人民赋予的权力用来为人民谋利益。与时俱进完善各项工作制度，健全常委会和专门委员会工作机制，提高审议、决定质量，增强人大代表议案建议办理实效，不断提高常委会工作的法制化、规范化水平，更加有力有效地发挥地方国家权力机关职能作用。

各位代表！展望未来，人大工作任务艰巨、责任重大、使命光荣。我们深信，县十七届人大及其常委会一定能够在县委的坚强领导下，紧密团结在以习近平同志为核心的党中央周围，高举中国特色社会主义伟大旗帜，解放思想、凝聚力量、攻坚克难，不断开创新田县人大工作新局面，为推进民主法治进程，建设品质活力智慧新田做出新的更大的贡献！

政府工作报告

——在新田县第十七届人民代表大会第一次会议上

（2016 年 11 月 25 日）

新田县人民政府县长　秦山成

——回顾过去四年：硕果累累，豪情满怀。本届政府履职四年以来，在市委、市政府和县委的坚强领导下，在县人大和县政协的监督支持下，团结带领全县人民扎实苦干、奋勇争先，较好地完成十六届人大历次会议确定的目标任务，全县经济社会发展精彩纷呈、捷报频传。

——四年奋进，我们提升了“新田实力”。主要经济指标跃上新台阶。2016 年，全县地方生产总值、固定资产投资、社会消费品零售总额分别实现 70 亿元、74.9 亿元、25 亿元（预计数，下同），是 2012 年的 1.5 倍、2.2 倍、1.9 倍。两大收入增势强劲。财政总收入实现 6.7 亿元，是 2012 年的 2.1 倍；城乡居民可支配收入分别达到 21025 元、7800 元，比 2012 年增长 28.6%、169.4%。全面小康实现程度大幅提升，从 2012 年的 69.3%，提升到 2016 年的 92.5%。

——四年探索，我们走出了“新田路径”。坚持按照县委确立的“产业提质、城镇带动、生态优先、民生为本”战略抓发展。把产业作为经济发展的核心，牢牢扭住三大主导产业不动摇，在特色上做文章，在质量上下功夫，以新型工业化带动三次产业齐头并进，跻身全省“县域经济快进县”。把城镇作为带动发展的龙头，紧紧围绕城乡基础设施建设，上项目、聚人气，以城镇化破解发展瓶颈，新田形象和品位显著提升。把生态作为赶超发展的名片，处处守住生态底线，杜绝污染企业进入新田，在追求“金山银山”的同时，创造更多的绿水青山。把民生作为共享发展的根本，时时关注群众所想、所需、所盼，将财政“蛋糕”更多地切给民生领域，群众的获得感更强、满意度更高。

——四年前行，我们创建了“新田模式”。农村土地承包经营权确权在全省领先，是湖南省最成功的整体推进试点县。创新以“流转证”激活经营权的模式，被列为全国农村承包土地经营权抵押贷款试点县。推进社会治理创新，网格化管理走在省市前列，建立全国首个流动人口社会管理综治办，流动人口服务管理的“新田模式”蜚声全国。“诚信计生”在全国改革经验交流会上推介，行政区划改革、不良贷款清收等工作得到省市领导充分肯定。扶贫攻坚、异地职业技能培训、农村赶集客运班车等工作在主流媒体推介。全国硒资源开发协作大会、全国地调成果服务精准扶贫经验交流会、全省“百岁健康村”现场会在新田召开。

——四年拼搏，我们收获了“新田荣誉”。众志成城、持续发力、久久为功，捧回国家级卫生县城这块沉甸甸的牌子。发挥特色优势，成功创建“国家级出口食品农产品质量安全示范区”“中国天然富硒农产品之乡”。积极创先争优，荣获全国“国土资源节约集约模范县”、全国“人民调解工作先进单位”、“湖南省平安县”等荣誉称号。全面小康推进工作连续两年跻身“湖南省十快进县”，移民、计生协会工作连续四年，综治工作连续三年被评为全省先进县，现代烟草农业建设、营造林等工作多次获得省市先进称号。我们用汗水为新田争光，用荣誉为新田添彩。

四年来，我们主要做了以下工作：

（一）调结构、促转型，产业发展成效明显。三次产业结构进一步优化，由2012年的29.7：28.5：41.8调整为2016年的26.1：28.3：45.6。新型工业加速壮大。规模工业总产值、增加值分别实现65.4亿元、17.4亿元，比2012年增长72.8%、58%，新增入统企业25家。大力实施“135”工程，建成俊毅创新创业园，新建标准厂房37.3万平方米。“三纵三横”路网基本成形，园区功能日趋完善，连续三年获评全市“先进园区”。加大产业承接力度，引进项目41个，实际利用内资102亿元人民币、外资1.5亿美元，完成外贸进出口1.8亿美元。主导产业发展势头强劲，家私、硒锶、机械制造实现集聚发展，占园区总产值的72%。龙昶机械获批“国家高新技术企业”，梦都等10个商标获评湖南省著名商标，吉星家居等4个品牌荣获“湖南名牌产品”称号。特色农业来势喜人。完成农林牧渔业总产值32亿元，比2012年增长26.5%。种植业加快发展，粮食播种达到46万亩，水果低改扩园5500亩，新造油茶2万亩，楠竹低改1万亩。种植富硒蔬菜18.5万亩，畅销粤港澳、远销东南亚。烤烟种植规模稳定在5万亩左右。成功引进温氏集团等龙头企业，新增畜禽养殖小区10个、规模养殖场188个。培育市级以上农业产业化龙头企业28家、发展农民专业合作组织360个、家庭农场147家。富硒品牌进一步打响，“陶岭三味辣椒”“新田大豆”获评“国家地理标志保护产品”，“回香大豆”等荣获“中国名优硒产品”奖，“石羊醋水豆腐”“洪源罗汉果”荣获“中国特色硒产品”奖。第三产业蓬勃发展。旅游持续升温，接待游客、旅游综合收入比2012年分别增长111%、127%。龙家大院被列为全国重点文物保护单位，修缮提质和景区拓展成效初显。福音山国家森林公园加快建设，“建文帝踪迹新田说”引起全国关注，河山岩、谈文溪成功被列为中国传统古村落。综合大市场、方达大市场投入使用，改造三井、新隆、新圩等乡镇农贸市场9个。农村淘宝覆盖75个村，绿硒等本土电商企业加速壮大，为工业品下乡和农产品进城提供高效平台。金融支持增势强劲，净增贷款29亿元，增速稳居全市前列。房地产业稳步增长，销售面积、销售额分别是2012年的3倍、5.1倍。休闲、餐饮、保险、信息等现代服务业迅速发展。

（二）打基础、增后劲，城乡面貌焕然一新。坚持基础先行，推动经济社会与生态文明和谐发展，不断改善城乡形象。基础设施更加完善。交通大跨越。兴永郴赣铁路得到国务院批复，前期准备工作扎实推进。四年累计投入9亿元，改造干线公路110公里，完成农村通畅工程337公里、渡改桥5座，改造危桥65座，行政村通畅率达到100%。G234线建设进展顺利，S323线、S231线建成通车，新汽车站投入使用，对外通行能力逐步增强。水利大建设。建成金陵水库水源连通工程，有效解决金陵、龙泉、大坪塘等沿线乡镇10万多人用水问题。两江口水库下闸蓄水，城乡用水保障能力大幅提升。完成杨家洞等病险水库除险加固项目51个、河道治理52公里。成功被列为国家小农水建设重点县、全国高标准农田建设示范县。整合资金8000万元，强力推进“五小水利”建设，农业综合生产能力明显提升。能源信息大发展。全市首座220千伏智能变电站投入运营，一批光伏发电、风电项目布点新田。改造农村电网983千米，完成低电压整治2.5万户，城乡供电能力得到加强。建设3G、4G基站343个，通信进入移动互联网时代。城乡品质大幅提升。新一轮县城土地利用总体规划得到省政府批复，县城规模扩大3平方公里。县城总规、控规、专业规划和镇村规划加快修编，城乡发展目标更加明确。实行最严格的耕地保护政策，强化规划执法，控违拆违7.2万平方米，清理处置闲置土地1000亩，城乡建设秩序更为规范。投入资金近20亿元，城市建设力度、规模创历史新高。建设县城基础设施项目73个，龙泉路、双碧街等23条主次干道完成提质改造，中山路、烟霞路等13条道路实施路面“白改黑”，银象路、飞马路等32条道路完成人行道板铺装。改造背街小巷316条，安装路灯1.2万盏，亮化率达到98%。枧头、大坪塘的小城镇建设成效明显，东升等6个美丽乡村示范点建设推进。管理更加严格，主次干道实行24小时保洁，“脏乱差”现象得到有效整治。文明劝导实现常态化，市民素质明显提升。“马路市场”全面取缔，禁燃工作取得实效，渣土运输密闭覆盖率达95%。“慢慢游”退出历史舞台，出租车投入运营，百姓出行更加安全便捷。生态建设成效显著。加快绿色新田建设，被列为国家主体功能区建议试点示范。完成造林绿化15万亩，全面实施封山育林，森林覆盖率提高到56%。全面落实永州市创建国家森林城市部署，完成单位“拆墙透绿”43个，园林绿化提质6.5万平方米，打造以“水上乐园”为龙头的滨河风光带。农村环境污染综合整治推进，污水处理厂、垃圾处理场在全市率先投入运营，处理率分别达95%、98%。实施历史遗留镉、钒、砷渣污染治理，关停宝锭钢业及“十五小”企业18家、责令停产21家。全面完成节能减排目标任务，万元GDP能耗年均下降7.7%，空气质量优良天数达300天以上。

（三）推改革、求创新，发展活力竞相迸发。坚持用改革创新突破瓶颈、激发活力。行政体制改革蹄疾步稳。行政审批制度改革和“四单”管理深入推进，精简和取消审批事项125项。建成全省规模最大的县级政务服务中心，入驻职能部门60个，群众基本公共服务事项实现“一站式”办结。全面推行“先照后证”“一照一码”“五证合一”，新增各类市场主体9252户。公共资源交易平台进场交易721项，成交51.3亿元，运行水平全市领先。全县乡镇、村（居）委会分别精简37%、40%，行政区划改革成为全省典型。金融财税改革卓有成效。做大做强城投集团，包装融资项目32个，融资36.9亿元，推动城市建设进入快车道。成功组建农商行，支农贷款占比92%以上，成立农投公司，首期融资8亿元，为加快“三农”发展注入强大动力。国库集中支付改革实现全覆盖，“营改增”改革全面完成。供给侧结构性改革落地生根。出台推进供给侧结构性改革的实施意见，促进经济持续健康稳定发展。大力实施品牌战略，投入500万元，建立产业发展基金，支持龙昶机械等企业与大专院校开展“产学研”合作。探索棚户区、城中村改造货币化安置方式，支持农民进城购买商品房，推动房地产去库存。在全市率先实行国地税联合办税，全面落实减税降费政策，最大限度降低企业税负和用工成本。

（四）重民利、强保障，民生福祉持续改善。将3/4的公共财政支出用于民生领域，办成系列群众关注的实事。扶贫攻坚迈出坚实步伐。完成精准识贫，84475名建档立卡对象分别落实“五个一批”帮扶措施。光大集团、团省委、省出版集团、湖南科技学院、省新闻出版广电局等中央、省、市、县直单位派出工作组125个，开展驻村帮扶。四年投入扶贫资金1.7亿元，减贫7.7万人，贫困发生率降低到5.8%。保障体系实现全民覆盖。坚持就业优先，新增城镇就业1.6万人、农村劳动力转移就业2.4万人，城镇登记失业率控制在3.5%以内。城居医保、“新农合”参保率均达98%以上。城乡社会养老保险征缴基金6500万元，累计发放养老金1.44亿元。城乡低保累计发放救助金2.3亿元，基本实现应保尽保。建设保障性住房3092套，改造农村危房6300户。社会大局保持和谐稳定。严格落实“一岗双责”，安全生产形势持续稳定好转，新圩等2个乡镇被评为省级示范乡镇，新隆、三井等6个乡镇被评为市级示范乡镇。加强监管和专项整治，食品、药品实现“零事故”。不断完善领导接访和包案制度，调解矛盾纠纷2990起、化解信访积案170件。保持打击犯罪高压态势，成功侦破“4·28”特大跨省网络传销案，综治民调稳居全省前20位。社会事业全面协调发展。坚持教育优先，引进德恒实验学校，新建思源学校，新增城区学位6600个，建成合格学校31所。实施“三名工程”，输送二本以上大学生1497名。县级公立医院综合改革顺利推进，实现药品零差率销售。县中医院、县妇幼保健院成功创建二甲医院，乡镇卫生院标准化建设扎实推进，城乡医疗服务水平稳步提升。申请专利525件，科技贡献率提高到50%。深入实施文化惠民工程，实现电视“村村通”、广播“村村响”。全民健身活动丰富多彩，亚运会奖牌实现零的突破，成功举办全国超级卡车大赛。人防结建工程启动建设，国防动员和征兵任务圆满完成。统战、对台、外宣、民族、编制、邮政、气象、侨务、文史、档案、残联、工青妇、老龄等工作取得新的进步。

（五）转作风、强执行，行政效能显著提升。 认真抓好政府自身建设，努力打造人民满意政府。依法行政树形象。自觉接受人大的法律监督和政协的民主监督。办理人大议案11件，人大代表建议、批评、意见455件，政协委员提案638件，办复率100%。全面完成“六五”普法任务，严格执行专家论证、群众听证制度，重大决策更加科学民主，成功创建市级“依法行政示范单位”。领导带头解难题。坚持以上率下，县级领导带头破解影响新田发展的难题。齐心协力处置“三非”问题，彻底扭转“三非”横行的乱象。新征土地1万亩，加大报批力度，强力推进闲置土地清理，用地瓶颈大为缓解。两江口水库等历史遗留问题得到妥善解决，洞头坝村整体搬迁、屠宰场搬迁等43个难题得到有效化解。持之以恒抓廉政。全面落实党风廉洁建设“两个责任”，始终把纪律挺在前面。深入开展群教活动、“三严三实”、“两学一做”教育，作风效能“满意不满意”测评延伸到二级机构和重要股室，“12345”服务热线工单办结率100%，干部执行力明显提升。规范“三公”经费管理、公车统一标识、联网考勤等做法赢得群众“点赞”，“四风”突出问题、“雁过拔毛”式腐败得到有效整治。2013年以来立案276件，给予党政纪处分364人，移送司法机关12人，营造风清气正的政治生态。

各位代表，这些成绩的取得，是市委、市政府和县委、县政府坚强领导的结果，是历届县委、县政府打下良好基础的结果，是县人大、县政协及人大代表、政协委员监督支持的结果，是社会各界和全县广大干部群众同心同德、奋力拼搏的结果。在此，我代表县人民政府，向光大集团、国土资源部等中央、省市驻新帮扶单位，向关心支持新田经济建设和社会发展的各级领导表示崇高的敬意！向为新田经济社会发展做出积极贡献的社会各界人士和全县人民表示衷心的感谢！

各位代表，四年的奋斗历程令人难忘，四年的实践经验弥足珍贵。要办好新田的事情，加快新田的发展，必须坚持一切工作听党指挥，在思想上、政治上、行动上与党中央保持高度一致，在县委的统一决策部署下，抢抓机遇，奋力赶超，实现跨越；必须坚持一张蓝图干到底，不动摇、不议论、不折腾，保持定力、汇聚合力，一以贯之抓落实，实现一年一变化，年年有新貌；必须坚持一往无前抓改革，跳出思维定式，敢闯敢干，先行先试，打破利益格局，扫清体制障碍，激发内生动力；必须坚持一心一意为人民，重大决策依民而定，发展措施应民而出，安危冷暖为民而系，以干部的“辛苦指数”换取人民的“幸福指数”；必须坚持一身正气守廉洁，以常态化的教育培训为干部“补钙”“壮骨”“铸魂”，以严明的纪律让干部“干事”“成事”“不出事”，实现干部清正、政府清廉、政治清明。

在回顾成绩、总结经验的同时，我们也要清醒地看到前进中的困难、发展中的差距。主要表现在：经济总量不大、结构不优，主导产业不强，重大项目不多，赶超发展任重道远；财政收支矛盾突出，老百姓普遍关注的“上学难”“看病难”等民生问题没有很好地解决，尤其是特困群众脱贫出列的压力很大；一些部门活力不足、青黄不接，少数干部“四个意识”淡薄、执行力不强，政府行政效能有待进一步提升，等等。对此，我们一定高度重视，采取有效措施加以解决，决不辜负全县人民的期望和重托。

展望未来五年：愿景美好，催人奋进。

各位代表，未来五年是新田奋发有为、大有作为的战略机遇期，也是新田脱贫攻坚、全面小康的重要决胜期：中央强力推进脱贫攻坚、全面小康，为我们营造更加积极的政策环境；湖南实施“创新引领、开放崛起”战略和永州“四个三”工作部署，为我们实现错位发展、特色发展指明方向；经过多年的艰苦创业，我们脱贫摘帽的基础更加坚实、赶超发展的愿望更加强烈、创先争优的氛围更加浓厚。站在新的历史起点上，新一届政府要带领全县人民走好自己的“长征路”，就必须毫无保留地把全部智慧、全部才干、全部力量奉献给党和人民。人民对美好生活的向往就是我们的奋斗目标，只要我们不忘初心、奋勇前行，就一定能开创赶超崛起的新局面，就一定能谱写富民强县的新篇章，就一定能创造新田人民的光荣与梦想！

今后五年政府工作的总体要求是：在以习近平同志为核心的党中央领导下，高举中国特色社会主义伟大旗帜，以马克思列宁主义、毛泽东思想、邓小平理论、“三个代表”重要思想、科学发展观为指导，深入贯彻中共十八大及历次全会精神，按照“五位一体”总体布局和“四个全面”战略布局，全面贯彻创新、协调、绿色、开放、共享发展理念，大力弘扬“南有新田”精神，加快实施“产业提质、城镇带动、生态优先、民生为本”战略，瞄准脱贫攻坚、全面小康两大目标，强基础、优生态、惠民生，努力实现农业现代化、新型工业化、新型城镇化和信息化，全面建成品质、活力、智慧新田。

全县经济社会发展的战略举措是：打赢“两大战役”，推进“三大工程”，绘就“四化”蓝图。

（一）打赢“两大战役”。一是打赢脱贫攻坚战。一代人有一代人的使命，一代人有一代人的担当。实现84475名建档立卡对象脱贫、109个贫困村出列，摘掉贫困县的帽子，是新一届政府的重大使命和担当。我们将以更坚强的决心、更精准的举措、更超常的力度，推进脱贫攻坚，确保2018年、力争2017年脱贫摘帽。力求断穷根、富长久。坚持脱贫不脱政策，以扶志激发内生动力，以扶智增强“造血”能力，稳定实现“两不愁、三保障”，确保小康征程不落一村一户一人！

二是打赢小康总决战。确保2019年、力争2018年，全面建成小康新田。未来5年，县域经济更加繁荣，全县GDP、财政总收入、固定资产投资、社会消费品零售总额，年均分别增长10%、15%、17%、13.5%。人民生活更加殷实，城镇居民人均可支配收入及农村居民人均纯收入年均增长10%以上。公共服务更加完善，学有优教、病有良医、老有善养、住有宜居。生态环境更加优美，绿色低碳生活方式逐渐形成，森林覆盖率达到60%以上。民主法治更加健全，依法办事成为常态，村规民约成为标配。社会风气更加清朗，公平正义、诚信友善深入人心，孝老爱亲、尊师重教蔚然成风。

（二）推进“三大工程”。一是基础设施提升工程。坚持交通先行。破釜沉舟、背水一战，竭力争取兴永郴赣铁路过境新田，并开工建设。探索运用PPP模式，建设永郴高速。深入开展交通大会战，完成G234线建设，将S234线、S323线等出境公路改造为一级公路，实现大进大出交通格局。完善干线公路网，高标准建设枧新（枧头—三井—新圩—新隆）、毛黄（枧头—三井—龙泉—大坪塘）、金新（金盆—三井—新圩）、金十（石羊—金盆—枧头）、骥门金（骥村—门楼下—金陵）等县级公路。拓宽乡村公路，打通断头路，具备通行条件的乡村有序推行城乡公交一体化。加快联村公路网建设，构建村村路网相连、边界交通连贯的循环体系。大力完善现代物流体系，合理布局富硒农副产品物流中心、家居物流中心、汽车交易中心。加强水利建设。着力解决工程性缺水问题，实施大坝水库扩建工程，新建查林、沙塘窝等水库，完成金陵水库等一批水库除险加固工程。着力完善渠系配套设施，完成肥源、立新、杨家洞、心安4个中型灌区的渠系配套，全面疏通农田灌溉"毛细血管"。着力推进安全饮水工程，实现自来水村村全覆盖。着力推进高标准农田建设，建成集中连片、旱涝保收的高标准农田17.9万亩。提升能源保障。大力发展光伏发电，引进有实力的企业兴建地面光伏发电站，支持贫困村建设集中式、贫困户建设分布式光伏发电项目。科学有序推进常规风电项目，新建装机15万千瓦的骥村、门楼下等风电场及配套工程。加强与光大国际合作，建设辐射周边县区的80兆瓦生活垃圾焚烧发电站。全面完成农网改造升级，确保电网覆盖无死角。加快城镇燃气管网建设，切实提高城乡居民能源保障能力。

二是生态优化工程。着力建好国家生态功能区试点示范，不断放大生态优势，塑造生态品牌。做好治山理水文章。实施新一轮退耕还林、石漠化治理工程，人工造林15万亩，全面消灭宜林荒山。加强绿色通道建设，主干道绿化率达95%以上。全面封山育林，严防严控森林火灾。强化水环境综合治理，突出金陵水库等重点区域，严禁投肥养鱼，从源头上保护饮用水安全。加强石羊河等河道治理，严格管控生活垃圾和污水排放，保护好我们的"母亲河"。推进环境综合整治。强化环境监管执法，确保工业污染源全部达标排放，地表水、空气环境质量达标率分别达到100%、97%。加快建设城乡垃圾、污水处理设施，确保生活垃圾无害化处理率、城市污水集中处理率分别达到98%、95%以上。加强农村面源污染治理，引导农民妥善处置农业废弃物，为子孙后代留下良田沃土。完善生态保护长效机制。严格管控生态保护红线，引领产业向科技含量高、资源消耗低、环境污染小的方向发展。构建生态持续发展机制，大力发展林工产业和林下经济，实现"近期得利、长期待绿、以长养短、长短协调"的良性循环。完善生态补偿机制，探索碳汇林业交易试点，推动形成绿色发展方式和生活方式。建设全域文化旅游基地。优化旅游功能区布局，形成以红色、绿色、古色文化为核心，景区景点为支撑，旅游公路为纽带的全域旅游格局。大力推进旅游景点提质升级，创建国家AAAA级以上旅游景区2个，打造一批省内外著名景区景点、精品线路，创建乡村旅游示范点10个以上。加大文物和名镇名村保护申报力度，"国保""省保"单位分别新增2家、8家以上。

三是民生改善工程。突出全民共建共享，确保新增财力主要投向民生领域，推动民生大改善。坚持就业优先。鼓励大众创业、万众创新，加大职业技能培训和小额贴息创业贷款发放力度。开展劳务协作，拓宽县外就业渠道，积极开发公益性岗位，确保失业率控制在3%以内。完善社会保障。大力发展社会福利和慈善事业，健全社会救助体系，关爱保护特殊困难群体、留守儿童、孤寡老人。进一步深化殡葬改革，破除殡葬旧俗，树立文明新风。建设教育强县。投入20亿元，实施城乡校园提质"三年行动计划"。完成一中搬迁，新建双胜、工业新城学校，改扩建瑞华、云梯、三小和四小，新增城区学位1万个以上。全面提升教育教学质量，加快发展现代职业教育，支持民办教育做大做强，构建永州南部和郴永边际区域教育中心。打造健康新田。加强公益文体设施建设，推进全民健身工程，丰富群众文体活动。建立健全覆盖城乡居民的基本医疗卫生体系，提升基层医疗卫生机构服务能力，全方位、全周期保障人民健康。提升县人民医院、中医院、妇幼保健院等级，完成所有乡镇卫生院、村卫生室改造。全面推进公立医院综合改革，完善薪酬制度，推行分级诊疗，实现“小病不出乡、大病不出县”。

（三）绘就“四化”蓝图。一是绘就农业现代化蓝图。构建现代农业产业体系，使新田由“农业小县”向“农业强县”转变，让全县农民过上富裕的新生活。以工业理念来谋划。根据市场需求组织农业生产经营，加速一产“接二连三”，实现融合发展。科学编制富硒农业发展规划，将富硒产业打造成为产值60亿元的支柱产业。突出蔬菜、大豆、油茶、生猪等产业，打造一批拳头产品，创建省级农业标准化示范县。以新型主体来经营。加强新型职业农民培训，鼓励创办专业合作社，提高经营水平、降低市场风险。坚持规模化发展方向，采取政策引导、财政支持等措施，引导农村土地向新型经营主体流转。新增市级以上龙头企业25家，农产品加工率达到70%以上。以示范园区来带动。按照“试点先行、整体推进”的发展思路，高起点、高标准、高水平建设现代农业示范园。以骥村桐木洞、陶岭东山岭等产业基地为基础，对山、水、田、林、路进行全面综合治理，打造县级示范园区10个以上。各乡镇按照主业突出、规模适度的要求，分别创建综合示范园1个以上。到2021年，富硒大米、蔬菜、大豆、油茶的种植规模分别达到30万亩、20万亩、8万亩、8万亩。出栏生猪70万头，争创全国生猪调出大县。以特色品牌来提效。突出原生态富硒特色，健全富硒产品“从田头到餐桌”的全过程质量安全监管体系。制定富硒农产品标准化生产规程，严格产品检验检测，规范“富硒”标识使用。加大宣传推介力度，不断提升“富硒之乡·南有新田”的知名度和影响力。到2021年，培育富硒知名品牌10个、富硒食品专利50件。

二是绘就新型工业化蓝图。坚定不移实施工业强县战略，集聚要素投向工业，积聚力量决战工业，建成百亿园区，打造新田工业经济升级版。明思路。盯住家私、硒锶、机械制造三大主导产业，高起点修订完善发展规划。着力引入增量、调优存量、提高质量、壮大总量，打造中国中部家私之都、硒锶产品之乡、小型机械制造高地。筑载体。实施工业园区提升工程，推动园区扩区、调区，不断拓展发展空间。到2021年，园区总面积拓展到6.5平方公里，新建标准厂房30万平方米。加快低效工业用地清理，确保优质项目快速落地。坚持产城融合发展理念，推进水、电、路、信等基础设施建设，完善园区商贸、娱乐、医疗、教育等配套，建成“工业新城、城市新区”。强龙头。用好、用活证监会扶贫政策，推动和祥润、普瑞达、吉星家居、万家鹅业等本地龙头企业上市。力争引进拟上市企业、500强企业5家以上，带动新田工业提质增效、转型升级。到2021年，引进培育国家和省级高新技术企业5家以上，实现工业总产值120亿元，税收突破5亿元。

三是绘就新型城镇化蓝图。坚持以人为本，建设多级支撑的新型城镇化体系，到2021年城镇化率达50%以上。精心规划，提升承载能力。统筹城乡规划编制，城乡建设规划、土地利用总体规划等实现多规合一、多规同步。完成地下管网、综合交通、绿地系统、商业网点等专项规划，完善集镇发展规划、村庄整体规划。探索“整村推进”征地模式，严格管控县城规划范围内城中村建房。采取综合措施，引导农民进城购房置业，力争县城规模达20平方公里、20万人。

精致建设，完善城市功能。坚持“项目带动”加快新城扩容，西北片区依托家博城、综合商贸物流中心等项目辐射带动，打造“商贸物流新城”；南部片区依托创新创业园、德恒实验学校等项目带动，打造“工业生态新城”。坚持“有机疏散”推进旧城提质，引导机关事业单位到秀峰街以西区域办公，东部片区分步实施连片棚户区改造，打造“人文宜居城”。连通新田大道—环城东路—环城南路—叠翠街，形成绕城环线。提质改造主次干道，拉通所有“断头路”，畅通城区路网。推动管线下地，统筹建设管道天然气、停车场、农贸市场等市政和公共服务设施。依托日东河、日西河、新田河、里下河、双胜河，结合防洪治理工程，打造5条沿河景观带。精细管理，打造宜居环境。树立经营城市理念，做好土地收储工作，盘活管网、户外广告经营权等优质资产。完善国家卫生县城管理长效机制，全面划行归市，进一步提升环卫保洁水平。构建管理、服务、执法“三位一体”的大城管格局，突出抓好渣土管理、烟花爆竹、消防等重点领域整治，提高城市管理精细化水平。强化市民素质教育，不断提高城市文明程度，创建国家级文明县城和园林县城。

四是绘就信息化蓝图。加快信息技术运用，让群众生产生活更快、更好、更便捷。建好信息化基础设施。运用“大数据”思维建立云平台，完善信息库。加快4G基站等硬件设施建设，实现通信、宽带、公共服务区域Wi-Fi三个全覆盖。加快布局光纤宽带网络、下一代互联网和下一代广播电视网，实现城镇宽带网络基础设施超前建设和升级改造。推动经济发展信息化。加速推动实体企业“触网升级”，引导本地优势企业入驻B2B电子商务平台。搭建淘宝“特色中国·新田馆”，建设线下富硒O2O体验店，提升新田地域品牌影响力。探索发展众筹农业和定制农业，提升产品附加值。积极发展“智慧旅游”，延伸新田旅游服务半径。到2021年，发展规模以上电商企业100家以上，年交易额突破20亿元，争创全国电子商务示范县。推动政务服务信息化。加快“智慧政务”建设，实现规范、透明、线上线下全覆盖的“一站式”政务服务。完善行政协同工作机制，推行电子政务和办公自动化。通过“互联网+”整合相关部门资源，实现数据有效对接共享，让数据多跑路、群众少跑腿。推动社会治理信息化。深入推进社会治理机制改革，把网格化治理模式延伸到农村和外出务工人口集中地，实现网格化全覆盖。大力推广“随手拍”、微信、二维码等科技手段，加强对各类基础信息和动态信息的实时采集。完善社区标准化建设，加快农村阵地建设，建成以信息化为支撑的社会治安立体防控体系和虚拟社会管理。加强重点人群服务管理，坚决打击违法犯罪行为，努力建设更高水平的平安新田。

面对开局之年：使命光荣，奋勇前进。

2017年是新一届政府履职的第一年，开好局、起好步至关重要。全县经济社会发展主要预期目标建议为：GDP、财政总收入、固定资产投资、社会消费品零售总额分别增长10%、15%、20%、12.8%；城乡居民可支配收入分别增长10%、12%以上。

（一）开启决战模式，构建“大扶贫”格局。力争全年脱贫2.1万人、109个贫困村集体收入全部达到4万元以上。强化工作力量。坚持以脱贫攻坚统揽全县经济社会发展，所有工作向脱贫攻坚聚焦，各种资源向脱贫攻坚聚集，各方力量向脱贫攻坚聚合。以扶贫领导小组为核心，以11个专项工作组为主力，以乡镇为单位划定12个战区，形成“兵团作战、齐抓共管”的大扶贫格局，确保脱贫攻坚调度有序、落实到位。突出工作重点。强力推进“五个一批”。坚持“六个结合”，完成易地扶贫搬迁12176人。坚持“四跟四走”模式，突出温氏生猪养殖和分布式光伏发电项目，大力推进产业扶贫，确保村村都有扶贫产业项目。重点发展石蛙养殖等林下经济，提高生态补偿脱贫实效。大力实施教育助学，不让一个孩子因家庭贫困而失学。对3060名困难群众实施兜底保障，实现应兜尽兜。强化驻村帮扶和结对帮扶。驻村工作组因地制宜，精准施策，突出抓好集中式光伏发电等村集体增收项目，加快贫困村脱贫进程。开展"结对帮扶日"活动，引导帮扶责任人真扶贫、扶真贫。完善工作机制。建立利益共享机制，以贫困村、贫困户为重点，谋划实施一批惠及全县人民的大项目。建立巡查考核机制，激励广大干部全身心投入到脱贫攻坚工作。建立脱贫奖励机制，唤醒贫困群众的主动脱贫意识，营造脱贫光荣的良好氛围。

（二）狠抓项目建设，夯实脱贫基础。把2017年作为项目建设年，实施重点项目97个以上，完成固定资产投资90亿元。抓好项目前期工作。加快项目可研、环评、招投标等项目前期工作，开辟项目审批"绿色通道"，确保项目快速落地。加大征地和土地报批力度，年内新征土地3000亩。保障项目前期工作经费，完善项目包装奖罚机制，确保项目库总量动态保持在500个以上。注重拓宽投入渠道。统筹整合使用财政涉农资金，发挥上级切块资金的最大效益。做大、做强、做实投融资平台，城投、农投、园投年内融资40亿元以上，最大限度地为项目建设提供资金保障。采用政府购买服务、PPP等方式，引导更多的社会资本参与项目建设。加强资金监督管理，提高资金使用效率。强力推进项目建设。交通方面，加快干线公路建设，G234完成县城至竹林坪段、加快县城至土桥段建设，S234实施县城段提质改造。完成县乡道路改造30公里，建设农村公路655公里，打通断头路10公里，完成渡改桥、危桥改造10座。水利方面，启动金陵水库除险加固工程，实施城乡给排水一体化、城市防洪治理工程。完成贫困村安全饮水工程61个，实现贫困村安全饮水全覆盖。坚持"谁受益、谁管理"，建立健全农村饮水工程管护机制。强化项目日常调度。严格落实指挥长负责制，深入项目一线调度，抓好进度、质量、安全。优化项目服务，坚决打击"三强"等行为，为项目建设营造良好氛围。强化督察考核，确保项目尽早达产达效。

（三）狠抓特色农业，厚植脱贫优势。紧紧围绕农业现代化，打响富硒特色农业品牌，提升农业综合效益。活机制、强动力。探索转让、租赁、入股等土地流转新机制，引导土地向新型经营主体集中，新增流转土地5000亩。深化以"三权分置"为重点的农村土地制度改革，完成土地承包经营权抵押贷款6000万元以上。强基础、提产能。加快实施全国小农水项目、"五小水利"建设，着力改善农业生产条件。建设高标准基本农田8000亩，强化粮食安全保障。大力推广农业科技和农机新器具，提高农业科技服务水平和机械化水平。种植烤烟5万亩，收购烟叶12万担。种植蔬菜18.5万亩、大豆6万亩。年出栏生猪60万头，出笼家禽850万羽。建标准、创特色。科学制定《新田县天然富硒农产品硒含量分类标准》，引导企业标准化生产。深入开展"湘米工程"，建设示范基地1万亩。加大农畜产品的产地认定和产品认证力度，全年申请"三品一标"10个以上。靠龙头、增效益。发挥温氏集团、东升农场、凤神油茶等龙头企业的带动作用，提升生猪、蔬菜、油茶等农产品标准化生产水平。推进农产品精深加工，形成种、养、科研和深加工"一条龙"的产业链，提升生产效益。建立骥村桐木洞、陶岭东山岭现代化农业综合示范园，推动农业与二、三产业融合发展，提高经营效益。

（四）狠抓新型工业，强化脱贫支撑。加大园区建设和招商引资力度，促进工业提质增量，实现规模工业增加值19.6亿元。提升园区建设水平。完成园区规划调整，编制控制性详规。加快综合产业园等四大专业园区建设，引导企业分类入园。加大低效工业用地处置力度，盘活园区土地，实现“腾笼换鸟”。继续推进俊毅创新创业园等工业项目建设，新建标准厂房15万平方米以上。实施双碧街、玉麟路等11条园区道路建设和提质改造，完善园区路网。围绕“生产、生活、商贸、物流、管理、服务”六位一体的理念，新建民营企业服务中心、园区综合性医院、一贯制学校等配套设施。提高招商引资实效。树立“大招商、招大商”理念，领导干部带头抓招商，以大开放促进大发展。坚定产业招商方向，重点瞄准拟上市企业、国际国内500强和行业龙头企业，力争引进项目16个以上，利用内资12亿元人民币、外资3100万美元，实现外贸进出口6800万美元。严格执行投资强度、税收额度准入标准，切实提高招商质效。坚持“落地是硬道理”，对于签约项目明确责任主体，实行全程跟踪服务，提高履约率和开工率。提质主导产业发展。围绕打造中国中部家私之都，支持俊毅、华泰、家博城等平台发展，鼓励吉星家居等龙头企业增强核心竞争力，提升产业集聚效应。弘扬“工匠精神”，完善校企合作，支持龙昶等机械制造企业提质发展。加快发展硒锶产业，支持万家鹅业等富硒农产品加工企业上市，富锶矿泉水产业提速发展。鼓励小微企业技改扩能，提高产品质量、科技含量，年内新增规模企业7家以上。

（五）狠抓第三产业，增强脱贫动能。积极培育经济增长新极点，实现产业结构更优、就业形势更好、脱贫速度更快。发展全域旅游。坚持全域旅游理念，加快龙家大院、福音山国家森林公园等景点景区建设，争创国家AAAA、AAA级旅游景区各1个。积极推进乡村旅游扶贫，年内建设东升农场、武当山、东山坊等乡村旅游示范点5个以上。主动融入大九嶷山、大湘南旅游圈，争创省级全域旅游示范区。壮大商贸物流。建设双碧街等3个县城农贸市场，加快金盆、新圩等乡镇农贸市场提质改造步伐。鼓励绿硒电商等本土电商企业发展壮大，助推富硒农产品触网销售。培育年交易额超千万元的电商企业5家以上，力争电商交易额超过10亿元，创建湖南省电子商务示范县。启动综合商贸物流中心建设，完成投资5000万元。搞活房产金融。筹办新田首届“房交会”，引进知名房地产开发商，拉动高品质住宅小区开发。优化金融生态环境，严厉打击非法融资集资行为，创成市级金融安全区。加强银企、银项对接，全年新增贷款15亿元以上。做大做强农商行，组建村镇银行，实现村级金融服务站全覆盖，完成小额扶贫信贷7亿元以上。

（六）狠抓城乡建设，增强脱贫信心。注重城乡统筹发展，不断提高城乡服务水平，打造安居乐业环境。坚持生态优先，推进绿色新田建设。突出荒山造林和通道绿化，完成植树造林4万亩，种植大苗2万株。全面封山育林，加强造林管护，严防森林火灾，森林覆盖率提高到57%以上。新建湿地公园1个、小游园22个以上，打造园林式单位34个、园林式小区8个，创建省级园林县城。加强环境污染治理，全面完成节能减排任务。坚持建管并重，促进县城扩容提质。以道路建设带动新城扩容，完成新嘉大道提质改造，实施迎宾路等14条城区主次干道“白改黑”，推进环城东路、和平路等34条道路建设。以棚户区改造带动旧城提质，突出老剧院、老粮站等5个片区，完成棚户区改造2055户。加强城市综合治理，切实解决好环境卫生、车辆停放、市场管理等突出问题，巩固创国卫成果。深入推进“两供两治”，建成三水厂和城区供水系统工程，铺设燃气管道10公里。大力开展小区集中整治，不断改善居住环境。坚持城乡统筹，努力建设美丽乡村。开展城乡公交一体化试点，加强农村公路管护和养护，实现农村赶集客运班车全覆盖。推进城乡环保一体化，启动城乡垃圾收转运体系建设，新建乡镇垃圾中转站12座，农村生活垃圾无害化处理率达到80%以上。推进垃圾焚烧发电项目建设，完成农村改厕8000座。加快农村污水管网建设，提高污水处理率。将S323沿线打造成美丽乡村风景线，打造精品村20个。突出特色，打造2—3个小城镇建设示范点。争取龙家大院、谈文溪列入中国历史文化名村，彭梓城、骆铭孙列入中国传统古村落。

（七）狠抓改革创新，释放脱贫活力。全面推进改革创新，为打赢脱贫攻坚战提供动力。深化行政管理体制改革。继续坚持“四单”管理，大力推进简政放权，构建权责明晰、分工合理、运转高效的政府职能体系。加强撤乡并镇后续管理，积极稳妥做好村两委换届工作，提升社区服务能力。启动供销社综合改革，增强供销社发展活力和为农服务功能。深化资源要素配置改革。调整优化供地机制，完善工业用地亩产效益评价体系，合理有序安排年度土地利用计划，切实提高土地利用效率。加快财税改革，推广“税易贷”等金融产品服务企业的模式，鼓励企业上市直接融资、通过第三方担保融资，破解资金瓶颈。支持城投集团转型发展，力争发行企业债12亿元，包装项目融资20亿元，更好地发挥国有资产效益。建立健全引才、育才、用才机制，为经济转型升级提供人才保障。深化供给侧结构性改革。坚持以需求为导向，从生产领域发力，强化优质供给，化解无效供给，全面提升供需对接水平。棚改、城中村改造的货币化安置率提高到60%以上，鼓励重点工程拆迁、易地扶贫搬迁等农户到城镇购房，促进房地产市场去库存。加快提升制造业发展水平和服务业规模层次，增强企业自主创新能力，补齐经济发展短板。

（八）狠抓民生改善，兜实脱贫底线。大力保障和改善民生，让人民群众生活更加幸福、更感自豪、更有尊严。健全社会保障体系。完善公共创业就业服务网络，发放小额担保贷款3300万元以上，完成就业技能培训5000人以上，新增城镇就业4200人、农村劳动力转移就业5000人。扩大“五险”征缴面，城乡居民医保参保率达到95%以上，适当提高报账比例。规范城乡低保和社会救助管理，实现贫困对象应保尽保、兜底对象应兜尽兜。加快养老服务设施建设，增加养老床位100张。提升公共服务水平。启动一中新校区、职业中专实训大楼建设，力争德恒学校秋季招生，新增城区学位3000个以上。落实教师人才津贴，加强名校、名师、名校长建设，提升新田各类学校在全市的位次。推进科技创新，申请专利170件以上。加快中医院综合楼建设，完成妇幼保健院、疾控中心搬迁。推进卫生计生综合监督执法体系建设，切实提高服务水平，创建省级儿童保健服务合格县。坚持基本国策不动摇，以优质服务帮助群众生好两孩，力争计生工作、协会工作分别保持良好县、模范县行列。实施公益文化工程，争取县影剧院、博物馆、图书馆等立项建设和改造。加大移民产业开发力度，促进移民脱贫致富。强化国防后备力量建设，完善人民防空设施。积极发挥关工委作用，进一步创优留守儿童成长环境。抓好民族宗教等工作，支持工会、共青团、妇联、工商联等群团组织开展工作，促进统战、机关事务等社会事业协调发展。维护安全稳定局面。认真落实安全生产“一岗双责”和企业主体责任，切实加强道路交通、非煤矿山等重点领域监管，争创“省级安全生产示范县”。健全市场和质量监管网络，严格产品质量和食品药品安全监管，切实维护消费者合法权益。完善应急体系，提高政府预防和处置突发事件的综合能力。开展“七五”普法，营造良好法治环境。积极化解信访积案难案，引导有诉求的群众理性逐级上访。创新社会治理，推进禁毒工作，严厉打击各类违法犯罪行为，确保社会大局持续稳定。

（九）狠抓自身建设，强化脱贫保障。面对艰巨繁重的脱贫攻坚任务，政府及工作人员必须增强“四个意识”，强化执行力、提高公信力，打造人民满意政府。讲法治，坚持依法干事。牢固树立法治思维，将政府活动全面纳入法治轨道。严格落实公众参与、专家论证、公开听证、风险评估、合法性审查、集体讨论决定等程序，确保重大决策科学民主。自觉接受人大法律监督、工作监督和政协民主监督，广泛接受社会公众和新闻舆论监督。深入推进政务公开，及时回应社会关切，提高工作透明度，打造阳光政府。讲担当，坚持为民干事。进一步强化担当意识，增强担当勇气，提升担当能力。继续开展领导带头解难题活动，践行一线工作法，积极破解阻碍新田发展的制约因素。发扬“钉钉子”精神，做到定一件干一件、干一件成一件。建立容错纠错机制，宽容干部在工作中特别是改革创新中的失误，为敢于担当者担当，为敢于负责者负责，让广大干部愿干事、敢干事、干成事。讲执行，坚持高效干事。全面推行全程代理、并联审批、办事要件一次性告知等行之有效的制度，让老百姓“门好进、话好听、脸好看、事好办”。完善县、乡、村三级便民服务网络，积极推行网上办事，限时办结。健全干部绩效考核机制，继续扩大“满意不满意”测评范围，进一步提高机关效能和干部执行力。讲廉洁，坚持干净干事。认真落实党风廉洁建设主体责任，坚持从严治政、从严治吏，努力建设廉洁政府。坚持勤俭节约，完善财政预算绩效评价和监督制度，将财政的钱用到“刀刃”上。针对脱贫攻坚资金多、项目多的实际，严格执行政府采购、建设工程招投标等程序，对重点岗位实行分岗设权、分级授权、定期轮岗，把权力关进制度的笼子。加强行政监察，推进审计全覆盖，对重点行业、重点部门开展巡查，铲除腐败滋生土壤。坚持有腐必反、有贪必肃，严肃查处各类违法违纪案件，以实际行动取信于民。

各位代表，时代赋予重任，实干成就梦想。让我们在市委、市政府和县委的坚强领导下，在县人大、县政协的监督支持下，发扬“南有新田、奋勇争先”精神，同心同德，锐意进取，为早日实现脱贫奔小康而努力奋斗！

名词解释

1.“135”工程：指全省的创新创业园区发展战略，新田县任务是建设1个产业园区、30万平方米标准厂房、引进50家创新创业企业。

2.国家地理标志保护产品：指产自特定地域，所具有的质量、声誉或其他特性本质上取决于该产地的自然因素和人文因素，经审核批准以地理名称进行命名的产品。

3.“五小”水利：指小水窖、小水池、小泵站、小塘坝、小水渠。

4.“十五小”企业：指小造纸、小制革、小染料、土炼焦、土炼硫、土炼砷、土炼汞、土炼铅锌、土炼油、土选金、小农药、小电镀、土法生产石棉制品、土法生产放射性制品、小漂染企业。

5.“四单”管理：指责任清单、权力清单、负面清单、监管清单管理。

6.“先照后证”：指对按照法律法规需要取得前置许可的事项，除涉及国家安全、公民生命财产安全等事项外，商事主体向二商部门申请登记，取得营业执照后即可从事一般生产经营活动；对从事需要许可的生产经营活动，持营业执照和有关材料向主管部门申请许可。

7.“一照一码”：指通过“一口受理、并联审批、信息共享、结果互认”，将由三个部门（工商、质检、税务）分别核发不同证照，改为通过“一窗受理、互联互通、信息共享”，由工商部门直接核发加载法人和其他组织统一社会信用代码的营业执照。

8.“营改增”：是指以前缴纳营业税的应税项目改成缴纳增值税，增值税只对产品或者服务的增值部分纳税，减少重复纳税的环节。

9. 供给侧结构性改革： 指调整经济结构，使要素实现最优配置，提升经济增长的质量和数量。主要包含劳动力、土地、资本、制度创造、创新等要素。

10. “三名工程”： 指为提高教育教学质量而推行的名师、名校、名校长建设工作。

11. “四个意识”： 指党中央提出的政治意识、大局意识、核心意识、看齐意识，它标志着中国政治、中国治理进入一个新阶段。

12. “四个三”工作部署： 指全市实现新型工业化、中心城市建设、基础设施建设“三大突破”，推进行政管理体制、农村产权制度、社会治理机制“三项改革”，坚持生态、教育、就业“三项优先”，抓好城镇与农村、当前与长远、经济与社会发展“三项统筹”。

13. “两不愁、三保障”： 指稳定实现扶贫对象不愁吃、不愁穿，保障其义务教育、基本医疗和安全住房。

14. 农村面源污染： 是指农村生活和农业生产活动中，溶解的或固体的污染物，如农田中的土粒、氮素、磷素、农药重金属、农村禽畜粪便与生活垃圾等有机或无机物质，通过农田地表径流、农田排水和地下渗漏，使大量污染物进入受纳水体（河流、湖泊、水库、海湾）所引起的污染。

15. “碳汇林业”： 指利用森林的储碳功能，通过植树造林、加强森林经营管理、减少毁林、保护和恢复森林植被等活动，吸收和固定大气中的二氧化碳，并按照相关规则与碳汇交易相结合的过程、活动或机制。

16. 众筹农业： 指采用互联网和社交网络革新原有的农业生产流程，让大众消费者参与到农耕之中，倡导的是食品安全，可追溯农业生态，提前汇集订单，使农场和农业的从业者提前组织生产，以订单驱动农业，通过互联网、众筹和大数据推动农业产业的发展。

17. “五个一批”： 指精准脱贫工作中，发展生产脱贫一批、易地扶贫搬迁脱贫一批、生态补偿脱贫一批、发展教育脱贫一批、社会保障兜底一批。

18. “四跟四走”： 指资金跟着穷人走，穷人跟着能人走，能人跟着产业走，产业跟着市场走。

19. “结对帮扶日”： 指每月17日为新田县精准扶贫结对帮扶日。

20. PPP 模式： 指政府和社会资本合作，是公共基础设施中的一种项目融资模式。

21. “三权分置”： 指在坚持农村土地集体所有的前提下，促使承包权和经营权分离，形成所有权、承包权、经营权三权分置，经营权流转的格局。

22. “两供两治”： 指供水设施提质改造工程、管输天然气供气设施建设工程、污水治理工程、垃圾治理工程。

23. O2O： Online To Offline（在线离线 / 线上到线下），是指将线下的商务机会与互联网结合，让互联网成为线下交易的平台。

24. B2B： 也有写成 BTB，是 Business To Business 的缩写，是指企业与企业之间通过专用网络，进行数据信息的交换、传递，开展交易活动的商业模式。

25. “五险”： 指的是五种保险，包括养老保险、医疗保险、失业保险、工伤保险和生育保险。

26. 全域旅游： 是指在一定区域内，以旅游业为优势产业，通过对区域内经济社会资源的优化提升，实现区域资源有机整合、产业融合发展、社会共建共享，以旅游业带动和促进经济社会协调发展。

27. 公路标号： G234 线（门楼下—金陵—龙泉—大坪塘—新隆）、S234 线（新嘉公路）、S323 线（金陵—龙泉—枧头）、S231 线（龙泉—三井—石羊）。

中国人民政治协商会议新田县第八届委员会常务委员会工作报告

——在政协新田县第九届委员会第一次会议上

政协新田县委员会主席　王佑生

本届政协工作回顾

过去四年，是新田发展取得非凡成就的四年，也是新田政协工作与时俱进、积极作为、成效显著的四年。四年来，县八届政协在中共新田县委的坚强领导下，认真学习贯彻习近平总书记系列重要讲话精神，始终坚持“服务发展、为民履职”工作定位，牢牢把握团结和民主两大主题，切实履行政治协商、民主监督、参政议政三大职能，努力做好协调关系、汇集力量、建言献策、服务大局各项工作，为促进全县经济平稳较快发展和社会和谐稳定做出积极贡献。

一、围绕中心，咨政建言，协商民主有新发展

协商议政更加规范。认真贯彻落实中央和省市关于发展社会主义协商民主的新要求，根据《中国人民政治协商会议章程》和省、市文件精神，制定并以县委文件印发《政协新田县委员会关于政治协商、民主监督、参政议政的规定（试行）》《政协新田县委员会关于民主评议工作的实施办法（试行）》，制定出台《政协新田县委员会“专题协商”的实施办法》，进一步完善民主协商机制。对协商议题的提出和确立、协商活动的安排和准备、协商过程的步骤和要求、协商意见的整理和报送、协商结果的反馈和运用等操作环节，进行规范和细化。主动争取县委、县政府的支持，把重大事项的政治协商纳入全局工作统一部署，不断推动协商民主向广泛、多层、制度化发展，为“献出咨政好建议、唱响政协好声音”提供制度保障。

协商形式更加多样。着力构建协商平台，积极探索新形势下协商议政新方式，形成全委会议整体协商、常委会议专题协商、主席会议重点协商、专委会议对口协商民主协商新格局。本届政协共召开全委会议4次、主席会议46次、常委会议23次，开展对口协商活动80余次。每年全委会期间，全体委员紧扣新田县经济社会发展的全局性问题和人民群众关心的热点难点问题，通过大会发言、分组讨论、联组讨论等形式，与县委、县政府领导面对面协商讨论，提出意见和建议。参照全国政协和省政协“双周协商”、市政协“双月协商”的办法，探索实施“季度协商”，每个季度围绕县委、县政府决策部署和事关全县改革发展的重大问题，组织开展专题协商议政活动。重视发挥各专门委员会、委员工作组和乡镇政协工委的专业、界别优势，利用对口协商平台，掌握部门工作动态，助推热点难点问题解决。这些形式多样的协商活动，激发委员们的参政议政热情，促进新田县协商民主向纵深发展。

协商效果更加明显。紧扣全县中心工作，把握议政建言方向，坚持把政治协商与促进落实县委、县政府决策部署相衔接，提高协商的实效。充分发挥全委会议整体协商的广泛性作用，四年来，委员们在全会期间，围绕新田县经济和社会发展中长期规划、“一府两院”工作报告和计划、财政报告以及换届人事安排等重大问题开展全面协商，共提出意见建议200多条，对新田县全局工作提供更加广泛的民意支持。注重发挥大会发言的直接建言作用，24名委员分别就福音山国家森林公园开发、“幸福社区”建设、富硒农产品开发、打造全域景区旅游、教育优先发展、传统古村落保护、人才队伍建设等专题作大会发言，提

出许多有价值的意见建议，得到县委、县政府领导的充分肯定和相关部门的一致认可。努力提升专题协商的智库作用，协商前，组织委员分专题充分调研；协商时，邀请县委、县政府领导及相关部门领导参加会议协商互动；协商后，及时将意见建议归纳汇总报送相关领导和部门，取得良好效果。如：为科学建言新田县国民经济和社会发展“十三五”规划，县政协主席会议提前2个月作出安排，由副主席牵头，分5个组对规划涉及的相关问题进行认真调研，协商会上，10多名委员踊跃发言，围绕“十三五”规划发展思路、总体布局、发展目标、发展重点、保障措施以及项目库建设等方面提出有针对性的意见建议60多条，为科学制定新田县“十三五”规划发挥智囊作用。

二、拓展形式，改进方法，民主监督有新加强

多形式推进提案办理。八届一次全会以来，共收到委员提案638件，经审查立案592件。这些提案紧贴全县中心工作和群众关注的热点难点问题，凝聚委员们的心血和智慧。为提高提案办理实效，我们一是积极推动提案办理协商，推行电话约谈、上门走访、协商座谈等办理方式，使委员与提案办理单位加强沟通，增进理解，形成共识，增加提案办理的满意度；二是对重点提案、重点办理单位，采取主席、副主席领衔督办或联合两办督查室共同督办等方式，督促相关部门抓好落实；三是发挥测评在提案办理中的监督促进作用，今年，选择6件重点提案，安排承办部门到县政协常委会通报提案办理情况并组织委员测评，取得良好的效果。通过强化提案办理监督，一批群众反映强烈的问题得到有效解决，如陆仁邱委员提出的“关于在全县实现一元民生保障的建议”、骆惠芳委员提出的“关于加大边远山区教师补贴，提升边远山区教育质量的建议”、王红平委员提出的“关于建立学校周边食品安全监管长效机制的建议”、谢兴斌委员提出的“关于在县城城区设立垃圾处理转运站的建议”、纪莹委员提出的“关于改进慢性病特殊门诊管理的建议”、郭飚委员提出的“关于拍摄红色题材《蒋先云》电视连续剧的建议”和“关于禁止在县城规划区内燃放烟花爆竹的建议”、陈远运委员提出的“关于对县城区主次干道废品回收站实行搬迁的建议”等提案，相关单位高度重视，认真调查研究，拿出可行方案，报经县委政府同意，得到很好解决。

多方面开展民主评议。制定出台《政协新田县委员会关于民主评议工作的实施办法（试行）》，对民主评议的目的、原则、对象、内容、程序及结果运用进行规范。坚持“对事不对人”和“以评促改”的原则，先后对县环保局、县食品药品监督管理局、县城管局、县林业局和县水利局的工作开展民主评议。通过动员部署、听取汇报、座谈讨论、问卷调查、集中评议、交办整改等工作步骤，引导被评议单位找准存在问题，深刻剖析原因，制定整改方案，抓好整改落实。同时，为巩固评议效果，防止问题反弹，对上年被评议单位，第二年组织委员就其整改落实情况开展“回头看”，取得良好的效果。如县城管局认真采纳政协委员的评议意见，采取严格执法、合理引导、堵疏结合等措施，大力整治马路市场、占道经营等“老大难”问题，县城市容市貌大为改观，为创国卫达标打下良好基础。

多层次抓实特邀监督。根据委员的工作岗位、个人专长和界别特点，四年间共选派40多名综合素质高、议政能力强的委员，分别担任纪检监察机关、政法机关和政府有关部门的民主监督员；推荐委员参与全县“满意不满意单位”民主测评、群众路线教育实践活动民主测评、电视问政和有关部门的政策研讨、案卷评查、政风评议等活动200多人次。县政协不定期约谈被监督单位负责人、民主监督员，掌握工作情况，提出指导意见。广大委员认真履行监督职责，针对部门作风建设存在的问题，建净言、献良策，被监督单位积极配合、务实整改，收到互动双赢的良好效果。

多举措强化跟踪问效。综合运用现场视察、走访座谈、问卷调查、民主测评、督办函、“回头看”等措施，对职能部门落实党政领导批示、采纳政协意见建议的情况，进行全面跟踪解和督导，明确办理时限并及时反馈结果。通过开展督导和跟踪问效，委员们提出的意见建议得到更好的落实，促进协商监督成果的有效转化。如针对以往委员大会发言落实过程中存在的不足，为更好地发挥委员大会发言的民主监督和参政议政实效，2015年以来，县政协由分管副主席牵头，相关委室和政协委员参与，对县政协八届三次、四次全会上的16篇大会发言的办理落实情况进行跟踪督办，推动大会发言有关建议的落实，促进部门工作。

三、汇智聚力，助推发展，参政议政有新实效

专题调研献良策。始终把专题调研作为委员参政议政的重要形式和履行职能的重要内容，按照“选题求准、队伍求精、调研求深、建议求实”的要求，深入开展调研，积极建言献策，努力为县委、县政府决策提供有价值的参考。四年来，各界别委员通过深入调查研究，共撰写调研报告、理论文章80多篇，内容涉及工业强县、农村土地流转、“三难地”绿化、富硒农产品开发、教育优先发展、公立医院改革、卫生人才队伍建设、红色旅游开发、全域景区建设、“幸福社区”创建、公共体育设施建设、农村垃圾处理、传统村落保护、农家书屋管理等方面，其中被省市政协评为优秀调研论文8篇，被县政协评为优秀调研论文33篇，转化成政协全会大会发言24篇。调研报告所提的意见建议，县委、县政府和相关部门高度重视，大多数被采纳到各项工作之中。如龙东生委员撰写的调研报告《实施全域景区化战略　加快新田旅游产业发展》，受到县委、县政府重视，报告中的许多观点被吸纳到新田县旅游产业发展规划之中；徐银飞委员撰写的调研报告《坚持教育优先发展　办好人民满意教育》，唐军书记和秦县长分别进行批示，要求分管领导和相关部门认真研究，尽快出台加快新田县教育发展的文件。

专项视察建诤言。围绕中心工作和重点项目建设，精心组织委员视察活动。四年来，先后对全县公安工作、法院工作、水利建设、交通建设、造林绿化、工业园“135”工程建设、乡镇卫生院建设、合格学校建设、学前教育发展、“创国卫”工作、县城棚户区改造及保障性住房建设、县城供水引水工程、易地扶贫搬迁、扶贫资金管理等重点工作进行专项视察。通过视察，委员们进一步加深对县情和部门工作的解，在全面掌握实情的情况下，向被视察单位提出许多有针对性和可操作性的建议意见，促进全县重点项目建设和各项工作的落实。

畅通信息集民智。制定《新田县社情民意信息工作考核办法》，建立完善工作机制和激励机制。从大学生村干部中聘请特约信息员，进一步拓宽信息来源渠道。四年来，全县政协委员通过调研、视察、走访群众，收集民情民意，反映群众诉求，共报送社情民意信息200多条，其中，报送省市政协33条，报送县委、县政府60多条，向相关部门批转70多条，既为各级党政领导掌握社情、广集民智提供帮助，又促使一批群众广泛关注的热点难点问题得到有效解决。如郑跃峰委员反映的“将城中村纳入垃圾清收范围”的建议、李旭斌委员反映的“组建家长志愿巡查队，加强网吧整治力度”的建议、盘和英委员反映的“增加公交设施，提高服务质量”的建议、陆仁邱委员反映的“提高市、县新闻入户率”的建议、徐银飞委员反映的“加强农村医疗废物规范化处理”的建议、刘建军委员反映的“在农贸市场设立公平秤”的等建议，县委、县政府高度重视，有关部门及时采取措施进行落实。

参与中心促发展。县政协班子成员牢固树立全局意识，主动融入全县中心工作，四年来，按照县委、县政府的统一部署，先后参与招商引资、重点工程征地拆迁、打击“三非”、“城乡同创”、创省卫、创国卫、取缔“慢慢游”、“解难题”、“清欠”、信访包案、联系重点企业和重点项目、驻村党建扶贫等中心工作，较好地完成各项任务。广大政协委员立足本职，发挥优势，积极投身全县经济建设和中心任务，切实做到与党委政府思想同心、目标同向、工作同步、力量同位，促进全县经济发展和社会和谐。

四、突出特色，扩大影响，团结联谊有新起色

联系各界更为密切。重视发挥党派团体在政协组织中的作用，支持工商联、无党派代表人士通过政协的平台，参与全县重要事项的协商讨论；建立完善政协主席、副主席联系界别、政协常委联系委员、委员联系群众的工作机制，通过邀请委员参加调研视察活动、举办座谈会、培训会、界别组活动以及走访委员等形式，加强与委员的联系；鼓励和动员委员加强同本界别群众的沟通联系，协助党委、政府做好说服教育、理顺情绪的工作，努力减少阻力、增加助力、形成合力，及时消除影响社会稳定的因素，促进全县和谐稳定。

联谊交流更加广泛。加强与省、市和兄弟县区政协的联谊交流，积极参加省政协《湘声报》组织开展的对部分县市区政协集中采访活动，学习外地政协工作经验。协助各级各地政协来新田县开展文化旅游产业开发、农业产业化建设、春陵河流域生态保护、工业园区和重点项目建设、食用菌产业和富硒产业开发、传统村落保护、社区网格化管理等调研考察活动，宣传新田的发展成就。前往山东枣庄市市中区政协，参加祭奠王鼎铭及廉政文化教育活动。与长沙天心区政协在知市坪中心校联合开展“爱心守护、希望同行”帮扶困难留守儿童联谊活动。参加永州市县区政协工作座谈会、市县区政协老主席文体活动邀请赛、全市政协系统第二届乒乓球联谊赛等活动。利用外出调研考察机会走访、看望在外新田籍人士，向他们宣传本县投资环境和招商引资优惠政策，推介新田良好的发展环境。

文史宣传更具特色。重视发挥文史工作“存史、资政、团结、育人”的作用，编撰出版《新田政协志》,《新田文史》第七、八辑，完成“湖南名人故居”、“湖南农业文化遗产”、湖南“文化大革命”、“知青”、“永州百年名人”及《新田文史》第九辑等文史资料征集任务。配合中央电视台和山东枣庄政协拍摄《一代廉吏王鼎铭》电视纪录片。组织县文联、县工商联举办“纪念毛泽东同志诞辰120周年综合美术展”。举办庆祝人民政协成立65周年暨新田县政协成立30周年纪念活动。结合庆祝抗日战争胜利七十周年，组织政协委员走访慰问新田籍健在抗战老兵，前往南岳忠烈祠和广西昆仑关纪念馆凭吊抗战英烈。加强与新闻单位的协作，搞好政协重要会议、专项视察、民主评议、提案办理等活动的宣传报道，为新田县政协工作营造良好的舆论氛围。

扶贫济困成效显著。以群众路线教育实践活动为契机，组织机关干部和广大政协委员深入开展“一进二访”和“察民情、集民智、聚民心、解民难”活动，解民情民忧，反映社情民意，协调解决群众困难。以“助力脱贫攻坚，建设小康新田”为目标，组织政协委员积极投身精准扶贫主战场，大力开展“三个一”结对帮扶活动。县政协领导以身作则，率先垂范，每人至少资助一名贫困家庭在校学生、结对一个贫困家庭增加收入、帮助贫困家庭一名成员解决就业。全县政协委员、政协机关干部职工有180余人参与“三个一”结对帮扶活动，参与率达100%，共捐款捐物180多万元，结对资助贫困学生20名，结对帮扶贫困家庭290户，帮助“零就业”贫困家庭解决就业17人。发挥政协委员联系面广、人才荟萃的优势，深入开展“委员服务日”活动。医卫组委员分别在广州花都区、新田门楼下瑶族乡等地开展“委员服务日”活动，为在广州务工新田籍人员和贫困山区群众义务送医送药，免费发放药品5万余元；社科文艺组委员在全县各乡镇开展“文化惠民”下乡演出活动20多场，活跃城乡文化生活；民族宗教组委员释法广牵线引资200多万元，在骥村镇冷水井村捐建慈善学校1所，免费招收100多名农村孤儿和特困儿童入学；工商联组委员为县教育基金会和贫困学生捐款12万元，向思源学校捐赠价值30万元的教学设备，欧高珍、潘远河委员创办凤神油茶有限公司，采取“公司+基地+农户”模式，开发富硒油茶基地6000亩，带动当地农民脱贫致富；教体组、工青组、妇联组委员发挥各自的优势，开展送书送课下乡、爱心助学、“手拉手”救助贫困重病儿童、结对帮扶贫困妇女儿童等一系列公益服务活动，为全县贫困学生、贫困妇女儿童募捐各类救助金100多万元。这些扶贫济困活动充分体现人民政协为人民的履职理念，赢得社会各界的广泛赞誉。

五、强基固本，激发活力，自身建设有新提高

抓学习，提素质。常委会始终把加强学习摆在重要位置，大力推进学习型组织建设，切实巩固履职的思想政治基础。完善政协班子中心组学习、政协常委集体学习、机关例会集中学习等制度，组织政协班子成员和机关干部职工认真学习人民政协理论、国家大政方针、县委重大决策部署；定期组织委员培训，邀请上级政协领导、专家、学者和有经验的老委员讲课，提高委员的政治理论水平和业务能力，为委员更好地知情明政、履行职能奠定良好基础。

抓党建，转作风。充分发挥政协党组的领导核心作用和机关党支部的政治保障作用，紧密结合政协工作实际，深入开展党的群众路线教育实践活动、“三严三实”专题教育、“守纪律、讲规矩”专题教育和“两学一做”学习教育。通过学教活动，县政协机关党员干部的群众观念、宗旨意识、党性意识、纪律意识进一步增强，群众普遍关注的“四风”突出问题得到有效整改，干部作风进一步好转。县政协党组切实履行党风廉政建设主体责任，深入学习贯彻“两条例一准则”，认真落实党风廉政建设责任制，地促进政协机关廉政建设工作深入开展。

抓制度，强管理。将制度建设作为本届政协的基础性工作来抓，坚持以制度管人，用制度理事。立足继承与创新相结合，完善机关财务、车辆、接待和办文办会等10项规章制度，修订《常委会工作规则》《主席会议工作规则》和《新田县政协委员、常委参加政协会议、活动的暂行办法》。为充分发挥委员主体作用，切实加强委员管理，在全市率先出台《新田县政协委员履职量化考核办法》，对委员参加会议、参加专委会活动、开展专题调研、撰写提案、报送社情民意、为民办好事实事等基本履职行为进行量化考核打分。同时建立委员履职档案和履职行为定期通报制度。对考核为优秀的委员，在每年的全会上进行表彰奖励。对考核不称职的委员，视情况分别采取约谈、警告和撤销委员资格等措施。上述制度的出台和实施，激发委员履职热情，增强委员履职成效，提高政协机关的办事效率。

抓服务，增活力。着眼于激发政协队伍履职活力，八届政协常委会强化服务理念，转变工作作风，服务质量明显提高。建立主席接待日制度，确定每月15日为委员接待日，由政协主席、副主席接待基层委员，面对面了解委员思想、学习、工作、生活情况，指导委员履行职责，达到沟通思想、形成共识、提高效能的目的。这一做法得到上级政协的充分肯定。落实委员走访制度，每年由主席、副主席带队前往基层单位，看望走访委员，听取委员意见，帮助委员解决一些实际困难和问题。搭建委员履职平台，不断拓宽委员履职渠道，让更多的委员参与县政协组织的履职活动。开展“创先争优”活动，四年来，共表彰先进委员工作组19个次，优秀政协委员123人次，优秀提案46件，优秀社情民意信息29条，优秀调研报告和优秀理论文章33篇。通过各种形式的服务活动，进一步提高委员的履职积极性，增强委员的归属感，提升政协组织的活力和凝聚力。

各位委员，各位同志，八届县政协取得的成绩，是中共新田县委正确领导的结果，是县人大、县政府和社会各界大力支持的结果，凝聚着县政协各参加单位和全体政协委员的智慧与心血，饱含历届老领导、老委员的关心和支持。在此，我代表八届县政协常委会，向所有关心支持政协工作的各级领导和同志们表示衷心的感谢，向认真履职、努力奉献的八届县政协委员致以崇高的敬意！

总结四年来的履职实践，我们深切体会到：

——坚持党的领导，是做好政协工作的根本保证。党的领导是人民政协存在和发展的根本前提，也是人民政协履行职能、发挥作用的根本保证。四年来，八届县政协坚决贯彻党的路线方针政策，自觉接受中共新田县委的领导，充分发挥政协党组在政协组织中的领导核心作用，坚持围绕党委的重大决策部署来研究谋划政协工作，始终与县委同心同德、同向同行，使全县政协工作呈现党委重视、政府支持、政协主动、各界配合的良好局面。

——坚持围绕中心服务大局，是政协履行职能的基本原则。人民政协事业是中国特色社会主义事业的重要组成部分，我们必须把围绕中心、服务大局作为履行职能的重要原则，作为彰显优势的努力方向，作为评价工作的基本标准。在推进全面小康新田建设进程中，八届县政协坚持“党政工作推进到哪里，政协工作就跟进到哪里”，既注重从宏观上献计、又注重从微观上出力，使政协履行职能的重大活动安排完全融入党政中心工作，有效地发挥政协的优势和作用。

——坚持团结和民主，是人民政协工作的永恒主题。团结和民主是人民政协产生和发展的历史依据，是人民政协继往开来的方向和使命，也是人民政协的标志性特征。作为大团结大联合的组织，人民政协具有广泛的代表性和巨大的包容性。八届县政协坚持把团结民主贯穿于政协工作的全过程，最大限度地团结一切可以团结的力量，积极营造心往一处想、劲往一处使的良好氛围，努力为实现全县工作目标减少阻力、增加助力、形成合力。

——坚持政协委员的主体地位，是做好政协工作的关键所在。委员是政协工作的主体，也是政协的优势所在，政协职能的发挥主要通过政协委员的活动来体现。八届县政协注重提高委员素质、注重完善相关制度、注重搭建各种平台，用事业凝聚委员，用实践锻炼委员，用机制激励委员，使委员的主体作用得到有效发挥，参政议政实效更加明显。

——坚持与时俱进开拓创新，是政协工作保持勃勃生机的不竭动力。创新是民族进步的灵魂，是国家兴旺发达的动力，也是政协工作常做常新、不断前进的活力之源。八届县政协在履行职能中，致力于探索新的形式、寻求新的载体、推出新的举措，从而使政协工作在创新中不断得到发展和提升。

回顾四年来的工作，也要清醒地看到，我们的工作与新形势下人民政协肩负的使命相比，与县委的要求和社会各界的期望相比，还存在一些需要加强和改进的地方，比如：政协理论研究还有待进一步加强，民主监督的方式方法还需进一步改进，协商议政成果落实机制还需进一步完善，部分委员履职的积极性、主动性、创造性还需进一步提升。这些问题和不足需要新一届县政协认真研究，积极探索，切实改进。

今后五年工作建议

今后五年，是新田全面实施“十三五”规划，决战脱贫攻坚、决胜全面小康，加快建设品质、活力、智慧新田的关键时期。面对新形势新任务，新一届县政协要高举中国特色社会主义伟大旗帜，在中共新田县委的坚强领导下，紧紧围绕县第十二次党代会确定的目标任务，认真履行各项职能，为全县加快实现脱贫摘帽、全面建成小康社会贡献智慧和力量。

一、增强担当意识，打造责任政协

政协工作是全县工作的重要组成部分，九届县政协和全体政协委员要牢记责任使命，增强担当意识，为全县改革发展稳定担当应尽之责。强化政治担当。人民政协是中国共产党领导的多党合作和政治协商组织，坚持中国共产党领导，保持高度政治定力，是政协组织、政协委员敢于担当的第一要求，是打造“责任政协”的关键所在。要牢固树立政治意识、大局意识、核心意识、看齐意识，在思想上、政治上、行动上自觉与以习近平同志为核心的党中央保持高度一致。要坚定不移贯彻党的路线方针政策和县委重大决策部署，自觉做到与县委同心同向同行、合心合力合拍。强化履职担当。政协委员既是荣誉、信任，更是一份沉甸甸的责任。全体政协委员要按照俞正声主席提出的“拒绝冷漠和懈怠、拒绝浮躁和脱离国情的极端主张、拒绝奢靡和一切利用权力或影响谋取私利的行为”的履职要求，以强烈的责任意识、满腔的履职热情和正派的工作作风，切实担负起政协委员的责任、使命。紧紧围绕全局发展目标和中心工作，在履行三大职能上敢负责、勇担当、用实功，切实增强民主协商的广泛性、民主监督的针对性、参政议政的实效性。强化发展担当。新田的发展是全体新田干部和新田人民的共同责任。九届县政协要始终把服务新田发展作为政协工作的第一要务，不仅要围绕县第十二次党代会提出的目标任务，从宏观上献计，更要动员全体政协委员参与全县经济社会发展各项中心工作，在微观上出力，尤其要充分发挥政协人才荟萃、联系广泛的优势，组织委员积极投身全县精准扶贫主战场，为新田早日实现脱贫摘帽、全面建成小康社会做出新的更大贡献。

二、关注民生福祉，打造为民政协

人民政协来自人民，一切工作都是为人民。倾情群众，履职为民，是人民政协适应时代新要求和人民群众新期盼的需要。九届县政协要坚持把群众利益放在第一位置，把群众呼声作为第一信号，把群众满意作为第一追求。要树立人民政协为人民的理念，常想一想群众需要政协做什么，政协能够为群众做什么，政协为群众做什么，自觉做到政为民所议，言为民所建，策为民所献，力为民所出。要把民主监督的重点放在事关群众切身利益的民生问题上，把推动民生政策的制定和落实作为履行职能的主要方向，把发展社会事业、完善社会保障、创新社会管理、推进基本公共服务均等化作为履行职能的重要领域，加大对涉及民生问题提案的督办力度，使政协履职的过程成为推动民生问题解决的过程。

三、集聚各方智力，打造智慧政协

人才济济是政协组织的最大优势，以智资政是政协组织应尽的责任，信息时代的协商民主要求我们必须建设“智慧政协”。着力激发委员智慧。委员是政协工作的主体。要坚持以委员为中心，让委员在政协履职活动中占多数、唱主角；要加强与委员的双向互动、双向选择，让委员更加高效地知情明政、参与协商、实施监督；要营造求同存异、畅所欲言、海纳百川的民主协商氛围，让委员的意见得到充分尊重，增强委员的参与感和民主权利获得感。探索政协智库建设。以界别为主体，分门别类地建立“委员智库”，并以“顾问、文史员、信息员”等形式，广泛吸收和集聚各界优秀人士；探索“委员 + 专家”调研、视察、协商模式，实现“开展一次协商、集聚一批人才”；发挥专委会基础作用，通过界别座谈、调研、协商、监督等形式，形成界别集体提案、界别协商监督意见等履职成果，将委员个人智慧提升为政协的整体智慧。着力搭建“互联网 + 政协”平台。树立互联网思维，利用大数据、自媒体、移动互联创新拓展经常性履职途径，推进政协履职能力现代化，是建设“智慧政协”的重要内容。要充分利用智慧新田云平台，积极探索建设网上政协，开通县政协网络工作平台，开设委员主页、委员微博、委员微信、手机政协网，使之成为委员履职的新载体、社会各界有序政治参与的新渠道、宣传政协工作的新窗口，形成政协委员网上网下协同履职的新格局。

四、突出两大主题，打造和谐政协

人民政协对于统一各方思想，凝聚各方力量，集中各方智慧，促进社会和谐，具有不可替代的地位和作用。九届县政协要从发展社会主义民主政治、建设社会主义和谐社会的高度，把团结和民主两大主题贯穿于政协工作的始终。夯实合作之基。坚持“扩大团结面，增强包容性”方针，切实加强同工商联、人民团体和无党派人士的联系，认真做好新社会阶层和社会团体的团结工作，把他们的智慧和力量引导到推动新田和谐稳定发展上来，努力构建民主协商、和谐议政、和衷共济的合作基础。践行民主之道。扩大政协工作的社会开放度，邀请群众代表列席政协会议和协商活动，不断扩大人民群众的知情权、参与权、表达权、监督权，使社会的不同阶层、不同群体能够通过政协组织平等、平和地表达思想观点，主张利益诉求，维护合法权益。汇聚各方之力。围绕社会热点难点问题，主动开展调研，积极参政议政，搭建各界各方对话沟通桥梁，协助党委政府做好化解矛盾、增进共识、促进稳定的工作。

五、坚持与时俱进，打造创新政协

创新是时代发展的永恒主题，也是政协工作常做常新、不断前进的不竭动力。要认真学习贯彻《中共中央关于加强社会主义协商民主建设的意见》和习近平总书记关于人民政协工作的重要讲话精神，准确把握政协的性质、地位和作用，不断深化对新时期政协工作特点和规律的认识。要立足新田政协工作实践，认真归纳、提炼、总结历届政协实践过程中形成的好经验、好做法，有针对性地制定和完善各项规章制度，不断推进政协工作制度化、规范化、程序化建设。要尊重委员首创精神，发挥委员主体作用，努力提升政协工作的生命力、创造力和影响力，使政协工作始终体现时代性、把握规律性，永远朝气蓬勃。

各位委员、各位同志，回顾过去，我们为八届县政协取得的成就感到欣慰和自豪；展望未来，我们对九届县政协的前景充满信心和期待。让我们紧密团结在以习近平同志为核心的党中央周围，在中共新田县委的坚强领导下，同心同德、群策群力、开拓进取、扎实履职，不断谱写人民政协事业新篇章，为加快全面建成小康新田而努力奋斗！

专　记

创建国家卫生城市

【概　况】 2013年，新田县成功创建省级卫生县城。为进一步提升县城的形象品位，更好地改善人居环境，构建和谐美丽新田，县委、县政府决定从2014年开始，利用3年时间，到2016年创建成为国家卫生县城。2014年3月，县委、县政府作出创建国家卫生县城，建设品质、活力、智慧新田的动员和部署，吹响全县动员、全民参与的创国卫号角。2016年，县委、县政府把创建国家卫生县城摆上更加突出的位置，着重在提升市民文明卫生素质、加强城市基础设施建设、提高城市综合管理水平等关键环节上下功夫，加强调度、加快推进，全民参与、全力以赴，卫生状况实现质的飞跃，县城面貌得到显著改观。“以抓‘创卫’促进经济发展，以抓‘创卫’推动民生改善，以抓‘创卫’检验干部作风”，成为全县上下的共识。通过创国卫活动，增强城市活力和品质，树立新田良好形象，提升人民群众幸福指数，促进经济社会协同发展。

【爱卫组织管理】 2014年—2016年，新田县出台《新田县爱国卫生暂行管理规定》《新田县贯彻〈湖南省爱国卫生条例〉实施办法》等规范性文件，把爱国卫生工作列入社会经济发展规划。调整和充实县爱卫会成员，县长任爱卫会主任，49个部门为爱卫会成员单位，分工明确，责任落实。县爱卫办与卫计委合署办公，申报为正科级单位。各乡镇、社区（村）相应建立爱卫组织，配备爱国卫生工作专（兼）职人员，形成县、乡镇、社区（村）三级爱卫组织机构网络。每年组织开展爱国卫生月、爱国卫生日和卫生先进单位、卫生村镇评比活动。截至2016年，创建省级卫生乡镇1个，省级卫生村39个，省市级文明卫生单位62个。开展城乡环境卫生整治行动，开展农村改厕工作，全县卫生厕所普及率76.88%。年度爱国卫生工作有计划、有部署、有检查、有总结。设立卫生问题建议与投诉平台，经问卷调查，群众对卫生状况满意率92%以上。

【全民健康教育】 2014年—2016年，新田县设立县健康教育所和社区卫生服务中心、社区健教室，配备兼职人员与必需的设备，落实工作经费。开展单位社区健教工作。各单位社区、物业小区设立健康教育专栏，每两个月更换一次内容，定期开展健康教育培训，县城居民健康知识知晓率和行为形成率分别达到80%以上与75%以上，创建无烟单位31个。全县中小学全部开设健康教育课。各学校做到教师、课时、教材、教案、效果评价“五落实”，开课率达100%。城区中小学生健康知识知晓率达90%以上，健康生活方式与行为形成率在85%以上，14岁以下儿童蛔虫感染率控制在0.3%。医疗机构健康教育扎实开展。全县各医院、卫生院、卫生室设有健康教育专栏，每月更换内容，采取设立健康教育咨询台、播放健康教育录像片等各种形式，对病人及其家属进行健教知识宣传，住院病人及其陪护家属相关健康知识知晓率达90%以上。深入开展行业健康教育。县城职业卫生、女工保健知识培训率达96%以上，知晓率达85%以上。普及健康知识。各新闻媒体开设健教专栏、专题，每周更换内容。积极开展控烟宣传，县城建成区无烟草广告。

【市容环境卫生管理】 2014年—2016年，新田县制定并实施《新田县环境卫生专业规划》。城区街道清扫保洁率100%，主要街道保洁时间16个小时以上；城市生活垃圾做到容器化收集、密闭化运输、无害化处理、日产日清，生活垃圾和粪便无害化处理率在80%以上；污水处理厂、垃圾处理场运营正常、满足需要，生活污水集中处理率在86%以上；城区公厕布局较合理，数量达标，统一设立标志标识，管理规范；城区安装果皮箱1439个，侧挂式垃圾桶264个，环卫专用车43台，环卫设施设备完好率在97%以上。城区街道建筑物整洁美观，基本无乱贴乱画、乱设摊点。车辆停放有序，无残垣断壁、乱搭乱建、暴露垃圾渣土，无卫生死角，无违章饲养禽畜现象。临街广告招牌美观整洁、设置规范，临街店面"门前三包"落实率98%以上。市政设施管理养护及时规范，城区主次干道、背街小巷路面硬化无坑洞，上下水贯通，雨污分流，人行道全部整修并绿化、美化，路灯亮化率98%。建成区绿化覆盖率36%，绿地率31%，人均公共绿地9.5平方米，各项绿化指标达标。城区河道卫生有专门机构和人员负责管理，水面、岸坡无垃圾、杂物。城区农贸市场设施齐全，管理规范、整洁卫生。闲置土地和建筑工地管理得到加强，实行文明施工、围档作业，杜绝渣土污染道路的行为。

【环境保护】 2016年，新田县着力建设资源节约型和环境友好型社会，生态环境质量日益改善。制定并实施《新田县环境保护工作规划》《新田县环境突发事件应急预案》。城区设有2个空气自动监测点，空气质量二级以上天数365天，全年API指数≤100的天数占全年天数比例96.15%；区域环境噪声平均值为52.6分贝，建筑工地和广场文艺活动限时作业；工业污水、废气、医源性污水排放符合国家标准，医疗、危险废弃物实行统一贮存、运输、处理；集中式饮用水水源地水质达标率100%，县内水体无黑臭现象。全年未发生重大、特大环境污染和生态破坏事故。

【病媒生物防制】 2016年，新田县坚持属地管理原则，采取环境治理与化学防治相结合、专业防治与群防群治相结合、突击杀灭与常年杀灭相结合的方法，消除病媒生物滋生地，完善防护设施。县财政将除病媒生物经费纳入财政预算，聘请专业消杀公司和人员负责全县病媒生物防治工作。2012年12月、2015年12月分别成功创建灭鼠、灭蟑达标先进县，病媒生物密度均控制在国家标准之内。

【食品安全、生活饮用水及公共场所卫生】 2016年，新田县贯彻《中华人民共和国食品安全法》，维护食品市场秩序。食品生产经营单位（场所）卫生许可证、工商营业执照、从业人员健康培训证持证率达98%以上，食品安全量化分级管理覆盖率95.3%，食品索证、索票台账制度覆盖率100%，监督覆盖率、从业人员体检和培训率、"五病"及时调离率每年保持100%。生猪定点屠宰，无注水肉和病畜肉上市。自来水出厂水卫生合格率、管网末梢水指标合格率、饮用水卫生合格率100%。公共场所的监督检查实行划片负责制，卫生许可证持证率98%，从业人员体检健康证持证率96%，卫生知识培训率96%，"五病"调离率100%。"五小"行业通过集中整治，基本符合卫生要求。县城中小学校按照600∶1的比例配备专（兼）职医务人员和保健教师，设置卫生室。企业对劳动者开展职业健康监护工作。未发生重大食品事故、饮用水污染事故、职业危害事故。

【传染病防治】2016年，新田县贯彻落实《中华人民共和国传染病防治法》，制定并实施《新田县预防和控制传染病工作方案》《新田县传染病应急预案》等规范性文件，县城各大医院设有专门的传染病管理科室和人员，建立快速、准确的疫情报告制度，医疗机构法定传染病漏报率均为零。城区各医疗机构对医疗废弃物进行分类收集、运送、统一贮存，全部集中后由市有关公司进行无害化处置。县人民医院、中医院、妇幼保健院等综合性医疗机构均建立医疗污水处理站。临床用血100%来自无偿献血，其中自愿无偿献血100%，依法打击非法行医和非法采供血，医疗服务秩序良好。城区规范设置预防接种门诊，免费实行国家免疫规划项目的预防接种，对流动儿童建立接种卡、证和资料库，流动儿童建卡率99%。在各幼儿园、小学开展新入学、入托儿童查验预防接种工作，对漏种儿童进行补种，未发生预防接种事故，安全接种率100%。全县连续10年没有发生甲、乙类传染病暴发疫情。

【单位、社区卫生常态化管理】2016年，新田县县城建成区有6个社区，140余个副科级以上单位。各社区、机关单位卫生组织、管理制度健全，卫生设施齐全。社区、单位积极开展卫生检查、卫生评比和消除病媒生物、健康教育及创卫宣传活动，主动治理"十乱"行为。通过标本兼治，各社区、单位基本实现硬化、净化、绿化、亮化、美化。

【镇辖村卫生整治】2016年，新田县镇辖城中村、城郊村爱卫组织机构健全，管理制度完备，基础设施完善，市容环卫水平提升，村民及外来务工人员的卫生意识增强。各村设有卫生室，管理规范，按要求配备医疗用房和设备器材。龙泉镇新型农村合作医疗参合率100%，高于全省平均水平。县、镇强力推进城中（郊）村环境卫生整治，环卫设施齐全，基本实现路平、沟通、水洁、灯亮的目标。镇辖村自来水普及率达91%，无害化卫生厕所普及率在72%以上。组织开展"十佳卫生户"评选活动，农户居室内外整洁，村民卫生习惯良好，人居环境优美。

【强化"两大"保障】2016年，新田县强化组织保障。成立高规格的创卫工作领导小组，由县委书记任组长，县长任第一副组长，县委副书记任常务副组长，"四大家"相关领导任副组长。领导小组下设办公室和10个专业工作组。将县城建城区划分为6个创卫责任片区，由县委书记、县长、县委副书记、县人大常委会主任、县政协主席、常务副县长分别负责一个片区的创卫工作。实行主要县级领导包片，全体县级领导包村、包路段、包市场、包小区的"五包"责任制，县城6个社区、13个城中（郊）村中的27个联系点、9个农贸市场、11个居民小区、39条路段均由1名县级领导和2个以上的后盾单位进行联系与整治，各单位均设立创卫工作班子，形成主要领导亲自抓、县级领导带头抓、职能部门全力抓、干部职工主动抓、全民动手共同抓的合力。县委、县政府多次召开大规模、高规格的创卫动员会、推进会，专题研究、部署全县的创卫工作，统一干部群众思想认识，及时解决遇到的困难和问题。强化经费保障。2014年以来，投入创卫资金20余亿元用于县城的基础建设。据不完全统计，3年来各责任单位对城中（郊）村的投入超过1000万元，保障全县创建工作的有序开展。

【突出"三项"整治】2014年—2016年，新田县开展整治市容市貌工作。从2015年开始投入1000余万元将主次干道、重要区域的环卫服务整体外包，实行市场化动作，其他区域利用公益性岗位安排日常保洁人员560人，建立卫生保洁的长效机制。对广告招牌进行全面清理，对不规范、不明显的道路、公厕、市场、停车场等公用设施标志、标识进行规范。成立专门的整治队伍，对乱拉乱挂、纵横交错的管网线进行彻底地整理。整治渣土、建材运输污染道路的行为，强化建筑工地的源头管理；加强环境保护，防治废水、废气、废渣和噪声污染。整治经营秩序。重点整治占道经营和马路市场。对市民反映强烈的主次干道背街小巷乱摆摊设点、占道经营等违反市容秩序的行为进行全面整治。严格“划行规市”工作，对夜市、洗车、修车、建材加工、废品收购等容易占道经营的行业进行规范。整治交通秩序。以机动车乱停乱摆、随意变道、闯红灯、酒驾和公交车、出租车随意上下客、拒载、乱收费等交通违法行为作为严管严治对象。2014 年以来纠正各类交通违法行为 55000 余起，查扣各类违规车辆 2.6 万台，取缔非法营运的“慢慢游”840 余台。增聘 77 名交通协管员、协警，全天候对城区交通秩序进行监管。通过集中整治，城区主街道车辆停放井然有序，交通秩序大为改观。

【实施“四大”工程】 2014 年—2016 年，新田县实施道路提质改造工程。累计投入 10 余亿元，完成滨河东路、滨河西路、中山路等县城主要街道路面“白改黑”和人行道改造，加快社区、城中（郊）村背街小巷改造，道路硬化率达 96% 以上，基本形成“三纵五横”路网。市政环卫设施改造工程。投入 2000 万元，配齐配足垃圾清扫、清洗、清运、污水及垃圾处理设施设备。日处理 2 万吨污水和 300 吨垃圾的污水处理厂与高标准垃圾处理场建成并投入使用，粪便无害化处理场完工投入使用，完成雨污分流管网 72 公里，新建一体化二类公厕和垃圾中转站 7 座，环卫设施满足城市发展和市民需求。绿化、美化、亮化工程。结合永州市创建国家森林城市，投入 4000 余万元，推进生态园林城建设。实施“大树进城、大苗进城”，在公共区域、主次干道进行补植、种植大树 1 万多株。实行“见缝插绿、拆墙透绿”，新增绿地面积 8000 余平方米。农贸市场改造工程。投入 1000 万元，对城区农贸市场进行提质改造。方达、日西河等 6 个市场标准化建设完工，新建老粮站、石马路临时市场，关停不符合要求的秀峰市场。同时，加强市场的综合整治，全部取缔马路市场、占道经营和流动摊点，对市场进行划行规市，分区管理。规范经营秩序，市场内做到整洁有序、垃圾入池、污水入网。

【坚持“五个”注重】 2016 年，新田县注重长效机制的建立。坚持标本兼治，立足当前，着眼长远，推进制度创新，自 2014 年以来制定出台《新田县城市管理暂行规定》等 10 余个制度性文件，建立健全社区、城中（郊）村及各乡镇环卫管理村规民约，全面实施城区主要街道及单位门店卫生网络化管理，组织劝导队伍上路开展文明劝导，坚持定期开展卫生评比，将每周五作为全县“爱国卫生日”，动员干群共同参与卫生活动。注重宣传发动。坚持把加强宣传教育、增强群众卫生意识作为创国卫的基础性工作来抓，营造人人动手、个个参与的浓厚氛围，凝聚全县人民的创卫共识。注重舆论宣传。在县电视台、新田政府网、新田发布等县内媒体开设《创卫在你我身边》等专栏，宣传先进典型，曝光突出问题。利用“世界卫生日”等节日进行广泛宣传，组织开展“创卫万人签名”“创卫演讲比赛”等系列创卫主题活动。注重行业监管。坚持以人为本，确保身心健康，对“八小”行业卫生开展重点整治。加强食品安全，规范餐饮食品经营场所，全面加强食品生产加工和流通环节管理，对所有餐饮服务单位进行量化分级。抓好公共场所卫生管理，对全县公共场所“五小”行业进行逐店逐户规范治理，对从业人员做好体检、培训和卫生项目监测。注重病媒生物和疾病防控管理。加强病媒生物防制，重点建设好重点区域和行业的“三防”设施，加强滋生地治理，规划生活垃圾密闭化管理，坚持环境治理与药物消杀结合。加强传染病防治，建立县、乡、村三级预防和卫生保健体系，制定防治方案和应急预案，严防重大疫情发生与流行。注重督办问责。印发《新田县创建国家卫生县城考评奖惩办法》《新田县创国卫工作责任追究暂行办法》等一系列制度和措施，明确创卫奖惩考核机制。严格督察考核，不间断地进行创卫工作巡查，发现问题，及时交办，限期整改，2016年，下达交办函190件，交办问题1160个，办结率98.5%。实行一月一考评、一排位、一通报、一调度，兑现一月一奖罚制度，及时掌握工作动态，开展调度工作。健全考核激励机制，将创卫考核与干部任用、问责有机结合，对工作突出的给予表彰和奖励，对工作不力的严肃问责。

【实现“六大”变化】 2014年—2016年，新田县城市品位得到大提升。创卫工作不断深入，道路等基础设施建设的持续推进，绿化提质改造的基本完成，城区配套设施的逐步完善，日常保洁的常态开展，“十乱”行为的有效遏制，城区更加干净、卫生、整洁、有序，人居环境得到极大改善，县城的整体形象发生翻天覆地的变化。基础设施得到大改善。以创建国家卫生县城为抓手，加快县城提质扩容，2015年—2016年，投入14.06亿元用于城市基础设施建设。道路的提质改造、城区路网的成形、农贸市场的改造、环卫设施的完善等，有效提升新田县城市服务功能。城中（郊）村面貌得到大改观。围绕“硬化、净化、绿化、亮化、美化”的总要求，各城中（郊）村联系点责任单位多方筹措资金，硬化背街小巷，修建排水排污沟渠，添置环卫设施，安装照明路灯，栽种绿化树，搬迁养殖场，清除旱厕，实施改水改厕工程，城中（郊）村面貌发生划时代的变化。日常管理实现大飞跃。通过整治，规范经营秩序和交通秩序，城区“十乱”现象大幅减少，日常保洁实现常态化。积极探索新的管理运行机制，实现由粗放式管理向精细化管理的转化，城区管理上一个新的台阶。市民素养得到大幅提高。创卫工作的宣传教育和引导，令广大市民耳濡目染，感受到强大的创卫氛围，激发市民拥护创卫、支持创卫、参与创卫的热情，令其自觉地投入到创卫工作中，逐步改掉陋习，养成讲卫生、讲文明、守秩序的良好习惯，市民的卫生知识知晓率和行为形成率提高，幸福感得到增强。干部队伍得到大锻炼。创卫工作开展以来，各级领导率先垂范，广大党员干部坚守创建岗位，用干部的辛苦指数，换来群众的幸福指数。创卫工作提升干部执行力，检验干部的作风、增强创先争优意识，锻炼一支特别能战斗、特别能吃苦的干部队伍，营造干事创业的良好氛围。

创建省级文明城市

【概　况】 2016年6月18日，成立新田县创建省文明县城领导小组办公室（以下简称创文办）。建立健全领导、制度、考核等一系列工作机制，统筹推进创建工作。成立高规格的创建省级文明县城工作领导小组，由县委书记担任组长，县长任第一副组长，县委副书记和宣传部部长主抓。抽调8名工作人员充实县创文办，由1名副处级干部任办公室主任。县财政每年安排150万元作为创文办及各专业组工作经费。县直各单位及龙泉镇成立相应的领导小组，确定专抓人员，在全县上下形成主要领导亲自抓、四大班子合力抓、条块结合共同抓、职能部门具体抓的齐抓共管大格局。强化县级领导牵头联系、专业组组织推进、全县各部门各单位分片包干的工作机制。把《湖南省文明城市测评细则》的各项目标任务进行细化分解，制定《新田县创建省文明县城工作攻坚推进方案》和“新田县创建省文明县城任务分解表”，明确重点任务、明确工作目标、明确责任单位、明确责任人和完成时间，实施责任制推动。制定《新田县创建省文明县城工作考评奖惩办法》，对创建工作不配合、造成严重影响的部门和单位，实行“一票否决”。将创省文明县城工作纳入县委巡查工作范围，按巡查制度严格追责。明确任务清单、责任清单和负面清单，采取集中考评与督察交办相结合的方式，实行一月一考评、一排位、一通报、一调度，一月一奖罚兑现。考评机构由县作风办、两办督查室、县创文办及相关单位组成。把创建工作考核单列，对在创建工作中做出突出贡献的单位和个人，予以通报表彰。每月调度会时，各考评类别排名靠前的责任领导或牵头县级领导作典型发言，排最后一名的责任单位领导或牵头县级领导在会议上作表态发言，造成不良影响的严格问责追责。

【宣传发动】 2016年，新田县创建宣传采取“全覆盖”模式，利用广告牌等方式进行广泛传播。印发《创建省文明县城做遵纪守法市民——致全体新田市民的一封信》《新田县创建省文明县城宣传手册》。在城区主要出入路口、县区主街临街建筑物、公交车身及公交站等地段、建筑和交通工具上都设置广告牌、电子显示屏、文化墙、标语牌等进行宣传；电信、移动、联通利用短信平台与彩铃积极宣传创建工作；城管执法局出动流动车辆3台以上，每台每天不低于3个小时巡回播放创建宣传语音。各单位、各社区结合综治民调，组织人员深入单位干部职工家庭和社区居民家中开展创建宣传活动与问卷调查工作。在各单位、各学校、各社区设置宣传栏，召开专题会议，通过开展多形式、多层次的社会宣传教育，明确创建省文明县城的重大意义、总体要求和目标任务。电视台、新闻网、政府网、新田发布、新田手机报等主流宣传载体精心策划，推出一批栏目节目，系列报道创建工作进展情况，反映创建工作给县城和市民带来的新变化、新面貌、新风尚。组织策划一系列市民访谈互动节目。对在创建工作中不作为、慢作为、推诿扯皮的单位和个人，对不文明的现象及市民中的一些不文明行为公开曝光。各部门、各单位、各行业结合本单位、本行业工作实际，组织开展系列创建活动。如窗口行业单位组织开展评选“文明窗口”“雷锋式服务标兵”“推行文明礼貌用语”等活动。全县各机关单位、各社区开展创“文明社区”“十星级文明户”等活动。

【基础设施建设】 新田县针对县城基础设施滞后现状，从2015年开始，投入20亿元资金用于县城建设改造。实施滨河十里风光带等一大批市政重点建设项目。新田大道建设通车，拓宽、硬化23条主次干道，背街小巷改造完成316条，道路硬化率在96%以上，人行道铺装工程在90%以上。县城发展呈现以滨河路、公园路为中轴，以旧城区为东翼，以新城区为西翼的格局。在主要街道安装交通指挥灯9组，建设公交车候车站台50余个。对城内的6个农贸市场进行标准化升级改造。投入2000余万元，新置环卫车辆9台；主次干道安装果皮箱800多个，新建和改造公厕6所，安装移动公厕13所；高标准的垃圾处理场和污水处理厂建成并投入使用。投入2800余万元，在公共区域、主次干道进行补植、种植大树大苗2万多株。完成滴水岭、新嘉公路与公园西路交界处、新田大道3个交通岛建设，完成陶岭等县界绿化项目和日西河风光带建设项目。城区绿化覆盖率36%，人均绿地面积9.5平方米。城区主次干道安装景观灯具2万多个，对日西河大桥、日西河两岸、青云塔实施亮化、美化工程。

【智慧创文】 2016年，新田县创文办利用“智慧新田·社会治理创新云平台”，运用“互联网+”理念，运用公众随手拍及时上传市民诉求，开展志愿服务，监督不文明行为，及时交办、限时整改。开展“在职党员进社区”活动，为社区建设和发展贡献力量。发挥“两代表一委员”工作室作用，招募社区党员、网格员和市民为志愿者，形成“人人创建、人人参与、人人监督”的良好氛围。中山社区组建7支志愿服务队伍，目前登记在册的社区志愿者有1876名。中山社区入围全国“最佳志愿服务社区”行列，获全省“最美志愿服务社区”称号。

【组织系列文明活动】 2016年，新田县组织参加“好家风、好家训”征选和“永州好人”“全市道德模范”“身边好人”“最美人物”评选。推出“反贪斗士”陈运周被中宣部评为十大最美人物——群众最喜爱的检察官，荣获 CCTV2015 年度法治三大致敬英雄称号，成为全国先进典型。青年创业典型吉华灯获得全省最美志愿者称号，创建的“维爱协会”获得全省最佳志愿服务组织称号。开展群众美术书法摄影创作展览、第五届湖南省艺术节全省美术书法摄影展、纪念红军长征胜利 80 周年歌咏赛、纪念抗战胜利 70 周年书画摄影展等活动，组织元旦、春节系列文化活动和送戏、送电影下乡等文化惠民活动，参与第三届永州市文化建设先进村评选活动。激活社会资本参与全县大型文化赛事，成功举办首届“硒锶丽人”、新田好声音等大赛，篮球争霸赛 17 年经久不衰，2016 年成功举办中美篮球对抗赛。全县有“道德讲堂”205 个，开展活动 830 余场次，参与人数 2.8 万人，“道德讲堂”已成为新田县公民思想建设的一个重要平台和弘扬道德精神的有效载体。制定下发《学雷锋志愿活动实施方案》《新田县人民政府关于规范市民日常行为“十不准”的通告》，县直各单位轮值入街道、社区进行文明劝导，整合力量招募 5 支文明劝导分队计 200 人，形成劝导与处罚相结合的常态化文明劝导队伍，分别在县区主干道、商业步行街等人流、车流密集地段进行文明劝导。完善志愿者注册、管理、培训及表彰奖励机制，推进志愿者的注册登记工作，目前登记的志愿者有 6000 多名。志愿者进行文明劝导 18 万人次，县电视台先后曝光市民不文明行为 80 多起。

打击“三非”

【概　况】 2016 年，新田县打击“三非”行为办公室贯彻落实县委、县政府“严控当前”的指示精神，采取有效措施，重拳出击，严厉打击“三非”行为，取得显著成效。年初，县委、县政府组织全县副科级以上县直单位和乡镇负责人，召开全县打击“三非”行为工作推进会，表明县委、县政府对“三非”行为“零容忍”，无论涉及什么人，无论什么职位，只要涉及“三非”行为，影响新田发展，就要坚决予以打击的态度。县委、县政府主要领导带头认领打击“三非”行为头号难题，向全社会公开承诺、亮诺、践诺；其他县级领导主动承诺以上率下、以身作则，在全县上下营造抓执行的良好风气，推动工作向纵深、延伸开展。县委书记唐军两次主持召开现场办公会，对打击“三非”行为工作特别是控违拆违工作进行安排部署，促进全县控违拆违工作的顺利开展。

【宣传工作】 2016 年，新田县打击“三非”行为办公室在新田手机报发表工作信息 18 条、新田政府网发表工作信息 18 条，利用短信平台发送打击“三非”行为工作信息 38 条，面向全县发送短信 18 万余条；编印工作简报 10 期；发放《国土、规划法律法规宣传手册》9250 余本，《新田县打击“三非”行为宣传资料》折页 9800 余份。

【联合巡查控违】 2016 年，新田县打非办和县规划执法监察大队、国土执法监察大队坚持“5+2”“白 + 黑”的工作方式，在县城规划区内开展常态化、多渠道巡查控违工作。组织县国土执法监察大队、县规划执法监察大队、县公路执法路政大队和龙泉镇政府 4 个单位组成联合巡查组，在 S215 公路关口至黄砂溪路段开展联合巡查，严抓、严控公路沿线的“三非”行为。S215 公路关口至黄砂溪路段两侧的违法建设行为得到有效制止，未出现新的违法建设行为，在建非法建筑逐步拆除。配合龙泉镇政府开展瑶塘窝、马步岭等征地区域非法建设问题的整治工作。配合龙泉镇政府开展瑶塘窝、马步岭、盘家坝、上车等征地区域的巡查控违，现场制止违建户 98 户，遏制以上区域“三非”行为的蔓延势头。

【拆违工作】 2016 年 1 月—11 月，新田县打击“三非”行为办公室组织县规划执法监察大队、国土执法监察大队拆除违法建筑277宗，面积37753平方米。其中：在县城规划区内执法235次，面积25908平方米；在县城规划区外开展执法42次，拆除和捣毁非法建设面积11845平方米。

【“三非”行为案件处置】 2016年，新田县打击“三非”行为办公室通过“三非”行为案件处置“三包”责任制，即包宣传工作、包处置、包证件送达的方式，推进案件处置工作。按照县《城规划区内“三非”行为处置办法》的要求，处置“三非”行为案件151起，收取罚款、回购款、土地出让金、规费等898.27万元，其中，国土执法大队收47.1万元，规划执法大队收483.45万元，打非办收367.72万元。从2015年11月1日起，县打非办完成扒田丘、柏家等34个村社存量“三非”行为案件的现场测绘和调查笔录制作工作，测绘1670户。根据测绘、套图、土地利用总体规划和建设各项指标审查的工作情况，坚持经常性的案件会审制度，通过案件会审，确保处置工作的快速、公平、公开、公正。受国土、规划设计院套图速度等因素影响，完成1020户“三非”户的会审工作，其中189户依法处置后可办证，367户无须处罚可直接办证，464户不可建设需控制拆除。开展依法处置后可办证“三非”户的分类处理工作和650户测绘未会审“三非”户的出图套图工作。县纪委查处党员干部参与“三非”违纪案件14起，其中专案组直接查办1起，通过交办、督办、指导各乡镇查办农村党员干部“三非”违纪案件15起，给予8人（其中科级干部1名）党内严重警告、党内警告处分，6人被免职、诫勉谈话；查处职能部门违反工作程序乱作为案件2起，分别给予1人诫勉谈话和1人批评教育的组织处理。

大事记

1月

4日 新田县获“全省现代烟草农业建设先进县”和“全市现代烟草农业先进县”称号。2015年，全县收购烟叶9.3万担，实现烟农收入1.39亿元，烟叶税2770万元。

4日 新田县乡镇区划调整改革建制村合并暨精准扶贫工作推进会在县文体中心召开。全县建制村合并是永州市改革任务最重的县区，村委会由356个合并为214个。

5日 县人民法院公开开庭审理王某等5名被告人涉嫌生产、销售伪劣产品罪案，涉案金额达人民币4709924元，是该院审理的首例最高人民法院指定管辖案件。

6日 湖南电力公司硒城变电站1号变压器5次冲击受电成功，标志着新田县首座220千伏智能变电站正式投入运行，为新田经济社会发展提供更强大的电力支持。

7日 市委书记陈文浩到新田调研美丽乡村、重点项目、创新社会治理等工作。陈文浩对新田县近年来各项工作取得的成绩给予肯定，希望新田进一步调动干部工作的积极性，突出深化改革、创建全国卫生城市、发展家私产业和坚持党建引领四大重点领域工作，不断提振党员干部干事创业的信心，提高干部执行力，提升政府公信力，上下一心，把工作理顺好，把老百姓的事办好。

9日 2016年首届“互联网+企业转型升级”新田论坛在县行政中心举行。清华大学范庆骅教授、农业部直属机关团委副书记姚文初作讲座。会上，湖南泓昌富硒食品、豆家旺食品、海力雄生态养殖、闽新人造板、凤神油茶5家企业被市政府批准授予“市级农业产业化龙头企业”牌匾。至此，新田县市级农业产业化龙头企业达13家。

12日 新田硒城220千伏智能变电站Ⅰ号线522投产送电。硒城变电站位于新田县龙泉镇，县城西南约4公里，紧邻工业园南园，占地面积2公顷，12月11日竣工，投资8130万元，建设180兆伏安主变1台，110千伏出线5回。

14日 新田县先后获“2015年度全省养殖业工作目标管理先进县”“全市重大动物疫病防控工作目标管理考核优胜县”“全市重大动物疫病免疫考核优胜县”称号。

15日 新田温氏种猪场开工仪式在金盆镇骆铭孙村举行。金盆镇种猪场是新田温氏畜牧有限公司在新田县投资的第一个集约化、规模化、工厂化的大型种猪场，总投资约1.5亿元，占地面积119公顷。种猪场采用国际先进养猪工艺流程规划设计，主场分6条生产线、3大功能区，配备目前国内先进的污水处理设施，基本可实现无污染排放。

18日 新田县获“2015年度全省计生协会模范单位”“全省卫生计生户外宣传示范单位”称号。

19日 “吉洲吉星”“湘南木韵”牌木质家具，“龙昶”牌矿山机械获得2015年“湖南名牌产品”称号。

21日 新田县委常委班子召开“三严三实”专题民主生活会。常委们勇于揭短亮丑，敢于动真碰硬，开展批评和自我批评。市委常委、市委政法委书记唐能武到会指导并作点评。

22日 县委书记唐军主持召开县委常委会议。会议讨论研究纪检、组织人事、信访维稳等工作，传达学习中央政治局“三严三实”专题民主生活会议精神以及党委和党组工作条例。

23日 总投资近7亿元的新田县城市基础设施提质改造工程在龙泉大道举行开工仪式，县委副书记唐富荣主持，县委书记唐军宣布开工建设，秦山成、曹桂秀、王佑生、唐晓波、聂朝飞、蒋华等相关县领导，以及县委办、政府办、财政局、城投集团等相关部门负责人，项目建设投资方负责人参加开工仪式。

25日 新田县申报的“新田大豆”获国家地理标志保护产品称号。至此，包括“陶岭三味辣椒”在内，新田有2个国家地理标志保护产品。

29日 新田县“顶坚”“弘盼”“梦都+图形”“金波湖”4件商标被认定为“2015年湖南省著名商标”。

31日 湖南省委扶贫开发暨全面建成小康社会推进工作会议在长沙召开，通报2015年度全省全面建成小康社会推进工作、扶贫县扶贫开发工作考评考核、市州和县市区全面建成小康社会达标认定结果。新田县扶贫实绩综合考核排全省第六位，被评为“全省全面小康推进工作十快进县”“全省经济十快进县”。

2月

3日 新田城市供水工程项目（一期）竣工通水仪式在金陵水厂举行。该项目于2015年9月1日启动，将使县城每天的供水规模由原来的2万立方米提升到5万立方米，极大缓解城市供水矛盾，保障城市供水安全。

4日 县委书记唐军主持召开县委常委会议。会议讨论研究“十三五”规划纲要、建制村合并等工作；传达学习省十二届人大五次会议、省政协十一届四次会议、省委扶贫开发暨全面建设小康社会工作推进会、市纪委全会等会议精神；安排春节期间有关工作，以及县委全会、县委经济工作会议、县“两会”筹备工作。

3月

1日 新田县德恒实验学校建设开工仪式在龙泉镇土珠山村举行。学校位于新田县南部生态新城区，占地10公顷，规划建筑面积约4.4万平方米。教学楼、行政综合楼、科技楼、学生公寓、艺术楼、体育馆、图书馆、会演中心、报告厅、400米标准塑胶跑道、标准足球场、篮球场、羽毛球场等现代化教育教学设施一应俱全。学校依山而建，是一所集家园、乐园、学园于一体的生态文化校园。该项目是新田县“十三五”规划新征程中的一项重大民生工程，标志着新田县向“教育强县”迈出新的步伐。

25日 县委书记唐军主持召开县委常委会议。会议讨论研究县级领导带头解难题、人大、政协、党建、政法、工会、计生、易地扶贫搬迁等工作，传达学习全国“两会”、创省文明城市等会议精神。

28日 新田县召开2016年县委政法工作会议，学习贯彻中共十八大和十八届三中、四中、五中全会以及中央、省、市委政法工作会议与县委十一届五次全会精神。会议总结回顾2015年工作，分析当前形势，研究部署2016年政法工作，并于会上表彰先进单位和见义勇为先进个人。

28日 省委巡视第八组巡视新田县专项整

治工作推进会在县行政中心召开。会议总结前阶段专项整治工作进展情况，分析存在的问题，安排部署下阶段工作。下午，省委巡视第八组巡视工作推进会召开，省委巡视第八组组长郭树人参加会议并讲话，巡视组全体成员以及蓝山、江华、江永的县委书记、纪委书记、组织部部长参加会议。

28日　新田城投集团召开2015—2016年度工作会议。会议总结回顾2015年度工作，表彰先进，安排部署2016年工作任务。2015年，城投集团正式组建、运营，全年新增融资项目7个，融资总额达14.05亿元，累计筹集到位资金8.07亿元。

30日　全省加强换届风气监督工作视频会议在长沙召开。秦山成、唐富荣、曹桂秀、王佑生、聂朝飞、赵红萍、彭俊卿、欧阳涛、蒋华等县级领导，各乡镇党委书记、乡镇长，县纪委、组织部、宣传部、统战部等部门相关人员在新田分会场参会。

31日　全市“营改增”试点新闻发布会暨新田县国地税联合办税启动仪式在新田县政务中心举行。

4月

1日　新田县召开党务工作会议，总结回顾2015年全县党务工作，安排部署2016年任务。

7日　县中医医院通过省中医药管理局二级甲等中医医院评审专家评审，被确认为“二级甲等中医医院”，被授以“二级甲等中医医院”牌匾。

8日　县委书记唐军主持召开县委常委会议，分析全县一季度经济形势，传达全市防汛抗旱工作会议精神，研究农村建设投资开发公司组建工作、配合省委巡视、精准扶贫暨全面小康建设、美丽乡村建设、农村环境整治、教育、网格化管理等工作。

11日　全国人大农业与农村委员会副主任委员、中国光大集团党委书记、董事长唐双宁在集团组宣部主任董铁峰、董事长秘书王文浩、光大集团长沙分行行长罗方科等人的陪同下到新田调研扶贫工作。

17日　受高空低槽和中低空切变线以及地面冷空气共同影响，新田县发生中到大雨、部分大到暴雨降水天气，局地伴有雷雨大风、冰雹等强对流天气，多处民房倒塌，农作物及烤烟受灾严重。

20日　新田县12个乡镇分别召开党员代表大会，选举产生新一届乡镇党委班子和纪委班子，所有乡镇党委换届工作完成。此次换届选举共产生党委委员105人、纪委委员82人、出席县第十二次党代会代表99人。

21日　经过资格审查、评审和答辩评审等程序，新田成功申报湖南省“国培计划”项目县。

同日　全市“雁过拔毛”式腐败问题和“纠‘四风’、治陋习”专题整治暨加强换届风气监督工作电视电话会议召开。新田县就相关专项整治工作作交流发言。

22日　新田县完成乡镇区划调整后的12个乡镇的类别划分及领导职数设置工作通过永州市编办审批。全县12个乡镇划定一类乡镇2个，即龙泉镇、枧头镇；二类乡镇9个，即大坪塘镇、骥村镇、石羊镇、新圩镇、新隆镇、金陵镇、金盆镇、三井镇、陶岭镇；三类乡镇1个，即门楼下瑶族乡。在乡镇类别划分的基础上，一、二类乡镇领导班子职数设置11名，管辖人口10万人以上的龙泉镇在一、二类乡镇领导班子职数的基础上增设2名；三类乡镇领导班子职数设置9名。

同日　新田县举行农村承包土地经营权抵押贷款试点首期授信签约仪式。20家经营主体，13个专业合作社、家庭农场、专业大户、农业企业获得贷款授信，授信金额3350万元。这是自国家五部委“两权”抵押贷款试点办法出台后，永州市发放的首批农村土地承包经营权抵押贷款。

同日 市委书记陈文浩带领相关部门到新田等地调研烤烟生产自救、农业金融扶贫工作。

28日 新田县举行2016年重点项目集中开工启动仪式，易地扶贫搬迁、龙家大院修缮与旅游开发、新田大道东、吉家村改造等8大重点项目同日开工，总投资32.6亿元。永州市副市长刘尤碧出席仪式并宣布项目开工。新田县委副书记、县长秦山成作讲话，县委副书记唐富荣主持开工仪式。王佑生、聂朝飞、赵红萍、彭俊卿、刘安平、蒋华等县领导以及相关部门、项目负责人等参加活动。

5月

4日 共青团新田县第十六届四次全委（扩大）会议暨"五四"表彰大会在行政中心六楼会议室召开。会议回顾总结2015年工作，谋划部署2016年工作，表彰2015年度全县共青团和少先队工作先进集体与先进个人。

6日 新田县委书记唐军主持召开县委常委会议。会议传达上级关于"两学一做"学习教育和县区领导班子换届工作会议精神，听取关于配合省委巡视专项整治工作整改落实工作汇报，讨论研究小额信贷和温氏集团项目建设等工作。

10日 新田县第十六届人民政府第三十七次常务会议召开，讨论研究京东农村电商精准扶贫示范工程、成立农村建设投资开发有限公司等工作。

同日 新田县召开"守纪律·讲规矩"专题活动总结暨"两学一做"学习教育动员大会。会议贯彻落实中央和省市委相关会议精神，总结"守纪律·讲规矩"活动的好经验、好做法，动员全县广大党员统一思想、明确要求，精心抓好"两学一做"学习教育工作。

13日 由中国扶贫开发协会与京东集团联合主办的"互联网+"精准扶贫高峰论坛在北京人民大会堂举行。京东集团发布《"互联网+"精准扶贫白皮书》，同时与华润、TCL等10家企业联手发布社会企业扶贫联盟倡议书，并与湖南省新田县、湖北省恩施市等18个贫困县签订扶贫协议。力求发挥京东电商平台优势，共同探索"产业扶贫、创业扶贫、用工扶贫"三大模式，以电子商务手段助力国家"精准脱贫"战略。

16日—17日 省政协副主席孙建国率调研组在市政协主席唐定陪同下，到新田调研精准扶贫工作。

18日 珠海延安精神研究会到新田考察红色文化。

20日 省商务厅电子商务处副处长刘琦带领调研组，就对接新田电商扶贫工作，推进电商扶贫专项行动计划，到新田县调研农村电子商务和传统商贸流通工作，并与新田相关部门、企业负责人进行座谈交流。

同日 光大国际环保能源博罗管理中心总经理邱波一行5人到新田洽谈建设环保能源发电项目事宜。

23日 受县委书记唐军委托，县委副书记、县长秦山成主持召开新田县委常委会议。会议传达省市防汛工作安排部署相关会议精神，讨论研究易地扶贫搬迁、机构改革、城投集团2016年融资计划、冷链物流项目建设、换届工作和党代会筹备、中科公司有偿收购等工作。

24日 中国共产党新田县第十一届委员会第六次全体会议在行政中心三楼会议室召开。会议表决通过《中国共产党新田县第十一届委员会第六次全体会议关于召开中国共产党新田县第十二次代表大会的决议（草案）》。会议决定，中国共产党新田县第十二次代表大会拟定于2016年7月下旬在新田县城召开。

25日 新田县金穗农村建设投资开发有限公司揭牌仪式在县征稽所举行。新田县金穗农村建设投资开发有限公司是新田县人民政府按照《中华人民共和国公司法》等有关法律规定投资组建的国有独资有限责任公司，是国有政策性投资融资平台。

27日　永州市资源林政管理工作座谈会在新田县召开。

28日　新田县举行2016年创建国家卫生县城青年公路长跑活动，800名长跑爱好者用他们的激情宣传“创建国家卫生县城”工作。

31日　新田成功申报湖南省2016年教育信息化试点项目。

6月

3日　永州市委副书记、市长易佳良在市政府秘书长文绍涛的陪同下，到新田调研精准扶贫、美丽乡村、重点项目、创新社会治理、城市建设和旅游开发等工作。

14日　住房城乡建设部等七部门联合下发《关于公布2016年列入中央财政支持范围的中国传统村落名单的通知》。新田县金盆镇河山岩村榜上有名，可获得财政资金补助300万元。

15日　县委书记唐军主持召开县委常委会议，研究《省委巡视组反馈意见整改工作方案》及深化改革、部门预算编制、创建省文明县城、绩效评估、基层党建、纪检监察等工作。

21日　县人民法院首部微电影《信·任》开拍。

23日　新田县在县文体中心召开创省文明县城、创国家卫生县城、打击“三非”行为攻坚推进会。

28日　全国土地质量地球化学调查成果服务精准扶贫经验交流会在湖南省永州市新田县召开。中国地质调查局物化探所、武汉中心、岩溶地质所等11个局属单位专家、学者齐聚新田，共同探讨地质调查如何更好地服务经济建设和脱贫攻坚。新田县做交流发言，介绍新田开发富硒土地资源的“新田模式”和成效。

30日　新田县不动产统一登记中心正式挂牌暨“首证”颁发仪式在县政务服务中心举行。县委副书记、县长秦山成，县委副书记苟志坚出席挂牌仪式并为首批权利申请人颁发新田县第一张不动产权证。

7月

1日　新田县召开纪念建党95周年座谈会，回顾党的光辉历程，庆祝党的生日，激发全县广大共产党员在新形势下更好地发挥表率作用，为推动品质、活动、智慧新田做出新的更大贡献。

5日　国土资源部在北京召开第三届国土资源节约集约模范县（市）表彰会，新田县被评为“国土资源节约集约模范县（市）”。

6日　中铁二院贵阳公司总工程师周忠德带领专家组一行到新田调研兴永郴赣铁路建设有关工作。座谈会上，专家组听取新田县相关单位对铁路建设标准、通道走向、站点设置等方面的意见和建议。

8日　新田县《农业用地规划（2015—2020）》评审会召开，评审通过新田县《农业用地规划（2015—2020）》。

14日　新田县第十六届人民政府召开第四十次常务会议，分析全县上半年经济形势，研究部署安全生产、文化旅游、教育、消防等8项工作。

同日　新田一中学生陈彦蓉被北京大学录取，这是继2014年通过“贫困专项计划”被北京大学录取的又一名学生。

15日　永州市计划生育协会基层组织建设现场会在新田召开。近年来，新田县计划生育协会连续4年被评为全省先进模范单位，连续7年获市先进单位称号。

21日　四川绵阳全国体育传统项目学校田径联赛（南方赛区）赛场，新田一中学生陈书红等人，开赛第二日收获2块银牌。其中，陈书红获得女子甲组800米银牌，陈书红、廖小菊、熊停辛、郑佩瑶获得女子甲组 4×400 米接力赛银牌。

23日 新田县佛教协会成立暨第一届第一次会员代表大会在鼎丰大酒店召开。会议宣读关于同意成立新田县佛教协会的批复文件，听取佛教协会筹备工作报告，审议通过协会章程，选举产生第一届领导班子，释法广当选为协会会长。

27日 中国光大国际有限公司投资总监唐贤清一行到新田考察，并就生物质能发电、生活垃圾治理等项目进行洽谈。唐贤清一行认为新田县区位优势明显、投资环境良好、投资载体优越，表示下一步将加强与新田县的联系沟通，争取早日把项目落到实处。

8月

5日 受新田县委副书记、县长秦山成委托，县委常委、常务副县长唐晓波主持召开县政府第四十一次常务会议，研究县工业园园投公司融资、源味街招商、城区供水管网建设等工作。

同日 2016“南有新田”形象大使暨“永州文化旅游形象大使”新田区选拔赛落幕，郑颖林摘得大使桂冠，肖肖和郑佳璐分获亚军、季军。

9日 新田县 2016 年上半年经济形势分析会在行政中心召开。会议全面总结上半年经济工作成效与经验，分析研判当前经济工作存在的困难和面临的形势，安排部署下半年经济工作。上半年，全县地方生产总值 33.06 亿元，同比增长 7.8%；规模工业增加值同比增长 6.8%；固定资产投资同比增长 15.0%；社会消费品零售总额同比增长 11.7%；城镇居民人均可支配收入同比增长 9.2%；农村居民人均可支配收入同比增长 8.6%；财政总收入同比增长 28.3%。

10日 新田县委书记唐军主持召开县委常委会议，研究部署政法、信访、安全生产、对台、民族等工作。

11日 “第 36 届国际名家具（东莞）展览会暨家具饰品展、中式家具文化展”在东莞厚街镇广东现代国际展览中心盛大开幕。展会期间，湖南吉星家居以个性化、品牌化和原创性、环保性等现代中式名家具的优越特点，深得商家认可，现场成功签约 120 多家专卖店，金额突破亿元，销售网络遍布全国 100 多个大中城市，一举摘得展会桂冠。

18日 永州（上海）现代农业招商推介会暨重点项目签约仪式在上海举行。新田县在此次“沪洽周”上，签约项目 2 个，分别是与广东东升农场有限公司签订的总投资 5000 万美元的蔬菜保鲜净菜配送项目，与湖南万龙木业有限公司签订的总投资 5000 万元的人造板生产项目，总投资金额 3 亿多元。

20日 由上海社会科学院、上海理工大学、天爱集团等单位、企业人员组成的调研组，到新田县开展“中国新农村建设”田野调研。

24日 县委书记唐军主持召开县委常委会，研究讨论中共新田县第十二次代表大会工作报告和党代会相关事宜。

26日 中共新田县十一届委员会第七次全会在县行政中心三楼会议室召开。会议表决通过第十二次党代会召开时间；审议通过县委、县纪委工作报告（草案）；对第十二届县委委员、候补委员、纪委委员和市第五次党代会代表候选人建议名单作说明；表决通过第十二届县委委员、候补委员、纪委委员和市第五次党代会代表候选人预备人选名单。

28日—30日 中国共产党新田县第十二次代表大会召开。会议选举产生中国共产党新田县第十二届委员会和中国共产党新田县第十二届纪律检查委员会，通过关于第十一届县委工作报告的决议与第十一届纪委工作报告的决议。大会的主题是：高举中国特色社会主义伟大旗帜，深入学习贯彻习近平总书记系列重要讲话精神，举全县之力，聚全民之智，决战脱贫攻坚、决胜全面小康，奋力谱写“南有新田”新篇章。今后五年主要奋斗目标是：确保2018年年底，全县125个贫困村、所有建档立卡贫困对象户全部脱贫出列，摘掉“国家扶贫开发工作重点县”帽子。力争2018年年底，确保2019年年底，经济发展、人民生活、社会发展、民主法治和生态文明等主要指标达到国家促进中部地区崛起工作办公室对中部地区县及省定三类县的全面建成小康社会标准，全面建成小康新田。未来五年，实现新田经济社会跨越式发展，财政收入和生产总值分别实现“过十亿、超百亿”目标，综合实力稳步跻身全市中上水平。

31日　新田县委书记唐军主持召开全县“一打三整治”工作动员会，动员部署打击“黑恶势力”，整治软弱涣散基层党组织、乡风文明、“雁过拔毛”式腐败问题和“四风”陋习等工作。通过一系列“组合拳”，切实提高社会治理能力，为加快脱贫出列、全面建成小康社会营造和谐稳定的社会环境，奠定坚实的组织基础、思想基础和干部队伍基础。

9月

1日—2日　新田县第十六届人大常委会第三十六次会议召开，会议听取并审议县财政决算情况、预算执行情况等相关工作报告；听取并审议县财政局、县卫计委工作情况报告和县司法局关于“六五”普法工作情况的报告；听取并审议《中华人民共和国水污染防治法》执法检查情况的报告；听取并审议县政府关于将长沙银行贷款偿还资金纳入财政预算等4个议案；审议县乡人大换届选举工作方案（草案）；审议决定人事事项等。

5日　新田县召开县委统战工作会议，学习贯彻中央、省委、市委统战工作会议特别是习近平总书记重要讲话精神，研究部署当前和今后一个时期全县统战工作，进一步巩固和发展最广泛的爱国统一战线，为决战脱贫攻坚、决胜全面小康提供广泛的力量支持。

7日—9日　经国家爱卫专家组对新田创建国家卫生县城工作进行技术评估，新田县各项指标达到国家卫生县城标准和要求，通过评估进入国家卫生县城行列。

9日　县委书记唐军主持召开县委常委会议，研究部署县乡两级换届选举、城乡居民医疗保险整合、精准扶贫、考核工作等工作。

18日　中共新田县十二届委员会召开第二次全会。会议听取县委组织部关于新田县出席中共湖南省第十一次代表大会代表初步人选提名酝酿情况汇报，并以举手表决方式确定3名新田县出席省第十一次党代表大会代表初步人选。会议还听取全市出席省第十一次党代表大会代表候选人酝酿提名工作暨全市“两学一做”学习教育和落实基层党建重点任务推进会主要精神及新田县贯彻落实意见的汇报。

21日　参加全市重大项目建设流动现场推进会的市委书记陈文浩等市领导，以及各县区、市直相关部门主要负责人，到新田县现场观摩枧头特色小城镇建设暨异地扶贫搬迁安置点、东升富硒现代农业产业园、中国·中部家居博览城和新田县创国卫基础设施建设等项目。新田县委书记唐军，县委副书记、县长秦山成等县领导陪同。

23日—24日　第三届世界硒都（恩施）硒产品博览交易会在湖北省恩施市举办，新田县副县长吴新波带领县农业委、富硒办、美丽办、富硒协会等单位负责人和8家富硒产业企业主参会，并在会上作典型发言，介绍新田富硒产业发展工作。

26日　湖南省文学艺术界和永州市文学艺术界人士齐聚新田，参加“文艺名家颂新田”暨“湖南作家创作基地”授牌活动，东升农场被授予“湖南散文学会创作基地”和“创作与评论杂志社创作基地”称号。

10月

8日 京东集团副总裁尹红元、时代地产集团投资公司总经理邱志刚等10余名客商到新田考察洽谈翰林山景区植物园建设项目。按照设计方案，翰林山景区植物园计划投资6亿元左右，将打造一个集植物区、风情商业街、游客集散广场、生态小区、民俗剧场于一体的远郊休闲旅游地产项目。

11日 湖南省1978个村被列入全国乡村旅游扶贫重点村。其中，新田县黑砠岭村、彭梓城村等25个村名列其中。

17日 新田县举行“10·17”全国扶贫日结对帮扶誓师大会，营造结对帮扶用情结对、真心帮扶的浓厚氛围。

19日 县委副书记、县长秦山成主持召开新田县第十六届人民政府第四十三次常务会议，研究农业标准化建设、安全生产、招商引资、S323沿线立面改造、省级园林县城创建、省儿童保健服务合格县创建等工作。

19日—20日 中国光大集团党委副书记、监事长朱洪波一行到新田调研定点扶贫工作。

20日 省扶贫办副主任贺丽君一行到新田县调研精准扶贫工作。

22日 县委书记唐军主持召开县委常委会议，传达上级有关会议精神，研究部署意识形态工作、“智慧新田”建设、招商引资、城投集团、创建省园林县城等工作。

31日 新田县委中心组举行集中学习会，传达学习中共十八届六中全会精神，研究部署全县学习贯彻中共十八届六中全会精神的相关工作。

同日 县委书记唐军主持召开县委常委会议，研究讨论卫生计生、基层体制改革、城乡网格化等工作。

10月 县中医医院开展“万人扶明计划”，为贫困白内障患者免费实施手术150例。

11月

8日 省委组织部原副部长、省委巡视第八组原组长郭树人带领省市扶贫部门相关人员，到新田县调研脱贫攻坚工作。

12日—14日 台湾专家组及珠海考察组就东山坊休闲农业旅游度假区建设项目及辣木种植项目，到新田考察旅游开发及相关产业发展。

15日—16日 由民进中央参政议政特邀研究员周建明带领的调研组到新田县调研指导脱贫攻坚工作。调研组对新田县扶贫工作取得的成效给予充分的肯定，并表示通过调研活动，总结新田经验性、创造性的做法，收集和整理扶贫工作意见与建议，为向中央报送建议书提供了案例和数据支撑。

16日 广东温氏食品集团股份有限公司总裁严居然率集团管理高层和温氏股份桂湘区域养猪公司管理高层一行21人到新田开展温氏现代畜牧业一体化项目建设调研。严居然对新田县在温氏现代畜牧业一体化项目建设推进过程中所做的工作表示赞赏，表示将进一步加强协调，依法依规加快项目建设进度。

18日 新田县委副书记、县长秦山成主持召开县第十六届人民政府第四十四次常务会议，研究光伏产业扶贫、易地扶贫搬迁、三年交通大建设等工作。

21日 县委书记唐军主持召开县委常委会议，研究政府工作报告、加强非公有制经济组织和社会组织党的建设、离退休干部绩效考核、团县委第十七次代表大会筹备、工商联第十二次代表大会筹备、全民科学素质建设、信访、农村基础设施项目建设及《新田县光伏产业扶贫实施方案》等工作。

22日—24日 县人民法院公开开庭审理孙某某等20名被告人涉嫌组织、领导传销活动罪案。案件涉案人数众多，涉案地域达12个省份，涉案金额 5.2 亿元。

23 日 政协新田县第九届委员会第一次会议预备会在县行政中心召开。会议听取县政协九届一次会议筹备工作情况报告、县政协九届委员会委员安排情况；审议通过县政协九届委员会第一次会议议程、日程（草案）；协商通过县政协九届一次会议大会主席团成员和秘书长名单、提案审查委员会组成人员名单、分组办法及各组召集人名单（草案）；报告主席团第一次会议审议通过的县政协九届一次会议主席团常务主席、大会副秘书长、秘书处工作机构及负责人名单。

24 日 新田县第十七届人民代表大会第一次会议预备会在县文体中心召开。会议听取县第十七届人民代表大会第一次会议筹备工作报告、代表资格审查报告；审议通过县第十七届人民代表大会第一次会议议程、主席团成员及秘书长名单、议案审查委员会以及计划预算审查委员会主任委员、副主任委员、委员名单。

同日 中国人民政治协商会议新田县第九届委员会第一次会议在县文体中心隆重开幕。全县各条战线 161 名政协委员参会。

25 日 新田县第十七届人民代表大会第一次会议在县文体中心开幕。会议应到代表 202 人，实到代表 198 人。县委副书记、县长秦山成代表第十六届县人民政府向大会作《政府工作报告》。会议听取《关于新田县 2016 年 1 至 10 月份国民经济和社会发展计划执行情况与 2017 年国民经济和社会发展计划（草案）的报告》《关于新田县 2016 年 1—10 月份财政预算执行情况与 2017 年财政预算（草案）的报告》，表决通过《新田县第十七届人民代表大会第一次会议选举办法（草案）》，宣布本次大会接受代表议案截止时间。

12 月

4 日—5 日 新田县委副书记、县长秦山成率考察团赴广东省珠海市开展招商考察，与珠海永州商会就新田县陶岭新隆区域的生态旅游开发项目进行进一步洽谈。珠海永州商会人员表示，新田县委、县政府对陶岭新隆区域生态旅游开发项目非常重视。台湾专家认为，新田有丰富的富硒资源，走“富硒＋有机”之路是很有发展前景的举措。

5 日 县人民法院举办“法院开放日”活动，20 余名县人大代表应邀参加。

7 日 新田县工商联（总商会）第十二次会员代表大会在县行政中心召开。黄美华当选为第十二届新田县工商联主席。

9 日 共青团新田县第十七次代表大会在县行政中心开幕，共青团永州市委书记龙亮，新田县委书记唐军，县委副书记、县长秦山成等领导到会指导并讲话。县委常委、县委组织部部长陈志华主持开幕式，李彬彬致开幕词，黄雨滴作工作报告，县群团组织代表和兄弟县区团委代表在会上致贺词。

同日 共青团新田县第十七届委员会召开第一次全体会议。会议举手表决通过《共青团新田县第十七届委员会第一次全体会议选举办法》、十七届团县委常委候选人名单及书记、副书记候选人名单，无记名投票选举产生共青团新田县第十七届委员会常务委员和书记、副书记，黄雨滴和李彬彬分别当选为团县委书记和副书记。

23 日 湖南省城乡困难职工家庭“一户培养一名产业工人”脱贫解困经验交流会在新田县召开，省委常委、省委宣传部部长、副省长蔡振红，省人大常委会副主任、省总工会主席刘莲玉出席交流会。

27 日 新田县召开第三次全国农业普查工作推进会，安排部署相关工作。第三次全国农业普查将于 2017 年 1 月 1 日正式入户登记。

31 日 新田一中举行建校 90 周年庆典大会。

新田概貌

地理位置

【位置面积】 新田县，是湖南省永州市下辖县，是革命老区县、国家扶贫开发工作重点县、国土资源部和湖南省国土资源厅定点扶贫县，位于湘南国家级承接产业转移示范区建设范围内。地理坐标为北纬25° 40′—26° 06′，东经112° 02′—23′。南北长49.2公里，东西宽30公里，全县总面积1022.4平方公里。位于湖南省南部、永州市东南部。东与桂阳县的华山、塘市、四里、六合、飞仙、古楼，嘉禾县的石桥等乡镇交界；西与宁远县的白土、保安、中心铺、柏万城、永安、鲤溪、石家洞等乡镇（办事处）接壤；南与宁远县的太平、下坠，嘉禾县的广发、坦坪等乡镇相邻；北与桂阳县的杨柳和祁阳县的晒北滩等瑶族乡相连。

【地质构造】 新田的地质构造由贴褶皱和断层组成。新田处南部南岭背斜和北面的阳明山至塔山背斜之间，是一个较大的复式向斜，向斜中发育许多次一级褶皱，如千家洞向斜、陶岭背斜、石羊圩向斜、新圩背斜、小岗大岭背斜等。这些背向斜基本上作南背向排列，背斜北部较开阔，大多由泥盆系组成，脊线起伏。县境内断层分为两组，一组为北东—西南向，另一组是北北东—南南西向。两组断层近于平行褶曲的轴向，是高角度的正断层或平推断层，长度一般不大。在断层破碎带，形成地下富水带。

【地　形】 新田县地形南北长，东西窄，呈东南开口的狭长小盆地。境内四面环山，西北高，东南低，向东开口逐级倾斜。最高海拔1080米，最低海拔200米。大致分为五分山丘、三分岗地、二分平地和水面。全县无大河流，主要河流为东河、西河汇流的新田河，流量不大，系舂水源头，注入湘江。

【气　候】 新田县境内地形复杂，山地交错，具有复杂的气候特点。新田县地处中亚热带大陆性季风湿润气候区，气温较高，严寒期短，夏热期短，春温多变，寒潮频繁，夏季多雨，夏秋多旱，光照充足，无霜期长，四季分明。

2016年，平均气温19.2℃，比历年平均值偏高1.0℃；年极端最高气温为39.4℃，出现在7月25日；年极端最低气温-3.2℃，出现在1月25日；年降水量为1434.6毫米，比历年平均值偏少19.0毫米（偏少1.3%）；年日照时数1486.7小时，比历年平均值偏少30.0小时。

2016年气温偏高，降水量偏少，日照偏少。冬季前期温暖干旱，后期阴冷，春季暖和，夏秋高温少雨，出现1次暴雨天气过程。暴雨洪涝是年内主要灾害性天气气候事件，但造成灾害的暴雨洪涝过程仅一次，且其他如雨雪冰冻、低温冷害、夏秋高温干旱等重要天气气候事件基本没有出现。2016年，灾害性天气气候事件种类较少、至灾频次较低，属偏好年景。

【水　文】2016年，新田县年平均降水量1428.0毫米，降水138天。最大日降水量67.5毫米，降水日期为5月4日。全县年最大降水量为磨刀岭站的1844.5毫米，降水178天；年最小降水量是新田站；最大日降水量发生在磨刀岭站，5月7日日降水量达160.5毫米。年度流域内的主要降水日期为3月19日—24日、4月7日—17日、5月2日—9日、6月11日—16日。新田站年最高降水量为188.20米，流量为每秒272立方米，时间为5月8日。年最低水位186.22米，流量为每秒11.6立方米，时间为8月8日。

建置区划

【建置沿革】新田原为军队屯田处，名新田堡，又名新田营，县名系沿袭旧名。春秋战国时属楚地。秦至汉初属长沙郡（国）。西汉、东汉时期先后属泠道、营道、舂陵县。三国、魏晋南北朝时属泠道、舂陵县。隋开皇九年（589年），废泠道、舂陵二县，其地并入营道县。唐大历二年（767年），析延唐县西北县置大历县，新田境域属之。宋乾德三年（965年），并延喜、大历置宁远县。明万历二年（1574年），为防宁远东北瑶民造反置新田营。明崇祯十二年（1639年），分宁远南北二乡十五都置县，以新田营为治所，因为县名，属永州府。清康熙六年（1667年）始建城。清康熙二十五年（1686年），再划宁远、桂阳部分地区入新田。民国27年（1938年），属第七行政督察区。1949年10月10日，新田解放，属永州专区。1952年，属湘南行政区。1954年7月，湘南行政公署撤销，分设衡阳、郴州两个专区，新田属郴州专区。1959年3月，新田、桂阳合并为桂阳县，属郴州专区。1961年7月，恢复新田县，属郴州专区。1962年12月，新田县划辖零陵专区。1995年11月21日，撤销零陵地区和县级永州市、冷水滩市，设地级永州市，新田县属永州市辖区。

【行政区划】2016年，按照省、市关于乡镇区划调整改革工作的总体要求，新田县完成并乡合村改革工作，全县19个乡镇合并为12个，减少7个，减幅为36.8%；将379个村（居）委会，合并为230个村（居）委会（村委会196个、居委会34个），减少村（居）委会149个，减幅为39.3%，超额完成省、市分配下达新田县合并142个建制村的目标任务。调整后，全县辖11个镇、1个民族乡，即：龙泉镇、金陵镇、骥村镇、枧头镇、新圩镇、石羊镇、新隆镇、大坪塘镇、陶岭镇、金盆镇、三井镇、门楼下瑶族乡，总面积10.224万公顷，总人口44.65万人。县人民政府驻龙泉镇。

自然资源

【植物资源】新田县有树种88科、106属、800余种。常见的有棕榈、楠木、柳杉、樟、白玉兰、油桐、楮楮、马尾松、湿地松、池杉、柏木、木荷、栓皮栎、枫香、香椿、泡桐、油茶、枣、柿等。珍贵树种有银杏、红豆杉、厚朴、香樟等14种。有草类124种。主要草种有刺芒、野古草、白芒草、黄背草、芒芒萁、扭黄茅、细柄草、狗落草、雀稗等。有野生药用植物557种。主要有远致、紫金牛、八角枫、山花椒（灌木类）、桔梗、沙参、前胡、鱼胆草、车前草、益母草、天冬、麦冬、半枝莲（草本类）、茜草、木通、大血藤、鸡血藤、金银花（藤类）。

2016年，新田县建有自然环境保护区1个，自然环境保护区面积3333公顷。全县造林面积2480公顷，完成造林验收合格面积2480公顷，完成封山育林面积1668公顷，退耕还林100公顷。全县森林覆盖率达55.6%，比2015年提高0.1%。

【动物资源】 新田县野生动物有700余种。兽类有蝙蝠、穿山甲、松鼠、豪猪、褐家鼠、小家鼠、刺猬、黑线鼠、猪獾、华南兔、水獭、果子狸、中华竹鼠、聋猪、野羊、鹿、獐等。原有的华南虎、金钱豹、牙獐等动物已绝迹。禽类有白鹭、野鸭、鹰、鹞、鹧鸪、黑颈长尾雉、锦鸡、竹鸡、斑鸠、雷鸡、大杜鹃、猫头鹰、翠鸟、百灵、云雀、白头翁、家燕、八哥、乌鸦、喜鹊、山雀、山喜鹊、画眉、麻雀等。两栖类有棘胸蛙（石板蛤蟆）、金线蛙、泽蛙、中华大蟾蜍（癞蛤蟆）、中国雨蛙等。爬行类有壁虎、铜石龙子（狗婆蛇）、鳖、乌龟、蝮蛇、蕲蛇、竹叶青、金环蛇、银环蛇、赤链蛇、乌梢蛇、水蛇、眼镜蛇等。鱼类有5目、15科、59属、94种。常见的有胡子鲶、鲤鱼、鲫鱼、鲢鱼、草鱼、鳝鱼、泥鳅等。其他水生动物有背角无齿蚌、三角帆蚌、螺、虾、蟹、蚬等。昆虫主要有蚕、蜂（种类较多，唯蜜蜂家养）、牛虻、蚊、蝇、螳螂、蝗虫（俗称草蚂）、螟虫、天牛、萤火虫、蝴蝶、蜻蜓、蟑螂等。

【矿藏资源】 新田县境内金属矿有铁矿总储量约30万吨，主要是赤铁矿，残存于红土壤中，含铁量多在40%以下。锑矿主要在道塘，储量8500吨，属中型低温热液脉状矿藏，含纯锑70%左右，伴有镓、锗等稀有金属。此外，境内尚有少量铅、锌、锰、金、银、白钨等。新田县境内非金属矿主要有煤矿，总储量3252万吨，均属下石炭纪测水煤系。煤层薄、煤质差，如龙溪煤矿煤层厚仅有0.1米—0.4米，含磺铁矿等杂质高达40%—60%。此外，还有少量重晶石、石英、冰洲石、油页岩等。

【水资源】 新田县的水资源和水能源均较贫乏。2016年，全县水资源蕴藏总量8.23亿立方米，其中，有6.62亿立方米水形成地表径流。水能资源蕴藏总量为24421千瓦，因境内河溪的坡度降幅大、河床窄，水易涨易退，可供开发利用的仅1.3万千瓦。河汛期最大流量可达每秒609立方米，枯水期仅每秒0.025立方米，且枯水期长，地下水开发困难。地下水储备丰富，蕴藏量达2.05亿立方米。至2003年，全县地下水提引量1421.78万立方米，仅占蕴藏量的6.9%。有溶岩泉井87眼，至2003年只开发25眼，占总数的28.7%。2016年年末，大中型水库蓄水总量为2225万立方米。总体水质状况良好，全县满足Ⅲ类标准的断面比例达100%。

【土地资源】 新田县土地总面积10.224万公顷，占永州市总面积的4.56%。农业用地面积1.52万公顷，占全县土地总面积的14.9%；林业用地5万公顷，占总面积的49%。2016年年末，新田县耕地面积2.15万公顷，基本农田面积1.7万公顷，全年向省政府申报新增建设用地108.07公顷，批准建设用地91.43公顷，出让国有土地使用权5.91公顷。实施省以上土地综合整治项目5个，建设规模1082.44公顷。

新田县土壤种类多，截至2013年，新田县有水稻土18.16万亩、菜园土226亩、潮土635亩、红壤58.69万亩、山地黄壤42427亩、石灰土27.7万亩、紫色土4293亩，计7个土类、17个亚类、53个土属、119个土种。宜农荒地少，全县有荒地20.635万亩，但适宜开发的面积不多。

人口·民族

【人　口】 2016年年末，新田县总人口44.65万人，常住人口34.44万人。其中，城镇人口13.63万人，农村人口20.81万人。城镇化率39.58%，比2015年提高2.02%。人口出生率14.02‰，死亡率7.77‰，自然增长率6.25‰。

【民　族】 至2016年年末，有汉族、瑶族，壮族、土家族4个民族。主体民族为汉族。

旅游资源

【概　况】新田县位于湖南省南部，地处永州、郴州、衡阳三市交界。是湖南省四大“温室县”之一，境内富硒土壤丰富，为全国少有的富硒资源地之一。新田县委、县政府按照“产业提质、城镇带动、生态优先、民生为本”的发展思路，全面发展旅游产业。目前，全县有各类景区12处，如神奇诡秘的大观古堡，明代朱元璋没落皇孙建文帝南逃遗址；玄妙飘灵的南国武当山，千百年来佛道文化共存共融；源远流长的石羊鹅井，“旱焦尘土流无减，雨倒昆仑量不添”；全国重点文物保护单位龙家大院，设计巧妙，制作精良，神韵犹存；湖南省历史文化名村谈文溪“笋矗云根”独特景观，为湖南省所独有；“锦衣世家”骆铭孙，一门九代世袭，三代高居指挥使，横跨明清两朝；独具特色的孝文化公园，设计精巧，环境优美。另外，新田县先后获评“中国孝德文化之乡”“全国卡车运动基地县”“湖南原生态富硒食品基地县”“最具投资发展潜力文化旅游县”。2016年，接待游客总人次240.2万余人次，实现旅游总收入12.1亿余元，游客接待人数和旅游收入同比增长21.11%与23.12%。

【地方风俗】新田自古有舞狮的风俗，舞狮队年头年尾接受他村的邀请前去舞狮，在民国时的价格为一光元。舞狮时通常由师父负责连棍（类似双节棍，比双节棍长，两头系有花绳），其他人武三拳、坐马棍。到达邀请的村时通常对方会在门口放些“障碍物”，或诗文，则要求对答；或实物，则应越过障碍，这是在考验舞狮队的能力。舞狮时师父要以诗歌的形式一边舞连棍一边大声喊出，时有人不怀好意或玩笑以挡佳言，师父应以机智相辩。舞狮活动结束后在邀请人家喝酒、划拳，若有酒后拳脚，队员的凳耙就派上用场，即是舞狮队员必会的武术——三拳、坐马棍、凳耙。舞狮活动至“文化大革命”时遭受破坏，该风俗遂不再，留下来的仅有知市坪乡山下村舞狮队。

【地方俚语】湖南新田县“南乡土话”归纳起来大致可分为“长辈”“同辈”“晚辈”和“其他”四类。这四类里收列新田县南乡土话（属于湘南土话）的亲属称谓词语共134条。新田南乡土话在用字、构词、句法和文化意蕴上具有鲜明特点，是西南官话与土话相互影响的产物。

【风景名胜】谈文溪村。谈文溪古村位于湖南新田县南部，隶属三井镇，距新田县城以南15公里，坐落于福音山国家森林公园武当山脚下，拥有独特典型的喀斯特山地，四面环山，左依青龙山，右靠白虎山，前对武当山，背倚后龙山，青山叠翠，乱石林立，云雾缭绕，郁郁葱葱，生机盎然。拥有文溪八景:“印浮水面”“笋矗云根”“松籁传响”“泉波喷香”“灵龟化石”“游龙抱珠”“七仙拱贵”“九老观图”。该村拥有260户1200多人，全村皆为郑姓，有600多年的历史。古村占地1.42平方公里，现存古民居30余栋，房屋200余间，古建筑面积6800平方米。该村现今仍有保存完好、气势恢宏的门楼，古朴典雅的影壁，雄伟庄重的文溪家庙，小家碧玉的绣楼，儒门德踵的“三太守四进士”，商贾云集的客栈，栩栩如生的灵龟化石，雄奇壮美的“笋矗云根”，精彩纷呈的民间戏曲以及神奇神秘的民间传说等，多样化的古建人文景观和独特多元化的古村落文化，使谈文溪成为湘南古村落中最具代表性的文化遗存，具有很高的游览观赏价值、旅游开发价值、古文化保护价值和科研价值。谈文溪先后于2009年、2011年被评为“湖南省历史文化名村”“湖南省文物保护单位”。

龙家大院。龙家大院位于新田县西南15公里处，连绵大观岭山脉深处的山坳间。“村连幽径拖青黛，门瞰群山拥翠微”是其幽雅环境的真实写照，全村居民均为龙姓，为东汉零陵太守龙伯高的后裔，宋神宗元丰年间迁居至此，已有千年历史。古村后高前低，左拥龙山，右抱虎岭。龙家大院依山而建，三面环山，呈“三厅九井二十四巷四十八栋”布局。大院有对联128副，现存对联不仅书法精美，且体现他们崇尚祖先“敦厚周慎，口无择言，谦约节俭，廉公有威”的“八德”家风和耕读恬淡的心境，洋溢着归隐田园一般的闲适生活情趣，被誉为“对联之村”“书法之村”。“坐堂听书”“丹凤朝阳”“榭楼垂钓”“双珠撵朝”“狮子望楼”“五代同堂”“秀涧藏龙”“葫芦晓月”是龙家大院的古八景，虽历经千年，依然四季皆景，四时妙趣不同。

龙家大院先后被评为“湖南省历史文化名村”“湖南省文物保护单位”“国家AAA级旅游景区”“全国重点文物保护单位”，同时也是“湖南省特色景观旅游名村”“中国摄影家协会民俗摄影基地”。

孝文化公园。孝文化公园是新田县委、县政府为弘扬中华传统孝德文化，展现新田深厚历史文化底蕴，做大新田文化旅游产业而倾力打造的一道亮丽的人文景观。公园占地面积11万平方米，总投资7000万元。总体布局以“两轴、一环、一带”为骨架。“两轴”即至孝轴和至善轴。至孝轴为东西向，宽12米、长438米；至善轴为南北向，宽10米、长263米。至孝轴和至善轴均为大理石铺装道路，两条轴线支撑起孝文化公园的空间架构。“一环”即沿公园四周环绕游园主路，串联各个景点。“一带”即滨水风光带，串联滨水景观带。主要景点有孝文化主题广场、孝文化博物馆、“天地和谐”主题广场、巧雕广场、二十四孝主题走廊、观景眺台、“历史长河”景观水系、滨江休闲步道景区等。孝文化公园在规划理念上，以挖掘和弘扬中华民族孝德文化为着力点，以“孝”“善”“和谐”为主题，在继承优秀传统的基础上，警示和感化现代人的价值观，体现健康、和谐的时代特征。是湖南省唯一一个孝文化主题公园。

新田南国武当山。南国武当山位于湖南省新田县石羊镇境内，总面积46平方公里。南国武当山因位于湖北武当山之南而得名。“武当”意为“非真武大帝不足当之”，即谓武当乃中国道教敬奉的“玄天真武大帝”（简称玄帝）的发迹圣地。南国武当山境内石灰岩遍布全境，形成秀丽多姿的喀斯特地貌。境内有雄伟多姿、犬牙交错、形态各异的武当山群峰108座；群峰内有建于唐以前、宋朝、明朝等时期道观佛殿寺庙（遗址）6座，摩崖石刻、石碑百余块；有被称为“南国第一泉”的鹅井等清冽、甘甜的泉井118眼；有建于咸丰年间、地势险要的“石古寨”等古军事要塞3处；有美丽神奇的“水打莲花”；有传奇神话将军脱帽、绚马墩；有雄伟壮观、斗拱飞檐的八角凉亭；有鳞次栉比、古色古香的居民小楼；有幽、奇、险、绝的石山岩洞88个；有辽阔壮观、一马平川的“石羊古洞”万亩优质烤烟种植基地；有“建文帝挂锡武当山”等充满传奇色彩、韵味无穷的历史传说和民间故事。

福音山森林公园。福音山森林公园位于新田县的东北部，距县城6公里，属于城郊公园。由福音山景区、南国武当山景区、皇宫洞景区三大部分组成，规划总面积6829.7公顷。2012年被评为国家森林公园。园内森林蓄积量16万立方米，森林覆盖率90.3%，生态环境极佳，有着独特的森林旅游资源，发展潜力巨大。园内植被类型多样，有种子植物168科、675属、1410种，其中，属国家一级保护植物的有2种，分别是世界银杏之王、千年南方红豆杉；属国家二级保护植物的有17种；保存有古树名木9000余株，天料木群落生长其中。有野生动物4纲、29目、82科、281种，国家一级保护动物2种，分别为金钱豹、林獅；国家二级保护动物22种。公园有山峰150余座，大小峡谷80多个，最高海拔双巴岭812.4米，最低海拔高坝287.4米，相对高差525米，深潭、瀑布随处可见；公园覆盖金陵、两江口水库，总蓄水量5000万立方米，水文景观突出，与周边山地相融合，形成美丽的湖光山色；负氧离子含量极高，被誉为“天然氧吧”。同时，境内居住着数百年的瑶族，民风古朴、习俗独特，从房舍到服饰、起居、节日、歌舞、婚嫁、信仰等独具地方特色，具有深厚的历史文化底蕴，为历史寻踪和宗教朝拜旅游奠定坚实的基础。

南国武当汽车越野基地。新田县南国武当汽车越野基地位于传说中的明朝失踪皇帝建文帝出家挂锡之地——南国武当山脚下。武当山越野基地先后承办华南五省及港澳地区第二、第四届汽车越野大赛，并在CCTV-5频道现场直播，深受国内外汽车越野赛手和国内主流媒体一致好评，被中国汽车运动联合会授予“中国汽车联合会赛事合作基地县”称号。南国武当汽车越野基地交通便利、风景秀美，紧邻省道S282线，随着京珠复线和二广高速的通车运行，该基地3小时等距离辐射长沙、广州、桂林三大城市。

金陵湖景区。金陵水库位于湖南省新田县东北面，日东河上游，距县城9公里。1958年兴建，次年竣工。全库汇水面积109平方公里，正常水面5270亩，主坝高45米，坝底长26米，宽228米。金陵水库是以灌溉为主，结合发电、养鱼和水上娱乐的综合工程，库区水质清澈，泥沙含量少，是县城生产、生活用水的主要来源地。四周青山环绕，果木成林，有板栗、柰李、桃子、杨梅以及多种药材间种，是一个“春赏花、夏戏水、秋尝果、冬民俗”的好地方，是人们假日休闲、垂钓和游玩的好去处。

大观古堡。新田已发现的古堡共18座，呈两个相对独立，实际互为犄角、遥相呼应的两大古堡群：以该县毛里乡大冠岭山顶上的大冠堡为中心，周边5公里范围按东北西南分布着大冠堡、新宅岭堡、大利堡、百万城堡、龙形堡和龙秀堡等；以南国武当山为中心，散布着龙潭堡、牯牛岗堡、白米寨堡、石古寨堡和飞龙堡等。古堡以巨石和齐整的条石构筑高大墙体，残留华丽楼阁遗迹。

【名优特产】 新田血鸭。做法非常讲究，煎炸炒焖上血汤，有时候辅以浓香富硒黄豆，做出来色泽油亮，入口鲜香，是迎接宾客的必备菜之一。

新田米粉。是用好米、高汤、新田的陶岭辣椒炸出的辣椒油和一些秘方调料制成的。

油炸粑粑。是用米面辅以萝卜丝、肉片等，一起煎炸。此外，还有米包绿豆粑粑、米粉粑粑、糖油粑粑。

炒螺丝。新田河多，自然生长的田螺、螺丝也很多，田螺味美且对身体好，是新田人常见的下酒菜。

香煎泥鳅。新田的土泥鳅肉质细嫩，营养价值丰富，补肝益肾，香煎泥鳅是新田的一道家常菜。配上新田特有的三味辣椒，味道更佳。

三味辣椒。“陶岭山牌”三味辣酱，以陶岭三味辣椒、小麦、黄豆、糯米等为主要原料。1993年获湖南省农博会金奖，1998年获全国农博会金奖。

山野菜。1996年，门楼下瑶族乡乡镇企业湘南珍野菜开发中心采用资源丰富的野生植物为原料，精工细作，生产无公害绿色食品。主要产品有龙源笋丝、苦菜公、奶参、黄精菜、水麻菜、野芝麻菜、凤爪蕨、胶股蓝茶、玉丝茶、百草腊肉等。

板栗。新田县板栗规模种植起于20世纪90年代至2003年，全县种植面积3万余亩，年产3万吨，建有冷藏保鲜库4个。

水桎花生。新田水桎花生，采用传统工艺，手工制作。制作前，把刚从旱地挖出来的鲜花生，洗净泥土，晾干水珠备用。选择1厘米—2厘米大的河卵石2.5千克—5千克洗净，在大铁锅内加适量茶油，用猛火爆炒，待河卵石炒红，再将鲜花生5千克—10千克倒入铁锅，与炒红的河卵石混炒，直至花生炒脆出锅。

国民经济与社会发展

【概　况】 2016年，新田县地区生产总值69.59亿元，同比增长8.5%。其中，第一产业增加值17.79亿元，同比增长3.1%；第二产业增加值18.73亿元，同比增长6.5%；第三产业增加值3.31亿元，同比增长12.9%。按常住人口计算，人均地区生产总值20359元，同比增长9.2%。三次产业结构比由2015年的26.6∶28.1∶45.3调整为25.6∶26.9∶47.5，三产业比重持续增长，比2015年提高2.2个百分点。一、二、三产业对经济增长的贡献率分别为9.9%、21.5%、68.6%。

【农　业】 2016年，新田县完成农林牧渔业总产值32.03亿元，同比增长3.2%。其中，农业产值15.63亿元，增长0.3%；林业产值2.00亿元，增长8.0%；牧业产值12.59亿元，增长5.8%；渔业产值1.35亿元，增长5.0%。全县粮食作物种植面积2.99万公顷，同比减少2.8%；糖料种植面积351公顷，与2015年基本持平；油料种植面积2134公顷，减少1.5%；蔬菜种植面积12351公顷，增长1.6%。粮食总产量15.91万吨，减少1.7%；油料产量4606吨，减少0.8%；水果产量47418吨，增长0.2%；蔬菜产量27.11万吨，增长4.9%。

养殖业发展平稳。年末，全县存栏生猪30.26万头，同比减少6.1%。全年出栏生猪50.02万头，同比增长3.5%；出栏牛1.64万头，增长4.5%；出栏羊4.52万只，增长3.7%；出笼家禽725.35万羽，增长3.4%；水产品总产量7285吨，增长0.7%。

特色农业发展迅猛。富硒农业快速发展，全县富硒农产品示范基地达10万亩，其中广东东升农场建立富硒农产品示范基地1万亩。烤烟产业稳步发展，全县完成优质烟种植面积3402公顷，收购烟叶9.5万担，实现税收2800万元。

农业产业化稳步推进。全县有农产品加工企业261家，比2015年增加5家，农产品加工企业实现销售收入60.54亿元、利润6.05亿元、税金6463万元。有市级以上农业产业化龙头企业28家。

农业综合生产能力持续提高。全年开工各类水利工程2261处，水利工程投入资金17600万元，水利工程完成土石方188.76万立方米。新增和改善农田有效灌溉面积1893公顷。2016年年末，全县拥有农业机械6.54万台，增长1.5%；其中农用拖拉机6066台，增长2.1%。农业机械总动力42.01万千瓦，增长1.8%。机械化耕作程度达到63%，比上年提高3个百分点。

农村生活设施不断改善。全年新建户用沼气池280口，新建小区联户沼气30处，新增沼气用户228户，推广太阳能热水器106台。解决1.49万人农村饮水不安全问题，自来水受益村达72.6%。

【工业和建筑业】 2016年，新田县新增规模以上工业企业8家，年末规模工业企业达53家。规模以上工业企业完成总产值70.25亿元，同比增长25.0%。其中，轻工业总产值4.25亿元，增长40.6%；重工业总产值27.74亿元，增长6.8%。实现规模以上工业增加值16.57亿元，同比增长7.3%。全县规模以上工业企业产品销售率95.96%，同比下降1.86%。主营业务收入65.31亿元，同比增长21.8%；实现利税6.61亿元，同比增长58.2%。

建筑业健康发展。年末，新田县实现建筑业增加值3.41亿元，同比增长7.3%。全县资质以上建筑业企业7家，完成建筑业总产值6.46亿元，同比增长11.6%；竣工总产值4.96亿元，同比增长1.4%。资质内房屋建筑施工面积83.48万平方米，同比增长4.4%，其中，新开工面积71.92万平方米。

【固定资产投资】 2016年年末，新田县完成固定资产投资70.3亿元，同比增长17.0%。全年施工项目146个，新开工项目113个，建成项目83个。全年开工建设5000万元以上项目49个，完成投资44.50亿元，占全部投资的63.3%。其中，亿元以上项目24个，完成投资31.76亿元。

房地产业发展迅猛。全年完成房地产开发投资3.57亿元，同比增长94.5%。商品房销售面积15.54万平方米，同比增幅14.5%；完成商品房销售额5.04亿元，增长32.8%，其中，住宅销售额4.69亿元。全年房屋建筑施工面积35.24万平方米，房屋建筑竣工面积6.25万平方米。

【贸易和旅游】 2016年，新田县实现社会消费品零售总额25.04亿元，同比增长11.9%。城镇消费品零售额19.48亿元，增长12.3%；乡村消费品零售额5.57亿元，增长10.6%。批发业3.95亿元，增长11.4%；零售业20.13亿元，增长11.8%；住宿业4668.2万元，增长16.6%；餐饮业4961.4万元，增长15.8%。限额以上消费品零售额6.79亿元，增长28.6%；限额以下消费品零售额18.25亿元，增长6.8%。

招商引资成效显著。全年实际到位内资11.63亿元人民币，利用外资3000万美元。全县进出口总额6700万美元，同比增长13.69%，其中，出口6624万美元，进口76万美元。

旅游产业发展取得新突破。全县全年接待游客240.6万余人次，实现旅游收入12.1亿元，游客接待人数、旅游收入同比分别增长21.1%、23.1%。旅游产业带动就业0.98万人次。

【交通和邮电】 2016年，新田县交通运输、仓储和邮政业实现增加值4.12亿元，同比增长4.2%。全年货物周转量6782万吨/公里，增长11.0%；客运周转量3.21亿人次，增长10%。全年完成农村公路通畅55.5公里，县城区南环路大桥主体工程全部完工。完成农村公路路面窄改宽46公里，安保工程70公里，完成危桥改造21座、渡改桥2座。年末，全县民用车辆保有量3.06万辆，增长11.9%，其中，汽车1.76万辆，摩托车1.19万辆，农用车1138辆；2016年新注册机动车4558辆，增长18.4%，新注册小型汽车2935辆。

邮电通信业发展升级。全县完成邮政业务总量2169万元，同比增长21.2%；电信业务总量3100万元，增长12%；联通业务总量1800万元，增长7.2%；移动业务总量5800万元，与2015年基本持平。年末，有固定电话用户1.3万户，移动电话用户17.6万户（其中，移动10.2万户，联通3.3万户，电信4.1万户），宽带用户1.8万户。

【财政、金融和保险】 2016年，新田县完成财政总收入6.06亿元，同比增长7.6%。其中，一般预算收入4.38亿元，增长2.56%；税收收入2.86亿元，增长3.95%；非税收入1.52亿元，增长0.04%；上划中央收入1.29亿元，增长31.5%；上划省级收入3981万元，增长3.03%。全县财政支出23.27亿元，同比增长9.6%。其中，一般公共服务支出2.7658亿元，增长4.2%；教育支出4.91亿元，增长7.6%；科学技术支出1023万元，增长6.6%；文化体育与传媒支出5280万元，增长15%；社会保障和就业支出3.73亿元，增长22.6%；医疗卫生支出3.24亿元，增长20.7%；环境保护支出6601万元，增长12.2%；城乡社区事务支出4740万元，增长6%；农林水事务支出3.90亿元，增长15.2%；住房保障支出9003万元，减少33.1%。

金融业较快增长。年末，全县金融机构各项存款余额98.21亿元，比年初增加16.73亿元，增长20.5%。其中，个人储蓄存款64.07亿元，比年初增加6.34亿元，增长10.98%；单位存款28.12亿元，比年初增加9.94亿元，增长54.68%。金融机构各项贷款余额42.74亿元，比年初增加11.50亿元，增长36.81%。其中，短期贷款8.30亿元，比年初增加7579万元，增长0.05%；中长期贷款余额34.42亿元，增加10.75亿元，增长45.42%。

保险业运行良好。全年实现保费收入1.78亿元，同比增长7.4%。其中，人身险保费收入1.24亿元，增长5.6%；财产险保费收入5404万元，增长13.9%。各项赔款与给付支出1.40亿元，同比增长20.8%。其中，人身险支出9476万元，增长5.28%；财产险支出4521万元，增长74.8%。

【教育和科技】 2016年，新田县有各级各类学校286所。其中，幼儿园131所（民办120所），小学教学点104所，完全小学22所，九年一贯制学校11所，初级中学14所，完全中学1所，高级中学1所，中职教育1所，教师进修学校1所。全县有各级各类在校学生79162名。其中，在园（班）幼儿18488名，小学34824名，初中14607名，普通高中6268名，中等职业教育学校4975名。全系统有教职工3474人。其中，公办幼儿园教师69人，小学公办教职工1291人，初级中学公办教职工706人，九年一贯制学校公办教职工649人，完全中学公办教育教职工324人，高级中学公办教职工196人。2016年，全县二本以上上线398人，二本以上上线率27.92%。全县小学入学率100%，初中阶段入学率100%。进一步推进农村义务教育经费保障新机制改革，免除学杂费49431人，免除金额4050万元，免费提供教科书金额611万元。资助家庭贫困学生7772人次，资助金额892万元。

科技水平不断提升。全县科技经费支出996万元，比2015年增加36万元，增长3.75%。全县有高新技术企业15家，完成产值16.7551亿元，同比增长28.6%。有农村科技推广站11个，培养科技示范户230户。全年举办科普培训班330期，培训人员21600人。引进推广新优品种、新技术、新产品、新成果88项（个），比上年增加3个；申报省级以上重点科技项目1项；申请专利188件，其中发明专利申请46件，发明专利比上年增长21%。

【文化、卫生和体育】 2016年，新田县有电视台、文物所、文化馆、图书馆、电影放映管理站各1个。有全国重点文物保护单位1个，省级文物保护单位9个，省级历史文化名村2个，市级文物保护单位14个，县级文物保护单位62个。有乡镇综合文化站19个，"农家书屋"381家，全县行政村"农家书屋"覆盖率100%。乡镇综合文化站图书室19个，为379个行政村配送户外拉杆音响及阅览凳，实现乡镇图书室全覆盖，行政村群文器材全覆盖。实施"村村响"工程，实现"村村响"行政村全覆盖。全年承办大型群众文化活动6场次，送戏下乡45场次，放映农村电影4352场次；"两馆一站一书屋"免费开放，参加人数达22万余人次。

医疗卫生条件不断改善。年末，全县有卫生机构468所（含村卫生室）。其中，县级医院2所，乡镇卫生院21所，妇幼保健院1所，卫生监督所1个，疾控中心1个，私立医院10所。医院和卫生院拥有床位总数2526张，增长5.3%。全县有卫生技术人员1535人，增长6.5%；其中，执业医师421人、执业助理医师177人、注册护士611人，分别增长14.4%、3.5%、8%。2016年年末，全县农村新型合作医疗覆盖农村人口数333929人，参合率98%，补偿率66.5%，比2015年提高0.21个百分点。

体育事业蓬勃发展。全年举办全县机关干部职工气排球大赛、全县太极拳比赛、全县广场舞大赛、全县象棋比赛、中美篮球对抗赛、第18届篮球争霸赛等大型体育赛事10次，参加全市工间操比赛并取得优秀成绩。体育基础设施建设进一步完善，为全县36个社区居委会配送健身设施。争取省市支持的全民健身路径器材22套。为39个行政村各配送篮球架1副。截至2016年年底，全县共有公共体育面积64.047万平方米。运动员雷蕾、张云辉在全市青少年举重比赛中分获女子甲组44公斤级第一名，女子甲组44公斤级挺举第一名，女子甲组44公斤级抓举第一名；男子甲组77公斤级第一名，男子甲组77公斤级挺举第一名，男子甲组77公斤级抓举第一名，并获得体育道德风尚奖。在全市青少年田径锦标赛中，获金牌18块，获得团体总分第二名。

【人口、人民生活和社会保障】 2016年年末，新田县总人口44.65万人（公安数）。常住人口34.44万人，其中，城镇人口13.63万人，农村人口20.81万人。全县城镇化率39.58%，比2015年提高2.02个百分点。人口出生率14.02‰，死亡率7.77‰，自然增长率6.25‰。

城乡生活持续向好。全县居民人均可支配收入12057元，同比增长10.5%。其中，城镇居民人均可支配收入20871元，同比增长9.2%；农村居民人均可支配收入7661元，同比增长9.9%。全县居民人均住房面积72.3平方米，文教娱乐服务消费支出占消费总支出比重19.6%。

工资水平继续提高。2016年年末，全县有单位从业人员18849人，在岗职工17354人。从业人员年平均工资42977元，比2015年增加2049元，增长5.0%；在岗职工年平均工资43943元，比2015年增加1953元，增长4.7%。

社会保障工作不断完善。全县新增城镇就业人员5466人，下岗失业人员再就业1998人，新增农村劳动力转移2700人，年末城镇登记失业率3.17%。社会保险稳步推进，参加新型农村养老保险人数20.5万人。失业保险人数2.02万人，工伤保险人数1.61万人。城乡低保扩面提标，全县城镇低保月均保障对象7030人，最低保障线标准每人每月420元。农村低保月均保障对象32688人，最低保障线标准每人每月220元；农村五保户2273人，其中，分散供养1967人，年标准3204元/人；全县拥有敬老院9所，敬老院集体供养人数306人，年标准6552元/人。

为民办实事项目全面达标。全县落实省市为民办实事20项考核项目，全面完成目标任务，精准扶贫投入完成5.17亿元，完成计划（1.2亿元）的430.8%，实现3.76万人脱贫；建设农村公路安保设施50公里，完成计划（42.3公里）的118.2%；新增城镇就业5466人，完成计划（4200人）的130.1%；新增管输天然气用户940户，完成任务（300户）的313.3%；农村危房改造完成1081户，完成计划（1052户）的102.8%。

【资源、环境和安全生产】 2016年年末，新田县耕地面积21463.87公顷，基本农田面积16703.85公顷，全年向省政府申报新增建设用地108.07公顷，批准建设用地91.43公顷，出让国有土地使用权5.91公顷。实施省以上土地综合整治项目5个，建设规模1082.44公顷。

生态环境进一步改善。全县建有自然环境保护区1个，自然环境保护区面积3333公顷。全县造林面积2480公顷，全年完成造林验收合格面积2480公顷，完成封山育林面积1668公顷，退耕还林100公顷。森林覆盖率55.6%，比2015年提高0.1个百分点。全县水资源总量8.23亿立方米，总体水质状况良好100%。

环境保护成效显著。完成环境污染治理投资3400万元。化学需氧量排放量208.31吨（不含农业源），增长12%；工业二氧化硫排放量692.36吨，增长1%。工业废水排放达标率96.5%，工业废气排放达标率96%，工业固体废物综合利用率99.70%。建设项目环保“三同时”执行合格率100%。

安全生产形势较平稳。全年发生各类生产经营性事故1起，安全生产事故死亡1人。全年发生道路交通事故3起，死亡3人。全年无较大与重大事故。

（注：①本分目数据为初步统计数据。如有变动，以统计年鉴数据为准；②地区生产总值、各产业增加值绝对值按现价计算，增长速度按可比价计算）

重点工程

【新田首座220千伏智能变电站正式投入运行】 2016年1月6日，湖南电力公司硒城变电站1号变压器5次冲击受电成功，标志着新田县首座220千伏智能变电站正式投入运行，为新田经济社会发展提供更强大的电力支持。

硒城变电站位于新田县龙泉镇，县城西南4公里处，紧邻工业园南园，占地面积2公顷，于2015年3月开工，12月11日竣工，投资8130万元，建设180兆伏安主变1台，110千伏出线5回。硒城变电站的正式投运，使新田县电网结构和供电可靠性得到有效提高，为新田县快速发展奠定坚实的能源基础。

【新田县城市基础设施提质改造工程开工】 2016年1月23日，总投资近7亿元的新田县城市基础设施提质改造工程在龙泉大道开工建设。县委副书记唐富荣主持开工仪式。县领导曹桂秀、王佑生、唐晓波、聂朝飞、蒋华等相关县领导，以及县委办、县政府办、县财政局、县城投集团等相关部门负责人，项目建设投资方负责人等参加开工仪式。

新田县城市基础设施提质改造工程项目，是县委、县政府"城镇带动"战略的重要支撑项目，总体投资金额约人民币7亿元，项目建设范围在龙泉镇，包括龙泉路至新华东路改造项目、新嘉公路县城段（S215）拓宽改造项目、新华南路北、滨河东路北等15个建设项目。通过项目招投标，确定由湖南建工集团担任项目建设投资方。

【"一号民生工程"城市供水工程项目（一期）竣工通水】 2016年2月3日，新田县"一号民生工程"城市供水工程项目（一期）竣工通水仪式在金陵水厂举行。县委书记唐军出席仪式并为泵房启动拉闸通电，城市供水工程的竣工投用，将有效解决长期以来城区用水紧张问题，实现县委政府对人民群众作出的"2016年过年不停水"的庄严承诺。

【新田县德恒实验学校开工建设】 2016年3月1日，新田县德恒实验学校建设开工仪式在龙泉镇土珠山村举行。县委书记唐军宣布项目开工，县委副书记、县长秦山成和德恒兆业教育集团董事长彭建青分别致辞，县委副书记唐富荣主持仪式。

新田县德恒实验学校是县委、县政府重点招商引资项目，是新田县"十三五"规划新征程中的一项重大民生工程，也是德恒兆业教育集团重点打造的一所十二年一贯制寄宿制高端学校。学校位于新田县南部生态新城区，占地10公顷，规划建筑面积约4.4万平方米。教学楼、行政综合楼、科技楼、学生公寓、艺术楼、体育馆、图书馆、会演中心、报告厅、400米标准塑胶跑道、标准足球场、篮球场、羽毛球场等现代化教育教学设施一应俱全。学校依山而建，是一所集家园、乐园、学园于一体的生态文化校园。德恒实验学校项目建设标志着新田县向"教育强县"迈出新的步伐。

【新田县金陵镇风力发电项目开发签约】 2016年4月29日，新田县与湖南新华水利电力有限公司成功签订《新田县金陵镇风力发电项目开发框架协议》。

湖南新华水利电力有限公司是由水利部综合事业局和湖南省水利厅于2007年1月共同注资成立的清洁能源企业。现为新华水力发电有限公司控股企业，属中国核工业建设集团公司三级子公司。经营范围为国家法律、法规允许的电力建设投资、水电工程投资以及水电技术咨询服务。

签约仪式上，副县长刘大兵与湖南新华水利电力有限公司负责人分别代表双方签署合作协议。此次双方的合作对新田县改变能源结构，促进新能源建设起到推动作用，对于推动新田经济社会发展具有重要的意义。

县发改委、县林业局、县商务局、县国土

局、县法制办、县电力局、金陵镇政府等相关单位负责人参加签约仪式。

【龙家大院修缮工程开工】 2016年5月7日，新田县龙家大院修缮第一期工程开工。龙家大院位于新田县枧头镇黑砠岭村，始建于宋朝元丰年间，经历代多次扩建，至明末清初形成“三堂九井二十四巷四十八栋”格局。整座大院占地4.5万平方米，建筑面积5780平方米，主体建筑由48幢古民居和月牙池塘、普善堂、龙山学校、八德亭等组成。大院古朴素雅，集建筑艺术、民俗文化、宗亲文化、耕读文化、明清风貌之大成，是解读中国传统古村落的重要例证。龙家大院2009年被列为省级历史文化名村，2010年被评为国家AAA级旅游景区，2011年被列为省级文物保护单位，2013年被列为全国重点文物保护单位。

龙家大院修缮第一期工程投资1304万元，主要包括26处古民居、古建筑及部分巷道地面的修缮，维修建筑面积共5225.2平方米，青石板巷道地面面积997.2平方米。工程将遵循“不改变文物原状”“最小干预”等原则，以保护文物及其历史环境的真实性和完整性。龙家大院旅游开发项目与修缮工程同时启动，主要包括紫薇公园、四季花卉谷、农耕文化绿色长龙带、景观大道、杨家洞湖景区及相关旅游配套工程建设，投资额为720万元，占地面积1070亩，旨在将龙家大院打造成为新田县首家国家AAAA级旅游景区。

【新田县公园东路建设拆迁工作启动】 2016年7月13日，位于龙泉镇朝阳社区下欧家塘村的新田水文站旧站房拆除，标志着公园东路建设拆迁工作正式启动。县人大常委会副主任郑智新、副县长付海兵到现场指挥拆除工作。县城东片区指挥部、县住建局、县水文站、欧家塘村两委等相关部门协助拆除工作。

新田县水文站位于公园东路，舂陵河边，1958年开建并于次年运行，占地面积约800平方米，主要用作观测、搜集和研究县域河流、湖泊、水库等水体的水文、气象资料。一方面，由于年久失修，设施老化，随时有坍塌的可能；另一方面，该站属于公园东路改造拆迁范围，该站以全县发展大局为重，启动拆迁工作，确保公园东路的全线贯通，助力创国卫工作的开展。

开放交流

【衡阳客商到新田县考察富硒产业】 2016年1月9日—10日，衡阳市1223工程协会会长、衡阳市福立康中医馆董事长朱旗率团到新田考察富硒产业及投资环境。

考察团首先参观新田富硒产品展览馆、东升农场蔬菜种植基地，了解新田县富硒资源情况及近年来开发富硒农产品的情况。新田县是“中国天然富硒农产品之乡”“湖南省原生态富硒食品基地县”“中国湘菜百强基地县”“湖南省海外高层次专家休假养生基地”。

考察组对新田县致力于打造富硒产业链，实现富硒富民的举措表示十分赞同，并表示将以此次考察为契机，为新田富硒产业宣传搭建平台，希望进一步加强交流合作，共同助力富硒产品的研发。

县人大常委会副主任陈学军、富硒办等相关部门负责人陪同考察。

【新田温氏金盆种猪场开工建设】 2016年1月15日，新田温氏种猪场开工仪式在金盆镇骆铭孙村举行。县委常委、常务副县长唐晓波出席仪式，并宣布项目开工。

金盆种猪场是新田温氏畜牧有限公司在新田县投资的第一个集约化、规模化、工厂化的大型种猪场，总投资约1.5亿元，占地面积1781亩。该种猪场采用国际先进养猪工艺流程规划设计，主场分6条生产线、3大功能区，配备目前国内先进的污水处理设施，基本可实现无污染排放。建成后，母猪存栏数可达1.6万头，每年可提供优质健康猪苗24万头，带动周边300户农户合作养猪，每年获利6000万元以上。

开工仪式上，唐晓波对金盆种猪场开工建设表示祝贺。他说，金盆种猪场的启动建设，标志着全县生猪产业化发展进程的加快，对于加速全县经济发展，促进群众致富增收有着重要意义。各级各部门要积极配合，给予大力扶持，促进项目早日建成投入使用，同时也希望温氏集团新田公司严格按照合同办事，以一流的施工质量，最快的施工速度，将这一项目建成优质工程，带动当地百姓脱贫致富奔小康。

副县长、县公安局长周平，县政府办、县发改委、县畜牧水产局等单位负责人，新田温氏畜牧有限公司代表，金盆镇党委、政府主要负责人等参加仪式。

【河北卓达农业集团到新田县开展商务考察】 2016年4月22日，河北卓达农业集团董事长陈文胜到新田县进行商务考察，就相关项目对接、合作发展事项进行洽谈。

卓达集团创建于1993年7月，现净资产逾千亿元，是国家发改委确立的“国家资源综合利用示范基地”。卓达集团自进军农业领域以来，开发富硒农产品，着力打造“信誉农业、放心农业”。卓达现代农业在多省建设优质农业种植基地，并已向海外市场拓展开发。

座谈会上，陈文胜对新田得天独厚的富硒自然资源表示赞叹，对新田地理环境、历史人文、经济发展和特色产业等进行了解，并诚挚邀请新田组织考察团到集团考察，希望通过合作，深挖特色资源，打造特色产业，尤其是要将富硒资源和养老产业结合起来，作为一个新的开发亮点，实现互利共赢。

县领导刘安平、陈学军、刘大兵，县农办、县商务局、县农业局、县富硒办、县农投筹建办、县以工代赈办等单位负责人参加会议。

【外商及港澳台商到新田考察农业种植加工项目】 2016年4月26日，一批韩国及中国香港、中国台湾客商到新田县考察农业种植加工项目，并与新田相关部门进行有关方面的交流。

蒋氏集团（香港）投资有限公司董事长蒋政强、湖南韩国企业家协会会长李钟台、永州市台商协会副会长陈豪德等一行9人前往东升农场、骥村桐木洞、肥源水库等地，现场考察蔬菜出口基地选址、冷藏库建设选址、韩国泡菜和果蔬饮料加工厂环境及配套配送情况、台湾红心火龙果和日本方形西瓜种植条件，了解当地水电路讯开通、土地流转方式、惠农政策、蔬菜出口证照办理等相关情况。

座谈会上，考察组在观看新田县招商引资专题片、听取新田富硒产业发展情况介绍后认为，新田生态环境好，富硒资源优势明显，很适宜发展农业种植产业，希望与新田开展商业合作，实现双赢。

县人大常委会主任邓成胜，县政府副处级干部郑龙杰，县商务局、县富硒办、县农业局等部门负责人，骥村镇主要负责人陪同考察。

【新田成功签约4家家具企业】 2016年5月12日，新田县委书记唐军，县委副书记、县长秦山成率考察团赴广东省佛山市乐从镇，就新田家私产业的发展壮大进行有针对性、选择性的考察招商，4家家具相关企业与新田俊毅创新创业园有限公司成功签约。县领导王佑生、蒋华、周国平、刘大兵，县政府办、工业园、科经委、工商联等单位负责人参加考察活动。

新田俊毅创新创业园，是首个由新田县政府主导、民企（新田俊毅创新创业园有限公司）投资开发的区域产业经济发展合作项目，占地280余亩，该园秉承打造中南首席硅谷价值产业园区理念，整个园区依据不同空间功能区域间关联性进行划分和开发，以极为科学的产业空间轮廓与城市肌理，使得整个园区的生产工作及生活相比传统的第三代产业园区更为便利、舒适，倍受企业青睐。

佛山市乐从镇，是东南亚最大的家具交易中

心和集散地，家具市场绵延十里。这里国内外家居名优产品和高档品牌不计其数，后因家具产业发展衍生不少家私零部件生产与销售企业，形成家具生产的完整生态链条，是此次新田赴广东考察的重点目标。

5月12日，唐军、秦山成一行到家居研发、创新有较大优势的广州铭轩办公家具有限公司和家具零部件生产小有名气的广州图特科技五金有限公司，深入企业进行实地考察和对接洽谈，并在广东省佛山市乐从镇财富酒店举行主题为“新田智造，家具硅谷”的新田湘南首席家具灯饰机饰机电产业集群园区推介会暨新田俊毅创新创业园招商洽谈会。

在洽谈会上，广州绿丰环保设备制造有限公司、广州图特科技五金有限公司、广州铭轩办公家具有限公司、佛山市金博坤家具有限公司分别与新田俊毅创新创业园有限公司成功签约入驻新田俊毅创新创业园。

【京东集团与新田签约电商扶贫协议】 2016年5月13日，由中国扶贫开发协会与京东集团联合主办的“互联网+”精准扶贫高峰论坛在北京人民大会堂隆重举行。京东集团发布《“互联网+”精准扶贫白皮书》，同时与华润、TCL等10家企业联手发布社会企业扶贫联盟倡议书，并与湖南省新田县、湖北省恩施市等18个贫困县签订扶贫协议，力求发挥京东电商平台优势，共同探索“产业扶贫、创业扶贫、用工扶贫”三大模式，以电子商务手段助力国家“精准脱贫”战略。新田县委副书记、县长秦山成，县委常委、副县长刘安平应邀参加高峰论坛，并与京东集团签约。

根据京东集团与新田签约协议，在产业扶贫方面，京东将帮助新田打造自有品牌；选择产业聚集区打造“互联网+扶贫”示范区；加大在仓储、配送方面的投资力度，帮助新田建立农产品进城物流体系。

在创业扶贫方面，京东将与扶贫办主管的社团组织合作，合力打造京东新田扶贫示范店；在新田县推动县级物流配送中心的建设，帮助贫困户就近就业；对新田建档立卡的贫困家庭人员进行电商扶贫知识培训；与中国扶贫志愿服务促进会设立“京东扶贫基金”，支持新田贫困人口的创业发展。

在用工扶贫方面，京东将联合社会培训资源，为贫困户提供种养技能、电商技能等培训服务协助新田县政府部门加强对贫困户的实用技术培训；将面向贫困家庭定向招收劳动力，提供相当数量的正式用工岗位，帮助贫困家庭真正实现一人就业、全家脱贫的目标，这也与正在新田开展的“一户一产业工人”计划同步推进。

京东集团副总裁马健荣表示，与其他电商不同，京东实施的“互联网+”精准扶贫战略，在企业和市场层面构建了新的平台与渠道，形成政府、企业、社会共同促进的扶贫格局，通过特色产业建“电商+基地+物流+金融”，形成精准扶贫生态圈，打造培训、金融、农资、安全、运输、销售、品牌、招工8个环节的帮扶体系，重点在于打通“农产品进城”通道，以农副产品、生鲜冷链物流为突破口，帮助贫困地区的优质农副产品送到主要消费城市。

【光大集团到新田洽谈环保能源发电项目】 2016年5月20日，光大国际环保能源博罗管理中心总经理邱波一行5人到新田洽谈建设环保能源发电项目事宜。光大国际是光大集团实业投资的旗舰公司，主要以环保能源、环保水务和新能源三大领域为发展重点。光大国际已在广东省、江苏省、北京市等地投资实业项目50多个，涉及总投资人民币200多亿元。

邱波一行深入新田县枧头镇新夏荣村、金盆镇陈晚村、石羊镇工业园等地，对相关项目拟选址点进行初步的考察，并召开座谈会，对相关的合作事宜进行深入交流。经洽谈，双方认为，新田建立规模以上的生活垃圾焚烧发电站，需同周边县区进行区域统筹，需对各县区生活垃圾保底量等基准数据进行摸底，对拟选址点的区域位置、水利、电力等条件进行科学的调查评估，通过系列的前期工作确定项目的建设规模、建设标准和选址地，以保证投资更为精准、高效。双方均表示，愿进一步对接，期待项目早日落地，早见成效。

县领导唐富荣、刘安平、蒋华、周国平、郑龙杰，县发改委、电力、水利、环保、国土、林业、住建、安监、城管等部门负责人参会。

【客商到新田洽谈翰林山景区植物园建设项目】 2016年10月8日，京东集团副总裁尹红元、时代地产集团投资总经理邱志刚等10余名客商到新田考察洽谈翰林山景区植物园建设项目。

在县行政中心举行翰林山景区植物园建设招商洽谈会上，园林设计公司负责人用PPT的形式向与会人员详细介绍植物园及旅游商业地产项目概念策划方案，与会人员就设计方案进行讨论。按照设计方案，翰林山景区植物园计划投资6亿元左右，将打造一个集植物区、风情商业街、游客集散广场、生态小区、民俗剧场于一体的远郊休闲旅游地产项目。

友好往来

【双牌县考察团到新田县考察城投工作】 2016年3月30日，双牌县考察团到新田县考察城投集团组建、实体化运作以及项目建设等工作。

新田城投集团是县政府直属管理的中二型国有企业，承担全县城市基础设施建设投资开发和国有资产、土地资本经营任务，履行建设项目的投资主体、融资载体、建设实体三大职能。双牌考察团深入城投集团，了解企业架构、运营理念、部门运作、人事制度等，并实地察看该集团实施的重点项目。考察团认为，新田城投集团有思路、有理念，项目建设有亮点，值得学习借鉴。

县政府办、县财政局、县住建局、县国土局、县房产局、县法制办、县城管局以及县城投集团班子成员等参会。

【马来西亚华侨到新田捐资助学】 2016年4月8日，马来西亚爱国华侨王国丰一行到新田县开展捐资助学活动，该县瑞华学校100余名贫困学子获得近5万余元物资的捐助。

王国丰和助学义工一起到新田县瑞华学校，为该校86名贫困初中生和16名高中生每人发放500元助学金，并亲手赠送一批学习和生活用品，以他们的真情传递爱心。随后，王国丰一行还参观了新田县维爱公益协会，并表示将加强与新田县公益慈善机构的联系，共同关心帮助更多的困难群体。王国丰，马来西亚华人，祖籍福建福清，从小接受中文教育，对母语国家有浓浓的感情。多年来，王国丰一直致力于公益事业，从2000年开始一直资助马来西亚华人学校的发展，1999年捐马币40万元给吉隆坡精武华小，2008年向汶川大地震灾区捐助100万元。2015年5月，注资成立王国丰慈善助学会，先后为湖南省桂阳县、新田县，海南省琼中黎族苗族自治县等山区的学校捐款捐物，热心助学。

县委统战部、县教育局等相关单位负责人参加活动。

【山东单县考察团到新田考察旅游开发工作】 2016年4月10日，山东省菏泽市单县人大常委会主任陈允全，县委常委、县委宣传部部长郝永言率考察团到新田县考察旅游开发工作。

考察团一行6人到孝文化公园进行考察，仔细查看牌楼、四祥柱、十恩柱、报恩泉、儒家六艺、中心广场、孝感动天、百善门、竹筒广场等主要景观，对公园设计理念和规划等进行了解，认为公园建设创意好、理念新、主题鲜明，很有特色，对于弘扬中国传统孝德文化具有很好的推动作用，其建设经验值得学习与借鉴。

新田县人大常委会副主任刘小平、县城管局

相关负责人等陪同考察。

【光大集团董事长唐双宁到新田调研扶贫工作】 2016年4月11日，全国人大农业与农村委员会副主任委员、中国光大集团党委书记、董事长唐双宁在集团组宣部主任董铁峰、董事长秘书王文浩、光大集团长沙分行行长罗方科等人的陪同下，到新田调研扶贫工作。

中国光大集团是中央管理的国有重要骨干企业，经过近30年的发展，已成为以银行、证券、保险、资产管理、期货、金融租赁、实业为主的特大型集团，根据国务院扶贫工作安排，从2016年起，光大集团派出扶贫工作组进驻新田，依据新田实际开展定点扶贫工作。

唐双宁一行在县委书记唐军等陪同下，先后前往新田文庙、万寿宫、龙家大院、小源会议旧址和东升农场蔬菜基地，对新田的历史文化、民族特色及富硒产业发展等情况作全面了解。

县领导赵红萍、蒋华、周国平及相关部门负责人参加调研活动。

【山东省枣庄市中区领导到新田调研一代廉吏王鼎铭事迹】 2016年4月15日—16日，山东省枣庄市市中区区委常委、区委宣传部部长王忆青带考察团到新田县考察调研王鼎铭事迹。国家清史编纂委员会委员、传记组组长李治亭，人民大学图书馆原馆长、国家清史编纂委员会委员、传记组副组长杨东梁参加考察调研活动。

考察组先后深入县文庙、王公祠、状元楼、回龙井、金陵镇永桂城村、枧头镇查林铺村等地，追溯王鼎铭在新田期间的点点滴滴，感悟王鼎铭勤政爱民、廉洁奉公的崇高品质，切身体会新田人民“远学王鼎铭”“近学焦裕禄”的廉政文化建设情况。通过实地察看和听取情况介绍，考察组一致认为新田县历史文化悠久，人文底蕴深厚，王鼎铭历史遗迹和史料丰富，王鼎铭精神在新时期的新田也有很好的体现，并希望新田能进一步加大相关史料收集和遗址开发、保护力度，并以此为载体，推动全县廉政文化建设上台阶。

在召开的王鼎铭精神暨《一代廉吏王鼎铭研究文集》出版研讨会上，与会的王鼎铭史事研究专家们纷纷发言，回忆王鼎铭的生平事迹，畅谈王鼎铭精神的重大意义，并就如何进一步挖掘与发扬王鼎铭精神提出自己的意见和建议。

李治亭在讲话中说，通过王鼎铭事迹的考察与调研结果证明，把王鼎铭列入国家清史《循吏传》是十分正确的决定，同时他也认为枣庄与新田联手挖掘王鼎铭优秀事迹的做法开创了文化建设的新形式，是一种创新，对于推进文化建设的新局面有很大的推动作用。并希望新田县一定要保护好这些珍贵的遗迹，拓展宣传范围，全力打造王鼎铭文化品牌。

王忆青表示，枣庄与新田共同推进王鼎铭精神的做法架起两地的文化桥梁、友谊之桥，这对于推动两地的廉政文化建设起着举足轻重的作用，希望两地能进一步加强交流与合作。表示下段枣庄将进一步加大对王鼎铭优秀事迹的挖掘力度，做成两地共同的文化品牌，推进廉政文化建设创新性发展。

县委副书记唐富荣说，王鼎铭精神是两地宝贵的精神和物质财富，王鼎铭精神对当代的廉政文化建设、如何做“忠诚干净担当”的好干部具有很强的现实意义，希望两地借助这一平台，推动廉政文化向纵深发展。新田县将进一步加大对王鼎铭遗迹的保护与开发力度，加大对王鼎铭精神的宣传、学习力度，把勤政爱民和廉洁奉公的精神发扬光大。

县领导王佑生、赵红萍、蒋华、毛群联以及县文广新局、文联等相关单位负责人等陪同考察调研。

【郴州汝城考察团到新田县考察创卫工作】 2016年4月23日，郴州汝城县考察团到新田县就创卫工作进行考察交流。

新田县启动国家卫生县城创建工作两年多来，全县上下大力弘扬“南有新田、奋勇争先”

精神，以创国卫工作为总抓手，狠抓基础设施建设和市容市貌管理，城乡面貌发生巨大转变，城市建设与管理迈上新台阶。考察团一行先后实地考察方达农贸市场、孝文化公园、政务中心、塘家洞村等地，并召开座谈会，了解新田县创国卫工作，并就相关工作进行交流探讨。考察团认为，新田县创卫工作成效显著，工作做的实，做的细，形成长效管理机制，诸多经验、做法值得学习借鉴。汝城县正处于创国卫启动阶段，希望两县加强交流，共同促进，努力把城市建设好、管理好，造福一方人民。

县人大常委会副主任陈学军，县政府办、县爱卫办、县城管局、县卫监督所、县住建局，县卫计委、县食药监局、县市场服务中心、县环保局、县疾控中心、县环卫所等单位负责人参加座谈会。

【珠海延安精神研究会到新田考察红色文化】 2016年5月18日，珠海延安精神研究会到新田考察红色文化。考察团到小源会议旧址、蒋先云故居、郑作民故居、红军西征文化纪念园进行实地考察，通过认真听取历史背景、重大事件和重要战役情况介绍，缅怀革命先烈的丰功伟绩，领略升华红色文化。

座谈会上，考察团听取新田红色旅游发展情况介绍。新田是湘南地区革命运动最早、最为活跃的县区之一。大革命时期，新田党组织领导下的工农武装斗争轰轰烈烈；土地革命时期，党继续领导新田人民坚持武装斗争；中国工农红军第六军团转战新田，建立工农红色政权；解放后，新田人民艰苦奋斗，赢得一代伟人毛泽东“南有新田”的赞誉。考察团对新田县在保护红色文物、宣传红色文化等方面所做的工作表示赞赏，并希望新田县进一步保护好、宣传好、利用好红色资源，通过对红色资源的挖掘、整理、研究，挖掘出历史文化遗产中蕴含的革命精神，利用各种手段深度宣传，把健康的精神产品展示给广大人民群众，进一步满足人民群众日益增长的文化需求，推动地方文化事业大发展、大繁荣。

中共党史专家、中共中央党史研究室宣传教育局原副局长薛庆超，中国网主任陈龙狮，珠海延安精神研究会会长耿岱等参加考察活动。县委常委、县委宣传部部长赵红萍，副县长杨柳青，县委宣传部等相关部门负责人陪同考察或参加座谈会。

【珠海市纪委到新田县考察廉政文化建设工作】 2016年8月15日，珠海市纪委监察局副局长彭洪率珠海市纪委考察团，到新田县学习考察廉政文化建设工作，永州市纪委常委杨复权、市纪委宣传部副部长陈卓韬陪同考察。

考察团实地考察新田县孝文化园廉政文化教育基地，详细了解新田孝文化公园教育基地建设的经验做法，并就两地廉政文化建设等工作进行深入交流和探讨。彭洪表示，新田县通过建设孝文化公园廉政教育基地创新廉政教育的载体，营造浓厚的廉政文化氛围，教育方式灵活，符合当前廉政文化建设需求，非常值得学习借鉴。希望双方加强联系，共同推进廉政文化建设工作。

【上海社科院到新田县调研新农村建设工作】 2016年8月20日，由上海社会科学院、上海理工大学、天爱集团等单位、企业人员组成的调研组，到新田县开展“中国新农村建设”田野调研。

调研组一行12人先后深入龙泉镇东升农场、枧头镇龙家大院和枧头特色小城镇建设现场，分别查看农村环境整治、村庄改造、产业发展、基层组织建设、小城镇开发等情况，重点对农村集体土地流转、产业转型、政府投融资、招商引资意向等工作进行调查。调研组认为，新田县对新农村建设工作重视度高、投入量大、工作亮点多，取得可贵的经验和明显的成效，值得好好总结与推广。

永州市委常委、常务副市长唐湘林，新田县委副书记、县长秦山成，县委常委、副县长刘安平，以及县农业委、县美丽办、县富硒办等部门负责人陪同调研。

【临武县考察团到新田考察交流创国卫工作】 2016年9月5日，郴州市临武县党政考察团到新田县考察交流创国卫工作。县委常委、县委组织部部长陈志华等陪同考察。

考察团一行17人先后到龙泉镇塘家洞村、三里亭村、乐堡夜宵城、孝文化公园、方达市场等地，实地察看城中村道路硬化、旱厕改造、划行归市、园林绿化等工作。看到优美的农村环境、整洁的路面、洁净的农村公厕，考察团对新田的创卫工作成效给予肯定和赞许。交流座谈会上，县创卫办介绍新田创国卫机构设置管理、工作措施、考核机制、台账收集及资金投入使用等情况，临武县党政考察团介绍创国卫和创建园林城市的思路与做法，双方就创卫工作进行深入讨论以及经验交流。考察团表示，参观新田的创国卫工作很受启发，新田的经验值得学习，将认真加以研究、消化，融入创建工作中，同时希望双方继续加强沟通交流，相互促进创卫工作。

【东安县考察组到新田考察城投工作】 2016年9月27日，东安县人大常委会副主任胡贤吉率考察组一行4人到新田城投集团进行考察，了解企业运营、投资融资以及项目建设等工作。县人大常委会副主任刘小平等参加活动。

考察组通过观看视频资料、座谈交流等形式，了解集团企业架构、运营理念、人事制度等，重点就投资融资、项目建设等工作进行交流座谈，对新田城投集团从组建到正式运营短短一年多时间所取得的成绩给予充分肯定，表示要把好的经验和做法带回东安，在以后的工作中多加强沟通交流，促进双方经济社会更好更快的发展。

【新田组团参加阿里首届文化节】 2016年9月23日—25日，新田县组团参加在云南昆明滇池国际会展中心举行的阿里首届文化节。此次阿里文化节客商云集，规模庞大，是一个展示县域经济、文化、旅游、特色农产品的绝佳机会，也是吸引人才、资金、招商的新平台。在文化节上，新田县重点推介新田富硒农产品及旅游资源，发放宣传资料1200余份，接受咨询1500余人次，起到很好的宣传展示效果。县电商办、县富硒办、县电商协会等单位参加活动。

【郴州市政法委到新田考察网格化管理工作】 2016年12月6日，郴州市政法委副书记、综治办主任唐山原率考察团到新田考察网格化管理工作。新田县委常委、县委政法委书记李祥佐陪同考察。

考察团一行先后到龙泉镇中山社区、县政务服务中心等地进行实地考察，通过参观和听取介绍的方式，对中山社区的社会管理服务情况与“智慧新田社会治理创新云平台”进行详细了解。考察团认为，新田县网格化管理效果显著，社会治理创新云平台高效智能，对管理和治理社会事务起到很大的作用。考察团表示，将新田县社会治理创新及网格化管理好的经验带回去，并希望今后与新田加强沟通交流，提升网格化管理工作水平。

2016年县直及驻新田副科以上单位党政负责人名录

中共新田县委

唐　军　县委书记
秦山成　县委副书记，县人民政府县长
易先平　县委副书记
王名扬　县委常委、县人民政府常务副县长
何　勇　县委常委、宣传部部长
陈志华　县委常委、组织部部长
刘安平　县委常委、县委办主任
蒋昌辉　县委常委、县人武部政委
周国平　县委常委（挂职）
李祥佐　县委常委、政法委书记
汤小兵　县委常委、纪委书记
刘晓燕　县委常委、统战部部长
黄少军　县委原顾问

张晓波　县委原顾问
胡宗高　县委副调研员
谢林林　副处级干部

县人大常委会

欧阳涛　县人大常委会主任
郑智新　县人大常委会副主任
毛群联　县人大常委会副主任
贺安祥　县人大常委会副主任
刘志斌　县人大常委会副主任，县民政局党组书记、局长
周艳芳　县人大常委会副主任
曹桂秀　县人大常委会原主任
史立忠　县人大常委会原副主任
刘小平　县人大常委会原副主任
陈学军　县人大常委会原副主任

县人民政府

秦山成　县委副书记，县人民政府县长
王名扬　县委常委，县人民政府常务副县长
吴新波　副县长
刘大兵　县人民政府副县长
周　平　县人民政府副县长，县公安局局长
杨柳青　县人民政府副县长
彭晓军　县人民政府副县长
李勖川　县人民政府副县长，县城管局局长
廖土才　正处级干部
廖新家　副处级干部
肖龙斌　县人民政府原副县长
陆亚飞　副处级干部

县政协委员会

王佑生　县政协主席
何三明　县政协副主席
龙石佑　县政协副主席（兼）、一中校长
李咏梅　县政协副主席
郑龙杰　县政协副主席
黄美华　县政协副主席（兼），县工商联主席
郑小龙　县政协原副主席

其他县级领导

胡剑涛　县人民法院党组书记、院长
朱　诺　县人民检察院党组书记、检察长
许朝友　县人武部部长
沈拥政　县公安局政委
廖　洋　湖南省福音山国家森林公园管理局局长
宋可文　县委党校校长
刘大军　县工业园党工委书记
宋桂雄　县工业园管委会主任、龙泉镇党委书记
尧红旗　正处级干部
肖　娴　县工业园管委会原主任

2016年县直机关单位、各乡镇、驻新田单位党政主要负责人

县直机关单位党政主要负责人

胡承斌　县纪委副书记、县监察局局长
郑水龙　县委组织部副部长（排第一）
何　昕　县委宣传部副部长（排第一）
邓黎春　县委统战部副部长（排第一）
周荣和　县委政法委副书记（排第一）
骆桐雄　县编办主任
周宏武　县政府办党组书记、主任
朱永林　县发改委党组书记、主任
黄向法　县商粮科经委党组书记、主任
刘高庆　县教育局党委书记、局长
周　平　县人民政府副县长，县公安局局长
刘志斌　县人大常委会副主任，县民政局局长
雷柏生　县司法局党组书记、局长
肖方英　县财政局党组书记、局长

肖亚飞　县人社局党组书记、局长
何明轩　县国土局党组书记、局长
郑乐平　县住建局党组书记、局长
郑　程　县交通局党组书记
侯小红　县交通局局长
欧亚珉　县水利局党组书记、局长
唐述根　县农业委党组书记、主任
周明亮　县林业局党组书记、局长
骆月平　县文体旅游广电新闻出版局党组书记
赵海燕　县文体旅游广电新闻出版局局长
李文众　县卫计委党委书记、主任
宋文斌　县审计局党组书记、局长
胡开亮　县环保局党组书记、局长
贺朝群　县安监局党组书记、局长
郑石湘　县市监局党组书记、局长
李勖川　县人民政府副县长，县城管局局长
朱国斌　县人防办党组书记、主任
黄美华　县政协副主席（兼），县工商联主席
郑　杰　县工商联党组书记
肖　辉　县总工会党组书记、第一副主席
郑玉兰　县妇联主席
黄雨滴　团县委书记
唐金山　县残联党组书记、理事长
王亚平　县科协主席
雷湘萍　县文联主席
高小柳　县侨联主席
唐冲凌　县直属机关工委书记
廖品球　县委统战部副部长、县委台办主任
骆金华　县委宣传部副部长、县文明办主任
骆海兵　县委政法委副书记、县综治办主任
邝江波　县维稳办主任
陈小权　县委老干局局长
郑君太　县信访局局长
郑晓新　县调纠办主任
刘宏林　县史志办主任
乐　辉　县档案局局长
宋可文　县委党校校长
张柏生　县机关事务服务中心主任
邓振斌　县统计局局长
胡荣平　县法制办主任
唐文凯　县公安局交通管理大队大队长
卢方政　县公安局交通管理大队政委
陈昊华　县能源办主任
陈庆文　县广播电视台党组书记、台长
成清华　县政务服务中心主任
唐志光　县以工代赈办主任
黄永久　县国企改制办负责人
廖财春　县房产局党组书记、局长
陈小军　县城建投资集团公司党组书记、董事长
刘亚斌　县城建投资集团公司党组副书记、总经理
邓前兵　金穗农村建设投资有限公司董事长、总经理
邱海林　县市场服务中心党组书记、主任
郑　辉　县扶贫办主任
郑华勇　县烤烟办党组书记、主任
乐国权　县富硒办（果业办）主任
何宗昌　县药业办主任
徐　晓　县农开办主任
章尚辉　县移民局局长
王永生　县畜牧局党组书记、局长
徐　扬　县供销联社党组书记、理事会主任
何红保　县供销联社监事会主任
刘大军　县工业园党工委书记
宋桂雄　县工业园管委会主任，龙泉镇党委书记
刘　涛　县方达公司总经理
乐石明　县公路局党组书记、局长
邝主生　县公共资源交易中心主任
廖　洋　县森管局局长

龙石佑　县政协副主席（兼）、县一中校长
邝忠法　县二中校长
胡玉明　县瑞华实验学校校长
温为杰　县教师进修学校校长
黄新华　县职业中专校长
谭宁锋　县人民医院院长
周红霞　县人大办主任
雷明秀　县人大常委会代表联络工作委员会主任
欧志成　县人大法制委员会主任委员
夏国军　县人大财政经济委员会主任委员
刘亚斌　县人大常委会内务司法工作委员会主任
李新才　县人大常委会教育科学文化卫生工作城乡建设工作委员会主任
郑　鹏　县人大常委会农业农村工作委员会主任
郑新万　县政协办主任
廖　华　县政协提案法制群团委员会主任
温海英　县政协经济科技人口资源环境委员会主任
周春平　县政协学习文史宣教卫体民族宗教三胞联谊委员会主任
吴光灿　县接待科科长
唐治勇　县农机局局长
李　剑　县农村经营服务站站长
李慧超　县事业单位登记管理局局长
黄美兰　县老龄工作委员会办公室主任
乐　天　县重点建设项目管理办公室主任
蒋土斌　县城镇监察综合执法大队大队长
陆石旺　县城镇监察综合执法大队政委
张　毅　县自来水公司经理
郑乐亮　县动物卫生监督所所长
王雨松　县网络宣传和电子政务办公室主任
何楚瑞　县人民政府教育督导室主任
陈实现　县招生考试中心主任
宋石明　县人民政府行政效能投诉中心主任
乐　明　县乡镇财政管理局局长
何金雄　县劳动保障监察大队大队长
刘　飞　县医疗保险基金管理中心主任
刘胜兵　县机关事业单位社会保险管理站站长
谷立恒　县社会劳动保险管理站站长
刘大军　县就业服务局局长
郑玉兰　县城乡居民社会养老保险局局长
刘彦华　县工伤保险站站长
蒋　保　县人事考试中心主任
何中波　县低收入家庭认定中心主任
彭安顺　县征地事务中心主任
刘　敏　县城乡规划设计院院长
陈万明　县金陵水库管理所所长（聘任）
胡承标　县大湾林场场长（聘任）
梁　剑　县安全生产执法监察大队大队长
陈红柱　县红十字会办公室主任
欧海滨　县爱国卫生运动委员会办公室主任
陈春生　县卫生计生综合监督执法局局长
李　敏　县计生协会负责人
古文鹏　县食品药品稽查大队大队长
李　正　县地方海事局局长
欧阳乐　县疾病预防控制中心主任
唐基兵　县考核领导小组办公室主任
肖成霞　县机构编制信息中心主任
齐丕才　县园林绿化管理中心主任
邝知红　县网格管理中心主任

各乡镇党政主要负责人

宋桂雄　县工业园管委会主任，龙泉镇党委书记
邱露华　新圩镇党委书记
章　军　新隆镇党委书记
周日升　大坪塘镇党委书记

刘晓燕　县委常委、统战部部长，
　　　　三井镇党委书记
钱海平　金陵镇党委书记
蒋洪军　骥村镇党委书记
何岳敏　门楼下瑶族乡党委书记
黄亚军　石羊镇党委书记
郑海波　金盆镇党委书记
刘雄辉　枧头镇党委书记
罗成文　陶岭镇党委书记
吴桂虎　龙泉镇镇长
郭小兵　新圩镇镇长
郑志宏　新隆镇镇长
雷逸婷　大坪塘镇镇长
肖　慧　三井镇镇长
蒋　健　金陵镇镇长
周阳明　骥村镇镇长
盘文顺　门楼下瑶族乡乡长
谢观军　石羊镇镇长
唐小军　金盆镇镇长
陈　巍　枧头镇镇长
王中滨　陶岭镇镇长

省市驻新田单位主要负责人

潘杰武　县公安消防大队大队长
何洪涛　县公安消防大队政治教导员
蔡立武　武警中队中队长
李　陵　武警中队政治指导员
唐绍军　县国家税务局局长
黄才理　县地方税务局局长
蔡本德　县供电公司总经理
尹三宝　县烟草局局长
白文革　县盐务局局长
温爱军　县气象局局长
陆远见　县人民银行行长
黄荣飞　县工商银行行长
蒋美菊　县建设银行行长
魏京辉　县农业银行行长
刘文忠　县农业发展银行行长
王惠珍　县农商行董事长
谭荣清　县邮政银行行长
蒋水兵　县人寿保险公司经理
朱文涛　县人财保险公司总经理
魏玉福　县联通公司总经理
廖文凤　县联合财产保险公司经理
唐才喜　县电信公司经理
胡光明　县邮政局局长
郑再平　县移动公司经理
何莉芳　县新华书店经理
成　建　县住房公积金管理中心主任
袁尚刚　县石油公司经理
刘　刚　县永汽公司经理

政治建设

中共新田县委员会

综 述

【概 况】 2016年，中共新田县委辖17个基层党委，87个党总支，462个党支部，党员20138名。县委团结和带领广大干群深入实施“产业提质、城镇带动、生态优先、民生为本”发展战略，以坚定的决心和坚毅的勇气开拓进取、干事创业，给新田带来有深度、有品质、有活力的变化。经济社会保持平稳健康发展，为“十三五”规划开好局。2016年，全县GDP实现69.6亿元，同比增长8.5%；完成财政收入6亿元，同比增长7.6%；实现规模工业增加值16.6亿元，同比增长7.3%；固定资产投资实现70.3亿元，同比增长17%，增速排全市第五位；社会消费品零售总额实现25亿元，同比增长11.9%，增速排全市第二位。新田获得全国农村承包土地经营权抵押贷款试点县、国家卫生县城、湖南省平安县城、省文明县城等称号，全面小康实现程度提升到89.7%，连续3年跻身“湖南省全面小康推进工作经济十快进县”行列。

坚持项目带动，全县重点项目安排项目123个，年度投资55.4亿元。省级重大项目实现“零的突破”，城镇供水工程、中国中部家居博览城、光伏发电被列为省级重点项目。加速动能转换，落实简政放权、商事制度改革等一系列政策措施，市场活力迸发，全县新增各类市场主体3055户。注重企业科技投入、技术研发，全县完成专利申请172件，增长率达212.7%。培育经济发展新业态，阿里巴巴、京东等知名互联网企业相继入驻新田，电子商务交易额突破7亿元。做大做强主导产业，家具制造、硒锶、机械制造三大特色产业实现集聚发展，占园区总产值的72%。扶持培育富硒特色农业，东升农场、温氏集团等一批龙头企业落户新田，建成占地10万亩的富硒核心基地，种植烤烟5.12万亩。鑫隆公司、万家鹅业、恒丰粮油、利达工贸等商标被评为湖南省著名商标，陶岭三味辣椒、新田大豆获评国家地理标志保护产品。

以脱贫攻坚统揽经济社会发展大局，坚持工作聚焦、资源聚集、力量聚合，构建“全党动员、全民皆兵、兵团作战、齐抓共管”的大扶贫格局。开展结对帮扶，光大集团等中央、省、市、县直单位派出工作队103个，因地制宜制定帮扶规划。全面落实干部帮扶到户措施，党员干部与贫困户“结对子”“认穷亲”，实现结对帮扶全覆盖。全面贯彻落实中央、省、市决策部署，推进“六个一批”落地生根，易地搬迁扶贫群众自愿申请搬迁并签订安置协议1698户、7000人，超额完成省定工作任务；小额扶贫贷款完成4亿元，精准扶贫新型农业经营主体扶贫贷款2亿元；率先开展兜底脱贫对象联合认定工作，被列为全省社会保障兜底脱贫对象联合认定工作试点县。全县16288名贫困人口达到“一超过、两不愁、三保障”退出标准，扶贫工作考核位列全省第五名，全市第一名，被评为湖南省脱贫攻坚一类先进县。

坚持向改革要活力、争红利。建成全省规模最大的县级政务服务中心，入驻职能部门60个、行政审批和服务事项375项，群众基本公共服务事项实现“一站式”办结。被列为全国农村承包土地经营权抵押贷款试点县，探索创设“流转证”激活“经营权”的成功经验，完成授信6350万元，发放贷款5000万元，土地真正变成农业农村的“聚宝盆”。开展农村网格化建设工作，城乡100%实现网格化管理，打通服务联系群众“最后一公里”。金融财税改革卓有成效，组建城投集团、农建投公司等政府融资平台，融资分别突破20亿元、10亿元。“一户培养一产业工人”工程典型经验全省推介，湖南省城乡困难家庭“一户培养一产业工人”脱贫解困交流会在新田召开。

将3/4的公共财政支出用于民生领域，办成一系列群众关注的实事。坚持就业优先，城镇新增就业5466人，农村劳动力转移就业2700人，失业登记率控制在3.31%以内。坚持教育优先，启动西北片区学校建设，全面改善职业中专办学条件，推进“三名工程”建设，教育强县计划深入推进。加强民生保障，省定“为民办实事”和市定“六件惠民实事”全面落实，城乡低保、五保供养救助实现提标，医疗救助、优抚、安置、双拥政策全面落实，养老服务加快发展，新建养老床位117张，基本养老服务补贴覆盖率达100%。卫生计生、市场质量、食品药品安全综合监督执法体系建设稳步推进，“诚信计生”工作被评为创新奖，“新农合”参合率达98%，社会保险征缴率达100%。强化社会治安综合治理，“一打三整治”“飓风行动”，收缴整治枪爆物品专项行动取得明显成效，成功侦破“4·28”特大跨省网络传销案，依法普法工作被评为全省先进。

以“两学一做”学习教育为契机，推动全面从严治党向基层延伸。县乡两级党委、人大、政府和县政协换届圆满完成，为干事创业奠定良好基础。创新“党建+互联网”“党建+流动人口管理”“党建+党内关怀帮扶”“党建+执行力”工程，“智慧党建”打通党组织和党员服务管理“最后一百米”，流动党员管理“新田模式”被评为“广州市基层治理十大创新项目”，加强领导干部实绩卡考核和执行力卡管理，通过构建大巡察机制，激活党员干部“内生动力”，基层党建不断夯实。强化党风廉政建设党委的主体责任和纪委的监督责任，认真整改省委巡视组反馈的问题，全力纠“四风”、治陋习，开展“雁过拔毛”式腐败问题专项整治，严肃查处一批违纪违法案件，党风政风进一步好转。

【成功创建国家卫生城市】 2015年，中共新田县委把创国卫列为“一号民生工程”，举全县之力，众志成城、齐抓共管，在全县组织开展创建国家卫生县城工作。加快县城提质扩容，完成中心城区土地利用总体规划调整，县域规模扩大3平方公里。投入资金20余亿元，建设县城基础设施项目73个，城市建设力度、规模创历史新高。强化规划执法和国土执法，城市规划区内国有土地控违、拆违分别达3.6万平方米、1.2万平方米。规范城市管理，“马路市场”得到全面取缔，主次干道实现24小时保洁，渣土运输密闭覆盖率达95%，城市脏乱差现象得到有效整治。围绕“一核四线”，加快美丽乡村建设，东升村、云溪欧家村等6个美丽乡村示范点建设有序推进。开展农村环境卫生整治，实施人居环境整治村庄94个。推进绿色新田建设，完成人工造林3.76万亩、通道造林330公里，森林覆盖率56%。9月7日—9日，经过国家爱卫专家组技术评估，新田县各项指标达到国家卫生县城标准和要求，顺利通过评估进入国家卫生县城行列，成功创建为国家卫生县城。

重要会议

【中共新田县第十二次代表大会】 2016年8月28日—30日，中国共产党新田县第十二次代表大会在县文体中心召开。会议听取和讨论中共新田县第十一届委员会工作报告及第十一届纪委工作报告。大会明确未来五年是全面实施“十三五”规划，决战脱贫攻坚、决胜全面小康，加快建设品质、活力、智慧新田的关键时期，高举中国特色社会主义伟大旗帜，以马克思列宁主义、毛泽东思想、邓小平理论、“三个代表”重要思想、科学发展观为指导，贯彻习近平总书记系列重要讲话精神，牢固树立和贯彻落实创新、协调、绿色、开放、共享的发展理念，协调推进“四个全面”，弘扬“南有新田”精神，加快实施“产业提质、城镇带动、生态优先、民生为本”战略，推进品质、活力、智慧新田建设，以脱贫攻坚为主战场，以全面小康为总目标，为早日实现脱贫摘帽和全面小康而努力奋斗。大会提出未来五年主要奋斗目标是：确保2018年年底，全县125个贫困村、所有建档立卡贫困对象户全部脱贫出列，摘掉“国家扶贫开发工作重点县”帽子；力争2018年年底，确保2019年年底，经济发展、人民生活、社会发展、民主法治和生态文明等主要指标达到中部办对中部地区县及省定三类县的全面建成小康社会标准，全面建成小康新田；未来五年，实现新田经济社会跨越式发展，财政收入和生产总值分别实现“过十亿、超百亿”目标，综合实力稳步跻身全市中上水平。大会提出，全面完成未来五年经济社会发展战略，必须全力抓好脱贫攻坚、优化发展现代农业、促进工业转型升级、大力发展第三产业、促进城乡统筹发展、推进生态文明建设、加强基础设施建设、推进全面深化改革、大力改善民生民本、全面繁荣社会事业的工作目标。会议审议通过关于第十一届县委工作报告的决议和第十一届纪委工作报告的决议。选举产生中国共产党新田县第十二届委员会和中国共产党新田县第十二届纪律检查委员会，通过关于第十一届县委工作报告的决议与第十一届纪委工作报告的决议。

会议选举唐军为新田县委书记，秦山成、易先平为县委副书记。

【县委常委会议】 2016年1月22日，县委书记唐军在县委常委会议室主持召开县委常委会议。县委副书记、县长秦山成，县委副书记唐富荣，县委常委唐晓波、聂朝飞、赵红萍、彭俊卿、欧阳涛、刘安平、蒋华、蒋昌辉参加会议。县人大常委会主任曹桂秀，县政协主席王佑生列席。县人大常委会副主任郑智新、史立忠、刘小平、贺安祥、陈学军，县人民政府副县长刘大兵、李祥佐、周平，县政协副主席何三明、毛群联、龙石佑、李咏梅、郑小龙和县直有关部门负责人列席与其工作相关的议题。会议学习传达《中共湖南省委关于认真学习贯彻习近平总书记在中央政治局“三严三实”专题民主生活会上的讲话的通知》《中国共产党地方委员会工作条例》《中国共产党党组工作条例（试行）》等相关文件精神，听取和审议机关作风效能建设、组织、信访维稳等工作。

2月4日，县委书记唐军在县委常委会议室主持召开县委常委会议。县委副书记、县长秦山成，县委副书记唐富荣，县委常委唐晓波、聂朝飞、赵红萍、彭俊卿、欧阳涛、刘安平、蒋华、蒋昌辉参加会议。县人大常委会主任曹桂秀，县政协主席王佑生列席。县人大常委会副主任郑智新、史立忠、刘小平、贺安祥、陈学军，县人民政府副县长刘大兵、李祥佐、付海兵、周平、杨柳青，县政协副主席何三明、毛群联、龙石佑、李咏梅、郑小龙和县直有关部门负责人列席与其工作相关的议题。会议传达学习中央纪委六次全会、省纪委八次全会、市纪委九次全会以及湖南省十二届人大五次会议、湖南省政协十一届四次会议、省委扶贫开发暨全面建设小康社会工作推进会等会议精神，对春节期间信访维稳、安全生产、森林防火、应急值守、廉洁自律、走访及民生等工作进行安排部署，听取并研究H7N9禽流感防控、“十三五”规划编制、建制村合并以及近期拟召开会议的筹备情况等工作。研究新田县委十一届五次全会、县委经济工作会议、县十六届人大四次会议、县政协八届四次会议、县纪委全会召开时间和日程安排。审议《在县委十一届五次全体（扩大）会议上关于县委常委会工作的报告》《中共新田县委关于制定新田县国民经济和社会发展第十三个五年规划的建议（审议稿）》和《政府工作报告》及《2015年全县特别突出贡献奖、部分绩效评估重点工作评奖情况》《2015年全县优化经济环境和机关作风效能建设工作“满意不满意”县直单位、二级机构和股室测评结果》。

2月29日，县委书记唐军在县委常委会议室主持召开县委常委会议。县委副书记、县长秦山成，县委副书记唐富荣，县委常委唐晓波、聂朝飞、赵红萍、彭俊卿、欧阳涛、刘安平、蒋华、蒋昌辉参加会议。县人大常委会主任曹桂秀，县政协主席王佑生列席。县人大常委会副主任郑智新、史立忠、刘小平、贺安祥、陈学军，县人民政府副县长李祥佐、周平、杨柳青，县政协副主席何三明、毛群联、龙石佑、李咏梅、郑小龙和县直有关部门负责人列席与其工作相关的议题。会议传达学习中发电〔2016〕3号文件精神，研究重点项目建设考核办法、乡镇党委换届、统战、信访、精准扶贫、全面小康建设、教育和纪检监察等工作。审议《新田县2016年重点项目建设考核办法》《新田县2016年乡镇领导班子换届工作实施方案》《乡镇出席县党代会的代表产生办法》《关于实行信访维稳工作责任追究的暂行规定》《关于进一步加快建设教育强县的若干意见》《关于推进终身教育和学习型社会建设的实施意见》《新田县“名师、名校、名校长”工程实施方案》《关于加快普通高中发展的意见》及《关于坚持从严管党治党切实强化巡查监督着力提升工作实效的实施办法（试行）》《新田县党风廉政建设主体责任和监督责任追究暂行办法》。

3月25日，县委书记唐军在县委常委会议室主持召开县委常委会议。县委副书记、县长秦山成，县委副书记荀志坚、唐富荣，县委常委唐晓波、聂朝飞、赵红萍、彭俊卿、欧阳涛、刘安平、蒋华、蒋昌辉、周国平参加会议。省委巡视第八组副处级巡视专员廖昌政，县人大常委会主任曹桂秀，县政协主席王佑生列席。县人大常委会副主任郑智新、史立忠，县人民政府副县长刘大兵、李祥佐、付海兵、周平、杨柳青，县政协副主席何三明和县直有关部门负责人列席与其工作相关的议题。会议传达学习习近平总书记在参加十二届全国人大四次会议湖南代表团审议时的重要讲话和参加政协十二届四次全会民建、工商联委员联组会时的重要讲话、全市传达贯彻全国“两会”精神大会、全市创建全国文明城市动员大会、全市美丽乡村暨农村精神文明建设推进会及全市组织、统战工作会议等会议精神。听取巡视工作联络办工作情况汇报，研究县委常委会议组成人员和县政府领导带头解难题，县委经济工作会议及《政府工作报告》确定的任务责任分解，政法、县人大2016年工作要点，县政协2016年工作要点以及关工委、“一户一产业工人”培养工程、党建、党务、计生协会、易地扶贫搬迁等工作。审议《2016年县委常委会议组成人员、县政府领导带头解难题实施办法》《2016年县委经济工作会议和〈政府工作报告〉责任分解表》《进一步加强政法工作的意见》《关于实行县乡党委（党组）班子成员履行“一岗双责”抓党建工作的实施意见》《关于进一步加强新时期计划生育协会工作的意见》《新田县“十三五”期间易地扶贫搬迁实施意见》及相关部门2016年工作要点。

4月8日，县委书记唐军在县委常委会议室主持召开县委常委会议。县委副书记、县长秦山成，县委副书记唐富荣，县委常委唐晓波、赵红萍、彭俊卿、欧阳涛、刘安平、蒋华、蒋昌辉、周国平参加会议。县人大常委会主任曹桂秀，县政协主席王佑生列席。县人大常委会副主任郑智新、史立忠、刘小平、贺安祥、陈学军，县人民政府副县长刘大兵、李祥佐、杨柳青，县政协副主席何三明、毛群联、龙石佑、李咏梅、郑小龙和县直有关部门负责人列席与其工作相关的议题。会议传达学习全省防汛抗旱工作会和全市防汛抗旱现场会等会议精神。研究配合省委巡视和信访工作、一季度经济形势、精准扶贫及全面小康建设、美丽乡村及农村环境整治、农村建设投资开发公司筹建、教育和城乡网格化建设等工作。审议《新田县2016年信访工作目标管理责任书》《新田县2016年信访积案“大会战”活动实施方案》《新田县2016年金融产业扶贫工作方案》《关于开展社会保障兜底脱贫对象认定工作方案》《新田县分类指导加速推进全面建成小康社会2016年工作要点》《新田县开展农村全面小康示范村创建活动实施方案》《新田县美丽乡村建设“1+15”文件》《新田县整县推进农村环境综合整治工作方案》《新田县2016—2017年农村环境综合整治工作考核奖惩办法》《新田县农村建设投资开发有限公司组建方案》《关于进一步加快建设教育强县的若干意见》《关于进一步加快新田县普通高中发展的若干意见》《关于进一步加强教师队伍管理的意见》《新田县“名师、名校、名校长”工程实施方案》。

5月6日，县委书记唐军在县委常委会议室主持召开县委常委会议。县委副书记、县长秦山成，县委副书记唐富荣，县委常委唐晓波、聂朝飞、赵红萍、刘安平、蒋华、蒋昌辉、周国平参加会议。县人大常委会副主任郑智新、史立忠、贺安祥、陈学军，县人民政府副县长刘大兵、李祥佐、付海兵、周平、杨柳青，县政协副主席何三明、毛群联、李咏梅、郑小龙和县直部门负责人列席与其工作相关的议题。会议传达学习市委“两学一做”学习教育工作会议和县区领导班子换届工作会议精神，听取研究配合省委巡视专项整治工作、小额信贷和温氏集团项目建设、人员异动、统战等工作。审议《关于在全县党员中开展“两学一做”学习教育实施方案》《新田县“雁过拔毛”式腐败问题专项整治工作实施方案》《新田县集中开展“纠‘四风’、治陋习”专项整治工作方案》《新田县专项整治问题分类处置意见》《关于认真做好金融产业扶贫小额贷款工作的通知》，会议确定7月底前召开县第十二次党代表大会。

5月23日，受县委书记唐军委托，县委副书记、县长秦山成在县委常委会议室主持召开县委常委会议。县委副书记唐富荣，县委常委唐晓波、聂朝飞、赵红萍、彭俊卿、刘安平、蒋华参加会议。县人大常委会主任曹桂秀，县政协主席王佑生列席会议。县人大常委会副主任郑智新、史立忠，县人民政府副县长刘大兵、李祥佐、付海兵、周平、杨柳青，县政协副主席何三明和县直部门负责人列席与其工作相关的议题。会议传达学习省防汛会商会议精神，研究易地扶贫搬迁、机构改革、县城投集团2016年融资工作及冷链物流园项目建设、县委换届和县第十二次党代会筹备、中科公司有偿收购等工作，审议《中共新田县委换届工作方案》《中国共产党新田县第十一届委员会第六次全体会议关于召开中国共产党新田县第十二次代表大会的决议（草案）》《新田县政府购买服务实施办法（试行）》《新田县城投集团2016年融资计划》《冷链物流园项目合作协议》。

6月15日，县委书记唐军在县委常委会议

室主持召开县委常委会议。县委副书记、县长秦山成，县委副书记荀志坚、唐富荣，县委常委唐晓波、聂朝飞、赵红萍、彭俊卿、欧阳涛、刘安平、蒋华、蒋昌辉、周国平参加会议。县人大常委会副主任史立忠，县人民政府副县长李祥佐、付海兵、杨柳青和县直部门负责人列席与其工作相关的议题。会议研究《关于落实省委巡视第八组对新田县巡视反馈意见的整改工作方案》《2016年新田县创先争优加快发展大考核方案》和《2016年县绩效评估实施方案》，以及纪检、党建、财政预算、全面深化改革、2015年机关事业单位工作人员年度考核、创建省级文明县城、设立新田县人大常委会法制委员会和财政经济委员会、设立佛教协会等工作。审议《2016年度整顿软弱涣散基层党组织工作实施方案》《2016年新田县创先争优加快发展大考核方案》《2016年新田县绩效评估实施方案》《新田县全面深化改革2016年工作要点》《新田县创建省文明县城工作攻坚推进方案》，会议还研究通过2016年部门财政预算编制，设立新田县佛教协会，并于7月初召开新田县佛教协会成立大会。

8月10日，县委书记唐军在县委常委会议室主持召开县委常委会议。县委副书记、县长秦山成，县委副书记唐富荣，县委常委唐晓波、聂朝飞、赵红萍、彭俊卿、欧阳涛、刘安平、蒋华、蒋昌辉、周国平参加会议，县政协主席列席会议。县人大常委会副主任史立忠，县人民政府副县长刘大兵、李祥佐、付海兵、周平和县直部门负责人列席与其工作相关的议题。会议听取研究政法和信访、安全生产、对台和民族等工作，审议县党代会报告、县纪委工作报告以及《新田县2016年度落实党风廉政建设责任制检查考核实施方案》《关于进一步规范乡镇干部值班备勤工作的通知》《关于进一步加强和规范领导干部外出请示报告等10个事项的通知》《新田县机关建立公务员职务与职级并行制度的实施办法》《关于加强行政、事业单位工作人员服务年限管理的意见》。

8月30日，县委书记唐军在县委常委会议室主持召开县委常委扩大会议，县委副书记、县长秦山成，县委副书记易先平，县委常委王名扬、何勇、陈志华、刘安平、蒋昌辉、周国平、李祥佐、汤小兵、刘晓燕参加会议。县人大常委会主任曹桂秀，县政协主席王佑生，县人大常委会主任候选人欧阳涛列席会议。县人大常委会、县人民政府、县政协相关领导和县直部门负责人列席与其工作相关的议题。会议学习《中共中央关于辽宁拉票贿选案查处情况及其教训警示的通报》，研究县委领导成员分工、县领导联系乡镇及县领导带头解难题工作，通报县政府领导成员分工，研究县领导联系重点项目建设分工、县领导信访包案、创文工作安排、创卫迎检安排等工作。

9月9日，县委书记唐军在县委常委会议室主持召开县委常委会议，县委副书记易先平，县委常委王名扬、何勇、陈志华、刘安平、蒋昌辉、周国平、李祥佐、汤小兵、刘晓燕参加会议。县人大常委会主任曹桂秀，县政协主席王佑生列席会议。县人大常委会、县人民政府、县政协相关领导和县直部门负责人列席与其工作相关的议题。会议听取和研究县乡两级换届选举、县委工作规则、迎接2016年市对县23项考核、城乡居民医保整合、精准扶贫、生活垃圾发电项目建设、贫困村基础设施项目建设、第二届归侨侨眷代表大会筹备等工作，审议《新田县县乡两级人民代表大会换届选举工作实施意见》《新田县政协换届工作方案》《新田县人大代表、政协委员推荐提名工作方案》《中共新田县委工作规则》《新田县2016年落实市绩效评估实施方案》《新田县2016年迎接省市全面小康、脱贫攻坚考核创先争优调度考核办法》《新田县全面小康示范乡镇、村创建工作考评办法》《新田县驻村结对帮扶工作方案》《新田县精准扶贫宣传工作方案》《新田县脱贫攻坚专项巡查工作实施方案》《新田县脱贫攻坚奖励和后续扶持实施意见》《新田县整合城乡居民基本医疗保险制度实施方案》和《县侨联第二届归侨侨眷代表大会工作方案》，对县乡两级换届工作进行安排部署。

10月22日，县委书记唐军在县委常委会议室主持召开县委常委会议。县委副书记、县长秦山成，县委副书记易先平，县委常委王名扬、何勇、陈志华、刘安平、蒋昌辉、李祥佐、汤小兵、刘晓燕参加会议。县人大常委会主任曹桂秀，县政协主席王佑生，县人大常委会主任候选人欧阳涛列席会议。县人大常委会、县人民政府、县政协相关领导和县直部门负责人列席与其工作相关的议题。会议传达学习上级有关文件和会议精神并研究贯彻落实意见，听取并研究政协新田县第九届委员会委员初步建议人选、县十七届人大一次会议及县政协九届一次会议筹备、教育基金会换届、"智慧新田"项目建设、招商引资、工业园及收购湖南中科农业有限公司新田资产、县城投集团融资及项目建设、创建省级园林县城、2017年度城乡居民医保参保缴费、收缴整治枪爆物品专项行动与禁毒、纪检监察等工作，审议《新田县教育基金会第二届理事会换届暨教育基金会募捐大会活动方案》《新田县教育基金会教育基金募集措施与奖扶办法》《2016年招商引资目标管理考核办法》《新田县人民政府关于鼓励支持企业上市和进入"新三板"及其他场外市场挂牌的若干意见（试行）》《新田工业集中区工业企业入园工作流程》《新田县工业园建设投资有限公司组建方案》《新田县乡镇纪委书记、副书记提名考察办法（试行）》《新田县纪委派驻（出）纪检组组长、副组长提名考察办法（试行）》。

10月31日，县委书记唐军在县委常委会议室主持召开县委常委会议。县委副书记、县长秦山成，县委常委何勇、陈志华、刘安平、汤小兵、刘晓燕参加会议，县人大常委会主任曹桂秀，县政协主席王佑生，县人大常委会主任候选人欧阳涛列席会议。县人大常委会、县人民政府、县政协相关领导和县直部门负责人列席与其工作相关的议题。会议传达学习中共十八届六中全会精神，研究乡镇卫生、计划生育、市场和质量监管机构改革以及城乡网格化建设工作，审议《关于加强全县基层医疗卫生服务体系建设的意见》《关于加强乡镇卫生计生机构队伍建设的意见》《关于加强新形势下乡镇卫生计生监督管理工作的意见》《新田县城市社区网格员管理办法（试行）》。

11月21日，县委书记唐军在县委常委会议室主持召开县委常委会议。县委副书记、县长秦山成，县委副书记易先平，县委常委王名扬、何勇、陈志华、刘安平、蒋昌辉、周国平、李祥佐、汤小兵、刘晓燕参加会议。县人大常委会主任曹桂秀，县政协主席王佑生，县人大常委会主任候选人欧阳涛列席会议。县人大常委会、县人民政府、县政协相关领导和县直部门负责人列席与其工作相关的议题。会议传达学习省第十一次党代会精神，听取研究《政府工作报告（送审稿）》《新田县光伏产业扶贫实施方案（送审稿）》，研究加强非公有制经济组织和社会组织党的建设、2016年离退休干部工作绩效评估、团县委第十七次代表大会筹备、县工商联第十二次会员代表大会筹备、全民科学素质、信访、农村基础设施项目建设等工作，审议《关于进一步加强和改进离退休干部工作的实施意见》《新田县农村建设资金管理办法》《新田县农村基础设施建设项目管理办法》《新田县农村基础设施建设实施方案》《新田县金穗农村建设投资开发公司温氏合作养殖小区（场）投资建设实施方案》。

12月1日，县委书记唐军在县人武部三楼会议室召开县委常委议军会议。县委副书记、县长秦山成，县委副书记易先平，县委常委王名扬、何勇、陈志华、刘安平、蒋昌辉、李祥佐、汤小兵、刘晓燕、许朝友参加会议。县人大常委会主任候选人欧阳涛，县政协主席王佑生列席会议。县直部门负责人列席与其工作相关的议题。会议传达学习国防和军队调整改革基本情况及省委、市委议军会议精神。听取新田县国防后备力量建设情况汇报，研究武装工作有关具体问题，审议《新田县民兵常驻应急分队建设与管理实施办法》。

新田县人民代表大会常务委员会

综　述

【概　况】 新田县人民代表大会常务委员会（以下简称县人大常委会）成立于1980年12月，是县人民代表大会闭会期间的常设机构，地方国家权力机关。工作（办事）机构分为办公室、代表联络工作委员会、内务司法工作委员会、教育科学文化卫生工作委员会、环境保护与城乡建设工作委员会、农业农村工作委员会6个委室和财政经济专门委员会、法制专门委员会2个专门委员会。2016年11月，完成县乡人大换届选举工作，选举产生的县第十七届人大常委会由35名委员组成。全年，召开人代会2次、常委会会议10次、主任会议19次，听取和审议专项工作报告17项，作出相关决议、决定20项，发出审议意见书7份；开展执法检查3项，开展专题调研6个，开展视察工作11次；依法任免地方国家机关工作人员73人次，接受、批准辞职3人；督办代表议案3件，办理代表建议92件。

【重大事项决定】 2016年，新田县人大常委会围绕全县交通建设、精准扶贫、城市建设、园区建设、美丽乡村建设以及创省卫、创国卫，及时作出关于批准《新田县人民政府提请审议（新田县综合商贸物流中心建设项目议案）》的决定、关于批准县人民政府提请审议《将新田县贫困村基础设施建设项目（一期）政府购买服务金列入财政预算的议案》的决议等事关民生民本问题和政府融资的决定、决议15个，推动建设资金难题的破解与全县的基础设施建设。

【视察调研】 2016年，新田县人大常委会围绕新田经济社会发展的重大问题，听取和审议关于全县精准扶贫工作、县城投集团融资建设情况与劳动监察等17项专项工作报告。对创国卫工作、工业生产情况、重点项目建设、闲置土地清理、美丽乡村建设、城区学校建设、政务中心运行效能、文物保护和文庙修缮、公安局看守所建设、烤烟产业、富锶矿泉水开发11项工作开展考察，促进政府部门高效廉洁施政。组织对家私产业、富硒产业、食品药品监管、城市建设、易地扶贫搬迁、少数民族地区产业发展6项关系到全县经济社会发展和社会稳定大局的重大工作开展专题调研，提出针对性意见和建议，为县委重要决策部署提供参考依据。

【执法检查】 2016年，新田县人大常委会围绕全县工作大局，组织《中华人民共和国水污染防治法》执法检查，保障法律实施。通过《中华人民共和国水污染防治法》执法检查，有关部门加强水污染综合整治力度，建立健全水污染防治长效机制。积极配合省市人大开展《中华人民共和国预算法》《中华人民共和国食品安全法》等法律法规的执法检查。

【法律监督】 2016年，新田县人大常委会听取和审议县人民法院关于行政审判工作情况报告，督促法院加强行政审判工作，依法履行行政审判职能。听取和审议县人民检察院关于公诉情况的报告，督促检察院着力抓好量刑建议工作，进一步提高公诉工作的应变能力和水平。听取和审议县司法局关于“六五”普法工作情况的报告，作出开展法治宣传教育的相关决议，推动民主法治建设。高度重视人民陪审员工作，在全市率先为法院配齐配强人民陪审员，落实人民陪审员专项经费。人民陪审员参与案件审理516件，普通程序参审率100%。

【信访工作】2016年，新田县人大常委会坚持站在群众利益无小事的高度，把做好信访工作作为畅通民意渠道，维护人民合法权益的重要工作来抓。在做好日常信访接待工作的同时，突出抓好一批重大信访案件的跟踪督办，尤其是对县乡换届选举过程中的信访案件强力督办。全年受理群众来信来访104件次，其中重点交办15件。

【工作审议】2016年，新田县人大常委会严格落实《中华人民共和国监督法》要求，先后组织对事关全县经济发展和民生联系紧密的县财政局、县卫计委两个部门开展工作审议。常委会组织两个审议调查组深入各乡镇和有关单位开展调研，召开座谈会，实地察看现场，走访服务对象和群众，向省市县人大代表与服务对象发放征求意见函，搜集对审议部门的建议意见。审议时直面问题不回避，整改不达要求不放过，在审议过程中做到测评打分客观公正。通过工作审议保障依法行政，促进政府部门廉洁高效、务实为民。

【人事任免监督】2016年，新田县人大常委会坚持党管干部和人大依法任命相统一的原则，依法做好人事任免工作。在“一府两院”提交任命议案后，常委会人事任免工作机构进行任前了解，认真审查任职资格和条件，以保障常委会组成人员更好地行使知情权、审议权和表决权。对新任命人员，坚持向宪法宣誓制度，进一步强化被任命人员的法律意识、使命意识和责任意识。年内，常委会任命县人大机关人员18人次；任免、决定任免、批准任命“一府两院”工作人员46人次、任命人民陪审员13人次，批准辞职3人次。

【“四行”活动】2016年，新田县人大常委会扎实开展专项活动4个。一是以加强污染防治，建设生态新田为主题，深入开展“新田环保世纪行”活动，加大富硒土壤资源、饮用水源保护力度，加强园区企业排污和农村养殖小区排污情况监测督察，依法开展“打非治违”专项行动，促进全县生态文明建设。二是以促进农产品质量安全体系建设为主题，深入开展“新田农产品质量安全行”活动。推进建立县级农产品质量安全中心检测站，集中开展节假日市场专项整治和农产品质量安全监管月活动，确保全县无重大农产品质量安全事故发生。三是以加强农村村级卫生室建设、提高农民健康水平为主题，开展“新田农民健康行”活动，推进乡镇卫生院、村级卫生室建设，推动解决乡村群众“看病难、看病贵”的问题。四是以贯彻落实中央和省市民族工作会议精神、促进民族地区加快发展为主题，深入开展“新田民族团结进步行”活动，推动政府加大投入，加快公路基础设施建设，实现民族乡通畅公路全覆盖。

【督察督办代表议案建议95件】2016年，新田县第十六届人民代表大会第四次会议收到代表议案3件，建议、批评和意见92件。常委会和县政府在法定时限内召开交办会，交相关部门办理，落实办理责任，明确时限要求，加大督察督办力度，取得较好的办理效果。2016年，代表建议办复率100%，解决和基本解决问题占85%，代表满意率和基本满意率达到92%，办理议案、建议的质量和满意率均比往年有所提高。特别是打好创卫攻坚战、提升新田品质，关于加强金陵水库、两江口水库等饮用水源地保护，关于加快推进美丽乡村建设3个议案的办理，成效明显。

【代表工作】2016年，新田县人大常委会坚持常委会成员联系基层代表、邀请代表列席县人大常委会等制度，常委会委员联系代表和群众常态化。指导乡镇创建“代表之家”和“代表工作室”，代表履职有固定场所。邀请代表参与常委会会议、视察、调研以及优化经济发展环境“满意不满意”测评等活动，较好地实现代表知政、参政的民主权利。组织省市人大代表参与视察调研，为经济社会发展建言献策，围绕交通、水利、扶贫等问题，向省市人大提出议案和建议8件。其中，兴永郴赣铁路过境新田、永郴高速建设、享受片区扶贫政策、220千伏电网建设等一批建议得到省市高度重视。

【代表换届选举】 2016年，新田县人大常委会把做好人大换届选举工作作为推进民主政治建设的大事来抓。及早谋划，深入调研，加强指导，精心组织，确保2016年县乡两级人大代表换届选举工作顺利开展。全县划分539个选区，其中，县级代表选区116个，乡（镇）代表选区423个。县乡人大代表选举的选民参选率都达到80%以上，选出新一届市级人大代表32名，县级人大代表202人，乡镇人大代表749人。

【助推中心工作】 2016年，常委会领导在推动重点项目上，参与争取234国道立项并过境新田，投身创国卫工作，促进重点项目建设的进度和质量。在推动产业发展上，常委会领导多次深入企业协调矛盾，解决用地、用电、融资等难题，为企业的发展提供保姆式服务。主抓富硒产业开发，为发展壮大富硒产业、扩大富硒品牌影响力作出积极努力。在调研经济社会发展上，常委会组织各委室和人大代表深入调查新田县经济社会发展情况，形成调研报告18篇，并将调研情况及时与县委、县政府汇报衔接，为县委工作决策提供可靠依据。同时，县人大机关在精准扶贫、征地拆迁、打击“三非”、创卫创森等中心工作方面都取得较好的成绩。

【自身建设】 2016年，新田县人大常委会以提高履职能力为重点，切实加强自身建设，坚持依法依程序履行职责，为各项工作的顺利开展提供保障。一是加强理论学习。深入学习贯彻中共十八大和十八届三中、四中、五中、六中全会，以及习近平总书记系列重要讲话精神，强化“四种意识”，在思想上、政治上、行动上同党中央和省、市、县委保持高度一致。二是加强作风建设。认真组织开展“两学一做”学习教育，切实加强机关广大党员干部的教育管理。巩固和拓展党的群众路线教育实践活动和“三严三实”专题教育成果，认真贯彻中央八项规定和省、市、县委作风建设的有关规定，结合精准扶贫工作，继续深入开展“一进二访”活动，推动形成作风建设长效机制。三是加强常委会组织保障。县第十七届人大常委会新设立财政经济、法制2个专门委员会和农业农村工作委员会及代表服务中心，常委会工作（办事）机构由之前的4委1室增加到7委1室，常委会委员由之前的21人增加到35人，组成人员专职比例按上级要求达到60%，机构力量进一步充实。

重要会议

【县第十六届人民代表大会第四次会议】 2016年2月24日—27日，新田县第十六届人民代表大会第四次会议在县城召开。会议听取和审查县人民政府县长秦山成关于《新田县人民政府工作报告》；审查和批准《新田县国民经济和社会发展“十三五”规划纲要（草案）》；听取和审查《新田县2015年国民经济和社会发展计划执行情况与2016年国民经济和社会发展计划草案的报告》；听取和审查《新田县2015年财政预算执行情况和2016年财政预算草案的报告》；听取和审查县人大常委会主任曹桂秀所作《新田县人大常委会工作报告》；听取和审查县人民法院代院长胡剑涛所作《新田县人民法院工作报告》；听取和审查县人民检察院检察长蒋长春所作《新田县人民检察院工作报告》；补选胡剑涛为新田县人民法院院长；大会收到代表提出的建议、批评和意见92件。大会决定将陈土旺、肖方英等代表提出的“打好创卫攻坚战、提升新田品质的议案”、聂朝飞等代表提出的“关于加强金陵水库、两江口水库等饮用水源地保护的议案”、邱露华等代表提出的“关于加快推进美丽乡村建设的议案”3件议案列入大会议案。

【县人大常委会会议】 2015年12月29日，新田县第十六届人大常委会第二十九次会议在县人大常委会会议室召开。会议听取和审议新田县国民经济和社会发展“十三五”规划纲要；听取和审议2015年全县国民经济及社会发展计划执行情况与2016年计划草案的报告；听取和审议2015年全县财政预算执行情况与2016年全县财政预算草案的报告；听取和审议县人民政府关于调整2015年财政预算的报告；听取和审议县人民法院关于全年工作情况的报告；听取和审议县人民检察院关于全年工作情况的报告；听取和审议县公安局关于全年工作情况的报告；听取和审议县司法局关于全年工作情况的报告；听取和审议环保工作情况报告；听取和审议县经信委、县扶贫办2个部门的工作审议整改情况的报告；听取和审议《中华人民共和国城乡规划法》执法检查整改情况的报告；听取和审议《新田俊毅创新创业园有限公司标准化厂房建设项目》的议案；审议通过县十六届人大四次会议有关事项。

1月7日，新田县第十六届人大常委会第三十次会议在县人大常委会会议室召开。会议审议通过《关于补选艾德华等同志为永州市四届人大代表的议案》；审议和通过《新田县人大常委会关于召开新田县第十六届人民代表大会第四次会议的决定（草案）》。

1月21日，新田县第十六届人大常委会第三十一次会议在县人大常委会会议室召开。会议审议通过《新田县人民政府关于提请审议〈向建设银行新田支行融资贷款用于新田县大道开发建设及土地整理项目〉的议案》；审议通过《新田县人民政府提请审议〈新田县综合商贸物流中心建设项目〉的议案》。

2月19日，新田县第十六届人大常委会第三十二次会议在县人大常委会会议室召开。会议审议和原则通过县十六届人大四次会议的有关事项。

4月19日，新田县第十六届人大常委会第三十三次会议在县人大常委会会议室召开。会议审议通过县人大常委会2016年工作计划要点（草案）；审议通过《中华人民共和国水污染防治法》执法检查工作实施方案（草案）；审议通过对县财政局、县卫计委开展工作审议的实施方案（草案）；听取和审议县人民法院行政审判工作情况的报告；审议决定人事事项；审查2016年部门预算草案及批复部门预算；审议通过《新田县人民政府关于将长沙银行贷款偿还资金纳入财政预算的议案》。

6月6日，新田县第十六届人大常委会第三十四次会议在县人大常委会会议室召开。会议审议决定人事事项；举行《中华人民共和国水污染防治法》知识讲座。

7月13日，新田县第十六届人大常委会第三十五次会议在县人大常委会会议室召开。会议听取和审议县人民政府关于县十六届人大四次会议代表议案与建议、批评、意见办理进展情况的报告；审议和通过关于重新确定部分镇的人民代表大会代表名额的决定；审议和通过《新田县人大常委会关于同意〈新田县人民政府关于提请将国家开发银行应急贷款还贷资金列入财政预算的议案〉的决定》；审议和通过《新田县人大常委会关于同意〈新田县人民政府关于提请审议新田县城市基础设施建设（环城连接主干道网）提质改造工程政府购买服务资金列入财政预算的议案〉的决定》；审议和通过《新田县人大常委会关于同意〈新田县人民政府关于提请环线南、东路购买资金列入财政预算的议案〉的决定》；听取和审议县人民检察院关于检察院公诉工作情况的报告；审议决定人事事项。

9月1日，新田县第十六届人大常委会第三十六次会议召开。会议听取和审议新田县2015年县财政决算情况报告，2015年县财政预算执行情况和其他财政收支情况审计工作报告；听取和审议县审计局关于2015年度审计工作报告，指出问题的纠正情况和处理结果的报告；审查和批准新田县2015年全县财政决算；听取和审议新田县2016年上半年国民经济与社会发展计划执行情况报告，2016年上半年全县财政预算执行情况报告县财政局、县卫计委工作情况报告；听取和审议《中华人民共和国水污染防治法》执法检查情况报告；听取和审议县司法局关于“六五”普法工作情况的报告；听取和审议新田县人民政府关于将长沙银行贷款偿还资金纳入财政预算的议案、新田县人民政府关于提请审议新田工业集中区综合路网建设项目政府购买服务资金列入财政预算的议案、新田县人民政府关于提请审议新田县工业园道路及配套设施建设项目向华融赣南与华融湘江银行贷款其政府购买服务资金列入财政预算的议案以及新田县人民政府关于提请审议新田县工业园道路及配套设施建设项目向中江国际信托股份有限公司贷款其政府购买服务资金列入财政预算的议案；审议决定人事事项；审议县乡人大换届选举工作方案（草案）。

9月14日，新田县第十六届人大常委会第三十七次会议召开。会议听取和审议新田县人民政府关于“贫困村基础设施建设项目（一期）贷款”纳入财政预算的议案。审议和通过各乡镇选举委员会组成人员名单的决定。

11月2日，新田县第十六届人大常委会第三十八次会议召开。会议听取和审议县人民政府关于调整2016年财政预算的报告；听取和审议2016年1月—10月全县财政预算执行情况与2017年全县财政预算草案的报告；听取和审议2016年1月—10月全县国民经济及社会发展计划执行情况与2017年计划草案的报告；听取和审议县人社局关于劳动保障监察工作情况的报告；听取和审议县人民政府关于县十六届人大四次会议代表建议议案意见办理情况的报告；听取和审议县人民政府关于环保工作情况的报告；听取和审议县城投集团关于城投融资建设工作情况的报告；听取和审议县人民政府关于提请审议将新田县“十三五”时期易地扶贫搬迁建设项目政府购买服务资金列入财政预算的议案；听取和审议县人民政府关于提请审议新田县城市防洪工程政府购买服务资金列入财政预算的议案；听取和审议县人民政府关于提请审议新田县日西河、里下河防洪工程建设项目政府购买服务资金列入财政预算的议案；审议决定人事事项；审议通过县十七届人大一次会议的有关事项。

【县第十七届人民代表大会第一次会议】 2016年11月23日—27日，新田县第十七届人民代表大会第一次会议定在县城召开。会议听取和审查县人民政府县长秦山成关于《新田县人民政府工作报告》；听取和审查《新田县2016年1—10月份国民经济和社会发展计划执行情况与2017年计划（草案）的报告》；听取和审查《新田县2016年1—10月份财政预算执行情况和2017年财政预算（草案）的报告》；听取和审查县人大常委会主任曹桂秀所作《新田县人大常委会工作报告》；听取和审查县人民法院院长胡剑涛所作《新田县人民法院工作报告》；听取和审查县人民检察院代检察长蒋长春所作《新田县人民检察院工作报告》；审议通过《新田县第十七届人民代表大会第一次会议选举办法（草案）》；选举新田县第十七届人民代表大会常务委员会主任、副主任、委员；选举新田县人民政府县长、副县长；选举新田县人民法院院长；选举新田县人民检察院检察长；选举应由新田县选举的第五届永州市人民代表大会代表；审议通过《新田县第十七届人民代表大会第一次会议关于设立新田县第十七届人民代表大会专门委员会的决定（草案）》；通过《新田县第十七届人民代表大会常务委员会法制委员会主任委员、副主任委员、委员，财政经济委员会主任委员、副主任委员、委员（草案）》；大会收到代表提出的建议、批评和意见111件。大会决定将唐春竹等17位代表提出的“关于维修新田县重点保护文物——文庙的议案”与胡祈明等17位代表提出的“关于枧头镇洞心村至十字乡通畅公路等全县断头路接头立项的议案”2个议案列入大会议案。会议选举欧阳涛为新田县第十七届人民代表大会常务委员会主任，郑智新、毛群联（女）、贺安祥、刘志斌、周艳芳（女）为新田县第十七届人民代表大会常务委员会副主任；选举秦山成为新田县人民政府县长，王名扬、吴新波、刘大兵、周平、杨柳青（女）、彭晓军、李勖川为新田县人民政府副县长；选举周红霞（女）、雷明秀（女）、刘亚斌、夏国军、李新才、骆炉生、郑鹏、欧志成、李小政、戴明丽（女）、曹柏旺、邱收（女）、骆群、肖劲松、唐莉（女）、胡锐、郑水龙、谢兴斌、邓前兵、蔡本德、欧阳乐、郑玉兰（女）、章龙飞、唐亮、危安（女）、何六生、刘飞、欧奇兵、谢剑平为新田县第十七届人民代表大会常务委员会委员；选举胡剑涛为新田县人民法院院长；选举朱诺为新田县人民检察院检察长。

新田县人民政府

综 述

【概 况】 2016年，新田县辖11个镇、1个民族乡，2个国有林场，230个行政村（居委会）。土地总面积1022.4平方公里，耕地面积32.2公顷。年末总人口44.65万人，常住人口34.44万人，人口出生率14.02‰，自然增长率6.25‰。年内，最高气温39.4℃，最低气温-3.2℃；年平均降水量1428.0毫米。

全年实现地方生产总值69.59亿元，同比增长8.5%，其中，第一、第二、第三产业分别实现增加值17.79亿元、18.73亿元、3.31亿元，同比分别增长3.1%、6.5%、12.9%；财政总收入完成6.1亿元，同比增长7.6%。经济结构不断优化，三次产业结构比调整为25.6∶26.9∶47.5。财税结构进一步优化，完成税收2.9亿元，占财政总收入的47.2%。财政总支出23.3亿元。城乡居民人均可支配收入分别达到20871元、7661元，同比分别增长9.2%、9.9%。

规模工业总产值和增加值分别实现70.2亿元、16.6亿元，同比分别增长25%、7.3%。新增入统企业8家。“135”工程提前收官，建成俊毅创新创业园，累计新建标准厂房41.71万平方米，排全市前三位。“三纵三横”路网基本成形，园区功能日趋完善。抢抓国家扶贫开发和证监会扶贫机遇，树立“大招商、招大商”理念，全年签约引进项目19个，全年实际利用内资11.63亿元人民币、外资3000万美元，完成外贸进出口6700万美元，同比增长13.69%。突出主导产业发展，新田大豆被评为“国家地理标志保护产品”，梦都家纺获评湖南著名产品，鼎元机械等7家企业成功申报市知名商标。新田连续3年被评为永州市“工业园区经济发展先进县区”。

全年完成固定资产投资70.3亿元，同比增长17%。交通设施日益完善。S228线新田县城至竹林坪公路建设顺利推进。G234线新田至土桥公路启动前期准备工作。提质改造农村公路10个村、27公里，实现230个行政村通客运班车，通达率100%。农田水利后劲增强。整合财政涉农资金2.68亿元，完成水利建设投资9000万元，杨家洞水库及22座小（1）型水库除险加固工程完成扫尾，新隆—知市坪小农水项目通过验收。实施金陵集中供水工程续建配套，以及骆铭孙、潮水铺等6个贫困村供水工程，解决2.89万人饮水安全问题。日东河治理全面完工，石羊河生态清洁小流域治理顺利开工，治理水土流失面积12.86平方公里，防汛减灾能力进一步提升。能源信息跨越发展。光伏发电产业深入实施，全面布点。在骥村镇黄栗山、新圩镇梧村、大坪塘火柴岭3个省级驻村帮扶贫困村实施光伏扶贫试点项目，完成并网发电。持续推进农网升级改造工程，改造农村电网10千伏及以下线路983公里，完成低电压整治2.5万户。全面实施网络提速降费，185个行政村通光纤，完成2G、4G基站建设343个，通信进入移动互联网时代。县城面貌焕然一新，加快县城总规、控规、专业规划和镇村规划修编，新一轮县城土地利用总体规划得到省政府批复，县城规模扩大3平方公里，为发展拓宽空间。投入12亿元，完成龙泉路、双碧街等23条主次干道的提质改造，中山路、烟霞路等13条道路的路面“白改黑”工程，城区路网更加完善，百姓出行更加安全便捷。

完成农林牧渔业总产值32亿元，同比增长3.2%。以推进农业供给侧改革为主线，以群众增收为目标，推动农业经济稳步发展。粮食生产提质稳面，完成粮食播种面积46.3万亩、总产量15.9万吨；出栏肉猪50.02万头、牛1.64万头、羊4.52万只，出笼家禽725.35万羽，水产品总产量6100吨。现代养殖迈开大步。依托温氏集团大力发展现代养殖业，建成1000头以上的规模养殖场54个；在建养殖场36个，养殖小区2个。全力实施质量强县。富硒农产品核心基地达到10万亩，宝地富硒开发公司的3000亩定制式富硒大米深受客户好评。荣获“湖南省补硒工程先进县”和“全省养殖业工作目标管理先进县区”称号。

全县实现社会消费品零售总额25亿元，同比增长11.9%。提质改造城区农贸市场，方达、日西河、城西、五乡圩、先锋街、永得利市场标准化建设顺利完工，并投入使用。落实农机购置补贴资金500多万元，推广适用农机具1800多台套，极大地改善耕作条件，提高生产效益。房地产业保持良好态势，销售面积同比增长36.3%。旅游产业来势喜人，龙家大院投入3000万元启动国家AAAA级旅游景区创建工作，全县接待游客人次、旅游收入同比分别增长20.1%、19.1%。先后引进阿里集团、甲骨文科技有限公司等战略合作伙伴，新田农村淘宝县级运营中心及60个农村淘宝服务站点顺利开业，开启“互联网+”经济新时代。

民生民本持续改善，全年财政总支出的3/4用于民生领域。精准扶贫扎实推进。构建大扶贫格局，工作经验得到省市肯定并在《湖南日报》专版推介。在认真落实“五个一批”的同时，推广“四跟四走”产业扶贫模式，提高贫困对象产业发展的参与度、受益度。“六个结合”易地扶贫搬迁工作模式在省市现场会上作典型发言，全县7500人申报易地扶贫搬迁，超过6326人（排全省第一）的省定任务目标。发放扶贫小额信贷1.8亿元，超过省定任务的2倍多。坚持先行先试，被列为兜底保障扶贫全省试点县，认定兜底脱贫对象1598户、3060人，发放保障资金509.8万元，基本实现应兜尽兜。实施贫困户农村危房改造1785户，占全县总危房改建指标的77.6%。通过整合扶贫资金等方式筹集2.68亿元，落实产业、教育、易地搬迁、金融等精准扶贫措施，全年减少贫困人口17098人，贫困村出列27个。社会保障不断加强。整合城乡居民基本医疗保险，完成参保缴费36.5万人，参保率达95%以上，征缴基金2.1亿元。低保实行动态管理，继续开展“人情保、错保、漏保”专项整治，强化社会救助和最低生活保障。城乡居民养老金社会化发放率达100%。教育事业成效突出。投资1.52亿元的德恒实验学校加快建设，新田一中搬迁工程启动前期工作。投入3440万元，全面改善城乡办学条件，新增城区学位4400个。划拨土地36亩、投入资金1亿元启动职中实训大楼建设。积极实施“三名工程”，引导全社会形成尊师重教的良好氛围。成功创建“全国中小学校责任督学挂牌督导创新县”、申报“国培计划”项目县，二本上线398人，上线率排全市第五位。社会事业有序推进。争取国家计划资金4000万元，建成县疾控中心、县妇幼保健服务大楼，县中医院综合楼项目动工建设。县级公立医院综合改革顺利推进，实现药品零差率销售。突发性疫情防控有力，H7N9流感得到迅速处置，成功治愈感染患者1例。成功创建为国家卫生县城、湖南省平安县、湖南省文明县城，被评为全国“国土资源节约集约模范县”。人口计生工作保持全省良好县行列，计生协会工作获评全省模范，人防办荣获全省人民防空先进集体称号，并连续三年被评为永州市人防绩效评估优秀单位。国防动员和征兵工作任务圆满完成。

金融市场运行平稳。年末，金融机构各项存款余额98.2亿元，增长20.5%，贷款余额42.7亿元，增长36.8%。抢抓央行降准降息、融资环境相对宽松的利好机遇，探索政府性投融资平台公司改革转型，做大做强城投集团、农建投公司、园投公司，年内融资规模达42.9亿元，筹资到位18.5亿元。加大职业技能培训力度，为企业输送产业工人4100人，有效缓解“用工难”问题，全省“一户培养一产业工人”工程现场会在新田县顺利召开。大胆改革创新，不断释放发展活力。成立不动产统一登记中心，在全市率先实行国地税联合办税。及时制定出台《推进供给侧结构性改革促进经济持续健康稳定发展政策措施》，让中央和省市的决策部署在新田落地生根，促进稳增长。

存在主要困难和问题：经济下行压力加大。虽然主要经济指标完成较好，但相比2015年同期增速有所放缓，不确定因素依然较多，“稳增长”的任务仍然繁重。产业发展基础薄弱。规模工业企业数量偏少、总量偏低，对县域经济、财政税收的贡献不大。受国际国内环境影响，一些加工企业订单减少。财政收支矛盾突出。收入增长乏力，缺少大型支柱财源。支出压力加大，可用于项目建设和发展方面的资金非常有限。

重要会议

【政府常务会议】 2016年1月29日，县委副书记、县长秦山成在县政府五楼会议室主持召开第十六届人民政府第三十三次常务会议。研究《政府工作报告》、公车改革等工作。

3月10日，县委副书记、县长秦山成在县政府五楼会议室主持召开第十六届人民政府第三十四次常务会议。研究易地扶贫搬迁、农村承包土地的经营权抵押贷款试点、建制村合并等工作。

4月12日，县委副书记、县长秦山成在县政府五楼会议室主持召开第十六届人民政府第三十五次常务会议。研究被征地农民社会保障、安全生产、中科公司有偿收购、“三实”信息集中采集、先云路与公园东路改扩建工程房屋征收和新田文庙保护修缮工程房屋征收、签订污水处理厂二期项目BOT补充协议等工作。

4月20日，受县委副书记、县长秦山成委托，县委常委、常务副县长唐晓波在县政府五楼会议室主持召开第十六届人民政府第三十六次常务会议，专题研究县价格管理局违规出租住房、门面的处置工作。

5月10日，受县委副书记、县长秦山成委托，县委常委、常务副县长唐晓波在县政府五楼会议室主持召开第十六届人民政府第三十七次常务会议，研究京东农村电商精准扶贫示范工程项目、农建投公司法人代表人选等工作。

5月27日，县委副书记、县长秦山成在县政府五楼会议室主持召开第十六届人民政府第三十八次常务会议。研究闲置土地清理处置、新田县国家重点生态功能区产业准入负面清单、机关事业单位工作人员2015年度考核、残疾人两项补贴、卫生计生等工作。

6月14日，县委副书记、县长秦山成在县政府五楼会议室主持召开第十六届人民政府第三十九次常务会议，专题研究精准扶贫工作。

7月14日，受县委副书记、县长秦山成委托，县委常委、常务副县长唐晓波在县政府五楼会议室主持召开第十六届人民政府第四十次常务会议。研究上半年经济形势、推进供给侧结构性改革促进经济持续健康稳定发展、安全生产、国有林场改革、生态保护红线划定、文化旅游和文物保护、教育、消防、纪检监察等工作。

8月5日，受县委副书记、县长秦山成委托，县委常委、常务副县长唐晓波在县政府五楼会议室主持召开第十六届人民政府第四十一次常务会议。研究县园投公司融资贷款、源味街招商、城区供水管网建设、先云路和公园东路改扩建工程房屋征收补偿等工作。

9月6日，受县委副书记、县长秦山成委托，县委常委、常务副县长候选人王名扬在县政府五楼会议室主持召开第十六届人民政府第四十二次常务会议。研究城乡居民医保整合、建立医疗纠纷预防和处理工作机制、贫困村基础设施建设项目融资、农村生活垃圾收运体系建设、湖南万龙木业3个项目入园、国税局城郊税务所土地和房屋征用、S228线县城至竹林坪公路建设等工作。

10月19日，县委副书记、县长秦山成在县政府五楼会议室主持召开第十六届人民政府第四十三次常务会议。研究农业标准化建设、S323沿线立面改造、农村改厕、省儿童保健服务合格县创建、寄递业安检服务中心建设、收购中科公司新田资产、安全生产、加快工业集中区发展、招商引资、省级园林县城创建、城投集团发展、调整划拨土地补缴土地价款比例、民政等工作。

11月18日，县委副书记、县长秦山成在县政府五楼会议室主持召开第十六届人民政府第四十四次常务会议。研究光伏产业扶贫、农村基础设施项目建设及资金管理、《政府工作报告》起草、易地扶贫搬迁、农村污水治理、三年交通大建设、纪检监察等工作。

12月2日，县委副书记、县长秦山成在县政府五楼会议室主持召开第十七届人民政府第一次常务会议，专题研究政府自身建设工作。

【县长办公会议】 2016年3月3日下午，县委副书记、县长秦山成深入门楼下瑶族乡进行调研，并召开现场办公会，听取门楼下瑶族乡党委、政府工作情况汇报，对门楼下瑶族乡的相关工作进行认真研究。

3月11日，县委副书记、县长秦山成在县政府五楼会议室主持召开会议，专题研究闲置土地清理处置工作。

5月10日，县委副书记、县长秦山成在县行政中心五楼会议室主持召开会议，专题研究统筹整合使用财政涉农资金工作。

5月30日，县委副书记、县长秦山成带领相关部门实地查看龙家大院连片景区开发建设情况后，在枧头镇政府会议室主持召开县长办公会，专题研究龙家大院创建国家AAAA级旅游景区工作。

7月7日，受县委副书记、县长秦山成委托，县委常委、常务副县长唐晓波在行政中心309会议室主持召开县长办公会，专题研究有关政府购买服务工作。

8月24日，县委副书记、县长秦山成在县行政中心三楼小会议室主持召开会议，研究吉星家居公司烤房选址供地工作。

9月14日，县委副书记、县长秦山成在县行政中心五楼会议室主持召开会议，研究闲置土地清理处置和征地工作。

政协新田县委员会

综　述

【概　况】 政协新田县委员会成立于1984年4月，历经9届。有政协委员165名，分为中共组、无党派人士组、工商联组、社会科学文艺新闻出版科技科协组、民族宗教社保福利组、教体组、医卫组、农业组、经济组、特邀组等11个界别组。机关内设机构有办公室、提案法制群团委员会、经济科技人口资源环境委员会、学习文史宣教卫体民族宗教三胞联谊委员会，设党组1个，机关党支部2个，现有中共党员31名，干部职工39人（含离退休人员）。2016年，县政协深入学习贯彻习近平总书记系列重要讲话精神和中共中央、省委、市委关于社会主义协商民主建设的重大部署，自觉服从服务于全县工作大局，着力创新履职形式与工作方法，开展多层次、多形式、多领域的政治协商、民主监督及参政议政活动，为促进精准扶贫脱贫、加快建成全面小康新田做出新的贡献。

全体委员会议

【政协新田县八届四次会议】 2016年2月23日—26日，中国人民政治协商会议新田县第八届委员会第四次会议在县城举行。中共新田县委、县人大、县政府、县人武部主要领导出席大会。县政协主席王佑生代表政协新田县第八届委员会常务委员会作工作报告，县政协副主席郑小龙代表政协新田县第八届委员会常务委员会作八届三次会议以来的提案工作报告，县委书记唐军代表中共新田县委作重要讲话。会议分组讨论政协常委会工作报告、提案工作报告，政协委员列席新田县十六届人大四次会议，听取有关报告，分组协商讨论政府、计划、财政等工作报告。会议通过政协常委会工作报告决议、政协八届四次会议关于八届三次会议以来提案工作情况报告的决议和政治决议。

【县政协九届一次会议】 2016年11月23日—27日，中国人民政治协商会议新田县第九届委员会第一次会议在县城举行。县政协主席王佑生代表政协新田县第八届委员会常务委员会作工作报告，县政协副主席郑小龙代表政协新田县第八届委员会常务委员会作提案工作报告，县委书记唐军代表中共新田县委作重要讲话。会议分组讨论八届政协常委会工作报告、提案工作报告，政协委员列席新田县十七届人大一次会议，听取有关报告，分组协商讨论政府、计划、财政、法院、检察院等工作报告。会议选举王佑生为政协新田县第九届委员会主席，何三明、龙石佑、李咏梅、郑龙杰、黄美华为副主席，郑新万为秘书长，温海英等30人为九届政协常委会委员。通过八届政协常委会工作报告决议、八届政协提案工作情况报告的决议和九届政协一次会议政治决议。中共新田县委、县人大、县政府、县人武部主要领导出席大会。

【常务委员会议】 2016年2月22日，县政协八届十八次常委会议在政协机关二楼会议室召开。会议协商通过关于县政协提前换届的决定，协商有关人事事项，审议通过县政协八届四次会议工作方案。王佑生主席主持会议并作总结讲话，副主席何三明、毛群联、龙石佑、李咏梅、郑小龙以及县政协常委会其他人员出席会议，各乡镇政协工委主任列席会议。

2016年2月25日，县政协八届十九次常委会议在君逸长城大酒店五楼会议室。会议听取各委员工作组分组讨论政协八届四次全会常委会工作报告、提案工作报告以及分组协商讨论县十六届人大四次会议政府、计划、财政等工作报告的情况，审议通过政协常委会工作报告决议（草案）、政协八届四次会议关于八届三次会议以来提案工作情况报告的决议（草案）、提案审查情况报告决议（草案）和政治决议（草案）。县政协主席、副主席、秘书长以及县政协常委会其他人员出席会议，各委员工作组组长列席会议。

2016年8月18日，县政协八届二十次常委会议在政协机关二楼会议室召开会议听取并协商县委常委、常务副县长唐晓波所作全县上半年经济工作和社会发展的情况通报，听取并协商县财政局关于全县上半年财政运行的情况通报。会议还组织学习上级党委关于加强政协提前换届风气监督的文件。主席王佑生主持会议并作总结讲话，副主席何三明、毛群联、龙石佑、李咏梅、郑小龙以及县政协常委会其他人员出席会议，各委员工作组组长、各乡镇政协工委主任列席会议。

2016年11月14日，县政协八届二十一次常委会议在政协机关二楼会议室召开，会议协商通过由县政协党组推荐并会同县委组织部、统战部审核考察的九届县政协委员人选。主席王佑生主持会议并讲话，副主席何三明、毛群联、龙石佑、李咏梅、郑小龙以及县政协常委会其他人员出席会议。

2016年11月18日，县政协八届二十二次常委会议在政协机关二楼会议室召开，会议认真听取县农业委、水利局、科粮商经委、供销联社、教育局等单位承办2016年重点提案的汇报，并对各单位办理工作进行民主测评。会议协商通过县政协九届一次会议筹备方案，还组织中共十八届六中全会精神专题学习研讨。主席王佑生主持会议并作讲话，副主席何三明、毛群联、龙石佑、李咏梅、郑小龙以及县政协常委会其他人员出席会议。

参政议政

【政治协商】 2016年，县政协召开政协全体会议2次、政协常委会议6次和主席办公会议11次，组织委员对全县中心工作、重点建设和重大民生问题进行全面协商。同时，按照《政协新田县委员会“专题协商”实施办法》的要求，坚持每个季度组织一次专题协商会，围绕义务教育均衡发展、公立医院改革、乡村旅游扶贫等重点问题，开展民主协商，为县委、县政府科学民主决策提供有益参考，向有关部门提出合理化建议，推动各项工作开展。

【提案办理】 2016年，县政协八届四次会议期间共立提案123件，按照分级负责、归口办理的原则，送交县委、县政府所属部门（单位）办理。认真抓好提案督办工作，在政府交办、部门主办、提案委会同“两办”督查室联合督办的基础上，精心选择10件提案作为重点提案，由主席会议重点督办，同时选择6件重点提案，安排承办部门向县政协常委会通报办理情况，并组织委员进行测评，促进提案办理落实。截至2016年11月底，八届四次全会立案提案全部办结，办复率100%，委员满意率95%以上。

【考察调研】 2016年，县政协组织专委会、办公室、委员工作组围绕基础教育、医疗卫生、精准扶贫、环境保护等全局性工作，以义务教育均衡发展、卫生事业发展、乡村旅游扶贫、农村电子商务发展等为课题开展调研活动，形成一批质量较高的调研报告。着力推进重点工作和热点难点问题的解决，组织委员对社区管理工作、创建全国卫生城市基础设施建设、易地扶贫搬迁、扶贫资金管理等重点工作进行专项考察，为加快重点项目建设、促进部门工作发挥积极作用。

【民主评议】 2016年，县政协严格落实《政协新田县委员会关于民主评议工作的实施办法（试行）》，对县水利局工作进行民主评议。同时，对上年度民主评议单位——县林业局工作开展“回头看”，促进民主评议整改工作落到实处，充分发挥民主评议在履行民主监督职能中的积极作用。

重要活动

【完成政协换届】 2016年，县政协认真贯彻上级党委的总体部署和要求，制定换届工作方案，明确工作责任和换届纪律，积极配合县委组织部、统战部对新提名委员及留任委员进行严格考核考察，确保委员质量。同时，通过组织观看警示片、发放严肃换届纪律的宣传手册等方式，强化班子成员和全体委员的政治意识、纪律意识、责任意识。

【组织开展“三个一”结对帮扶活动】 2016年，县政协以“助力脱贫攻坚，建设小康新田”为目标，组织政协委员积极投身精准扶贫主战场，大力开展“三个一”结对帮扶活动。全县政协委员、政协机关干部职工有180余人参与“三个一”结对帮扶活动，参与率达100%，捐款捐物折合人民币180多万元，结对资助贫困学生20名，结对帮扶贫困家庭290户，帮助“零就业”贫困家庭解决就业17人。

【参与中心工作】 2016年，县政协领导及机关牵头负责的打击“三非”、创建国家卫生县城、创建省级文明城市、现代物流中心建设、信访包案以及优化经济发展环境等工作，均较好地完成任务，机关综治维稳、安全生产、宣传统战等各项工作取得新成绩。广大政协委员立足岗位，发挥各自特长与优势，投身经济建设和公益事业，热情服务基层群众，展示政协委员的良好形象，扩大政协工作的社会影响。

委室工作

【文史宣传】 2016年，县政协重视发挥文史工作“存史、资政、团结、育人”的作用，编撰《新田政协志》，配合省市政协完成“湖南百年老字号”“文化大革命”“知青”等部分文史资料征集任务。征订《湘声报》《文史博览》。县政协被省政协办公厅授予《文史博览》宣传工作先进单位称号，县政协文史委主任徐银飞被授予《文史博览》宣传工作先进个人称号。加强与宣传部门和新闻媒体的协作，及时宣传报道政协重要会议、专项视察、民主评议、提案办理等活动，为新田县政协工作发展营造良好氛围。

【联络联谊】 2016年，县政协加强与省、市和兄弟县区政协的联谊交流，学习外地政协工作经验。利用外出调研考察机会走访、看望在外新田籍人士，向他们宣传新田县投资环境和招商引资优惠政策，推介新田良好的发展环境。参加永州市政协工作座谈会、市县区政协老主席文体活动邀请赛及县直机关单位文体比赛，活跃机关干部职工文化生活。

【机关建设】 2016年，县政协围绕建设学习型、创新型、服务型、和谐型机关的目标，进一步加强机关建设。扎实开展“两学一做”学习教育活动，加强和改进机关党建与反腐倡廉工作，健全各项规章制度，规范办文、办会、办事程序，提高机关工作效率。落实“主席接待日”、委员走访等制度，在全市率先建立委员服务中心，不断改善委员服务管理，激发委员履职积极性。

中共新田县纪律检查委员会

综　述

【概　况】 中共新田县纪律检查委员会与新田县监察局合署办公，履行党的纪律检查和行政监察两项职能，在市纪委、市监察局和县委、县政府领导下开展工作。委局领导班子职数10名，即书记1名，副书记3名（其中1名副书记兼任监察局局长），常委5名（其中1名常委兼任监察局副局长），监察局党外副局长1名，设有11个副科级内设机构，人员编制总数42个。

【县纪委全体会议】 2016年2月29日，中共新田县第十一届纪委第六次全体会议在县行政中心六楼会议室召开，会议由县委副书记、县长秦山成主持，参加会议的有所有在职的县级领导，乡镇党委书记、乡镇长、纪委书记，县直副科级以上单位党政“一把手”，中央、省、市驻新田单位“一把手”及纪检组负责人，县直单位纪委、纪检组负责人，县纪委委员，市、县党风廉政监督员，县纪委、监察局和纪工委、监察分局副科级以上干部。

县委常委、县纪委书记聂朝飞代表县纪委作工作报告，实事求是总结2015年工作，全面安排部署2016年工作。2016年工作总体要求：全面贯彻中共十八大和十八届三中、四中、五中全会及习近平总书记系列重要讲话精神，按照中共十八届中央纪委六次全会、十届省纪委八次全会、四届市纪委九次全会部署和县委要求，保持坚强政治定力，坚持全面从严治党，强化管党治党责任，聚焦中心任务，严明纪律规矩，深化标本兼治，整治基层腐败，推进纪检监察自身建设，取得党风廉政建设和反腐败工作新成效。

县委书记唐军就新形势下全县党风廉政建设和反腐败工作，从提振工作信心、加强纪律建设、强化责任担当、从严正风肃纪、推进党内监督五个方面作发言。

【全面部署“雁过拔毛”式腐败问题和“纠‘四风’、治陋习”专项整治】 2016年5月10日，县纪委在行政中心六楼大会议室召开“雁过拔毛”式腐败问题和“纠‘四风’、治陋习”专项整治工作动员会。会上，县委常委、县纪委书记聂朝飞带领与会人员一起学习全县“雁过拔毛”式腐败问题和“纠‘四风’、治陋习”专项整治工作方案，对两项专项整治工作进行系统培训，帮助与会人员提高思想认识，明确目标任务。书记唐军作重要讲话，从讲政治的高度，深入具体阐述两项整治工作的重要意义、重点任务和纪律要求，为开展专项整治工作提供指导与基本遵循。参加会议的有所有在职的县级领导，各乡镇党委书记、镇（乡）长、纪委书记，县直副科以上单位“一把手”，县纪委、监察局全体成员，县纪委委员。

【责任制落实到位】 2016年，新田县纪委加强组织协调，层层压实“两个责任”确保责任制落实到位。一是完善责任传导体系。出台《2016年党风廉政建设和反腐败工作的意见》，将全县反腐倡廉工作任务细化为6个大项和58个小项，并一一部署落实；督促全县各乡镇、各部门与县委签订党风廉政建设责任书，并按照“谁主管、谁负责”的原则，进一步明确分管县领导的任务，压实工作责任。进一步完善县委常委、政府副县长带队的党风廉政建设绩效目标考核制，推动党风廉政建设落实落细。开展乡科级党政正职述责述廉述德评议，以“定责”“亮责”“述责”“评责”为抓手，层层传导压力，筑牢责任体系。二是强化责任担当。坚持每季度向市纪委报告落实党风廉政建设监督责任情况，凡涉及反腐败重大工作情况、重要问题线索，都及时向县委和市纪委同时报告。落实签字背书、责任报告、廉政谈话“三项制度”。明确要求全县各单位党风廉政建设责任制报告、领导批示转办件办理情况汇报、交办的信访举报件调查处理结果报告等材料，必须由相关负责人亲笔签字后方可上报，凡不符合要求的责令整改。县委常委、县纪委书记坚持问题导向，认真做到“四个亲自”，发现问题及时对各乡镇、县直单位主要负责人及纪委书记（纪检组长）进行廉政谈话，督促责任落实到位。三是做好巡视配合工作。把配合做好省委巡视第八组巡视工作作为首要政治任务，一以贯之，一抓到底。按照省委巡视第八组的安排部署，组织开展基层干部不作为乱作为等“9+1”专项整治，仅用2个月时间，彻底解决18个单位集资建房等一批难题，根治乱发津贴补贴等一批顽疾。办结省委巡视第八组交办的涉及党员干部违纪违规类信访件239件，办结率97%。出台《新田县巡视整改工作责任追究暂行办法》，抓好巡视整改各项工作。

【党风廉政教育】 2016年，新田县纪委加强廉政宣传教育，筑牢反腐倡廉防线。强化廉政教育。组织全县副科以上党员领导干部开展《中国共产党纪律处分条例》《中国共产党问责条例》《中国共产党党内监督条例》等党内法规专题学习和知识测试活动，邀请省、市纪委领导及相关专家到新田上廉政党课，组织全县党员干部收看《永远在路上》等正风反腐专题教育片，拍摄《永州风纪·乡镇纪委在行动》栏目新闻。建立典型案件分级分类通报曝光制度，市级以上纪委相关网站、电视平台等媒体通报曝光新田县典型案例情况63起（次），县纪委在新田县通报典型案件24起，切实增强党员干部廉洁自律的意识。严格廉政审查。2016 年，对提名为省市县党代表和人大代表的 635 人（次）、评先评优的 427 人（次）、提拔重用的 35 人、职务职级晋升的 312 人及其他 116 人进行廉政审查，建议取消相关人员资格 21 人，要求重新推荐 10 人，促进党员干部队伍的先进性、纯洁性。

【执纪监督问责】 2016 年，新田县纪委积极践行执纪监督“四种形态”。围绕“三重一大”事项集体决策、党政正职“五个不直接分管”、“一把手末位表态”等制度的落实，监督同级党政领导班子执行民主集中制，以及开展精准扶贫、创建国家级卫生城市和省文明城市等党委中心工作，坚持问题导向，采用集体约谈、个别约谈、函询等方式约谈 200 余人次，对有轻微违纪的及时给予诫勉谈话等组织处理 1000 余人，真正做到“挺纪在前”。

【纪律审查】 2016 年，新田县纪委依纪依法，加大纪律审查力度。全县纪检监察机关处置反映问题线索 113 件，同比增长 33.26%；转立案 116 件，结案 116 件，给予党政纪处分 113 人，其中，副科级以上人员 24 人。在省委巡视组领导下，查处陈某、刘某、肖某等一批腐败案件，充分发挥执纪审查的震慑作用。全县检察机关立案查办职务犯罪 7 件、8 人；县人民法院审结贪污贿赂、渎职犯罪案件 7 件、8 人。开展“天网”行动，成功追回外逃职务犯罪嫌疑人 2 人。

【作风建设】 2016 年，新田县纪委狠抓作风建设，防止“四风”问题纠而不止。以深入开展“纠‘四风’、治陋习”专项整治工作为抓手，进一步加强中央八项规定、省委九项规定和市委十项规定精神执行情况的督察检查。对干部作风、公款消费、公车私用等群众关注度高的“四风”突出问题和侵害群众利益行为坚持常抓不懈，一抓到底。公车“亮明身份”定点停放、人脸识别联网考勤、节假日定期“四风”督察、“四风”问题情况定期通报等制度在全县成为常态，并不断得到强化。2016 年，全县排查“四风”问题线索 86 条，涉及金额 92.82 万元，给予党政纪处分及相关处理 60 人，其中立案查处 46 人。2016 年以来，对县中医院原院长卢某、县司法局原局长周某违规公款旅游问题进行严肃查处，并进行公开曝光。

【队伍建设】 2016 年，新田县纪委加强队伍建设，着力打造纪检监察铁军。强化组织保障，选好配强班子。落实中央纪委、中组部《关于加强换届风气监督的通知》精神，执行“九严禁”换届纪律，按照“政治坚定、能力突出、素质全面、结构合理”的要求，全面完成县乡纪委班子换届工作。县纪委配备领导班子职数 9 名，其中长期从事纪检监察工作的 7 名；12 个乡镇纪委配备干部 82 人，其中专职纪检监察干部 47 人，进一步强化纪检监察工作力量和组织保障。积极推进改革，持续深化“三转”。全面完成县纪委机关内设机构改革调整，在机构设置和人员配备上更加突出监督执纪问责主业，党风政风监督、纪检监察等 8 个监督执纪机构行政编制占委局机关编制总数 60%。实行乡镇纪委书记、副书记，县直单位纪检组长（纪委书记）提名、考察以县纪委会同组织部为主的要求。印发《关于进一步明确乡镇纪委书记、副书记分工的通知》，明确要求乡镇纪委书记、副书记原则上不再分管纪检监察业务以外的工作。组织开展乡镇纪委干部专职专用情况监督检查，促使乡镇纪委集中精力抓好正风反腐工作。创新内部管理，激发队伍活力。深入开展创建学习型机关“五大主题活动”，举办纪检监察业务培训班 3 期，提升纪检监察干部综合能力水平。实行乡镇纪委书记、副书记到县纪委机关跟班学习制度，着力提高新入行、新调整的纪检干部业务能力。修改完善县纪委监察局机关公务接待制度、财务管理制度等 10 余项制度规定，全面加强委局机关内部监督管理。全县纪检监察干部严于律己，坚决防止“灯下黑”，信守“忠诚、干净、担当”庄重承诺。全年选调交流、提拔重用22名纪检监察干部，激发纪检干部干事创业热情。

党务工作

综合服务工作

【概　况】 2016年，新田县委办以机制创新为突破口，坚持力量整合、工作聚力，着力构建大政研、大督察、大考核、大后勤“四大体系”，实施流程优化、人才优先“两优工程”，全面提升“三服务”水平，为建设“品质、活力、智慧新田”做出贡献。

【政策研究】 2016年，县委政研室探索“开门办政研”有效途径，建立联合调研、决策咨询、成果交流、联络服务等工作机制，借助党政部门和社会研究力量，形成政研工作整体合力，构建全县一盘棋的开放式“大政研”格局。圆满完成县第十二次党代会报告、县委经济工作报告等重要文稿起草工作。紧贴县委中心工作，以起草高质量领导讲话稿、汇报材料等为载体，积极主动为县委战略决策和工作部署服务。向光大集团董事长唐双宁、省人大常委会副主任刘莲玉等中央、省、市领导上报的汇报材料得到县委主要领导肯定和好评。全年共起草综合材料300篇、200多万字，起草文稿数量是2015年同期的159%。加强对外宣传,《为民搭建“云平台”服务群众“零距离”》《工作聚焦资料聚集力量整合》等在人民网、《县域经济参考》、《湖南日报》等平台发表，扩大新田的知名度和影响力。

【调研工作】 2016年，县委办结合县委工作部署，以破解经济社会发展重点难题为着力点，主动谋划开展一系列专题调研。牵头开展精准扶贫专题调研，形成《新田县精准扶贫三年攻坚行动总体方案（2016—2018年）》等12个专题调研报告。针对城市建设、脱贫攻坚、产业发展、民生民本、社会事业等领域开展调查研究，形成一批有价值、有分量、有影响的调研成果和理论文章。其中,《关于新田县精准扶贫实践的几点思考》《湖南新田县“农地”经营权抵押贷款试点定点着陆》等调研材料分别在《湖南工作》《研究与决策》等刊物发表。

【督察督办】 2016年，县委积极探索构建大督察体系，成立大督查工作领导小组。由县委书记亲自挂帅，整合县委督查室、县政府督查室、县考核办、县作风办、县问责办工作力量和资源，开展联合督察，促进干部执行力提升。全年下发《新田督查》通报43期、《督查专报》40期。针对网络舆情信息和群众反映强烈的问题，抓好领导批示批办件的落实，做到“批必察、察必清、清必果”，办理省、市领导批示件12件，督办县委主要领导批示件69件，做到“事事有回音，件件有落实”。出台政策文件，精简“一票否决”项目，将小康、绩效、综合目标管理、干部实绩、文明指数等多项考核内容纳入创先争优考核体系，成立考核办，统筹调度考核，激励全县上下创先争优。市定“3+2”改革有序推进。

【办文办会】 2016年，县委办制定出台《中共永州市新田县委办公室业务工作流程指南》，严格遵循《中国共产党机关公文处理条例》《湖南省党的机关公文处理细则》，严把公文起草、校核、签发关，规范行文程序和行为，全年行文168份，党内规范性文件29份。统筹全县会务工作，牵头筹备党代会、经济工作会、县委全会等大型重要会议56次、县委领导会议130次，下达各类通知350余次，接传电话5.6万余次，优质高效的完成各项会务工作。

【机要保密】 2016年，县委机要保密局加强密码通信网络安全保护，改善机要通信基础设施和办公条件，实行24小时值班，严把电报收发质量关，做到明电明复、密电密复。全年收回秘密文件230余份，收回密码电报130份，没有丢失1

份涉密文件。

【政工人事】 2016年，县委办实施“人才优先工程”，着力加大干部培养和交流，坚持以活动创建为抓手，组织开展“三提升三创建活动”，组织各层次干部，举办全县办公室主任培训班、“城投杯”写作大赛、系统党章知识竞赛、课题调研评选“金点子”奖活动，干部队伍素质明显提升。先后有3名干部交流到县直单位任“一把手”，7名干部先后提拔到乡镇、县纪委、县人大、县机关事务局等部门任职，2名干部通过选调考入省市单位。

【后勤保障】 2016年，按照“从简、从细、从严”的方针，充分发挥后勤、接待、机关事务“载体”功能和“窗口”“纽带”作用，积极融入招商引资、项目推进等重点工作中，推动经济社会发展。全年完成各项接待任务236批次、1897人次，受到领导和来宾的高度评价。创新机关事务管理模式，机关食堂服务质量和水平不断提升，为干部职工工作生活带来便利。进一步完善安全保卫、应急处置、办公用房管理等制度，实现机关大院“零发案”。

组织工作

【概　况】 中共新田县委组织部（以下简称县委组织部）是县委主管组织工作和干部工作的职能部门，内设办公室、干部一室、干部二室、党建室、党员教育中心、基层办、干部档案信息室、直属机关工委8个职能委室。部机关行政编制17名，事业编制9名。县级领导编制单列。截至2016年12月，县委组织部在编在职干部职工14名，其中，部长1名，副部长3名。

【主题教育活动】 2016年，县委组织部组织10次县委中心组集中学习，邀请专家和教授进行专题讲课。围绕“四讲四有”专题，4次召开县委常委专题讨论学习会。县委书记、县长精心讲党课，在全市分别获得优秀党课和精品党课称号。充分利用“新田智慧党建”云平台和智慧党建信公众号，把全县809个党支部和近2万名党员个体连接起来，形成无边界的基层党建网络社区，有效实现对外出流动党员学习教育的全覆盖。将开展“两学一做”学习教育与落实中央、省市县委工作部署紧密结合起来，与在全县深入开展创建国家卫生城市、创建省级文明县城、精准扶贫、美丽乡村建设、工业园区建设、重点项目、城市提质改造等中心工作紧密结合起来，同部署、同安排、同推进，真正让广大群众感受到了学习教育成果。

【干部队伍建设】 2016年，新田县委以县乡领导班子换届和县政府工作部门机构改革为契机，全面加强领导班子和干部队伍建设。县委、人大、政府、政协“四大家”班子如期顺利换届，31名县“四大家”领导班子成员中，有乡镇党政正职工作经历的超过50%。12个乡镇配备132名领导班子成员，12名乡镇党委书记全部从乡镇产生，具有2年以上乡镇工作经历的干部126名，占95.5%；35岁以下的43名，占32.6%；女干部23名，占17.4%；少数民族干部7名，占5.3%。从村组织书记、大学生村干部和乡镇事业单位人员中比选产生的12名“三类人员”，全部进入乡镇班子。

【严格选人用人纪律】 2016年，县委组织部在干部选拔任用过程中，坚持“好干部”标准和“为敢于担当者担当，为敢于负责者负责”的用人导向，干部的担当力和执行力全面提升。2016年，县委常委会研究干部9批次，调整县管干部804人，归档考察文书近300份，专项审核新提名、新提拔重用人选档案98份，提拔重用科级98人。在全市率先出台《新提拔重用干部报告个人有关事项办法（试行）》，征询纪检监察、法院、检察院、公安局等6个执纪执法部门意见168人次。对118名离任的党政正职、科局“一把手”进行离任审计。坚持高标准、严把程序关，做好市县人大代表和政协委员的提名推荐工作。坚持全面从严从细从实，做好县乡党代会、县乡人代会、县政协会选举工作，在各级人大代表、政协委员推荐提名工作中，考察初步建议人选369名，联合审查641名，取消121名不符合有关规定人员的候选人资格，确保县乡领导班子换届工作有序平稳和风清气正。以省委巡视为契机，抓好选人用人问题整改，对2012年以来的选人用人各方面的问题进行了全方位的排查和整改，进一步严肃干部人事纪律。全面深化干部教育培训，在干部队伍中开展“两学一做”学习教育，引领广大党员干部自觉增强“四个意识”，不断提升能力素质和执行力。

【干部人事制度改革】 2016年，县委组织部全面完成乡镇区划调整、县政府工作部门机构更名、重组、撤并等工作，涉改单位领导干部全部调整配备到位。持续推进“三超两乱”（“三超”是指超编制进人、超职数配备干部、超范围分设党政职务；“两乱”是指随意按年龄划线乱调整配备干部和违反规定程序乱进人）专项整治，各项工作进度均在全市前列，2016年10月在全市率先完成超配领导职数消化工作。开展干部人事档案专项审核工作，对“三龄两历一身份”（“三龄”是指年龄、工龄、党龄；“两历”指学历、工作经历；“一身份”是指干部身份）重要信息全面审核、归档建档。规范推进公务员管理工作，招录公务员，其中，行政机关50人，选调生2人，法检两院工作人员5人。2016年8月，根据中央、省市有关文件精神，印发《新田县机关建立公务员职务与职级并行制度的实施办法》《推进领导干部能上能下若干规定（试行）》，133名领导干部按照职务与职级并行有关规定晋升职级，7名领导干部因身体或其他原因自愿退出领导干部选拔，6名领导干部因违纪违规被免职。全县机关公务员职务与职级并行制度正式实施。

【机关党建】 2016年，县委组织部围绕县委、县政府中心工作加强机关党的建设。制定基层党组织按期换届提醒督促机制，全年研究101个（总）支部的换届、补选、改选及延迟换届工作，选举产生支部书记82名，支部委员207名。建立法院、烟草、国税等5个党建工作示范点；对机关党员队伍事实分类教育培训，举办党务骨干培训班2期，抽调专职党务人员到工委进行跟班学习，开展推选“雷锋式人民公仆”活动，评选出“雷锋式人民公仆”先进人物6个，并推介到市直工委。2016年，举办入党积极分子培训班、发展对象培训班2期，通过谈话考察、纪委审查等方式，发展党员16名，预备党员转正8名。建立困难党员、老党员慰问制度，全年各基层党支部慰问困难党员53名。

【基层党建】 2016年，县委组织部坚持高标准要求、高起点谋划、高质量推进，不断提升全县基层党建工作科学化水平。率先在全市出台领导干部“一岗双责”抓党建、加强基层党组织执行力、党组（党委）向县委报告工作等文件，创新党建工作例会制度，全年开展党建工作专项检查4次。结合机构改革，新成立14个党委和党组，在全县110家非公有制企业（以下简称非公企业）和102个社会组织建立党支部45个，“两新组织”覆盖率不断提升。结合省委巡视工作，出台《新田县“十项基层党建工作”大排查实施方案》，排查出10大类问题950余例，排查清理市县党代表违纪违法人员4人、县乡人大代表违纪违法人6人。从严落实7项重点工作任务，认真做好党费收缴排查清理工作，完成自查自改党支部562个，补缴党费的党员7732人，补缴党费11.5万元。扎实开展“一打三整治”，成立专项整治组，采取“一月一督察一通报”和发函督办的手段强力推进整顿，63个软弱涣散村全部得到整顿提升。

【突出基层队伍建设】 2016年，县委组织部突出抓好基层党组织建设，着力提升基层党员队伍执行力。积极配合省市调训，向市委党校送训干部 15 名，省委党校送训干部 14 名。送训 29 名干部参加北京大学、清华大学、复旦大学、浙江大学等高校举办的领导干部哲学研修班、领导干部执行力提升研修班、“执行力 + 基层党建”网格化管理专题研修班等 9 个执行力专题研修班。开设“执行力 + 创国卫”“执行力 + 精准扶贫”“县两代表一委员”等专题培训班 18 期。举办主体班 2 期，调训新提拔干部、重点岗位干部、后备干部 179 名。调整村党组织书记 8 名，免职 5 名，调整“第一书记”19 名，选拔专职党组织书记 7 名，选派 142 名“第一书记”到贫困村任职。派送 12 名乡镇党委书记到省委党校参加扶贫专题培训班，组织全县所有的村（社区）党组织书记、“第一书记”举办“抓党建促脱贫攻坚”培训班、业务知识培训班。创新“党建 + 流动人口管理”，建立长效管理机制，推动全面从严治党向 2886 名流动党员全覆盖。全年投入 4000 万元用于基层党建，有效提升村干部待遇达到农村人均可支配收入的 2 倍，创建 20 个模范支部，提升远教站点建设，完成 25 个示范站点升级改造。

【人才工作】 2016 年，县委组织部履行牵头抓总职能，改革创新人才体制机制，不断优化人才工作思路，完善人才招聘招录办法，扩大用人单位用人自主权。出台《新田县普通高校毕业生基层单位就业学费补偿管理办法》，促进高校毕业生在新田就业，全年选调工作人员 25 人，新招录公务员 41 人，招聘社区网格管理员 32 人、其他事业单位人员 231 人；卫计委自主招录医技人员 35 名；教育局自主招录教师 138 名，招聘特岗教师 41 人，安排定向培养毕业生教师岗位 35 名。建立省级创业孵化基地示范点 1 个、创业指导服务中心 1 个、大学生就业创业基地 1 个，大力扶持人才创业。全年帮助解决就业 4500 多人，其中实现城乡困难家庭“一户培养一产业工人”脱贫解困 2100 余人。持续抓好科技特派员选派工作，争取省级科技特派员 2 名，选派 13 名县科技特派员，服务全县 9 个乡镇、10 家公司（合作社）、5 个乡镇卫生院，开展农村科技服务，推动农村经济社会又好又快发展。

【打造“新田智慧党建”】 2016 年，新田县委组织部积极探索，将“互联网 +”思维融入组织工作，探索打造“新田智慧党建”，在全市率先建成并上线使用，通过 O2O 线上线下互动管理，有效打通了党组织和党员教育服务管理“最后一公里”。建立党员和党组织大数据库，开通智能提醒功能与全程纪实功能，实现全县 901 个党组织、20255 名党员电子信息档案“一部一册，一人一表”，动态更新，开创全省先河。开发党务通 APP 和智慧党建网站两大终端，党员组织活动在线管理、“我的活动”在线上传、电视视频学习和党员学习积分功能一应俱全，开通了“新田智慧党建”公众号，对党员的智能管理和服务做到了“一机在手，一线直通、一网打尽”，实现“数据多跑路，党员群众少跑腿”。开发升级党建管理三级指挥平台，实现处处留痕，实时督导，通过指挥平台倒逼各级党组织落实党建责任，把基层党建工作抓在平时，严在日常，有效推动基层党组织落实“两学一做”学习教育规范化、制度化、常态化。

宣传思想工作

【概　况】 中国共产党新田县委员会宣传部，于 2002 年 5 月，新办发〔2002〕39 号文件，设置中共新田县委宣传部（加挂精神文明建设指导委员会办公室牌子），是县委主管意识形态和精神文明建设方面工作的综合职能部门，增加协同有关部门开展涉台问题对外宣传和归口管理统筹协调互联网上的新闻宣传职能。2016 年年底，内设办公室、精神文明建设指导委员会办公室、新闻、宣传室（理教、党教室）、文产办、新媒体中心。现有人员编制行政编 9 名，事业编制 6 名。归口管理县文体旅广新局、县文学艺术界联合会、县广播电视台、县文化市场综合执法大队、县新华书店、县网络宣传与电子政务办公室。2016年，获“李达杯”宣传工作创新奖，获全市“两学一做”理论研讨征文活动组织奖；广播电视台获2016年全省农村广播村村响工程建设先进单位称号；全市绩效考核排名第四。

【理论武装】 2016年，中共新田县委宣传部坚持把学习宣传贯彻习近平总书记系列重要讲话精神作为首要政治任务，推动党的理论创新深入人心。把党委（党组）中心组作为理论学习的“龙头”，开展“学讲话用讲话”活动，县委中心组组织10次20天集中学习，学习质量和效果明显提升，党员干部理论素养不断增强。积极做好《习近平总书记系列重要讲话读本》（2016年版）、《全面小康热点面对面》等理论读物的配发工作，圆满完成2016年党报党刊发行任务。突出“百姓”和“微型”特色，推进党的理论武装通俗化、大众化、普及化，开展流动宣讲、文艺宣讲、趣味宣讲，《互联网与农家生活》《绿水青山就是金山银山》微宣讲课分别获市二、三等奖。全年在《永州通讯》《永州日报》《湖南日报》等各级党报党刊发表理论文章50余篇。积极组织参与全市“两学一做”理论研讨征文活动。

【舆论宣传推介】 2016年，新田县宣传系统围绕县委、县政府中心工作，集中推出有深度的系列报道。加强与上级新闻媒体的沟通协作，多角度、全方位的宣传报道，全年在湖南卫视上稿56条，在湖南经视、湖南都市、教育频道其他媒体上稿80余条，在省、市电视台上稿量排永州市各县区前列。建立健全公益广告发布机制，配合创国卫、创省文宣传，全面停播医药类广告。开辟“两学一做”、创国卫、创省文、精准扶贫等40余个专题专栏，有效推动全县各项重点工作顺利开展。开通“新田新闻网”APP手机端客户，新田发布关注人数已达12万人，做好重大时间节点的应急管控。

【助推文明县城创建】 2016年，新田县委宣传部积极助推省文明县城创建工作，发放《新田县创建省文明县城宣传手册》2万份，《创建省文明县城　做遵纪守法市民——致全体新田市民的一封信》4万份。新增省级文明单位2个，创省文明县城顺利通过考评复核检查，于2月27日在湖南文明网进行公示，全县文明程度大幅提升。以纪念中国共产党成立95周年、红军长征胜利80周年等主题为契机，开展爱国主义宣传教育活动。组织开展“文明社区”“五好文明家庭”“十星级文明户”评选和志愿服务等丰富多彩的主题活动。

【文化为民惠民】 2016年，新田县宣传系统深入开展文化惠民、文化扶贫、文化助困活动，成功举办“知青情缘·南国武当”文艺会演、硒锶丽人形象大使选拔赛、新田好声音、“10·17”扶贫颁奖文艺晚会等大型文艺活动。10个村级综合文化服务中心示范点建设顺利通过省相关部门考核。“欢乐潇湘”活动有序开展，《月下瑶歌》获永州市2016年“欢乐潇湘·和美永州”大型群众文艺会演铜奖。成功举办中美篮球对抗赛和篮球争霸赛，锻造新田体育新名片。成功举办“文艺名家颂新田”暨“湖南作家创作基地”揭牌活动、龙家大院葵花园开园仪式等活动，创作高质量的各类优秀作品。深入开展“扫黄打非”和“春雷”等专项整治行动，有效打击娱乐市场违规经营行为。开展非物质文化遗产普查、挖掘、整理工作，做好《建文帝的传说》项目申报工作。

【乡镇党委书记述职评议】 2016年，新田县委印发《关于贯彻落实〈湖南省党委（党组）意识形态工作责任制实施细则〉的意见》，将意识形态工作纳入县委常委会专题研究，通过《2016年乡镇党委书记履行意识形态工作责任述职评议工作方案》，确定将乡镇党委书记履行意识形态工作责任述职评议纳入年终绩效考核，开创永州市乡镇党委书记意识形态工作责任制述职的先河。县委中心组组织开展意识形态专题讲座，将意识形态工作纳入党校教学主体班教学的重要内容。加强对理论、新闻、文艺、出版印刷、学校等各类阵地管理。完善重大舆情预警通报、交办核查、会商研判等工作机制。加强网评员、网宣员、网管员队伍建设，编发《网络信息内参》130余期。持续开展“清朗”专项行动，配合省网信办依法关停“新田在线网”微信公众号。

【文化队伍建设】 2016年，新田县委出台相关制度，建立督察考评机制，使宣传文化系统干部牢固树立政治意识、大局意识、核心意识、看齐意识，在思想上、政治上、行动上与党中央保持高度一致。加强机关建设，充实力量，调整配强宣传系统有关部门的领导班子。推动企事业政工师评聘工作，15人参加政工师专业知识考试并全部合格。组织人员到江华、零陵、芷江、郴州等地就创省文工作开展学习交流。

统战工作

【概　况】 县委统战部，全称中国共产党新田县委员会统一战线工作部。现有行政编制7个，事业编制5个，工勤编1个，内设台办（正科级）、宗教办、办公室、政工股、统战联络中心。业务指导单位有工商联、侨联、民族宗教事务局。各乡镇党委和县直单位党组织设兼职统战委员，分管统战工作。

【贯彻落实统战工作会议精神】 2016年，县委贯彻落实中央统战工作会议精神，以机构改革和撤乡并镇工作为抓手，按要求配备党外正职5人，其中，政府组成部门非党正职2名，群团组织非党正职2名，乡镇党外正职1名。严格按要求配备统战部部长和非党副县长。在县乡两级人大、政协换届工作中，严格按上级要求落实非党代表和委员的比例，县第十七届人大代表非党正式候选人比例、县第九届政协当选委员中党外委员比例、非公经济人士及新社会阶层人士比例均符合中央与省委文件要求。组织14个部门对人大代表、政协委员中的非公人士进行认定和综合评价。严格把关和指导县侨联、工商联换届工作。县侨联、县工商联分别于11月、12月完成换届，进一步加强侨联、工商联班子队伍建设，改进侨联、工商联工作。

【非公经济】 2016年，新田县委统战系统积极为非公企业发展铺设快车轨道，出台《2016年新田县“一帮二促”企业帮扶行动实施方案》，所有县级领导联系帮扶37家重点骨干企业和高成长性企业，帮助它们解难题、降成本、拓市场。注重凝聚非公企业，携手扶贫攻坚，积极投身光彩事业和社会公益活动，为决胜全面小康添油助力。2016年“10·17”全国扶贫日，新田县举行以“邀你一起，决战贫困”为主题的文艺晚会，万家鹅业、温氏集团等10家企业与12个乡镇的17个贫困村进行对接签约，开展帮扶。新田县“凝聚民企力量助推精准扶贫”工作获得2016年度全市统战工作实践创新优秀成果奖。

【民族宗教工作】 2016年，县委统战系统积极加强对全县信教群众的管理，引导全县宗教人士投身精准扶贫和全面小康新田建设。2016年7月，全市第二个县级佛教协会——新田县佛教协会正式成立。目前，正积极筹备以县佛教协会名义成立慈善基金，所募集的善款将专门用于教育扶贫工作。

【加强县维爱公益协会建设】 2016年，新田县委统战部高度重视社会组织统战工作，积极指导县维爱公益协会加强班子建设、开展系列活动，支持协会发展壮大。目前协会发展会员300余人，先后开展“感恩环卫工人”“感恩母亲节”“关爱空巢老人”“慰问抗战老兵”“阳光助残”“圆梦助孤”等公益活动70余次，募集爱心款80余万元，800余名贫困学生和1200余名孤寡老人、重症患者、特困老人受益。目前，县维爱协会正在积极创建市级“同心项目”。

【开展“四同创建”】 2016年，新田县委统战部以“四同创建”工作为抓手，积极整合多种资源，服务县域经济发展，取得显著成绩。2016年3月，新屋场村获得省级“同心乡村”授牌，苦志育才慈善学校获得市级“同心项目”授牌。2016年年底，新田县双胜社区获得市级“同心社区”授牌。2016年11月，全国佛教协会副会长、省佛教协会会长圣辉大和尚，省委统战部副部长龙建湘，市委常委、统战部部长石艳萍一行考察苦志育才慈善学校办学情况，对学校给予高度评价。省佛慈基金会向学校捐助善款20万元用于改善学校办学条件。

机构编制

【概　况】 新田县机构编制委员会成立于1991年4月，为县委、县政府正科级直属机构。2002年5月，设置新田县机构编制委员会办公室（以下简称县编委办）。县编委办是县机构编制委员会的常设办事机构，核定行政编制4名，主要负责全县行政管理体制与机构改革及机构编制管理工作，既是县委工作机构，又是县政府工作部门。内设机构4个，即办公室、督查室、综合室、审改室。下设2个副科级事业机构，即县事业单位登记管理局、县机构编制信息中心。

【深化政府机构改革】 2016年，新田县政府职能转变和机构改革工作全面启动，将原来实际运作的31个政府工作部门，撤并组建成24个部门，精简23%。另外，撤销职能职责相近、职能弱化的物资事务办等10个事业单位，组建成7个新的事业单位，精简30%。按照部门所属单位机构级别应低于主管部门机构级别的原则，将原来为部门所属的文化市场综合执法大队等4个正科级机构降格为副科级。明确职责分工，对涉及10多个部门的安全生产、校车管理、食品安全、经济发展等50多项交叉职责，进行准确定位，建立健全部门协调配合机制。

【事业单位分类改革】 2016年，新田县按照“分门别类、区别对待，先进笼子、下步明确，成熟一个、处理一个，平稳过渡、逐步规范”的思路，适时进行调整规范。减少经营类事业单位，将从事生产经营活动事业单位，撤并、改制6家，占总数的43%。大幅转变行政类事业单位，以“三个一批”措施推进行政类事业单位改革，彻底解决行政职能体外循环的问题。对15个行政类事业单位进行改革，撤并3个，职责划转10个，占总数的87%。另外建立事业单位法人治理结构，推进有条件的事业单位转为企业或社会组织。落实中央和省市有关人事、收入分配、社会保险、财政等事业单位改革配套政策，并做好与教育、科技、文化、卫生等行业体制改革的衔接。

【精简行政审批事项】 2016年，新田县将对接省、市取消和下放行政审批事项作为常态性工作，做到及时到位，不遗不漏。对转给市场和社会的，政府不截留；对以取消、转移、下放等形式调整变动的审批事项，部门要进行跟踪监督，防止监管缺位。充分发挥市场在资源配置中的决定性作用，更好发挥乡镇政府贴近基层、就近管理的优势和作用。2016年，承接下放行政权力28项，取消审批事项40项。2017年，根据湘政发〔2017〕15号文件要求，向县直相关单位核实取消调整事项，经相关部门审核后，以县政府名义印发《新田县人民政府关于取消和调整一批行政权力事项的通知》，取消中央设定地方行政许可事项10项，取消省政府确定的对应权力事项10项，承接4项。目前正按照国务院相关文件要求，全面清理已调整事项，经相关单位确认后，按程序报县政府发文。

【规范部门权力清单】 2016年，县政府工作部门推行权力清单制度工作，坚持“职权法定、简政放权、便民高效、公开透明”的原则，参照省、市两级政府工作部门权力清单制度建设模式进行。经审核清理全县保留43家单位的权力清单事项 2161 项。根据有关规定，县政府工作部门权力清单实行动态管理机制，因法律法规规章和上级政策调整需要新增、取消、变更权力事项的，按规定程序审核批准后予以调整。

【机构编制管理】 2016 年，建立健全机构编制管理与财政预算管理、组织人事管理的协调配合机制。通过创新管理，盘活存量，优化结构，实现机构编制增减平衡，提高机构编制资源效用。坚持政府机构限额和行政编制总额不突破，坚持机构编制和财政供养人员数不突破 2012 年年底基数。

【事业单位登记管理】 2016 年，全县应参加年度报告单位 354 家，实际参加 354 家，参报率 100%，并在新田政府网开辟专栏公示。15 家机关群团组织办理首次申请证书或证书变更。事业单位变更情况，办理设立登记 4 家、变更登记 74 家、注销登记 11 家，证书补领 3 家，已在新田政府网专栏公示。收缴事业单位印章 20 余枚，清理完毕后统一销毁。

【注册公益域名】 2016 年，以党政机关、事业单位的网上名称使用和网上身份识别为核心，以域名注册、网站审核、网站挂标和年度报告为主要工作内容的四位一体综合性管理工作，以实现党政机关、事业单位网上身份的实时监测、检索、识别与保护。通过规范与管理党政机关、事业单位的社会组织的网上名称及其网站标识，维护其网站的严肃性和权威性，保护党政机关、事业单位和社会组织的合法权益，为公众建立一条快速、准确访问政务部门和公益机构网站的绿色通道，以促进互联网的应用普及，推动政务公开和电子政务的发展，全县注册域名 739 个。

【队伍建设】 2016 年，新田县机构编制部门通过“四化”加强队伍建设。强化素质提升。建立定期学习制度，采取集中学与自主学相结合的方式，深入学习机构编制工作政策法规、理论文献、文件精神和业务知识，积极参加各类培训，积极参加省市举办的培训班，提升业务水平，努力打造一支政策通、业务精、素质好的机构编制干部队伍。强化制度健全。立足工作实际，修订完善上下班考勤制度、请销假制度、机构编制实名制管理制度、出入编登记制度等管理制度，坚持以制度管人管事的理念，促进内部规范管理，切实提高机关效能。强化形象提升。以开展“守纪律，讲规矩”活动为契机，全面推行“微笑服务”，理清办事流程，实行政务公开，实行一次性告知和“一站式”办结服务。定期深入基层开展调研，全面了解掌握机构编制运行情况和存在问题，积极探索制约机构编制作用发挥的创新举措。强化宣传教育。依托编办 QQ 群、永州市机构编制网等，全面宣传中央和省、市机构编制政策法规，及时更新国家机构编制工作动态，深入解读机构编制政策法规，整理公开机构编制违法典型案例，开展学习宣传和警示教育宣传。

党校工作

【概　况】 中共新田县委党校成立于 1961 年，现占地面积 80 亩，建筑面积 6800 平方米，学校绿化覆盖率在 90% 以上。现有教学报告厅 1 个，多媒体教室 2 间，图书室藏书 2.2 万余册，学员宿舍有床位 200 余床，餐厅能同时容纳 300 人就餐。2016 年，教职工人数达 23 人，其中，高级讲师 1 人、讲师 7 人，硕士研究生学历 3 人，在读硕士研究生 1 人。现有领导班子成员 4 人，下设办公室、教务处、科研室和总务处 4 个内设机构。2016 年，获市级文明标兵单位、市级无烟单位、新田县综合绩效评估考核优秀单位称号。

【干部培训】 2016 年，县委党校举办中青班、科干班、村党组织书记培训班等主体班 6 期，培训学员 539 人；举办入党积极分子培训班等短训班 8 期，培训学员 1459 人。在课程设置和日常教学管理中，县委党校顺应从严治党的形势，抓好党的理论教育和党性教育。除常规培训，主体班教学还扩展培训方式。组织学员实地调研和现场教学，4期主体班分别参观考察了县城投集团、政务中心智慧云平台、东升农场美丽乡村建设示范点；到小源会议旧址、蒋先云烈士故居进行红色文化现场教学；组织学员参观考察活动8次，围绕全县中心工作开展调研活动9次，培养学员团结协作拓展训练11次。开展异地教学，2016年上半年开展2期主体班到宁乡党校异地教学，下半年2期主体班到井冈山参加“不忘初心、继续前进”主题党性教育。

【科研工作】 2016年，中共新田县委党校强化制度管理，严格实施科研考核，完善科研激励制度，对立项课题实施责任人制度。2016年度，先后向有关领导递交4期决策咨询参考，内容涉及土地流转、闲置土地开发、党建扶贫、传统古村落保护开发等内容；汇编《新田县委党校“十二五”期间科研论文》，分别送省市委党校领导和县委、县政府领导参阅。全年完成全省党校行政学院系统课题立项1个、结项2个，在各种刊物上公开发表理论文章或调研文章10篇。同时，学校教师撰写的论文获省理论研讨会二等奖1篇，三等奖3篇；市理论研讨会一等奖1篇，二等奖2篇，三等奖7篇。

【自身建设】 2016年，县委党校争取县财政拨款32万元对宿舍楼、食堂、篮球场等基础设施进行全面改造，学校投入20万元添置多媒体投影仪、电脑等教学设备。软件方面，对内完善教师目标管理及绩效考核办法，用制度激励老师更好的发挥教学所长；并按季度举办读书活动，鼓励教师通过读书提升自己。对外安排5位教师参加省委党校培训、1位教师参加省社会主义学院培训、4名教师到中国人民大学骨干教师研修班学习、4名教师到中央党校学习，借鉴省市先进的教学理念及思路。

【创先争优】 2016年，县委党校积极开展创先争优活动。开展“两学一做”学习教育，相继开展“手抄党章100天”活动和“四讲四有”合格党员专题讨论会。开展市级文明标兵单位创建活动，持续开展创国卫和创省文工作，创国卫工作多次名列前茅；独立院落卫生工作也多次获得好评。推进精准扶贫工作，派出副科级以上党员班子成员担任金盆镇河山岩村的扶贫工作队长并长驻该村，派出优秀的中层干部为队员赴骥村镇肥源村开展扶贫工作，做实帮扶措施，成就显著。

老干部工作

【概　况】 中共新田县委老干部局成立于1984年。现有干部职工8人，其中，局长1人，副局长1人，老干局工作人员4人，关工委工作人员2人。局机关下设办公室、老干所、老干部活动中心。挂靠老干局单位有县关心下一代工作委员会办公室、县老年书画协会、县老年大学。现服务管理全县离退休（副处级以上）干部62人，其中，离休干部12人（异地安置1人），副处级以上退休干部50人。

【落实老干部政治待遇】 2016年，县老干部将落实提高老干部政治待遇作为一项重要工作对待。建立县委常委会议组成人员联系离退休干部制度；县委、县政府每年安排一定数量经费，组织离退休干部就近参观考察；每年为每位离退休干部安排750元资金进行身体健康大检查，从2016年开始提高到1500元；及时与人社、医保等部门衔接，解决部分新中国成立初期参加革命工作的离退休干部医疗补助费未到位问题。

【足额发放离休干部离休费】 2016年，县老干部局积极协调解决离休干部离休费按时发放问题，均按《离休费保障机制》和《财政支持机制》的要求，全部由银行按月足额打卡发放，不拖欠老干部一分钱。

【保障老干部各项政策性待遇】 2016年，县老干部局落实老干部各项政策性待遇，对老干部交通费、高龄护理费、病残护理费、健康休养费，每年补发1个—2个月基本离休费。对改制破产企业、自收自支事业单位老干部津补贴，每个季度最后一个月20日按标准准时由老干部局发放到老干部手中。

【保障老干部无固定收入遗孀和家属的生活补助】 2016年，县老干局打破发放方式，改过去由所在单位发放归口由老干部局统一发放，将无固定收入离休干部配偶、遗孀的生活补助经费在每年年初纳入县老干部局预算，老干部局每个季度最后一个月20号按时足额发放到他们手中，全年解决无固定收入离休干部配偶、遗孀生活问题26人，杜绝拖欠和上访现象。

【利用关工委平台关心下一代】 2016年，县老干部局充分利用县关工委平台，组织老干部为关心下一代工作发挥余热，做奉献。全县参与关心下一代的"五老"人员共540人，定期深入学校，为中小学生开展法治、感恩励志和革命传统教育，积极资助贫困学生与留守儿童。全年通过"五老"关心和帮助的中小学生有580余人。每年"六一"儿童节前夕，县关工委牵头，联系相关部门表彰一批"留守儿童之星"和资助一批贫困学生。近五年来，共计表彰"留守儿童之星"500名，资助贫困生600名，奖励资金15.5万元，资助资金19.8万元。

【组织老年书画协会活动】 2016年，为纪念红军长征胜利80周年，县老干部局与老年书画协会联合举办离退休干部书画展览，收到书画作品百余幅，评选出的优秀作品装裱后于9月27日—29日在行政中心展出，参观者2000人次，弘扬长征精神，促进文艺事业发展做出积极贡献。

史志工作

【概　况】 新田县党史与地方志征集编纂办公室（以下简称史志办）成立于2002年，为县委直属正科级事业单位。前身是1997年成立的新田县党史地方志编纂办公室。内设党史征研股、方志股、综合办公室。核定全额拨款事业编制6名，其中，主任1名，副主任2名，股长3名。现有工作人员7名，其中，主任1名，副主任2名，副主任科员2名，职工2名。2016年，全市2016年年鉴编纂、《红军长征在永州实录》和《不朽的传奇——红军长征在永州的故事》组稿、党史宣传3项工作因表现突出被市史志办通报表彰。市对县绩效考核史志工作项目得满分。

【党史宣传教育】 2016年，新田县史志办发挥"两故居一旧址"党史教育基地、爱国主义教育基地、廉政文化教育基地、党员教育基地、青少年教育基地的作用。县人大办、市人民银行、工商联、地税局、新田一中等各级几十个单位和学校，组织党员干部和青年学生2万余人次前往开展活动。4月14日，全国人大农业与农村委员会副主任委员、中国光大集团党委书记、董事长唐双宁等一行在县委书记唐军的陪同下，参观小源会议旧址。5月18日，珠海延安精神研究会会长耿岱（耿飚长孙）等一行8人，考察小源会议旧址、郑作民故居、蒋先云故居以及西征公园。6月3日，市委副书记、市长易佳良在县长秦山成的陪同下参观小源会议旧址。6月19日，中央电视台重大题材栏目摄制组到新田县取景拍摄《〈大会师〉——纪念红军长征胜利80周年大型纪录片》部分镜头。先后在莲花乡小源村、青云公园、人民英雄纪念牌等地拍摄革命遗址遗迹。《湖南日报》在9月9日《历史与高山同在——红二、六军团长征记》专题栏目上发表题为《首战告捷小源决策　迂回作战湘南甩敌》的文章。10月13日，副主任邓国福为全县爱国主义教育基地及文物保护单位讲解员暨红色旅游景区导游培训班的人员授课，主要以新田人民革命历史为培训内容，突出红色文化基地的细节讲解，帮助培训人员了解新田的历史事件、历史人物、历史意义以及与革命遗址相关的情况。

【党史联络】 2016年，新田县史志办、县委党史联络组发挥离退休老同志的优势和作用，抓好党史资料的征集工作。组织发动老同志撰写回忆或资政文章6篇并报市史志办宣教联络科。7月，配合县委组织部开展全县党史知识竞赛，组织编写新田党史题库。10月，调处回复李新彪要求依法撤销新田县人民法院《县农会委员长李玉珩恶霸地主反革命一案》错误判决的申诉。12月，按照中国延安精神研究会“重走长征路追寻红军光辉足迹公益活动组委会”《红军长征在湖南》编纂方案的要求，向中共湖南省委党史研究室征集研究处撰写上报《红军长征在湖南之新田篇》和《新田基本县情》。

【《中国共产党新田历史（1921—1978）（第一卷）》出版发行】 2016年5月，《中国共产党新田历史（1921—1978）（第一卷）》由中共党史出版社出版发行。全书分5编20章，前设序言，后缀附录，36万字，图片20余幅。该书全面、系统地辑录新田县开展新民主主义革命、向社会主义过渡的实现、全面建设社会主义的艰辛探索、“文化大革命”和在徘徊中前进以及开始走向伟大历史转折时期全县党组织创建与发展的历史资料。该书于2008年12月启动编写工作，2010年年底出初稿，2012年5月出评议稿，2015年11月定稿。该书的编辑出版，填补了新田县党史正本的空白，丰富党史征编研成果，为全县党员干部和群众提供一座精神宝库，为针对青少年开展的爱国主义和革命传统教育提供良好的乡土教材，发挥丰史补缺、资政育人、凝聚正能量等多重作用。

【启动新田县首部地方综合年鉴编纂工作】 2016年6月，新田县委办、县政府办下发《关于认真做好〈新田年鉴（2016）〉编撰的通知》。《新田年鉴（2016）》设17个栏目。主要记载2015年新田县自然、政治、经济、文化、社会、生态等方面的基本面貌和发展情况，为各级领导、决策者和管理者提供准确的情况，为社会各界了解、研究新田提供基本信息，为编修地方志书积累资料。

【史志资料整理】 2016年，新田县史志办为中宣部等部门拍摄红六军团长征专题纪录片，完成红军小源会议旧址长征地标建设任务；录制《瑶家坐歌堂》和《三井镇长冲村“成人礼”》2个民俗文化影像志的资料。组织人员参加“纪念红军长征胜利八十周年，‘红军长征与湖南’学术研讨会”征文活动，撰写上报论文《红六军团小源会议的历史价值及现实意义》，获湖南省委党校、行政学院2016年度理论研讨论文评比三等奖；完成红军长征在永州课题研究《红六军团首战新田县城实录》《“小源会议”的基本情况和历史意义》；撰写上报《与秦光荣书记探讨“永州之野”文化资源开发的一段经历》的感人故事；以县委办公室、县政府办公室名义印发《〈永州市志·新田县概况〉编写工作实施方案》，配合市里做好全县各级、各部门向永州新市志的供稿工作；报送《永州人物志》17篇。9月19日，在新田小源会议旧址举行全市史志系统纪念红军长征80周年、“重走长征路”活动启动仪式。在莲花中心校开展现场捐赠助学活动，捐助价值7200元的书包文具。

档案工作

【概　况】 新田县档案局成立于1984年6月30日，2002年设置新田县档案局（馆），即新田县档案局、档案馆实行局馆合一制。县档案局（馆）为县委直属正科级参照公务员管理事业单位，履行全县档案事业行政管理工作和档案收集、保管、利用等职能。内设办公室、业务指导股、法制教育股，人员编制8名。2016年4月28日，县编办下发《关于设立新田县现行文件服务中心的批复》，同意设立新田县现行文件服务中心，为档案局下属全额拨款公益一类股级事业单位，核定事业编制3名。2016年，全县档案工作坚持创新服务，围绕县委、县政府中心工作，充分发挥职能作用，不断推进新田县档案事业跨越式发展。

【完成乡镇区划调整档案整理和移交】 2016年，新田县档案局利用乡镇区划调整改革时机，组织抓好乡镇档案整理和移交工作，制定下发《关于做好乡镇区划改革中档案处置工作的通知》，对乡镇区划调整改革档案的内容与流向作出明确规定，对档案的整理、档案的移交的内容及档案的移交时限也都作出明确要求。被撤并的各乡镇的档案处置工作告一段落后，将首批档案顺利移交进县档案馆珍藏。该批移交进馆的档案包括：各乡镇2015年前的各类文书档案；各乡镇存续期间使用的党委、政府、人大、纪委、人武部等牌匾及各类公章165枚等实物档案。

【完成县区政府机构改革单位档案涉改单位档案移交】 2016年，新田县档案局对全县县直机关档案移交、机构改革档案处置等工作进行精心安排部署，加大对机构改革单位未移交档案工作的业务指导，主动组织档案业务干部到涉及机构改革部门进行指导。截至11月30日，接收县卫计委、县文广新局等10个单位的文书档案，各涉改单位公章122枚等实物档案。同时，县档案局正式将"党的群众路线"专题教育活动档案接收进馆，接收档案2000余件，确保"党的群众路线"专题活动档案纸质档案的安全完整进馆，为新田县"党的群众路线"专题活动保存完整档案记录，为今后党史研究和开展其他重大活动提供重要参考依据。

【档案规范化管理】 2016年，新田县档案局按照国家档案局8号令的要求，加强对全县乡镇和县直机关档案规范管理工作。对全县12个乡镇进行业务指导，规范乡镇村档案分类、归档范围、保管期限等，加强对各乡镇档案工作的业务指导，按照综合类、调查登记类、合同类、变更类、纠纷类五类整理全县农村土地承包经营权确权登记颁证农户84000户。对县国税局、县检察院、县纪委、县委宣传部、县经管站、园林中心等20多个单位开展业务指导。要求各机关团体、企事业单位按收集齐全、分类合理、编目科学、装订美观、利用方便等组卷要求，做好工作。为确保案卷质量，根据各单位文档人员的具体情况，有针对性的采取分别指导、集中指导和代立卷相结合的方式进行立卷归档指导。

【档案服务】 2016年，新田县档案局突出服务贴近民生，强化服务意识，更新服务观念，改进服务方式，增强档案服务的及时性、针对性和实效性，做到主动、热情、细致、周到，善于与用户沟通和联系，及时提供群众需要的档案信息。2016年，到县档案馆查阅档案的人达到1000余人次，共查阅档案1800余卷，普通群众利用档案占所有档案利用的80%以上。特别是8月县组织部对干部信息核准的问题，档案局里的档案起到关键作用，为全县改革发展和维护社会稳定解决大量问题，做出积极贡献。

【档案编研】 2016年，县档案局联合县国税局、人民法院、创卫办、创文办，依据馆藏，精心选题，开展档案资料编研，编辑《新田县国家税务局档案工作规范化管理强编研材料》《新田县人民法院创建市级文明标兵单位档案资料汇编》《新田县创建国家级卫生县城资料汇编》《新田县创建省级文明县城资料汇编》。这些资料再现各单位不同历史阶段的发展思路和工作重点，生动地反映经济社会发展取得的辉煌成就，同时也是研究各单位党史的重要文献资料。

【档案执法】 2016年，县档案局主动开展档案执法活动，按照档案法规知识及《中华人民共和国档案法》《中华人民共和国档案法实施办法》《湖南省档案管理条例》《归档文件管理》《档案保管保护工作》和《档案数字化、电子档案移交和接收办法》等内容，开展执法和业务培训活动，严格按照中央档案馆《关于在各级地方政府机构改革中加强档案管理的通知》和《归档文件整理规则》精神开展执法，对乡镇区划改革中没有完整收集、整理、移交档案的单位严明纪律，凡违反规定的，按有关法律法规追究相关领导和人员的责任。

【县级综合档案馆安全设施建设】 2016年，新田县国家综合档案馆被列为中西部地区建设项目，核准建筑面积3214平方米，投资1088万元，其中，国家投资611万元，地方配套477万元，目前到位资金311万元。新馆分设库房、机房、阅档室、查询室、整理装订室、声像档案编研室、办公室、保管室、活动室等。库房拟配备气体灭火消防系统、安全监控系统和中央空调、除湿、除尘等设施；馆内拟添置计算机、复印机、打印机及摄像机、照相机等现代化办公设备。建馆场地位于现档案馆东侧，由中标单位湖南省第五工程有限公司于2015年12月19日动工兴建。基础工程全部完成，主体工程于2016年年底完工。

【建设国家重点档案保护与开发项目储备库】 2016年，新田县档案局实施国家重点档案保护与开发项目，按照国家档案局、财政部《“十三五”时期国家重点档案保护与开发工作总体规划》，新田县的重点是在全县开展国家重点档案情况普查，建设全县民国档案案卷级、文件级目录数据库。开展国家重点档案的征集、整理、编目、数字化工作，充分发挥国家重点档案信息资源作用。目前，馆藏档案共有1个全宗属于国家重点档案，即民国档案全宗；时间从1914年—1969年共有923卷，载体为文书纸质档案和照片档案，该档案案卷级目录已全部编目，文件级目录正在编目。

【档案抢救与鉴定】 2016年，新田县档案局对馆藏重点档案进行全面清查，完善待抢救、已抢救档案信息库，其中，待抢救320卷（册），对急需抢救的已抢救574卷（册）。

政务工作

综合服务工作

【办文办会】 2016年，新田县政府办文秘室注重规范运行，提高服务水平和办事效率。在办文上，严格行文程序与制度办事，起草和严格审核各类文稿，保证文件的正确性、合法性、实用性及指导性，确保办文质量。全年以县人民政府和县人民政府办公室名义下发文件415个，其中，新政发20个、新政函151个、新政人7个，新政79个、新政办发85个、新政办函72个、新政办人1个。在办会上，坚持重大会议预安排制度，全年以县人民政府和县人民政府办公室名义召开大小会议518余次，其中，召开县政府常务会议13次，县长办公会议7次。每次会议办公室均精心组织，提供优质服务，做好会前、会中、会后的各项服务工作，保证会议顺利开展。在机要保密、印章管理上，做到从严把关、严格按程序用印，各种文件材料坚持按制度管理。全年共接收国家、省、市各类文件750余份，做到及时、准确、安全、保密。

【综合信息和经济调研】 2016年，新田县政府办综合信息和经济调研室围绕领导思考的重点、县域工作的特点、群众关注的焦点谋篇布局，发挥“智库”作用。在文稿起草过程中，坚持“符合上情、结合下情、反映新田特色、体现领导意图”的原则，以领导交办的各类文字综合任务为重点，精心构思，高站位、广角度起草文字材料，以文辅政水平和领导满意度不断提高。全年撰写和审核、把关各类材料240余篇，及时编发各类会议纪要36期，共计80余万字，圆满完成《政府工作报告》、县委经济工作会议、全省“一户培养一产业工人”工程现场会等领导讲话及汇报稿、会议纪要的文字起草工作。高质量、高效率编报信息，全年上报各类信息130余条。

【督察督办】 2016年，新田县政府督查室围绕上级的工作部署和全县的中心工作，主动开展各项督察活动，促进各项工作的落实，为全县经济建设及各项工作的顺利开展做出应有的贡献。重点对市、县两级经济工作会议和《政府工作报告》确定的目标任务进行专项督察，确保各项工作顺利推进，如全面小康建设、精准扶贫、重点项目、创国卫等工作。全年督办各类文件、会议分解任务115项，启动专项督察30次，下发督办函14次。出色地完成省委巡视组交办的10项工作中的2项（国家公职人员参与土地和房地产开发、领导干部插手工程和建设领域突出问题的整改），完成市委、市政府分配给新田县的工作目标，精心组织县委、县政府主要工作目标和任务完成情况督察考核工作，督察和调度县委、县政府目标任务实施进度，向市政府督查室上报材料4篇。参与全县中心工作的督察，在大督查办的牵头下，与县委督查室多次开展联合督察；组织开展创国卫、创省文、打“三非”、安全生产、森林防火、计划生育、精准扶贫、城镇医保、减负惠农、城市集中供水、综治民调、土地确权等各项工作的专项督察，印发《政务督察》14期。督察督办上级领导批示件、县政府领导批示件，承办市长批示件2件，市政府及其他督办事项2件，转办县政府领导批示件1200余件，确保政令畅通，提高工作效率，推动工作的落实。加强电子政务工作，承办或转办“县长信箱”99件，回复率100%。办理和督办人大代表建议、政协委员提案，督促政府系统相关单位办理人大议案3件、建议91件、政协提案136件，被评为永州市2016年代表建议、委员提案办理工作先进单位。开展县长办公会议4次、县政府常务会议议定事项落实情况的督察12次，开展乡镇、部门领导到岗到位情况督察8次和到会情况督察1次，推动县政府各项工作的有效开展。

【政务协调】 2016年，新田县政府办金融工作方面，广泛开展防范非法集资宣传教育、切实加大打击非法集资力度。探索“农地”抵押贷款“新田模式”，得到省市“两权”抵押贷款试点工作办公室的充分肯定。成立新田县上市工作领导小组及办公室，出台优惠政策，扶持和鼓励企业上市挂牌。民族工作方面，着力抓好省、市民族工作会议精神和民族政策宣传贯彻，抓好产业结构调整，推进瑶族山区农业产业化建设；争取省市有关部门对民族地区的扶持政策；弘扬和宣传民族文化，建立民族文化简介（文化墙）60米，新建文化宫，并开设双语文化课，促进民族大团结。

【值班管理】 2016年，新田县政府办值班室规范值班，确保上传下达及时高效安全。加强对值班工作的领导，每天明确一名办公室领导轮流带班，确定专人值班。实行24小时值班制，值班工作有条不紊，确保上下联络畅通，反应迅速，情况处理及时，特别是对重大突发性事件及有可能影响社会稳定的重要情况，做到及时、准确报告，未出现迟报、漏报、瞒报情况。做好信访接待工作，实行信访工作首问责任制，值班室工作人员改变工作作风，热情、耐心地做好来访群众的思想和相关解释工作，为群众排忧解难。做好应急管理工作。办公室坚持24小时应急值守，准确、及时、快速进行信息报送。坚持把日常值班和应急管理有机结合，协助政府领导及时进行应急处置，加强与有关部门和单位的联系，着力构建承上启下、联系左右、沟通内外的应急联动机制。

【自身建设】 2016年，新田县政府办建立健全规章制度，实行目标管理。落实县政府有关办事制度，层层签订《目标管理责任书》，实行制度化管理，机关办公室形成制度化、规范化；加强机关队伍建设。开展“两学一做”学习教育，开展学习型党组活动，增强班子的凝聚力和战斗力，不断提高机关干部职工的综合素质与工作能力；加强机关廉政建设，增强拒腐防变能力。经常开展对党员干部的党风、党性、党纪教育，坚持定期学习制度，把党风廉政建设学习作为党支部生活的重要内容来落实，保证党风廉政建设经常化和制度化。

【后勤接待】 2016年，新田县政府办机关后勤工作坚持围绕“管理、服务、保障”工作重点，严格执行各项规章制度，坚持精打细算、厉行节约，确保机关工作高效运转。加强公车管理。公车改革前，进一步完善公车管理制度，对公车实行定点保险、定点维修、定点停放，加油“一车一卡”，节假日定点封存。公车全部集中管理，并建立公车使用台账，详细登记出车事由、时间、地点等信息，出车必须填报派车单，且派车单随车备查。积极配合公车改革工作。公车改革工作启动后，严格按照县公车改革方案的要求及时编制公务用车制度改革实施方案和填报公车改革相关表格，及时完成公车改革车辆封存工作。从严从紧把好接待关。在日常接待中，严格执行公务接待制度和标准，规范接待行为，严格按照文件规定执行公务接待工作，规范接待范围、标准、审批程序和相关的工作流程，严格实行对口接待，定点公务接待。进一步提高财务管理水平。严格按照国库集中支付的要求，对采购支出、物品和服务采购支出等特定用途的支出项目，将发票履行相关手续报国库集中支付局审核后，由财政国库直接支付款，进一步规范财务管理工作。全面办理干部职工调入调出手续，完成干部职工工资正常调整工作，组织全体干部职工参加体检，做好党费收缴工作。党组织活动等工作常抓不懈，工作任务落实到位。

机关事务管理

【概　况】 新田县机关事务管理局成立于2007年6月，2015年10月15日更名为机关事务服务中心，是县政府办公室直属的正科级参管事业单位，内设办公室、安全保卫股、保洁股、动力股4个股室；下辖公共机构节能办公室和公车管理服务办公室2个股级事业单位。主要负责行政中心、政务中心的总务后勤、公房管理、公车管理、安全管理以及保洁会务服务等后勤服务和保障工作。

【后勤服务管理】 2016年，新田县机关事务服务中心加强后勤服务管理工作。改进服务方式，提高各项服务品质。精心做好会议服务工作。制定县委、县政府会议室使用、服务管理办法，加强对会议服务人员的业务培训和素质教育，提高会务服务质量和满意度；加大房屋及水、电、中央空调维修力度。对行政中心、政务中心的机关大院的水、电、暖设备分片包干，责任到人，定期检查，确保机关大院水电的正常运行；加强综合治理，创建和谐机关大院，强化安全管理。与大院50多个单位签订综合治理目标责任书，有效化解综治压力，形成齐抓共管、群防群治的良好局面；加强信访维稳工作。做好上访人员劝离、引导、登记、接待工作，确保机关办公场所正常办公秩序。强化消防安全管理。先后3次开展消防安全检查。邀请县消防支队在机关大院开展现场消防演习，对机关干部职工等进行消防安全培训。加强车辆管理。制定大院机动车辆出入停放管理办法，确保车辆的安全出入和有序停放。加强绿化保洁工作，营造机关优美环境。制定环境卫生管理制度及环境卫生检查考评实施细则，指定专人负责每天巡查大院和办公楼公共部位的卫生死角。制定绿化管理程序和绿化工作检查标准，指定专职绿化管理员加大巡管工作力度。与县园林绿化部门签订机关大院绿化合同，确保机关大院环境整洁优美。加强食堂管理，提高生活服务水平。加强机关食堂环境卫生、用餐质量和服务质量的监管力度，在个性化服务、品质服务上有较大改善，机关干部的满意率不断提升。

【“两巩固一创建”工作】 2016年，新田县机关事务服务中心对照“两巩固一创建”的各项工作标准和要求，把创建工作作为一项重要工作抓好抓实。一是改善办公条件，对办公室和各楼道以及行政中心、政务中心外围破损的地方进行及时维修，添置部分新的办公设备，改善办公条件。二是净化办公环境，集中时间组织15名专职保洁人员每天定时进行大扫除，利用节假日对办公楼走廊、楼道、天花板、前厅玻璃幕墙、楼顶消防水池等卫生死角、难点进行彻底清洗，为全县成功创建国家卫生城市、省级文明县城奠定坚实基础。三是美化办公场所，制定卫生值日制度，鼓励植种盆栽，营造优美优质的办公环境。四是普及卫生、健康、绿化等各方面知识，提高职工爱卫健康意识；创建无烟办公室，建立文明、健康、科学的生活方式。五是在环境保绿上，按全县创园要求，对行政中心大院外枯死树木进行及时更换和补种，优化大院花草树木结构，提升园林绿化品质，绿化率达到92%。

【会议服务】 2016年，新田县机关事务服务中心先后承办县委、县政府工作会议等会议60场次，会议数量多，规模大，规格高，接待人数达到18000多人次。面对艰巨工作任务，举全局之力，认真组织，明确工作责任，主任、副主任亲自指挥协调，圆满完成县委、县政府领导交办的任务。

【公车管理】 2016年，新田县机关事务服务中心接管全县公车，为实现全县公车管理平台公务用车的规范、科学管理，对全县公车管理平台的经费使用、车辆管理、派遣程序、运行机制等进行严格规范管理，全县公务用车有章可循、有法可依，公共管理制度化、规范化，确保公务用车行车安全目标。

【公共机构节能宣传】 2016年，新田县机关事务服务中心充分发挥政府机关节能降耗示范和导向作用，组织开展公共机构节能宣传周“节能有我，绿色共享”宣传活动。完成人均节电量、节水量分别达到3%，单位建筑面积能耗下降3%的目标，公务用车车均费用下降10%以上。

政务公开与服务、电子政务

【概　况】 新田县人民政府政务服务中心（以下简称中心）成立于2005年8月，是县委、县政府为推进行政审批制度改革，改善经济发展环境，建设服务型政府而设立的县政府直属行政审批综合服务管理部门，是县政府下属正科级事业单位，依据县政府的授权，负责对纳入中心办理的所有行政审批，办证、收费项目实行监督管理，督促各单位高效、规范的办理服务对象的申请事项。中心与县人民政府政务公开领导小组办公室合署办公，负责全面组织、协调全县政务公开工作，推进、指导《政府信息公开条例》的贯彻施行，负责本行政机关的政府信息公开的日常工作。中心以全面深化政务公开，建设服务型政府，打造阳光政务为目标，以“便民、高效、廉洁、规范”为宗旨，是一个集信息发布与咨询、审批与收费、管理与协调、投诉与监督为一体的综合服务型管理机构。内设办公室、业务协调股、督查督办股、电子政务办公室、财会室、网格联动处置中心，与县人民政府政务公开领导小组办公室实行“两块牌子、一套人马”，合署办公。中心核定编制5人，实有编制内人员4人。中心下设重点建设项目和招商引资企业服务站，核定编制10人，实有编制9人。中心下设电子政务办公室，核定编制5人，实有编制3人。

【建设全县政务服务平台】 2016年，新田县加强基层政务服务平台建设，制定出台《新田县政务服务平台建设工作推进方案》，明确“全县统一布局，三级建设，一网管理”的建设管理模式，将所需工作经费纳入财政预算，全力保障政务服务平台建设顺利推进。投入建设资金6000余万元，建成全省最大的县级政务服务中心，面积达1.36万平方米，并配套停车场、市民广场、餐厅、自助网上办事服务区、免费上网区、市民休息健身活动区等，实现服务人性化、最优化。实现全县12个乡镇、6个社区、230个村便民服务中心（站）全覆盖，乡镇便民服务中心面积均达200平方米以上，村（社区）便民服务站面积均达80平方米以上。配备电脑720台、高拍仪500台、打印复印一体机720台，全面实现4G光纤网络进村到户，聘请村（社区）级便民服务员530名。利用现代信息技术，以网上行政审批系统为核心，借助云计算、大数据等信息技术，整合各级、各部门信息服务平台，向上连接省、市电子政务内外网，向下连接县直各部门、乡（镇）、村（社区）便民中心，建成全天候在线的政务服务互联网平台，做到服务范围“零盲区”，服务办理“零距离”，初步构建县、乡镇、村（社区）三级分工清晰、联合互动的“互联网+政务服务”体系，有效打通服务群众的“最后一公里”。先后两年被永州市人民政府评为全市政务服务、政务公开工作先进单位。

【提升政务服务水平】 2016年，新田县深化行政审批制度改革，清理行政审批事项351项。按照“应进必进”原则，县政务中心进驻县级部门60个，设置前台窗口86个、后台窗口65个，派驻窗口工作人员182名，办公人员127名，成为全市入驻单位和入驻事项最多的政务服务中心。编制完成《新田县乡镇、村（社区）进驻便民服务中心事项目录》，确定进驻乡镇、村（社区）便民服务中心事项153项，所有服务事项全部上墙公示。编制完成《新田县乡镇、村（社区）进驻便民服务中心事项业务指导规范》，将所有事项全部录入网上审批和监察系统，开通互联网办理，全部线上运行，同时为各乡镇配备证件资料收发便民服务快车，真正实现“让信息多跑路、让群众少跑腿”，“群众办事不出村”。2016年，全县通过政务服务平台累计办理服务事项32万件，办件数量同比增加160%，平均办结时间同比缩减40%，节约政府财政支出1500万元，为群众节约办事成本3000万元。

【规范政务管理】 2016年，新田县坚持建管并重，把制度建设和规范管理放在同等重要位置，确保政务服务公开、公平、公正、高效运行。建立健全“互联网+政务服务”管理体系和标准体系，制定出台《新田县政务服务平台管理办法（试行）》等7项制度规定，明确监督考核机制及管理职责，确保政务服务平台建设管理有规可依、有章可循。建立电子作风监察系统，通过分布在各个便民服务大厅的300多个摄像头，全天候记录每个便民服务窗口工作人员办事情况。通过政务服务平台中的“预警监控”系统，根据事项分类和规定的办结时限，对即将到期事项进行黄牌警告，超期办理的予以红牌警告，并发出短信进行催办，逾期不办造成影响的予以问责处理。启动网上预警告知短信平台以来，共预警提醒27次，有效提高窗口办事效率。群众还随时随地可以通过微信、网站、查询终端查询办理进度，实现申办人和办理人员“零接触”，给“索、拿、卡”设置“防火墙”，真正把权力关进制度的笼子。制定考核评分系统，对窗口工作人员从考勤、服务、办事、收费、卫生、满意度等19个方面进行全面考核，每月排名奖惩情况与政务服务工作人员收入挂钩，得分情况纳入各便民服务中心年终绩效考核。通过考核激励，新田县政务服务满意率不断提高。2016年，第三方电话回访随机抽查满意率97%，现场评价满意率99.6%。

优化经济发展环境

【概　况】 新田县经济发展领域不正之风整治工作领导小组及其办公室成立于2002年，后更名为县优化经济环境领导小组及其办公室。2004年5月11日，成立县机关效能建设领导小组，与优化经济环境领导小组合并，实行“两个机构、一套班子”。2009年3月16日，印发《关于设立新田县人民政府行政效能投诉中心的通知》，明确新田县人民政府行政效能投诉中心为副科级全额拨款事业单位。2016年5月25日，新田县人民政府办公室印发《新田县人民政府行政效能投诉中心主要职责内设机构和人员编制规定》，明确县优化办、县作风办职责职能整合至县人民政府行政效能投诉中心，核定全额拨款事业编制15名，其中，主任1名，副主任3名，内设1个综合办公室。主要职责是指导、监督全县作风建设规定，优化经济环境和机关效能建设制度、规定的落实。对违反作风建设规定、损坏经济发展环境和影响机关效能建设的行为进行调查核实，并提出处理建议；受理、调查和处理全县范围内作风建设、发展环境及行政效能方面的投诉。负责受理对政府职能部门和公共服务事业单位的投诉，监督机构的再监督、再投诉。制定有关作风效能、发展环境和行政投诉方面的规章制度；负责对全县作风建设、优化经济环境和机关效能建设工作的考核评价。

【行政审批制度改革】 2016年，新田县对行政审批项目实行动态管理，定期对全县行政审批项目进行全面清理。实施审批提速“两个1/3”工程，即：各部门各项审批事项的承诺办结期限在《中华人民共和国行政许可法》规定的时限内，缩短1/3后，再缩短1/3。组织抓好权力清单、负面清单、责任清单的清理、公布、实施工作，各级、各部门要严格按照“三单”履职，确保取消、下放的行政审批事项落实到位，取消审批事项40项。强化网上政务和电子监察系统工作。非涉密项目全部在省市网上政务服务和电子监察系统办理，实现与省市网上政务服务和电子监察系统数据对接，全县累计网上办事18.7万余件。未因行政过错在电子监察系统产生过红牌和黄牌。实施并联审批，由“三证合一”发展到“五证合一”，在“三证合一”基础上加入社会保险登记证和统计登记证。2016年9月30日，“五证合一”在新田县正式落地实施，实现更大范围、更深层次的信息共享和业务协同，激发社会创造活力，促进扩大就业。全年办理企业执照324件，其中，1月—9月办理“三证合一”的企业执照249件，10月—12月办理“五证合一”企业执照75件。

【项目环境专项整治】 2016年，新田县开展“三强”行为（强行阻工、强装强卸、强揽工程）专项整治，重点打击“三强”挑头闹事人员、村霸、街霸和社会“黑恶势力”，为企业生产、项目建设保驾护航。进一步强化公安机关整治企业、项目周边环境的工作责任，充分发挥公安机关“经济环境110”的作用，建立健全公安机关打击影响企业生产环境、项目施工环境行为的快速反应和处置机制。建立“警企地”治安联防机制，不断拓宽联防领域，完善联防措施，强化协作配合。全年刑拘“三强”犯罪嫌疑人37人，行政拘留“三强”违法人员48人。开展招投标突出问题专项整治，查处典型案例2件。针对建设工程承包方中标后转包、分包和资质挂靠等行为难以监控，以及相关监管部门与工作人员不作为、乱作为的问题，引进Web（人脸识别）考勤管理系统，对建设工程施工作业现场关键岗位人员的在岗情况进行实时监督，解决标后转包、分包、资质挂靠的问题。

【落实制度为企业减负】 2016年，新田县严格落实检查、收费、处罚制度，减轻企业负担。严格执行《永州市规范对企业和重点项目检查行为的若干规定》和《新田县规范对企业和重点项目检查行为的若干规定》，实行入企检查年度计划制和检查备案制，严格控制检查频次，规范检查行为。全年，县本级办理涉企检查备案126次，没有收到执法部门违反规定开展检查的投诉。对涉及工业集中区企业的地方行政事业性收费全免（省、市核定的行政事业性收费除外），服务性收费按最低标准的40%收取。工业集中区企业使用自来水公司供水的，水费按优惠价格收取；工业集中区企业的电费按物价部门核定同类电价最低标准收取。涉及工业集中区企业的县级经营性收费以年为单位统一公开标准，一年内不得上浮；若遇大的政策性调整，由县政府协调解决。在全市率先实现国地税联合办税，全面落实减税降费政策，最大限度降低企业税负和用工成本。实行首违整改制和过境车辆不处罚制度；实行行政处罚备案制，对责令停产、停业、吊销许可证（执照）以及 0.5 万元以上罚款等行政处罚，应当依法执行听证程序，并在行政处罚决定书下达后 5 个工作日内抄报县优化办备案，目前已收到行政单位备案通知 6 份。

【落实产业园区优惠政策】 2016 年，新田县继续完善园区会审制度，建立县工业集中区工作协调服务、园区审批联席会议等制度，加强园区协调服务功能，提高办事效率，有效促进招商引资和项目落地。对外实行封闭管理。严格控制对产业园区及企业的各类执法、检查行为。除计划确定的检查和特殊情况外，平时不得随意到园区对企业进行执法、检查。严格落实《全市政法机关优化发展环境“十必须”“十不准”》，规范涉企司法强制措施，未经严格法定程序，不得对企业采取查封、扣押、冻结等强制措施。对县重大项目及其负责人、管理人员采取司法强制措施时实行备案告知制度，重大项目具体范围由市优化办界定。开展“项目建设年”和“工业企业服务年”活动，继续按照“一名县领导、一个县直单位、一名特派员”的模式，对有关重点项目及重点工业企业开展对口帮扶服务，及时帮助企业排忧解难。对工业集中区内企业实行挂牌服务，服务效果由企业主评议，评议结果与个人奖励工资、年终评先评优挂钩。帮助企业解决生产、生活中的难题。对重点企业授挂“温馨提示牌”，集中区内骨干企业由公安派出所和县优化办列为“重点企业保护单位”，并挂牌保护。

【电话回访服务企业】 2016 年，新田县对全县重点企业、重点项目、个体工商户、两园区代表等近 600 人进行电话回访服务，满意率 98%。同时收集到企业反馈意见、建议 189 条。

【优化环境监督】 2016 年，新田县采取全面督察与重点抽查、明察与暗访相结合的形式，对上班工作纪律、节假日值班、会风会纪、公车管理、受理监督卡使用等情况进行常态化监督检查，并根据检查情况及时编发工作通报。2016 年以来，共编发优化经济环境工作通报 12 期，作风效能建设工作通报 16 期。整合优化办、作风办、效能投诉中心，全天候受理群众投诉。对受理的投诉分别采取自办、交办、督办、三方通话等形式办理，做到件件有落实、个个有回音。2016 年以来，全县共接到各类投诉 112 件，办结 112 件。开展“满意不满意”单位测评，2016 年 12 月 9 日，组织企业代表、党员群众、“两代表一委员”和服务对象等人员对 12 个乡镇、102 个县直单位、43 个二级机构、96 个股室进行“满意不满意”测评，对排倒数的 3 个股室负责人予以免职并调离岗位处理。

【效能问责】 2016 年，新田县以“一号文件”下发《印发〈关于坚持从严治党强化巡查监督着力提升工作实效的实施办法〉的通知》，强化执行力建设。对损害经济发展环境和违反作风建设规定的，一律按“监督执纪四种形态”和《新田县机关作风效能建设问责暂行办法》以及其他有关规定处理到位。全县查处损害经济发展环境典型案件 30 余件，问责 271 人次，其中，免职 1 人，年终考核不合格 2 人，辞退 4 人。借力巡视“东风”，开展“乱收费、乱罚款”问题专项清理，通过清理，发现“乱收费、乱罚款”问题 119 个，涉及“乱收费、乱罚款”金额 918.7 万元，全部按要求清退给服务对象或上缴县财政。因“乱收费、乱罚款”问题被问责 44 人（其中，受到党纪处分 3 人，政纪处分 9 人，组织处理 32 人）。

信访维稳

【概　况】 新田县信访局于 2002 年 5 月由县信

访工作办公室改设，是县委、县人民政府主管全县信访工作的部门管理机构，隶属县委办系统。现有编制13名，其中，行政编7名，工勤编1名，事业编5名。内设办公室、调度室、接访办信室、督查追责室、复查复核室、财务室6个股室，下属股级事业单位1个，即新田县信访救助服务中心。主要职责是负责处理人民群众来信，接待人民群众来访，做好县委、县政府领导接待上访群众的组织服务工作；承办上级交办的信访事项，督促检查领导批示件的落实情况；向乡镇和县直部门交办信访事项，督促检查交办事项的处理落实情况；协同有关部门处理跨乡镇、跨部门的重大信访问题及群众进京、赴省、到市上访和异常、突发性信访事项；综合反映社情民意，开展调查研究，提供信访信息；指导全县信访业务，掌握全县信访工作动态等。2016年，县信访局（信访接待中心）接待受理群众来信、来访、网上投诉反映的信访事项1361批（件）、4230人（次）。全县无到市、赴省、进京集访。办理上级交转办信访件148件，其中，中央交转办件25件（国家信访局24件、中央直属部门1件），省交转办件53件（省信访局41件、省委书记省长信箱11件、省直属部门1件），市交转办件70件（市信访局21件、市长信箱48件、市直部门1件）。全国、省、市“两会”“党代会”等特防期均实现进京非访“零登记”。

【改革创新信访制度】 2016年，新田县信访局改革完善信访制度，规范全县依法逐级走访行为，执行《信访事项简易办理办法》。针对诉求简单明了的信访事项，通过简化程序、缩短时限，更加方便快捷地受理和办理，促进信访问题及时就地解决。采用多种形式和载体宣传《关于进一步规范信访事项受理办理程序引导信访人依法逐级走访的办法》，建立相关配套制度与措施，引导信访人通过合理合法的途径表达诉求。根据《湖南省信访事项复查复核办法》，成立信访事项复查复核委员会，引导信访人走三级终结程序。全年，申请复查信访事项30件，受理9件并全部作出答复意见，3件申请市信访复核并结案。

【推行网上信访】 2016年，新田县信访局创建便捷高效信访聚道，推行网上信访工作。除在政府网上开设书记、县长信箱和“12345”公共服务热线外，还探索、创新模式，将群众信访诉求纳入“智慧新田·社会治理创新云平台”办理，将全县12个乡镇和28个县直重点单位与湖南省网上信访信息系统联通，新田县网上投诉平台投入运行，把网上信访逐步打造成群众信访的主渠道。通过城区和乡村网格员社会治理通、公众随手拍、微信等上报渠道受理城市管理、社会治安、公共服务等方面的事件诉求，对办理情况及时统计分析通报，群众足不出户就能反映问题，反映的问题能得到及时回应与解决，减少群众的信访成本，提高政府工作效能。全年录入信访信息系统617件，其中网信276件，网信占比率超过45%，及时受理率、按期办结率、群众满意率、参评率也基本达标，较好的完成网信工作任务。

【化解信访积案】 2016年，新田县严格按照积案化解工作方案进行考核调度督察并兑现奖惩，积案化解、稳控效果明显。县信访联席办排查、梳理61件信访积案纳入“千案攻坚”专项行动，其中，要求化解的24件，要求稳控37件。综合考虑积案诉求、属地、领导分管工作及联系乡镇等因素，分别交由县级领导包案处理，确保领导人人有包案、案案有领导承办。年末，所有交办信访积案做到进京非访零登记，其中24件需化解的积案化解办结9件、签订息访息诉协议书6件，剩余积案全部拿出处理意见。同时，对省市交办的信访积案10件，全部按时办结，并录入信访信息系统。

【信访督察问责】 2016年，新田县信访联席办、维稳办联合县委大督查室对信访工作进行集中督察督办。实行一周一调度、半月一督察、一月一通报。并严格落实责任。通过强化考核，推进目标责任落实，实行双向追责。全年下发《信访工作督查》12期，加大各类信访突出问题解决力度，促进信访重点工作和业务工作的开展，防止出现赴省进京非访、集访或因工作不到位造成不良影响。

社会团体

新田县总工会

【概　况】 新田县总工会成立于1926年，是中国共产党领导的职工自愿结合的工人阶级群众性组织，是党联系职工群众的桥梁和纽带，是国家政权的重要社会支柱，是会员与职工利益的代表。内设综合办公室和劳动保护监督室，所属事业单位有县工人俱乐部和县困难职工帮扶中心。现有专兼职干部职工10名，其中，高配主席1名，机关4名，下辖工人俱乐部1名，困难职工帮扶中心4名。下辖基层工会组织399个，拥有工会会员29997人。2016年，新田县总工会被市总工会授予“五星级”工会称号。

【基层组织建设】 2016年，新田县总工会本着“发展为先，职工为本，基层为重，创新为魂”的工作理念抓好组织建设，探索出一些新的组建模式。一是整合资源合力建会。充分发挥社区工会最贴近企业职工、最熟悉企业情况、最了解社保政策的优势，依托县城六大社区工会，大胆探索民营企业、个体工商户、集贸市场等新经济组织建会的途径和方法，动员县个私协会所属16个行业分会共同参与工会组建工作，有效地推动城区工会组织建设。全县建立基层工会208个，其中，党政机关87个，事业单位79个，国有企业25个，民营企业17个。二是创建社区示范工会。在县城6个社区开展示范工会创建活动，实现组建工作规范、机构设置健全、作用发挥到位的目标，为促进全县工会工作的开展，发挥示范带动作用。三是做好广东流动工会服务。根据全县5万多名劳动力在广州花都区务工经商的实际，在广州花都区建立流动工会联合会，并在广东其他地区建立基层流动工会。一方面对新田籍广东务工人员开展电工、焊工、计算机等技能操作培训，增强就业竞争能力；另一方面维护职工合法权益，帮助新田籍务工人员解决劳资等各类纠纷180多起，赢得新田籍务工人员的普遍赞誉，扩大工会影响力，流动工会成为发挥作用的“大舞台”，被广州市政府授予“十大社会管理创新”荣誉称号。

【工会服务工作】 2016年，新日县总工会以“与时俱进、敢于担当”的精气神，解放思想，开拓创新，求真务实，多措并举做好工会服务工作，开展系列服务活动。1月12日，组织相关单位基层工会共同参与全县“春风行动”大型招聘活动周，现场发放资料1200余份，法律咨询100余人次，吸引外出务工人员在家就业创业，有效缓解120多家企业的“开春”用工难的问题。4月19日在方达工业园内，由宣传部牵头，总工会、人社局、安监局、疾控中心等部门联合开展职业病防治宣传教育活动，现场发放资料2000余份，把宣传做到广大职工的工作场地，受到广大职工的一致好评。6月15日，对全县基层工会干部进行禁毒知识的培训。11月28日，对全县机关企事业单位、园区企业、餐饮行业、歌厅等普及开展禁毒活动宣传，发放各类禁毒宣传资料4000余份。12月4日宪法日，在全县机关企事业单位、园区企业、人流集中区域开展普法知识宣传，发放各类禁毒宣传资料3000余份。组织全县非公企业开展劳动竞赛、技术创新、岗位练兵、技术比武等一系列活动。吉星家居创建劳模工作室，评选一批吉星工匠，成品销售区设立“芙蓉标兵岗”，引导职工立足本职，根植一线，诚实劳动。2016年，全县有7人次在省、市职工技能大赛中取得好成绩。组织开展女职工“芙蓉杯”竞赛，动员广大女职工争创“芙蓉标兵岗”和“芙蓉百岗明星”。

【开展“一户培养一名产业工人”工程】 2016年，根据县委、县政府的统一安排部署，新田县总工会牵头负责主抓全县城乡困难家庭“一户培养一名产业工人”工程。县总工会在充分学习外地经验的基础上，结合新田实际，在全省工会系统率先探索建起“互联网+新田智慧工会”就业服务新平台。整合发布县工业园、县扶贫办、县人社局等部门用工信息8500余条，其中，本地用工信息4800余条，外地用工信息3700余条，包含木工、加工、质检、营销、行政、文秘、农业养殖等上百个工种；发布不同学历层次的求职信息4600余条，涵盖会计、司机、保姆、收银、幼师、维修、家政等几十种不同求职意向。为4500余人解决就业问题，实现城乡困难家庭脱贫解困2700人，城市困难职工解困脱困300人。平台拥有1.3万名用户、9.3万人次关注量。平台注重与扶贫帮困工作相对接，对急需帮扶的困难职工详细摸底并录入数据库实行微机管理，利用手机微信，使“智慧工会”形成“天上有云、中间有网、地上有格、掌上有端”的服务网络，让城乡居民足不出户就可以了解全县就业政策、信息，学习致富技术，实现就业。

2016年12月，全省城乡困难家庭“一户培养一名产业工人”工程工作现场经验交流会在新田召开，中共湖南省委常委、宣传部部长、副省长蔡振红，省人大常委会副主任、省总工会主席刘莲玉，省人力资源和社会保障厅厅长、党组书记贺安杰，省扶贫办党组书记、主任黎仁寅，省总工会党组书记、副主席徐文龙等省有关领导和负责人员出席会议。会议得到与会省市领导和参会代表的普遍好评，省人大常委会副主任、省总工会主席刘莲玉高度评价说：“在新田召开的全省城乡困难家庭‘一户培养一名产业工人’工程工作现场经验交流会准备充分，耳目一新，很有特色，是全省召开的最成功的一次经验交流现场会。”

【为困难就业职工维权解难】 2016年，新田县总工会把“民生为本”作为工作理念，以保障和改善困难职工生活困难为重点，全力打造工会扶贫帮困、送温暖、金秋助学等民生工作亮点，尽力为民解难题、办实事。将“两个普遍”与基层组织建设、“中国梦”主题活动等工作一并推进和落实，不断深化“共同约定行动”。在全县企业推行工资集体协商制度，扩大覆盖面，增强实效性，全县形成以区域性、行业性协商为主导的工资集体协商工作良好发展态势，签订工资集体协议205份，占应签企业总数的95.8%。其中，签订区域性工资集体协议3份，覆盖企业55家；签订行业性工资集体合同10份，覆盖企业130家；50人以上的企业和重点企业，全部进行单独签订与补充签订，签订31份；采用建立行业工会联合会、召开企业座谈会、上门督促、致函邀约等多种方式，在新田县世界500强单独法人企业推行工资集体协商制度。积极开展生活救助。全年救助困难群众220余人次，救助金额30万元，其中，大病救助6人次，金秋助学10人。开展城镇职工医疗互助互济。全年有163个单位（其中，教育部门46个，乡镇府机关13个，机关事业单位104个）、6810名职工参加医疗互助互济，其中，男职工4155名，女职工2655名，缴纳互助金503250元，有效地减轻职工的医疗负担，普惠职工。

【中心工作】 2016年，新田县总工会把工作放在全县工作大局中去思考、作谋划、抓落实，做好精准扶贫工作。县总工会干部职工深入小桥岭村挂点扶贫，做好贫困户基本情况摸底，按要求为困难户建档立卡保存档案，积极帮助困难户筹谋脱贫解困的发展思路，工会干部职工全部与贫困户结对帮扶，结对17户。努力为小桥岭村争取政府扶持项目，全年为小桥岭村投入扶贫资金5万多元。还将每月17日作为“扶贫活动日”和“党员活动日”，“七一”期间在小桥岭村开展“两学一做”、扶贫帮困活动，得到广大干部群众的一致好评。参加创建国家级卫生城市活动，组织20名“县芙蓉志愿服务队”加入到全县26支志愿服务队行列，把创卫宣传工作做到扶贫村，小桥岭村面貌得到大改观。

共青团新田县委

【概　况】 中国共产主义青年团新田县委员会（以下简称团县委）为新田县群众团体组织。现有行政编制4名，其中，书记1名（正科级），副书记1名（副科级），内设1个综合办公室。

【青少年思想建设】 2016年，新田县团县委在全县各级团组织中深入开展“手抄党章、团章”活动，通过“新田青年”微信公众号展示评比，全县约有400名团员青年参加活动，学习习近平总书记系列重要讲话精神，引导各中小学开展“学党史、知党情、跟党走”主题教育活动28场次。“五四”期间，开展社会主义核心价值观校园宣讲活动——“创建国家卫生县城争做文明好少年”主题宣讲23场次。“六一”期间，在全县各小学举办“红领巾相约中国梦”主题队会15场次。9月底，组织优秀少先队员代表100余人参加“缅怀英烈丰功伟绩，共创新田美好未来”向烈士敬献花篮仪式。运用“互联网+”力量，探索应用“青年之声”“1+100”等方式，建立团员青年“网上之家”，为青年提供交流、交友、社会参与的平台，深化“青少年网络文明行动”。全年表彰共青团先进工作单位10家、少先队先进工作单位8家、优秀共青团干部15名、优秀共青团员25名、优秀少先队员28名。注重选树各类青少年推选上报市优秀团员2名、最美基层团干1名、青年创业之星2名、“向上向善湖南好青年”1名、青年创业之星1名，引导广大青少年见贤思齐、崇德向善。

【开展创新创业服务】 2016年，新田县团县委联合县人社局举办“新田创翼”青年创新创业大赛，全县50余名青年报名参赛，选评出一、二、三等奖，分别奖励5000元、3000元和2000元，并为4个符合条件的创业项目提供贴息创业贷款近50万元。启动实施青春建功新农村和青年创业就业培训行动，举办青年创业培训2次，参训人员200余人；创建青年就业创业见习基地4个，广泛开展青年创业就业帮扶工作；鼓励青年返乡创业就业，发展农村青年致富带头人规模养殖场3家；开展“团银合作”，为青年创业搭建金融服务平台，全年为25名创业青年提供贷款200余万元。

【创建“青”字号服务品牌】 2016年，新田县团县委成功创建省级青年文明号1个，市级青年文明号2个；省级示范性“青年之家”综合服务平台2个，市级示范性“青年之家”综合服务平台6个，县级“青年之家”综合服务平台8个；新建雷锋号青年志愿者工作站6家，推动青年文明号单位结对帮扶困难青少年80余名。组织开展系列志愿者行动，全年开展大小活动40余次，服务青少年2万余人次。

【实施“希望工程”】 2016年，新田县团县委以团省委驻新田挂点扶贫为契机，争取亲情屋6个，捐助金额18万余元；“宝贝很牛”希望工程快乐电影院点1个，捐助金额10万元；“希望工程”图书室1个，捐赠1万元图书。持续开展“一元捐”，每年发放助学金5.9万元。大力开展“微益中国”“希望工程　圆梦行动”等助学活动。积极争取“交通频道爱心1+1”助学金25万元、“米靓助学基金”10.4万元、“芙蓉学子”助学金8万元、“国酒茅台”助学金4万元、“华融湘江学子”3.6万元等资助项目，助力贫困青少年完成学业。全年募集资金158.36万元，资助贫困大中小学生272名。

【青少年维权工作】 2016年，新田县团县委联合县关工委、公安、检察、法院、司法等单位组建青少年法治教育宣讲团，深入全县各中小学校开展“学法守法用法建设美好祖国”法治宣传教育活动，全年举办各类青少年法治教育报告会15场次，受教育青少年达1万余人次。组织各级团组织以班会、讲座、板报、宣讲等活动形式，开展普法宣传教育40余次。以4月法治宣传月为契机，组织青年志愿者到街头、进社区、走企业、去农村开展《中华人民共和国宪法》《中华人民共和国未成年人保护法》《中华人民共和国禁毒法》宣传，全面提升青少年学法、知法、守法、护法意识。以“关爱成长、自我保护”为主题，开展“情暖高墙·关爱孩子”、禁毒宣传“蓝结行动”、“文明交通·从我做起”等系列活动，增强青少年自我保护和安全意识。

【开展志愿服务助力精准扶贫】 2016年，新田县团县委充分发挥共青团组织化动员和社会化动员优势，组织动员广大团员青年投身脱贫攻坚战，成立“青春扶贫”新田县志愿者服务队，组织志愿者200余人，全年到13个贫困村开展扶贫帮困志愿服务活动。8月19日，联合相关部门举办“爱心成就梦想”大学新生助学奖励大会，整合资金28万元，资助贫困大学新生43名。11月4日，组织开展“青春扶贫·圆梦行动”助学金发放仪式，发放贫困助学金6.2万元，资助贫困学生87名。做好用好农村青年致富带头人协会，打造“青年创业致富”示范基地2个，整合社会资源，发动爱心企业为团县委驻点扶贫村邬下村捐款9.7万元，团县委驻村帮扶工作队员获全县优秀工作队员称号。

新田县妇女联合会

【概　况】 新田县妇女联合会最早成立于1926年，原名“新田县女界联合会”，1949年11月，成立新田县民主妇女联合委员会。1957年12月，新田县民主妇女联合会更名为新田县妇女联合会（以下简称县妇联）。县妇联内设办公室、维权部，现有工作人员4人，全县现有乡镇妇联12个，县直机关、企事业妇委会68个，基层妇代会214个。2016年，县妇联按照“党政所急、妇女所需、妇联所能”的工作定位，坚持一手抓发展、一手抓维权，不断深化“双学双比”“巾帼建功”“五好文明家庭”三大主题活动，实施女性素质、科技致富、家庭文明、依法维权四大工程，努力夯实工作基础，创新工作方式和工作机制，使妇女事业与妇女工作实现新的跨越。被省妇联评为“湖南省妇联系统宣传工作集体”，被市妇联授予“维权工作贡献奖”及“永州市女性安康保险工作先进集体”称号，被县支持返乡农民工就业创业工作领导小组评为县返乡农民工就业创业服务工作先进单位，在全市妇联系统年度考核中被评定为一等奖，获永州市“三八红旗集体”称号，被评为全县普法治理先进单位。

【妇女创业就业】 2016年，新田县妇女联合会整合资源，依托“妇女之家”，在骥村镇乌下村举办“扶贫巾帼行·致富奔小康”新田县妇女手工编织饰品创意培训，培训妇女近100人，为农村贫困妇女提供一技之长。加大对妇女创业资金的扶持力度，会同县人社局、县财政局等部门做好小额贷款工作，为229名妇女提供小额担保贷款资金2162万元，设立农村电子商务巾帼创业示范点2个，助推新田县巧硒妇坛子菜大赛获奖产品线上销售，引领和带动全县妇女干事创业。协助人社部门开展“春风行动”，免费发放“春风卡”及《中华人民共和国劳动合同法》《中华人民共和国就业促进法》《中华人民共和国妇女权益保障法》和《外出务工指南》等宣传资料2000余份，为女性提供就业岗位120个，为农村妇女富余劳动力、城镇失业妇女就业提供机会和平台。

【维护妇女儿童权益】 2016年，新田县妇女联合会加强与综治、公安、司法、民政等部门的沟通协调，通过借机、借势、借力维护妇女儿童的合法权益。开展维权普法宣传，利用集市、街头发放法律宣传资料1万余份，邀请司法人员到各乡镇、各社区开展维权普法宣传讲座8期，提高妇女的法治观念和依法维权能力。接待来信、来访，给予法律援助，接待来信、来访116件次，积极为来访者出主意、想办法、跑部门，倡导依法维权。

【妇联阵地建设】 2016年，新田县妇女联合会联合县委组织部下发《关于坚持党建带妇建全面推进服务型基层妇联组织建设的意见》和《新田县基层妇联组织改革工作实施方案》，全面推动服务型基层妇联组织建设。年末，完成各乡镇妇联换届，选优配强班子队伍，为每个乡镇妇联每年安排工作经费2万元。

【爱心帮扶】 2016年，新田县妇女联合会推进农村适龄妇女“两癌”免费筛查。为全县5126名农村妇女开展免费“两癌”检查，为28名贫困妇女争取到28万元“两癌”救助金（中央专项彩票公益金项目），减轻贫困家庭经济重担。开展女性团体安康保险，提高全县妇女健康保障水平。全县参保妇女3000名，享受保险9人，获得赔付款18万元。联合关工委、教育局开展表彰助学，表彰农村留守儿童之星100名，资助家庭贫困学生150名，资助6万元。年底，为农村贫困家庭婴幼儿发放价值近万元的爱心捐赠奶粉，走访慰问农村孤儿和残障儿童10名。多方筹集近1万元资金走访慰问农村贫困母亲和离任妇代会主任，为其送去党委、政府的关爱与温暖。

新田县科学技术协会

【概　况】 1961年6月，新田县、桂阳县分建，成立新田县科学技术协会，与新田县学技术委员会合署办公，实行“两块牌子、一套人马”，配有2名行政专干。1962年6月，成立新田县人民教育委员会文教科，县科学技术协会合并到这一机构。1978年12月5日，成立新田县科学技术委员会，恢复新田县科学技术协会（以下简称县科协）。县科协一经成立，就被明确为中共新田县委领导下的科学技术群众团体，是县委动员全县广大科技工作者和人民群众进行技术革命、文化革命的工具与助手。负责团结全县科技工作者，指导各乡镇科协工作，管理县级学会、协会、研究会，组织开展学术活动和科普工作。2002年5月31日，设置新田县科学技术协会，为县直群众团体组织，与县科技局合署办公。县科协现有行政编制3人，事业编制2人。

【科普知识宣传服务群众】 2016年，新田县科协联合县科技局组织60多名科普志愿者、科技人员开展“科技活动周”活动，发放宣传资料80余种、2万余份，接受咨询200余人次，义诊500多人次，科普宣传受益群众达2万余人。举办“全国科普日”活动，配合中山社区抓好科普活动阵地建设，多方筹集资金为社区购置电视机、DVD、购置各类书刊、杂志等300余册科教必需用品，充实社区阅览室、社区居民活动中心，新建10米长的社区科普画廊，为普及居民科普知识提供有利条件，促进科普工作开展。配合社区结合交通安全进社区、法律服务进社区等活动，以及健康教育、计生、消防、禁毒、殡葬、暑期教育等内容，组织科普培训、咨询、讲座、文艺演出、宣传等活动16场次，发放各类科普宣传材料5000多份，接受咨询服务的群众达1500多人次。

【承办中国流动科技馆湖南巡展新田站活动】 2016年，新田县科协联合县教育局、思源学校于2016年12月至2017年元月承办“中国流动科技馆湖南巡展新田站”活动。以“体验科学”为主题，设置“声光体验”“电磁探秘”“运动旋律”“数学魅力”“健康生活”“安全生活”“数字生活”“科学表演”“科学实验”“科普影视”十大主题展区。2016年12月12日，省科技馆、市科协、县委、人大、政府、政协领导及各县区科协主席，各成员单位领导及思源学校部分老师和学生出席启动仪式。省科技馆的老师为现场200

名学生表演智能机器人、空气炮、液氮原理等节目，在室外为2000名师生做飞机模型飞行表演。并在随后几天到门楼下瑶族乡学校、金盆学校、陶岭学校、新隆学校、大坪塘学校5所边远山区学校开展科普进校园活动。此次巡展活动历时2个月，观展人数达到55000余人次。

【新田县民间中医药协会成立】 2016年1月9日，新田县民间中医药协会召开成立暨第一届第一次会员大会，全体56名会员参加，陈先贵当选为会长。为继续开发和普及新田中草药产业发展创造条件。

【服务中心工作】 2016年，新田县科协发挥自身优势，参与服务县委、县政府中心工作。一是结合创建国家卫生县城，积极开展科普活动。二是结合创建省级文明县城开展科普活动。在新华南路永得利市场门口进行文明劝导，分整合科普资源，强化基层科普队伍建设，着力打造社区科普活动室、科普宣传栏、电子显示屏等科普活动阵地。三是积极组织开展精准扶贫活动。通过驻村帮扶和产业、社会保障、就业、就学等政策的落实，村民的生产生活条件有所改善，2016年，帮助门楼下瑶族乡刘家村脱贫45户、147人。

新田县文学艺术界联合会

【概　况】 新田县文学艺术界联合会（以下简称新田县文联）成立于1985年，是县委、县政府领导下的群众团体。辖有书法家协会、作家协会、秀峰诗社、美术家协会、民间艺术家协会和音乐家协会6个协会组织。主要工作职责为贯彻落实党的文艺方针，开展对县级文学艺术家协会的联络、协调、指导、服务工作，听取和反映文艺界的情况与意见；组织召开全县文学艺术界代表大会，组织和管理全县文联系统的各文艺家协会，推动文艺的繁荣；组织团体会员开展文艺创作、文艺评论、学术交流、人才培训和调研工作；主办和协同有关部门组织文艺活动与文艺评奖；主办文艺期刊；协同有关部门联系、组织文艺界的文化交流活动，开展文艺界的联系、交流，宣传和推出有地域特色的文艺精品。新田县文联现有编制4人，其中，主席1人，主任科员2人，副主任科员1人，现任文联主席雷湘萍。

【文艺活动】 2016年2月1日，由新田县人民医院、县书协联合开展的“送福字到手，接健康进家”义务送春联活动在县人民医院门口热闹铺开，300余副对联，100多个“福”字，为市民们送上新春祝福。5月5日，新田县民间艺术家协会“民间工艺美术进校园”活动走进思源实验学校，参与该校第二届校园文化艺术节，为该校师生带来一顿民间工艺美术大餐。6月7日，新田县公安局召开文学艺术联合会成立大会，市公安局党委成员、副局长沈林松，新田县委宣传部、县民政局、县文联、县作协、县音乐家协会等单位代表到会祝贺。8月20日上午，由县文明办、县教育局、县人防办、县文联、县妇联联合举办，童真童画美术教育机构承办的新田县“百米画卷儿童创作”活动，以“文明小卫士”“人防小博士”为主题在百米画卷的指定绘画空间进行创作，大力宣传创建国家卫生县城、创建省文明县城工作，营造全民共同参与的良好氛围，坚持从娃娃抓起，全面开展创建工作。9月25日—28日，县文联于举办“文艺名家颂新田”暨“湖南作家创作基地”揭牌活动。向社会各界全方位展示智慧新田、美丽乡村建设成果，大力宣传新田自然、人文、历史景观，进一步扩大文艺影响、培养造就文艺新人。9月26日，省作协名誉主席、茅盾文学奖评委水运宪，省散文学会名誉会长刘克邦，省作协名誉主席、湖南散文学会会长梁瑞郴等文学名家分别为东升农场现场授牌“湖南作家创作基地”“湖南散文学会创作基地”“创作与评论杂志社创作基地”。新田县第一中学邀请湖南省作家协会名誉主席、湖南省散文学会会长梁瑞郴举行“云梯讲坛 · 知名作家梁瑞郴文学专题讲座”。9月27日上午，文艺名家们齐聚龙家大院，出席以“金葵秋色、秀美大院”为主题的葵花园开园仪式，观看县太极拳协会、京剧协会的文艺表演。10月，由新田县文联、新田县书法家协会联合举办新田县首届书法临帖大赛，组织、动员县书协会员和全县书法爱好者积极参与，评出优秀作品10件、入展作品40件、特邀作品10件。11月1日，适逢秀峰禅师507周年诞辰，文联下属协会秀峰文化研究会与陶岭东山岭村再次举办以“爱国、亲善、诚信、包容”为主题的“东山岭第二届秀峰文化节暨珠海横琴秀峰文化旅游投资有限公司信息发布会”文化节，进一步促进文化旅游事业的繁荣发展。12月10日上午，新田县摄影家协会成立大会暨第一届第一次会员大会在县城投集团举行。

【文艺交流】 2016年4月15日—16日，山东省枣庄市市中区区委常委、宣传部部长王忆青带考察团到新田县考察调研王鼎铭事迹。9月27日晚，文艺名家与新田县文联、作协、书协的会员们联合开展书画笔会交流活动，现场创作书画作品50余件。省作协名誉主席、著名作家、茅盾文学奖评委水运宪，省作协名誉主席、省散文学会会长梁瑞郴两位名家为县文联题词“诗新开境界，墨老幻云山”，为县作协题词“研足一池墨，炼出百世文”。10月21日，新田县与双牌县联合开展秀峰文化座谈会暨阳明山采风活动，挖掘、整理秀峰文化资料，进一步做大做强秀峰文化，助推经济文化共同发展。10月30日，新田县文联、县书法家协会举办“书法临帖和创作公益讲座”，邀请全国兰亭奖优秀奖获得者、省书协理事欧阳维忠，省青年书协理事彭灿辉，市书法家协会副主席张玉波等省市书法名家，为新田书法爱好者传授书法心得。

【文艺创作】 2016年年初，新田县文联编辑书法作品集《嶷麓墨韵》出版，该书收录了98位新田县及省内外书法家和书法爱好者的作品。1月23日，新田县原创廉政京剧《接风宴》在新田县职业中专大礼堂录制完成。新田县文联老主席、著名书画家萧建民创作《新田八景图》山水画，用艺术语言展现新田县具有代表性的历史文化。新田县文联刘福忠创作的画作“家长里短”入选由中国美术协会举办的“翰墨青州”2016中国农民画作品展。书法家协会主席何昕的行书书法作品《东升农场采风自作诗八首》入展“第三届湖南省国家公务员书法”大赛;《中国楹联报》专版刊发何昕创作的书法作品。书法家协会李柏林创作的书法作品《道法自然》，获第九届中国重阳书画展银奖。摄影协会主席廖荔平的作品《逝者如斯夫》获得2016永州市首届摄影艺术展艺术类三等奖。秀峰诗社唐伯佑主编的《秀峰诗萃》第十集《新田历代诗文集》成功出版。作协主席何一飞的小说发表后接连获得全国性大奖:《村级“烈士”》获天津市第二十三届全国“梁斌小说奖”;《红尘》获湖南省文化厅“中国梦”创作优秀作品，并推荐至中宣部参评“中国梦”全国优秀文艺作品奖;《手术刀》发表后获得首届武陵杯全国优秀小小说奖（全国共十篇作品获奖），还获得由中国微型小说学会、上海文艺出版社、江苏《金山》杂志社设立的第十三届中国微型小说年度优秀作品奖。《绝鉴》获得第一届全国“浩然文学奖”。作家协会蒋玉珊短篇小说集《映山开遍石榴红》由湖南地图出版社出版发行。文学新人李砚青、陈艳芳、何京蔓、刘诗艺、宋秀娟、王翎等作者分别在《雨花》《湖南文学》《长沙晚报》《湖南工人报》《珠海特区报》《永州日报》等报刊发表小说、诗歌、散文作品。

新田县归侨侨眷联合会

【概　况】 新田县归侨侨眷联合会（以下简称县侨联）成立于2013年，为正科级财政全额拨款单位，事业编制3名，原设领导职数主席1名，2016年2月，增设副主席职数1名。现有主席1

人，正科级领导干部1人，副主席1人（其中兼职1人），秘书长1人（其中兼职1人），工作人员2人。全县有华人华侨71人，侨眷218人，港澳同胞97人，港澳同胞眷属386人，共计772人。2016年，县侨联坚持"以人为本，为侨服务"的宗旨，围绕中心，认真履职，开拓进取，在自身建设、海外联谊、维护侨益等方面做大量工作，较好地完成各项工作任务，取得较好成绩，在全市2016年度县区侨联工作评价中获得红旗单位（第一名）和信息先进单位称号。

【侨联换届】 2016年10月31日，县侨联召开第二次归侨侨眷代表大会，来自全县各乡镇的侨界代表32人参加会议。会议听取和审议新田县归侨侨眷联合会工作报告，通过《新田县归侨侨眷联合会工作报告的决议》，选举产生新田县归侨侨眷联合会第二届委员会委员和主席、副主席（兼职）及秘书长（兼职）。市侨联主席唐建春、副主席柏继平出席会议，县群团组织和其他县区侨联负责人列席会议。

【海外联谊】 2016年，新田县归侨侨眷联合会把履行侨联职能与服务发展结合起来，积极发挥侨的优势，加强与华人华侨及重要团体的联系，通过他们向海外宣传新田的发展变化、投资环境等，以联络为重点，着力打造引资引智平台，努力为新田经济建设服务。9月20日，邀请美籍华人科学家黄厚斌教授到新田一中给高一新生讲座。11月16日，黄厚斌教授代表"美国旧金山湾区湖南同乡会"到新田，结对支教首批7名高一贫困学生，为其每人发放2500元爱心助学款。马来西亚华人王国丰"王国丰慈善助学会"为新田捐资助学款累计达19.9万余元，资助贫困学子230余人次，并向新田思源实验学校、新隆中心小学等学校捐赠图书1万余册。

【侨情普查】 2016年5月，新田县归侨侨眷联合会在全县组织开展一次全面的侨情普查；6月，组织侨资企业调查，完成专题调研报告；7月，组织贫困侨眷属生产生活调查，建立贫困侨眷属台账；8月，组织归国留学人员统计调查。通过一系列调查统计，了解侨界群众最直接、最关心、最现实的问题，为搭建更好的招商引资、承接产业转移平台做好基础工作。

【服务侨眷】 2016年，新田县归侨侨眷联合会将"为侨服务"置于工作的首要位置，开展系列活动，充分调动侨界群众的积极性。7月，组织全县党员侨眷属开展"最美党章庆'七一'"硬笔书法作品比赛和重温历史、缅怀先烈、参观红色景区活动。9月，组织中秋节慰问走访侨眷属及给海外侨胞发电子邮件、贺卡等活动。结合精准扶贫，抓好新田县"千侨帮千户"工程，机关工作人员结对帮扶全县贫困侨眷属和部分贫困群众27人，为侨界群众送去组织温暖，让他们充满归属感和荣誉感。

【参政议政】 2016年，新田县归侨侨眷联合会向有关部门推荐德才兼备、参政议政能力强的侨界人士作为人大代表、政协委员人选。紧紧抓住县人大、政协换届的契机，依照省市有关精神积极向有关部门汇报并推荐候选人，其中，市政协委员2人（含县人大代表1人），县人大代表1人，县政协委员3人。在2016年市、县两级人大、政协会议上，提出市政协提案5篇，县人大建议案5篇，强化侨界人士参政议政的意识和能力。

新田县残疾人联合会

【概　况】 新田县残疾人联合会（以下简称县残联）成立于1991年，为副科级群团组织，由民政局代管。2002年，升格为正科级群众团体组织，归口县人民政府联系和管理。2009年，经县委批复成立新田县残疾人联合会党组。现有工作人员5名。新田县残疾人联合会是中国残疾人联合会的地方组织，是将残疾人自身代表组织、社会福利团体和事业管理机构融为一体的联合性团体。2016年度，县残联在全市目标管理考核中获先进单位称号。

【就业组联】2016年，新田县残联开展就业援助活动。走访慰问残疾人失业人员家庭18户，登记失业残疾人32人，召开招聘会1次，安置12名残疾人就业。免费对残疾人实行技能培训，其中实用技术培训63人，职业技术培训（包括SYB）23名，盲人按摩培训2人。8月中旬完成全国动态数据更新调查工作，为健全残疾人社会保障和服务体系、制定国家“十三五”规划及残疾人事业“十三五”发展纲要提供依据。安排残疾人就业年审工作。推动机关、团体、企业、事业单位和民办非企业单位带头按比例安排残疾人就业，对各用人单位安置残疾人就业情况进行全面年审，促进残疾人就业。启动“连千村帮万户扶贫工程”。为冷水井乡坦头坪村提供扶持资金1万元，帮助村里加强基础设施建设，改善群众的生产生活条件。通过示范基地带动残疾人就业。“省残疾人扶贫示范基地”——宏旺菌业有限公司通过对残疾人进行培训，让残疾人掌握食用菌栽培技术，并带动残疾人每年人均增收2万元，取得良好的经济效益。实施阳光家园居家服务项目。为100名残疾人按每人600元的标准发放居家托养服务补贴计6万元。对全县12个乡镇残联理事长和部分基层残疾人专职委员进行培训，促进基层残疾人工作者素质的普遍提高，落实100名残疾人专职委员的待遇，发放误工补贴5万元。对符合条件的残疾人创业以及其残疾人扶贫示范基地给予一定的贷款贴息，发放贷款贴息21万元。向符合助学条件的8名残疾人学生及其贫困残疾人子女累计资助2.4万元。

【残疾人康复】2016年，新田县残落实2016年省为民办实事项目，即：“贫困残疾儿童抢救性康复项目”，14名不满7周岁的残疾儿童被输送到各康复机构进行康复训练。成功争取中国儿童少年基金会——启智专项基金对新田县贫困脑瘫残疾儿童的抢救性救助。万人复明计划。为新田县150名白内障患者免费实施白内障康复手术，为众多眼疾患者带来福音。免费为残疾人安装假肢11例，矫形器6例。免费为全县贫困残疾人发放轮椅、拐杖、手杖、助听器、坐便椅等各类残疾人辅助用具共186件。

【残疾人信访维权】2016年，新田县残联开展法律援助维权行动，及时答复处理来信来访等关系残疾人切身利益的问题，接待来访160人次，协调解决各类问题150件，承办上级交办件2件，信访及时办结率100%。为贫困残疾人提供法律援助4起。开展残疾人机动轮椅车燃油补贴的发放工作，发放燃油补贴664人，发放金额17.26万元。组织实施贫困残疾人家庭无障碍改造项目，筹资14万元，为全县20户贫困残疾人家庭实施无障碍改造。

【助残活动】2016年，新田县残联根据助残日“关爱孤残儿童，让爱洒满人间”的活动主题，在助残日当天，免费为全县贫困残疾人发放轮椅、拐杖、手杖、助听器、坐便椅等各类残疾人辅助用具180余件。加大残疾人事业宣传工作力度。重点宣传社会各界扶残助残、残疾人自强不息的感人事迹，制作1部电视专题片在省市电视台播放，通过典型引路，辐射带动，营造关心、支持残疾人事业的舆论氛围。向中残联及省、市残联网站和新闻媒体投稿，撰写各类稿件40余篇，被各类媒体采用40余篇次．其中，被中残联网站刊载16篇，被省残联网站刊载18篇，被市残联网站刊载6余篇，被《湖南日报》刊载1篇。还注重开展文体活动，活跃残疾人文化生活。

【保障工作】2016年，新田县残疾人参加“新农合”率达到应保尽保。为全县1300多名农村贫困残疾人缴纳新型农村合作医疗，资助额达10万多元，减轻残疾人的医疗负担。鼓励城镇残疾人居民和农村残疾人参加社会养老保险，实现老有所养。对2050名城乡重度残疾人，县政府按最低档次代其缴纳全部每年100元的养老保险费。按时发放两项补贴，全年为4272名困难残疾人发放生活补贴1281600元，为2344名重度残疾人发放生活补贴703200元，共为6616名残疾人发放两项生活补贴共计1984800万元。关爱残疾人健康，为残疾人办理意外伤害保险，是建立社会保障体系的重要组成部分，是为残疾人建立意外伤害风险保险体系，增强残疾人特别是贫困残疾人抵御意外伤害风险能力的实际措施。2016年，为5731名三四级残疾人免费提供意外保险，保费标准为每人每年每份30元，交保费171930元。

新田县工商界联合会

【概　况】 新田县工商业联合会（以下简称县工商联）成立于1986年，县工商联为县委直属正科级行政单位，工商联（总商会）是中国共产党领导的具有统一战线性质的人民团体与民间商会，是党和政府联系非公有制经济代表人士的桥梁及纽带，是政府管理非公有制经济的助手。县工商联现有行政编制2名，财政全额拨款事业编制1名，下属全额拨款股级事业单位1个（县非公经济组织党工委办公室），核定事业编制2名。在工商联领导班子中，16名非公经济人士担任工商联副主席或副会长，44人担任执委。2016年，被永州市工商业联合会评为商联系统先进单位，被县委评为统战工作先进单位、办公室工作先进单位。

【换届选举】 2016年，新田县工商联（总商会）组织开展换届选举工作，严把会员质量关口，推荐选举参加换届会议的各界代表186名，遵照省市文件精神，严格按照组织程序，推荐选出执行委员人选，工商联正副主席人选和总商会正副会长人选，提请县工商联（总商会）第十二届一次执行委员会选举产生。2016年12月6日—7日，新田县工商联（总商会）召开第十二次会员代表会议，186名会员代表参加会议，会议选举产生工商联正副主席、秘书长共计10人；正副会长10人。

【非公经济党组织建设】 2016年，新田县工商联注重提高会员素质、改善会员结构，重视会员的管理和服务。全县工商联会员594个，其中，企业会员189个，团体会员39个，个人会员366个。全县有商会组织33个，其中，行业组织5个，异地商会4个，乡镇商会21个，其他商会组织3个。指导机关支部和非公党支部进行换届，按程序发展党员11名，转正党员10名，吸收入党积极分子12名。推进非公企业“两个覆盖”工作，新建党支部7个，合并1个；加大党建工作保障力度，投入5万余元用于加强非公党建工作，新建组织活动场所1个。注重加强支部规范化建设和优秀党员的培养工作。2016年，受市级表彰优秀党支部1个，优秀党员2名；受县级表彰优秀党支部1个，优秀党员2名。开展“以商招商”“引老乡建家乡”活动推动新田异地商会发展，建立广东省湖南新田商会、深圳市湖南新田商会、惠州市湖南新田商会、东莞市湖南新田商会4个异地商会。

【培育扶持非公企业】 2016年，新田县工商联发挥职能优势，配合县委招商引资工作，培育壮大一批龙头企业和规模以上企业。引进和培育绿硒电子商务、普瑞达、俊毅创新创业园等一批新兴企业，一些企业的产品已获省市权威部门的认可，如鑫隆食品和万家鹅业被评为省级龙头企业，龙昶机械获批“国家高新技术企业”，吉星家居产品获“湖南名牌产品”称号，家乐竹木公司被评为省级林业产业化龙头企业，秀峰无公害蔬菜、凤神油茶等28家企业被评为市级龙头企业，成为推动全县经济发展的重要“引擎”，是推动产业结构调整升级、扩大促进就业、创新企业经营机制、促进经济发展和社会和谐稳定的重要力量。

【参政议政】 2016年，新田县工商联发挥非公经济领域中的人才优势、智力优势、资源优势，组织广大非公有制经济人士深入调查研究，积极参政议政，建言献策。先后召开座谈会10余次，走访企业63家，发放征求意见卡和调研问卷300余份，整理意见及建议215条。通过党委、人大、政协的议案、提案、社情民意等方式向上级部门和县政府有关单位反映有价值的信息、建议及调研报告30余篇，提出20多项合理化建议，如《关于严厉打击借“互联网+”搞传销行骗的建议》《让创业创新助推县域经济发展》等调研报告上报到市工商联。

【助力公益事业】 2016年，新田县工商联引导非公企业在发展壮大企业，履行社会责任，积极参与光彩事业和社会公益活动，树立良好形象。11月11日，工商联响应县委、县政府和教育基金会的号召，在新田县教育基金会第二届理事会成立暨教育基金募捐大会上，组织大批非公爱心企业家及相关人士，募集到爱心教育基金330.3万元。在开展“10・17”全国扶贫日捐赠表彰文艺晚会中，吉星房地产、竣宸房地产、俊毅创新创业园、南峰水泥、德力重工、龙昶机械、城南综合大市场、广隆食品等15家非公企业代表为教育基金捐款50余万元。

法　治

政法委及综治

【概　况】 中共新田县委政法委员会与县社会治安综合治理委员会办公室实行“一个机构、两块牌子”。设办公室、综合调研室（加挂县维护稳定工作领导小组办公室牌子）、执法监督室、政工室等5个职能股室。

【维护社会稳定】 2016年，新田县政法机关坚持维护社会稳定“以防为主，防控结合”的方针，建立和实施多个层次齐抓共管、多种主体协同作战、多种方式多管齐下的联动联调工作机制，维护社会稳定，实现“五个不发生”目标。公安机关破获各类刑事案件391起，刑事拘留503人，逮捕、直诉458人，追回各类逃犯76人；行政拘留1238人，全部刑事案件破案率45%，全年现行命案发4起破4起，实现现行命案全破目标。检察机关受理审查逮捕案件238件、325人，受理审查起诉案件313件、372人，经审查，依法批准逮捕142件、185人，提起公诉265件、326人。依法从重打击严重影响社会治安和人民群众安全感的刑事犯罪，批准逮捕故意杀人、故意伤害、抢劫、强奸等严重暴力性犯罪案件24件、26人，起诉33件、42人；批准逮捕黄、赌、毒犯罪案件33件、33人，起诉27件、33人；组成专案组依法审查起诉一起涉案人数23人，涉案金额达6亿余元的特大跨省网络传销犯罪团伙案件，为维护全县社会大局稳定做出贡献。审判机关受理各类案件2631件、办结2501件，比2015年分别上升23.28%、24.8%，办结率95.1%，解决诉讼标的额3000余万元。其中，审结诉讼案件2093件，审结率96%；办结执行案件408件，执结率86.81%，执行标的600余万元。

【矛盾调处】 2016年，新田县各级调处组织定期将辖区纠纷的种类、特点、群众关心的热点和难点，以及涉及稳定工作等方面的信息及时反馈到县、乡矛盾纠纷调处中心，并按性质、轻重缓急进行梳理分类，详细记入档案。对全县突出的矛盾纠纷，采取定时、定人、定点、定责的办法，开展“拉网式”专项排查调处，紧紧围绕“两会”、县乡人大、政府、政协换届和重大节庆日等敏感时期，有针对性地组织开展矛盾纠纷及不稳定因素的集中排查化解。2016年，调处矛盾纠纷2260起，调处成功2236起，调解结案率100%，调解成功率99%。防止群体性上访32起，通过运用“三调联动”机制化解信访积案11件，刑事和解数24起，诉调对接数5起，治安调解数360起，驻派出所调解室调处206起。为建设“富裕、开放、文明、绿色、幸福”新田做出积极贡献。

【安保维稳】 2016年，新田县政法机关加强应急处置力量和装备建设，抓好快速反应与处置效能，参与调处各类矛盾纠纷60余起，稳妥处置

30余起突发事件。有效处理新圩镇何昌村与周家村土地权属纠纷等群体性事件以及金盆镇骆铭孙温氏种猪场阻工等各种不稳定隐患。全年没有因处置不当造成事态升级，没有造成任何不良社会影响。强化非访打击力度，高效处置20余起突发事件，有效打击“三堵”违法犯罪。强化人员稳控，实现全县“两节”“两会”期间进京非访“零挂号”。强化隐患排查化解，压实道路交通、消防安全、监所安全和危爆物品监管，全县没有发生暴恐袭击和个人极端暴力案事件，没有发生重大交通、火灾等治安事故。

【接处访和舆情引导】 2016年，新田县政法机关畅通信访渠道，及时受理、交办、督办、回复信访事项。省委巡视第八组巡视新田期间，收到省委巡视组转处的个人诉求类和涉法涉诉类信访件393件，经省委巡视组审核393件均结案。县维稳办牵头协调相关部门积极做好社会舆情收集引导工作，建立健全社会舆情收集办理机制、信息网络和突发事件应急处置机制、突发公共事件新闻报道应急机制，完善细化舆情应急处置预案，在发生突发公共事件时，迅速启动舆论引导机制，掌握宣传舆论主动权。全年没有发生重大舆情。

【平安新田建设】 2016年，新田县政法机关立足“巩固成果，提升水平”，开展“平安新田”系列创建活动，将综治平安建设与中心工作同部署、同检查、同考核、同落实，平安建设基层基础不断夯实。各乡镇、各部门主要领导积极履行第一责任人责任，把综治维稳平安建设工作亲自拿在手上，亲自组织实施，亲自督促落实，夯实领导包片、干部包村工作责任；县综治委各成员单位坚持每月深入所联系的镇村开展一次综治维稳平安建设工作，推动创建责任有效落实。加强督促检查，严格责任追究。对照年度综治维稳平安建设目标责任书，开展查漏补缺，对工作有欠账的，采取补救措施及时补足。县综治委定期开展明察暗访活动，对领导不重视，工作措施不力的，予以警示提醒。结合“两学一做”和驻村帮扶活动，组织党员干部深入各乡镇指导开展平安乡镇、平安家庭、平安单位等基层平安创建活动，提升平安建设工作水平。运用各种方式开展平安建设宣传，发动群众积极参与平安建设，参加“红袖章”巡逻、平安创建宣传、矛盾纠纷化解等活动，提高平安建设知晓率和参与率。规范特种行业管理，对旅馆业和网吧坚持日常检查及网上巡查常态化，落实实名制。对废旧物品收购站点、车辆拆解、修理点、典当寄卖业推行举报奖励制度，严管重罚，规范经营行为；加强和规范保安服务公司管理，优化全县保安服务市场；启动全县寄递物流安检中心，落实三个100%措施；强化校园周边治安秩序整治，开展“护园安园”行动，严防涉校涉园恶性案事件发生；强化入境管理，推进户籍民警专职化，完成入境示范窗口建设，提高服务质量和水平。坚持“严打”不动摇，依法重点打击严重暴力犯罪和“两抢一盗”等侵财型犯罪，成功打掉一个由市“打黑办”挂牌督办的农村涉恶犯罪团伙，抓获涉案人员9人。坚持定期巡逻，提升社会治安防范能力，坚持各镇每月开展一次社会治安形势研判，有针对性地对城镇结合部、城中村、车站及校园周边等重点部位进行专项整治，全力提高群众安全感。根据2015年度综治考评的结果，将2015年度综治考评排位最靠后的乡镇——金陵镇列为2016年治安问题相对突出的重点整治乡镇。

【破解“执行难”】 2016年，新田县政法机关实行立案登记制，按照“四定一包”的工作方针，加大“消化”涉诉信访积案。配合县委开展“清收信用社不良贷款”专项活动，深入开展“百日执行大会战”等专项执行活动，加大信用惩戒力度，公布失信被执行人名单，运用强制执行、网上追逃、执行和解等措施执结一批新、旧案件，全年新收执行案件451件、办结408件，同比分别提高13.2%、21.6%，执结率为90.5%，实际执兑标的2300余万元，有效维护法律的尊严与当事人的合法权益。其中，以拒不执行法院判决裁定罪移送刑事立案18人，发出支付令75份，查询银行账户8000余户，冻结银行账户460余户，查询房产信息20余户，成功收回不良贷款达2000余万元，为金融机构的有序运营提供司法保障。

【法治宣传工作】 2016年，新田县按照“五个一”要求，组建378名法律明白人和100名法律服务志愿者队伍，评选遵纪守法户，开设“普法手机报”，发送“普法短信”10万条，组织开展“宪法宣传日”等专题法治宣传活动，指导开展专题法治讲座378堂次。结合全县民调工作，开展法治文艺进乡镇、进社区巡回演出活动，演出《家和万事兴》《公民陈运周》《夸夸人民调解员》等一批优秀民间法治文艺作品；结合全县“三下乡”活动，深入骥村镇乌下村、龙泉镇潮水铺、漆山里村等乡村开展“送法下乡”活动，印制发放普法读本10万余册。推出三大法治栏目。在县政府网开设《法治新田》专栏，县电视台开设《天天学法》《法制在线》。积极落实“谁执法谁普法”责任制，出台《关于在全县国家机关中实行“谁执法谁普法”责任制的实施意见》《新田县国家机关“谁执法谁普法”工作考评办法》，6752名干部职工参加如法网普法考试，参考率、合格率均达100%。开展“一村一法律顾问”活动，全县126个贫困村均聘请法律顾问，为村民提供法律咨询、法律体检等活动。

【城乡网格化建设】 2014年以来，新田县围绕构建“步行半小时服务圈”，把网格化建设作为社会治理创新的突破口和畅通服务群众“最后一公里”的有效手段，采取先试点后推行、先城市后农村的办法，深入推进。城区6个社区网格化服务管理基本建成有效运行，农村的示范建设于2015年年底启动，提升全县社会治理科学化水平。按照县委要求，2016年是全面推进农村网格化建设的关键之年，新田县农村网格化建设在7月底完成所有乡镇本级及每个乡镇2个示范村、精准扶贫村网格化服务管理运行；12月底全部村实现网格化服务管理运行。枧头镇、金陵镇2个示范乡镇完成网格的划分，6月24日召开全县农村网格化建设推进会，农村网格化建设大幕全面拉开。7月15日，召开新田县农村网格化建设现场培训会，各乡镇网格化建设分管领导参加培训。农村网格化建设方面，乡镇本级“三个中心”所有乡镇全部建成，224个村建设完成196个，完成率87.5%。枧头镇、金陵镇、大坪塘镇、门楼下瑶族乡、陶岭镇、新隆镇、石羊镇、三井镇100%完成建设。

【完善立体化治安防控体系】 2016年，新田县在城区健全数字化、集成化、网格化、智能化的全天候防控系统，实现社会治安防控“三个全覆盖”，投入1200多万元，新增550台视频监控摄像机，使城乡公共区域监控摄像机达到800台，新建治安便民亭6个，选择1个居民小区（200户）试点家庭安防措施，升级110指挥中心系统及县公安局机房建设与改造任务，所有设施可基本覆盖城乡主要街道、路口、重要部位及小区，落实专职天网监控实行24小时值守，形成社会治安防控城乡一体化。在农村，探索农村治安防控新举措，推进“十户联防”工作，借助移动电话通信网络，按照就近、方便管理、群众自愿的原则，在农村网格中按照5个—30个移动电话用户组成1个联防小组的规模进行划分，录入信息平台，群众在遇到紧急情况时，通过手机拨打“110”即可同时向组群内的其他用户发出报警声讯，从而实现联防到人、技防到户。划分124个联防小组，发动3000余户、1万多人加入“十户联防”，有效提升农村治安防范水平。

【推进“一村一警”警务工作】 2016年，新田县加强农村治安防控体系建设，采取驻村民警和挂点民警的方式，推进“一村一警”警务战略。城区6个社区警务室均按1∶2标准配备警力，全部接入公安内网。全县224个村派出1名驻村民警，下沉警力，夯实农村治安基础。

【推进“三实”信息采集专项行动】 2016年，新田县以空前的力度推进三实信息采集工作，采集实有人口568197人、实有房屋184917间、出租房屋7618间，实有单位5221个、流动人口5779人，从业人员145132人；通过“三实”信息采集直接抓获违法犯罪嫌疑人72名，分别破获治安、刑事案件36起和24起，抓获网上逃犯9名。

【推进城区巡防机制改革】 2016年，新田县以网格化管理服务为依托，实施常态化夜巡、网格化布警新机制，将城区6个社区划设为3个网格、7个巡防区，按图部署警力。完善卡点堵控网络，在进出县城主要路口设立堵截卡点3个，构建“城区区域3分钟—5分钟内现场处置、10分钟实现围城设卡堵截”的快速处置机制。通过开展巡逻查缉，抓获违法犯罪嫌疑人50余人，抓获网上逃犯11人，行政拘留23人，强戒11人，实现可防性案件大幅下降、群众满意度有效提升，社会治安持续稳定的工作目标。

【队伍建设】 2016年，新田县政法机关结合“两学一做”学习教育的开展，将学习与政法工作实际相结合，运用到具体的工作中，营造良好的学习氛围和学习环境。为宣传好市委确定的“两学一做”先进典型，县检察院组织专家、学者和办公室人员根据陈运周的先进事迹资料编纂《守望正义——追寻陈运周同志足迹》一书，该书分6章40余万字，由中国检察出版社出版发行。抓好一线干警实用知识、实战技能、规范执法的教育培训，建设一支专业化、职业化、正规化政法队伍；加强政法部门班子建设，发挥政法委协管干部作用，有计划开展综合研判，加大干部交流，优化政法机关领导班子结构，提高领导政法工作的能力水平。县龙泉司法所所长刘红梅被评为全国模范司法所长。县法律援助中心主任何建龙被评为全国法律援助先进个人。民警雷建平、柏振岗分别被授予全省破案办案能手和全省刑事科学技术工作成绩突出个人称号。民警陈艳芳荣获“湘警之星”、永州市第四届道德模范称号。民警沈文铸被评为全省优秀社区民警。结合政法干警核心价值观教育，执行严格的上下班考勤制度、会风会纪制度和案件回访制度，推进作风纪律建设。贯彻执行中央八项规定和《党政机关厉行节约反对浪费条例》，掌控好八小时外的生活圈，促进干警队伍清廉、执法司法清明。

公　安

【概　况】 2016年，新田县公安局按照“严管厚爱带队伍，打防管控保平安”的工作思路，聚焦风险防控，抓住改革创新，突出能力建设，确保全县社会政治大局稳定和治安秩序平稳，各项公安工作实现新跨越。2016年，获省公安机关“四项建设”综合示范单位、省思想政治工作成绩突出集体、市先进基层党组织、市公安机关绩效考核成绩突出单位、市公安机关“四项建设”综合示范单位、市公安机关党风廉政建设先进单位、市公安机关严打盗骗毒亮剑行动成绩突出单位、市公安机关收缴整治枪爆物品专项行动标兵单位、市公安机关严打整治飓风行动成绩突出单位、市公安监所深挖犯罪工作先进集体、市公安机关立案突出问题专项治理成绩突出单位、市公安机关“三实”信息集中采集专项行动成绩突出单位、市卷烟打假工作先进单位称号；获县综合治理考核优秀单位、县综合绩效评估考核优秀单位、县党风廉政建设和反腐败工作先进单位、县安全生产工作优秀单位、消防工作先进单位、县办理人大代表建议先进单位称号。“4·28”特大网络传销案专案组被省公安厅记集体二等功。陈艳芳被省公安厅评为第二季“湘警之星”；雷建平被省公安厅评为全省破案办案能手；沈文铸被省公安厅记三等功一次，被省公安厅评为全省百优“社区民警”；邓土万被湖南省打击传销工作联席办评为先进个人；陈艳芳被市委评为优秀共产党员，被市委、市政府评为永州市第四届道德模范，被市公安局评为永州市公安机关优秀女警；陈华军、成明、胡贤军、龙琪琳、郑小平、肖剑6人被市公安局各记个人三等功一次；沈新宁被市公安局评为永州市公安机关“十大破案标兵”；文彰被市公安局记嘉奖一次，被市公安局评为全市卷烟打假先进个人。

【情报预警】 2016年，新田县公安局强化对关注人员的管控措施，排查编报有价值涉稳信息60期，成功预警、防范各类60余件次，依法打击处理非访人员11人次。全年没有出现情报信息失灵、重点人员失控，发生暴恐案事件。矛盾纠纷立足于抓源头、抓苗头、抓人头，依托“一村一警”“三实信息”采集等活动，预防制止各类隐患苗头216起，办结息访信访事项22起。突发事件抓好快速反应和处置效能建设，妥善调处各类群体性、突发性事件60余起。处置新圩镇何昌村与周家村土地权属纠纷、金盆镇骆铭孙温氏种猪场阻工等群体性事件。

【平安建设】 2016年，新田县公安局组织开展严打“盗骗毒”亮剑行动、一打三整治、严打整治“飓风”行动、收缴整治枪爆物品等专项行动。全年立各类刑事案件916起，破各类刑事案件391起，执行刑事拘留540人，执行逮捕227人，移送起诉493人，追回各类逃犯83人；行政拘留1268人，刑事案件破案率48.14%。现行命案做到发5起、破5起，实现命案全破目标，成功破获“2010·6·24”入室抢劫杀人案。开展“打三整治”专项工作，打击整治农村“黑恶势力”违法犯罪，率先在全市侦破被市“打黑办”挂牌督办的枧头镇大塘背村涉恶犯罪团伙案，认定战果13人，排名全市第三位，连续5年超额完成年度工作任务。把打击盗窃等侵财犯罪作为增强人民群众安全感的重点，摧毁犯罪团伙15个，执行刑事拘留98人，逮捕75人，起诉75人。整治黄、赌、毒违法犯罪，侦破“2016-0751”号部督毒品目标案件等一批大案要案。刑事拘留黄、赌、毒违法犯罪嫌疑人65人，逮捕46人，行政拘留508人，强制戒毒112人，社区戒毒72人，缴获毒品3.3千克。重拳打击食药犯罪，开展“断链”“利剑”专项行动，移送起诉20人，超额完成年度任务。收缴枪爆物品，侦破涉枪涉爆案件193起，收缴枪支983支、子弹100余发、土炸药10余公斤，收缴整治枪爆物品专项行战果排名全市第五位。

【社会治安管控】 2016年，新田县公安局强化行业场所管理，搜集违法有害信息5890条，监控负面舆情45条，落地协查25人，查处网络违法犯罪3起，打击处理12人。实有人口管理建立“政府主导，公安牵头，乡镇参与”的三实信息采集机制，采集实有人口568197人、实有房屋184917间，实有单位5221个，通过“三实”信息采集破获案件36起，抓获逃犯9名。开展道路交通、消防安全大排查大整治专项行动，查处超载超员违法行为173起，酒后驾驶236起，醉酒驾驶58起，无证驾驶126起，刑事拘留58人，行政拘留126人；整改火灾隐患850处，下发《责令改正通知书》762份，“临时查封”11家，责令“三停”19家，全年未发生重特大道路交通、消防安全事故。看守所、拘留所坚持“严格执法、文明管理”原则，严密勤务改革，规范管理制度，完成看守所AB门、医疗专业化和武警哨所建设，连续多年保持安全无事故。

【法治公安建设】 2016年，新田县公安局开展“执法标兵”“办案能手”和“精品案件”评比，组织民警参加执法资格考试，全局执法执勤机构负责人中级执法资格通过率100%，多名民警获得高级执法资格、通过司法考试。执法管理成立以局长负责的执法管理委员会、案管中心，制定下发以执法办案积分制为牵引的9个规范性管理文件，将办案积分作为衡量民警个人、单位绩效、表彰奖励、职能晋升的重要依据。执法监督落实“一案一考”制度，下发执法考评通报35期，对巡查中发现的执法问题，按精细化考核通报扣分，定期督办，限期整改。夯实执法基础，投资200余万元对执法办案区进行升级改造，建成300平方米的高标准省级局机关执法办案中心，明确专人专管，确保执法安全。

【基础设施保障】 2016年，新田县公安局启动陶岭市际公安检查站、看守所医疗规范化、递寄物流安检中心、4G车载通信等基础建设；建成的省级标准的人口与出入境办证服务大厅、300平方米的局机关执法办案区和城区派出所综合警务指挥室。推进社区农村警务，加强农村治安防控体系建设，城区6个社区警务室按1∶2标准配备警力，全县224个村均实现有1名驻村民警。深入推进平安城市建设，完成80个年度高清监控探头、5个治安卡口联网建设任务。对110、122接处警系统进行升级改造，对公安内网和视频专网进行提质扩容，扁平化调度处置能力加强。信息化建设与应用成立图侦大队，建设省二级刑事技术室，强化情报信息平台应用，依托信息化破获一批有影响的案件，利用图侦破案率38.8%。

【队伍建设】 2016年，新田县公安局结合“两学一做”专题教育活动，开展“纠‘四风’、治陋习”专项整治，对民警违纪违规行为做到“零容忍”。下发督察通报和警示70期，对3名所队领导采取禁闭措施，1名民警给予党内严重警告、行政记大过处分，8名民警予以非纪律处理。以实战需求为引领，启动“135”人才培养计划，依托“业余警校”“刑警之家”等平台，开展岗位练兵。组织民警参加轮值轮训15期、70人次，参加业务培训7期、150人次；选派10名优秀民警赴公安院校、省厅市局学习，素质警务建设成效明显。严格考核、严格奖惩、严格兑现，做到用制度管人、管事。制定战时激励制度，用足用好“四条火线”政策，火线嘉奖8人，火线入党2人，火线记功4人，火线调动39人。落实抚恤慰问、困难帮扶、带薪休假、就餐补贴、生日祝福等关爱措施；坚持“有为的有位，实干的实惠，吃苦的吃香”选人用人导向，呈报县委交流选拔40名中层干部，为55名符合条件的民警进行警员职务套改。在城市建设征地拆迁、城市道路提质改造和重点项目建设中，严厉打击非法阻工、寻衅滋事、侵害施工人员和企业合法权益的行为。刑事拘留“三堵三强”犯罪嫌疑人60名，行政拘留违法人员105名。投身创森、创卫、创文、打击“三非”、征地、接访、清欠等中心工作，为工业园区各类招工、招商活动和重点项目建设开工仪式开展安保活动30余次，出动警力2000余名。

【交通管理】 新田县公安局交通警察大队前身为新田县交通监理站，1988年1月，改革成立新田县公安局交通警察队，为副科级机构。1994年晋升为新田县公安局交通警察大队，按正科级机构管理，属县公安局下属单位。大队内设办公室、行财装备人事监察股、法制宣传股、交通事故管理股、车辆管理所、驾驶人考试中心、教育处罚中心、城区一中队、机动巡逻中队、客管办共10个股所队室。大队现有民警职工共44人，其中，授衔民警15人（8个大队领导），未授衔的干部职工29人（含城管编制交警大队使用人员6人），民警平均年龄45.1岁，50岁以上的民警11人。2016年，被市公安局交警支队评为“2016年全市公安交警部门绩效评估暨‘四项建设’先进单位”。

【事故预防】 2016年，新田县交通事故四项指数（事故起数、死亡人数、受伤人数、直接经济损失）基本保持持平，全县道路交通安全形势平稳，未出现一起因死亡交通事故引发的矛盾等突发事件。“城区保畅通，农村保安全”和“压事故，保畅通，群众满意”的工作态势稳步推进，2016年，全县未发生一起一次死亡3人以上道路交通事故。

【重点车辆管理】2016年，新田县交警大队对重点车辆落实户籍化管理机制，对全县190辆客运车辆、100辆出租车、58辆公交车、111辆校车、20辆危险化学品运输车辆实行动态跟踪管理，做到重点车辆管理工作日清月结。大队重点车辆检验率、审验率，交通违法清零率每月均排全市前茅。

【春运安保】2016年，新田县交警大队针对春运流量大、交通安全形势严峻，先后召开4次调度会进行指挥调度。从安监、运管、农机等部门抽调人员组成30余人的春运联合检查组，分成3个执勤组和1个巡查组，其中3个定点执勤组分别在滴水岭、新水泥厂、城北加油站春运临时执勤点执勤。春运40天，全县没有发生一起致人死亡道路交通事故。

【违法处理】2016年，新田县交警大队部署开展无牌无证、涉牌涉证、超员超载超速“压事故、保安全”、城区道路交通秩序“飓风”行动等专项整治行动，查处各类违法行为21670起。其中，饮酒驾驶236起，醉酒58起，超速6721起，违法停车12165起，超载126起，超员47起，涉牌涉证2017起，其他违法行为300余起。

检　察

【概　况】2016年，新田县人民检察院贯彻落实中共十八届三中、四中、五中、六中全会和习近平总书记系列重要讲话精神，围绕检察工作主题，依法履行法律监督职能，不断加强队伍建设，各项检察工作取得新的进展。2016年，被省检察院评为全省检察机关宣传工作先进集体，被市检察院评为全市先进基层检察院，被县委、县政府授予“三八”红旗集体称号。邓艳雄、刘可、曹少军分别被湖南省人民检察院评为“全省检察机关优秀反渎局长”“全省检察机关优秀侦查员”“全省检察机关党建工作先进个人”。

【刑事检察】2016年，新田县人民检察院受理审查逮捕案件304件、387人，受理审查起诉案件349件、418人，依法批准逮捕180件、245人，提起公诉282件、340人。依法从重打击严重影响社会治安和人民群众安全感的刑事犯罪，批捕故意、杀人、故意伤害、抢劫、强奸等严重暴力性犯罪案件28件、28人，起诉39件、52人；批捕黄、赌、毒犯罪案件43件、48人，起诉36件、47人；组成专案组依法审查起诉一起涉案人数达23人，涉案金额6亿余元的特大跨省网络传销犯罪团伙案件。起诉危险驾驶案件110件、110人，均得到法院有罪判决；起诉重大经济犯罪案件10件、49人。按照高检院关于“坚持对未成年人少捕慎诉促进改过自新”的要求，按照“教育、感化、挽救”的工作原则，全年受理未成年人刑事案件6件、7人，起诉5件、6人，发出社会调查委托函10份。

【查办和预防职务犯罪】2016年，新田县人民检察院立案查处贪污贿赂、渎职侵权案件7件8人，其中大要案5件5人。加强与纪检监察机关的协调配合，依法查办医疗卫生重点领域、重点部门、重点岗位、重点人员职务犯罪，以及司法不公背后的职务犯罪，增强群众对干部队伍的认可度和满意率。建立完善联合办案工作机制，主动与县纪委、审计等相关部门建立信息通报共享制度，搭建协作平台，坚持个案协作与日常联系并重，推动反腐败工作无缝对接，形成反腐合力，提升职务犯罪侦查工作效率，查办新田县卫生局原局长刘某某滥用职权、受贿案，林业局原局长陈某某受贿案。推进惩治和预防相结合的工作机制建设，构建预防新体系。到县国税局、县地税局开展预防职务犯罪讲课2次，授课人数200余人次。预防部门做好行贿档案查作，查询行贿档案115件、930人，预防调查2件，行业犯罪分析2件。

【法律监督】2016年，新田县人民检察院加大对刑事诉讼的监督力度。立案监督3件、3人，增捕1件、1人，书面纠正公安机关侦查活动违法10次。依法提起抗诉2件、2人，成功抗诉1

件、1人，追诉漏罪案件18件，发出纠正违法通知书20份，检察建议3份。拓宽民事行政检察和林业检察监督渠道。履行民事行政诉讼监督职能，接待来信来访4人次，受理民行申诉案件2件、2人，受理审查起诉涉林刑事犯罪案件4件、4人。践行“四个维护”有机统一工作理念，履行驻所检察职能，强化刑罚和刑事强制措施变更执行监督。2016年，看守所收押317人，针对看守所在监管执法、交付执行刑罚机关在监外罪犯交付执行、监外罪犯监管单位在监管矫正、办案单位在执法办案方面存在的执法不规范等问题，提出口头纠正建议20余次，发出书面纠正违法通知书和检察建议书8份，发现并督促消除安全隐患50件次，审查留所服刑人员85人，进行法律、思想教育，巡监交谈、解答法律咨询160余次，约见、会见在押人员100余人次，建立罪犯监外执行情况检察台账290份，处理控告、举报、申诉案件8件，办理羁押必要性审查案件2件2人。

【检察文化建设】 2016年，新田县人民检察院坚持“文化育检”的建院思路，搭建基层检察文化建设的平台，组织开展陈运周学习系列活动，通过“两微一端”、检察外网等形式推广学习，建设检察图书室以及开展系列“两学一做”专题讨论、知识竞赛等文化活动，将地域文化同检察职业特点有机结合。组织专家、学者和办公室人员编写出版40余万字的追寻全国模范检察官陈运周足迹的《守望正义》一书，撰写的新闻稿件在报刊、网络媒体发表120余篇。

法 院

【概 况】 新田县人民法院成立于1950年10月1日。法院审判办公楼坐落于新田县龙泉镇秀峰区龙泉大道旁。主要职能是依法审判辖区内的刑事、民事、行政案件和上级人民法院交由审判的案件，发挥审判作用，为全县的社会和经济发展提供司法保障和服务。现有编制77个，在职干警68人。设有立案庭、刑事审判庭、民事审判第一庭、民事审判第二庭、林业审判庭、行政审判庭、执行局、计生法庭、交通法庭、办公室、研究室、政治部、监察室、审判监督庭、审判管理办公室、司法警察大队、司法技术室等部门，下设新圩、枧头2个人民法庭。2016年，贯彻落实中共十八大和十八届历次全会精神，围绕“努力让人民群众在每一个司法案件中都感受到公平正义”的目标，坚持“司法为民、公正司法”工作主线，主动把握和积极适应经济发展新常态，抓好执法办案第一要务，深化司法公开，从严管理队伍，加快推进审判体系和审判能力现代化，严格履行宪法与法律赋予的职责，各项工作取得新进展。全年受理各类案件2631件、办结2501件，与2015年同比分别上升23.28%、24.8%，办结率95.1%，审限内结案率100%。2016年，新田县人民法院被省文明委评为省级文明单位；信息工作被省高院通报表扬；获全省法院第十四届理论研讨会基层法院组织奖；党总支被市委评为全市优秀基层党组织；被市爱国卫生运动委员会评为无烟单位；被永州市中院评为全市优秀基层人民法院；被永州市中院评为司法宣传工作先进集体、信息工作先进集体、调研工作先进集体、司法警务工作先进单位；新圩法庭被永州市中院评为全市优秀人民法庭；获全市法院微视频创作大赛一等奖1个、三等奖2个，并获组织奖；被评为全县社会治安综合治理考核优秀单位、全县全面小康建设考核优秀单位、全县道德讲坛及精神文明网优秀单位。李红艳获省高院信息工作通报表扬；胡剑涛、王彦平撰写的论文《反思与重构：我国行政诉讼暂时权利保护之进路探究——以442份判决书和H省Y市法院的实践为样本》分别获全国法院系统第二十七届学术讨论会二等奖、第二届“永雄优秀诉讼法论文”二等奖；王彦平等人撰写的论文《揭开虚饰的面纱：P2P平台“跑路”

镜像的实证研究》获第十一届泛珠三角合作与发展论坛三等奖、第十一届中国法学青年论坛优秀奖；王彦平等人撰写的论文《穿行于规则与经验之间：论行政惯例的司法审查》获中国审判研究会行政审判理论专业委员会2016年年会暨“法治政法建设与行政审判”主题论坛三等奖；胡剑涛、李红艳撰写的论文《尊重与制衡：论行政诉讼紧急审理程序之构建》第二届“永雄优秀诉讼法论文”优秀奖。

【刑事审判】 2016年，新田县人民法院继续以创建“平安新田”活动为契机，开展“打黑除恶”、打击“两抢一盗”犯罪等专项斗争，坚持宽严相济，严把执法尺度，严格审判程序，准确定罪量刑，做到不枉不纵，审结各类刑事案件258件、判处罪犯283人，平均办案时间33.1天。

【民商事审判】 2016年，新田县人民法院围绕和谐新田建设，坚持调解优先、调判结合原则，高度关注追索抚养抚育费、劳动报酬、医疗费等民生案件，坚决维护社会主义市场经济秩序，注重保护妇女、儿童、老年人等弱势群体的合法权益，受理各类民商事案件1469件、审结1380件，同比分别上升3.4%、1.69%，结案率为93.94%，息诉服判率97.22%，同比提高2.54%，促进社会的和谐稳定。

【行政审判】 2016年，新田县人民法院配合司法改革推行的“行政审判集中管辖原则”，引导来访当事人到有管辖权的法院起诉，依法审理改革前已经受理的行政案件。全年审结行政诉讼案件4件。适时开展打击“三非”“三强”等违法行为专项活动，执结各类非诉行政执行案件60件，依法征收社会抚养费70万余元。

【执行工作】 2016年，新田县人民法院围绕诚信新田建设，开展“百日执行大会战”和“集中清理涉民生执行案件”等破解“执行难”专项活动，运用强制执行、网上追逃、执行和解等措施执结一批新、旧案件，全年新收执行案件451件、办结408件，执结率90.47%，实际执兑标的2300余万元，有效维护法律的尊严和当事人的合法权益。其中，以拒不执行法院判决裁定罪移送刑事立案18人，查询银行账户8000余户，冻结银行账户460余户，查询房产信息20余户，成功收回不良贷款2000余万元，为金融机构的有序运营提供司法保障。

【司法为民】 2016年，新田县人民法院继续推行送法上门、巡回办案、提供司法救助等便民举措，构建“绿色通道”为当事人参与诉讼提供方便。对涉民生案件、涉老幼及残疾人案件快审快结，对经济确实困难的当事人减缓免交诉讼费30万余元。发挥人民法庭的“窗口”和“纽带”作用，开展“五进”活动，主动送法上门、巡回办案。新圩、枧头2个人民法庭审结的434件案件，开展巡回办案400余件次，发放法律宣传资料4000余份，较好地满足人民群众的司法需求。

【审判管理】 2016年，新田县人民法院制定《精细化管理责任制》，激励法官多办案、快办案、办好案，提升司法公信力。全年法定审限内结案率100%，案件平均审理时间38.8天，一审服判息诉率95.6%，案件质量评查率100%，所评案件优秀率95%以上，裁判文书上网率为100%。司法绩效排名全市基层法院第一，且无超审限、无长期未结案件，民商事案件平均审理时间为39.9天，在全省基层法院中排名第二。

【队伍管理】 2016年，新田县人民法院深入开展“两学一做”学习教育，引导干警进一步坚定理想信念，增强大局意识、责任意识和服务意识。落实党风廉政建设主体责任和监督责任，注重学习型法院建设与复合型人才培养。共选派干警参加上级组织的各类业务培训和主体班学习50余人次、收看视频讲座19次、院内开展专题业务辅导28次，组织39名在职党员轮流上“微党课”13期。

【司法宣传】 2016年，新田县人民法院完善民意沟通渠道，全面推进审判流程、执行信息和裁判文书上网公开三大平台建设，增强司法公开透明力度，举行庭审直播10余场，庭审观摩21场，召开新闻发布3场，张贴布告1万余份。组织干警开展法治宣传、调研和学术征文活动，在《人民法院报》、《湖南日报》、新田法院网站和官方微博等媒介，主动发布法院工作信息315条，另有6篇论文获国家级、省级奖励。

司法行政

【概　况】 新田县司法局是县政府主管司法行政工作的职能部门，局机关内设办公室、政工室、法制宣传教育股、基层股、社区矫正局、计财股、法规股7个股室，下属单位有公证处、法律援助中心，12个派出机构（基层司法所）。有行政事业编制56人，其中，实有在编人员45名，购买社会服务人员38名。负责开展全县普法依法治理工作，管理和指导公证、律师、司法鉴定机构、人民调解、基层法律服务和提供法律援助等工作，承担县依法治县领导小组办公室、县人民调解工作领导小组办公室、县刑释解教人员安置帮教工作领导小组办公室的日常工作。2016年，新田县司法局获全省司法行政工作先进单位、全省"六五"普法依法治理先进单位、全市司法行政系统工作考评优秀单位、全市维护妇女儿童权益先进集体、全县社会治安综合治理工作优秀单位称号。何建龙被评为第五届全国法律援助工作先进个人。陈红兵被评为全省"六五普法"依法治理先进个人。何强军被评为全市"六五普法"依法治理先进工作者。

【法治宣传】 2016年，新田县司法局按照省、市工作安排，组织全县国家工作人员的年度学法考试工作，6700余人参加学法考试，完成参学率100%、参考率100%、合格率95%的任务。完成"六五"普法验收工作，按照省厅"五个一"要求，组建378名法律明白人和100名法律服务志愿者队伍，评选遵纪守法户，开设"普法手机报"，发送"普法短信"10万条，组织开展"宪法宣传日"等专题法治宣传活动，指导开展专题法治讲座378堂次。

【人民调解】 2016年，新田县司法局以人民群众实际需求为工作导向，发挥三调联动职能，完善矛盾纠纷排查调处机制，实现人民调解、司法调解、行政调解3种调解方式有机结合，有效地化解矛盾，调处矛盾纠纷2260起，调处成功2236起，调解结案率100%，成功率99%。防止群体性上访32起，制止群体性械斗24起，防止民转刑10起，其中，通过运用"三调联动"机制化解信访积案11件、刑事和解24起、诉调对接5起、治安调解360起、驻派出所调解室调处206起。

【社区矫正和安置帮教】 新田县社区矫正中心于2015年10月建成并投入使用，建筑面积832平方米，内设9个功能区。2016年，购置图书阅览室图书5000册，为技能培训室配置多媒体教学系统1套，为心理矫治室购买心理矫治器材2套，为监控管理室升级改造监控管理系统，改善基础设施。2016年，增加事业编制6名。截至目前，接管社区服刑人员528人，其中，在矫人员124名、解教391名、变更12名、收监1人。接收刑满释放人员480人。无脱管、漏管和重新犯罪。服刑人员基本信息核实率100%，刑满释放时网上衔接率100%；刑释人员重点帮教对象接回（送）率100%，并建成刑释人员过渡性安置基地。

【法律服务】 2016年，新田县司法局按照"一站式组合、多窗口服务"的要求，利用新建的司法行政业务房，在一楼设置集法治宣传、人民调解、律师、公证、法律援助等法律服务功能于一体的服务窗口，设8个功能区，初步形成"一条大门进来，集中受理，分头办理，'一揽子'解决问题"的横纵贯通式公共法律服务供给平台。"如法网"由县法律援助中心承接，实现如法网O2O平台办案模式，全年实现O2O办案模式总量

100%。县公共法律服务中心提供法律咨询1200余人次，办理法援助案件190件，比2015年增长10%。完善精细化管理，提高公证人员积极性，提高公证质量，全年办理各类公证494件，其中，境内公证423件，涉外、涉港澳台公证71件；规范律师管理，开展“万名律师乡村（社区）行”“万家中小微企业法律体检”及“一带一路”专项法律服务活动。全县律师代理诉讼案件148件（民事案件105件，刑事案件43件），代理非诉案件357件，担任法律顾问24家，代写法律文书360件，解答法律咨询人数2300余人次，为企业事业单位及当事人挽回经济损失2500余万元。

军事

人民武装

【概　况】 中国人民解放军湖南省新田县人民武装部（以下简称新田县人武部）内设3个职能科室，现役军官编制8人。2016年，新田县人武部坚决贯彻习近平总书记和中央军委国防动员部以及湖南省军区、永州军分区决策部署，以学习贯彻中共十八届五中、六中全会及全军政治工作会议精神为主线，以“学习践行强军目标，做新一代革命军人”主题教育为契机，围绕强军目标，扎实开展“两学一做”专题教育整顿活动，贯彻“整风整改”基调，努力干事业，务实求作为，党委班子与单位全面建设取得长足进步，完成各项任务。2016年，被永州军分区评为党管武装工作先进单位、新闻宣传工作先进单位、后勤建设先进团级单位。

【思想政治建设】 2016年，新田县人武部注重从思想上、政治上掌控部队，确保正确建设方向。落实党委中心组学习制度，抓实理论学习，购置一批学习书籍，组织观看教育警示影片，开展读书交流活动，活跃教育氛围。开展谈心交心，掌握人员思想，做好一人一事的教育引导，确保思想上纯洁、政治上坚定，严守政治纪律、政治规矩，坚决听从党中央、中央军委和习近平主席指挥。统筹抓好“两学一做”专题教育和“学习践行强军目标，做新一代革命军人”主题教育，整理编印《习近平执政妙语汇编》《两学一做教育资料汇编》等学习资料。坚决拥护党中央、习近平总书记惩治腐败、正风肃纪、正本清源的坚定决心和有力举措，严格遵守政治纪律和政治规矩，紧紧围绕上级明确的“六个肃清”，全方位清查清理，深层次挖根除弊，坚决与其划清界限，彻底肃清案件影响。坚决拥护国防和军队改革，积极支持改革、自觉投身改革，排除各种思想干扰，不松劲懈怠、不分心走神，自觉干好本职工作。

【战备训练建设】 2016年，新田县人武部高标准完成防卫作战、国防动员、非战争军事行动等5大类方案预案，组织个人作业课题研究，推进民兵整组工作，改进编组方式，把编组向党政机关、行业系统单位拓展，调整优化组织布局结构。推进基层正规化建设，对12个乡镇基层人民武装部和民兵营的正规化建设进行规范，配齐软硬件设施，统一购置防火、防汛、防暴三类器材。组织冲锋舟水上救援、森林火灾扑救以及灭火器、消防水枪操作使用等科目训练，夯实应急处突基础，提高抢险救灾及应急处突能力。开展征兵工作，全县有528名适龄青年报名参军，其中，大学生68人，进站体检370人，体检政审双合格170人。

【保障能力建设】 2016年，新田县人武部坚持把财务管理工作纳入党委议事日程，对经费进行指标控制。科学编制《2016年度新田县人民武装部经费预算》，修订《后勤管理规定》，明确经费的使用标准、范围和要求。遵循“落实规定、执行预算、勤俭节约、合理开支”的原则，坚持党委集体当家理财，严格审批手续，堵塞财务管理漏洞。先后组织干部工作、财务工作两项大检查和清房清车清人、有偿服务、工程建设等专项清理整治以及“五多”问题纠治，取得较好的成效。

【党管武装工作】 2016年，新田县人武部以“促一方发展，保一方平安”为己任，带领广大民兵预备役人员努力在地方经济社会建设上有所作为。先后参与地方“扶贫”、打击“三非”，创建省卫生城市、国家卫生城市、省文明城市、省森林城市以及重点项目建设；应急分队参与治安巡逻、加强市场秩序管控、学生军训，2次完成抢险救灾等工作；先后与30人次涉军上访对象谈心，及时化解矛盾，涉军信访群体相对稳定。组织驻新田官兵志愿服务队授旗仪式，2次参加义务植树活动。军政主官各牵头1个社区城中村、1个集贸市场、1个居民小区、1条联系路段的创卫任务，多次组织现役干部和民兵预备役人员攻坚，为创建国家卫生县城做出贡献。

武警中队

【概　况】 2016年，新田县武警中队坚持以中共十八届六中全会精神和习近平总书记系列重要讲话精神为指导，以强军目标为统领，深入贯彻落实三级党委扩大会议精神及支队党委的决策部署，围绕“聚思想、敢担当、强素质、有作为”的中队年度工作思路，铸牢军魂，正规秩序，严格管理，抓好落实，推动部队建设又好又快发展。

【思想政治建设】 2016年，新田县武警中队坚持把思想政治建设放在首位，着力抓好理论武装，筑牢听党指挥的思想根本。开展“改革强军”主题教育活动，坚持以人为本，把教育引导官兵做新时代的革命军人作为教育的核心内容，树好军人的样子。广泛开展以“三互”“双四一”“三帮一带”活动为重点的群众性思想工作，经常分析并准确掌握官兵的现实思想，做到及时发现，确实弄清，正确解决。抓好部队文化生活，营造学习向上的良好氛围。开展群众性的影评、视评、书评活动，引导官兵多读书，用健康向上的文艺作品陶冶官兵情操，广泛开展“月读一书、周有一思、日习一文”读书成才活动、“我们听你说”小演讲和“贯彻十八届六中全会精神、加强党内监督”主题演讲、征文、书法、歌咏比赛等系列文化活动，丰富官兵文化生活，提升精神追求。

【实战化军事训练】 2016年，新田县武警中队以提高战斗力为根本标准，按照“按纲施训、以人为本、循序渐进、确保安全”的指导思想，注重基础，突出抓体能、抓硬难科目训练，改变训练不均衡的现象，提升中队训练水平，促进部队战斗力的提高。自年初以来，中队成立以中队长蔡立武为组长的训练领导小组，着力培养“四会”教练员，组织进行示教作业，提高各班长的军事素质、组织指挥能力和授课教学能力。开展评比竞赛，充分发挥宣传作用，建立训练评比专栏、军事训练龙虎榜，宣传在训练中的好人和好事；以“每周小会操，每月大比武”的形式，开展班排、个人之间的训练竞赛，评标兵、树典型、建立示范班，在中队掀起比、学、赶、帮、超的训练氛围。练硬“拳头”，打造“利刃”，完成武装押解、联勤武装巡逻和重大会议的安全保卫等临时勤务。

【正规化建设】 2016年，新田县武警中队中队坚持以《军队基层建设纲要》和条令、条例为根本遵循，做到统筹工作依据条令、部署工作符合条令、解决问题运用条令、日常养成贯彻条令，部队有令可行，有规可依，奖惩分明。做好表率模范管，中队干部以身作则，处处模范带头，给广大官兵做好样子；突出重点科学管，坚持以人员管理为重点，以“管好干部带好兵，管好骨干带部队”为工作思路，对干部、士官、义务兵采用不同的管理方法，做到因人施管。特别新兵下队以后，中队高度重视新兵的管理工作，开展“五个一遍”“深知兵、真爱兵”等活动，帮助他们度过想家关、苦累关和进步观，为新兵尽快适应新环境奠定良好的基础；贴近实际经常管，中队针对存在问题，严格抓好人员八小时外的管控，确保人员时刻在位，不失控；依靠载体灵活管，中队充分运用好“三互”“双四一”等有效载体，形成良好的互管共赢的局面；抓住安全齐心管，中队坚持把安全工作作为头等大事来抓，注重抓好安全常识教育和警示教育，坚持每周进行一次安全隐患大排查与安全形势分析，增强官兵共抓安全、共抓防范的意识，守住安全发展的底线。

消防大队

【概　况】 新田县消防大队成立于1995年，隶属于武警消防序列，现有官兵51人，其中，现役军官9名，现役战士20名，合同制消防员22名。2016年，新田县消防大队党委坚持有红旗就扛，有荣誉就争的工作理念，以争创消防部队先进基层党组织、全面建设先进大队为目标，狠抓“十六字”方针的贯彻实施，提升党委班子科学决策、民主决策的水平，统一对火灾防控和部队建设目标的认同。2016年，大队接警出动130次，其中，火灾扑救84次，抢险救援及社会救助46次，出动车辆268台（次），出动警力1894人（次），抢救被困人员33人，疏散被困人员83人，抢救财产价值1000多万元，保护国家和社会财产经济价值2000多万元。成功扑救“2・20”星子坪砖厂、“2・23”水利局家属楼、“2・27”滴水岭商铺及“10・3”坦头村民房火灾，最大限度的挽救人民群众生命财产安全，得到人民群众一致好评。同比2015年，火灾“四项指数”下降，全年未发生较大以上火灾事故。

【火灾防控】 2016年，新田县消防大队推动县委、县政府贯彻落实“党政同责、一岗双责、失职追责”和“管行业必须管安全、管业务必须管安全、管生产经营必须管安全”的要求，将消防工作纳入全县绩效评估、平安建设和社会管理综合治理等考评体系，组织各乡（镇）政府和相关职能部门进行消防工作考核，将考核结果作为对各乡（镇）政府与相关职能部门负责人及领导班子综合考评评价的重要依据。提请政府召开消防工作会议，分别与各乡镇、消安委成员单位签订《2016年消防工作责任状》，明确各单位的消防安全职责，加强消防工作督导检查，强化事前问责、事后追责力度，严肃消防安全事故查处与责任追究。大队多次专题向县委、县政府主要领导汇报全县消防安全形势及当前消防工作的难点，得到政府主要领导的高度重视，县政府常务会议专题研究通过全县城区消防编制规划、枧头镇专职消防站、7个社区微型消防站、50个市政消火栓建设等多个消防议题，为提升全县火灾防控水平和推进消防工作发展打下坚实基础。

【消防宣传】 2016年，新田县消防大队坚持“消防工作，宣传先行”的工作方针，着力提高群众的消防安全意识。依托自主创新、媒体合作和社会征集，多渠道推进消防知识宣传，重点巩固和拓展学校、农村、消防志愿者阵地，开展“平安度假期”、“3・15”消防日、“消防志愿者在行动”、“抗震减灾日”、“6・20”安全生产宣传月、“九九平安行动”等活动。强化大培训活动，组织召开社会单位“户籍化”会议、乡镇社区管理人会议、公安派出所监督业务大讲堂、消防控制室大培训等活动，推动网格化管理、户籍化管理工作，明确乡镇、社区及社会单位的职责，形成群防群治的良好局面，提升人民群众的消防安全意识。拓宽宣传平台，全县50个重点单位消防安全责任人、管理人以及消防控制室值班人员100%安装、订阅消防官方微信“新田消防”，推广运用“掌上消防”APP查改家庭火灾隐患，有效提升全县群众火灾自防自救能力。

人民防空

【概　况】 2016年5月，设立新田县人民防空办公室，为县人民政府工作部门。机关行政编制3名，下属事业单位人防通信站更名为县人防指挥信息保障中心，事业编制3名。机关内设综合办公室（财务股）、工程管理股（法规宣传股）2个机构。2016年，获“全省人民防空先进集体”称号及全市人防绩效评估一等奖。

【宣传教育】 2016年5月12日“防灾减灾集中宣传日”，新田县人民防空办公室在文体中心、文化广场、中山商业广场、双碧广场等地设置5个宣传点，开展应急知识集中宣传活动，发放《防空防灾安全知识》等宣传资料10000余套，接待咨询群众1500余人次。7月—8月，分别开展人防宣传进社区和进学校活动，在社区、学校等公众场所举办专题讲座5次，成功举办“防空知识进学校，培养人防小博士”百米儿童画卷活动，创作防空画作80余幅，发放《人防小博士》丛书、《公众防空防灾应急手册》等宣传资料3000余套，营造共同参与、支持人防的良好氛围。加强人防外宣工作，被国家、省人防网各采用信息1篇，市人防网采用10篇，县新闻网和县政府网采用12篇。

【指挥通信】 2016年，新田县人民防空办公室坚持人防建设与城市、经济建设相结合，加强基础设施建设，邀请省办专家对城区电声警报器进行检测与试鸣，确保警报器正常运转，完成11月1日湖南省“人民防空日”试鸣任务，警报试鸣率达100%。2016年投入20万元，安装完成第三代军用车载电台，指挥通信体系逐步完善。抓好无线电短波训练工作，2016年与省台联络10次、与市台联络4次，全部做到准时出联，电台沟通率和报务无差错率100%。9月，完成市办统一组织的“永州市人防机动指挥通信跨区演练”任务。

【基础设施建设】 2016年，新田县人民防空办公室推进由湖南省建工集团承建的“15116”工程建设。将其作为全年工作重点，顺利完成工程项目的立项、设计、审批等环节，做好图审、设备订购、质监受监等工作，2016年年底，完成主体工程建设，该项目建成后将大大增强全县的综合防护能力，是全市县区范围内的第一个县区结建工程。

【人防执法】 2016年，新田县人民防空办公室严格按照房地产一体化并联审批程序，严把易地建设和结建工程审批关，做到“应建尽建，应收必收”，确保新报建项目按新的核费标准执行到位。2016年11月全省行政执法资格考试中，全体人员以优秀成绩通过考试。参加省、市举办行政执法培训16人次，邀请市办领导到新田指导人防执法，在社区、学校、企业、机关和媒体等公众场所举办专题讲座5次。

【制度管理】 2016年，新田县人民防空办公室建立健全办公室管理、公务接待、公务用车、值班备勤、三重一大、“五个不直接分管”等各项规章制度，规范人防内部管理。坚持执行并联审批、人防前置审批制度，规范行政审批和档案管理，从2016年1月1日起，对行政征收执法案卷进行规范整理，做到有记录、有证据、有回执、有处理、有结果，每个案卷均有目录、有编码、有归档管理人。

经济建设

综合经济管理

经济发展与体制改革

【概　况】 新田县发展和改革委员会，为新田县人民政府组成部门，其前身为新田县计划物价委员会，2005年正式更名为新田县发展和改革委员会。现有编制31人，其中包括14个行政编制，13个事业编制，4个后勤编制。至2016年，有主任1人，副主任2人，纪检组长1人，总经济师1人，正科级领导1人，副科级领导2人，主任科员1人，副主任科员2人。内设办公室、综合改革规划股、法规股（县公共资源交易管理委员会办公室）、固定资产投资股（服务业股）、社会发展股（农村财经股）、工业股（能源股）、节能监察股（资源节约和环境保护股）、县重大项目前期工作股（对口支援办公室）、重大项目稽查股、价格调控股（县价格调节基金管理办公室、商品服务价格管理股）、收费管理股、统计办公室12个办公室。下辖县物价监督检查局（价格成本调查队）、县价格认证中心、县民意调查中心、县节能监察中心。归口管理县以工代赈办公室、县重点建设项目管理办公室、支持铁路建设办公室、县社会经济调查队。2016年，获县综合目标绩效考核优秀单位、永州市发改系统目标管理考核先进单位、"十三五"规划编制工作先进单位称号。

【项目申报】 2016年，新田县发改委围绕县委、县政府"用项目建设总揽经济社会发展大局"和"项目立县"工作思路，争取国家政策支持，抓好谋划、包装、申报、实施与管理工作，引进大项目，争取大资金。一是积极向上争取资金，谋划项目库建设，招商引资稳步推进。全年通过发改委口争取资金1.518亿元，其中，中央预算内资金1.018亿元（包括中医院县级标准化建设项目4000万元，新田老年养护院1440万元，以及边远山区教师周转房等9个项目），中央专项建设基金5000万元（城市供水工程），较好的完成全年上争资金任务。县发改委编制的《新田县农村经济社会五年综合发展规划》，项目涉及农村基础设施、农业产业、保障服务等80大类项目，总投资304.63亿元。二是加快推进重点项目建设。2016年计划实施85个县级重点项目，开工80个，开工率94%，完成投资55.6亿元，占全年计划投资的100.4%。全县实施17个市级重大项目，年度计划投资30.25亿元，完成投资45.38亿元。中国中部国际家居博览城、城市供水、光伏发电3个项目被列入省级重大工程，全年完成投资8.82亿元。向上争取资金类项目14个，向上争取资金项目已到位资金8.1亿元（不含财政一般性转移支付、城建融资、特别国债专项基金），为年计划任务的108.72%。三是开展兴永郴赣铁路争取工作。争取省市党委、政府和中铁二院、四院的支持，两院专家对新田进行铁路站场选址与走向的勘察。

【**经济监测**】 2016年，新田县发改委通过加强对经济运行的分析和监测工作，及时掌握全县经济运行情况，及时发现运行中苗头性、倾向性的问题，针对具体问题提出具体应对措施，为县委、县政府提供决策参考。一是完成《2016年全县国民经济和社会发展计划执行情况报告和2017年国民经济和社会发展计划（草案）报告》并经县人大审议通过实施。二是完成《新田县第一季度经济形势分析》《新田县上半年经济形势分析》《新田县第三季度经济形势分析》。三是牵头起草《新田县基础设施扶贫调研报告》，得到县委、县政府表彰。

【**规划编制**】 2016年，新田县发改委完成《新田县农村经济社会五年综合发展规划》《新田县2016年石漠化治理实施规划》《新田县高标准农田建设项目（2011—2020）可行性研究报告》等专项规划。其中,《新田县农村经济社会五年综合发展规划》提出新田县未来五年农村经济社会发展的思路和要求，汇集涉及农村全面发展的基础设施建设项目，是今后五年指导全县农村经济社会发展与基础设施建设实施的重要规划。

【**依法行政**】 2016年，新田县发改委严格办理程序，严把项目审批关。加强和改进初步设计审查工作，逐步采用中介机构先进行评估或邀请资深专家进行初评，会同有关部门召开审查会议的“双把关”的审批方式。全年完成对86个项目的初步设计审查和批复，其中，备案项目23个，项目立项批复63项。规范招投标管理，全年完成审批、核准工程建设的招标内容和招标事项350个，其中公开招标57个，无“四难”现象，无吃、拿、卡、要、报行为。加强招投标标后监管，贯彻落实《新田县工程建设领域关键岗位E网考勤实施办法》《关于进一步规范招投标工作的通知》有关文件精神。协调将全县招投标项目全部纳入公共资源交易中心。严格节能评审和节能减排，推进清洁能源建设。首先是依法行政，执行固定资产节能评估与审查，全年有28个节能登记项目，节能审查项目3个。开展节能降耗宣传和教育培训，加强信息传播与咨询服务。2016年，全县单位GDP能耗下降0.534吨标准煤/万元，下降率6%，超额完成市里下达的下降率3%的目标任务。推广清洁能源。2016年，全县建设农村户用沼气池近10000个、养殖小区和联户沼气工程500个、大中型沼气池3个；组织实施新田温氏畜牧有限公司合作养殖场配套沼气工程15个；推广太阳能热水器5000台，新装太阳能路灯3500盏；罗溪光伏电站征地、租地工作已全部完成，现等待林业部门用地审批，即可开工建设。

【**价格执法监管**】 2016年4月底到11月，新田县发改委配合市发改委检查组，对县人民医院、县中医院、县妇幼保健院3个单位进行医疗服务收费专项检查，规范收费行为。重点开展教育收费检查、涉企行政事业性收费督察。加强日常市场监管，有针对性地加强节假日等特殊时间段的重点商品和服务收费、重点行业价格行为的检查。开展客运票价的监管，发挥价格监督检查的职能作用。畅通渠道，加强价格举报工作。2016年，县委书记、县长网络信箱举报交办函件2件，电话举报件3件全部办结。推动价格改革，全年对46项各类服务价格进行审批，对打击“三非”、各入驻政务服务中心的窗口单位收费工作进行梳理，督促各收费单位按照新的政策标准执行收费服务。

【**改革工作**】 2016年，新田县发改委贯彻落实《新田县全面深化改革2016年工作要点》，涉及发改委工作2大类、3小类、11项，按照分工，安排分管副主任为各项工作的责任人，抓紧落实各项改革任务。联合相关部门，抓总牵头，协调督促相关单位在各自领域内深入推动信用体系改革，逐步建立全县信用体系。稳步推进公务用车改革。成立公务用车制度改革领导小组，负责全县公务用车改革工作；编制《新田县公务用车制度改革总体方案》和《新田县县直党政机关公务用车制度改革实施》，报县常务会议及市车改办审批，快速启动乡镇与县直党政机关车改工作。完成车改方案审查工作，对保留用车进行统一的标识喷涂；批复车改方案，发放交通补贴。

【项目建设】 2016年，由新田县发改委牵头的"135"工程项目暨创新创业园引进企业15家项目，目前园区完成引进企业10家，均为小微型企业，采用租用或购买园区现有企业厂房的形式进驻园区，均投入生产。2016年，"135"工程标准厂房建设完成16.8万平方米，加上2015年完成的23.11万平方米，园区累计完成标准厂房39.91万平方米，超过省、市下达的"135"创新创业园标准厂房建设9.91万平方米任务。争取到的标准厂房资金1660万元。石漠化治理稳步推进。全年投入项目资金261.91万元用于石漠化项目建设。新建排灌沟渠12000米，沟道整治2600米，维修山塘7口，新建牛羊棚圈1328.78平方米，购置饲草机械14台（套）。

市场和质量监督管理

【概　况】 新田县市场和质量监督管理局成立于2016年5月，由原工商行政管理局、食品药品监督管理局、质量技术监督管理局合并组建而成，是县政府组成部门之一，负责全县工商行政管理、食品药品安全、质量技术监督监管执法工作。内设14个股室、3个所属单位、2个挂靠组织、5个分局和7个所。有编制内干部职工106人。全县注册登记市场主体总量为12260家（户）、注册资本80.27亿元，同比分别增长41.2%和22.82%；其中，内资（非私营）企业199家、注册资本7.83亿元，同比分别减少31.1%和增加5.17%；私营企业978家、注册资本44.13亿元，同比分别增长5.4%和12.17%；个体工商户10713户、注册资本22.64亿元，同比分别增长37.64%和64.69%；农民专业合作社370户、注册资本5.67亿元，同比分别增长52.89%和57.06%。食品生产42家，其中，获得生产许可证的食品生产企业19家、小作坊23家。食品流通单位1694个，餐饮服务单位643个。药品经营单位70个，其中批发企业2家；医疗器械经营（兼营）企业7家，其中批发企业3家。医疗服务机构45家，村卫生室（诊所）369个。特种设备使用单位162个，特种设备415台（套）。2016年度，新田县市场和质量监督管理局被县委、县政府评为安全生产先进单位。

【市场服务与监管】 2016年，新田县推行"五证合一、一照一码""两证整合"改革，全县新注册登记市场主体3589家（户），注册资本14.91亿元，同比增长56.5%、9.5%。强化企业信用信息公示，办理企业年报942家，年报率96.39%；个体工商户年报7658户，年报率99.83%；农民专业合作社年报215户，年报率100%；依法列入经营异常名录市场主体526户，移出经营异常名录市场主体228户；清理名存实亡空余户169户，其中，依法吊销113户，引导企业注销56户；查处取缔无证无照经营行为7起。实施品牌战略，"竹家乐""众康""薪田五月黄"3个商标被评为湖南省著名商标；"鼎元机械"（图标）、"吉星家具"（图标）、"吉洲吉星"、"梦都"、"竹家乐"、"鑫隆食品"（图标）等9个商标被评为市知名商标；永州梦都家纺有限公司获湖南名牌产品称号；"新田大豆"获得国家地理标志产品称号。开展竞争执法，检查经营主体1130户次，检查集贸市场等各类市场46个次，整治重点区域8处，立案查处巨奖销售房地产案1起，查办商标侵权案3起，货值12万多元。开展"创建无传销乡镇、无传销社区"活动，出动执法人员606人次，车辆226台次，对全县12个乡镇、6个社区进行全方位的排查，未发现有传销组织及变相传销组织。查处无照经营活动，引导办理证照1516户，全县市场主体执证照率达到98%，开展专项行动4

次，立案查处无照经营23件。开展广告监测，监测各类广告35条（次），责令改正违法违章广告18条（次），立案查处违法广告13件。规范网络市场秩序，组织开展“红盾网剑”专项行动，运用网上巡查与网下检查等方式，依法查处各类违法经营行为，完成网络经营主体数据比对145户。严把市场准入关，强化对投融资担保市场主体经营行为的监管。

【质量监管与整治】 2016年，新田县市场和质量监督管理局推进质量建设，建立质量工作计划、工作协调、督察落实、工作考核等机制，被评为永州市“质量强市”先进县，湖南吉星家居有限公司被评为“质量强市”示范企业，协助南峰水泥有限公司换发全国工业产品生产许可证，湖南闽新人造板有限责任公司列入ISO9001企业质量体系。加强计量器具检查，扩大免检范围，惠及集贸市场17个，乡镇和社区医疗机构40余家，免费检测电子秤800余台。开展安全隐患排查，出动执法人员526人次，执法车辆207车次，排查特种设备使用单位83家，检查特种设备386台，查出隐患131条，下达特种设备安全监察指令书50余份，对2家企业进行立案查处。全年未发生特种设备安全事故。开展“质监利剑”行动，抽检化肥等工业产品36批次，查处产品质量案件16件。

【食品药品安全保障】 2016年，新田县市场和质量监督管理局夯实监管基础，延伸监管触角，依托城乡社区网格化建设，建立协管员和组信息员，将监管触角延伸到村到组，全县有274名村办管员、1526名组信息员。集中开展“打黑除非”，桶装水安全，肉制品安全，食用油米粉放心工程，城乡食品安全“利剑”“清源”“扫雷”“净流”行动，节日消费市场，校园及周边食品安全，夜宵市场整治，“四查”行动，冷冻肉品等多项整治。出动执法人员10410人次，出动执法车辆2470余台次，检查食品生产经营单位12381家次，批发市场、集贸市场等各类市场126个次，责令整改431家，引导办证32家，抽检食品160批次，查处各类食药违法案件146件，移送公安机关查处17起。6家米粉小作坊验收达标，创建县级餐饮示范街2条，示范店78个，示范单位食堂10个，合格店328个，申报省级食品安全示范学校2所。开展疫苗质量安全、特殊药品和含特殊药品复方制剂、药品流通领域突出问题、医疗器械五整治等专项检查，检查药品经营使用单位365家次，对21家企业进行GSP跟踪检查，飞行检查企业2家。完成药品不良反应监测报告404份，完成率155%。其中，严重的病例报告67份，完成率191%。完成医疗器械不良事件116份，完成率128%。

【维护消费者权益】 2016年，新田县市场和质量监督管理局完善“12315”“12331”“12365”工作体系，加大“五进”工作力度，接受消费者咨询400余人次，受理消费者申诉、举报31起，办结率100%，为消费者挽回经济损失10.38万元。

审计工作

【概　况】 新田县审计局成立于1984年3月，为县人民政府工作部门，受县政府和永州市审计局的双重领导，负责全县的审计工作。按新田县人民政府办公室2016年5月26日印发的《新田县审计局主要职责内设机构和人员编制规定》，除原设办公室，综合计划股，法规审理股，经济责任审计室，财政金融审计股，行政事业、农业、资源环保与社会保障、外资审计股，经贸与固定资产投资审计股7个股（室）外，还增加了执法室。行政编制维持13人不变，其中，局长1名，副局长2名，纪检组长1名，总审计师1名，股长（主任）8名。下设县审计基层工作室事业单位，编制从3人增加到8名。机关后勤服务人员事业编制1名，只出不进。2016年，县审计局获永州市审计机关工作目标责任考核二等奖及全县党风廉政建设和反腐败工作先进单位称号。

【审计项目】 2016年，新田县审计局组织实施审计项目131个。其中，同级财政预算执行情况审计3个，市局授权行业审计项目6个，领导干部经济责任审计11个，由县委、县政府委托社会中介机构对县直单位、乡镇政府及临时指挥部等部门开展财政财务收支审计17个，基建投资审计94个。审计查处违规金额6846万元、归还原渠道资金482万元、处罚上缴金额60万元（含中介审计项目24万元），提出审计建议136条、促进被审计单位制定整改措施42条；基建投资审计送审金额4.12亿元，审计认定的造价金额3.55亿元，核减金额0.57亿元，审计平均核减率13.83%。

财政审计。以推动健全政府预算体系、改进预算管理、盘活财政资金存量、优化财政资金增量、调整财政支出结构、促进资源优化配置和提高资金使用绩效为目标，重点关注县公共财政在涉及预算管理、资金分配和利民惠民等方面资金拨付使用情况以及地方税收征收管理情况。重点进行同级财政预算执行情况审计、县地税局税收征管情况审计、县教育局部门预算执行情况审计。固定资产投资审计。实施基建审计项目94个，对政府投资的重大建设项目实行全方位的跟踪审计监督，重点审计工程招投标情况、建设项目资金管理和使用情况等。关注建设项目质量，促进提高投资管理综合效益。

经济责任审计。受县委组织部委托，2016年对20个单位的22名领导干部开展经济责任审计，截止到12月31日完成审计报告11个。专项资金审计（调查）。2016年，组织实施省、市审计机关授权的专项资金审计（调查）6个。包括2015年度保障性安居工程审计、2013年1月至2016年5月人民防空工程入洞费补助发放情况审计调查、医保基金审计、就业培训资金调查、财政扶贫资金专项检查、山洪灾害防治非工程措施建设项目财务收支及竣工决算审计。完成2015年度由县委、县政府委托社会中介机构对县直单位、乡镇政府及临时指挥部等财政财务收支审计17个。

【制度建设情况】 2016年，新田县审计局制定《新田县审计局审计监督权力的事中事后监管办法》，编制《审计监督检查工作流程》，制定《新田县审计局行政权力清单》。

统计工作

【概　况】 新田县统计局内设办公室、业务股（加挂统计法律法规监督检查股牌子）2个股室，有新田县社会经济调查队、民意调查中心2个下属事业单位。2016年，有人员编制20个，现有干部职工20人。新田县统计局主要职能是主管全县统计和国民经济核算工作，基本任务是对全县经济社会发展情况进行统计调查、统计分析，提供统计资料与统计咨询意见，实施统计监督。

【统计产品】 2016年，新田县统计局组织各项统计调查，开展新田县第三次全国农业普查，提高统计数据质量，开展统计调研分析，发挥统计职能，增强创新意识，全县统计工作取得新成绩。主要统计产品：编印“新田县年度主要经济指标一览卡”《新田统计年鉴（2016年）》《新田县国民经济和社会发展统计公报》，撰写统计分析及调研材料，并以《新田统计》《决策参考》等形式印发，向县委、县政府领导和社会各界及时提供信息服务。

安全生产监督管理

【概　况】 2016年，新田县安全生产监督管理局内设执法监察大队、安监股、综合协调股、办公室、工贸股、职业健康监督管理股。

【安全生产保障】 2016年，新田县安全生产监督管理局以强化基层基础建设、提升安全保障能力作为目标，突出“三个加强”，推动基层基础工作健康顺利开展。加强日常监管队伍建设。高度重视安全生产监管队伍的组织建设，形成以县安委会为中心，各安委会成员单位联动配合的安全监管网络体系；加快基层安全生产监管机构网络体系和队伍建设，加强县、乡镇、工业园区三级安全生产监管网络建设，形成支撑全县安全生产工作创新发展的组织保障体系。加强安全生产应急保障能力建设。各乡镇、有关行业成立安全生产应急救援队伍，定期开展演练，提升应对突发安全事故的组织指挥、协调配合、快速反应和高效处置能力。督促辖区内的高危行业企业制定事故应急预案。加强企业安全生产基础保障能力建设。注重对安全生产工作的教育培训，开展一系列理论与实际相结合的安全教育培训，引导一线员工参与隐患排查，实现常态化排查及培训制度，夯实企业的安全基础，从根源上防范事故的发生。

【安全生产监管体系建设】 2016年，新田县安全生产监督管理局履行安全生产综合监管职责，严格实施多项措施，加强安全生产监管体系建设，落实综合监管，构建齐抓共管格局。履行安全生产综合监管职责，坚持行业主管、各司其职，做到行业管理与安全监管相统一；坚持分级负责、属地监管，落实地方政府和相关职能部门的安全监管责任；区别对待、分类指导，进一步增强综合监管工作的效能。隐患排查治理不间断，改善安全生产条件。突出重点行业、重点领域、重点企业，组织开展不间断的安全生产大检查，强化安全隐患的治理整改。加强隐患排查体系建设，完善登记报告、监控治理、追踪督促、整改销号和暗察暗访制度，督促企业建立隐患自查自报、监测监控、预报预警、风险评估等安全防范体系，形成“政府部门重点督导检查、企业全面自查自报”的隐患排查治理体系，构建“企业自查自纠、专家现场诊断、政府挂牌督办、执法督促整改”的隐患排查治理长效机制，实现隐患排查治理工作制度化、规范化和经常化。规范安全生产秩序，把打击非法违法生产经营行为作为有效防范和遏制事故的重要手段，加强与其他行业部门的协调联动，组织执法人员在高危行业、重点企业、重点区域进行执法检查。对影响安全生产最突出的危险化学品、交通运输、建筑施工、消防等行业领域的各类非法违法、违规违章行为进行集中打击整治。强化安全监管效能，强化建设项目安全核准工作，严把项目引进关、规划设计关，新建、改建、扩建工程项目的安全设施必须与主体工程同时设计、施工、投入生产和使用，对未通过审查的建设项目，不允许擅自开工建设、投产投用，将稳增长建立在安全生产的坚实基础上。深化宣教培训，提升全民安全素质，坚持动态宣传强声势、典型宣传推经验、社会宣传造氛围，创新载体，丰富内容，开展安全生产宣传、培训活动。通过开设“安监之窗”等专栏，采取专题报道、深度报道等方式，采用公开曝光非法违法企业等形式，深化宣传教育工作。督促企业做好全员安全教育培训，扩大培训的覆盖面，提高职工的安全素质和安全操作技能，强化企业主要负责人、安全管理人员任职资格考核，加大对劳务人员的培训力度，使劳务人员不断由“苦力型”向“技能型”转变。

【安全生产监管责任落实】 2016年，新田县安全生产监督管理局落实安全生产“一岗双责，党政同责，齐抓共管”要求，以责任落实为核心，进一步完善工作机制。健全责任体系和考核体系，层层签订责任书，强化属地与行业管理责任；利用日常检查、年中检查和重点时段检查等手段对有关行业部门及领域进行安全生产工作检查与专项督察；完善安全生产例会制度，定期研究安全生产工作，及时协调解决有关安全生产问题。采取联席会议、联合执法等形式逐步建立各单位通力协作的常态工作机制，督促、指导各职能单位广泛开展安全整治活动，进一步推进齐抓共管的工作格局。以消除隐患为根本，深化隐患排查治理活动。督促企业按照要求提取安全费用，添置、完善工作场所安全防护设施，严格执行“三同时”制度。进一步加强对安全生产专项整治力度，采取措施，开展矿山、交通、消防、化工、建筑施工、冶金机械、特种设备等领域为重点内容的安全生产专项整治，引导、带动其他行业和领域企业深入开展隐患排查整治工作，督促落实隐患排查治理工作制度，促进隐患排查治理工作的规范化、常态化。抓好重点隐患分级督办工作，引导企业运用先进技术设备，组织或聘请专业人员，进行全方位检查，不留盲点、杜绝死角。从强化管理入手，进一步加强重点领域安全监管。深入开展对矿山、尾矿库的专项整治，加大对高陡边坡、采空区等重大隐患和危险源的监管力度。推进矿山安全标准化建设，提高安全标准化达标等级。推进化工园区建设，实现安全合理布局，深化推进危险化学品登记工作，严格企业准入制度和安全标准化建设，加快淘汰落后设备工艺，关停不具备基本安全生产条件的企业，提升本质安全水平。加强烟花爆竹零售经营网点的安全管理，规范市场经营秩序，进一步规范企业进出库登记工作，加强台账管理，强化日常巡查，严厉打击无证经营、非法经营行为。完善设施设备，严格作业现场管理，推行设备专业维保，厂房专业修缮，严防物体打击、高处坠落、触电等安全事故发生。同时，发挥安委办综合协调功能，依靠和发挥行业主管部门的作用，推进道路交通、消防、建筑施工等领域的安全监管工作，形成监管合力，提高综合监管工作效率、效力。以基础建设为重点，加强职业卫生监管。借助各类载体，开展内容丰富、形式多样的宣传活动，普及职业卫生知识，增强用人单位的职业危害防控观念，提高劳动者的自我健康保护意识。做好建设项目职业卫生“三同时”的备案、审核、审查和竣工验收，督促用人单位严格落实职业卫生“三同时”管理要求，建立健全职业健康监护制度，开展工作场所职业危害因素监测，做好职工岗前、岗中、离岗后的健康检查，建立健全职业健康监护档案。建立健全职业病防治协作机制，提高职业卫生“三同时”审查率和企业职业危害申报率。以强化执法为手段，依法治理。按照“四不放过”的处理原则，调查处理安全生产事故，及时办结案件，对发生事故的单位给予停产整顿，督促生产经营单位落实好“四个一”。以安全生产基础管理和矿山、危险化学品、烟花爆竹等高危行业的安全管理为重点，利用公开举报平台，采取举报奖励措施，发挥社会舆论监督的作用，严厉打击生产经营过程中的“三非”“三违”和“三超”及拒不执行整改指令等非事故类安全生产违法行为，提高企业的违法违规成本，营造高压严管态势，从源头上提高企业的安全生产能力。

【打非治违】 2016年，新田县安全生产监督管理局按照“全覆盖、零容忍、严执法、重实效”的要求，与多部门联动，开展各行业领域的安全生产、打非治违整治工作。

道路交通方面，交警、交通部门迅速开展安全大排查、大管控、大整治行动，查处无证无牌车辆48台次，查处车辆非法营运行为53起，同时加大对乡村公路桥梁的巡查力度，排查出重大道路安全隐患5处。对骥村镇砠坪公路的地质灾害地点路段隐患进行全面的治理。对县城日西河大桥重大安全隐患采取措施进行整治，对影响桥梁安全的构筑物进行强制拆除，并请技术专家会诊，拿出整治方案，现已封闭整治。

非煤矿山方面，国土、安监、公安等部门联合开展非煤矿山“打非治违”专项执法行动3次，出动执法检查人员56人次，检查生产经营单位22个，检查发现隐患85处，整改隐患63处，责令停产整顿企业3家，与国土部门开展联合执法，对龙泉镇水井窝非法石场进行取缔。

建设领域，住房和建设部门对城区在建项目进行彻底清查，出动检查执法人员65人（次），排除安全隐患70余处，对存在问题工程项目发出整改通知书9份。消防安全方面，消防部门共检查工贸企业、商场、宾馆、网吧、学校、医院等人员密集场所以及加油站、液化气站等易燃易爆、易发生火灾的单位121个，整改6个，对永得利、荣达鞋业等3个生产经营单位进行停产停业整改处罚；县政府安排烟花爆竹专项整治经费10万元，由县安监局牵头开展全县烟花爆竹专项整治，安监、公安、消防、市监等部门30余名执法人员对各乡镇镇烟花爆竹经营市场执法整治。

危险化学品方面，对石羊镇田心村1个存在多年的非法加油站进行联合执法，拆除加油机2台、灌沙灌水处理储油罐4个，以安委会名义交办取缔金盆镇1家非法加油站。对工业园旁边的和瑞气站进行联合执法，查封气罐2个、加气设备4台。

职业病防治方面，对木质家具制造、非煤矿山等存在职业病危害的行业企业，开展职业病危害专项治理行动，重点对职业病危害因素检测结果超标的企业进行治理，控制和减少职业病危害，对未进行作业场所危害因素检测与职工健康体检的义雄石场予以5万元的行政处罚。

严格实施"黑名单"制度。将存在严重非法、违法行为且不整改，以及因非法、违法行为导致事故的企业列入"黑名单"，及时向社会公告并通报相关部门，在项目审批、核准、备案、用地审批、融资贷款、政协委员人大代表提名等方面严格限制。

强化领导带队督导。10月，根据县政府常务会议研究决定，县安委会下发《新田县领导干部带队安全生产联合执法检查行动工作方案》，自10月24日起，全体县级领导各自带队，由行业主管部门牵头、有关部门参与配合，就工业园区、建筑施工、道路交通等行业领域和乡镇开展为期15天的联合执法检查，保证每个行业领域要有1个典型执法案例，形成上下联动、条块结合的"打非治违"工作格局。

【安全生产宣传教育】 2016年，新田县安全生产监督管理局按照"监管执法年"活动要求，在县政府网站开通安全生产宣教专栏，每月开展"一月一警示"活动，通过新田手机报、微信、短信平台向市民发送安全生产警示信息4万余条。邀请省安监局法规处处长谭德明在县委中心组学习中上专题辅导课。"安全生产宣传咨询日"活动中，发放各类宣传资料8000余份，接待咨询群众600余人次。各乡镇、各部门、各企业在重点场所悬挂横幅70余幅、贴标语及宣传画1800余张、出各类板报10期达200余篇。借助电视台、报刊等新闻媒体，深入宣传安全生产工作的方针及政策，加大对安全生产工作重大举措、安全生产先进典型、事故案例的宣传报道力度。制作各类内容通俗易懂、形式灵活多样的公益性广告和宣传牌，全面宣传安全生产有关法律法规，强化全社会的安全法治意识，实现宣传教育全覆盖。

【安全生产长效机制】 2016年，新田县以创建省级安全生产示范县为目标，继续开展示范创建工作。企业示范创建取得新突破。按照上级要求，选择在非煤矿山、工贸、机械制造、危化品等行业推行标杆企业创建。通过一年的创建，吉星家居、南峰水泥等企业在主体责任落实、职业健康等方面都取得突破，在10月的全市安全生产流动现场会上得到市里领导和县区同仁的充分肯定。在示范企业的带动下，各行业企业不断加大投入改善安全条件，实现由"要我创建"向"我要创建"的转变。乡镇示范创建热情不减。全县乡镇合并后，乡镇数量由原来的19个减少到现在的12个，原有毛里、高山、莲花、十字等省、市级示范乡镇被拆并，新合并后的乡镇没有因合并而放松工作，主动提出示范创建要求。2016年，陶岭、枧头在示范创建上投入大量人力财力，健全各类台账，抓实基础工作。探索建立安全长效机制。利用智慧新田·云平台系统，全面推行安全生产监管网格化，将安全生产网格管理与各乡镇（社区）网格化管理体系融合，逐步建立起安全监管网格化管理功能定位、网格员职责与管理、工作运行机制。运用新田公众“随手拍”智慧软件，发动全社会力量关注安全生产，鼓励群众发现上报身边的安全隐患，及时迅速解决安全生产问题，预防生产安全事故的发生。逐步建立起安全监管网格化、安全预防社会化机制。

农　业

综　述

【概　况】 2016年5月，由原县农业局、原县委农村工作部（县政府农村工作办公室）、原县乡镇企业局的全部职能和人员整合成立新田县农业委员会，加挂中共新田县委农村工作办公室牌子，为县政府组成部门，全额拨款行政事业单位。主要职能是承担农口部门的综合协调、种植业监管和美丽乡村建设。内设办公室、政策法规股、发展计划与财务审计股、农村经营管理和新农村建设股、科技教育股、粮油股、经济作物股（加挂蔬菜办牌子）、农产品质量安全监管股、政工人事股、农业产业化指导股（加挂农产品加工股牌子）10个股室；9个下属事业单位，即农技推广中心、植保植检站、种子管理站、土肥站、种子技术推广中心、农业市场信息办（加挂省农业广播电视学校新田县分校牌子）、农产品质量检验检测站、农业资源与环境保护站、乡镇企业技术服务工作站；归口管理的事业单位有5个，即县农村能源办公室、县畜牧水产局、县农村经营服务站、县农业机械化管理局、县农业综合执法大队。有行政编制10个，事业编制55个，设领导职数6个，其中，主任1人、副主任2人、纪检组长1人、总农艺师1人，其他副科级领导职数1人（县委农村工作办公室副主任）。现有干部职工174人，其中在职在岗干部职工79人。在职人员中，高级农艺师6名，农艺师31人，助理农艺师15人，技工11人。

2016年，全县农作物播种面积50900公顷，比上年减少460公顷。其中，粮食作物29880公顷，比上年减少846.7公顷；蔬菜12353.3公顷，比上年增加193.3公顷；烤烟等其他作物8666.7公顷。全县农业总产值31.1亿元，农业增加值18.3亿元，增长3.2%；农民人均可支配收入7880元，增长13%。农产品质量安全监管、农村产权制度改革等工作获全市先进称号。2016年12月，全省“一户培养一产业工人”会议在新田县召开。当年，成功创建国家级出口食品农产品质量安全示范区。新田大豆获国家地理标志产品认证。

【现代农业发展】 2016年，全县粮食播种面积29880公顷、总产15.91万吨，创建万亩粮食高产示范4个，新增30亩以上的种粮大户119户，总计276户，其中100亩以上的种粮大户138户。蔬菜播种面积12353.3公顷、总产量27.11万吨，发展烤烟种植3400公顷、总产量6787吨，玉米3600公顷、总产量1.92万吨，大豆4540公顷、总产量6858吨。示范推广优质稻14000公顷。落实农机购置补贴资金500多万元，推广适用农机具1800多台套。阿里巴巴、甲骨文科技、绿湘科技、京东商城等多家电商巨头入驻，76种农产品入驻各类电商平台，交易额达5500万元，新田“醋水豆腐”、“三味辣椒”、万家鹅业熟食、山野菜等农产品网上销售形势喜人。投入柑橘黄龙病、水稻细条病等防控资金70多万元。创建鑫隆鸭业省级特色农业示范园。在新圩镇梧村实施重金属污染治理试验。申报实施现代农业项目，以新圩镇为核心投入中央财政资金600万元，主要用于新建改造水渠和农业科技示范推广。在全县各乡镇建立农产品质量安全监管站，完善办公条件和农药残留速测仪等仪器设备，在东升农场、新天地超市、永得利、先锋街、方达、日西河等基地、农贸市场建设农药残留自检室。按照“湖南省农业委和永州市共同开展农业标准化建设”的要求，创办石羊镇烤烟、新隆镇樱桃谷鸭、骥村镇黄栗山红皮萝卜、新圩镇伍家村蔬菜4个标准化基地。实施湘米工程，落实样板点3个，面积173.3公顷，主要品种为兆优5455、桃优香占和常规稻黄华占，三箭农业在湘米工程经验总结会上作典型发言。全县例行检测蔬菜样品4000批次、水果500批次，合格率99.9%；每个乡镇监督抽查样品完成6000批次—8000批次。向上申报“三品一标”认证15个、面积800公顷。

【美丽乡村建设】 2016年，新田县乡村建设科学规划，投入规划编制经费1000多万元，完成县域美丽乡村总体规划、8个乡镇的总体规划和1个村庄的传统村落保护规划以及80%的村庄规划，在全市率先完成美丽乡村建设规划。整合涉农财政资金2.27亿元和向国家开发银行贫困村基础设施建设项目（一期）贷款6900万元以及村民自筹资金2700多万元，以龙泉镇为核心，打造宜居特色县城。以过境新田的S323、S231、S215、S228为线路，打造成风景宜人的景观带，创办美丽乡村示范村。打造东升村、龙家大院和云溪欧家等6个县级以上美丽乡村示范村。开展94个S323和S215公路沿线村的人居环境整治，建立“户分类、村收集、镇转运、县处理”的垃圾清运体系。

【农村产权制度改革】 2016年，新田县确权颁证全面完成。全县12个乡镇、373个村确权完成。耕地流转合理有序。完善农村土地流转平台建设，县、乡、村三级均成立土地流转服务机构。全县20666.7公顷耕地，流转9733.3公顷。在流转服务中心办理流转证大户84户，鉴证合同10270份，抵押评估土地1866.7公顷，颁发土地流转证84本和他项权证13本。新型经营主体蓬勃发展。新增85个农民专业合作社，全县达360个；新增40个家庭农场，全县达147个；申报5家市级龙头企业，全县达到28家；申报1家省级农业产业化龙头企业，全县达3家（恒丰粮油、万家鹅业、鑫隆食品）。授信工作全面开展。2016年4月工作启动，全县5家银行业金融机构向13家新型农业经营主体授信3350万元。东升农场等84个农业经营主体取得“农村土地流转证”，获得农商行、农行、邮储银行等金融机构授信9350万元，累计贷款4900万元。

【农业产业化】 2016年，新田县有农产品规模以上加工企业31家，实现销售收入52.9亿元，实现利润5.18亿元。推进农产品加工企业新扩改建设。农产品加工企业新扩改项目有“广隆农产品（牛肉干）”、“闽新人造板”二期、“万龙木业”、“康诺华生物（绞股蓝）”、“万家鹅业”、“温氏现代畜牧业一体化建设”、“脱水蔬菜项目”等，总投入资金2.55亿元，有效带动农产品加工业发展。推动农业产业化龙头企业上市。万家鹅业、恒丰米业2家公司，更新产品特色包装，聘请专业人士和公司，通过电视宣传，提高知名度，打造湖南特产富硒品牌，为企业上市做全面准备。利用证监会为贫困地区企业上市大开绿灯的机遇，引进自然韵茶叶公司，公司将总部搬迁至新田，准备在枧头镇建设333.3公顷茶叶基地，为3年内上市做准备。开展休闲农业示范创建。龙家大院保护开发完成古民居修缮、消防设施建设；新建引水渠、南有新田精神文化体验带项目；新建桃花产业园；规划建设移民新村和游客中心。新田东升富硒现代农业产业园。计划完成加工厂内部配套建设；园区绿化、地面硬化；莱一楼竣工并营业；观光旅游配套设施建设；多功能技术培训大楼建设；大田大棚、喷灌、机耕道建设；农产品物流配送、检验检测设施建设等，总投资16000万元，年度投资6000万元。培育农业品牌。通过政府引导、部门培育、企业自主的方式，培育一批名牌产品、著名商标农业品牌。鑫隆公司、万家鹅业、恒丰粮油、利达工贸的商标被评为湖南省著名商标；“鑫隆鸭”产品获得无公害农产品产地认证；恒丰粮油公司是全国首批获得“放心粮油”生产企业称号的单位；凤神油茶公司注册商标“金凤神”油茶是永州知名商标，正在申请湖南省著名商标，产品环保认证正在推进；东升农场发展有限公司“馨秀峰”商标和豆家旺食品公司“豆家旺”商标，被国家行政管理总局认定为注册商标。

【推广农业科技】 2016年，新田县农委在全县设立耕地地力监测网点20个，发放技术资料2万份，推广测土配方施肥面积30万元、秸秆还田面积15333.3公顷、节水农业面积16666.7公顷，采购绿肥种子6吨，在9月28日前免费提供给有关乡镇、企业、合作组织种植，带动全县绿肥种植面积1666.7公顷。强化病虫害防控。在标准化基地积极开展绿色防控，建立防治队伍40个，防治人员450人，防控面积2000公顷，其中，在东升村开展绿色防控400公顷，在三箭农业的刘家田村水稻基地开展66.7公顷绿色防控，其他区域开展绿色防控200公顷。带动专业防治面积4800公顷，遏制病虫灾害蔓延。实施农技推广补助项目。2015年年底，制定2016年项目实施方案，上报省推广总站。成立项目领导小组、专家组，确定主导品种8个、主推技术5项，建立水稻新品种和蔬菜新品种试验示范基地各1个，遴选农业科技技术指导员48名，对口技术服务430个农业科技示范户。开展粳稻示范片种植。示范片落实在新圩镇桐木窝村，示范面积6.7公顷，示范品种甬优1540，通过示范推广粳稻，提高水稻品种和种植水平。

【农业产业扶贫】 2016年，新田县抓住产业发展根本，多管齐下扶持脱贫产业，增强贫困村“造血功能”。县财政安排产业发展资金近1000万元，按照“一村一品”的发展思路，发展烤烟、药材、蔬菜、特色水果、竹木等经济作物，发展富硒优质稻、新田大豆、油茶等特色粮油作物。对接农商行金融扶贫小额信贷分贷统还业务，到位资金7700万元，对接建档立卡贫困户1869户，利用对接的小额信贷资金投放“温氏模式”养殖户借款2500万元。大力发展光伏发电产业，拟定第一批41个贫困村建设分布式光伏发电站。

林 业

【概 况】 新田县林业局是全县林业行政主管部门，属正科级行政事业单位，主要担负着全县造林绿化和森林资源管护两大任务。现有在职干部职工109人，内设5个股室，森林公安局有归口管理事业单位3个，局属事业单位11个。2016年，全县有林地面积为49513.3公顷，森林蓄积量218.9万立方米，与2015年的210.07万立方米相比，增长率为4.2%；森林覆盖率55.57%，与2015年的55.5%相比，提高0.07%。连续三年实现森林蓄积量和森林覆盖率的同步增长。林业社会生产总值达10.33亿元。2016年，新田县林业局获湖南省林业厅信息报送先进单位称号。

【造林绿化】 2016年，新田县完成人工造林2506.7公顷，占市任务2333.3公顷的107%；完成通道造林330公里，完成市任务的100%；县乡道种植樟树、栾树、红叶石楠、桉树等大苗2.07万株，完成乡镇总任务的104%。参加义务植树累计达20.3万人次，植树374万株，尽责率97.4%，新增义务植树基地12个，面积240公顷，植草坪39750平方米、绿篱165万米，新增公共绿地1.9公顷。在全县372个行政村开展“秀美村庄”建设活动。2016年，全县“秀美村庄”建设示范村种植大苗1万多株，种植面积200公顷。完成村庄“四旁”绿化等非规划林地植树造林8.06万株，其中，种植珍贵和优良乡土树种5.25万株，珍贵树比重占65.14%。2016年，新田县石漠化治理工程实施乡镇冷水井乡、知市坪乡（均为原建制乡镇），经全面规划设计，实施人工造林 211.4 公顷，封山育林 222.4 公顷，治理成效较明显。

【森林防火】 2016 年，新田县发生森林火灾 12 次，森林火灾发生率 6 次 /10 万公顷。森林火灾受害面积 316 公顷，森林火灾受害率为 0.11‰。森林火灾起火次数、过火面积、受害面积均比上年度大幅下降，案件侦破和行政处罚到位率达到 100%。全年没有发生受害面积 200 亩以上的森林火灾，没有人员伤亡，森林防火形势总体平稳。开展春季火案严打专项行动，从严打击各种涉林违法犯罪活动，森林公安接警 236 次，出动警力 900 人次，警车 128 台次，摸排线索 45 条，查处森林火灾案件 12 起，打击处理违法犯罪人员 12 人，警告和罚款 33 人。

【林业资源保护】 2016 年，新田县林业局按照申报制要求一次性将全县主伐指标 1.68 万立方米下达到有可伐资源的 227 户林农或资源管理单位，办理林木采伐许可证 246 份、木材运输证 162 份、植物检疫证 238 份、木竹经营加工许可证年检年审 54 户。加强林木限额采伐管理，对全县的 246 个林木采伐区进行清理整顿，遏制超证采伐、无证采伐、无证运输等不法行为。2016 年，全县森林蓄积量为 218.9 万立方米，森林覆盖率为 55.57%。全县新增封山育林 2.5 万亩、1666.7 公顷。生态公益林管护逐步规范，公益林补偿资金发放率和公益林管护率 100%。

【野生动物保护管理】 2016 年，新田县林业局开展林业有害生物普查、预测预报、防治工作，全县林业有害生物发生面积 1294 公顷，无公害防治率 95% 以上。强化检疫执法，全年实施苗木产地调运检疫 850.147 亿株，种子 3000 公斤，木材调运检疫 1.05 万立方米，竹材 3.6 万根。严厉打击破坏野生动植物行为，8 月上旬至 11 月下旬，组织森林公安、林政、执法大队工作人员在全县范围内开展清理整顿非法经营利用野生动植物专项行动，查处非法销售、收购野生动物的单位和个人 4 个（人），查处违法案件 10 起，处罚违法人员 15 人次，收缴省重点野生动物 500 余只，将查获的野生动物进行野外放生。

【林权制度改革】 2016 年，新田县林业局完成林权发证扫尾工作。将肥源林场林地权属划归县城投集团；完成林权抵押贷款 4 处、255.7 公顷，贷款余额 600 万元；完成林权变更 24 宗、192 公顷，初始 14 宗、103 公顷。

【林业产业】 2016 年，新田县林业局按照“产业建设生态化，生态建设产业化”的思路，抓好林产工业建设。开通服务“绿色通道”，从办证、检查、准入等方面为林工企业提供零距离、全方位、贴心式服务。立足现有产业基础，面向市场，突出特色，初步实现由资源小县向产业大县转变的目标。第一产业发展迅猛，特别是油茶产业、林下经济，助推林业经济的发展，初步形成以凤神油茶、中联天地为龙头，众多油茶种植大户为补充的产业开发格局。至 2016 年，全县发展林工企业 60 余家，入园企业近 40 家，发展林业专业合作社 11 个，新创建产值 500 万元以上特色林下经济示范基地 2 个，其中万家鹅业林下经济基地被省厅列为省级林下经济示范基地扶持项目。第二产业规模显现，初步形成家私产业、胶合板产业、竹制品产业、林业机械产业四大林产工业集群，现有利达工贸、家乐竹木、林丰木业、华泰家私、吉星家居、新田苗木绿化公司 6 家省级林业龙头企业。5 月，全市林产工业现场会在新田县召开。第三产业初成雏形，龙家大院、大观堡等散落民间各处的古建筑、古树景点星罗棋布，森林生态文化旅游业成为未来最具潜力的林业产业。全县林业社会总产值 10.33 亿元。

【市林业博览园建设】 2016 年，市分配给新田县园区建设任务 28 亩。市林博园新田园区绿化种植工程及园建部分全面完工。永州市林业博览园于 12 月 8 日举行隆重的开园仪式，为全市广大市民及省内外游客新增一处绿色、生态的森林旅游景点。县委书记唐军、县长秦山成出席开园仪式。

福音山国家森林公园

【机构设置】 湖南福音山国家森林公园（前身为新田县大湾国有林场）位于湖南省永州市新田县，地处湘、粤、桂三省交界处，南临九疑山，西毗莽山，北接金洞，是永州、郴州、衡阳三市交汇处，史称“三府湘江源”，经营面积6829.7公顷，于2012年1月10日经国家林业局批复成立，隶属于湖南省林业厅，管理机构为湖南省福音山国家森林公园管理局。湖南福音山国家森林公园总体规划（2013—2025）于2013年6月编制，2015年7月经省林业厅审定后，报国家林业局批复。根据永州市机构编制委员会《关于湖南福音山国家森林公园管理局机构编制事项的批复》，设立湖南福音山国家森林公园管理局，为归口新田县人民政府管理的全额拨款副处级事业单位。业务上受新田县林业局指导。下设办公室、规划建设科、旅游服务科、资源保护科、计财科。核定事业编制8名，其中，局长1名，副局长2名，科长（主任）5名（副科级）。新田县机构编制委员会《关于明确湖南福音山国家森林公园管理局有关机构编制事项的通知》，明确湖南福音山国家森林公园管理局与县大湾林场实行“两块牌子，一套人马”的管理模式，编制由8名增加到13名。

【概　况】 湖南福音山国家森林公园由福音山景区、南国武当山景区、皇宫洞景区组成，公园有大小山峰150余座，峡谷80多个，水域面积346.7公顷，森林覆盖率90.3%；有种子植物1410种，野生动物281种；世界银杏之王、千年红豆杉、苍天榉木等古树名木有9000余株，拥有非常珍贵的天料木群落及罕见的南方红豆杉群落，其中福音山景区古银杏树树龄最长的为3000余年，是华南地区保存完好、物种最多的原始次生林林区之一。公园冬暖夏凉，气候宜人，负氧离子高，被誉为“天然氧吧”。公园内森林风景资源丰富，种类繁多，集山奇、谷幽、水美、石绝于一身，融雄、奇、险、秀于一体。山奇洞险的南国武当山、皇宫洞喀斯特地貌，金陵湖、两江口水库犹如公园的两颗明珠，水面宽阔宁静，雾霭飘逸。景区内居住着数百年的瑶族人民，世代以刀耕火种为生，民风古朴，习俗独特，从房舍到服饰、起居、节目、歌舞、婚嫁、信仰等，独具地方特色。新田县有福音山、秀峰岭、南国武当山等古寺、遗迹，流传着瑶民赵天龙、赵文凤的起义故事，还有千马坪驻军足迹与相传“靖难”之役建文帝藏身之地。

【林场改革】 2016年，湖南福音山国家森林公园按照省里统一部署，开展国有林场改革，按照“五个到位、三个确保”的原则，即：定性定编到位、经费落实到位、职工社会保障落实到位、场办社会职能剥离到位和经营管理机制转换到位，实现“保生态、保民生、保稳定”三大目标。一是定性定编到位。改革后新田县大湾国有林场定性为公益一类正科级全额拨款事业单位，下设综合室、资源保护室、林政营林室。核定林场事业编20名，其中，场长1名，副场长2名。明确湖南福音山国家森林公园管理局与县大湾林场的管理体制，实行“两块牌子，一套人马”的管理模式，同意湖南福音山国家森林公园管理局编制由8名增加到13名，级别为副处级。同意设立湖南福音山国家森林公园管理局党委。目前局、场有全额拨款事业编制33名。大湾林场从2016年1月起全部纳入县财政预算。在职工分流安置方面，通过购买服务方式安排森林管护人员10人。有关林业专项资金如森林抚育、公益林补偿等按国家政策和专项资金管理办法纳入县财政预算管理，确保专项资金专款专用。林场造林、森林抚育、林道维护、森林管护和病虫害防治等生产性支出项目，从2016年起纳入财政预算管理。

【建设“秀美林场”】 2016年，湖南福音山国家森林公园按照“以生态稳定、资源持续、景观优美、设施完备、环境整洁、管理现代、和谐稳定”的标准，做好山、水两篇文章，推进“秀美林场”建设。争取国家生态林补助项目、国家战略储备林项目等一系列建设项目，推进“森林康养”“秀美林场”建设。发挥林区的种植资源、地理环境和品牌优势，打造红豆杉、樱花、紫薇、丹桂、红桎木、罗汉松等珍稀苗木基地120亩。在加冲（原林科所）投资300多万元建立林业科普园，开发“观光+体验+餐饮”等系列项目，新建1个900平方米的生态温室餐厅，度假山庄2000平方米。成立新田县金下材旺种植专业合作社，将下兰冲区域533.3公顷林地纳入合作社范围内，发包给合作社经营后，每年承包费收入在80万元以上，林区老百姓人均增收950元/人·年。优化项目建设，推进各项基础设施建设。投资5万元支持龙泉镇洞源、大湾村公路扩建改造，对2016年5月受洪灾毁损的3公里公路进行护堤、铺沙等基础建设，改善林区群众的生产生活条件。完成下兰冲、千马坪景区等地公路的水泥道路硬化扩建，对“通道”绿化美化，对林场机关前后约10亩地进行绿化、美化，将湖南福音山国家森林公园打造成集走近森林、认识森林、感知森林、享受森林于一体的休闲度假绿色家园、天然氧吧。

【生态保护】 2016年，湖南福音山国家森林公园森林防火实行辖区划片包干，责任到人。加强护林员管理和森林防火应急处理，制定《护林员管理办法》和《森林防火应急预案》。严格领导带班、工作人员24小时值班制度。利用宣传车、宣传标语、张贴通告等方式加强对高火险区、周边村庄、旅游景区的重点宣传，提高广大群众的防火意识。投入2.7万元，制作29块1.2米×0.9米的不锈钢森林防火、安全生产宣传牌。新添置20套森林防火器具，对45名半专业消防人员进行扑火实战演练，提高作战能力。加大对毁林开荒、开山炸石、偷砍盗伐、乱占林地等行为的清查处理力度，维护公园的稳定。每年春节期间，组织召开周边村组干部参加的联席会议，共同商讨林区护林防火等工作，形成护林防火工作齐抓共管的良好格局。对重点古树实行挂牌、建档，特别是对红豆杉、千年古银杏等国家一级植物进行圈围保护建设。全年新造林5000亩，封山补植400公顷，新修防火林带8800米，修复防火林道3000米。投入15万元新造银杏大苗100株，种植面积计3.3公顷；投入5万元对古银杏树进行除虫、施肥及周边排洪渠建设。公园和林场资源管理良好，全年无乱砍滥伐、无违反限额采伐和非法占用林地及乱捕滥猎等现象发生。

【中心工作】 2016年，湖南福音山国家森林公园多渠道筹集社会资金，争取上级部门项目资金，对基础设施建设予以奖补，改善群众生产生活条件。刘家小溪防洪挡土墙和农田灌溉水渠建设解决第六、七组部分农田灌溉问题；实施村活动中心广场水泥硬化与村部会议室装修工程；整改、维修杨家饮水井；投入10余万元，硬化村内所有主干道和巷道，拆除旱厕，建设垃圾处理设施，投入2.4万元新建焚烧池8个；投入78万元新修村道1.8公里；投入32.2万元安装路灯81余盏（其中太阳能路灯50盏）；投入8万元修建消防塘1座，维修第二、三生产小组年久失修的农田灌溉水渠800米。争取上级水利部门的支持，对村内穿流而过的小河实施山洪治理工程，投入800余万元，对3公里的河段进行护砌。

水　利

【概　况】 新田县水利局机关现有干部职工44人，基层站所有66人，其中准公益性编制80人。至2016年，设办公室（计划财务股）、政工科教股、水政水资源股和农村水利股4个内设机构；

县金陵水库管理所、水政监察大队、防汛抗旱指挥部办公室和水利工程建设管理中心4个归口管理单位；县两江口水库管理所、肥源水库管理所、立新水库管理所、杨家洞水库管理所、新圩水电站、新隆水电站、心安水轮泵站、农村饮水安全水质检测中心和农村饮水安全管理总站9个下属事业单位。2016年，获全市防汛抗灾工作先进集体、全市最严格水资源管理先进单位、全市农业农村工作综合考核第一名、全市水库污染治理先进单位称号。

【防汛减灾】 2016年，新田县围绕“五个确保”的防汛抗旱工作总体目标，坚持“安全第一，常备不懈，以防为主，全力抢险”的防汛方针，落实以行政首长负责制为核心的各项防汛责任制，推进防汛抗旱工作稳步、协调、健康发展。2016年，取得防汛抗旱工作在大灾之年无一人死伤，未垮一库一坝的胜利。2016年，全县遭受10次强降雨凌虐，按照“分级管理、分级负责”的原则，层层签订防汛责任状，建立健全水库，重要骨干山塘、河坝，重要涉水涉河工程和山洪地质灾害隐患点的基本情况及防汛责任制档案卡，实行“县领导包乡镇，乡镇领导包片、包小型工程，乡镇干部包村、包组”的层层负责制。严格落实成员单位的责任，落实水库、山塘、河坝、山洪地质灾害隐患点、乡镇、村组和群众的责任。明确每座水库的防汛行政责任人、管理责任人和技术责任人。4月初，在县电视台和新田政府网将责任名单与责任内容进行公示，接受社会监督。加强值班调度，开展工程巡查，努力确保防汛抗灾工作“不断层、不掉链、不落空”。在监测预警方面，自2012年—2016年已投入1000余万元，建设75个雨量水位站，200个预警广播站，28个视频站以及连通乡镇的视频设施和对县级平台进行高标准建设，覆盖全县12个乡镇，200余个行政村，179个山洪地质灾害、水库隐患行洪区的监测预警预报点和小（1）型水库以上水位观测监测设施，全县所有防汛责任人开通手机短信气象预警服务，所有行政村均配备铜锣及高频口哨。及时修订全县山洪灾害防御预案和重点危险村防御预案，明确安全转移线路，发放明白卡。在物资准备方面，加大现场储备、就近储备和企业代储的力度，建有县级防汛物资仓库与储备点2个，储备冲锋舟3艘、救生衣1000多件、编织袋13万条、彩条布1万平方米，重点部位的抢险物资基本配备到位。在队伍准备方面，各乡镇、各部门、各单位均成立防汛抗灾指挥机构；全县有专业防汛抢险队伍1支、120余人，由县人武部、消防中队、武警中队实行半军事化管理。

经过多年防汛救灾工作的实践积累，新田县在指导思想方面，确立“防在汛情前，抢在险情前，救在灾情前”的方针和“预防与处置并重、常态与非常态结合”的原则；在体制机制方面，县防指和县防办强化预报、预警、调度、抢险、救灾等关键环节，逐步健全分类管理、分级负责的应急管理体制，形成统一指挥、反应灵敏、协调有序、运转高效的应急管理机制，在2015年冬季与2016年春季应对强降雨过程中，防汛应急管理机制得到很好的检验；在预案方面，县防指组织水利、国土等部门，对山洪灾害防御、水库大坝防洪应急等预案进行修订完善，修订各类预案70余套，以县政府文件印发《新田县防汛应急预案》《新田县山洪灾害防御预案》《新田县抗旱应急预案》等方案、预案，在山洪灾害防御重点区域树立醒目的标识和警示牌，明确安全转移路线。水利、气象、水文、国土、安监等防指成员单位根据各自职责，分别修编水库调度、气象预测、洪水预报、山洪地质灾害防御、工程抢险等预案，完善四级预警响应机制。按照水库防汛预案和调度方案，结合“一库一策”的原则，重点加强对中型水库、新建水库、除险加固后试运行的小型水库的科学调度，监督指导各乡镇所辖的小型水库与重点骨干山塘严格按照调度方案运行。3月初以来，县防指和各乡镇相继开展汛前安全大检查、汛期安全大检查、水库蓄水安全检查、洪涝灾害易发区检查、低洼地带安全检查和在建涉水工程检查等一系列查检，对责任制落实、预案编制、物资储备、队伍培训、险工险段治理等情况进行自查整改与重点督察。对检查出来的重要防汛问题进行梳理，制定整改方案，县防指以文件的形式进行交办，采取有针对性的措施进行整改，确保安全不留隐患、工作不留死角。截至年底，完成“四无”水电站清理整顿5座，消除水库、山塘、地质灾害等隐患点20多处。4月28日—29日，县防指组织开展全县乡镇防汛责任人培训班，136人参加培训，主要传授防汛抗旱领导指挥、决策程序；水库基本常识、水库安全隐患及处理办法、水库巡查内容及注意事项、水库调度的作用、防汛组织体系建设、物资准备；山洪灾害的危害、防治、避灾、躲灾的基本常识等内容。组织活动宣传20台次，印发宣传资料5800余份，在各地巡回宣传，在县电视台开办防汛抗灾知识专栏。通过宣传、培训、演练，提高各级干部、群众防灾、避灾意识，提高防汛抗灾的实战能力。

【水利建设】 2016年，新田县水利局实施农村安全饮水工程、病险水库除险加固、中小河流治理、小农水、水土保持等项目。投资300万元，实施石羊镇集中供水工程、原冷水井乡集中供水工程、龙家大院饮水工程提质改造。投资1300万元，对星塘、三沅头等25座小（2）型水库进行除险加固，已完成21座水库除险任务，剩余的4座进入扫尾阶段。投资400万元，完成日东河6.6公里综合治理工程。投资1000万元，实施新隆、三井、枧头3个项目区抗旱应急水源工程。投资1020万元，实施知市坪—新隆小农水项目，完成整治山塘44口，河道治理长度16.6公里，护岸长度4.6公里，改造河坝1座。投资450万元，实施石羊河生态清洁小流域项目，有效治理水土流失面积12.86平方公里。投资500万元，完成新隆电站、金陵电站的改造扩容，启动肥源电站、心安电站的改造项目。在争取项目资金方面，按照项目立县要求和精准扶贫的总体部署，水利局千方百计争取重大水利项目立项上马，争取到一大批水利项目资金。争取防汛应急贷款资金5000万元以及解决贫困村安全饮水的贷款资金1.5亿元；总投资5700万元的金陵水库除险加固项目已获省水利厅批文；总投资3500万元的石羊河治理项目进入省水利厅“十三五”规划笼子；每年投资1000万元的坡耕地水土流失综合治理项目列入省水利厅四年计划。所有水利项目均严格执行项目法人制、招标投标制、工程监理制等制度；项目实施过程中，牢固树立质量第一、安全第一的意识，严格执行工程质量责任制，加大对工程质量和施工管理监督力度，杜绝各种质量安全事故的发生。

【水利管理】 2016年，新田县水利局加大对擅自占用库区、河道，向河中倾倒垃圾和非法采砂等行为的查处力度，打击、遏制违法行为。8月，联合县打击三非办公室、公安、国土、金陵镇政府等部门120多人，依法对金陵水库库区内2000多平方米的非法建筑予以拆除，保证饮用水源地水质安全和水库防洪安全。10月，对主要河道进行5次巡查，对枧头镇上户柏村肖某某占用河道建房的违法进行依法处置，拆除非法建筑；依法查封和拆除无证采砂设备5套，查处非法买卖沙洲2个，关闭非法上沙码头1个；联合有关部门平息高山程家砂场和周边村民的水事纠纷。做好取水许可换发新证的工作，加大对自来水公司等水资源费的征收力度。加强水库污染治理工作，完成有承包养鱼的2座中型水库、有承包养鱼的10座小（1）型水库、有承包养鱼的26座小（2）型水库的治理工作。加大对水利法律法规的宣传力度，积极开展节约用水、水土保持“进机关、进学校”活动。

烤烟管理

【概　况】新田县烤烟办公室为1992年2月成立的正科级机构，设事业编制5人。2002年，明确县烤烟办为县政府直属正科级事业单位，设事业编制6名，其中，主任1名，副主任2名，不设内设机构。2016年8月，申请设立烟农服务中心，设事业编制5名，现有工作人员3名。2016年，被永州市政府评为“2016年度烟叶市场管理先进单位”，新田县人民政府被市政府评为“2016年度现代烟草农业建设先进单位”；新田县烤烟办公室被县委、县政府评为“2016年度人口和计划生育工作优秀单位”。

【烤烟种植收购】全县实际种植烤烟3413.3公顷，比上年增加186.7公顷；收购烟叶9.5万担，比上年增加2000担；实现烟农收入1.4亿元，烟叶税收入2800万元。被评为全市现代烟草农业建设先进县、全市烟叶市场管理先进单位。

【烤烟理赔】2016年，新田县烤烟工作是形势极为严峻、灾害极其严重的一年。3月10日，召开全县烤烟移栽现场会，到新圩镇桐木窝村参观烤烟移栽现场。4月17日、5月5日，全县烤烟先后3次遭受暴雨、冰雹袭击。其中，4月17日，雹灾受灾面积达2733.3公顷，绝收面积900公顷，半绝收面积966.7公顷，直接经济损失3500多万元；5月5日，风灾、雹灾受灾面积266.7公顷，绝收面积66.7公顷，半绝收面积200公顷，直接经济损失800多万元。洪灾、雹灾、风灾交替发生，烟叶频频受损。保险公司分阶段有序开展理赔，接受保险公司赔偿农户1597户，占全县烟农户数的52.82%，赔偿金额470余万元。4月21日，县长秦山成到乡镇查看烤烟生产受灾情况。7月28日，召开全县烤烟收购工作会议。

畜牧水产

【概　况】2016年，新田县畜牧水产局由县政府直属正科级行政类事业单位调整为县农业委员会所属正科级公益一类事业单位。负责有关畜牧业、渔业、兽医医政、兽药药政、饲料管理行政审批和监督管理，负责生猪定点屠宰监督管理。新增的职责包括畜禽养殖废弃物的综合利用和无害化处理，编制畜禽养殖污染防治规划，执业兽医及从业监管职责。对病死动物及其产品无害化处理监管、动物卫生监督执法等职能有所加强。贯彻执行《中华人民共和国畜牧法》《中华人民共和国渔业法》《中华人民共和国草原法》《中华人民共和国动物防疫法》《重大动物疫情应急条例》《兽药管理条例》《种畜禽管理条例》《饲料和饲料添加剂管理条例》等23部法律法规。局机关共78人，其中，在岗人员44人，包括局领导3人，主任科员1人。内设办公室、畜牧股（饲草饲料办）、水产渔政股、兽医药政股、畜禽屠宰股（对外称县生猪定点屠宰管理办公室）。下辖县动物防疫监督站（副科级）、县畜牧兽医联站、种畜禽场、鱼苗鱼种场、畜牧水产技术服务中心、水产站、畜牧站7个事业单位。

【养殖业】2016年，新田县以推进养殖业转型升级为重点，坚持适度标准化养殖，强化动物疫病防控，确保不发生重大动物疫情；健全畜禽水产品质量安全监管体系，确保不发生重大畜禽水产品质量安全事件，保障养殖业经济的平稳运行。2016年，被市委、市政府评为养殖业工作先进县。全县畜禽水产总量继续保持稳定增长态势，其中，出栏肉猪52万头，出栏牛2.2万头，出栏羊5.1万只，出笼家禽800万羽，水产品总产量6100吨。各项畜牧水产品产量稳步增长。从对生猪养殖户的调查情况来看，猪价持续走高，大部分时间维持在18元左右。全年生猪维持大幅盈利状态，每头生猪盈利在500元以上，温氏合作养殖户平均每头盈利360元。其他畜禽产品，如家禽、牛、羊特种养殖产品保持较高盈利水平。

【温氏现代畜牧业一体化项目建设】 2016年，新田县委、县政府出台《新田县发展新田县温氏畜牧有限公司合作养殖场实施方案》文件，为扶持发展温氏养殖场（小区）开“绿灯”，提供“保姆式”服务，解决好“用地、融资、环评”等瓶颈问题。将发展温氏合作养殖场（小区）作为当前农业农村工作的重中之重来抓，制定发展温氏合作养殖场（小区）工作计划方案和基本路线图。项目建设按计划推进，总部和种猪场建设趋好，合作养殖场开发与养殖小区建设形势大好。完成投资0.95亿元（含建设合作养殖场）。创建批量饲养1000头以上的温氏合作在养场12个，存栏6000余头，出栏978头（11月8日出栏，上市率97%，上市均重121.5公斤，毛利353.5元/头）；批量饲养1000头以上的温氏合作在建场42个，设计规模年出栏生猪80000头以上；温氏合作意向场50个，设计规模年出栏生猪100000头以上。在建养殖小区2个，分别为石羊镇史家村温氏生猪养殖示范园和大坪塘镇千山温氏生猪养殖示范园。

【重大动物疫病防控】 2016年，新田县未发生重大动物疫情，非重大动物疫情、季节性动物疫情和规模养殖场动物疫情总体平稳。据统计，春秋重大动物疫病应免密度均突破98%以上，规模养殖场户重大动物疫病程序免疫率100%，万家鹅业、鑫隆鸭业、瘦肉型猪等重点产业的重大动物疫病免疫率100%。应对人感染H7N9流感病例。县委、县政府责成由县畜牧局牵头，工商、市场服务、卫计、城管、公安、商务、食药监、龙泉镇政府等部门密切配合，对城区所有活禽交易市场和人感染病例居住地龙泉镇小岗村及半径3公里以内村组存笼活禽全部进行扑杀。进行21天的休市消毒，设立5个出入县境临时检查消毒点，严防疫情传播。

【畜禽产品质量安全监管】 2016年，新田县畜牧局开展产地检疫、屠宰检疫同步检测瘦肉精，严格执行“抽检比例不低于5%，每批至少抽检1头”的要求，建立养殖场生猪出栏前瘦肉精自检措施。全县检测生猪5000余头，送省市抽检190例，未发现使用瘦肉精阳性生猪，合格率达100%。业务知识培训145人次，发放资料500多份、粘贴公告300多份、查缴过期药物价值3000多元，要求限期整改企业8家，2016年全县未发生畜禽水产品质量安全事故。对辖区内水域渔业养殖严格把关，严禁在水源一、二级保护区内开展人工养殖，湘江干流、水库和公共水源禁止投肥养鱼。渔政执法逐步常态化。与公安机关等部门联合对新田河沿岸开展经常性巡逻，严厉打击毒鱼、电鱼、炸鱼等违法行为。

【畜禽屠宰管理划转】 2016年7月，新田县首家标准化屠宰场宏瑞农牧公司正式启用。8月，完成2家老屠宰场的取缔工作。前期的入户劝导后，县政府组织对原民主屠宰场、民主村生猪交易中心进行一次联合执法行动，畜牧、市场、环保、公安、打非办、龙泉镇及创卫后盾单位等参与，拆除不符合规范的屠宰场及交易中心的设施设备、栏舍等。8月—10月，组织开展生猪屠宰监管“扫雷行动”，多次组织执法人员凌晨突袭私屠滥宰窝点。屠宰量从2015年每天入场屠宰几十头规范到目前每天屠宰180头以上，大幅减少病害猪肉、注水猪肉流入市场的隐患。

【养殖业污染治理】 2016年，新田县畜牧局开展养殖场污染治理工作。县城规划区、城中村的养殖场全面搬迁退出，新建的规模养殖场严格执行备案制，按照村委、镇政府顺序依次核查，执行环境影响评价制度，做到养殖设施与养殖废弃物处理设施同时设计、同时施工、同时投入使用。

富硒产业

【概　况】 新田县富硒办内设综合办公室、基地建设发展股、品牌包装策划股、产品销售宣传股。下设富硒产业科研所。2016年，参管事业编由原来的5名增加至8名，加上富硒产业科研所的3名事业编，共有11名编制，实有工作人员8名，其中，主任1名，副主任1名。富硒产业作为全县着力打造的三大主导产业之一，依托“绿色环保，天然富硒”的人无我有优势，发展势头强劲。2016年，全县富硒农产品种植核心示范基地面积达到6666.7公顷，比2015年的5466.7公顷增加1200公顷，增长22%；全县上规模的富硒农产品生产企业（含合作社）突破68家，比2015年增加12家。新田大豆于2016年1月20日通过国家质监局组织的专家评审，正式成为继陶岭三味辣椒后的第二个国家地理标志保护产品，县恒丰粮油公司成功进入“湖南省农业龙头企业”行列，石羊醋水豆腐合作社注册的“薪田”五月黄商标荣获“湖南省著名商标”称号。全县从事富硒产业人员过3万人，比2015年增加0.8万人，富硒产业全年完成生产总值15亿元，实现利润过6亿，分别比2015年增长15%和11%。

【富硒产品核心生产基地】 2016年，新田县经土地流转，通过龙头企业自建或以“公司+大户”形式共建的富硒农产品种植核心示范基地面积6666.7公顷。富硒水稻生产示范基地2000公顷。其中，恒丰粮油公司、三箭农业科技公司、新田宝地富硒公司、湖南儒果农业开发有限公司分别创建200公顷、66.7公顷、133.3公顷和66.7公顷的富硒水稻核心示范基地。富硒蔬菜生产示范基地1666.7公顷。其中，东升农场蔬菜基地433.3公顷，陶岭三味辣椒基地333.3公顷，龙泉、骥村蔬菜基地400公顷。富硒大豆生产示范基地1333.3公顷，其中，三井高峰村核心基地达200公顷，石羊三源头基地66.7公顷亩。富硒油茶生产示范基地733.3公顷，分别由中粮集团、凤神、金山三大油茶公司创建。富硒水果生产示范基地333.3公顷。富硒药材生产示范基地266.7公顷。富硒葛根、红薯、云耳、花生等其他经济作物示范面积333.3公顷。全县规模养殖核心示范基地面积466.7公顷。湖南万家鹅业发展有限公司在枧头镇坪源洞、尹家等村新建5个富硒草鹅养殖基地，年草鹅出栏数从2015年的10万羽增加到2016年的20万羽以上。湖南加壹农业开发有限公司扩建鸡舍2栋，蛋鸡养殖规模扩大一倍，预计日产富硒鸡蛋从4万枚将增加到10万枚以上。永州小芳富硒竹鼠养殖专业合作社、新田兴大兴综合种养专业合作社、利源富硒种养专业合作社等分别发展竹鼠、黑豚、蛇、珍珠鸡、香猪等特种养殖，年新增出栏数达10万只（羽）以上。

【富硒产业产值快速增长】 2016年，新田县建成莲花富硒果蔬产业园、县城富硒农产品加工园，提质升级新田硒锶现代农业科技示范园。全县富硒产业完成生产总值15亿元，实现利润过6亿元，分别比2015年增长15%和11%，整个富硒产业呈现出蒸蒸日上的发展态势。

【富硒农产品加工】 2016年，继凤神油茶公司年初正式生产富硒茶油后，以新田富硒大豆为原料加工纯天然豆粉的皇许粮食品有限公司于2016年3月7日投产，日满负荷投产量3万杯。东升农场富硒蔬菜加工厂4个大型冷库日冷藏量400吨以上，可满足全县3333.3公顷蔬菜基地所产蔬菜的预冷、抽检、分级、包装处理。三箭农业科技公司投资1500万元的脱水蔬菜项目（中国富硒土壤开发与保护研究中心）一期二程基本完工。石羊醋水豆腐合作社投资1000余万元的醋水豆腐现代化加工厂于12月在县工业南园破土动工。

【品牌建设和产业基础工作】 2016年，新田县依托“国家级出口食品农产品质量安全示范区”，吸引大批客商投资开发富硒产业，销售至中国港澳台地区及东南亚等地的蔬菜价格超过普通产品的6倍以上。新田大豆于2016年1月20日通过国家质监局组织的专家评审，成为新田县继陶岭三味辣椒后的第二个国家地理标志保护产品。组织业务部门技术人员制定葡萄、烤烟等农产品生产技术规程报省农业委备案，并由省农委正式公布。针对农产品天然富硒、含硒的地方标准问题，主动与省、市相关主管部门衔接沟通，制定《新田县天然富硒农产品硒含量分类标准》草案。

【产业开发模式】 2016年，新田县产业开发经营模式多样。有大户承包、家庭家场、企业自建、订单回收等传统经营模式，也有直供、众筹托管、定制等新型经营模式。销售模式多样。有通过“走出去”，在长沙、广州、深圳和衡阳、郴州等大中城市设立专卖店销售新田天然富硒产品，有一大批在家从事电子商务销售的“网军”。从2015年开展实施“引进来”战略始，以长沙、衡阳“12・23”补硒工程消费者联盟分别组织100名以上成员到新田开展一次体验式消费购物活动为契机，陆续引进全省、全国一大批补硒者和观光体验者到新田品尝、购买天然富硒食品。

【富硒产品网上销售】 2016年，新田县全县引进的农村淘宝、京东、绿硒科技等网店均投入运营，网店销售的各种富硒产品占到总销售额的40%以上。线上线下销售的齐头并进，为全县各种富硒产品开辟广阔市场。

药业生产

【概　况】 新田县药业生产办公室成立于2006年4月，为县政府直属科级事业单位，财政全额拨款，核定事业编制5名，其中，主任1名，副主任1名，内设综合股和基地建设股。主要职责是负责全县药业生产的计划指导、规划布局和宣传发动；负责全县药业生产的技术指导、技术咨询及协调生产物资的供应；负责监督和指导全县药材苗木的生产与销售；负责药材新品种的引进、示范和推广等科研示范工作；负责全县药材品种、病虫害防治和其他管理技术的科学研究及应用；负责全县药业生产基地的规划和基础设施建设及全县药材示范园的管理指导；积极组织全县药材产品的对外销售，承担产、供、销服务工作；协助林业部门做好退耕还林种药项目的实施。

【药材生产】 2016年，新田县药材生产稳步发展，品种结构优化。完成种植药材1399.8公顷，其中，青蒿种植面积有546.6公顷，全县各乡镇均有分布；颠茄种植面积533.3公顷，主要分布在龙泉、冷水井、毛里、枧头、十字、金盆圩、茂家、三井、骥村等乡镇；罗汉果种植面积133.3公顷，主要分布在门楼下、十字、三井、石羊、大坪塘、骥村等乡镇；金槐、葛根等其他药材种植186.6公顷。形成以青蒿、颠茄、罗汉果三大品种为主，带动其他品种均衡发展的格局。

【科技培训】 2016年，新田县药业办开展科技培训、指导药农生产。围绕增加产量、改善品质、药农增收这一主线，开展各类技术培训和辅导，深入田间地头，为药农服务。组织开展实用技术培训，全年举办多次颠茄、青蒿、罗汉果三品种高产栽培技术培训，培训药农200多人次，编印《青蒿、颠茄高产栽培技术资料》手册2000份，无偿发放到药农手中。深入基层举办科技下乡现场咨询活动或技术人员直接深入乡村田间地头进行技术指导，出动科技人员150多人次，接待咨询群众300多人次，发放各类技术资料2000多份。

【示范建设】 2016年，新田县药业办加强药材种植办点示范建设。全年新建示范点2个：枧头镇黄斗坡村种植13.3公顷藿香基地与新隆镇乐塘村种植13.3公顷葛根基地。

【药材市场管理】 2016年，新田县药业办协调颠茄、青蒿购销中存在的问题。针对往年颠茄草、青蒿购销中存在抢购、套购、掺杂使假而导致打架等问题，应订单种植颠茄、青蒿单位和个人的要求，由药业办牵头组织，5月10日召开全县颠茄草、青蒿购销协调工作座谈会，达成一致意见。大家认为，要在做大做强、形成品牌上下功夫，树立新田的良好形象，建立和谐购销机制，合理有序设置收购点，统一收购及销售口经，不进行不正当竞争，影响购销市场稳定。坚持五项原则，即履行订单原则、药农自愿原则、标准一致原则、购销市场社会稳定原则、违规处罚原则，为新田县颠茄草、青蒿种植持续健康发展提供保障。

【中心工作】 2016年，新田县药业办按照“创建国家卫生县城”的总要求，成功制止龙泉镇三里亭村谷家村、袁家村多起非法建设行为。建设扶贫工作联系村。派出1名有基层工作经验的副主任科员任工作组组长，筹资1万元支持金陵镇下兰冲村的建设扶贫工作。

农机机械化

【农机化服务】 2016年，新田县农机局以春、秋两季农业生产为重点，组织农机服务队，开展代耕、代收服务。深入骥村、新圩、大坪塘等重点产粮大镇开展春、秋耕备耕督促指导，开展机耕、机插、机植保、机收、机修作业。2016年，机耕11333.3公顷（包括冬季烤烟田）、机插5066.7公顷、机收5933.3公顷。

【创建“平安农机示范县”】 2016年，新田县农机局对1088台拖拉机进行检验，补行驶证13份，拖拉机转移登记105台，补换领牌证27份，申领驾证92份，期满换驾证60份，补驾证12份；农机互助保险完成保单754份，保单金额274147元，无重特大恶性事故，减轻农机手安全事故损失。推进创建“平安农机示范县”工作。4个“平安农机示范乡镇”——枧头镇、金盆镇、骥村镇、门楼下瑶族乡上报市里。

【机插及农机化示范项目】 2016年，超额完成县政府工作报告中要求完成水稻机插秧面积任务。在骥村、新圩、大坪塘等乡镇开展水稻机械化育插秧示范推广活动，举办技术培训班5期，召开水稻机插及其配套的育秧技术推广现场会2场，全县实现机械化育秧面积50.7公顷，投入插秧机310台套，落实早、中、晚稻机械化插秧面积5066.7公顷，超额完成县政府工作报告中提出的，完成机水稻插秧面积2666.7公顷的任务。将龙泉镇列为示范乡镇建设，由辖区内的农机专业合作社为主，创建一个连片面积33.3公顷以上的水稻全程机械化示范区。2016年7月19日，举办一次新进补贴机具现场演示评价会，对小型联合收割机进行一次演示评价，组织群众现场观摩达200多人。

【落实农机购置补贴政策】 2016年，省里下拨507万元农机购置补贴资金，办理农机购置补贴的有576户（补贴农机械1905台），国家补贴额487.445万元，带动农业农机投入1200万元。

【农机抗旱救灾工作】 2016年，新田县农机局建立抗旱队伍。储备机械，与经销商签订合同。

【罚治腐败工作】 2016年，发现监理站在拖拉机培训、考试出现乱收费情况，涉及3名相关人员，涉案金额7450元（其中，2013年1400元，2014年1800元，2015年4250元），全部上缴县财政非税账户，3名涉案人员都给予诫勉谈话处理。从2016年1月1日起，取消对金鹿车的上牌工作；取消涉及农机监理的5项收费，即：拖拉机号牌费、拖拉机行驶证费、拖拉机登记证费、拖拉机驾驶证费、拖拉机安全技术检验费。

【创建现代农机合作社】 2016年，新田县农丰农机专业合作社、新田县富军农业农机专业合作社两家现代专业合作社通过审核。新田县农丰农机专业合作社获得省财政扶持，新田县富军农业农机专业合作社被列入省财政扶持对象。

【油菜机械化直播技术推广】 2016年，新田县农机局制定油菜机械化直播技术推广方案，在枧头镇、龙泉镇、新圩镇、大坪塘镇实施并建立示范点，完成油菜种植2.1万亩，油菜机械化直播266.7公顷。

【农机培训工作】 2016年，新田县农机局为发挥农村党员、村组干部、共青团员、大中专毕业生、退伍军人、打工回乡青年、企业下岗职工在农业生产和农村经济发展中的先锋模范带头作用，增强依技致富本领，提高农民整体素质、农业综合生产能力，推进农业现代化与新型工业化、城镇化、信息化同步发展，主动向县委组织部、县农业委请战，加强农机手培训工作，与县委组织部、县农业委、团县委、县农业委、县农机局、县职业中专等单位联合开展“教会农民用农机，培育职业农机手”教育培训活动。计划用五年的时间，全县培训既懂农机操作又懂农机维修的农村党员、共青团员、村组干部、优秀非党积极分子以及大中专毕业学生等1250人（2016年150人、2017年200人、2018年—2020年每年培训300人）。第一期培训班（50人）于2016年11月17日结业。

农业综合开发

【概　况】 新田县农业综合开发办公室成立于1993年6月，原隶属县农委，内设为综合股、资金股、项目股，人员编制5人。2003年3月，隶属县财政局，内设机构为综合股、资金股、项目股、产业股，人员编制6人。

【项目投资管理】 2016年，全县农业综合开发总投资1413万元，其中，高标准农田项目1105万元，产业化项目308万元。力争实现开发布局规模化、治理方式系统化、建设内容人本化、工程措施生态化、质量建设精细化、项目管理规范化的“六化”。

【扶持现代农业示范园区建设】 2016年，新田县农业综合开发办公室探索农业综合开发支持现代农业发展的新形式、新路子，围绕富硒特色，扶持优质稻、蔬菜、畜禽养殖及加工三大产业3个项目，扶持资金308万元。打造高标准的现代农业示范园区。

【整合资金支农】 2016年，按照集中投入、连片开发的原则，实施金盆镇高标准农田建设项目，投入资金1105万元，覆盖金盆镇的徐家铺等6个行政村，把项目区建成设施配套、旱涝保收、高产稳产、抗灾能力强的粮食生产核心区。实施后项目区平均亩产增加100公斤。

扶贫工作

【概　况】 2016年，27个贫困村达到“两个确保、两个完善”退出标准，16983名贫困人口脱贫达到“一超过、两不愁、三保障”退出标准，脱贫人数超预期计划，全年农村居民人均可支配收入7730.46元，完成县预定的年度减贫任务。2016年11月1日，《湖南日报》专版推介新田县构建大扶贫格局决战攻坚的做法和取得的成效。

【精心谋划】 2016年，制定“1+X+部门”精准扶贫政策文件体系，28个部门分别在政策引导、资金扶持、项目支撑、产业发展、社会保障等方面，研究出台倾斜扶持措施。优化和调整全县扶贫开发工作领导小组，由县委书记任组长，县长任第一副组长。设立基础设施建设扶贫工作组、劳务协作就业扶贫工作组、驻村和结对帮扶工作组等11个专业工作组，率先成立县大扶贫办公室，由分管扶贫副县长任办公室主任，县人大常委会1名副主任任常务副主任专抓扶贫攻坚工作，从县直相关部门抽调40名工作人员，将全部12个乡镇划为12个战区，由县级领导担任战区组长、副组长，相关职能部门作为成员单位，落实责任，严格奖惩。县委、县政府与乡镇签订减贫责任状，乡镇与贫困村签订责任状，明确脱贫时间、任务和要求，挂出“作战时间表”。将扶贫工作作为绩效考核的主要指标，与党政领导干部的评先评优、提拔使用和年度绩效考核等次挂钩，严格考核奖惩。明确各乡镇贫困村不脱贫摘帽，乡镇党政负责人不提拔、不重用，压实乡镇在脱贫攻坚主战场的主体责任。

【党建引领】 2016年，在全县农村开展“一打三整治”专项行动（打击“黑恶势力”、软弱涣散基层党组织整治、乡风文明整治、“雁过拔毛”式腐败问题和“四风”陋习整治），出台《新田县软弱涣散基层党组织整顿工作队管理考核办法》，采取县级领导包村整顿，后盾单位“一村一策”精心帮扶，整治办牵头抓月督察、月调度等措施，12个贫困村软弱涣散基层党组织基本得到整顿提升。培养脱贫攻坚“领头雁”。按照“好双强”标准，对作用发挥差或空缺的村党支部书记进行更换，从“三类人员”、机关事业单位、现有村主干选拔7名优秀人才到贫困村任专职支部书记。从近几年培养的农民大学生、复退军人、返乡农民工和经商办企业的能人中，优选8人任村组织书记。选派125名优秀副科以上机关干部和机关、企事业单位退休领导干部，到贫困村担任“第一书记”，确保125个贫困村“第一书记”全覆盖。开展“结队帮扶”工程。全县共选派181人，组成64个工作队，采取“一带二”或“一带三”的方式开展结对帮扶。固定每月17日为全县干部职工结对帮扶日，组织县乡国家公职人员、村党员干部以及致富能人，深入27606户贫困户实施结对帮扶，其中每名县级领导结对帮扶3户贫困户，每名干部职工至少结对帮扶1户贫困户，做到不掉一村，不漏一人，实现结对帮扶全覆盖。

【重点突破】 2016年，新田县扶贫工作围绕补齐全面建成小康社会短板这一目标，推进各项重点难点工作。建立贫困区域发展项目库，全面实施水利、交通、污水处理等八大基础设施工程，对接易地扶贫搬迁、贫困村基础设施建设、美丽乡村建设等项目，向农发行、国开行申请贷款，通过易地扶贫搬迁、城市提质改造、美丽乡村建设等项目融资，其中城投集团到位资金20.05亿元、农建投集团到位资金10亿元，申请改善农村人居环境贷款5亿元，争取易地扶贫搬迁资金8亿元。

成立上市办，利用国家对贫困县企业首次公开发行股票、新三板挂牌、债券发行、并购重组等工作开辟绿色通道的契机，积极对接大企业、大项目落户新田。

依托“中国天然富硒农产品之乡”资源优势，发展富硒特色产业。富硒蔬菜、水果、烤烟等产业的种植规模、质量品牌、农民收入均创新高。全县引进和培植各类富硒农产品生产加工龙头企业、专业合作社130余家，建成富硒农产品核心示范基地10万亩，年富硒产业总产值超过20亿元，富硒产业就业人数突破2.5万人。温氏养殖进驻新田，“温氏模式”成为贫困人口增收的新“引擎”。

新田2016年度搬迁任务量为6326人，排全省第一。采用“六个结合”的方法，把易地扶贫搬迁与小城镇开发、与美丽乡村建设、与旅游示范村建设、与主导产业发展、与房地产去库存、与金融创新相结合，确保贫困户“搬得出”“稳得住”“能致富”，受到贫困群众的普遍欢迎。群众自愿申请搬迁并签订安置协议1698户、7000人，超额完成省定工作任务。

小额信贷扶贫取得突破。在70个贫困村建立金融扶贫服务站，建档立卡贫困户评级授信参评率达100%，贫困户有效授信率99.57%，贫困户用信贷款率28%，完成小额信贷2.8397亿元，超省市下达的8400万元小额扶贫信贷任务额，金融精准扶贫贷款增速47%，均高于全县各项贷款平均增速，第二批小额扶贫贷款工作全面启动。省住建厅下达农村危房改造第一批任务数为900户，其中建档立卡贫困户525户，第二批下达任务指标数1400户，安排建档立卡贫困户1260户，占指标任务数的90%。

计划改造户全部完工。20个贫困地区义务教育薄弱学校改造项目全部动工，贫困学生九年义务教育入学率和巩固率均实现100%，特困家庭学生扶贫助学实现全覆盖，职业学历教育扶贫补助应补尽补实现全覆盖。

以全省开展社会保障兜底脱贫对象联合认定

试点县为契机，实施多部门联合认定工作，全县识别出兜底保障对象1564户、3060人。2016年4月起，兜底保障对象按238元/月·人标准发放补助资金，共发放兜底保障资金509.8万元，基本实现应兜尽兜，确保实现政策性脱贫。2016年年初，全县扶贫建档立卡贫困对象84475人中，参合人数为84475人，参合率为100%。建档立卡贫困人口县级以上住院基本医疗费用报销比例提高10个百分点，低保困难群众大病保险报销起付线降低50%，将建档立卡贫困人口纳入重特大疾病医疗救助范围，全部落实到位。全县有建档立卡贫困劳动力52487人，其中，外出务工贫困劳动力39786人，在家务农贫困劳动力12701人，均已建立就业信息台账。

实施“一户培养一产业工人”工程，将人社、教育、工会等上级部门下拨的培训资金以及本级各有关部门的培训资金进行整合，组建县职教中心，实行“免学费、免生活费、给误工补贴”优惠政策，组织贫困劳动力参与职业技能培训。组织建档立卡贫困劳动力参加职业技能培训1655人，推荐就业1655人，就业率达100%。新增贫困劳动力3810人，全部实现转移就业。2016年，聘请贫困人口担任护林员204人，签订管护协议，明确管护任务和职责，管护资金全部发放到人，贫困人口天然林保护工程补助资金安排到人到位。

【巡查督办】 2016年，新田县成立县扶贫工作大巡查办，由县纪委牵头，县委组织部、县扶贫办、“两办”督查室参与，对扶贫驻村工作队驻村帮扶情况与扶贫项目资金分配、使用、监管情况开展巡查，坚持“一月一调度、一巡查、一通报”，对全县扶贫工作专业组，各乡镇、县直部门，驻村工作队扶贫工作开展情况及扶贫开发项目、资金的落实、管理等情况进行定期通报，成绩优异的进行表彰，排名靠后的给予通报批评，并限期改正，推动工作开展。安排4个巡查组开展巡查，对11个专项小组工作进行排位。排位最后的单位在调度会上作表态发言，并按照问责办法严格问责。通过考核、巡查、问责，以压力增动力，加快脱贫攻坚步伐。

以工代赈

【概　况】 新田县以工代赈办公室（以下简称以工代赈办）成立于1992年，隶属新田县发展和改革委员会参管全额拨款的事业单位。现有人员编制9人，在岗人员6人，在职人员5人，其中，主任1人，副主任1人，副主任科员1人，工作人员1人，工勤人员1人。内设1个职能室，即办公室。

主要职责是为人民群众提供扶贫服务，编制、实施以工代赈规划，管理使用以工代赈扶贫资金，开展农村综合治理与开发。

【易地扶贫搬迁】 2016年，新田县以工代赈办争取枧头青龙湖环湖公路以工代赈项目，全线总长约3.5公里。易地扶贫搬迁方面，作为县易地扶贫搬迁项目牵头单位，省下达2016年易地扶贫搬迁任务6326人。

【资金争取】 2016年，新田县以工代赈办争取到以工代赈项目中央预算内资金1030万元。易地扶贫搬迁项目资金筹措方面，2016年易地扶贫搬迁筹集资金3.7956亿元。其中，争取中央预算内投资4428.2万元，易地扶贫搬迁专项建设资金3163万元，承接上级融资平台资金22141万元，地方债务6326万元，贫困户自筹资金1897.8万元。

【项目实施】 2016年，新田县以工代赈办在贫困地区兴建道路、兴修水利，解决长期来严重制约全县经济发展的“瓶颈”。完成兴修水利13处，机耕道路16条，山塘清淤4口，道路通畅工程9个。成立贫困片区环湖公路建设项目部，完成环湖公路财政评审、招投标工作，11月全线开工，投资约320万元。全年完成易地扶贫搬迁建档立卡贫困户1535户、6326人。搬迁对象主要为龙泉镇、枧头镇、金陵镇、门楼下瑶族乡和金盆镇5个乡镇。建设易地扶贫搬迁集中安置点10个，分别为枧头镇的老夏荣村、龙家大院，金陵镇的鸡公嘴村、莲花新村，门楼下瑶族乡的青皮源村、小桥岭村，金盆镇的下塘窝村，龙泉镇的大湾村，县城工业园以及县城分散安置点1个。

【实施易地扶贫搬迁“六个结合”】 2016年，新田县易地扶贫搬迁项目实施“六个结合”措施。新田撤并为12个乡镇后，每个乡镇规模都比较大，更加具备小城镇开发的条件。通过探索在土地报批方面给予一定政策优惠、引进社会资本投资等方式，引导搬迁户到集镇居住，把小城镇做大做强。2016年实施的枧头小城镇集中安置点，2017年实施的骥村小城镇、金盆小城镇集中安置点都是与小城镇开发相结合的项目。二是与美丽乡村建设相结合。在鸡公嘴、小桥岭、大湾等安置点，结合美丽乡村的建设要求，统一建筑风格、统一外观造型，搬迁完成后的村庄实现新村、新貌、新景。三是与旅游示范村相结合。依托旅游景区，建设宜居、宜业、宜游的易地扶贫搬迁集中安置点，以旅游业带动经济快速发展。如在国家AAA级旅游景区龙家大院附近，安置点与游客服务中心同时建设，集中安置搬迁贫困农户38户、125人，引导搬迁贫困户参与旅游开发，通过长期稳定就业实现脱贫致富。四是与主导产业发展相结合。新田工业集中区已初步形成三大主导产业——家私、富硒农产品加工、机械制造。实施搬迁贫困户尽量集中安置的方式引导分散插花安置的其他搬迁贫困户到工业园区就业，即解决老百姓搬迁后的生活问题，又解决主导产业劳动力的问题，一举两得。五是与推进城市化相结合。顺应城市化发展的趋势，搬迁贫困户到县城插花分散安置的，购房补助按3万元/人执行，位置和户型由搬迁贫困户自主选择，房价由房地产、住房城乡建设、价格管理等部门与开发商协商，尽量控制在搬迁贫困户能够接受的合理范围。六是与金融创新等改革举措相结合。一方面，以新田被列为全国农村承包土地的经营权抵押贷款改革试点县为契机，在所有贫困村建设金融扶贫服务站，扩大小额贴息贷款覆盖面，让搬迁的贫困户在后续发展上获得更多、更好的金融支撑。另一方面，探索易地扶贫搬迁按揭贷款模式，减轻搬迁户负债压力。

水　文

【概　况】 1959年设立新田水文站，2015年成立新田县水文水资源局。至2016年，人员编制4人，职工人数4人，其中，工程师2人，高级工1人，中级工1人。主要职能是统一管理县域内水文资料的收集、整理、汇总，并报送上级水文部门审定；为县人民政府及防汛指挥部门提供实时雨水情况服务；协助水文行政主管部门管理、保护、利用、开发水资源工作；负责有关工程项目的水资源论证、防洪评价、水土保持方案编制及监测等工作。负责管理新田水文站、骥村等6个雨量站，潭田等5个中小河流站，金陵水库等23个山洪系统站。

【水文监测】 2016年，新田县年降水量1428.0毫米，降水178天。全县年最大降水量为磨刀岭站的1844.5毫米，降水178天；年最小降水量是新田站；最大日降水量发生在磨刀岭站，5月7日日降水量160.5毫米。年度流域内的主要降水日期为3月19日—24日、4月7日—17日、5月2日—9日、6月11日—16日。新田水文站年最高水位为188.20米，流量为272立方米/秒，时间为5月8日。年最低水位186.22米，流量为11.6立方米/秒，时间为8月8日。

【山洪灾害非工程措施防预系统维护】 2016年，新田县水文水资源局维护山洪灾害非工程措施防预系统23个站点，80多站次，设备通畅率达95%。

【水质监测】 2016年，新田县水文水资源局完成金陵水库、新田河水质监测，每月1次，全年24站次，两断面水质均达二类水以上。

【水情服务预测、预报】 2016年，新田县水文水资源局在3月19日—24日、4月7日—17日、5月2日—9日、6月11日—16日等主要洪水过程中，发布水情预测预报8次，准确率达95%。

【新田中心站建设】 2016年，完成新田水文水资源中心站办公楼主体、站院、设施设备建设，完成工程投资200万元。

能源管理利用

【概　况】 新田县农村能源办公室（以下简称能源办）成立于2005年1月，为归口农业委管理的正科级参管事业单位。核定事业编制3人，现有工作人员5人。下设办公室、项目股、财务股。主要职能是贯彻实施农村可再生能源的法律、法规和政策；开展资源调查，组织编制、实施农村可再生能源开发利用规划；组织指导农村可再生能源科学技术开发，开展新技术引进、推广；指导农村可再生能源服务体系建设、开发利用项目的实施；会同有关部门执行农村可再生能源技术和产品标准，协同质量技术监督、工商行政管理部门进行质量监督与市场监管。

【沼气项目建设】 2016年，新田县引进温氏集团，按照《新田县发展新田温氏畜牧有限公司合作养殖场实施方案》文件精神，重点扶持建设温氏合作养殖小区和联户沼气项目。2016年，按照存栏生猪1000头的养猪场配套50立方米的标准建设沼气池，每个沼气池奖补1.5万元。建成使用19个规格为50立方米沼气池，1个规格为100立方米沼气池；正在施工建设的规格为50立方米的沼气池16个，规格为100立方米的沼气池1个。在重点扶持建设温氏合作养殖场联户沼气池的基础上，还完成其他面上村户用沼气池建设52个，养殖小区和联户沼气项目建设5个。

【农村新能源综合利用示范村建设】 2016年，实施油草塘村集中供气工程，把银丰公司600立方米大型沼气池的沼气接通到周边油草塘村与翰冲村的村民家中，为120余户村民进行集中供气，指导养殖场和周边村民，利用沼渣、沼液种植有机蔬菜、无公害水果、烤烟。在村主要村道两边安装好风光互补太阳能路灯36盏，建成全县农村新能源综合利用示范村。

【农村能源服务网点建设】 2016年6月，组织全县现有持证技工26人，开展为期1天的技术业务培训和安全生产培训。

【沼气示范带建设】 2016年，对毛里乡—枧头镇S323线沿线建成的用沼气户近1500余户逐一进行摸底，计划对示范带内所有损坏的沼气管道分期分批进行全面维修，更换沼气器材。2016年，安排资金10万元对近200户进行废旧沼气池修复，并为其更换沼气管道灶具，沿线用沼气户重新用上清洁沼气。

工业 · 电子信息产业

【概　况】 2016年，新田县完成规模工业总产值70.2亿元，同比增长25%；规模工业增加值16.9亿元，同比增长7.2%。规模工业增加值占规模总产值24.1%。新增规模企业8家，占任务的133%，培育小微企业363户，较上年度的225户增长61.3%。2016年，全年科技经费支出996万元，比上年增加36万元，增长3.75%。有农村科技推广站12个，培养科技示范户2400户。全年举办科普培训班330期，培训人员22700人。引进推广新优品种、新技术、新产品、新成果88项（个），申报省级以上科技项目5项；申请专利188件，其中，发明专利申请49件，新认定高新技术企业1家，获市专利奖1项；新田县被列入省知识产权试点县，顺利通过全国科技进步考核，成为科技工作合格县，获市专利管理工作二等奖。

【工业项目建设】 2016年，新田县完成工业固定资产投资21.5亿元，同比增长20%；工业技术改造投资完成9.6亿元，同比增长161%。投产5000万元以上重大工业项目7个。其中：工业集中区基础设施建设项目实现当年投产当年竣工，计划投资2亿元，实际完成投资2.46亿元，建设完成7条主干道、4条支道路网建设及配套设施；其他6个项目全部完成2016年年度投资计划，累计完成投资9.1亿元。

【战略性新兴产业】 2016年，新田县战略性新兴产业新增认证企业3家，累计达到13家；完成增加值4.92亿元，占规模工业增加值29.1%，同比增长29.15%。

【新型工业化和信息化融合】 2016年，建设数字企业20家。电信普遍服务试点工作有序推进，全县202个行政村完成度达80%；全县固定宽带家庭普及率达到60%以上。

【节能增效】 2016年，湖南闽新板材等5家企业完成锅炉改造；县南峰水泥公司等2家企业完成电机改造。全县2016年万元规模工业增加值能耗下降12%，完成年初下降4.5%的工作目标的167%。全县工业税收完成2357万元，同比增长11.17%。

【品牌创建】 2016年，新田大豆获得国家地理标志保护产品称号。指导企业申报注册商标13件，指导"竹家乐""众康""薪田五月黄"3个商标申报省著名商标。指导"鼎元机械"（图标）、"吉星家具"（图标）、"吉洲吉星"、"梦都"、"竹家乐"、"鑫隆食品"（图标）等7个商标申报市知名商标。协助永州梦都家纺有限公司申报湖南名牌续展工作。恒丰粮油被认定为农业产业化省级龙头企业。

【园区升级规划】 2016年，新田县商粮科经委重点推进家私、机械制造、富硒农副产品深加工三大传统优势产业转型升级，做大做强新能源、新材料、电子信息等新兴产业与引进拟上市的主导产业，从而形成新的"3+X"产业发展格局。推进传统优势产业转型升级。支持和引导企业加大技术改造力度，提高智能化、自动化水平，创建产业孵化器、研发中心与创业基地，推动企业科技创新、转型发展。做好高新技术企业的申报和高新技术产品认证工作，鼓励企业参与省级及其以上的商标、品牌、质量、产品、中心等认定，对取得高新技术企业认定的企业与获得发明专利的企业给予奖励。鼓励产业聚集发展。引导重大产业项目向产业园区集中，优质资源向优势产业聚集，推动产业项目进入产业园区集中建设。发挥产业园区内重点产业、骨干企业的带头作用，促进专业化分工和社会化协作，形成良好的配套协作关系。落实高新技术企业优惠政策，培育高新技术企业和科技型中小微企业。加快发展现代物流、企业管理、科技研发、市场服务、技术推广、网络信息、金融保险、商务服务、咨询中介等生产性服务业。积极发展循环经济，推广节能、节水、节地、节材的生产经营方式，鼓励产业园区建设生态工业，推行清洁生产。推行新型工业化和信息化"两化"融合发展。一是抓好大数据库建设。利用华为集团建设的永州数据库、云计算中心的平台，做好县云平台与市平台对接工作，为"平安新田、活力新田、智慧新田"建设提供稳定、安全的支撑。二是抓好电信普遍服务试点工作，探索推进园区智能化管理运营模式，2017年初步建成信息化管理平台并投入运行，推进园区企业生产、经营、管理信息化。三是依托云计算服务平台，建立公共基础数据库、经济运行监测、运行管理、产业服务、信用管理等公共信息服务平台发展，共享信息化成果。推行销售模式创新。发展电子商务，支持园区创建电商服务平台，扩大销售市场，协助园区电商企业向国家和省级商务部门争取电商扶持资金。

【企业服务】 2016年，出台《2016年新田县"一帮二促”企业帮扶行动实施方案》，组织37名县级领导和县直部门对接37家规模企业，面对面、点对点服务，帮助企业排忧解难。通过开展活动，收集问题108个，涉及土地、融资、办证、就学、税费、电力、网络、用工等方面，已经解决90个，其余的正在交办中。

创新产业平台建设。新田县的创业创新孵化平台，占地3000平方米，有人社、就业等10家机构入驻，全年开展服务企业活动10余场。俊毅创新创业工业园基地于2015年9月开工建设，占地180亩，累计投入3亿元，建设标准厂房面积14万平方米，截至2016年，入园企业有50家。

加强产业规划，推动项目建设。确定家私制造、机械装备、富硒农产品加工为三大主导产业，制定《新田县富硒产业发展规划》《新田县家私产业规划》《新田县机械制造业产业规划》，通过规划指导，并推动项目建设。建立健全项目台账管理制度，实行一名县级领导联系一个项目制度，跟踪服务，定期检查，年终考核。

加强工业项目库的建设、开发、包装、储备等工作。包装十大工业项目，开展项目招商，产业链条招商，发展产业集群。加大财政支持，培育新兴产业。

上争省经信委战略新兴产业等项目资金380万元。设立新型工业化专项引导资金，2016年度预算资金1200万元，同比增长20%，重点用于培育电子、先进制造、文化创意、新能源汽车、医药生物等七大新兴产业，其中支持龙昶机械等制造业资金达1187.9万元。

新田工业集中区

【概　况】 新田工业集中区创建于1992年，2008年被纳入全国中西部地区加工贸易梯度转移重点承接地、湖南省“蓝宁道新”加工贸易走廊。2012年，经湖南省人民政府批准设立为省级工业集中区。目前，总规划面积约6.5平方公里，由机械产业园、家私产业园、富硒农产品加工产业园和创新创业园四大功能区组成，已入园企业近百家，其中规模企业44家。自2013年起，连续3年获全市“先进园区”称号。龙昶机械和东新机械获批为“国家高新技术企业”；“顶坚”等4个商标获评湖南省著名商标；东升等3家企业被评为“全国富硒明星企业”；吉星家居、龙昶机械获得“湖南名牌产品”称号。

【园区建设】 2016年，新田工业集中区对接拟上市企业10家，促使2家—3家拟上市企业在新田落户上市。打造“精品园区工业新城”，西南工业新城总规划面积约10平方公里，核心区域面积约8平方公里，规划工业用地180公顷，计划将园区打造为新田县西南地区生态环境最美、产城融合最佳、综合配套最全的“产城一体”新城。2016年，园区组建工业园建设投资有限责任公司及房地产开发有限公司，成功引进中江国际信托、华融湘江银行等战略开发合作伙伴。先后投入近20亿元，开发面积近5平方公里，先后完成双碧街、陶然街、东溪街等园区主次干道建设，完成3个园区保障性安置房建设，新建标准厂房面积18.6万平方米，累计完成创新创业园“135”工程标准厂房建设41.71万平方米，园区水、电、信等设施配套完善。

【企业服务】 2016年，新田县委、县政府实行一名县级领导包联、一名部门领导代理、一名熟悉经济的干部派驻跟踪服务的项目代理制和企业派驻特派员制，为企业提供全方位服务。同时建立执法执纪部门入企检查报告登记和重点项目挂牌服务等制度，着力推动政务服务进园区，实现入园企业及项目的“一站式”服务。

新田县方达实业有限总公司

【概　况】 新田县方达实业有限总公司成立于2003年11月，是一家集房地产开发经营、物业管理、商业贸易于一体的国有独资企业，总公司内设办公室、营销部、财务部、保安部，下辖新田县方达工业园和上海留芳置业发展有限公司。新田县方达工业园占地面积122374平方米，建筑面积83986平方米。截至2016年，方达工业园有落户企业26家，企业员工3000多人，园区企业生产经营涵盖鞋类、毛织、电子、机械、食品、内衣、蔬菜加工、储藏物流八大类，固定资产2亿元，年产值5亿元。上海留芳置业发展有限公司地处上海市松江出口加工工业区，占地面积40572平方米，厂房面积35788平方米，园区企业员工2000多人，年产值12亿元。

【招商引资】 2016年，新田县方达工业园成功引进鑫鑫钻石加工厂、展鸿鞋业、茂盛商务有限公司、怡丰制衣厂4家企业，新增招商厂房面积4000平方米，与荣达鞋业、情悦服装厂、富林富硒食品有限公司续签厂房面积17000平方米，整个园区招商厂房面积达到59000平方米。上海留芳置业发展有限公司加大招商引资力度，2016年与多家高新企业进行招商洽谈，并与2家企业签订租赁厂房意向协议。

【企业服务】 2016年，新田县方达工业园作为全省仅有的两个创业孵化基地之一，现成为新田县标志性工业企业示范园。2016年，方达实业有限总公司协助企业招工8次，招聘员工310人，多次为企业协调、联系、组织参加县里各种招聘会，为企业缓解招工难问题；协助入驻企业落实各项优惠扶持政策，协助、协调主管部门为企业办理各类证、照20次，为企业调纠纷8次。公司出资为企业翻瓦补漏，清理化粪池，向县政府请求拨付专项资金20万元，对园区电梯进行更新。

科学技术

【科技普及】 2016年，新田县商粮科经委以科技活动周、知识产权宣传周、科普日、科普大篷车为载体，开展科技进企业、进社区、进乡村活动，实现科技零距离服务，以解决科技服务群众“最后一步”的问题。科技部门重点做好富硒农业技术、知识产权知识、创森和民生科技4个主题的宣传。制作1个小时的专题片在科技下乡活动、科技一条街活动、科技入企活动中播放，印制并发放相关技术资料12000份。协同教育局组织中小学生开展发明创新大赛，结合交通、法律、健康、教育、计生、消防、禁毒、殡葬、暑期教育等内容，组织科普培训、咨询、讲座、文艺演出、宣传等活动16场次，发放各类科普宣传材料5000多份，接受咨询服务的群众达1500多人次。承办中国流动科技馆湖南永州新田站巡展活动，此次巡展活动历时2个月，观展人数55000余人次。

【专利产权】 2016年，新田县完成专利申请188件，获得专利数115件。其中包括鼎元机械“一种块状物转运车”等发明专利10件，外观设计专利105件。全县现有龙昶机械等16家企业获得高新技术企业产品认定；完成高新技术产品增加值3.6亿元，占规模工业增加值21.3%。

2016年，新田县申报专利188件，比2015年增长82.5%，发放专利资助金12.52万元。其中，发明专利申请49件，比2015年度增长29%；全县有效发明专利拥有量为10件，比2015年增长43%。开展以打击专利侵权和假冒专利的“双打”专利行政执法2次，立案20件，结案20件，结案率100%。60%以上的规模工业企业具有自主知识产权。鼎元机械有限责任公司的“一种块状物转动车”获市专利奖三等奖。

【科技服务】 2016年，高新技术企业申请服务方面，协助普瑞达公司成功申报高新技术企业。为县内企业上争科技项目5项. 其中，“产、学、研”结合项目1项，科技特派员专项项目3项，“三区”人才专项项目1项，申请项目资金62万元。在新田县开展科技特派员对驻点服务工作，选派8名农业类科技特派员到点进行科技服务，安排19名农业科技人员到贫困村开展科技扶贫工作。

【科研成果转化】 2016年，新田县组织高校、科研院所到新田开展创新项目和技术对接，重点抓好湖南农科院与秀峰蔬菜、华南农大与大豆协会、龙昶机械与中南大学的合作，中南大学在龙昶机械建立实验室，合作开发新产品，实现研发与生产对接，促进高新技术快速转化为现实生产力。秀峰蔬菜与湖南农科院合作，解决了新田蔬菜季节性短缺的问题，实现新栽培技术、新品种、新管理技术的融合。华南农大与大豆协会合作，引进2000多个大豆品系在新田选育，培育适合新田种植的大豆新品种。

气象工作

【概　况】 新田县气象局始建于1960年10月，属于国家级气象站，现有在编干部职员工7人，为正科级事业单位，隶属永州市气象局。内设办公室、气象台（副科级直属事业单位）、防灾减灾科和气象科技服务中心。主要负责行政区域内气象事业发展规划的制定及气象工作的组织实施；组织指导行政区域内气象灾害防御工作；负责行政区域内的气象台站和气象设施的组织建设与维护管理；负责行政区域内的气象监测、预报预警、公共服务管理工作；组织开展气象法治宣传教育；负责监督有关气象法律法规的实施；管理县级气象部门内部的计划财务、人事劳动、队伍建设、教育培训和业务建设；承担上级气象主管机构和县人民政府交办的其他事项。2016年，永州市委、市政府授予新田县气象防灾减灾工作先进县区称号。

【气象服务】 2016年，3月底完成全县29个区域气象自动站维护维修，保证气象自动站资料收集准确、及时，全年乡镇气象自动站资料上传率达到永州市气象局要求，为防灾减灾提供可靠数据；移动米AS机更新为云米AS业务平台，气象预警预测信息发布及时，覆盖面广。气象预警信息的及时发布，提高了新田县委、县政府的决策能力，为减少气象灾害的损失提供可靠依据，2016年1月—11月共发布气象预警预测信息13000多条。每周一组织集体学习，业务人员在保证正常的业务学习和经验交流外，注意积累复杂天气时的工作经验，提高自身的业务能力，为今后处理特殊天气情况打下基础。建立并完善高清视频会商系统，派人参加省、市、局组织的业务上岗培训和防雷上岗培训。全年完成上级要求的业务工作，错情率为0.0‰。报表预审全优，较好地完成全年的业务工作。

【科技服务】 2016年，新田县气象局加强对中心的管理和责任制的落实，严格落实永州市气象局长会议精神，加大对防雷减灾的执法力度，在永州市气象局法规科的指导下，对辖区所有在建工程进行执法调查和部分执法。积极响应国务院、省、市要求，3月20日开始取消县政务中心防雷收费，受到社会一致好评。促进风能、太阳能等气候资源的合理开发利用，加强城市规划、重大工程等气候可行性论证服务。

交通运输

【综　述】 新田县交通运输管理局是主管全县公路和水路交通行业的县人民政府工作部门（正科级），内设办公室（加挂信访维稳办公室牌子）、政工人事股、财务审计股、计划基建股（加挂县交通战备办公室牌子）、交通运输股（加挂安全法制股牌子）、城市交通股6个职能股室。归口管理单位3个（副科级），即县公路局、县交通建设质量安全监督管理所、县地方海事局。所属事业单位5个，即县道路运输管理所、县农村公路管理站、县城市客运管理办公室、县社会客货运输管理中心、县交通建设资金管理中心。管理范围分行政管理和行业管理2个方面。承担涉及综合运输体系的规划协调工作，组织全县综合交通运输体系规划，拟订全县公路、水路发展规划建设。承担公路、水路运输市场及交通运输建设市场监管责任；负责城市公共客运交通的规划、管理和服务工作；指导全县运政管理和公路运输、营业性客运站（场）、汽车维修、汽车综合检测、搬运装卸、公路运输服务工作；负责公路、桥梁、渡口、隧道的行业管理。至2016年，县交通运输局机关行政编制7名，其中，党组书记1名，局长1名，副局长3名，纪检组长1名，总工程师1名。全县拥有公路总里程1387.004公里，基本形成过境县城的干线公路互连成网、旅游景点公路互通、乡村公路全面硬化的现代化交通网络。

【交通项目建设】 2016年，新田县完成交通建设投资2.257亿元。出省跨境和干线公路建成或基本建成4个。干线公路建设取得重大进展：S231、S323线已建成通车。S228线新田县城至竹林坪段公路建设进展顺利。工程于2016年6月进场，7月正式开工，至12月底累计完成项目投资15000万元。G234（S228）线项目施工图设计经省发改委、省交通运输厅批复，投资人招标于2016年4月完成，2016年12月召开征地拆迁动员会，12月底完成征地620亩、房屋拆迁2600平方米。心安大桥开工建设。全年完成农村公路通畅55.5公里，完成投资2775万元；完成农村公路路面窄改宽工程46公里，完成投资1468万元；完成危桥改造21座，完成投资460万元；完成渡改桥2座，完成投资350万元；完成安保工程70公里，完成投资340万元；县城区南环路大桥主体工程全部完工，完成投资1800万元。超额完成省、市下达的目标考核任务。城南和城北农村客运过渡站已建成完工，完成投资334万元。

【行业管理】 2016年，推行阳光行政。严格落实客运许可集体审批制度。开展客运市场整治活动，排查隐藏在道路运输市场内的非法垄断经营的“车霸”“路霸”“场霸”，积极配合公安交警部门予以打击。在开展“打非治违”专项行动中，共查处城市客运违法违规行为108起，其中，查扣“黑的”3辆，查扣违规出租车15辆，查扣非法改装三轮车10辆，查扣非法营运二轮摩托车65辆，查扣违规公交车7辆。全部危险货物运输车辆安装使用GPS定位系统。货运物流中心建设第一期工程完工。农村客运东、南、北过渡站建设完成。全年开通农村赶集班车路线8条，实现农村客运赶集班车全覆盖。制定出租汽车改革实施方案，推进“一城一公交”改革，制定永汽、顺达2家公交车公司整合发展方案，实行“六统一”，即统一管理、统一服务、统一标识、统一车型、统一排班、统一着装，全力配合永汽新田分公司改制，做好宣传动员，出台改制方案。妥善安置客货运管理中心人员，确保南门桥停车场顺利搬迁。

2016年，新田县交通局细化安全监管任务，加强道路运输行业安全生产监管，把全县12个乡镇划分为6个道路运输安全生产监管责任区，专人负责制定考核和奖惩办法。组织全县道路运输企业及农村客运班线、农村赶集客运班车部分车主代表召开大会，提升安全驾驶、安全出行的意识。开展安全生产大排查、大管控、大整治行动，严格执行领导班子成员带队检查安全生产工作制度，围绕交通建设和交通运输2个领域，对交通建设工地、车站、渡口码头、客货运输车辆、船舶进行全面的排查，健全隐患台账，及时组织整改，形成严管、重罚的高压态势，全年未出现重大安全生产事故。

【交通扶贫】 2016年，新田县交通局坚持以“办人民满意交通”为主题，以提高交通运输发展质量和效益为中心，以构筑“大交通”格局为抓手，完善交通运输基础设施网络，提升交通运输行业管理能力与服务品质，为加快脱贫致富做好交通先行。局里成立扶贫攻坚工作领导小组，制定《新田县交通扶贫支持计划实施方案》。全年完成农村公路精准扶贫提质改造10个村、27公里，投资895万元；完成美丽乡村提质改造11个村、22.4公里，投资857万元，以上两项完成全年计划任务的126%。安保工程完成70公里，完成全年计划任务的165%。超额完成省、市下达的交通运输扶贫攻坚各项指标任务。实现230个行政村通客运班车，通达率达100%。派出扶贫工作组进驻联系点——新隆镇乐塘村、金陵镇傲头村，通过精心规划、多方争取、扶持，至2016年，乐塘村已开发葛根种植基地400亩，养殖规模10000头的养猪场正在动工建设，引进生态肥料厂1家，并动工建设；傲头村开发种植油菜400余亩。

【党风廉政建设】 2016年，新田县交通局组织开展“两学一做”学习教育活动。着力解决“五个问题”，做到“五个坚持”，落实全面从严治党新要求，履行党风廉政建设主体责任和监管责任，强化内审监督与造价监督，完善惩防体系建设。积极配合省委巡视组开展“雁过拔毛”式腐败、“纠‘四风’、治陋习”等专项整治活动，开展自查自纠，健全问题台账，及时组织整改。局党组查处违纪行为4起，给予局属单位主要负责人免职处分1起，开除党籍处分1起，书面检查处分2起。党员干部“四种意识”明显增强。凡属重大决策、人事变动、重大项目招投标和大额度资金的使用，坚持“一把手”“三个不直接分管”和“末位表态”。开展创国卫、创省文工作，支持城郊村、社区交通基础设施建设。

【道路交通运输】 2016年，新田县公路建设进入快速发展阶段，以省道为主干线，以县乡道、乡村路为支线的公路网初步形成。公路建设取得快速发展，为公路运输发挥在综合运输体系中的基础作用奠定良好的基础。全县现有交通运输体系由干线公路、农村公路、客货运输站场等组成，以公路交通为主。2016年，全县拥有公路总里程1387.004公里，其中，全县省道干线4条总里程215公里（含S234新嘉公路38.18公里，S323新田—宁远40公里，S234山湾脚—金鸡岭30.6公里，S228、G234竹林坪—土桥54公里在建），县道17条、181.211公里，乡道61条、348.993公里，村道641.8公里，全县214个行政村实现百分之百通水泥路。全县道路运输市场发展形势良好，实现增加值41216万元，同比增长4.2%。全年货物周转量6782万吨/公里，增长11.0%；客运周转量32078万人/公里，增长10%。年末，全县民用车辆保有量30635辆，增长11.9%，其中，汽车17585辆，摩托车11906辆，农用车1138辆；2016年新注册机动车4558辆，增长18.4%，新注册小型汽车2935辆。客运车辆344台，货运车辆2184辆，驾校5家，维修业户114家，县内客运线路40条，道路危险货物运输业户1家。

【交通运输服务】 2016年，新田县交通局以“树立行业新风，打造诚信交通”为主题，长效持久地开展打击各种道路非法经营、违规经营行为，清理整顿和限制三轮摩的发展，加大“黑车”查处力度，规范道路交通市场管理，净化道路交通市场环境，维护合法经营者与广大旅客合法权益，道路交通运输体系的服务质量及水平逐步改善，整个行业文明程度明显提高。严把从业资格关。对全县运输企业进行资格审验，对资质不健全的企业一律整改。对全县运输企业从业人员及资质进行摸底排查，建档造册，不符合要求的一律不允许上岗。组织运输从业人员进行集中培训，提高从业人员自身素质，优化服务质量。强化道路交通运输市场监管工作。针对出租汽车、公交车的规范化管理方面的问题，对从业人员进行标准化、规范化服务教育。推进行业管理创新、规范服务行为、促进政风行风进一步转变、提升交通运输公信力，推动人文化管理，倡导微笑式服务，打造温馨交通工作流程，行业服务制度化、规范化得到加强。从每个服务单位的实情出发、从服务对象的需求出发，开展技能培训、岗位大练兵，围绕推动管理创新、形成长效机制，建章立制，规范行为，交通运输发展环境得到优化。

【交通运输市场保障】 2016年，新田县交通局严格市场准入，对申请道路运输经营的企业，严格按标准审查，重点检查其所购车辆状况、从业人员资格、办公及停车场地是否达标等方面，制定推行运输市场准入标准。严把技术维护关。对车辆二级维护状况开展专项检查行动，对不按时维护的车辆，一经发现，查扣证件强制维护。对所辖运输企业的车辆，不按期维护的，下达车辆按期维护通知书。强化道路交通运输源头监管工作，杜绝站内超员票，严禁“三品”进站，保证车辆和旅客安全。健全GPS监管体系，完成全县所有公交车和市、县际客运班车GPS监管系统安装，实行实时监管，为客运车辆提供安全保障。严厉打击无证经营、违章经营，保护合法经营者和旅客、货主的权益，净化市场环境，继续开展清理违规减免“特权车”“人情车”通行费专项工作。排查运输企业安全生产隐患。深入道路客运企业，对道路客运企业安全生产情况进行检查。要求各道路客运企业加强安全隐患的全面排查工作，确保各项安全生产制度和专项行动工作落到实处，对出现的问题从严、从重查处。把检查和整改结合起来，对各类隐患分类归档，明确整改期限与责任人，抓好安全生产隐患的整改落实。强化节能减排工作，引导经营者更新车辆，淘汰老旧车型，引进环保适用型车辆，引导经营者降低能耗，做到节能减排。

永州汽车运输总公司新田分公司

【概　况】 永州汽车运输总公司新田分公司（以下简称新田分公司），隶属永州汽车运输总公司，由新田县交通局代管。始建于1957年，原老车站位于新田县新华北路1号，占地面积8670平方米，总建筑面积2000平方米。2012年元月，在新田县龙泉镇双碧街62号投建新汽车站，于2014年7月31日竣工投入运营，新车站占地面积4万平方米，建筑面积约5800平方米，属二级甲站，是全县唯一具有道路运输客运资质的专营企业。公司现有职工213人，其中在岗职工66人。

【客运经营】 2016年，新田分公司有各类型豪华客运车辆74台，经营省际、市际、县际及城市公交车，其中，客运班线路23条，城市公交线路2条，日发班次108个，日平均运输旅客2700余人次。省际班线有至广州、番禺、中山、珠海、深圳、东莞、桂林线路；市际班线有至长沙、湘潭、株洲、衡阳、常宁、郴州、桂阳、塘市、嘉禾、临武线路；县际班线有至冷水滩、芝山、道县、宁远、祁阳、蓝山线路；城市公交有1路、2路专线。

【安全监管】 2016年，新田分公司投入安全设施设备40万元，站场内安装40多个监控摄像头，投入70多万元对所有营运车辆安装GPS和3G视频监控系统，每月2次召开驾驶员安全例会。

公路管理

【概　况】 新田县公路局是新田县人民政府直属正科级财政全额拨款事业单位，参照公务员管理，内设办公室、政工股、财务股、工程建设股、养护机务股、路政股、安全法制股、治超站8个股室站，下辖股级事业单位公路养护站。全局在职职工64人，其中中共党员36人。担负全县8条国省道公路的养护、建设和路政管理，管理公路里程年报统计数为220.188公里，其中，省道153.453公里，县道62.522公里，乡道2.112公里，村道2.101公里；在养里程132.796公里，其中，省道38.282公里，县道94.514公里。桥梁统计年报数为63座，其中，大桥7座，中桥9座，小桥47座，总延米2394.65米；在养桥梁数为44座，其中，大桥4座，中桥9座，小桥31座，总延米1509.81米。全年财政公路养护预算经费403

万元，其中，日常养护经费223万元，公路建设抢险经费180万元。省道好路率达95.54%。

【**公路与桥梁养护**】 2016年，新田县公路局按市局统一安排开展四大专项活动，对S215线投入40多万元，对S215、X093、X044线的水沟涵洞堵塞进行全面清理，清理S215线水沟堵塞30100米，疏通涵洞206座，修复破损水沟320米，埋设圆管涵208米；清理X093线水沟堵塞1300米，清理X044线水沟堵塞680米。在2个月时间内，完成X093线水毁隐患处治，清理边坡塌方8000多立方米，新建损毁挡墙4处，全年累计投入资金100多万元；完成X096线社湾至长富1.8公里、X045线石羊镇至十字路口1.5公里公路改建主体及附属工程；X096线新圩派出所路段新建水沟260米，换板340平方米；X044线破损路面换板2500平方米，新建涵洞16米，完成X045新土线新安桥改建工程的施工招投标、合同签订及施工监理合同签订。在路面保洁方面，对S215、X042、X044等线投入养护机械653台次，人员5860人次，圆满完成省、市、县领导的巡检工作任务。在桥涵管理方面，成立以局主要领导为组长的桥梁领导小组，明确专职桥梁养护工程师，完善"三个一"责任制，将桥梁日常保养和检查的责任人统一调整为养护机务股人员。对所辖桥梁进行一次全面普查，填写桥梁经常检查记录表，要求管护责任人对桥梁进行经常性检查和定期检查，发现问题及时进行上报处理；要求桥梁养护责任人，每天对所管辖的桥梁、涵洞进行日常巡视监察，对存在的问题及时进行小修保养，汛期加大巡查力度，确保所管辖的桥梁、涵洞安全畅通无阻。杜绝"养路不养桥"的现象。

为巩固2013年以来的通道绿化成果，抢抓季节对公路两旁的绿化进行补种和修剪，投入38万元，补种四季桂4000多株、樟树68株、高杆红叶石楠60多株、桂花树16株、处理未成活树枝100多株；新种植老人葵30株、高杆红叶石楠40株。完成市政府交办的安全隐患处治理44处，投入资金30多万元，完成减速标线176平方米，设置标志牌34块。

【**路政管理**】 2016年，新田县公路局路政大队制止违法建筑30处，拆除违法固定建筑1处，拆除临时厂棚16处，清除路障450处，拆除非公路标志101块，书写固定宣传标语3条，清除摆摊设点38处，拆除垃圾池8处，清除路面砂石遗洒95处，取缔"马路市场"1处。处罚违法建房案件17起，处理案件7起。5月16日，由公路局牵头，组织县打非办、县规划执法监察大队、县国土执法监察大队、县公安局、龙泉镇政府等多部门组成联合执法队伍120余人开展联合执法，对龙泉镇黄庆村村民黄某，在省道S215线19K+710米处公路右侧未经批准的违法建筑依法予以清除，清除面积约130平方米。5月开展"路政宣传月"活动，并在省道S215线、S323线悬挂宣传横幅26条，印发宣传单2000余份，广泛深入乡镇、学校、社区普及公路安全保护法律知识，增强社会公众的保护公路桥梁意识。配合局养护机务股开展四大专项整治行动。重点清除路面、水沟、公路用地范围内的路障和水沟堵塞，清除路障80处，清理堵塞水沟40处，计1300米。投入资金50万余元，开展"零点行动"专项整治行动。重点查处路面货运车辆违法超限运输，检测车辆7336辆，对23辆次超载超限车辆进行处罚，卸载36.09吨，罚款1.96万元，收取公路补偿费0.13万余元。同时开展割"马槽车"（非法改装车）专项整治行动，全县"马槽车"强制恢复原状共32辆，处理处罚"马槽车"11辆，处罚超限车辆15辆，与维修企业签订承诺书10家，悬挂宣传横幅32条，发放宣传单共700余份，经全省超限率调查检测，新田县车辆超限超载率为0，圆满完成省市下达的目标任务。全县现有年产量5万吨以上企业10家，年产量5吨以下企业92家，其中，分别安排相关职能部门30人进驻

10家年产5万吨以上的企业进行重点监管，并签订合法装载承诺书和责任状，做到“五有”，即有监管的公示牌、有车辆进出企业（厂矿）过磅登记本、有监管人员巡查记录本、有企业治超宣传栏、有企业治超责任牌。各乡镇在本辖区内确定不少于2家重点源头企业，并按要求进行监管。治超站组织新田电视台进行3次新闻报道，新田政府网、新田新闻网等媒体安排重要版面宣传报道治超工作，编发治超宣传稿件4篇。在S323线和S215线增设20块大型永久性标牌，宣传标语和横幅120余条，编发《治超简报》3期，通过手机短信和宣传单的方式进行超限超载宣传7000余次。加强与各乡镇的协调联系，上级文件及通知第一时间内传达到位。推进治超站场建设，站场建设预计需要350万元的资金投入，市局批拨100万元，用于前期资金的投入。2016年，完成卸载场水泥地板的硬化工程，100平方米的处置房及不停车检测系统已投入使用，对整个站场进行绿化建设，站场建设也在陆续完善。全年行政执法工作中没有一件因行政执法引起的行政复议、行政上诉和行政赔偿案件，行政执法工作较为平稳，无“三乱”行为发生。

【推进规范化管理】 2016年，清退违规发放津贴6万余元，对部分违规人员进行诫勉谈话和批评教育等处分。完成扶贫联系村门楼下瑶族乡马家村的自来水工程，共计投入35万余元；公路局投资4万元资金扶持马家村的党建工作及完善村创卫制度，分别为马家村成立2个农村合作社，1家野菜加工厂，5户养殖户，完成5户危房改建。

邮政·通信

中国邮政集团公司湖南省新田县分公司

【概　况】 2015年5月18日，新田县邮政局变更为中国邮政集团公司湖南省新田县分公司（以下简称新田县邮政分公司）。从业人员数140人，其中，合同工45人，劳务派遣工38人，退休人员36人，其他临聘人员21人。设置综合部、经营部2个职能部门；金融代理班、集邮信函班、报刊发行班、投递班、邮件处理班、电子商务班、包速业务部7个生产部门。支局网点有新华西路邮储营业所、秀峰邮政所、石羊支局、新圩支局、枧头支局、十字支局、新隆支局、知市坪支局、金陵支局、骥村支局、陶岭支局。2016年，新田县邮政分公司以落实“一体两翼”经营发展战略为中心，以构建“幸福新田邮政”为目标，深化改革创新，加快转型步伐。全年，邮政企业累计实现业务收入2169.62万元，完成年计划的100.45%，实现增幅19.47%。在市公司绩效考评中获“优胜单位”称号。

【推进“一体两翼”经营发展战略】 2016年，在全县范围内开展项目营销、客户节、农家夜、农特经济项目开发等工作，各网点组织召开点农家夜、综平产说会112场，取得较好的效果，邮政储蓄余额年净增1.18亿元，同比增幅14.68%；新单保费完成2720元；理财保有量5681.8万元；布放17台存取款自助设备，各网点均达2台，支撑各项业务发展。

【快递业务实现跨越式发展】 2016年，全年揽收万家鹅业快包12000多件、揽收南有新田土特产店同城快包5200多件、石羊醋水豆外销3600多件；重新与县公安局户政大队、交警大队和法院签订身份证寄递、车辆牌专递、法院文书专递协议，特快专递业务量全年增长6000多件。全县自营业务量年累计完成5.87万件，同比增幅82.81%；累计完成收入50.85万元，同比增幅85.11%。

【农村电商和平台建设】 2016年，推广“商超+便民服务+快包揽投+电商服务+邮政金融”的建点模式。全县累计建成综合便民服务平台站（点）197个，完成年计划的103.1%；“邮掌柜”建设70个，为年计划的114.75%。两项指标均超额完成计划。全县累计完成进销存交易523万元，实现代购770笔，超额完成计划任务。通过对接政府扶贫项目，争取补贴12万元。推广新田大豆、陶岭辣椒、醋水豆腐、富硒草鹅等优质农产品。2016年4月11日、11月6日，县邮政分公司在县龙港大酒店举办2场泸州陈藏老窖青花瓷系列酒品订货会，订货金额达到70万元；电子邮政专业完成收入148.39万元，为计划进度的116.84%，同比增幅39.07%。

【网运和投递】 2016年，新田县邮政分公司邮件处理中心完成改造，提升全县邮件处理能力。全县新增投递车辆1台，配备PDA23台，转趟邮路由原来的2条增加为3条，邮速整合取得实质性进展，全县新增电商投递段道5条，累计达到8条，投递员共同参与邮件的装卸和分拣，提高内部处理效率与投递时限，全年邮件处理量同比增幅达到200%。

【信息化工作】 2016年，实施网络扩容改造，全县邮政金融网点网络带宽由2兆提升到10兆，通过路由器升级和线路改造，增加1条无线4G线路，解决金融网点脱离光纤断网无法办理业务问题，免填单机、智能机器人“邮小萌”先后在部分网点布放。

中国电信新田分公司

【概　况】 2016年，中国电信新田分公司共完成业务收入税前3153万元，完成率104.58%，全市排名第8位。完成移动网收入税前1763万元，同比增幅19.5%，全市排名第8位。固网收入完成1399万元，同比增幅5.4%，全市排名第8位。

【工作业绩】 2016年，固网出账用户（含固话、ITV、其他）数26869户，出账率96.4%；宽带出账用户净增1712户，截至2016年12月底，出账用户数13614户，出账率76.7%。移动出账用户净增1293户，出账用户41495户，出账率92.87%，其中，融合出账用户数至2016年12月底达10724户。2016年年末，新增移动4G 800米基站35个，4G基站总数达100个，城区C网、4G覆盖率达100%，乡镇C网覆盖率达95%以上，4G覆盖各乡镇集镇及周边村庄。2016年年末，光网FTTH城区实现全覆盖，全县农村撤乡并镇后，新田县230个行政单元已开通行政村200个，FTTH到村率达87%。2016年，主干接入光缆建设完成了新田—新圩、新田—大坪塘、新田—知市坪、石羊—新圩、新圩—黄沙溪、新圩—高山、新圩—新隆、石羊—宏发圩、宏发圩—金盆、骥村—冷水井、田家—毛里等主干光缆的建设；完成新田县城区新华书店、地税局、商发大厦、烟草公司等光交主干光缆扩容工程；完成公园路—西门桥管道建设工程。

中国移动新田分公司

【概　况】 中国移动新田分公司（以下简称新田移动分公司）于1999年7月18日成立，下设综合部、市场部、网络部、渠道中心、政企客户中心、全业务中心、新圩镇营业部、枧头镇营业部。员工从最初的13人拓展到53人。2016年12月，通过人力资源改革，劳务派遣制员工定向招聘转换为合同制员工有40人。截止到2016年12月底，期末用户达到10万余户，累计净增日均通信客户数较2015年年底净增1.2万户；全年计费收入突破6000万元。

【网络建设维护】 2016年，新田移动分公司2G基站数为142个，2G载频总数为1069块；3G基站个数为35个，3G载频总数为359个；4G基站总数为235个。新田城区LTE下载速率为31.19Mbps（兆位/秒），LTE城区上传速率为4.158Mbps，LTE覆盖率为97.9%。GS米小区完好性为99.85%；新田TD小区完好性为99.97%；LTE小区完好性为99.83%。截至2016年12月，新田分公司4G网络能力建设实现跨越式发展，实现城乡4G网络覆盖率96%。

【中心工作】 2016年，新田移动分公司投身到创建国家级卫生城市工作。组织召开专题会议，落实创建具体要求，成立创建领导小组及创建办公室，明确措施和落实到位时间要求。落实县委、县政府党建扶贫等中心工作。公司领导深入帮扶点进行驻点帮扶，拿出部分资金做好后盾。贯彻落实优化经济环境，做好“客户网络满意度提升”，落实解决弱覆盖和城区网络优化攻关问题。为保障通信质量，增强全县网络信号，开展城区的网络优化工作，重点解决一批投诉热点区域，集中处理城区掉话、杂音、单通等通话质量问题，客户网络满意度较年初得到改善。坚持抓好党风廉政建设，提升公司整体管理水平。坚决落实“三重一大”决策制度，贯彻落实县委、县政府和上级公司关于工作作风的整治要求，创新开展工作。

中国联合网络通信有限公司新田县分公司

【概　况】 2016年，中国联合网络通信有限公司新田县分公司（以下简称新田县分公司）全年移动累计开账收入1408.8万元，完成年计划任务1399.91万元的100.64%，完成率排名居全市第三名；累计收入比2015年同比增长42.23%，累计同比增长率排名全市第二；累计完成净增用户9314户，完成年计划任务6094户的152.84%，净增用户完成率排全市第一名。

截至11月，全县新增一级渠道专营店19家，完成有效二级渠道120家。

【网格管理】 2016年，新田县分公司3名业务经理承担各网格的二级渠道的管理，对效能低下的网格进行一对一的帮扶工作，通过市场部直管的方式强化城区网格的管理。出台《新田分公司网格管理办法》和《新田县分公司量化网格人员月度考核办法》，规范网格的制度化管理。3个网格的收入增幅度平均在30%以上。

【完成成果】 2016年，新田县分公司自营厅出账收入累计111.48万元，收入累计完成率103.15%，净增出账用户累计362户，净增用户完成率42.43%。截止到11月，新田县全网户均流量排全市第一。

【运维与建设】 2016年，新田县分公司完成62个基站和2个直放站的日常设备故障检查，处理开关电源、空调故障以及站点发电与电表指数定期记录工作。完成62个基站的G、W网和传输，开关电源、线缆、蓄电池设备维护、更换，卫生区标签粘贴，温、湿度计安装，灭火器与洁具的配送及基站卫生整治工作。新建和开通1个乡镇2G站；县城新建和开通10个3G站；县城新建和开通拉远站1个。截至2016年年底，城区2G覆盖率为85%，3G为75%；乡镇2G覆盖率为75%，3G为30%。

国土资源·环境保护

国土资源管理

【概　况】 新田县国土资源局是县人民政府主管全县土地资源、矿产资源等自然资源的规划、管理、保护、合理利用和测绘事业的工作部门，有9个内设职能股室，另下设3个副科级归口管理事业单位，5个股级所属事业单位，12个股级派出机构，即12个镇（乡）国土建设管理站。现有工作人员149人，其中，党员75人，40岁以下的青年员工83人，是一支年轻化、知识化、专业化，有一定工作经验的高素质工作团队。2016年，新田县创建“国土资源集约模范县”成功，被国土资源部评为“国土资源节约集约模范县”。

【国土资源管理】 2016年，新丑县国土资源局以“保护资源、保障发展、维护权益、服务社会”为宗旨，紧紧围绕县委、县政府“科学发展、后发赶超”的发展战略，为全县经济社会发展提供保障。全年取得项目用地批文9个，面积91.427

公顷，完成村民建房用地审批260宗。全年储备土地入库16宗，入库储备面积455.71亩，其中，征地新增储备土地面积415.65亩，盘活土地资源收回土地面积40.06亩。共出让土地8宗，面积7.9866公顷，成交总价7867.9万元；划拨供应土地项目5个，用地面积9.4699公顷；协议出让土地24宗，收缴土地出让金195.7196万元。

环境保护

【概　况】 新田县环境保护局成立于1979年，前身是环境保护办公室。1989年，改设为新田县环境保护局，为政府工作部门。局机关内设办公室、法制宣传股、污染防治管理股（加挂核与辐射管理股牌子）、自然保护股、污染物排放总量股（加挂行政审批股牌子）5个股室；2个下属事业单位，即：县环境监察大队（加挂新田县环境应急与事故调查中心牌子）、县环境保护监测站。现有在职干部职工38名。主要职责为拟定新田县环境保护规划、规范性文件并监督实施。组织编制全县环境功能区划，组织拟订并监督实施重点区域、流域污染防治规划和饮用水水源地环境保护规划，参与编制新田县可持续发展纲要，组织实施环境友好型社会建设目标。负责环境问题的统筹协调和监督管理。承担落实新田县减排目标的责任。负责提出新田县环境保护领域固定资产投资规模和方向、县级财政性资金安排的建议；参与指导和推动新田县循环经济与环保产业发展；参与应对气候变化工作。承担从源头上预防、控制环境污染和环境破坏的责任。负责新田县环境污染防治的监督管理。指导、协调、监督新田县生态保护工作。负责新田县核事故应急管理工作以及核安全与辐射安全的监督管理。负责新田县环境监测和信息发布等。2016年，在永州市人民政府2016年度环保重点工作考核中被评为“2016年度水污染防治工作优秀单位”，被评为县“全面建设小康工作优秀单位”“综合绩效评估考核优秀单位”“办理人大代表建议优秀单位”“安全生产工作优秀单位”“信访工作优秀单位”。

【环境执法】 2016年，新田县环保局组织出动监察执法人员1000多人次开展环境安全隐患大排查和环境监察现场执法，对辖区内73家（户）存在环境问题的企事业单位和个体户下达整改通知，督促涉污企业实现达标排放，安全处置危险固废。移送公安部门环境违法案件4起，行政拘留1人。依法清除境内12家小炼油厂、2家造纸厂、2家小冶炼厂。安排3名精干人员专抓环境污染纠纷调处，第一时间调查处理污染投诉事件。全年接到群众纠纷投诉、县长信箱、来信来访61件，办结61件，办结率100%。其中，查处噪声扰民案件42起，大气污染案件16起，水污染案件3起。投入资金195万元，淘汰燃煤锅炉21家，改造燃烧装置27家，新上布袋除尘等治理设施3套，完成91家大中型餐饮店油烟净化设施的安装。关闭、搬迁城中村养殖场30家，关停藕煤加工厂3家、钢材加工厂2家、废品收购点2家、板材加工厂1家。

【农村环境治理】 2016年，新田县投入720万元对25个村的生活污水进行集中收集处理，投入200余万元对15个集中饮用水源开展集中治理和保护。与畜牧部门一起，开展农村污染企业执法监管联合执行行动4次，搬迁和关停群众反映强烈的养殖企业30家。与农业委、美丽办等部门共同探索农村生活垃圾处理新模式，开展农村垃圾处理试点，规范农村垃圾的管理，解决垃圾“围村”的问题。

【历史遗留污染治理】 2016年，新田县环保局争取3个历史遗留重金属污染治理项目列入《湘江流域水污染防治三年行动计划》。投资900余万元的新田县历史遗留镉钒污染项目完工，投资600多万元的新田历史遗留铅锌废渣治理工程、投资3450万元的新田县莲花乡砷渣治理项目年底完工。

【环境监测】 2016年，新田县环保局投入158万元对空气自动站进行升级，配备备用电源、臭氧校准仪等设备，增加2项监测指标，检测项目涵盖二氧化硫、氮氧化物、PM_{10}、$PM_{2.5}$、一氧化碳、臭氧。4月，与省厅联网合作，实现实时向公众发布空气质量状况。投入48万元将部分尚未具备监测能力的项目整体外包给第三方检测公司，监测项目包括县城集中式饮用水源地金陵水库每季度一次的61项分析、两年一次的109项全分析以及地下水监测等。

【饮用水源安全保障】 2016年，新田县环保局在259个供水500人以上的集中式饮用水源地设置标志牌，投入200多万元对15个日供水1000人以上的饮用水源地进行保护和治理。组织开展整治金陵水库周边污染问题联合执法行动，对污染处理设施运行情况进行检查，对库区餐饮行业、垃圾入库、投肥养鱼等行为进行集中整治。完成划定县城集中式饮用水源（金陵水库）保护区的工作，划定技术报告报请省人民政府批复；加快编制其他5个日供水1000立方米（服务1万人）以上的集中式饮用水源地保护规划。

环境卫生管理

【概　况】 新田县环境卫生管理所（以下简称环卫所）成立于1990年1月4日，为新田县城市管理行政执法局直属事业单位。主要职能是为维护城市环境卫生提供管理保障；城市环境卫生设施建设，城市环境卫生设施运营与维护；城市环境卫生监督；城市环境卫生作业管理。有正式职工39人，环卫作业车辆50辆，监察车2辆，管理公厕29座，承担着县城170万平方米的街道保洁和35万平方米的河道保洁任务，日清运垃圾140余吨。

【环卫常态监管督察】 2016年，新田县环卫所5名班子成员直接监管县城最重要路段，每人联系一个社区，带头挑重担，安排21名同志专门抓督察、搞监管。按照“县城卫生大街小巷一个样，城中城边一个样，白天晚上一个样，有无检查一个样”的总要求，在清扫保洁、垃圾清运、洒水清洗、公厕管理、河道清洁、“牛皮癣”清理等工作上，每天坚持高标准、严要求。针对一些重要路段和繁华路段晚上垃圾较多的情况，有针对性地安排晚间保洁人员。县城的环境卫生质量保持在较高的水平，达到“新常态”，各类群众投诉大为减少。对具备条件的主次街道，完成果皮箱、敞开式垃圾桶的安装和更换；完成固定及移动公厕的改造；垃圾中转站转运车采购到位。环卫基础设施建设在创国卫前达到创卫要求。

污水垃圾处理

【概　况】 2010年9月，成立新田县污水处理设施管理所，为县城市管理局下属股级事业单位，核定县污水处理设施管理所事业编制3名，经费列入县财政全额预算。2013年3月，更名为新田县污水垃圾处理管理所，增加垃圾处理相关职责，人员编制增加至6名事业编制。至2016年，有正式在编人员4人，其中，所长1人，副所长2人，工作人员1人；另有临时聘用人员10人，其中，污水管网维护人员2人，垃圾处理工作人员8人。主要职责是监督污水处理厂履行BOT合同义务，确保出水水质达到国家排放标准；管理和维护现有污水处理设施，确保污水处理厂正常运行；处理有关污水处理的其他事务；负责城市生活垃圾的无害化处理；管理和维护城市生活垃圾处理场现有设施设备。2016年，新田县生活污水排污总量527.92万吨，污水处理总量达501.42万吨，污水处理率为94.98%；生活垃圾清运量4.672万吨，垃圾处理量4.5736万吨，垃圾处理率为97.89%，较好地实现各项工作目标。

【日常管护】 2016年，新田县污水垃圾处理管理所安排专人对污水收集管网的纳污口进行定期清理、维护；定期对所有污水收集管网的检查井、沉沙井、闸阀、法兰盘及管道完好情况进行检查、更换、维修，并造册登记。2016年，共清理纳污口312余次，更换、修理损坏的检查井121个次。通过以上措施，确保污水收集管网的正常使用，以保证污水处理厂的正常运行。

【污水处理监管】 2016年，新田县污水垃圾处理管理所严格监督污水处理厂履行BOT合同义务，协调污水处理服务费有关的工作。协同县环保局定期、不定期地对出水水质进行检测，确保污水处理厂达标排放。定期对在线监控设备进行检查，严格监控污水处理厂规范运行和达标排放。安排专人采集日进出水COD浓度、排放量、用电量、污泥量等数据指标，实行每日检查登记制度。按上级要求，每月将污水处理厂运行及出水水质情况上报全国城镇污水处理管理信息系统。

【污水处理厂二期工程】 2014年6月22日，新田县污水处理厂二期工程正式开工建设。2016年5月27日，完成污水处理厂二期BOT补充协议的签订工作。污泥干化达标设备安装完成，2016年7月7日污水处理厂二期项目通过竣工验收。2016年10月通过环保验收。

【规范垃圾处理】 2016年，新田县垃圾处理场设立垃圾卫生填埋小组和渗滤液处理小组，分别明确工作职责。渗滤液处理小组负责渗滤液无害化处理、工作区域的环境卫生及绿化；垃圾卫生填埋小组负责垃圾进场的称量、轮胎清洗、调度、卫生填埋、灭蝇除臭、机械维修保养、夜班值勤等工作，所有人员一律服从管理所的统一领导和指挥，保证全天候在岗在位，24小时通信畅通，确保工作力量到位。根据垃圾处理场处理工艺结合各个岗位的特殊性，制定一套完善、可行的运行管理制度及工艺操作规程。制定垃圾填埋场进场管理制度、运营管理手册、岗位操作规范等加强运营管理工作。完善监管工作流程及监管人员工作制度，努力实现监管工作标准化、制度化。加强填埋作业日常监管。严格按照垃圾卫生填埋规范要求，制定填埋规划和月、周填埋作业计划，加强填埋测绘，及时总结计划实施情况，并根据季节的变换、垃圾量的增减、垃圾种类等不同情况，合理调整填埋规划、计划。

【垃圾填埋】 2016年，新田县垃圾填埋场严格按照《生活垃圾卫生填埋场运行维护技术规程》进行日常规范运行作业。库区一日两次的消杀工作落实到位（中午、下午在垃圾平铺、分摊、压实后各喷杀一次，用药量根据季节、温度等因素的不同而相对调整），使用灭蝇除臭生物环保剂消杀，减少垃圾恶臭气味及蚊蝇对周边附近居民的影响，周边居民满意度较高。库区垃圾面单元泥土覆盖2000平方米，安装沼气筒6根36米，修补库区防渗膜300余平方米，铺设土工布900余平方米。完成库区膜布保护装堆沙石袋1.2万袋、铺设约1200平方米。完成场区周边及调节池防护网维修，场区各种指示牌、警示牌、功能牌的安装及重要生产区监控系统安装，确保整个场区安全。

城乡规划与管理

住房与城乡规划建设

【概　况】 新田县住房和城乡规划建设局是县政府工作部门，主管新田县的住房和城乡规划管理工作与城乡建设管理工作。其前身为新田县规划建设局。住房和城乡规划建设局系统共140个编制，在职干部职工135人，其中，研究生学历1人，本科学历40人，专科学历94人。内设办公室、城乡规划编制股、政工人事股（建筑业岗位培训办公室）、政策法规股（信访维稳办公室）、城乡建设股（基础设施配套办公室）、建筑业管理股（县城乡档案管理办公室）、村镇股（农村危房改造办公室）7个股室；下设城乡规划办公室、建设工程质量安全监督站、建筑设计院3个直属事业单位；归口管理规划执法监察大队、市政建设工程总公司、城乡规划设计院、房产局4个事业单位。

【城乡规划建设】 2016年，新田县住房和城乡规划建设局推进县城总体规划的修改，实现扩大县城发展空间、对接上级层面规划、协调本级层面多规合一、优化土地利用规划的目标。完善各类专项规划，新增绿地系统规划、城区学校布局规划、消防规划、电力规划、通信规划、给水规划、传统村落保护规划。启动新圩、石羊、骥村、枧头、金陵、大坪塘、金盆镇7个建制镇总体规划，批准枧头镇特色小镇修建性详细规划。完成264个村庄规划；5个美丽乡村规划；龙家大院、谈文溪村申报中国历史文化名村保护规划，上报住房城乡建设部审核，现场核查通过；谈文溪村、彭梓城村、骆铭孙村、李仟二村、厦源村、兰溪村申报中国传统村落保护发展规划；河山岩村传统村落保护发展规划报住房城乡建设部审核通过，获得中央资金支持。开展城市设计研究，出台县城东部人文片区、西北商贸物流片区的城市风貌景观设计方案。出台《关于进一步规范县城房地产开发建设行为的有关意见》，规范房地产开发行为，提升小区公共停车位的配置、提高临街退离要求、规范临街建筑风格、规范建筑高度等。编制并批准中府国际广场、润驰国际、鸿鑫家园、吉家城中村改造、机械化屠宰场、园区标准化厂房、盛世龙岸南区、家居博览城、公安局监管中心、县城东部片区、德恒实验学校、碧海珑庭、陶然新城等项目的修建性详细规划。

【规划执法】 2016年，新田县住房和城乡规划建设局严格执法，重拳打击“三非”行为。对新出现的“三非”行为控违拆违力度加大，县规划执法监察大队对所辖片区违法违规建设行为现场制止176处，拆除106处，下达停建通知书170份；拆除违法违规建筑面积8620平方米。在管理中主动融入服务。按照县打非办“一站式”办证要求，依法依规为处理到位的“三非”行为户办理建设用地规划许可证103本、建设工程规划许可证17本。新田县住房和城乡规划建设局城乡规划办自2015年11月进驻县政务服务中心窗口以来，抓住“效率、服务”四字下功夫，简化审批环节，提高服务质量，打造“一站式”服务平台，连续两次被县评为“文明示范窗口”。

【城镇基础建设】 2016年，新田县住房和城乡规划建设局贯彻落实“项目强县”“项目兴县”战略，推进重点项目建设，县城面貌大为改观。2016年，共投入道路配套资金7700万元。完成育才路、银象东路、怡华西路、府前大道、支一路、烟霞路、东溪街人行道等道路工程建设；完成日西河水上乐园修缮工程、秀峰市场排水排污改造工程、前进路西段北侧人行道铺装、双碧街北段西侧围墙围挡建设、秀峰街北人行道铺装工程、晓日路道路工程；实施兴林路两侧水沟清淤、破损道路修补、水沟盖板更换以及新华东路道路积水改造；在建项目有公园东路、先云路、怡华路中段、云鹤路东段、和峰路。村镇建设全面推进，为新田县美丽乡村建设的全面开展奠定坚实基础。实施S323沿线外立面改造工程，涉及4个乡镇、24个行政村、918户村民，改造面积50.79万平方米，投资3230.98万元；为新圩、石羊、枧头、金陵、新隆、大坪塘、金盆、三井8个镇建设公租房，投入公租房建设资金2400余万元；全县12个乡镇开展绿化、亮化工程，投入资金2000多万元；加强全国重点镇、省级中心镇、品质活力示范乡镇和特色小镇建设，编制镇总体规划、控制性详细规划，加大基础设施建设，完善各项功能配套，2016年示范镇建设资金投入6000余万元。农村危房改造工作对接精准扶贫，分步实施，实现危房贫困户住有所居。2013年—2016年，解决5581户贫困户住房问题，其中2016年完成2300户。

【建筑工程质量监管】 2016年，新田县住房和城乡规划建设局从“工程质量两年行动”“住宅工程质量常见问题专项整治”活动入手，坚持“预防为主，综合治理”的方针。实行专项检查和日常监管相结合，防范、遏制重特大事故发生，全县建筑安全形势持续好转。2016年，受理质量安全监管项目41个，其中，房屋建筑工程33个，建筑面积29.4万平方米，市政及其他工程项目8个，建安工程量共计12.8亿元。全部纳入质量安全监督，监督覆盖率100%，受监工程质量合格率100%。每季度组织质量安全监督站开展不少于1次的建筑工程质量安全专项检查，春节过后开展工地复工专项检查，夏季开展防汛、高温防暑专项检查，秋季开展防高空坠物、起重提升设备的专项整治及工程建筑材料成品、半成品、构配件等材料专项检查，冬季开展临时用电安全、脚手架、高支模等专项检查。对检查中发现的质量安全问题进行及时查处、纠正，并点名通报，确保建设工程质量总体处于受控状态。

城乡规划设计

【概　况】 新田县城乡规划设计院于2002年机构改革时由县城乡规划局更名而成立，前身最早是成立于1987年的县城乡规划设计室。属副科级事业单位，拥有规划设计丙级资质和工程测量丁级资质。主要从事城乡总体规划、详细规划、各类专业规划、园林景观设计、市政工程设计和规划测量、工程测量。内设办公室、财会室、设计室和测绘队4个股室。有编制数22个，现在岗编制人员15人，另聘用合同制人员13人。实有28名工作人员，其中，男性20人，女性8人。

【编制规划】 2016年，新田县城乡规划设计院协助湘潭市建筑设计院完成县城控制性详细规划全覆盖，规划面积36平方公里。完成县城电力专项规划、消防专项规划、县城教育设施用地布局规划、县城给水管网专项规划、县城通信基础设施专项规划、新嘉公路建筑控制红线规划等项目。完成春陵河两岸用地修建性详细规划概念设计，规划面积47.1公顷；完成西北片区核心区修建性详细规划概念设计，规划面积376公顷；完成监管中心规划，规划面积10公顷；完成德恒学校修建性详细规划，规划面积10公顷；完成妇幼保健院、疾控中心、职中、气象局等新改建项目修建性详细规划；完成易地扶贫搬迁工业园集中安置小区修建性详细规划等。

【市政工程设计】 2016年，新田县城乡规划设计院完成市政工程“白改黑”提质改造工程设计20项；完成市政道路工程设计项目13项；完成永得利农贸市场、城关粮站市场提质改造设计；完成县城供销街、方达工业园、老工业园、新车站、双碧广场、南门桥、五乡圩市场等处的8座公厕改造设计；完成林业局家属区、职业中专、新圩敬老院、下车安置地院内配套工程及法院院内绿化提质改造设计；完成S323沿线毛里、枧头、十字过镇段人行道配套工程设计。

市政工程建设

【概　况】 新田县市政建设工程总公司，属全民所有制副科级事业单位，内设市政建设工程公司、市政基础设施维护管理站、房屋建筑工程公司、房屋拆迁工程公司、机械化工程公司，归口县住房和城乡规划建设局管理。新田县市政建设工程总公司为市政三级、土建三级、城市及道路照明三级企业。2016年，以“打造精品工程、利民工程”为标准，完成道路工程4万余平方米，完成土建工程3万余平方米，安装路灯3255盏，完成产值8999万元，完成全年各项工作目标任务。

【市政设施维修】 2016年，新田县市政建设工程总公司对县城道路路面进行逐条道路专项治理，维修混凝土路面8000平方米，修复人行道及水沟盖板2000余平方米，完成县城道路水沟清淤4100米，整修破损路缘石500余米；探索、改进施工工艺，注重以预防为主，消除道路病害，为创优城市环境提供保障。把提高工程质量、抓好安全生产放在首位，然后根据实际情况，合理安排工序和工艺，有重点、有目的地施工，为提高工程质量与工作效率，专门安排技术人员到工地进行实地监督检查，没有出现任何质量安全事故，做到质量、安全双丰收。

【路灯安装维修】 2016年，新田县市政建设工程总公司在城区路段安装路灯3000盏；其中，主干道路灯2300盏，背街小巷简易路灯700盏。坚持日常巡查制度，及时排除故障；为加强路灯工作的管理，专门内设路灯维修公司，对路灯实施建养分开。加强路灯的巡查力度，采取领导巡察制，班子成员进行上道巡察，每月巡察不低于4次，对路灯的维修保养起到更好的督促作用。安排白天晚上2个班次，全天候对路灯进行维修。公开监督电话，市民发现路灯不亮或灯杆污染严重等情况，随时可以拨打电话进行反映。全年共维修路灯6000余盏，更换故障电缆1万余米，对100多个配电箱进行检修，更换配件，亮灯率和路灯设施完好率在98%以上。

城市园林绿化

【概　况】 新田县园林绿化管理中心（以下简称新田县园林中心）成立于2014年4月，由原县园林绿化管理所、青云公园管理所、双碧广场管理所3个单位合并而成，内设办公室（财务股）、规建股、管理股3个股室。是县城管局下属副科级事业单位，财政全额拨款，定编15人。现有工作人员16人，其中，大学学历8人、大专学历5人、高中学历3人，临聘人员104人。管护城区内绿地面积约100万平方米，其中包括青云公园、孝文化公园、双碧广场、市民广场等综合性公园、社区游园和休闲广场20处；县城主次干道42条。绿化覆盖率35.32%，绿地率32.93%，人均公园绿地面积13.32平方米，道路绿化普及率97.74%。根据《新田县人民政府办公室关于印发〈新田县园林绿化管理中心主要职责内设机构和人员编制规定〉的通知》，将新田县园林绿化管理中心原承担的行政职责（县城区域绿化中、长期发展规划和年度计划的拟订，城区改变绿化规则、绿化用地的审批；全县城市园林绿化企业资质核准，临时占用城市绿地审批等；行使城区园林绿化管理方面法律、法规、规章规定的行政处罚）划归行政主管部门。

【法规制度建设】 2016年，新田县园林中心编制《新田县城市绿地系统规划》，出台《新田县城市绿化管理办法》《新田县县城绿线管理办法》《新田县城区建设项目绿地率管理办法》等一系列与园林绿化相关的规范性文件。

【省级园林县城创建】 2016年，新田县园林中心分别邀请湖南省园林专家吴铁民教授以及永州市园林局专家到新田县指导省级园林城市创建工作。组织人员赴冷水滩、江华、新晃等县区学习考察。全县8个省级、12个市级园林式单位按照省、市园林式单位标准进行提质改造。完成31个市级园林式的单位（小区）申报工作。开展拆墙透绿工作，实现城市绿化资源共享，对全县43个单位、48处庭院进行拆墙透绿。投入资金1亿多元，种植大苗0.6万株、小苗200万株、各类花卉10万株、草皮3.3万平方米、麦冬4500平方米。全县30个公园、广场、小游园完成建设改造、新建成21个林荫式停车场以及自行车慢行系统。解决关口—潮水铺段山体修复、秀峰街南等裸露黄土绿化问题。

【城市绿化管理】 2016年，新田县园林中心推行建设工程并联审批制度，把项目附属绿地设计方案审查纳入并联审批程序，对绿地率和方案进行审查，推进县城块状绿地的建设。新增新嘉公路综合大市场段、银象路锦绣天下段、虎头岭公园、新人武部西北角、园艺场中心绿地、夜宵市场、秀峰社区公园等绿化建设。完成龙泉大道、云鹤路、秀峰街、双碧街、叠翠街等主干道的绿化提质改造。开展城区公共绿地补植工作，实现绿化档次提升，完成龙泉路、滨河东西路、新华东路、飞马路等行道树补植193株，市民广场、双碧广场、孝文化公园等区域补植各类小苗约6.8万株。更换滨河东西路、公园西路、东溪街南花箱鲜花及行政中心、滨河广场花坛鲜花4次。鼓励单位、小区、居民开展“见缝插绿、屋顶增绿”，实施屋顶绿化、阳台绿化，提高城市绿化覆盖率。加强病虫害的防治和肥水管理。制定病虫害防治方案，将柳树的天牛，樟树的樟蚕、蚧壳虫，绿化带的白粉蚤列为重点防护对象，加强巡查力度，及时发现、及时处理，严防病虫害的高发，全年对县城的行道树、绿地组织3次全面杀虫。全年对县城的绿化种植物进行3次施肥。为保证绿化带的整齐美观，加强修剪整形的力度，全年对绿篱修剪7次、行道树修剪1次。加强城区绿地和公园、广场管理维护，实现公共场所服务优质化，完成青云公园旱厕改造，青云公园景观台维修，行道树池铺设树篦子，公园广场小品、道路简易维修等工作。建立城市园林设施“随坏随修”的工作制度，确保各类设施功能的正常发挥。检修安装各类灯具135盏，检修电线路长1280米，检修绿地供水设施58处，维修座椅32座次，集中清理孝文化公园水池3次。

城市管理行政执法

【概　况】 新田县城镇监察综合执法大队原名城镇建设管理监察大队，成立于1997年（前身为新田县城市管理监察队，于1989年组建，隶属原县建委现县规划建设局），1998年5月升格为副科级事业单位，2002年10月更名为新田县城镇监察综合执法大队，2003年9月新田县城市管理局成立后，归属城市管理局，2014年5月并为城市管理行政执法局直属大队。主要行使的职能是为城市美化提供监督保障。负责县城区内规划、市政公用事业、市政工程设施、城镇市容和环境卫生、园林绿化方面的监察以及县委、县政府授权的其他职责。至2016年有在职人员87人，其中，男性76人，女性11人；其中，办公室4人，城东组24人，西北组25人，西南组24人，打击组10人。下设1个办公室、3个市容秩序管理组、1个打击组。现有党员29人，支部书记1名，副书记1名，纪律委员1名，宣传委员1名，组织委员1名。

【城市管理】 2016年，新田县城镇监察综合执法大队利用“文明劝导＋严厉监管＋文明执法”的“三位一体”管理体制。取缔县城区域内的马路市场，通过巡查与蹲守相结合的模式防止反弹。拆除县城区域内的违规户外广告和破损门店招牌，拆除面积29000平方米，为全县的门店招牌的成功改造升级打下良好的基础。搬迁原水果市场，打造新华东路榜样街。集中整治夜市，确保夜宵城搬迁工作的完成，规范县城区域夜市秩序。整治乱搭乱建、乱堆乱放、乱设摊点、乱拉乱挂、乱贴乱写乱画、乱扔乱吐等城区“六乱”。市容环境明显改善，市容市貌显著提升，市民满意度大幅上升。

【路灯管理】 新田县路灯管理所于2016年设立，为城管局下属全额拨款公益二类股级事业单位，核定事业编制4人，主要负责县城内路灯的维护安装管理工作，负责对全县路灯、灯具、灯架、灯杆、灯座的维护和安装；承担全县道路照明设施的管理、维护工作，保障路灯设施完好率，确保全县主次干道亮化率；负责全县路灯线路运行控制管理工作，按规程进行巡视，定期对路灯设备进行检查维护。

渣土管理

【概　况】 新田县城区渣土运输管理站成立于2012年，是财政全额拨款的股级事业单位，定编20人。现有工作人员19人，其中，站长1名，执法组组长2名，办公室工作人员1名，财务人员1名，外勤执法工作人员16名（含执法组长2名及临聘人员2名）。2016年7月1日，成立城区渣土运输站党支部，有党员6人，书记1名，宣传委员1名，组织委员1名。

【管理宣传】 2016年，新田县城区渣土运输管理站加大对城区渣土运输工作的宣传力度。以《新田县城区渣土运输管理办法》为抓手，深入在建工地、私人建房、渣土运输公司、混凝土企业、沙场石场等地开展渣土运输宣传教育工作，发放纸质宣传资料5000余份，营造渣土管理宣传氛围。

【运输管理】 2016年，新田县城区渣土运输管理站实行“审批＋监管＋执法”“三位一体”的管理体制。为县“双创”工作保驾护航，加大对渣土治理的态势，严格渣土前置审批制度，把控源头监管，提高治理效能。通过流动巡查、定点巡查，迂回复查，在几个高发点安排专人蹲点等方式加大对违规渣土运输的打击力度，要求建设工地和渣土运输单位规范作业，对不按照规定进行渣土运输造成污染的单位或个人，从重从严进行处罚，对违规施工工地下达整改通知书60份，要求限期整改到位，对拒不整改或整改不到位的采取强制停工等处罚措施。处罚在建项目40余个，对违规的渣土运输车辆进行批评教育2000余次，查处违规运输车辆1800多辆次，处理1000余辆次，处罚总额12万余元。办理渣土处置审批手续72家，新增私人住宅工地办理手续53家，新增房地产工程和基建工程办理手续20家。渣土运输车辆的覆盖率比2015年提升到98%左右。渣土污染城区道路明显减少，市容市貌及市民满意度大幅提升。

【渣土专项整治】 2016年3月至年底，新田县成立新田县城区渣土运输管理专项整治工作领导小组，从交通运管局、公路局、交警队、农机局、交通局、文化执法局等职能部门抽调执法人员开展专项整治工作。主要围绕渣土运输扬尘污染、未密闭未平槽、超高装载、泄漏遗撒、随意倾倒、车身带泥污染城市道路等违规违法行为开展专项整治。经过专项执法整治，县城市环境、形象得到质的提升。

房地产

【概　况】 新田县房产局现有在职干部职工51人，其中，在编人员50人，政策性安置1人（未进编）。在职党员20人，其中，女性党员5人，男性党员15人；有大专以上学历34人，有中级技术职称8人，其中，房地产评估师1人，经济师1人，房地产经济人1人，会计师1人，工程师4人。内设办公室、财务股、开发经营股3个机构；下属事业单位有新田县住房保障办公室、新田县房屋征收和补偿管理办公室、新田县物业管理办公室、新田县房地产交易所、新田县白蚁防治所5个。主要职责是负责全县保障性安居工程建设、管理、分配，廉租住房补贴，住房制度改革，商品房预告登记备案，房地产抵押登记备案，房地产转移、分析、赠予、继承登记备案，商品房预售许可证审批，国有土地上房屋征收与补偿监管，房屋安全监管，房屋租赁以及物业管理企业、房地产中介服务机构监管等工作。

【房地产开发】 2016年，新田县房地产开发完城投资8.47亿元，比2015年同期4.41亿元增加4.06亿元，增长92%，投资增加主要是较2015年同期新增6个项目。新开工面积32.78万平方米，比2015年同期18万平方米增加14.78万平方，增长82%。销售住房1360套，与2015年836套同期比增加524套，增长62%。多层（楼梯房）销售均价2561元/平方米，与2015年同期2360元/平方米增加201元/平方米，增长8.5%；高层（电梯房）销售价格均价3368元/平方米，与2015年同期3300元/平方米增加68元/平方米，增长2.1%。

【保障性住房建设】 2016年，新田县棚户区改造任务244套（户），其中，货币安置201户，实物安置43户；城镇保障性住房公租房续建918套，分配入住3934套；工业园玉麟路公租房项目768套，正在建设中。租赁补贴新增153户，超额完成任务；全年住房租赁补贴款发放1104户，总计116.01万元，全部由银行打卡发放到位。

【房地产市场监管】 2016年，新田县房产局加强房地产执法和商品房预售管理，杜绝开发企业卷款跑路行为，引进知名品牌房企进驻新田建设品质标杆楼盘，引导新田房企树立品牌意识。加强物业管理建设和谐小区，通过小区整治化解物业管理企业、开发企业与业主的矛盾，要求开发企业按规划要求配齐配套设施，物业企业按服务标准服务、收费，业主按期交纳物业管理费。物业管理小区覆盖率100%。实行开发企业网签和合同备案制度，严防一房多卖行为，制定“一房一价”政策，严防哄抬房价、乱收费行为，及时掌握房地产销售情况，为政府出台相关政策和有效去库存提供依据。

内外经贸与旅游

科技、商务、粮食和经济信息化

【概　况】 2016年6月，原县商务局、粮食局、科技局、经信委合并为县科技商务粮食和经济信息化委员会（以下简称县商粮科经委），为县人民政府工作部门。核定行政编制15个，事业编制18个，工勤人员18人，下设办公室、政工股（信访室）、财务审计股、外经外贸外资股（加工贸易股）、投资管理股（异地商会联络办）、流通贸易股（市场建设和运行股）、工业经济运行股、资源综合利用股（民爆器材管理办公室）、无线电和信息化股（国防信息动员委员会办公室）、粮食调控与行业管理股、科技管理股、知识产权股（地震办）等13个内部股室，以及投资促进局、驻广办、电子商务办公室、综合执法大队（安全生产办公室、国有资产管理办公室）等下属事业单位。县商粮科经委主要负责原县商务局、原县粮食局、原县科学技术局、原县经济和信息化委员会职责，承担盐业和国家储备盐监督工作职责，促进科技与金融结合，奖励科技金融服务的统筹协调机制，组织实施专利奖的申报、推荐等工作。

【招商引资】 2016年，新田县实际利用外资3000万美元，同比增长14.7%；实际利用内资11.6亿元人民币，同比增长15.4%；成功引进温氏集团、绞股蓝总甙复合饲料添加剂产业化项目、贵中家俱等一批投资规模大、带动能力强的好项目16个。抢抓证监会发布的《关于发挥资本市场作用服务国家脱贫攻坚战略的意见》政策机遇，引进12家拟上市企业在新田注册。

【内贸流通】 2016年，新田县流通内贸工作围绕促进内需，扩大消费，保障民生的工作思路，全县内需保持平稳增长。社会消费品零售总额完成25.07亿元，同比增长12%，全市排名第3位。新增上限入统企业3家。中小商贸企业平台活跃，完成注册任务13家，全县共有注册系统会员16家，完成备案14家。开展形式多样的惠民促销活动，规范成品油市场管理，对典当行业开展排查和调研，促进电子商务的快速发展，做好规模企业的入统及抓好新田县中小商贸流通企业公共服务平台的建设等各项工作。

【对外贸易】 2016年，新田县实际完成外贸进出口总额5200万美元，占全年任务的78%（目标任务6700万美元），其中，出口5124万美元，占进出口总额98.54%；进口76万美元，占进出口总额1.46%。实现外贸业绩企业4家（速必乐、和祥润、普瑞达、华裕公司），其中普瑞达内装材料有限公司为新增“破零”企业，和祥润新材料有限公司2016年进出口总额101万美元，同比增长359%，实现倍增企业1家。进出口业绩行业分布情况为：贸易型企业占87%，鞋类企业占

10.57%，新材料企业占 1.53%。2016 年，新批自营进出口企业 2 家（吉星家居、恒丰米业）。

【粮食安全保障】 2016 年，新田县贯彻执行《湖南省地方储备粮管理办法》，加强和完善粮油储备体系建设，按照中心城区保证 10 天以上消费量的要求，建立成品粮储备。下达 2016 年—2017 年县中心城区成品粮储备计划 530 吨，其中，新天下恒丰粮油有限公司 200 吨，永丰贸易有限公司 110 吨，达利粮油食品有限公司 110 吨，祥丰食品有限责任公司110吨。2016年，新增县级（稻谷）850 吨，累计县级储备粮 2100 吨。

供销合作

【概　况】 新田县供销合作联社（以下简称县供销社）于 1951 年 7 月成立，隶属于县政府管辖，人员定编 10 人，现有干部职工 40 人，其中，在职 17 人，离退休 23 人。县供销社是具有部分行政管理职能的正科级事业单位。机构设置为办公室、业务股、人事股、财会股。主要职能是为"三农"提供服务，按政府授权对重要农业生产资料、农副产品购销进行协调管理，会同有关部门做好烟花爆竹的统一归口经营的管理工作，规范农资经营流通行业管理。

【供销社综合改革】 2016 年 2 月，新田县供销社派人参加省、市组织的专题培训。班子成员赴蓝山、宁远、道县、零陵、东安等地学习考察，结合新田实际，出台《新田县深化合作供销社综合改革实施意见》和《新田县深化供销合作社综合改革实施方案》。

【农村合作经济组织建设】 2016 年，新田县供销社继续采取挂靠和引办的形式，注重发展有实力、基础好的农村合作经济组织，重点培育有亮点、有特色的专业合作社，按照县政府的指示精神，大打富硒品牌，发展富硒产业。发展龙源生态种植、山塘特种种养、恒丰生态种养 3 个农民专业合作社，申报新田县石羊醋水豆腐生产专业合作社为示范专业合作社。

【烟花爆竹市场管理】 2016 年，新田县供销社对烟花爆竹市场实行日常监管和重点整治。一是配合有关部门开展对无证经营和非法经营的企业查处。二是重点打击非法运输、非法储存的行为。三是做好烟花爆竹仓库的安全管理工作，要求单位"一把手"亲自带队，每月对仓库检查 3 次以上，发现问题及时交办、及时整改。为尽快搬迁烟花爆竹仓库，组织规划、住建、国土、房产、环保等部门考察调研，基本明确烟花爆竹仓库新址，并报县政府审批。

【农村可利用垃圾回收网络建设】 2016 年，新田县供销社根据县委、县政府关于农村环境污染治理工作的安排部署，建立农村可利用垃圾回收网络体系建设。在供销社的组织实施下，县、乡（镇）、村三位一体的农村可利用垃圾回收体系逐步形成。县级可利用垃圾集散处理中心完成合作加盟，开展回收、调运和粗加工。农村可利用垃圾完成 12 个乡镇站、223 个村级点建设，完成任务的 100%。乡镇站与村级点签订回收协议，结合农村环境综合治理，将可利用垃圾回收体系建设纳入全县乡镇考核范围。全县农村可利用垃圾回收网络建设，按照"龙头企业 + 乡镇回收站 + 村级回收点（保洁员）+ 流动回收人员"的运作模式，逐步实现"村收集、乡（镇）运输、县处理"的运行机制，回收网络各环节运转通畅有序，做到农村可利用垃圾应收尽收。

【完成经济指标】 2016 年，新田县供销社抓住农资、农副产品、日用消费品、可利用垃圾回收和烟花爆竹"新网工程"五大网络建设，实现销售总额 5.07 亿元。其中，农资销售 1.8 亿元，社办工业产值 4941 万元，日用消费品（惠农服务中心与综合服务社）连锁销售 1.26 亿元，农副产品及农民专业合作社销售 6700 万元。实现利润 82 万元，比 2015 年同期增长 8.5%，总体形势稳中有升。

烟草专卖

【概　况】 新田县烟草专卖局成立于1985年，坐落于新田县龙泉镇滨河西路44号，2006年机构改革成为非法人国有企业，隶属永州市烟草专卖局，负责全县的两烟生产经营和专卖管理。内设办公室、财务室、纪检/综合室、市场服务分部、区域中转站、烟叶生产经营分部、烟基办、专卖办、内管组9个股室，下设田家、新圩、石羊3个标准化烟草站。至2016年有在岗员工184人，退休职工178人。为全县1280个卷烟零售户、3023户烟农提供服务。

【卷烟销售】 2016年，新田县烟草专卖局卷烟销售完成销量13097箱，占年度销售计划12812箱的102.2%，同比下降6.77%；销售总额27784.36万元（不含税），同比下降10.1%；单箱均价24820.67元/箱（含税），同比减少914.33元/箱；实现税利18934万元，其中税收6619万元。夯实基础工作，从绩效考核、客户经理工作流程、货源投放、需求预测等方面入手，加强品牌培育和消费引导工作，1月—12月，卷烟销量与结构一直稳居在县级分公司前3名。

【市场调研】 加大市场走访力度，将客户订单需求与客户库存调查等作为客户拜访的主要内容，协助客户做好品牌陈列和明码标价工作，稳定传统主销品牌的消费需求。加强新品和替换品牌的宣传推介，把农村市场作为销量扩容、结构升级的“主阵地”，把新兴市场的开拓作为扩大销量的“新码头”，直面消费者，深挖消费潜力。创新营销方式。开展“消费者在哪里，我们就到哪里”和“营销百日竞赛”等系列主题活动。党组成员分成4个调研组深入在建工程项目、节日市场、喜庆用品市场和居民集中区域，走街串巷，询问零售客户经营情况，收集卷烟消费者信息，了解专项市场卷烟需求，掌握农村市场空白点，逐步稳定销量，改善状态，扭转市场形势。强化物流规范运行。推行“里程定格”管理方法，统一为配送车辆配备加油卡，实行“一车一卡对号加油”模式。规范送货服务流程，严格执行送货到户签字确认制度，小票进行粘贴保存，送货人员不得代客户签字。全年货款回笼率100%，送货差错率为零，重大安全事故为零。

【烟叶生产】 2016年，新田县烟草专卖局烟叶生产工作坚持以“守红线、提质量、促增收”为工作总基调，烟叶合同种植面积控制在4万亩以内，收购烟叶9.5万担。烟叶生产在重重困难中砥砺奋进。全县遭受烤烟种植史上最严重的自然灾害——“4·17”雹灾、“5·05”风灾、“5·20”水灾轮番袭击，烟叶多次受灾，受灾面积2.7万余亩，接受保险公司赔偿农户1597户，占全县总农户数的52.82%，赔偿金额500余万元。面对灾情，新田县烟草专卖局采取加大工作力度、加大扶持力度、加大奖惩力度等一系列有效措施，紧急调运救灾专用肥料120吨和30万元的药剂，免费供应给烟农，将烟农损失降至最低。抓基础工作，加大烟农、员工两个层面的培训力度，推进烟叶精益生产，实现大灾之年质量不差，收入不减。烟叶收购在多方博弈中求得共赢。面对烟叶市场需求从卖方市场转变为买方市场和全县烤烟因灾严重减产的现实，烟叶收购形势非常严峻，新田县烟草专卖局坚持“四个严禁”，提出：坚持以市场需求为导向，坚持收购眼光平稳，坚持应收尽收，力保烟农利益，力保质量特色，力保平稳收购的“三坚持三力保”指导思想，收购均价达到1338.86元/担，高出全市平均均价15.3元/担，在全市排名第二。加强部门协作，加大资金投入力度，稳步推进现代烟草农业建设，在烟基建设和规模化种植、专业化服务、信息化管理等方面取得成效。烟基建设方面：全县投入烟基建设资金3000多万元，其中，烟田土地整理投资1300多万元，完成烟田土地整理面积5000亩；密集烤房投资1390万元，新建密集烤房397座。

专业化服务方面：全县建成烟农专业合作社6家，其中省级示范社2家；育苗、分级两个环节的专业化服务达到100%，机耕达到70%以上，植保、烘烤专业化服务取得突破。信息化管理方面：建立健全烟农基本信息电子档案，建成售烟款在线支付系统和烟农信息发布平台。

【两烟市场整治】 2016年，新田县烟草专卖局查处各类涉烟违法案件104起，其中真品卷烟案件88起，假烟案件16起，5万元以上案件4起；查获各类违法卷烟81.92万支，其中，真品卷烟64.68万支，假冒卷烟17.24万支。加强市场监管力度。坚持"两手都要抓，两手都要硬"的举措，以"铁的手腕"整治两烟市场，制度化、常态化落实夜间巡逻工作制度，强化对蔬菜物流中心、交通枢纽的动态监管，组织精干力量重点监管"绿色通道"，真烟非法流通情况较往年有所下降。行政许可证件办理进驻新田县政务中心综合窗口统一办公，实施"一口受理"，做到为民服务"零距离"、咨询答疑"零厌烦"、违规操作"零容忍"，为零售户提供最优质的服务，在全市县级局单位也是首家。加大内部监管。采取网上监管、跟踪送货、现场暗访等方式，加大卷烟规范经营的内部监管。有效对烟叶计划下达执行、工场育苗、合同签订、烟用物资发放、烟叶大田移栽等工作进行监管。

【三项费用】 2016年，新田县烟草专卖局三项费用总额为6711.79万元，占年度预算6873.26万元的97.65%，其中：销售费用总额3776.95万元，管理费用总额2936.49万元；招待费、会议费、车辆运行费分别同比下降31.43%、39.43%、0.38%。以成本费用控制为重点，三项费用较2015年同比节省费用138.94万元，降幅2.03%。

【精益管理】 2016年，新田县烟草专卖局把"两学一做"微课堂开进田间地头、开进零售客户、开进党员支部，持续推进"八个更加懂得"学习践行活动，充分发挥党员干部的模范带头作用。用实际行动关爱老同志。走访慰问生活困难的老同志，开办老年大学分校，持续开展健康知识讲座，组织老同志开展烤烟生产调研、重温红色革命教育、老年门球赛等活动，从实际行动上关心老同志、服务老同志。加强信访维稳和安全生产工作。县局信访维稳工作压力较大，稳控难度大。按照上级的统一部署，抓好稳控措施落实，主动联系政府相关职能部门，信访维稳状态平稳。安全生产方面，保持零安全生产事故的良好态势，强化全员安全责任意识，抓安全隐患排查整改，为企业健康稳定发展打下良好基础。以抓时间、抢进度、强监管、保质量为工作重点，加强与施工方的沟通联系，有效解决施工中出现的问题。2016年改建的枧头烟草站工程建设项目，规划设计、建设工期和质量得到市局领导与相关部门的充分肯定。

盐　业

【概　况】 盐务管理局1984年从县副食品公司分离出来，成立独立的盐业公司。1992年成立盐务管理局，隶属于永州市盐务管理局。机构设置人秘办公室、财务股、运销盐政股、多种经营股等。盐务管理局与盐业公司目前合署办公。主要职能是贯彻执行国家有关盐业管理的法律、法规、规章和政策；负责新田县内盐业市场的管理，查处各类涉盐违法犯罪案件。净化食盐市场，确保人民群众吃上放心合格的碘盐。每年组织供应各类食用及工业用盐1000余吨。

【盐务管理】 2016年，新田县盐务管理局按照"高举食盐专营旗帜，认真履行职能"的盐政工作总体要求，紧紧围绕"加强盐政管理，规范盐业市场秩序，确保盐业市场稳定，确保销售任务完成"的工作目标，完成全年各项经济指标。全年的盐政工作经受住市场经济大环境的挑战和考验，确保新田县盐业市场的稳定大局。

【食盐专营】 2016年，新田县盐务管理局加强

"3·15"消费者权益保护日、"5·15"防治碘缺乏病日的宣传。联合市局市管科出动宣传车对全县食盐市场进行广泛的食盐专营法规的宣传，与工商、卫生、疾控等部门在县城商业广场和乡镇集市设咨询点，解答消费者疑问，现场展示新品种小包盐及碘盐与非碘盐的检测，宣传食盐专营办法、湖南省盐业管理条例等法规，向过往群众散发宣传资料，讲解真假盐的特点和食用合格碘盐的好处，加深消费者对盐业法规与食盐专营的了解，提高消费者对安全用盐的认识，发放宣传资料6000余份，悬挂横幅3条，张贴盐业法规宣传画及通告1700余张，出动宣传车8辆次。开展各种形式的新品盐宣传活动，利用稽查的机会深入乡镇、学校、酒店及居民用户等，边稽查边宣传，发放新品盐宣传资料，稽查到哪里，宣传就到那里，确保新品盐销售任务的完成。

【盐政管理】 2016年，新田县盐务管理局对所管辖的市场进行了不间断的稽查和巡查工作，保持对整个盐业市场的监控、巡查，强化与县食安委、工商、公安等职能部门的联合执法检查，全年出动盐政执法人员480人次，车辆180辆次，与职能部门联合执法检查12次，检查大型集合市场25个，边界市场7个，零售网点150余户，学校、酒店及单位食堂60余家，食品加工用盐户12家，保持对不法盐商的高压态势，做到熟悉每一个市场，熟知每一个客户，掌握市场动态，做到心中有数。

【三项制度建设】 2016年，新田县盐务管理局按照三项制度建设的要求，对全县的食盐经营户重新进行了A、B、C分类定级并造册八档，严格实行"食盐零售许可证"制度，对已到期的"食盐零售许可证"和原来手写的"食盐零售许可证"进行全面更换。全年更换"食盐零售许可证"120套，做到一户一证、亮证经营，并对不合格的网点进行淘汰，同时发展一些新的网点，对网点和市场开展每月不少于2次的日常检查，把盐政管理销售指标责任到人，并将销售业绩同工资、奖金挂钩，实行考核。

乡镇企业

【概　况】 1978年9月成立县社队企业局，1984年改名为乡镇企业局。1992年—2002年改为新田县乡镇企业经济委员会，为正科级行政单位。2002年元月，机构改革由乡经委和外经委合并组建新田县乡镇企业外经外贸局。2003年元月，龙泉工业小区管委会并入到乡镇企业外经外贸局。2004年元月，乡镇企业外贸局重新分开组建为新田县乡镇企业局（民营经济发展局）、新田县招商局（新田县对外经济贸易局）和新田县龙泉工业小区管委会。2005年，县乡镇企业局改组为承担行政职能的副科级事业机构，加挂县农业产业化办公室牌子，归口县农业局管理。2016年，将原县农业局、原县委农村工作部（县政府农村工作办公室）、原县乡镇企业局的职责整合，划入县农业委员会。内设机构为办公室和规划指导股2个股室。核定事业编制5人。

市场服务

【概　况】 新田县市场服务中心成立于2000年4月，是实行企业化管理的正科级事业单位，下设一室二股三所，即办公室、政工股、市场建设股、城东市场服务所（管辖先锋街农贸市场、永得利农贸市场、日西河农贸市场、城西农贸市场、水果市场）、城西市场服务所（管辖五乡圩农贸市场、方达农贸市场、工业园临时农贸市场、秀峰农贸市场、石马路临时农贸市场）、农村市场服务所（管辖石羊、骥村、三井、茂家、金盆圩、洞心、毛里、十字、冷水井、陶岭、新圩、新隆、高山、知市坪、金陵、莲花农贸市场）。市场管理主要职责是经营管理市场资产，负责市场的物业管理、市场规划、市场开发和维修；负责市场内治安、消防、卫生等日常服务，提供交易场所和服务设施，开展代储、代运及其他服务；收取市场设施租赁费、交易手续提成费和其他符合国家和省、市、县规定的有偿服务费；市场内经营户的管理服务、市场商品规范管理、市场内公平交易服务等职能。2016 年，方达农贸市场获得永州市文明集市、创建国家卫生县城先进集体称号；市场服务中心获得创建国家卫生县城先进单位和创建省文明县城工作优秀样本点单位称号；由市场服务中心负责牵头的农贸市场建设与管理专业组获得创建国家卫生县城先进集体称号。

【农贸市场建设】 2016 年，新田县市场服务中心抓好方达农贸市场、先锋街农贸市场、城西农贸市场、永得利农贸市场、五乡圩农贸市场、城关粮站农贸市场的标准化改造工作，为创建国家卫生县城打下基础。

【农贸市场管理】 2016 年，新田县市场服务中心干部职工加班加点进行市场整顿、占道经营劝导活动，全年累计投入各项创卫经费 100 余万元。聘请 35 名保洁员从事市场内保洁工作，增加保洁设备设施。每个市场摊位配有垃圾收集桶，每个行组配有大垃圾桶，垃圾日常日清，保持垃圾不落地。搞好各城区农贸市场内划行归市、经营秩序工作的整治。落实城区农贸市场部分熟食摊位冷藏保鲜和“三防”设施。设置方达农贸市场、城西农贸市场、五乡圩农贸市场、先锋街农贸市场、石马路临时农贸市场卫生评比公示栏，每月进行卫生评比活动。建立方达农贸市场、城西农贸市场、五乡圩农贸市场、先锋街农贸市场 4 个农残检测室，并安排工作人员到县农业局学习检测技术，使农残检测工作常态化。

【农村农贸市场移交工作】 2016 年 6 月 15 日上午，在县财政局三楼会议室召开农贸市场移交工作会议，按照属地管理原则把全县 17 个农村农贸市场（陶岭、石羊、骥村、新圩、新隆、知市坪、三井、茂家、金陵、金盆、枧头、十字、毛里、莲花、双合、高山、冷水井农贸市场）的收费管理、日常保洁、设施维护工作全面移交给龙泉镇政府、枧头镇政府、新圩镇政府、新隆镇政府、大坪塘镇政府、骥村镇政府、金陵镇政府、金盆镇政府、三井镇政府、石羊镇政府、陶岭镇政府 11 个镇政府管理。

【安全生产工作】 2016 年，新田县市场服务中心上下对安全生产工作成立专门的工作班子专抓安全生产工作，经常对所辖的农贸市场和永得利商业城进行全面排查，针对排查出来的问题及时解决，该维修的维修，该加固的加固。投入资金 30 余万元，对消防安全进行 120 人次的培训，增强工作人员和经营户的消防意识，实现 2016 年度全年无安全事故发生。

旅　游

【概　况】 2016 年，新田县接待游客总人次 240.2 万余人次，实现旅游总收入 12.1 亿余元，游客接待人数和旅游收入同 2015 年比增长 21.11% 和 23.12%。与广州常邦旅游规划公司合作，编制《新田县全域旅游发展总体规划及五年行动计划（2016—2020）》以及《龙家大院景区全域旅游建设性详细规划》。

【项目建设】 2016 年，新田县文体旅广电新闻出版局完善基础设施。结合创国卫工作，实施县城至旅游景区道路改造、旅游景区环境整治、景区美化、绿化、亮化及旅游厕所修建、改建等项目，完成投资 1.5 亿余元。推进办点示范。县委书记和县长分别挂点东升村与黑砠岭村创建美丽乡村示范村，东升村投入约 5000 万元，实施乡村总体规划、万亩蔬菜基地沿村环境整治、绿化、美化、亮化工程，开展农业综合开发、移民开发、金陵水库集中供水工程、新村建设、道路建设、东升农场总部搬迁建设等项目 40 余个，建成功能齐全的活动中心、老年公寓，修通硬化了环村路，建成篮球场、配备健身器材。黑砠岭村按照国家AAAA级旅游景区建设标准，投入约5000万元，实施古民居修缮、占地5000余亩的龙家大院紫薇公园景区拓展工程、异地扶贫搬迁、旅游公路改造、渠道改造、民俗风情一条街建设规划等工程项目30余个。大力招商引资。引资1.2亿元的陶岭镇东山坊休闲度假区项目经1年多跟踪，落地实施，目前正在进行基础设施建设。

【推介拓宽旅游市场】 2016年，新田县文体旅广电新闻出版局积极筹备节会。承办“潇湘丽人”暨旅游形象大使选拔大赛，举办龙家大院紫薇花节、新田县篮球争霸赛等节庆活动，把节会资源转化成旅游资源，以节会为媒推介全县的旅游资源。与湖南卫视签订合约，在湖南卫视天气预报栏目做旅游形象宣传，与市广播电台签署合约，在市天气预报栏目做旅游形象宣传。组织参加由省、市举办的各类推介会，抓住日益火爆的自驾游市场，打造自驾游休闲基地，接待广东、广西、江西以及长沙、株洲、湘潭各地的百余批大小自驾游团队。

财 税

财 政

【概　况】 新田县财政局为县人民政府工作部门，主管全县财政收支、财税政策、国有资产管理等工作。内设15个职能股室，归口管理县农业综合开发办公室、县非税收入征收管理局、县乡镇财政管理局、县会计核算中心、县国库集中支付中心5个副科级事业单位，归口管理县政府采购办公室、县财政工资统一发放中心、县控制社会集团购买力领导小组办公室、县扶贫资金管理办公室、县财政投资评审中心、县农村综合改革办公室、中华会计函授学校新田函授站7个事业单位，辖12个乡镇财政所。现有干部职工86人，其中，大学本科以上学历36人，中级以上职称18人（包含注册会计师4人）。2016年，全县公共财政总收入完成60602万元，比上年增加4281万元，增长7.6%。其中：地方一般预算收入完成43771万元，比上年增加1091万元，增长2.6%；上划中央收入完成12850万元，比上年增加3078万元，增长31.5%；上划省级收入完成3981万元，比上年增加117万元，增长3%。税收收入占财政总收入比重为74.95%。2016年，全县公共财政支出完成232700万元，比上年增长9.62%。2016年，一般公共财政预算执行结果收入总计309382万元，其中，一般预算收入43771万元，上级补助收入178000万元，债券转贷收入81120万元，上年结转支出6491万元。财政支出总计309382万元，其中，一般预算支出232700万元，上解支出1036万元，债券还本支出70820万元，结转下年支出4826万元。收支相抵，财政收支平衡。2016年，新田县财政局被省财政厅评为全省非税收入征收管理工作先进单位、全省社会保障工作先进单位。获全市会计管理工作先进单位、全市非税收入征收管理工作先进单位、全市社保基金决算编制工作先进单位、全市基本公共卫生服务项目考核先进单位等市级荣誉称号。被县委、县政府评为全面小康建设工作优秀单位、安全生产工作优秀单位、办理政协提案工作先进单位。

【财税征收】 2016年，新田县财政局坚持“量质并重”的理念，全年财政总收入比上年增长7.6%，超过全省平均增幅，税收收入占财政总收入比重为74.95%，收入质量进一步提高。加强税源监管，深入全县财源税、源点摸清底子，了解生产经营情况，综合各项经济指标，分析收入走势，及时更新税源台账。2016年4月—5月，开展以营业税为主的税收清理工作，其中房地产项目清理入库各项税费2800余万元、建筑工程项目清理入库税费近1000万元。加强对非税收入的征管，严格落实以票控收，采取日常催收与上门催收、日常稽查与专项检查、窗口征收与部门征收等方式，全年完成非税收入15179万元。财税部门积极协作，挖掘新增税源潜力。2016年信用联社成功改制为农商行后，加大对金融行业税收稽查力度，全年金融业累计入库4350万元，同比增收1475万元，成为新的经济增长点。强化全年重点项目入库税收3600万元，房地产业完成税收10867万元；土地增值税、耕地占用税、国有资产处置税等税收入库9200万元。2016年，全县实现税收45423万元，同比增加4281万元，增长10.4%。

【财源培植】 2016年，新田县财政局继续加大对工业园区的投入，支持园区基础设施和标准厂房建设，支持发展烤烟生产，县财政投入资金400多万元，新建密集型烤房340座；足额安排县级配套资金，支持烟叶农业保险，化解烤烟生产风险。2016年，全县完成烤烟收购任务9.5万担，实现烟叶税收2800万元。争取中央和省专项补助资金1100多万元，用于扶持做强以富硒品牌为主的特色农业。把推进重点项目建设作为稳增长、促增收的重要手段，筹集财政资金，并通过县级投融资平台，引导金融和社会资本投入，推进实施创国卫县城基础设施建设、易地扶贫搬迁、智慧新田、美丽乡村等重点项目建设。将跑项争资放在保证全县财政支出生命线的位置，创新工作方法，取得实效。全年争取上级补助资金17.8亿元，总量较上年增加1.3亿元，增长7.9%，其中，争取一般性转移支付11.2亿元，专项转移支付6.1亿元。

【保障民生】 2016年，民生民本支出194936万元，占财政总支出的83.77%。优先保障工资福利。2016年7月起，全县在职人员工资及离退休人员离退休费提标，县财政安排资金1430万元，按调资标准足额补发；安排资金2872万元，发放全县在职人员年终绩效考核奖；全年拨付在职人员工资总额3.8亿元，负担全额拨款行政事业单位养老保险及职业年金9000万元，基本医疗保险2100万元，配套住房公积金3600万元，全面保障干部职工按规定享有的工资福利待遇。加大社会保障投入。扩大城乡居民养老保险覆盖面，城乡居民月基础养老金从75元提高到80元。加大对特殊困难人群的救助力度，2016年，共拨付城乡低保、农村五保、优抚补助和医疗救助等各项社会救助资金8100多万元。支持就业创业，县财政拨付就业补助资金2000多万元，帮助返乡农民工、高校毕业生等群体解决就业难问题。落实保障性住房建设资金，支持农村危房改造和城市棚户区改造，为更多低收入家庭解决住房困难。加快推进教育强县。全年拨付合格学校建设、农村义务教育薄弱学校改造、农村中小学校舍维修等专项资金4397万元，农村义务教育公用经费补助3960万元，改善办学条件，保证学校的正常运转；发放家庭经济困难幼儿入园补助、农村义务教育贫困寄宿生生活费、普通高中助学金、中职学校免学费补助等各类补助资金1757万元；安排财政补贴资金500多万元，保障全县校车安全运营；落实乡镇教师工作补贴政策。2016年，共拨付城乡医保补助资金1.3亿元，城乡医保人均财政补助标准提高到420元。推进基层医疗卫生机构综合改革，支持深化医药卫生体制改革，争取县级公立医院改革和实施基本药物制度补助资金755万元。基本公共卫生服务人均补助标准提高到45元。完善计划生育家庭奖励扶助政策，独生子女伤残、死亡家庭月补助标准分别提高到320元和390元。支持开展农村适龄妇女“两癌”免费检查和产前筛查，保护妇女身心健康，提高出生人口素质。

【助推扶贫】 2016年，新田县财政局把脱贫攻坚投入作为财政支出的重中之重，全力补齐发展短板，取得明显成效。在财力非常紧张的情况下，压缩一般性支出，集中财力优先用于精准扶贫。围绕实施“五个一批”和实现“两不愁、三保障”的目标，投入扶贫资金7600多万元，做好民本民生政策性资金配套，加大产业扶贫、易地搬迁扶贫、教育扶贫、生态扶贫等重点领域的投入。其中，社保兜底投入1300多万元，建档立卡兜底贫困人口最低生活保障金提高到每人每年3100元；拨付产业发展资金900多万元，用于支持贫困户发展农业生产；安排金融产业扶贫贷款风险补偿资金2500万元，帮助建档立卡贫困户解决产业融资难问题；安排就业资金和小额贷款财政贴息资金500多万元，支持贫困户创业就业；安排“一户培养一产业工人”资金1200多万元，帮助贫困人口提升劳动技能。整合资金，提高扶贫实效。强力推进涉农资金的统筹整合，将中央明确的20项、省明确的19项财政涉农专项资金按规定全部纳入整合范围，集中投向贫困村和贫困人口。2016年，全县共整合财政涉农等资金2.68亿元，其中财政涉农专项资金5391万元。创新举措，破解融资难题。注重发挥好财政资金的杠杆作用，引导金融资本、社会资本投入精准扶贫。支持配合农建投公司争取融资贷款8亿元，主要用于实施103个贫困村的基础设施建设。争取易地扶贫搬迁项目贷款1.5亿元，用于建档立卡贫困人口的易地搬迁。通过设立金融产业扶贫贷款风险补偿基金，撬动金融机构向贫困户发放小额扶贫贷款2.7亿元。拨付土地治理、高标准农田建设和小型农田水利设施建设等专项资金3500多万元，用于农田水利设施提质改造。拨付资金900多万元，用于农村公路建设。拨付农村“一事一议”财政奖补资金1400多万元，支持实施村级公益事业项目167个，全县受益群众达12.8万人。通过“一卡通”发放农业支持保护补贴、低保五保补贴、农村危房改造补贴等强农惠民资金40余项，全年累计发放补贴资金18373万元。按照村均7万元的标准安排村组织运转经费2851万元，增加村级组织服务群众专项经费，提高村级组织办公经费标准和村干部报酬。

【财政管理】 2016年，新田县财政局部门预算编制突出保工资、保运转、保民生的原则，优先保障民生民本、机构运转等基本必须支出。严格控制接待费、小车费等一般性、行政性经费，“三公”经费预算实行零增长，部门专项业务经费在上年基础上压减10%。强化预算执行管理，按照县人大审查通过的预算方案下达资金，坚持按时间进度拨付部门预算经费，督促预算单位有计划地使用财政资金。健全投资评审绩效考核制度，实行初审、交叉复审和稽核三审制，确保评审结论严肃。2016年年底，县财政局创新评审方式，向社会力量“借力”“借智”，建立委托评审中介库，依法进行评审业务委托，将一批当务之急的项目提交中介机构进行评审，引进中介机构造价师长驻财政局办公，将评审委托经费列入县财政预算，制定投资评审绩效考核管理办法。截至2016年12月，完成预结算评审项目261个，送审金额74465万元，审定金额59738万元，审减金额14727万元，审减率为19.78%。推进政府采购的“精细化、规范化”管理，严格采购程序。政府采购范围进一步扩大，2016年完成政府采购预算金额548769万元，完成采购金额476151万元，节约资金72618万元，节约率13.23%。其中完成政府购买服务项目5个，合计购买服务总金额470596万元。完善国库单一账户体系，规范预算单位零余额账户管理。实行国库集中支付的预算单位从2011年的2家发展到2016年的156家，覆盖所有县直单位和各乡镇人民政府。全年直接支付金额23.98亿元，占支付总额的86%。按照省委第八巡视组对县财政工作的要求，对国家公职人员在31个重点项目指挥部兼职取酬情况和232个县直单位、12个乡镇乱发津补贴情况进行专项清理。清退收回违规领取报酬和违规发放津补贴739万元。2016年年底，县财政与纪委、审计、国税、地税等部门派出5个联合检查组，对教育局、交通局、卫计委等15个县直单位进行财税大检查。涉及2015年—2016年教育、卫生、林业等资金22.35亿元，对各单位的财务收支、年初预算执行、专项资金使用、协税护税等情况进行检查与清理。

【财税改革】2016年，新田县政府预算包括一般公共预算、政府性基金预算和社会保险基金预算，政府所有收支全部纳入预算管理，建立全口径预算体系。扩大预算公开范围，及时在新田政府网公开2015年县本级政府决算和“三公”经费决算、2016年县本级政府预算和“三公”经费预算，以及财政专项资金信息与政府性债务情况。完善预算绩效管理考核办法，对县直预算单位2015年度部门整体支出及专项资金全面开展绩效评价工作，并公开绩效评价报告，部门预算资金实行绩效目标管理。防范政府债务风险。2016年年末政府债务余额为21.3亿元，政府综合债务率为84.29%。重视政府债券置换工作，制定科学的政府债务置换流程，建立政府债券还本付息动态监控机制，完善置换台账，通过财政部驻湖南专员办对县政府置换债券资金使用情况的专项检查验收。申报PPP示范项目。新田县生态健康养老医疗中心建设项目和新田一中迁建项目通过省财政厅PPP工作领导小组组织的专家评审，已成功列入第四批PPP省级示范项目。加快资金拨付进度，定期清理存量资金，对超过规定时限的结转结余资金，严格按规定收回财政统筹安排，提高财政资金的使用效益。2016年5月1日起新田县全面实施“营改增”改革，完成507户营改增纳税人的信息交接工作，营改增范围实现货物和服务行业全覆盖。

【队伍建设】2016年，新田县财政局以队伍建设为主导，优化工作作风，打造素质过硬的干部队伍。以“两学一做”学习教育为契机，把学习作为提高干部素质根本性途径来抓，努力培养信念坚定、勤政务实、清正廉洁的好干部。实行例会制、每日点名制，集合干部职工每天学习政策理论、业务知识，提高依法行政、科学理财的能力和水平，更好地适应财政工作不断发展变化的新形势。2016年，财政局2名业务骨干进入局领导班子，3名同志担任副科级职务，9名干部职工被提拔为股室负责人。推进新圩镇万年村和大坪塘镇大凤头村的精准扶贫工作。50多名财政干部分别与万年村的66户贫困户、大凤头村的49户贫困户开展结对帮扶，为低收入农户送去慰问资金3万余元，对贫困家庭从政策、信息、技术、产业发展等方面进行入户帮扶。2016年，万年村与大凤头村有93户、362名贫困人口脱贫。组织庆“三八”趣味跳绳比赛、“六一”亲子活动、庆“七一”趣味篮球赛和庆国庆拔河比赛，积极参与县直机关“体彩杯”气排球比赛、纪念长征胜利八十周年红歌会活动。组织“七一”走访困难老党员活动、春节走访困难职工与患病职工活动，为困难党员群众献爱心，送温暖。抓作风建设，大兴求真务实之风、艰苦奋斗之风、勤俭节约之风，筑牢廉洁“防火墙”，建设一支“思想境界高人一层、能力素质强人一等、作风转变先人一步、工作业绩胜人一筹”的财政干部队伍。

国家税务

【概　况】新田县国家税务局成立于1994年9月，坐落于新田县龙泉镇商业路66号，现有干部职工84人，平均年龄36岁。其中，共产党员52人，硕士研究生3人，大学本科33人，大专36人，中专及以下5人。内设办公室、财务管理科、政策法规科、收入核算科、征收管理科、人事教育科、监察室、纳税服务科（办税服务厅）、税源管理科（城区、农村）、机关党委办公室、机关工会、妇委会、稽查局、信息中心14个科室。担负着全县增值税、消费税、企业所得税、车辆购置税、个人储蓄利息所得税等税种的征收管理工作。辖区内共有登记注册户3341户，其中，一般纳税人253户，企业纳税人537户，个体纳税人2451户。2016年，新田县国税局围绕“质效提升年”主题，把握创建“国地税合作示范单位”机遇，团结进取、砥砺奋进，严格依法治税，强化税收征管，规范纳税服务，加强队伍建设，取得明显成效。在市局2016年度绩效管理考评中进入先进行列；国地税合作示范单位创建取得明显成效，相关经验被总局推介；成功创建档案规范化管理省特级称号，创建并保持“省文明单位”称号；先后获得全市国税系统党风廉政建设先进单位、全市思想政治工作先进集体、全市“无烟单位”、全县意识形态优秀单位、全县驻村帮扶“先进工作队”称号。

【税收收入创新高】 2016年，新田县国税局组织入库不含车购税的各项税收收入17968万元，同比增收6966万元，增长63.32%。分税种、分级次、分行业、分地区测算税源潜力，探索和推进新型税收收入管理体系建设，做好收入预测，掌握主动权。执行组织收入原则，完善税收收入质量评价体系，分析和防范收入质量风险及会计核算风险，提高收入质量。健全完善企业监控、行业监控、项目监控相结合的重点税源监控，将科学化、精细化管理思想直接融入税源监控的日常管理工作中。开展税收风险排查专项行动，集中查找税收管理漏洞，完善税收管理风险预警指标体系，加强税收管理风险监控。加强电子底账系统数据运用，开展风险应对，堵漏增收578万元，超额完成市局下发全年任务，完成率115.51%。加大大要案件查处力度，检查纳税人22户，查补各项税收288.15万元，实现选案准确率、案件查结率、查补入库率100%。

【税制改革完成】 2016年，新田县国税局在营改增攻坚战中，做好信息比对、案头分析，下户核实、业务培训、税收辅导等工作，先后取得“开好票”“报好税”“分析好”“管理好”等“营改增”关键环节的胜利。新田县新增“营改增”四大行业纳税人519户，其中一般纳税人32户，共入库增值税7900万元。落实优惠政策，释放税收红利，落实支持高新技术企业、节能环保、“三农”、小微企业、金融资本市场等政策减免38.87万元，办理出口退税357.38万元，其中，小微企业的税收政策优惠面达到100%。

【征管水平不断提高】 2016年，新田县国健全国地税合作工作机制，实行国地税联合办公，明确国地税合作具体事项任务单，突出联合办税、联合宣传、联合评价、联合管户、联合处罚、联合稽查6个特色合作项目，以点带面推进《国地税合作规范》落实。国家税务总局《国地税合作动态》《湖南国税通讯》和《湖南日报》《永州日报》等刊物专题推荐新田县的经验做法。3月31日，完成国地税联合办税服务厅进驻县政务中心工作，标志着全市首家国地税联合办税服务厅正式成立。8月底，在全市、全省率先实现“一窗一人一机双系统”通办国税、地税两家业务的功能，全市国地税合作推进现场会在新田召开，湘潭、郴州、怀化、邵阳、娄底等地组团到新田参观学习。建立国地税联合管户工作制度，在联合管户工作中，突出联合巡查、联合定税、共享涉税信息、共议委托代征等四个重点，共同制定一个巡查计划，统一核定测定定额标准，建立信息共享平台，实现涉税信息有效共享，共同与12家负有代扣代缴税收义务的县级单位签订委托代征代缴协议。

【纳税服务优化】 2016年，新田县国税局做好实体纳税人学校建设，通过办税服务厅的公告栏、电子显示屏、电子触摸屏、微信群等渠道，及时宣传最新税收优惠政策，承办“永州市营改增试点新闻发布会”暨税收宣传月启动仪式，联合开展“纳税服务日”活动，开展“营改增”等专题宣传活动。开展纳税人需求大走访。以加强税法宣传、征集纳税人意见为主，将“二维码”一次性告知宣传资料送到走访的每户纳税人，发放宣传资料千余份，发放《湖南省国家税务局需求调查问卷》并收回900余份，广泛收集纳税人意见和建议，了解纳税人诉求，协调涉税事项，当场解决问题30余个。创新纳税服务方式。开展纳税信用评定工作，落实“二维码”一次性告知，宣传扩大取消增值税发票认证范围，推进电子税务工作落实。

【党建工作】 2016年，新田县国税局规范组织管理。落实党建网格化管理工作，根据科室职能，将4个党支部改选为5个党支部，下设党小组，便于开展学习和组织生活。修订完善“组织建设”“党费收缴”“党员活动日”等10余项制度，规范组织管理。开展学习教育。有序推进“两学一做”学习教育，召开党组书记讲党课、支部书记讲党课活动20余次，组织集中学习8次。开展“三员”身份意识教育。将全体干部职工分支部召开讨论交流会，班子成员带头开展对照自查，进行批评与自我批评，对查找出来的27个问题公开承诺整改，真查实改。落实好其他重点工作。投入18万元专项经费，开展党建工作。清理2008年以来党费缴纳情况，补缴党费2.16万元。组织开展精准扶贫、结对帮扶工作，投入资金12万余元，帮扶贫困村3个，困难群众90人/次。

【队伍建设】 2016年，新田县国税局组织干部学习并参加市“税收+党建”知识竞赛，获得笔试第一名。开展谈心活动，了解干部群众的心声，广泛收集干部群众的意见和建议，获评全市国税系统思想政治工作先进单位。开展经常性的廉政纪律教育和党纪法规集中学习，在每个节假日前后，对全体国税干部都进行廉政提醒、教育、抽查和考评，构建起单位、家庭、社会“三位一体”的监督机制。强化文明志愿服务理念，开展志愿服务，推进志愿服务机制化、常态化。组建文明传播基本队伍；开展“三关爱”志愿服务；组织文明劝导等活动，增强全局干部凝聚力和荣誉感，激发干部身心“正能量”和干事创业热情。推行数字人事，分类激发干部队伍活力。根据上级部门精神，做好数字人事落实工作。组织开展经常性的文体活动，组建羽毛球、气排球、阅读书法、摄影等9个兴趣小组，增强国税机关活力，增强队伍的凝聚力。

地方税务

【概　况】 新田县地方税务局自1994年9月成立，现有干部职工82人，其中，离休老干1人，退休18人，在职63人。在职人员中，女干部14人，45岁以下的44人，具有大专以上学历的有63人，中共党员46人，是一支富有活力的地税队伍。县局机关下设10个科室，1个直属机构和4个派出机构，负责全县范围内的地方税收管理工作。2016年，组织各项收入28600万元，占全县财政收入的比重为47.19%。获全市2016年度县区局绩效管理先进单位以及县2016年度绩效评估考核优秀单位、全县党风廉政建设先进单位称号。

【税收收入增加】 2016年，新田县地方税务局强化对房地产、外来经营等重点项目、重点行业的跟踪管理，全年从重点税源入库税款5456万元。落实“营改增”，组织开展27个房地产项目的营业税清零工作，入库税款3876.07万元；开展行政事业单位集资建房税收清理整顿工作，检查单位6户，入库173.61万元。组织各项收入28600万元，为年初任务28500万元的100.35%，剔除“营改增”因素，实际增收4554万元，增长18.94%。

【依法治税】 2016年，新田县地方税务局组织学习税法和相关行政法规，开展税收业务培训、税法知识竞赛、党纪条规知识抢答赛与“六五普法”等活动，提升税务干部的依法行政水准与能力。实行执法权力清单制，统一处罚裁量规范、细化自由裁量标准，除依据税务稽查处理外，对逾期办证、非正常户注销等实行一般简易处罚程序。实行“纳税人黑名单制”。国地税共同科学评价信用级别，公开曝光“黑名单”户、相关信息部门共享、纳税信用存在不良记录的纳税人将在经营、投融资、取得政府供应土地、进出口、出入境、注册新公司、工程招投标、政府采购、获得荣誉、安全许可、生产许可、从业任职资格、资质审核等方面予以限制或禁止。依托“新田地税”网站、地税纳税QQ微信群、国地联合纳税微信群，通过新闻动态、税法解读、政策推送、纳税催报等新媒体形式，借力新田县非公经济人士培训会等培训方式，严格落实耕地占用税农民减半征收、创业再就业人员税收优惠、小微企业减免税等税收优惠政策，确保红利惠及大众。

【国地合作】 2016年3月31日，新田县国税、地税共同进驻县政务服务中心，合署办税。8月30日，率先在全市范围内成功上线“一人一窗一机双系统”办税新举措。简实行涉税业务“前台一窗受理、后台分别处理、限时办结反馈”服务模式，导税台、咨询窗、综合业务窗口均实现国地税业务通办。化办税流程44项，减少征纳成本40%以上，办税效率提高30%以上，纳税人满意度达到97.6%。实现汇算清缴的同步实施，共同协商具体处罚标准及事项，联合向社会公布税务行政处罚事项4类32项。

【税收宣传】 2016年，新田县地方税务局联合县国税局立足“互联网+税务”加强税收宣传主题的策划与组织，依据“放、改、服”主基调做好税收宣传的方法论，提高全县人民对国地税工作的关注度、认可度和赞誉度，增强有关部门的依法治税、协税护税意识。

【纳税服务】 2016年，新田县地方税局做好税纳税人的税费征收和文书的受理工作，推行“永税在线”“永州地税发布”“新田国税之窗”微信公众号推广使用，落实中层干部值班制度，要求值班人员兼好“接待者、导税员、巡查员”多种角色的转变。启动延时服务、倡导提前上岗等服务举措，对中午、下午下班时未办完业务的纳税人提供延时服务，不让纳税人多跑一趟；节前办税实行错峰分流服务，通过口头、短信、QQ、微信群等方式提前告知纳税人，按照“取号先后、急事快办、特事特办”的原则，实行引导分流。

【队伍建设】 2016年，新田县地方税务局落实主体责任和监督责任，层层签订党风廉政建设责任书，强化“两学一做”持续性教育活动，一把手负总责，其他领导齐抓共管。健全干部培训机制，增强领导干部综合素质，全面提升干部职工的岗位能力、专业能力、基础能力。推进绩效管理，加强干部队伍管理和组织领导，完善考核办法，做到目标明确、任务量化、节点清晰、过程可控、结果可考。推动干部管理改革，健全与完善领导值班签到、工作点评、走访巡查、督察督办等制度，领导班子带头示范，基层组织深入走访，党员干部强力整改，促进干部队伍在工作中提高综合履职能力，思想“提神补钙”，改进工作作风，干部队伍活力迸发。4人获全市业务大比武5大类“岗位能手”称号。

公积金

【概　况】 永州市住房公积金管理中心新田县管理部成立于2002年10月，为永州市住房公积金管理中心派出机构，其人、财、物由市住房公积金管理中心统一管理。管理部承担全县住房公积金归集、提取、贷款发放与回收。有干部职工8人，其中，在编在岗正式职工3人，劳务派遣人员5人。

【业务运营】 2016年，新田县住房公积金归集8325.06万元，比上年增长7.28%；新增归集扩面426人；提取公积金4394.05万元，比上年增长4.11%；发放贷款6192万元，比上年增长11.43%；贷款逾期率为0；实现增值收益642万元，同比增长22%。至2016年年底，全县累计归集住房公积金5.14亿元，归集余额3.44亿元；累计提取住房公积金2.14亿元；累计发放住房公积金贷款 4.28 亿元，贷款余额 2.5 亿元。

【政策调整】 2016 年，新田县管理部适当调整住房公积金使用政策，全面放开省内购房提取和异地贷款，放松、放宽非住房消费提取、“公转商”贴息贷款条件和期房楼盘准入条件，规范房产评估业务等。提前启动“公转商”贴息贷款业务，全年解决缴存职工住房贷款需求 6192 万元。

【规范管理】 2016 年，新田县管理部提升精细化管理水平，重新调整和明确各岗位的工作职能和职责范围，建立和开展目标管理考核机制，修订和重新发布 18 项内部管理和廉政风险监控制度，确保有章可循、按章办事。有序推进便民服务场地建设，完成装修，择期投入使用。

【房贷风险防控】 2016 年，新田县管理部强化贷款管理，开展贷前调查，严格贷款审核审批，加大贷后回收力度。2016 年，全县贷款逾期率为零，远低于省控指标 0.03%。不断强化业务基础工作，开展归集挂账清理、财务往来清理、固定资产清理、期房保证金清理和住房公积金贷款抵押物评估清理工作，全面规范和加强住房公积金业务基础工作，保障缴存职工的权益。强化稽查监督，协助和配合市财政、审计部门开展住房公积金业务、资金财务检查和专项审计。

金　融

中国人民银行新田支行

【概　况】 中国人民银行新田支行于 1992 年 7 月 1 日成立。现下设人秘监察股，货币信贷股和会计国库股 3 个股室。现有员工 18 人，中共党员 12 人。

【存贷款快速增长】 截至 2016 年 11 月末，新田县各项存款余额 98.2 亿元，净增 16.8 亿元，比 2015 年同期多增 3.5 亿元，增长 20.6%；各项贷款余额 42.8 亿元，净增 11.5 亿元，同比多增 2.9 亿元，同比增长 39.7%，比 2015 年增长 1 个百分点。全年信贷投放速度位列全市首位，到 11 月末，全县各项贷款增长率 37%，比全市快 16 个百分点，比第二名道县快 8.8 个百分点。涉农贷款 11 月末余额 37.4 亿元，比 2015 年同期高出 10.8 亿，同比增长 40.6%；占新增贷款的 87.4%。贷款的完成幅度在参与全省小康县评比指标中是最好的。

【争取扶贫再贷款】 2016 年，新田县支行贯彻定向调控、精准调控目标政策，继续加大对贫困县再贷款的支持力度，向上级行争取支农、支小和扶贫再贷款，并在利率政策上给予倾斜，扶贫再贷款利率一度下降至 1.45%。提升助长农商银行扶持“三农”和小微企业发展能量。要求农商银行运用支农再贷款发放贷款时利率只能在再贷款利率上加 4 个百分点执行，使用扶贫再贷款放贷时不能超过一年期贷款基准利率 4.35%。2016 年，发放扶贫再贷款 3.3 亿元、支农再贷款 3000 万元。指导县农商行向 5 家新型经济组织发放 3050 万元贷款，以产业带动 1811 户建档立卡贫困户发展；向 4081 户建档立卡贫困户发放小额扶贫贷款 1.6 亿元，支持建档立卡贫困户脱贫及特色产业经济发展。

【推进“农地”试点和金融扶贫服务站建设】 2016 年，新田县支行修订完善《新田县农村承包土地的经营权抵押贷款定价指导意见》《新田县农村承包土地的经营权抵押贷款风险担保补偿基金管理办法》和《新田县农村承包土地的经营权抵押贷款风险防控指导意见》等相关配制度和措施，要求各金融机构要加大开展“农村土地承包经营权抵押贷款”试点工作力度，扩大试点范围和贷款规模。发放“农地”经营权抵押贷款 49 笔，金额 5143 万元。5 月，制定《新田县贫困村金融扶贫服务站建设工作方案》和路线图，全县 109 个建制贫困村金融扶贫服务站建设完成。

【完善“两支一扶”金融服务】 2016 年年初，新田县支行推进“信用乡镇、信用村、信用户”信用评级工作，重点拓展新型农业经营主体的信用评级工作，以产业扶贫辐射“扶贫攻坚”，带动贫困户发家脱贫致富。对全县12.9万户农户中的90%以上建立基础信息档案，参加评级授信的达85%，获得信贷支持的占40%。对新型农业经营主体建档授信50家，给予信贷支持。加大信用报告查询服务力度，1月—11月，发放机构信用代码证280本，为企业查询企业信用报告30次，为域内外查询个人信用报告1186次，分别同比增长11%和25%。

【征信宣传活动】 2016年，新田县支行组织辖内金融机构开展以“加强征信宣传教育，提升国民信用水平”为主题和口号的征信宣传活动。突出本地特色，强化宣传实效。以竞赛活动为宣传。组织辖内各金融机构相关人员开展集中培训考试并评比，评选出前两名作为本次征信知识宣传的“形象大使”与“代言人”。以科技手段促宣传。利用“三湘征信”微信平台，邀请前来办理查询信用报告的客户和金融机构工作人员加入“三湘征信”微信。利用LED电子显示屏循环宣传。群发手机短信，宣传维护个人信用知识。以多种方式扩大宣传。各金融机构把营业网点作为主要宣传活动的前沿阵地，在营业大厅、信贷业务柜台设立征信知识咨询点，摆放并散发征信宣传资料，发放宣传折页。在县承接产业转移工业园区中开展征信知识讲座，强化提高高管人员的信用意识。以征集新型农业经营主体信息为切入点，强化提高“三农”的信用意识。在“信用记录关爱日”活动当天悬挂宣传标语横幅60幅，30个网点设置咨询台，确定专人值班负责制，发放宣传资料5000份。在县电视台举办为期一周的征信知识宣传专栏。在文化广场、石羊镇、骥村乡组织开展3场设点宣传活动，接待群众咨询1000人次。县农商银行结合收贷收息工作，组织信贷员开展“征信知识进100村入1000户”活动。

【金融扶贫征信工作】 2016年，新田县支行跟进推进做好金融扶贫小额贷款服务和“农地”试点工作，支行筹划“征信+扶贫”和“征信+‘农地’试点”，着重从新型农业经营主体、信用乡镇和农户信用档案建设方面入手，以金融扶贫服务站建设为抓手，结合普惠金融和信用体系建设，做好金融精准扶贫、农户信用评级授信工作，以“两支一扶”“1+N”工作机制为平台，综合各方优势，整合多方资源做实做好金融扶贫征信工作。促进农商银行强化对“四有两好一项目”的建档立卡贫困户支持力度，即有劳动力、有致富愿望、有贷款意愿、有收入保障、遵纪守法好、信用观念好，并参与产业扶贫开发或自主选择较好小型生产经营项目的贫困户。指导农商银行对新型农业经营主体“百千万”工程建设。目前，全县近600家新型农业经营主体已完成300多家入库进项目。指导农商银行推进强化评级授信管理。主要体现在：一制定等级评定和授信额度标准；二制定“湖南新田县农村商业银行股份有限公司评级授信管理办法”，在信息采集、审核、公示、发证、年检等方面进行规范。引导农商银行在评级授信工作的基础上加大有效信贷投入，支持地方经济向“稳增长、调结构、惠民生、转方式”方向发展。落实《新田县金融精准扶贫五年规划》，强化与金融精准扶贫目标对接，彰显征信促扶贫目的。

【保障存款人和投保人的合法权益】 2016年，新田县支行组织辖内法人机构主要负责人及相关人员学习《存款保险条例》与相关制度。对新田农商银行呈报的报告、制度及相关材料，多次审核，修改10多次；印制摆放存款保险宣传折页，在新田农商行门户网站首页、网点电子屏等媒介上明确展示存款保险折页全部内容和宣传标语。建立地方法人金融机构存款保险联络机制。

【金融监测分析与调研】 2016年，新田县支行出金融统计快报12次，信贷月报114次，信贷季报4次，国库余额上报12次，较好完成全年金融统计服务工作。进行季度经济金融运行情况分析，在报告中提出的个人储蓄存款异常变动原因、非法吸收存款和改善支持地方经济发举措得到上级行和县委县政府的高度重视。

【入库农资物价定期月监测】 2016年，新田县支行把控生产、生活农资价格走势，将形成制度化、常态化的监测机制编入新田县金融统计制度，严格执行，每月25日对被监测的4家企业进行电话询价，走访各大超市、零售店了解市场行情，分析价格走向。全年对鸭、鹅、甲胺磷农药、床上用品等物价进行月度跟踪分析12次，为上级有关部门提供欠发达地区县域物价真实走向情况，取得较好效果。

【民间融资情况季度监测力度】 2016年，新田县支行针对民间融资逐步活跃起来，选定7家企业的民间融资情况进行季度监测分析，全年监测分析4次。对其中1家（新田鼎丰实业有限公司）进行重点监测，每个季度末并上报该公司的财务季报表，全年上报4次。

【会计国库内管管理】 2016年，新田县支行以提高会计国库核算质量为目标，完善内控管理，健全业务工作制度，确保会计国库资金安全。通过清理、修改和补充完善会计国库的各项内部管理制度，各项制度得到健全，为会计国库工作的规范管理奠定坚实的基础。严格按照《中央银行会计核算数据集中系统湖南省ACS操作规程》和《中央银行会计核算数据集中系统操作手册》的各项规定来处理日常会计业务；通过规范操作，有效防止差错业务的发生。国库方面严格执行上级制订并实施的各项管理规定和操作规程，国库部门人员按要求处理国库核算业务，为财税部门办理收入、支出、退库及更正等业务81000笔，金额合计达到52.89亿元。开展反假币和反洗钱等工作。收缴假币近2万元。对辖内全部银行业金融机构和大部分保险机构进行反洗钱考核评级工作。组织开展对金融机构各项开户申请工作，全年通过严格审核和把关，为金融机构办理核准类开户许可业务329笔。

【规范金融机构代理行为】 2016年，新田县支行会计国库部门开展对商业银行代理业务的监督检查。把国库风险防范作为工作的重中之重，组织和办理行政许可业务，规范代理银行的相关代理行为。对辖内已取得代理非税业务资格的金融机构进行集中年检，对辖内的新田县农业银行申请代理非税业务进行资格认定，促进并规范商业银行的代理行为；规范税款经收业务，通过现场和非现场监管等方式对辖内经收处进行监督检查，发现问题，督促整改，纠正不合规行为，确保财政预算收入资金的及时、足额入库；与支付结算部门加强协调，按要求参与对预算单位专用账户开户申请的审核工作，规范预算单位账户的开设和使用，为财政资金安全运行筑牢账户管理防线。

新田县工商银行

【概　况】 2016年，新田县工商银行实现利润1365.64万元，同比增加137.41万元。各项存款余额为93850.66万元，较年初增加13269.69万元（其中：储蓄存款56655.91万元，较年初增长3325.91万元；对公存款37194.75万元，较年初增加9943.78万元）。贷款余额为23314.08万元，较年初增加144.79万元；中间业务收入176.81万元，较2015年增加20.22万元。各项金融产品营销在全市名列前茅，优级文明服务迈向新台阶，加强和提高内控管理。实现全年安全无事故。

【存款业务】 2016年，新田县工商银行各项存款业务在年初高位运行的基础上，年底各项存款完成93850.66万元，较年初增加13269.69万元（增加的主要原因是对公存款增加9943万元）。实行电子银行、信用卡、e支付、融e购和各项代理业务捆绑营销，对目标任务量化到个人。全年企业网上银行证书版26户，个人手机银行3140户。工融E支付2252户，融e联5753户，融e购非金融交易额5.78亿元，电子银行交易额173.84亿元，全市排名第三。个人理财新产品、基金、国债、私人产品等在市分行产品营销考核计分中名列第三、总销量全市第一。

【贷款营销】 2016年，新田县工商银行从转变员工经营观念入手，加大对客户市场的调查研究，强化风险意识，在贷款投放上重点放在一些按揭贷款的客户上。2016年年末，贷款余额是223314.08万元，比年初增加144.79万元，不良贷款额为零，比年初减少100元，不良率为零，比年初减少0.033%，支行领导对不良贷款的清收处置工作重视，实施不良贷款问责制，将清收处置指标分解下达到相关责任人，层层落实，同时对难以清收的不良贷款，按照法律程序，依法起诉。并经常督促公安、法院为银行清收不良贷款，到年底银行的不良贷款清零。

中国建设银行股份有限公司新田支行

【概　况】 中国建设银行股份有限公司新田支行（以下简称新田建行），内设客户经理部，下辖中国建设银行股份有限公司新田支行营业部和新华路分理处。1997年8月12日，经零陵地区革命委员会批准，设立中国人民建设银行新田办事处。1979年6月，中国人民建设银行新田办事处，改称中国人民建设银行新田支行。1987年开始，设支行储蓄专柜、新华南路储蓄所，开办储蓄业务。陆续成立新华西路储蓄所、南门储蓄所、滨河东路储蓄所。1991年，增设房地产信贷部。1994年开始，建设银行不再办理新的政策性贷款业务，向财政部门移交基本建设管理职能，标志着建设银行步入向商业银行转轨时期。1995年根据《中华人民共和国商业银行法》的要求，建设银行实施统一法人体制。1996年，中国人民建设银行新田支行更名为中国建设银行新田县支行。2003年，实行股份制改造，精简机构，裁员分流，内设客户经理部、会计结算部，下辖储蓄专柜、新华南路储蓄所。2005年，中国建设银行新田支行更名为中国建设银行股份有限公司新田支行。现有员工26人，内设客户经理部，下辖营业部、新华路分理处。中国建设银行股份有限公司新田支行被评为2015年度中国建设银行湖南省分行先理集体。2015年度省行级“女职工文明示范岗”；蒋美菊被评为中国建设银行湖南省分行2015年度先进工作者，并被授予中国建设银行湖南省分行2015年度—2016年度“优秀共产党员”称号；中共中国建设银行新田支行支部被中国建设银行永州市分行委员会被授予2016年度“先进党支部”称号。

【党建工作】 2016年，新田建行党支部共召开全体党员大会13次，其中，支部书记蒋美菊讲党课6次、纪检委员李光林讲党课1次；开展党支部红色景点参观及体育赛事活动3次；开展党员民主评议活动及民主生活会各1次；每一次开展会议与活动的相关记录以及会议文件均由支部专人专夹保管、存档备查。

【业务工作】 2016年，新田建行全力抓好首季存款“开门红”，紧紧围绕中心工作和服务经济社会发展大局，牢固树立“客户至上、注重细节”的服务理念，主动把增存拓户放在业务工作的第一要务。根据市行方案要求，新田建行通过认真分析形势，促使全行上下提高认识，树立信心，结合建行实际及时制定《新田建行2016年旺季营销服务竞赛活动考核方案》，响应上级“普惠金融、惠农扶贫”号召，大力拓展“金湘通”业务，把“金湘通”业务做大做优，将新田建行建设成为“金湘通”业务的全省标杆。

【生态圈建设】 2016年，新田建行投身县域金融生态圈建设，做大做优新田金融生态圈。加强与县委政府领导汇报，主动与县工业园管委会沟通衔接，成功与政府工业园签约“助保贷”业务合作协议，成为永州建行第一家与政府成功签订助保贷业务合作协议的建行，为全行支持小微企业发展奠定基础，为助推负债业务发展提供有力支撑。加强服务考核，提升竞争软实力。结合市行考核方案，制定《新田建行服务考核方案》，明确员工的考核职责，划定考核区域，对考核表现优异的员工实施奖励，对表现差的予以处罚。每晨点评、每周总结，树立标榜，形成“赶帮学超”氛围。针对在日常工作中出现的问题，定期、不定期在晨会中组织场景演练，对每日工作中出现的问题由营业主管现场指出纠正，促进员工养成良好的服务习惯，全行优质服务水平得到进一步提升，客户满意度、社会美誉度持续提高，建行服务“同业最佳、客户首选”的品牌日益彰显，为存款增长提供了强劲支持。

【风险内控】 2016年，新田建行实现无重大差错、无重大违规、无重大安全责任事故、无案件的“四无”目标，各项工作安全稳健运行，贷款不良率、不良额实现“双零”。其中2016年6月27日，建行新田建行新华路分理处柜员刘淑芳成功阻截了一起诱骗老年人高风险投资诈骗事件，后客户送锦旗以表感谢。该事件经新田县广播电视台采访录制，并在湖南电视台《午间新闻》节目中播出，在全省范围提升了永州建行的企业形象，促成了正面的舆论导向，受到了人民群众的好评和点赞。

中国农业银行股份有限公司新田县支行

【概　况】 中国农业银行股份有限公司新田县支行现有员工45人，内设4个职能部门，下辖3个物理网点、3个附行式自助银行网点、1个离行式自助银行网点，是新田县大型商业银行中网点最多、布局最合理、服务面最广的金融机构。2016年年末各项存款余额16亿元，各项贷款余额8亿元，累计投放信贷资金30亿元，支持新田县基础设施建设、农业产业化龙头企业、城乡居民生产生活等民生领域。

【工作成效】 2016年，新田县支行响应县委、县政府的号召，从讲政治的高度，丰富和创新三农金融产品，精选扶贫项目，建设贫困村金融服务站，积极投放林权抵押贷款、烤烟贷款、新型农业主体贷款、富农贷和光伏贷，并作为全国试点单位开展农村土地承包经营权抵押贷款业务。近三年累计投放各类“三农”贷款8亿元。

【创先争优】 2016年，新田县支行不忘企业的社会责任，参与全县扶贫攻坚工作，先后创建市级文明标兵单位、省级文明卫生单位、湖南省金融“模范职工之家”、第四届全省农行文明单位，履行作为大型商业银行构建和谐社会和建设社会主义新农村的职责。

中国农业发展银行新田县支行

【概　况】 中国农业发展银行新田县支行（以下简称农发行）是新田县唯一的一家农业政策性银行，于1997年1月挂牌成立。主要职责是按照国家方针、政策和法律、法规，承担国家规定的农业政策性金融业务，代理财政支农资金的拨付，为农业和农村经济发展服务。支行下设办公室、信贷业务部和会计结算部3个部室，从业人员15人。2016年，各项贷款余额53182.05万元，比年初增加16991.75万元，增幅46.95%；各项存款余额48942万元，比年初增加16609万元，增幅51.37%；贷款利息做到应收尽收；不良贷款额和不良贷款率保持“双零”；全年累计发放贷款30222万元，累计收回贷款13230万元。截至11月末，实现利润1139万元。

【支持粮油收储】 2016年，新田县农业发展银行把支持粮油购销业务作为重中之重，落实总行和省分行制定的各项政策和措施，做好收购资金的供应与管理。2016年，发放地方储备粮贷款338.75万元，有效保护粮农的利益。

【拓展中长期信贷业务】2016年，新田县农业发展银行将新农村建设、水利建设、土地储备、园区建设和农业综合开发等中长期信贷业务作为农发行业务发展的新增长点，加强项目营销，支持县域经济发展。截至2016年11月末，发放水利建设中长期贷款2亿元、城乡一体化中长期贷款2亿元、易地扶贫搬迁项目贷款1亿元。

【信贷合规文化建设】2016年，新田县农业发展银行组织开展合规教育，培育合规文化氛围。利用板报、警言和事例教育等形式，宣传“尽职免责、失职追责”等文化理念。开展自查自纠活动，加强检查整改。对工作中存在的问题，不查清不放过，纠正以往存在的一些小毛病；加强警示，制止各类不合规苗头。严格规章制度和操作流程管理，确保信贷投放合规合法。严格贷款准入条件，合规营销项目和企业，对在社会上有劣迹、在金融机构有不良信用记录的企业，一律不予支持；对于实力较强、信用较好、有发展潜力的企业，纳入项目库进行跟踪培育。倡导廉洁调查和科学调查，对客户经营管理状况、财务报表数据、担保资产、风险情况等重要信息，逐项进行现场与非现场的调查评估活动，确保调查评估所形成的结论有根有据、科学合理。坚持和完善贷前决策会议记录制度，严格按照准入条件和贷款要求进行审议，对不同企业不同信贷品种采取差异化的支持，对商业性贷款不留风险敞口，做到风险全覆盖。加大对物资流和现金流的检查力度，加强对贷款企业库存实物、应收应付账款、各类现金流变化情况等的调查和分析，确保信贷资金安全，落实全程操作尽职记录。

【提升档案管理水平】2016年，新田县农业发展银行成立档案管理工作领导小组。制定阶段性目标、任务，实行制度化、规范化管理；严格制度，全面落实档案管理工作。对应归档文件材料做好文件收集与归档，档案文件严格按照程序做好鉴定、归档工作；明确职责，建立常抓机制。对文件、材料的收集、整理、分类进行专人负责，避免档案、材料的丢失；积极探索，推进档案管理信息化。主要利用电子公文、电子邮件、内控管理系统等平台，提高全行员工的数字化和信息化管理水平。

【党风廉政建设和安全保卫工作】2016年，新田县农业发展银行通过视频讲座、个别辅导等形式在全行深入开展党风党纪教育，加强对党员干部和职工的理想信念教育和廉洁从业教育，以系统内发生的大要案为典型案例，有针对性地开展示范教育、警示教育、岗位廉政教育，用身边的事教育身边的人。建立银企廉政共建机制，与所有贷款客户签订廉政共建协议书，加强相互监督和制约，推进廉洁办贷管贷，防范违纪违法案件发生。安全无小事。农发行从廉政建设、案防和保卫等方面强化安全意识，建立案件防控机制。提高全行员工安全认识。把安全运营作为全行基础管理的一个重要内容来抓，形成全员参与、齐抓共管的工作格局。锁定重点。结合实际，确定三个方面的检查重点，即财会内控管理、计算机及网络管理、安全防范。密集检查。对安全防范部位坚持每月至少随机检查一次，一个季度普查一次。

中国邮政储蓄银行新田县支行

【概　况】中国邮政储蓄银行是2007年经中国银监会批准成立的大型国有商业银行，拥有全功能营业网点36000个，服务触角遍及城乡。新田县支行于2008年4月18日正式挂牌成立，下辖3个支行、9个邮政储蓄代理网点。新田县支行后台内设2个部门：综合管理部、综合业务部，现有从业人员45人，现劳务派遣工16人，合同用工29人。2016年，新田县支行被市分行授予“先进支行”称号，被省分行授予“一级支行争先奖”。行长谭荣清被评为“2016年度优秀管理者”、营业部主任刘琼被评为“2016年度优秀支行长”、营业部大堂经理郑燕妮评为“2016年度先进工作者”、龙泉支行柜员邓婷婷被评为“2016年度优秀营业员”；综合业务部小企业贷款客户经理胡远波被评为“2016年度优秀信贷客户经理”。其中，行长谭荣清与营业部主任刘琼被永州市银行业协会分别授予“2016年度永州银行业优秀基层支行行长”与“2016年度永州市银行业优秀基层客户经理”称号。先进事迹被列入永州市银行业协会撰写的《优秀基层支行行长、优秀基层客户经理事迹汇编》。

【储蓄业务】 2016年，新田县支行针对新田是劳务输出大县，做好务工人员回流资金的揽收；公私联动，做好转移支付资金的代理，涉农、社保、教育等。发挥零售银行的特色和优势，为城乡居民提供方便、快捷的消费信贷服务，汽车消费贷款。完善风险内控制度，提升风险管控能力。下发《新田支行财务资源配置办法》《车辆管理办法》《招待费管理办法》《关于个人储蓄业务发展的紧急通知》等制度规定，建立健全风险内控制度；加强各个业务环节的风险管控，不定期组织开展业务检查，提高合规操作能力，通过交叉验证、审贷会制度等提高信贷质量；提高资产质量，提升自主清收能力，尽快实现不良贷款“双降”目标；落实安全保卫和案件防控工作，每月组织开展安全保卫检查，每季度组织应急预案演练和案防内控知识学习和测试，落实岗位责任，增强专项操作风险管理能力，开展案防警示教育，进行风险提示，提升员工风险意识。在营销上，建立健全营销机制和团队，提升员工的综合营销能力。以组建信贷客户经理团队为契机，通过人员、产品、资源的整合，实现队伍的整合营销，定期组织开展培训、考核和集中学习，充实员工的业务知识，提升营销能力，组织营销实战演练，利用团队开展有针对性地营销活动。在服务质量上，充实配备服务设施，提升服务质量。继续抓“网点标准化流程”管理工作，建立健全网点服务软硬件设施，规范管理服务流程，提高网点服务与厅堂形象，提高客户满意度；在廉政建设上，加强廉洁工作和党风廉政建设工作，定期开展全员培训教育活动。加强领导班子建设，做好领导分工，建立学习制度，开展和落实各项工作和任务；建立员工业务考核管理制度，提高员工业务知识和业务操作技能。

【内部管理】 2016年，新田县支行综合管理部组织开展多项业务培训考核活动，参加多次银监局、上级行、人民银行等组织的培训活动，培训内容包括业务知识、服务礼仪、反洗钱知识、反假币知识、安全保卫知识、风险管理等，提升员工的综合素质，创造良好的企业文化氛围。加强全行安全保卫和案件防控工作、加大检查力度和监督力度，增强网点营业安全、组织应急预案演练，参加人员45人次，组织相关人员层层签订《党风廉政建设责任书》《安全保卫责任书》《案件防控责任书》，创建全行的合规文化。

【服务管理】 2016年，新田县支行开展“网点标准化流程”管理工程，建立周学习制度，细化服务管理流程，通过组织网点员工利用晨会时间，开展集中学习网点标准化流程管理规范、开展服务检查、知识考评等活动，提高员工服务知识和服务礼仪。在厅堂服务上，对营业部支行进行原有基础上的扩建和装修，加大PC电脑、AT米自助银行、叫号机、打印机等硬件设施的配备，让装修后的营业环境更宽敞、明亮，给客户带来更好的服务体验。

【精神文明建设】 2016年，新田县支行持续开展精神文明建设工作，组织集中学习《员工职业道德标准》，并开展职业道德警示教育活动，提高员工合规经营意识；组织开展员工健康查体活动，保障员工的身体健康；按时召开职工代表大会，落实行务公开、政务公开，做好职工代表的换届和选举；建设“职工之家”和“道德讲堂”，为员工营造良好的工作和生活氛围。

【支持地方经济】2016年，新田县支行为支持地方经济发展，坚持服务“三农”、服务中小企业、服务城乡居民的大型零售商业银行定位，发挥邮政金融网络优势，强化内部控制，合规稳健经营，为广大城乡居民及企业提供优质金融服务，支持国民经济发展和社会进步。力推“两小”贷款业务的发展，即以小额贷款业务为依托，重点支持农村经济发展；以小企业贷款业务为依托，支持中小企业的发展。

【惠农政策】2016年，中国邮政储蓄银行定位于“以服务城乡大众、支持‘三农’为主的国有大型零售商业银行”，在保持原有服务的基础上，加强业务、服务和产品创新，办理、开办对公存款与结算业务、票据业务、基金代销、信用卡、个人理财、小企业贷款、个人综合消费贷款、小额贷款、个人商务贷款、住房贷款等多种新业务，成为一家产品丰富、服务全面的全功能国有商业银行。新田县支行坚持以服务“三农”为基准，推广惠农政策。开展“送信贷资金进农村”、“送金融知识进基层”等活动，支持农村经济发展。

湖南新田农村商业银行股份有限公司

【概　况】湖南新田农村商业银行股份有限公司是由县农民、个体工商户、企业及其他经济组织入股组成的股份制地方金融机构，其前身是新田县农村信用合作联社。2015年12月16日，在各级党委政府、监管部门的关心支持下，经中国银监会批准，原新田县农村信用合作联社顺利完成改制，新田农商银行正式挂牌开业，属独立法人机构，现有职工168人，总行领导班子成员5人，下设办公室、财务会计部、信贷管理部、稽核审计部、科技信息部、保卫部、合规风险部、人事教育部、资金电子部9个部室，下辖1个营业部、6个分理处、15个支行共22个营业网点。

中国人寿保险股份有限公司新田支公司

【概　况】中国人寿保险股份有限公司新田支公司（以下简称新田支公司），是一家国家控股金融保险企业，总部设在北京。其前身是原中国人民保险公司新田支公司，1996年分设为中保人寿保险公司和中保人民财产保险公司；1999年更名为中国人寿保险公司；2003年经国务院同意，保监会批准进行重组改制。新田支公司内设综合部、客户服务部、个险销售部、团体业务部、银行保险部、健康保险部6个部。至2016年有员工18人、保险代理人758人，全县的服务网点19个，营销服务部5个。公司经营以人的寿命和身体为标的的人寿保险包括分红保险、万能保险、健康保险和意外伤害保险等。

【保险业务】2016年，新田支公司实现保费9960.72万元，其中，完成寿险首年新单保费6035.26万元，寿险首年新单期交保费1230.25万元，完成短险保费550.31万元。其中，个险渠道实现寿险新单期交保费收入815.00万元，完成率75.4%。团险渠道实现短险保费收入310.60万元，较2015年同期增长20.25%。银保渠道实现寿险新单期交保费收入4890.22万元，完成率112%。在新田寿险市场份额占比近70%，市场主导地位继续得以巩固。

【队伍建设】2016年，新田支公司发展队伍建设以保证服务质量。保险代理人700多人，选招一批年轻有活力，学习能力较强的业务代理人，提升队伍的整体素质。公司每天安排早会学习时间，不定期的到省、市公司进行集中培训学习，提升队员的业务能力，专业知识水平，以便更好地服务客户。公司选聘部分优秀人员筹备成立收展部，打造一支专业化的保险服务队伍。公司引进最新叫号机，客户通过微信公众号预约服务，准时到公司客户部办理即可，避免长时间的等待。为让客户享受更快捷的服务，借助微信平台，推出 E 商城、E 服务等便捷自助平台，客户关注“中国人寿湖南省分公司”公众号，可以体验平台服务的便捷，在 E 商城中了解和购买公司产品，E 服务中可以查询保单信息，续期缴费等提醒功能。

中国人民保险公司新田县支公司

【概　况】 1984 年 11 月恢复中国人民保险公司新田县支公司，属科局级事业单位。设 5 个股室，6 个保险业务代办站，员工 15 人。1996 年，人身保险业务析出，改称中保财产保险新田县支公司。2003 年 7 月，经国务院同意，中国保监会批准，由中国人民保险集团发起设立中国人民财产保险股份有限公司。新田公司更名为中国人民财产保险股份有限公司新田支公司。内设经理室、综合部、车辆保险部、农险事业部 / 三农保险部、商业非车险部、出单分中心、理赔管理分部及新圩营销服务部。员工 18 人，其中，总版劳动合同 3 人，地版劳动合同 7 人，劳务派遣合同 8 人。

中华联合财产保险股份有限公司新田县支公司

【概　况】 中华联合财产保险股份有限公司新田县支公司（以下简称新田县支公司）成立于 2006 年 7 月 12 日。主要开展机动车辆保险，人身意外险，道路承运人责任险、村干部责任保险、政策性农业保险、特色农业保险、各种责任保险、新农合意外险等保险业务。现有签约员工 6 人，其中，经理 1 名，签单员、综合内勤、查勘员、农险专干、业务经理各 1 名，大专及以上学历 6 人，有保险从业经验 6 人，平均年龄 33 岁。2016 年，公司实现签单保费 1771 万元，其中商业险保费 944 万元，完成年计划的 87%，农险实现签单保费 827 万元，完成年计划的 106%，综合成本率为 101.8%，较好地完成市公司下达的任务指标。

【业务发展】 2016 年，新田县支公司在业务发展上要求：确保续保业务及时回笼，每个月提前上报续保业务台账，将任务分配到人，提前续保，一旦发生情况，马上组织人员协调关系，从而巩固原有业务不流失。与有关部门建立联系网络，提前获悉新项目、新的重点工程名录，并和交警部门、汽车销售商建立友好合作关系。2016 年，实现签单保费 330 万元。与 3 家车行签订车商合作协议，在车商渠道方面取得好的效果。做好地方政府主要领导的工作，加强与社会公众和政府部门的沟通联系，塑造良好的公司形象，扩大公司的知名度，带动商业险的发展。2016 年，实现签单保费 944 万元。

【农业保险】 2016 年，新田县支公司开展基层服务体系建设，在全县 12 个乡镇成立农业保险办公室、发展村级协保员 287 人，累计投入财力 260 余万元，人力达百余人次，积累丰富的农业保险经验；农险实现保费收入 827 万元。在农险经营过程中，坚持合规经营底线，工作重心沉下基层，业务操作规范到位，政策宣传广泛发动，增强全县农民群众的保险意识、风险防范意识、参与意识，从未出现投诉、上访事件，达到政府得民心、老百姓得实惠、公司得发展的三赢目的。

【内部管控】 2016 年，新田县支公司开展“中华保险、理赔不难”，“中华行、车险正能量”等客户服务工程，客服质量提升，获得政府职能部门和广大人民群众的一致认可。践行“服务至上、信守承诺、回报社会”的服务宗旨，遵循“稳健、创新、持续、高效”的经营理念，勇于承担社会责任，通过诚信服务赢得市场，通过提供全方位的保险保障服务社会经济发展大局，得到社会各界的广泛认可，从而在社会与民众间形成较好的口碑与信誉度，促进业务的发展。

文化建设

教　育

综　述

【概　况】 新田县教育局创办于民国元年（1912年）。前身为当时县行政厅内设的“教育科”。是主管全县教育事业和语言文字工作的具有现代化、信息化管理水准的县人民政府工作部门。局内设办公室、政工人事股、计划财务股、基础教育股、审计股、政策法规股、教师工作股7个股（室）。归口管理事业单位有县人民政府教育督导室、县招生考试中心、县第一中学、县第二中学、县职业中等专业学校以及县教师进修学校、县瑞华实验学校。所属事业单位有县教研室、县职业技术与成人教育办公室、县勤工俭学管理站、县电化教育馆、县学生资助管理中心、县教育会计核算中心、县教育信息中心、县学校建设管理服务中心、县云梯学校、县幼儿园、县思源学校以及乡镇中学14所、乡镇中心校15所、县城完全小学6所、九年一贯制学校6所。全县共有中小学生55149人，其中，小学34888人，初中14598人，普高5663人，职中2665人；在城就读学生36981人，农村学生20833人。全县在编教师共3230人。2016年，被省教育厅评为平安校园建设先进县、“国培计划”项目县、中小学校图书馆（室）建设合格县、全省二类教育通联站，被评为市人口与计划生育综合治理工作模范单位、市教育宣传工作先进单位、市“无烟单位”。“新田县推进教育督导信息化，创新教育督导新天地”被省教育督导委员会评为2016年度市州教育工作创新（特色）项目。县委书记唐军被评为永州市首届“教育功臣”，新田一中龙石佑校长被评为市级名校长，瑞华学校被评为市级名校。

【提升教育质量】 2016年，新田县教育部门针对全县高考质量滑坡的趋势，冷静思考，扎实用力，按照“扩量与提质并举”的工作思路，采取一些积极有效的措施，成效比较明显。如：在教学方法上，推行旨在让“优生吃饱、中等生吃好、后进生吃得了”的“分层教学、因材施教、分类推进”教学模式；在课堂教学上，全面推行“高效315”模式，把课堂交给学生，发挥学生的自主性；在学生培养方面，积极尝试开设艺体专业班等。借鉴外地成功经验，结合本地实际，全力推进以“导、学、教、练”为基本模式的“学本式”高效课堂建设。全面推进激情校园建设，实行精细化管理，探索出一条立足新田县实际的“减负型”课改之路，使学生的学习兴趣大幅提升，学生的思维能力、创新能力、解决问题的能力得到提高，教学质量逐年攀升。针对小学生天真活泼、好唱好跳的特点，教师在制定课堂目标的同时，积极挖掘教材本身所蕴藏的快乐因素，把快乐引进课堂，让学生在轻松愉快中掌握知识和技能，体验到学习的快乐。积极开展“第二课堂”活动，激发和培养学生兴趣爱好。

【教育项目建设】 2016年，新田县17所为民办实事项目校（园）通过验收。薄弱学校改造、农村学校“五小”工程、电子备课室、教师周转房等项目建设进展顺利，教育信息化建设成效明显，改善了学校的办学条件和教师的生活、工作条件。实施职业教育攻坚计划，抢抓“一户培养一产业工人现场会”机遇，县职业中专办学条件实现“翻天覆地”的变化，得到省市领导和省市教育、人社、工会等部门的充分肯定，为职业教育争取项目与资金奠定良好基础。县职业中专首次获得省级项目（校企合作），首次在全省的会议上介绍经验。德恒学校开工建设，统计2017年9月招生开学；一中新校、双胜小学选址确定；瑞华学校图书馆、科技馆、云梯学校综合楼等项目前期工作全部完成，即将开工建设。

【教师队伍建设】 2016年，新田县招收特岗教师43人，毕业分配定向培养生28人，分2批面向社会公开招录教师139人。继续实施“三名工程”，县委、县政府对10位名师、2所名校、3位名校长、10位最美乡村教师予以重奖，龙石佑校长被评为市级名校长，瑞华学校被评为市级名校，打破新田无市级名师、名校、名校长的局面，“三名工程”建设工作在全市作典型发言。县财政首次按照教师工资总额的2%安排教师培训经费；成功申报“国培计划”项目县评选，并得到领导和专家的好评；校本培训、专项培训扎实有效，为提升教师业务素质提供保障。2016年，全县有528名教师获市级以上奖励，其中新田一中廖信亮老师获全省高中数学教师解题大赛特等奖。建立名师工作室3个，“送教下乡”“结对帮扶”“青蓝工程”“常青树计划”有效实施，培养一大批乡村骨干教师。开展“师德师风建设年”活动，结合“两学一做”，在全县教育系统中广泛开展党员教师“亮身份、树样板”活动，党员教师的先锋模范作用得到发挥。保持作风建设和师德师风督察常态化，加大对违反师德师风与作风建设相关规定的人、事的查处力度。

【课题研究】 2016年，新田县教育局举办一期所有学校教务主任、科研主任及部分教学骨干参加的课题培训会。规范课题管理，制定并下发《新田县教育科研课题管理办法》，将课题研究工作纳入学校年终绩效考核。协助各学校申请国家级、省、市级课题，申请到国家级课题1个，省级课题3个，市级课题5个。

【安全稳定】 2016年，新田县教育局全面落实“一岗双责”制度和领导带队检查安全生产工作制度。通过层层压实责任，学校安全生产形势明显好转，学生意外伤害事故逐年下降，全县学校没有发生一起安全责任事故。2016年，被省教育厅授予“平安校园先进县市区”称号，并作为全省第二轮“平安校园先进县市区”立项建设的重点推荐县。将安全教育纳入日常教育教学内容，列入教学计划，编入课程设置之中，通过班会、集会、电子显示屏、广播、告知书等方式宣传安全知识。各学校按照《中小学幼儿园应急疏散演练指南》的要求，开展地震、火灾、食物中毒、踩踏等应急演练215场次，确保师生应急能力、自救互救能力大幅度的提高。传达校园安全工作精神。根据各级部门的要求，通过OA系统、教育微信联盟下发或转发校园安全工作通知、文件60余份，印发宣传资料30余万份，张贴防溺水、毒品预防、消防知识等宣传图画、警示牌8000余份。坚持“日常排查与集中排查、普遍排查与重点排查”相结合的原则，每月至少对教学设施、生活设施、消防设施、危险化学品、食品饮用水以及师生间矛盾纠纷等问题排查一次，采取组建安全保卫巡逻队，通过加强对重点时间、重点地段巡逻值勤等方式防范校园暴力和校园欺凌事件的发生。全年没有发生一起伤害学生人身安全和学生打架斗殴事件。各学校严格按照校园安全无缝隙管理的要求，落实各项管理措施，加强对重点时段、重点部位、重点人员的安全监管，确保校园安全人人有事做，事事有人做。人防、物防、技防设施较为齐全。坚持落实专职督学、联系学校股室、领导带队检查安全生产工作等日常督察，配合或组织交警、消防、市场和质量监督管理、文化执法、环保等部门出动执法车辆100余辆，执法人员400余人，开展3次集中整治行动，净化校园及周边环境。

【利用“互联网+”推进教育督导信息化】 2016年，新田县教育部门将“互联网+”理念运用到教育督导实践中，自主研发教育督导信息化平台，推进教育督导信息化，开创教育督导新天地，形成覆盖全县、到联互通的督导信息服务体系，提升县域中小学责任督学挂牌督导工作水平，受到教育部评估专家的高度肯定。新田县“推进教育督导信息化，开创教育督导新天地”是永州市教育工作唯一被评为“创新（特色）”的项目。建立集宣传、管理、办公自动化和资源信息于一体的“新田教育网”；成功申报教育信息化省级试点项目，正在进行“网络课堂直播、点播系统平台”的研发与建设。信息化建设工作在全市教育信息化推进会上作典型发言。成功申报“国培计划”项目县，以此为依托，建立覆盖全县教师的培训网。11月，《湖南日报》《湖南教育快讯》对新田县教育扶贫工作进行推介。特别是职业教育、关爱留守儿童等工作在《中国教育报》《湖南日报》等主流媒体报道，受到好评。

学前教育

【概　况】 2016年，新田县加强公办幼儿园建设，继续扩大学前教育资源。引导和鼓励民办幼儿园升级改造，认真做好民办幼儿园分类定级工作，75所民办幼儿园被评为普惠性幼儿园。基本形成以公办为主导、民办为主体的办园格局规划。全县学前一年教育入园率100%，学前三年教育入园率84.6%。

义务教育

【概　况】 2016年，新田县义务教育阶段学生49486人，其中，小学34888人，初中14598人，小学适龄儿童入学率100%，小学毕业生升初中升学率99.87%。县财政安排800万元贫困学生资助金并实行兜底；加大校内资助力度，各学校从公用经费中安排不低于5%的经费用于资助贫困学生，据统计，2015年以来全县各学校共计利用公用经费790多万元用于资助贫困学生；动员社会资助，依托县教育基金会及各类爱心助学社等组织，动员社会力量开展爱心助学活动，2015年来，先后有17个爱心组织、800多名爱心人士资助贫困学生3700多人次，资助资金及物资490万元；落实结对帮扶，有1200多名干部职工及农村党员结对帮扶1500多名贫困学生，帮扶资金近200万元；兴办慈善学校，引进苦志育才学校，免费招收孤儿及特困家庭学生，免费提供食宿及生活用品。教研教改层层签订教育教学质量目标管理责任状，实施教学质量目标管理。以教育联盟为载体，促进校际交流，开展“师生同考”“校长赛课”“高效课堂人人达标课”“一师一优课、一课一名师”等系列竞赛活动，师生素质明显提高。加大学校指导和教学常规督察力度，义务教育阶段教育教学质量逐步提高。

【合格学校建设】 2016年，新田县完成17所为民办实事项目校（园）的创建任务（合格学校15所，农村乡镇公办幼儿园2所）。投入省级资金405万元，县级资金836.2万元。投入合同资金1150.32万元，其中，建筑类投入701.62万元，设备类投入342.2万元，其他类投入49.5万元，管理类投入57万元，并顺利通过验收。

【德育教育】 2016年，新田县教育部门坚持德育为首，教学为主，育人为本。通过深入推进社会主义核心价值观进学校，开展社会主义核心价值观培育主题比赛和“少年向上真善美伴我行”系列活动，让社会主义核心价值观内化于心，外化于形。

普通高中教育

【概　况】新田县现有新田一中、新田二中2所普通高中。

新田一中2006年被评定为省示范性普通高级中学。学校占地面积6万平方米，总建筑面积46000平方米。现有43个教学班，学生2501人；教职工248人，研究生学历12人，省骨干教师8人，市县学科带头人35人，特级教师1人，国家级心理咨询师2人，中级以上职称163人。2016年，获湖南科技大学优质生源基地、市绿色美丽校园、市文明交通示范学校、市无烟单位、新田县首届名校称号。2016年高考，一二本上线248人，比2015年增长16.9%，上线率38.4%，排全市省级示范性高中第6位。727人参加学考考试，全科合格率99.4%，超过省教育厅关于省示范性高中学考全科合格率达到95%的要求。

新田二中系永州市示范性中学，始建于1981年，占地面积9.3万余平方米。现有教职工224人，研究生学历2人，本科学历有193人，其中，专任教师188人，占教职工总人数的84%，学历合格率100%。中学高级教师58人，占专任教师总数的31%。获得中学一级职称的教师96人，占专任教师总数的51%。市、县级学科带头人（或骨干教师）19人，市县名师名优班主任12人，是永州市办学规模较大的学校之一。学校先后获得“湖南省园林式单位”“湖南省群众体育工作先进单位”“湖南省体育传统项目学校”“湖南省文明卫生单位”“湖南省实施国家校园武术段位制试点学校”“湖南省安全文明校园”“永州市文明单位”“永州市文明标兵单位”“湖南省校园武术段位制推广先进单位”“永州市绿色美丽校园”荣誉称号。

【教育改革】2016年，新田县实行高中托管初中和学制改革，留住优质生源。继续推行初高中“2+4”学制改革，在新田一中和二中分别成立继善班、直升班，严格执行按成绩录取政策。云梯学校、一中继善班、二中直升班以及瑞华学校青云班、凌云班的学生班风学风优良，成绩形势喜人。2016年，高考二本上线398人，比2015年增加80人，二本上线率27.92%，在新田县就读学生二本上线率排全市第五位。一中应届考生陈彦蓉被北京大学录取。

民办教育

【概　况】2016年，新田县民办教育机构有145个，在校学生13088人，以清华源学堂、红星幼儿园、喜洋洋幼儿园为代表的一批民办学校赢得社会的广泛认可。

特殊教育

【概　况】成功引进苦志育才学校，学校位于原冷水井乡冷水井村，占地面积约为1.3万平方米，是由玉峰寺住持释法广师父联合爱心人士共同创办，面向贫困儿童和孤儿招生的一所慈善学校，学校实行“九年制义务教育＋职业高中”的教育模式，对学生的吃住和学杂费进行全免。2016年，学校有在校学生120人，就读该校的学生享受与公办学校学生同等的资助政策。

新田县幼儿园

【概　况】新田县幼儿园建于1958年，占地面积3200平方米，建筑面积约3400平方米，户外活动场地2110平方米。2016年，招收8个教学班，幼儿330余名，设2个小班、3个中班、3个大班。有正式教职工28名，本科学历15名，专科学历13名，按“两教一保”的标准每班配备3名教师。2016年，被评为湖南省文明卫生单位、永州市安全文明校园、永州市无烟学校、县“三八红旗集体”。陈云艳老师获第二届名师工程“名班主任”

称号；郑芩老师的艺术活动《小鸭洗澡》获省一等奖，并参加湖南省幼教优秀艺术教育案例展示及研讨活动。

【德育工作】 2016年，新田县幼儿园坚持“玩中学，学中玩”，以游戏为主和以幼儿为本的教学理念，杜绝“小学化倾向”，控制大班额，克服困难理顺招生中存在的学位紧张矛盾，抓好幼儿德育工作。成立德育工作领导小组，以园长为组长，副园长为副组长，主抓德育工作。结合幼儿园的实际需要，有的放矢抓德育教育，开展丰富多彩的生活和学习活动，培养幼儿良好行为卫生习惯，让幼儿学会谦让、团结、合作，有自信、有礼貌，敢于大胆表达自己的意愿并乐于参与活动。通过开展亲子活动及主题教育活动让幼儿更加善于表现，在“六一”活动和亲子运动会中，孩子们的表现令家长们满意。

【安全工作】 2016年，新田县幼儿园通过开例会、专题座谈会提高员工的思想认识，通过定期检查及时发现隐患，做到防患未然，被评为永州市安全文明校园。邀请县交警大队、县消防中队的教官给幼儿和教职工宣讲安全知识和技能；围绕“平安校园”主题，各班组科学制定《安全教育教案》，通过普及消防、交通、防传染病等安全知识，组织大班组幼儿到消防中队参观，体验消防员工作与生活，提高幼儿消防安全意识，组织防火、防踩踏疏散演练，寓教于乐，鼓励小朋友们争当“消防安全小宝宝”，受到相关部门和广大幼儿家长们的广泛赞誉。加强对门卫工作的管理，确保24小时不离人，对入园来访者进行详细的询问、登记。安装一键报警系统和全园监控系统，下午离园时段，行政人员每天轮流值班，以防幼儿走失或错接。加强食堂工作管理，确保幼儿饮食安全、卫生。食堂工作人员严格按流程完成工作任务，凭健康证和食堂工作人员培训证上岗，穿工作服，戴工作帽，工作间必须保证干净、整洁，做好防蝇、防老鼠、防蟑螂“三防”工作，每天坚持认真做好幼儿餐具、用品的消毒工作并做好消毒记录，幼儿食品留样48小时，做好留样记录。坚持一月一演练，让幼儿掌握和熟练各类突发事件发生时自我保护意识与能力的培养。加强校园设施设备的安全排查及周边环境的安全排查，做到每周一例行安检，出现问题及时上报，及时整改到位，全年未出现任何安全事故。

【自身建设】 2016年，新田县幼儿园制定严格的管理制度，做到分工明确，责任到人。制定教职工岗位职责、月考核细则及学期考核等，注重平时的监督落实，促进各项工作有序、高效开展。每周定期开展一次集体业务学习，组织教师认真学习政治和教育理论。组织全体教职工开展丰富多彩的活动，邀请南京专业老师对教师进行业务上的指导。组织教师参加各级各类培训，进行师徒结对，传帮带教，让新教师在观摩中进步，在反思中成长。2016年5月，新田县幼儿园党支部届满改选，开展“两学一做”“亮身份”等主题教育活动，抓好“三会一课”，组织党员干部认真学习党章党规、学习习近平总书记系列讲话，争做合格党员。2016年9月，新田县幼儿园完成工会改选工作，组织全体教职工体检、参加职工医疗互助和教职工女性重大疾病保险，增强教职工的凝聚力，发挥工会组织的战斗堡垒作用。

【卫生保健】 2016年，新田县幼儿园将常规性与季节性卫生保健工作相结合。常规性的卫生保健工作如凭幼儿预防接种查验证明入园，坚持做到幼儿与员工体检率达100%；坚持做好每日的晨、午检工作，照顾好病儿和体弱儿；常规的卫生及消毒工作做到定时检查评比，坚持做好消毒登记。开展形式多样的户外体育活动，增强幼儿体质。确保每天两小时户外活动时间。配备专职的体育教师，丰富各班户外体育活动的内容。每期两次（期初一次，期末一次）的体检，建立幼儿成长档案。对保育员进行每月一次的培训工作。开展青蓝工程。通过班组内结对的方式，发挥骨干教师的传、帮、代作用，签订师徒帮扶协议，结合园内教研赛课活动采取师徒同奖惩的方式对青蓝工程专项考核验收。

【承办“国培计划”项目县幼儿教育培训】 2016年，新田县幼儿园外派“国培计划”项目县培训团队有成员3人，园长段小青亲自参与“国培计划”项目县培训工作，为学员作讲座，交流办园经验，与培训团队一道较好地完成“国培计划”项目县的幼教培训工作。派出园长、副园长以及专任教师参加各级各类培训20人次，外出培训人员回园后采取上汇报课、开专题讲座以及参与园本培训讲座的方式，令全体教师的业务水平得到提升，一批有经验、有思想的年青教师逐步成为成熟专家型教师。

【教育教学教研】 2016年，新田县幼儿园开展园内过关课、优质课竞赛等活动，促进教师专业成长。园长、副园长带头上示范课、过关课，参加优质课竞赛，选出郑芩老师的《小鸭爱洗澡》艺术教学活动参加永州市、湖南省优质课竞赛，均获一等奖。应邀参加全省幼教艺术领域优质案例展示活动，是县幼教第一次在全省进行展示。教师认真对待教学中的每一个环节，上课先备课、准备玩教具等做好课前各项准备，提高教学效果。每期开展1次—2次全园性家长开放日活动，邀请家长们到园参与活动，了解幼儿在园情况以及各年龄班的教育教学情况，使家长配合园所工作，达到家园共育的目的。开展“教职工一手好字”活动，让教师的教学基本功更加扎实。开展“母亲节感恩活动”，邀请妈妈们到园与孩子一起过母亲节，培养孩子从小学会感恩、学会孝顺。全园340名幼儿全体参与“六一”庆祝活动，在舞蹈、体操、跆拳道表演中展示自我，获得家长和社会的一致好评。开展第三届亲子阅读节活动及亲子阅读月活动，让孩子从小养成爱读书的好习惯，增进了家长与孩子间的情感。组织大班幼儿到思源学校参观和大班组毕业典礼活动。举行亲子运动会，家园关系融洽，家园共育效果显著。开展庆元旦幼儿自理能力大赛，评选出各年龄班的自理能力优秀的小选手，通过学习、尝试，让各年龄班的孩子懂得自己的事情自己做，要乐于助人，学会协作与分享的道理。

【校园网站管理】 2016年，新田县幼儿园通过校园网站，将教育理念、教育常规、教育活动、教育资源公示，方便家长及时了解，家长对幼儿园的意见与建议通过网站及时反馈，方便改进工作，达到更好地为社会服务的目的。采用由班级信息员和园总信息员、行政领导齐抓共管，校园网站发挥作用。

【家长工作】 2016年，新田县幼儿园教师们有计划地家访、随访；通过召开家长委员会议加强与家长的沟通，听取家长们的意见和建议，提高家长的满意度。利用家长会和家长开放日，邀请各班家长代表对园所工作进行评议，征求家长意见，对家长提出的意见和建议进行梳理，对合理建议迅速实施，如家长提出的改善幼儿生活条件，要求添置恒温饮水设备的意见，经园务会研究后已拨出经费3万余元在2016年下期为各班组添置饮水机。每月各班老师定期更换家长园地内容，使家长及时了解班级的重大活动、教育内容，交流家长教育子女的经验。各班利用家访、家长接送孩子的时间，针对不同个性的家长与家长进行“个性化”交流，取得家长对幼儿园工作的支持。学期结束时通过“幼儿学期评价表”《给家长一封信》等形式向家长通报各项工作完成情况。邀请家长到园参加活动，如家委会代表参与幼儿“六一”节目评比、亲子运动会策划和裁判工作，参与大型活动的安保工作，请伙委会成员对幼儿伙食提出建议与意见等。每月对幼儿伙食开支情况向家长公示，严格实行陪餐制度。开设县幼儿园父母学院群。通过与南京、北京等全国家庭教育专家合作，创建县幼儿园父母学院群，全园近400名家长入群，每周五参加家庭教育微课讲座。

新田县龙泉镇第一完全小学

【概　况】 新田县龙泉镇第一完全小学（以下简称新田县龙泉镇一小）创办于1905年。至2016年，有教职工139人，大学本科学历48人，专科学历76人，3人具有高级教师资格，65人具有一级教师资格，市级学科带头人1人，县级学科带头人2人，县级名师2人，县级名班主任3人。现有38个教学班，在校学生2990人。

【德育工作】 2016年，新田县龙泉镇一小加强德育的针对性，利用家庭资源、社区资源和学校德育资源，培养学生健全的身心品质和优良的思想道德素质，落实“立德树人”的目标。坚持实施“好习惯伴我行”养成教育活动工程，长期规范学生行为，引导学生做文明事、做文明人，促进学生全面发展。以“德育活动情景化”为主要德育培养途径，开展“三节”（体艺节、读书节、英语节）、“三礼”（感恩礼、入学礼、毕业礼）德育活动。建立文明礼仪、少先队活动、公民教育三大学校德育活动课程体系，实现德育教育的课程化目标。构建“自我行动、自我体验、自我感悟、自我反思、自我成长”的“五自”德育育人机制。以创建“激情校园，幸福教育”的德育品牌为重点，从制定落实小目标入手，引导学生养成良好的行业习惯，培养学生强烈的责任意识，形成良好的道德素养。通过完善德育体系改变学生行为，塑造新学校的新学生；转变家长观念，塑造新学校的新家长；改变学校形象，塑造新学校的新老师。学校省级德育课题《家校结合，促进学校文明礼仪习惯养成》2016年顺利结题并被评为省级优秀课题。

【教育教学】 2016年，新田县龙泉镇一小坚持把教学质量作为学校发展之本，确立“质量零对手”的办学目标。坚持科研兴校的策略，通过教育科研来整合学校多项改革，形成依靠教育科研提高教学质量的发展机制。2016年，升重点中学人数为全县第一，获得全县教学质量优秀奖一等奖。2016年，代表永州市参加湖南省电脑制作大赛获一等奖。2016年，参加全省小语学会被省教科院评为优秀会员单位并作“经典诵读”经验介绍。2016年，被市教科所评为优秀语文教研组。2016年，参加全国中小学生语文素养大赛被评为优秀组织奖，参加全市少儿才艺大赛被评为优秀组织奖，多项比赛在市级获一等奖。2016年，在全县中小学生运动会中囊括田径、乒乓球、团体总分三项第一。教师论文、赛课获市以上奖励100余人次。2016年，张铭琛、乐家豪被团市委评为勋章少年。学生积极参加省市县各类比赛，是全县学校参赛项目最多、获奖人次最多的学校。

【学校特色】 2016年，新田县龙泉镇一小确立“传承文化，精致典雅”的校园文化主题，将传统文化与现代思想相结合，隐性文化与显性文化相结合，传统教育与先进技术相结合。校刊《新一教苑》《苗苗刊》连续出版16期。制度文化与行为文化融为一体，成为学校的核心竞争力。注重学生综合实践能力的培养。把“教育即生活、生活即体验”作为办学追求。学校举行的“图书跳蚤市场”“养花种菜育人”活动成为学校的常态体验活动，受到学生与家长的好评，得到社会的广泛关注。着力于融合教育的创建。坚持开展家长进社区服务、家长进教室监考、家长进教室上课、家长进学校联谊，让家长参与学校活动，建立和谐共育的家校关系，开创学校工作的良好局面。新田电视台、永州电视台、湖南卫视等媒体对学校工作给予报道。

新田县思源实验学校

【概　况】 2016年，新田县思源学校以教师队伍建设为重点，以师德师风建设为重要保证，推进课程改革，转变教育发展方式，优化学校管理，提升办学品位，彰显办学特色，促进内涵发展。2016年，在新田县首届名校评选中被授予“新田县首届名校”称号；在新田名校长评选中获得“名校长”称号。

【师德师风建设活动】 2016年，新田县思源学校组织教师学习一系列与教育教学相关的法律法规和制度，督促教师提高政治思想觉悟，提高理论水平，依法执教；与教师签订“师德承诺书”，责任到人，狠抓践诺；开展师德征文比赛、“爱岗敬业、奉献教育”演讲、组织观看师德师风视频《榜样》等师德活动。以争创市级廉洁文化示范校为契机，开展廉洁文化宣传教育，把“依法治教、廉洁从教”贯穿师德教育始终，增强教育的广泛性、针对性和有效性，增强教师教书育人的责任感和廉洁从教的自觉性。通过丰富多彩的师德教育活动和师德实践，涌现出一批师德先进个人与优秀教师，提升校师德素养，如邓海勇老师助人为乐的事迹被湖南经视、芒果TV、永州市电视台、新田电视台、新田新闻网等媒体报道。

【常规管理】 2016年，新田县思源学校建立健全各项规章制度，坚持用制度管人管事。规范民主依法管理举措，落实教代会参与学校决策、管理和监督干部的职权，推进校务公开的进程；加强领导班子建设，将每周行政会议、行政值日和行政巡课制度化，利用行政会总结成绩部署工作，对学校决策展开讨论研究，使各项工作重点突出，松紧有度，安排合理，进展有序。

【优化学生激励评价机制】 2016年，新田县思源学校建立学生小岗位管理职责，实行自主管理制度，实施“星级学生评价制度”体系，构建多元化的综合素质培养机制。开展美术、英语等课外兴趣小组活动，创办学生声乐、快乐英语、剪纸、舞蹈、礼仪等社团，学生科技、体育、艺术活动成果喜人，有120多人次在市、县级活动竞赛中获奖。

【德育活动】 2016年，新田县思源学校一是组织好“四节二礼一展示”活动（数学节、艺术节、体育节、英语节；入学礼、毕业礼；文明礼仪展示）。二是强化德育工作的层次阶段性，将每年3月、9月定为文明礼仪月，通过唱礼仪歌曲，做礼仪操，读礼仪三字经，评选“文明礼仪之星”“文明礼仪示范班”等方式，打造文明礼仪示范学校；县内各督学责任区分别组织本区内的校长到校参观学习“文明礼仪”养成教育，学校的礼仪教育、路队管理在全县推广。三是开展元宵花灯制作比赛、升旗仪式、网上祭英烈、“美德少年”评比、“阅读达人”、“旅行达人”、重阳节敬老院慰问等活动，丰富校园文化生活，增强学生集体荣誉、社会责任、法治安全意识。定期组织召开德育工作会议，组织系列活动，评选“月优秀班主任”“学期优秀班主任”“感动思源十大教师”；筹建校班主任工作室，定期开展主题式讲座、个案分析研讨等专题培训，提升班主任队伍的工作水平。

【教学精细化管理】 2016年，新田县思源学校坚持落实月检查、周抽查、日巡查制度。重视集体备课，提高备课质量，完善集体备课模式，发挥规模教学优势。选聘17个备课组组长，开展120余次集体备课，现各年级的课件基本都整理完整；创新大教研活动，实行校长点课制，每周二、四的下午安排有点课教师上教研课，并及时组织评课交流。从2016年开始创新教研模式，推进观察型评课，组建各学科观察型评课团队，用数据诊断课堂行为和课堂文化，教师的整体评课水平、教学水平得到较大提升。

【实施科研兴校工程】 2016年，新田县思源学校研发并推行《新田思源实验学校教师成长记录本》《新田思源实验学校美读与美写校本教材》《新田思源实验学校文明礼仪校本课程》；开展教师论文、教学反思征集活动；刊发教师经验交流集《春华秋实》；全国教育信息技术研究2016年度专项课题“远程同步课堂促进教与学变革研究”在省教科院开题并实施；省教育科学“十二五”规划2015年度课题“义务教育阶段农村学校办学方式与课程教学研究”有序开展；县教育局的《书法与阅读相结合的开发与研究》《文明礼仪教育的实践和探索》两个课题基本结题。

【教学质量】 2016年，新田县思源学校制定具有个性特色的“培优补差计划”，采取措施培养优秀生、激励边缘生、转化学困生，做到合格率、优秀率稳中有升。毕业班定期召开教师专题会议，针对实际情况进行跟踪分析，采取措施，确保考试再创佳绩。2016年上学期期中考试，小学部一、二、三、四年级成绩位列全县第一,五、六年级成绩排全县第二；初中部各年级成绩排全县第二（含云梯）。上学期期末考试，小学部一、三、四年级继续在全县保持第一,二、五、六年级排第二；初中部各年级继续保持全县第二（含云梯）。2016年下学期期中考试小学部一、二、三、四年级排在全县第一位，五、六年级排全县第二位；初中部各年级排全县第二位（含云梯）。

【校本培训】 2016年，新田县思源学校采取“走出去、请进来”的方式安排不同的教师参训，组织教师赴长沙、常德、株洲、郴州等地学习交流；利用例会、晚上等时间组织不同类型的专题校本培训讲座；加强中青年教师的培养，采取派出轮流学习、轮流支教、专题培训、师徒结对、课题研究、“青年夜校”等办法，提高教师的业务水平。

【培养和打造思源名师】 2016年，新田县思源学校一是出台首届骨干教师评选办法，成立全县小学语文名师工作室；二是选送骨干教师参加市、省、全国思源金种子教师培训，多渠道提高学校名师队伍实力；三是加强骨干梯队建设，制定教师专业成长计划，培养教科研骨干教师及各学科带头人，通过实施“青蓝工程”计划，提高教科研水平，使教科研工作迈上新台阶。建校以来有1人被评为“名校长”，12人被评为县“优秀教育工作者”、有3人被评为县“名班主任”，有8人被评为市县优秀指导教师。

【教研成果】 2016年，新田县思源学校定期开展骨干教师示范课、青年教师过关课以及各教研组每周2节的典型课例供观摩与研究；开展教师书法、普通话、英语口语、主题演讲、说课展示、实验技能操作、学科命题等技能素质比赛。鼓励教师参加各类教研竞赛，2016年，有130余人次在省市县论文及教学竞赛中获奖，其中在湖南省教师教育学会和湖南省中小学教师发展中心举办的2016年度论文评审中，周懿获省一等奖，何亚芬、陆亚梅、邓良秀获省二等奖；在全国教育教学信息化论文评选活动中，骆剑撰写的《信息技术课堂教学策略之我见》荣获省二等奖；在全国数学联赛中，胡明荣获优秀辅导奖，陆亚梅的“二年级品德与生活教学设计”荣获省二等奖；在2016年全国“一师一优课、一课一名师”比赛中，有8堂课被评为市优，有5堂课被评为省优，有1堂课被评为部优，学校被市教育局评为优秀组织奖。

【信息化工作】 2016年，新田县思源学校推进“互联网+思源”模式，学校教师培训、教学交流、家长会、送课下乡等活动都尝试采用CCtalk网络直播。11月26日—27日在学校举办的湖南省中小学送培到县示范性培训会，学校通过CCtalk网络全程直播，得到湖南一师专家及与会教师的好评。12月2日举行的2016年家长会，除传统的学生才艺表演，家长发言互动，首次借助CCtalk直播平台和问卷星进行调查，实现与互联网信息化的接轨，得到家长们的一致认可。

【平安校园建设】 2016年，新田县思源学校一是建立健全各项安全制度及防范机制，抓综合治理和校园安全工作，排查校园安全隐患，发现问题及时整改，消除安全隐患。二是加强防病、防毒、防火、防盗等安全措施，完善设施设备，开展法治、消防、交通安全知识专题讲座，参观禁毒基地等活动，确保全员开展安全教育，落实安全工作责任制，做到安全管理无真空、无盲区。三是以路队建设为突破口，把路队渗透到各类集会、体育课、食堂用餐、路队放学等各个方面，现在路队建设已成为学校一道名片。四是落实午间静校管理、放学时段过马路值班、夜间巡查等制度，学校未发生一起安全事故。

【尚美文化工程】 2016 年，新田县思源学校坚持“读书化人，文化育人”。坚持抓好校园文化建设，挖掘校园人文资源，以校园文化活动为载体，以学生发展为根本，推进校园文化建设；开展“美丽办公室”“美丽廊道”“美丽班级”评比活动，师生们精心布置着学校的每一面墙壁，为孩子们搭建展示自我的平台。学校走廊的图书柜每周更换新书，每班都有图书角，让图书高效地利用起来。开展“图书漂流”“读书小达人”等活动，掀起学生“爱读书、读好书”的热潮。推进尚美课堂模式建设，学校自主创设尚美课堂，小学低年级段的尚美课堂模式在全县进行推广。

【交流互动】 2016 年，新田县思源学校承办 2016 年湖南一师送培到县现场会，国家中小学校督导工作挂牌创新县验收、创国卫验收；承担教育局第三教育联盟组长学校的任务，负责 9 所九年一贯制学校教育管理、教学教研工作的组织、指导、交流工作，发挥思源实验学校孵化器的助推作用，全年召开联盟学校管理、教学交流会 6 次，送课下乡（村小）16 人次，向各联盟学校提供优质课、集体备课、大教研活动等大型观摩活动多次；教育联盟工作连续两年被评为优秀；学校的办学思想在全国思源年会、湘桂思源论坛上进行专题成果展示；2016 年新学校年会上学校的《享受英语的“悦读”盛宴》主题英语海报在国家会议中心展出，得到参会教师们的好评。学校成功接待来自桂东、新邵、江华等外地市县考察团到校参观交流，学校的办学思想和发展规划得到各级领导及考察团的肯定与赞许。

新田县龙泉镇第二完全小学

【概　况】 新田县龙泉镇第二完全小学（以下简称新田县龙泉二小）办学历史悠久，清乾隆六十年（1795 年）的“榜山书院”即设于此，清嘉庆十二年（1807 年），设为“春阳书院”。1952 年为新田县城关镇完全小学。1998 年，撤乡并镇改为现校名。现有在职在编教职工 56 人，其中，中学高级教师 2 人，小学高级含中学一级教师 35 人，小学一级教师 16 人，高级 2 人，高技 1 人，大专以上学历 46 人。现有教学班 18 个，其中，一年级 9 个教学班，学生 769 人；二年级 9 个教学班，学生 758 人，在校学生 1527 人。

【德育工作】 2016 年，新田县龙泉二小把德育工作放在各项工作的首位。加强师德师风建设，鼓励教师为学生无私奉献。学校文明志愿服务岗形成一道亮丽的风景线，受到学生和家长的好评。教师率先垂范，用一言一行影响学生，2016 年，学校被评为永州市“无烟单位”、市示范性家长学校，获县平安校园先进单位称号，获县少先队工作先进单位称号，在中府国际广场寒假亲子阅读活动中获优秀组织奖。学校特别注重低年级学生的养成教育，礼仪教育。通过开展“五个一”活动、一日一习、课堂组织规范用语、经典诵读活动、制定《龙泉二小学生文明公约》、开设“爱心课”特色课程等举措，逐步使学生养成良好的学习生活习惯。学校每周利用星期一晨读的时间，全校师生一起，举行升国旗仪式，对学生进行爱国主义教育。把《三字经》《弟子规》《千家诗》等国学经典作为课外诵读读本，让学生从小就受到国学礼仪的熏陶。

【教育教学】 2016 年，新田县龙泉二小强化内部管理，抓好教学常规，加强家校联系，形成教育合力。根据低年级学生特点，探索最优化的课堂教学方法。2016 年，在全县举行的期中、期末教学质量检测中，学校一、二年级的语文、数学及格率和优秀率均名列全县前茅。郭美林老师被评为县优秀班主任，肖祁新、罗书香、尹堂霞、谢盱临老师被评为县优秀教育工作者。在“三独”比赛中，谢盱临老师获得优秀指导老师奖。在“背诵大王”比赛中，新田县龙泉二小获低年级组团体总分第一名，邱安平老师获优秀指导老师奖。

新田县龙泉镇第四完全小学

【概　况】 新田县龙泉镇第四完全小学（前身为北达高级小学，以下简称新田县龙泉四小）创办于1930年，1994年迁入现址办学。现有59个教学班，在编教职员工178人，学生4980人，是“永州市安全文明校园”、“永州市文明卫生单位”、“永州市语言文字规范化示范学校”、永州市“园林式单位”、永州市“绿色学校”、“湖南省红领巾示范学校”、湖南省“文明卫生单位”、“湖南省绿色学校”、教育部重点课题“和谐学校文化建设与课程教学的关系研究”实验学校。

【德育工作】 2016年，新田县龙泉四小坚持“强化管理、规范办学、科学育人、争创特色”的办学指导思想，遵循“以人为本、以德导行、质量立校、特色强校”的办学理念，坚持立德树人，突出社会主义核心价值观教育，面向全体学生，全面推进素质教育，围绕“激情、高效、和谐、儒雅”办学目标，坚持正确的办学方向，全面贯彻党的教育方针，推进教育教学改革，形成教书育人、管理育人、服务育人的氛围。发挥德育处、安保处、大队部以及由小红帽、小黄帽组成的学生自管会，加强路队放学、示范岗执勤工作，加强养成教育，确保德育与安全实效。同时，加强爱教育、爱学校、爱学生方面的工作，借助社会力量捐资助学，奉献爱心，培养爱心，传递爱心。2016年度，有润驰国际捐赠的“爱心门”，深圳中棋科技股份有限公司捐建的“爱心泉”，由个人捐办的“爱心书屋”，以及“爱心墙”“爱心坡”。《永州日报》以《唤起读书激情，打造儒雅教育》为题对学校进行全方位综合报道。

【教学工作】 2016年，新田县龙泉四小重师训、强教研，抓集体备课与大教研活动，加大巡课力度和课堂检查。3月为“爱心月”，重礼仪，打造爱心品牌文化；4月为“数学月”，攻克学科短板，提高数学成绩；5月为“阅读艺术月”，因材施教；9月为“行为规范教育月”，抓入学养成教育；10月为“体育月”，加强体育运动，创建体育大校；11月为“英语月”，增强学习兴趣，提高英语素养；6月和12月为“备考月”，查漏补缺，备战期末，并将每月的主题活动总结汇编成书。提倡才艺双修，全面发展。每周二、四下午第三节课，有兴趣爱好的同学到相关的书法室、美术室、舞蹈室、葫芦丝室、乒乓球室、鼓号队、腰鼓队、田径队参加活动，激发兴趣、启迪才艺。其他同学在各班教室进行双语阅读，教师辅导指点，打造书香校园，为孩子未来垫基。2016年度编辑整理《重师训强教研》《四小论文专辑》《安全资料汇编》《督导工作资料汇编》《校园微博记》等书册。国务院教育督导委员会办公室专家组一行到学校进行校园巡视、座谈回访。

【教育成果】 2016年，新田县龙泉四小在县第30届中小学生田径运动会中，获得城镇小学组团体总分第一名、田径总分第一名、乒乓球总分第一名。被县教育局授予学校工作目标管理“一等奖”及“一师一优课、一课一名师”活动优秀组织奖。被共青团新田县委授予少先队工作“先进单位”称号。被永州市爱国卫生运动委员会授予“无烟单位”称号。被永州市教育局授予“一师一优课、一课一名师”活动优秀组织奖。被湖南省校园武术段位制推广领导小组授予“湖南省校园武术段位制推广先进单位”称号。吴丽春老师的课例《爷爷、爸爸和我》、罗娜老师的课例《同一幅画》被评为省级优课，邓仁平老师被评为永州市“一师一优课、一课一名师”活动先进个人。学生谢志军在中国青少年英语能力大赛中获湖南省赛区一等奖，在第四届全国中小学生语文素养大赛中获湖南省赛区一等奖。乐镇杰在第四届全国中小学生语文素养大赛获湖南省赛区三等奖。

新田县龙泉镇田家学校

【概　况】新田县龙泉镇田家学校成立于1983年，前身是田家乡中心小学，1995年更名为龙泉六小，2009年合并为一所九年一贯制学校，正式更名为龙泉镇田家学校。学校占地面积16898平方米，建筑面积约7389平方米，绿化面积约2100平方米，运动场地3000多平方米，布局合理，环境优美，设施俱全。现有教职工101人，本科学历35人，专科学历60人。有新田县名师1人，新田县名班主任1人，高级职称教师6人。设有30个教学班，学生1303人，其中，初中部6个教学班、393人，小学部24个教学班、910人。

【德育教学】2016年，新田县龙泉镇田家学校以立德树人为根本，推进教育质量提升工程。重视德育工作。为更好地贯彻和落实德育工作任务，校行政领导班子成员多次召开会议讨论研究工作方案，成立学校德育工作领导小组，制定措施，组织和领导学校德育工作的开展，把学校德育工作落到实处，通过提高学生思想道德素养来提升教育质量。结合创国卫工作将学生养成教育贯穿全年。特别是文明礼貌、卫生习惯等常规教育，引导学生做到“三别”“五带”“七无”。“三别”即：向粗鲁告别，向陋习告别，向自私告别；“五带”即：把礼貌带给师长，把微笑带给同学，把孝敬带给长辈，把谦让带给他人，把诚信带给社会；“七无”即：校园无纸屑，地面无痰迹，桌凳无刻画，墙壁无污迹，走廊无疯跑，水电（资源）无浪费，出言无脏话。利用6月双休日组织部分学生开展“圆梦蒲公英”农村学生看县城活动，到孝文化公园、人民广场进行游玩参观。12月，组织初中部七、八年级到人民英雄纪念碑远足活动，让学生体验“释放青春，阳光远足，缅怀先烈，感恩生活”之旅的愉悦。团队开展“一元捐”献爱心活动，筹得善款2000多元，全年学校公用经费拿出1万余元先后资助黄国俊等30多名贫困儿童入学。关注社会老人，组织人员慰问敬老院的五保老人，为他们送去慰问金，帮助其打扫庭院。

【教育教学】2016年，新田县龙泉镇田家学校突出以“培优提质”为标准，实施队伍素质提升工程，务求学校工作取得实效。为提升教学质量，实施素质教育，严格教学常规管理，规范学校管理和规范教师教学行为。召开提升教育教学质量动员会；加强学校制度建设，促进教学管理科学化、人性化；加强教学常规管理，提高课堂教学质量；开展集体备课，深化课堂教学改革；抓九年级体育、八年级生物等科目的考核培训工作。开展教师教学比武活动。全学年度100%的教师参与公开课教学，所有校级干部参与全县校长教学比武；3月进行初中部师生同考；组织全校教师积极参与“一师一优课”；组织好各类测试，加强对日常教学工作的监控；组织教师参加各类培训，推进青蓝工程建设。派出30人次教师实地参加国培、省培、市培等活动，提升教师的业务素养；有近100余名教师参加网络培训；2016年下半学期配合教师进修，学校组织并实施国培项目县小学数学教师培训基地的5个阶段性工作；落实校本培训例会制，每周固定安排两节课时间用于开展校本培训。完成教师岗位设置工作，有效调动教师的工作积极性。

【教学成绩】2016年，新田县龙泉镇田家学校教学工作被县教育局通报表扬，获得中考进步奖和优秀生源奖。九年级毕业会考总分平均分排全县第7位，八年级期末考试总分平均分排全县第6位。学校获“一师一优课，一课一名师”优秀组织奖。其中，陈峰艳、谢生萍、骆丽娟、林旭、刘群等老师获省级优课称号，邓亚琼老师获市级优课称号，乐红艳老师获县优课称号。“人人达标课”指标全员达标。其中，刘群、王群老师获县一等奖；姜冬梅老师获县二等奖；陈芳、乐红艳、骆丽娟、陈慧、胡立涛等老师获县三等奖。在2016年中国青少年英语能力大赛中，陈芳、刘亚菊、谢英华3位老师获优秀指导教师称号。邓亚琼、陈芳、郑利平、骆丽娟、吴亚芳、乐红艳、王群、欧星星等老师的论文获得省市奖项。在县第30届县运会中，初中组获全县“田径总分”第7名，全县团体总分第9名。2016年，学校被评为“永州市安全文明校园”“市无烟单位”。

新田县莲花中心小学

【概　况】 新田县莲花中心小学始建于1986年，位于新田县城东面金陵镇下户村，地处永郴交界处，北面临山而建，东接岳临高速连接线，学校层次分明，玲珑秀美，环境幽雅宜人。学校占地面积19334平方米，建筑面积7800平方米。学校现有教职工52名，其中，本科学历16人，专科学历24人，23人具备小学高级教师资格。获得省级实事项目杰出教师奖2人，县级名师1人，县级最美乡村教师1人。本部有12个教学班，1个附属幼儿园，下辖5个村级教学点。在校学生和幼儿743名，其中中心校在校学生549人；村教学点5个，学生37人；中心幼儿园班级4个，幼儿157人。2016年，获县级“综合目标管理考核二等奖”“先进基层党组织”以及市级“示范家长学校”“安全文明校园”“绿色美丽校园”称号。

【德育教学】 2016年，莲花中心小学坚持育人为本，德育为先，加强德育针对性教育。利用家庭资源、少年宫、留守儿童之家和学校德育资源，培养学生健全的身心品质与优良的思想道德素质。开展“三爱三节”、诚信教育、经典诵读等活动，培养学生良好的学习生活习惯。每周一全校师生一起，举行升旗仪式，对学生进行爱国主义教育。每天开设一节经典诵读课，把《三字经》《增广贤文》等国学经典作为诵读读本，使学生从小受到国学礼仪的熏陶。

【教学成果】 2016年，莲花中心小学强化内部管理，抓教学常规，落实责任，考核到位。2016年，小学毕业班人平均及格率综合排名位列全县第八，11人考入重点中学，升学率比2015年有提高。学生参加全县“三独”比赛及学生艺术节分别取得一等奖和三等奖等名次。在全县中小学运动会中获得乒乓球团体第三名。在省市县各级论文及教学比武中获奖40余人次。其中，刘宇华获省级教学微课与课件评审一等奖；张赛、李敏、雷媛分别获2016年度“国培计划”项目县送教下乡示范课一等奖和二等奖；胡光辉等老师录制的4节优课中1节被评为市级优课，2节被评为县级优课；付慧敏荣获2016年度“实事助学基金杰出教师奖”。

【校园文化】 2016年，莲花中心小学重视校园文化建设，在博采众长的基础上，打造独具特色的“莲花”文化：入校道路橱窗宣传栏，着重对学校及领导班子、教职工进行整体介绍与荣誉展示；护坡橱窗宣传栏，着重对全校师生的法治、安全、卫生等各方面进行宣传；教室外墙有学生展示板，展示学生书画、剪纸艺术作品和优秀作业；天花板走廊承重梁饰以210条名人名言，时时对学生进行着无声的熏陶；教室内外墙壁上的校训校规、班训班规、班级口号等，凸显各班的特色；学校创设独具特色的办公室文化，办公室墙壁由老师单独布置。校园文化时时处处渗透在校园各个角落，校园洋溢着健康、积极、向上的文化氛围。

枧头学校

【概　况】 枧头学校是2000年下半学期由原枧头中学和枧头中心校两校合一而形成的一所学校。占地面积52000平方米，建筑面积14000余平方米，有教学楼3栋，科技楼1栋，学生宿舍3栋，教师宿舍5栋，教师、学生食堂各1个；配备有电脑室、多媒体教室、实验室、藏书室、图书室、阅览室等基本功能室；有少年宫1所，设有书法、绘画、舞蹈等兴趣班10余个；学生活动场所宽敞，运动场地有篮球场、排球场、羽毛球场、室内室外乒乓球场及300米环形跑道等；绿化面积9000余平方米，是市级园林式单位、新田县绿色学校。枧头学校是新田县农村中小学校中规模最大的一所九年一贯制学校。办学理念：让教师愉快地生活，让教师愉快地工作，让学生愉快地学习。办学目标：成长每一个学生，发展每一位老师，满意每一位家长。校训：诚信、博学、健康、和谐。校风：文明、乐观、奋进、创新。教风：爱生敬业、严教善导、合作高效。学风：善思、慎行、乐学、求真。现有教职工107人，其中，高级教师7人，中级教师38人，大专及以上学历102人。现有38个教学班（含5所村小），在校学生1963人。初中部9个教学班，有学生609人，其中，男生332人，女生277人；小学部29个教学班，有学生1354人，其中，男生781人，女生573人。2016年5月，枧头学校被评为“永州市无烟单位”。

【德育教育】 2016年，新田县枧头学校把德育工作放在首位，坚持以人为本，坚持用社会主义核心价值观引领学生的思想，注重学生安全教育、养成教育和礼仪教育。根据学生年龄结构、心理特点，将学生养成目标确定为三大块，分别是：卫生习惯养成目标、行为习惯养成目标和学习习惯养成目标。制定实施方案以及学生养成目标考核办法，与“文明班级”评比相结合，对各班进行综合考评，让学生的行为表现处于集体的舆论监督下，督促学生自觉地遵守规范。通过每周一的班会课向学生宣讲安全知识，举行安全知识讲座；定期排查学校及周边的安全隐患，在学校醒目位置张贴安全方面的警示语，每1周—2周向学生家长送“致学生家长的一封信”或“告知书”，提高学生和家长的安全意识；学校组织巡逻小组，每天中午和下午巡查学校周边山塘、水库，杜绝安全事故的发生。

【办学特色】 2016年，新田县枧头学校以乡村少年宫和微笑图书室为主要阵地的“留守儿童之家”建设成效显著。学校的“留守儿童之家”活动室包括图书室、学习室、心理咨询室、多媒体播放室以及乡村少年宫的各项功能室，每一功能室配备相应管理人员，在相应的时间对学校留守儿童进行心理疏导、体艺及文化辅导，给留守儿童一个温馨的家。2016年6月，在永州教育信息网报开展留守儿童资助活动;《在爱里在幸福里欢度六一》在湖南教育新闻网报道；10月,《湖南省留守儿童管理模式研究》顺利结题。

【教育成果】 2016年，新田县枧头学校按照《枧头学校三年发展规划》，把教育质量作为学校发展的根本，加大教学常规检查力度，实行年级组组长、教研组组长负责制，行政人员挂靠各年级组，由年级组组长负责本年级组教育教学工作，通过思想引领、作风示范、课堂监管以及课外巡查等方式强化对本年级组教育教学工作的管理；教改教研工作实行双管齐下，教研组组长负责教改教研具体实施，学校教务处全程督察。坚持“向课堂要质量，以质量求生存”的原则，推行学本式高效课堂教学，要求教师转变角色，把学与教有机地结合起来，注重学生阅读能力的培养。2016年4月，在中府国际广场杯亲子阅读活动中获“优秀组织奖”。2016年，初中升高中134人，升入高中110名，升学率82%，其中，小教大专班录取1人，一中录取39人，二中录取52人，职高（不含中专部）18人；小学升初中，2人考入云梯学校，13人考入思源和瑞华学校。2016年9月8日，全县教师节表彰大会，校长曹普民被评为新田县首届名校长，徐海平被评为新田县第二届名师，邓苗苗被评为新田县第二届名班主任。11月，在新田县第30届中小学生运动会中，揽获小学组田径团体总分第一名，小学组团体总分第一名，初中组田径团体第四名，初中组团体总分第三名。

【校园建设】 2016年，新田县枧头学校多方筹措资金，致力于改善办学条件，营造良好的育人氛围，学校实施60套公租房建设项目，改建学生食堂操作间，新建水冲式厕所，修建205米安全防护栏，维修倒塌围墙约60米，宿舍楼、办公楼等更换铝合金窗，教师食堂装修及餐具购买，改善教师工作与生活条件，校园网络、无线网络及教师公租房网络宽带安装，周转房自来水改造。同时，学校积极绿化美化校园环境，移栽、种植树木200余株，铺设草皮1000平方米，硬化校园面积6500余平方米。

新田县瑞华实验学校

【概　况】 新田瑞华实验学校成立于2008年8月8日，其前身是民办瑞华学校，著名的科学家“杂交水稻之父”袁隆平院士亲笔题写“瑞华学校”校名，并寄语“要把瑞华学校办好，要为祖国多培养人才”。现有教职工235人，其中，高级教师22人，中级教师138人，市、县级学科带头人20人。

新田县瑞华实验学校是一所省级园林式学校、省级安全文明校园。占地面积14.8万平方米，总建筑面积53122平方米。有教学班57个，在校学生4026人。2016年，获湖南省校园武术段位制推广先进单位、市“无烟单位”、“永州市文明单位”、“2011—2015年全市普法依法治理先进单位”、县“创建国家卫生县城工作（独立院落单位）先进单位”、“创建省文明县城工作优秀样本点”称号。校长胡玉明被评为“2015年度湖南省校园武术段位制推广先进个人”和“永州市优秀校长”，张光福、邓志超老师被评为县优秀班主任。

【德育教学】 2016年，新田县瑞华实验学校坚持“立德树人”教育根本，围绕“为学生的终生幸福奠基”的办学理念，“让瑞华的学生成为品德高尚的人，行为规范的人，心理健康的人，体格强健的人”，坚持以社会主义核心价值观为导向，以爱国教育、意志品质提升、养成教育为主要内容，德育教育活动特色鲜明。一是开展文明卫生班级评比、文明卫生寝室评比、美德少年评选、“大手牵小手，共创美好家园”系列活动、“讲文明，树新风”青年志愿者活动、“遵规守纪，争做文明学生”活动等，提升学生素养，养成文明健康行为习惯，形成良好的风尚。二是举行“远离犯罪，健康成长”、“关爱明天，普法先行”系列法治知识讲座、“安全与幸福携手，文明与美丽同行”交通安全知识讲座、应急疏散演练、“禁毒之声、唱响校园”合唱比赛、参观禁毒教育基地等活动，提高学生法律素养及安全意识。三是注重孝德感恩教育，开展《弟子规》背诵大赛、祭扫西征公园英雄纪念碑活动、“青春正能量　美丽中国梦”的感恩教育讲座。四是注重学生品质的塑造和关注学生的心理健康。开展九年级学生“骥村挑花园远足活动”及中考誓师大会，定期开展心理健康与生理健康知识讲座。

【教研成果】 2016年，新田县瑞华实验学校开展课题研究，其中省级课题《初中生化实验能力的评价体系与应用研究》按计划推进，县级课题《“学本式高效课堂”模式下的初中物理实验教学研究》《生物实验操作探究》《在信息技术课中有效地培育学生的信息素养》结题。参加教研教改，有38篇教师论文发表或在国家、省、市级论文评比中获奖；10位教师获省市级“优秀指导老师”称号，13人获县级“优秀指导老师”称号。推进新课程改革，支持鼓励教师参加各级各类教学竞赛，提高教师业务水平。参加全国“一师一优课，一课一名师”活动，有1节课获省优称号、11节课获市优称号、12节课获县优称号，胡玉明获市“一师一优课，一课一名师”活动“先进个人”称号；5人获“微课大赛”市级奖；17人在“首届全市信息化交流展示活动”获奖；参加课堂教学竞赛1人获市特等奖，3人获市一等奖；胡恒等13人在县“高效课堂人人达标课”示范课活动中获一等奖。开展教学帮扶活动，龚华峦等16位老师参加送课下乡活动。

【教学成绩】 2016年，新田县瑞华实验学校在中考中，有693人被县一中录取，有294人被县二中录取，有34人被定向大专录取，总升学率88.1%（不含职中）。八、九年级学生参加全国初中数学能力与素养大赛，何鹏和郑浩锋同学获国家级一等奖，4人获国家级二等奖，11人获国家级三等奖，12人获市级一等奖。在县级“三独比赛”“背诵大赛”“亲子阅读大赛”“理化综合能力大赛”等比赛中有12人获一等奖，29人获二等奖，22人获三等奖，齐方祥等5位老师被评为“优秀指导老师”。2016年，全县校长、副校长优质课比赛中，副校长李小军和主席柏红娟均获一等奖；在县、市初中化学教师实验技能大赛中，伍磊老师均获一等奖。

【办学特色】 2016年，新田县瑞华实验学校一是营造激情校园文化氛围。精心挑选出数百条教学励志标语、食堂安全文明用语以及寝室温馨标语，装饰教学楼、宿舍、食堂的各个楼层及走廊，让廊道文化突显异彩，于“润物无声”中给予学生知识和情感的熏陶。二是开展经典诵读、跑操、远足、阅读等特色课程，通过特色课程的常规化、制度化激发校园文化热情。2016年4月，开展九年级1000多名师生远足15公里活动，并将学生的远足征文编辑成《脚步》一书；11月，承办新田县第30届中小学生运动会，开幕式上4000名学子表演的跑操、经典诵读等节目，赢得社会各界的广泛赞誉。三是开展丰富多彩的课外活动，如各学科兴趣小组、滑轮比赛、班级篮球赛、校园艺术节、校园歌手大赛、汉字听写大赛、精品讲座等。精彩纷呈的活动，积淀学校文化底蕴，活跃学校氛围，点燃师生激情。

新田县第一中学

【概　况】 新田县第一中学（以下简称新田一中）前身是“新田县简易师范”，创建于1926年，1944年办初中，曾名“云梯中学”，取“青云有路志为梯”之意，2006年被评定为省示范性普通高级中学。先后获得全国先进体育传统项目学校、全国教育网络示范单位、全国语文教改示范校、全国教育改革创新先进示范校、国家级课题研究先进单位、省市文明单位、省现代教育技术实验合格学校、省市园林式单位、省“五五”普法依法治理先进集体、省先进离退休基层组织、省模范教工之家、省体育传统项目学校优秀单位、省体育后备人才重点学校及优秀单位、省安全文明校园、省名优学校、省学校心理健康教育工作先进单位、市优秀学校等百余项市级以上荣誉称号。现有高中43个班，学生2581人，教师237人，中、高级职称163人，研究生学历12人，在职特级教师1人，心理咨询师2人。托管的云梯学校，有初中学生642人，教师46人。2016年，学校获得省文明卫生单位、省未成年人思想道德建设先进单位、省学校心理健康教育工作先进单位、省餐饮服务食品安全示范食堂、省家长学校示范校、省普通高中示范校年度评估优秀单位、省首届数学教师解题比赛团体奖，市青年志愿者工作先进单位、市老科协工作先进集体、市绿色美丽校园、市文明交通示范学校、市无烟单位、新田县首届名校及县综合治理、共青团工作、学校安全生产工作、学校计生工作、教育宣传工作先进单位等荣誉称号，并获县第2届中小学科技文化艺术节优秀组织奖、县“我的中国梦”高中生辩论赛冠军与季军。何云老师被评为永州市师德标兵，校长龙石佑被评为永州市优秀校长，4人被评为县名班主任，3人被评为县名师。高考，一二本上线248人，比2015年增长16.9%，上线率38.4%，排全市省级示范性高中第6位，陈彦蓉同学被北京大学录取，较好地达成年初预期目标。学考 727 人参加考试，全科合格率 99.4%，超过省教育厅关于省示范性高中学考全科合格率达到 95% 的要求。

【教研成果】 2016 年，新田一中承担在研和结题的课题有：省级课题《提高家长学校实效性的研究》《贫困县高中学校师资队伍建设问题与对策研究》，国家级课题《"3 · 15" 学本式高效课堂教学模式研究》《新课程下的教师素养研究》。教师发表或获市以上奖励的论文 75 篇，其中，国家级 18 篇、省级 25 篇。学生参加各类学科竞赛，获得 251 项市级以上奖励，其中，国家级 92 人次，省级 48 人次。

【德育教学】 2016 年，新田一中旨在突出立德树人，德育为首，健全德育网络，提升人文素养。落实《中学生日常行为规范》，编写《新田一中学生读本》《学生礼仪简明读本》，制定《学校德育工作制度》《班级考核制度》《文明寝室评比制度》《文明班级评比制度》等。成立德育工作领导小组，建立"学校—处室—年级—班级—社会—家长联体"互动的管理体系，将常规活动与应时活动相结合，校内教育与校外教育相结合，整合德育资源，形成学校、家庭、社会三结合的德育网络体系。积极联合蒋先云烈士墓革命教育基地、九嶷山传统教育基地、小源红色教育基地、中山社区社会实践基地，加强开展升旗仪式、主题班会、学雷锋活动月、弘扬和培育民族精神活动月、艺术节、运动会、文明班级评比、文明寝室评比等常规活动，深化"四心"教育，开展"老师您好，我的好老师"与"阳光校园，我们是好伙伴"演讲赛、"诵读经典，传承文明"诗文默写比赛、主题征文、书画比赛、"与人生对话——我的中国梦"辩论赛，开展学雷锋、"三爱三节"、诚信教育、孝德文化寻访、高一学生远足实践、送文化下乡等活动，陶冶学生情操。

【体育教学】 2016 年，新田一中坚持"传统项目强化、锻炼兴趣浓厚、健体能力增强、体育素养提高"的体育理念，强化体育和体育特色工作。坚持"大课间活动"，突出激情跑操文化建设，丰富课外体育兴趣小组活动。5 月，经审核被批准为全国中学生田径协会学校。竞技体育再创佳绩，在全国体育传统项目学校田径联赛（南方赛区）中获得 2 枚银牌、2 枚铜牌和女子甲组团体总分第 7 名；参加湖南省青少年儿童田径锦标赛，获 3 枚银牌、4 个第 4 名和 5 个第 5 名；参加市青少年田径锦标赛获 17 金、10 银、5 铜；获市首届中学生运动会甲组团体总分第一名；获市首届中学生足球比赛高中组冠军。

【"3 · 15"学本式高效课堂】 2016 年，新田一中落实"五有"（有计划、有集体备课、有个人二次备课、有考勤登记、有总结反思）、"四抓"（抓课标解说、抓教材解剖、抓学情调查、抓环节落实）、"三查"（查教案、查作业、查听课）、"二考"（每年至少对教师进行一次学科专业知识考试）、"一评"（每月学生测评教师）等常规工作，立足教育教学改革，围绕"高效、生态、绿色"和主体性、生成性、互动性、探究性的课堂建设目标，借鉴江苏、山东等地的课改经验，结合学校实际，创建并强力推进"3 · 15"学本式高效课堂，构建自主学习、合作学习和探究学习相结合的课堂体系。

【设施提质】 2016 年，新田一中按照校园大提质、设备大补充的思路，投入 600 万元完成"班班通"，教学楼整饬装修，云教室、办公电脑、食堂达标改造，文化墙廊改造，心理咨询室建设等项目工程。投入 2600 万元新建云梯楼、综合实践楼和体艺馆。新田一中新校区建设立项。教室、实验室等各类功能室基本满足教育教学需要，实验仪器设备达到中学理科教学仪器配备 I 类要求。学生阅览室有座位 336 个，教师阅览室有座位 136 个，藏书室藏书达 106506 册。改建电子阅览室，投资 12 万元补充图书 5000 多册，专建名著阅览室。引进校园书店，实现图书珍藏与图书市场有机结合，丰富学生阅读视野。专辟2个阅读教室开设阅读教学课。有标准塑胶田径场，建有体艺室、健身房、体操房、乒乓球室，有排球场1个、羽毛球场2个、"五米三线"训练场，各类体育器材均达Ⅰ类标准，硅胶化球场改造工程正在施工。

【管理创新】 2016年，新田一中推进《值日校长制度》《校级领导校园巡查制度》《行政人员巡课制度》《课堂教学常规巡查制度》《教学效果跟踪考核评价制度》《放学安全疏导制度》《查寝制度》《校长缴费陪餐制度》和《教学简报通报制度》，实现管理的前移下移、全面立体、即时即事和无死角、无缝隙目标。打造坚强的班子及管理队伍，抓"五种能力"的建设，即：提高学习力、凝聚力、执行力、战斗力和廉洁力。加强考勤考核、校本教研、校本培训等制度建设，具体加强五项操作制度的建设，即：实行师德师风一票否决制、强力推进集体备课论课制、加强师徒结对制度、夯实教学水平督察月制度、推行读书考试制度。

【九秩校庆】 2016年12月31日，新田一中举行建校九十周年庆典仪式，县委书记唐军出席大会并讲话，县委副书记、县长秦山成主持庆典大会，县政协副主席、校长龙石佑致欢迎词。出席庆典活动并在主席台就座的领导和嘉宾有：1944年校友、中国工程院第一批院士、著名地球物理学家何继善，1978届校友、省政府法制办副主任张维杰，1979级校友、邵阳学院院长彭希林，1973级校友、市人大常委会副主任郑柏顺，1978级校友、零陵学院副院长郑山明，市教育局副局长李谋韬，市教育局党组成员杨兰荣，市教科院院长严中斌，永州市一中校长陈宗华等。庆典大会上，83岁高龄的何继善院士回忆云梯求学经历，永州市一中校长陈宗华致贺词，邵阳学院院长彭希林等代表校友讲话，工作人员宣读北京大学、清华大学等学校贺信。校庆期间，开展文学名家梁瑞郴文学专题讲座、永州市示范性高中校长联谊会，新田县"新林杯"校庆气排球赛，校友——何继善院士、肖氏"三父女"画展，"何继善奖"颁奖仪式，校友郭先冬捐建球场竣工揭幕仪式及校友文艺晚会等系列活动。

新田二中

【概　况】 新田二中系永州市示范性中学，始建于1981年，占地面积9.3万余平方米。现有教职工224人，研究生学历2人，本科学历193人；专任教师188人，占教职工总人数的84%，学历合格率100%。其中，中学高级教师58人，占专任教师总数的31%，中学一级职称的教师96人，占专任教师总数的51%。市、县级学科带头人（或骨干教师）19人，市县名师名优班主任12人，学生3051人，是永州市办学规模较大的学校之一。2016年高考，一本上线11人，二本上线57人。

【教育教学】 2016年，新田二中加大教学常规检查及量化考核力度，从备课、上课、辅导、批改作业等环节，加强对教师的教学常规工作的网络化监督及管理，奖优罚劣、奖勤罚懒。通过教学业绩、业务考试、学生评价及行政评价等方式考核教师，完成年度的教师全员竞聘工作，营造公平有序的竞争氛围。坚持"向课堂要质量，以质量求生存"的原则，推行课堂教学改革，注重启发式教学和学生合作探究。制定"三年质量提升计划"，出台以有效人和有效分为标准的教师业绩评价机制，恢复直升班招生政策。提出"一年高考六年抓"初高中一体化的教育模式。通过优课竞赛、青蓝工程、名师引路、走出引进等途径打造师资队伍。2016年全国"一师一优课"活动中，邓慧军老师获得省优课荣誉称号，是全县高中唯一获得省级优课称号的教师。在2016年永州市数学教师解题大赛中，刘大仁老师获得永州市第二名。李新峰、罗莉，范琴、谷咏平、胡灵芝、李新峰、何飞等获得2016年全县师生同考教师组各科目第一名。

【德育工作】 2016年，新田二中通过瞻仰烈士墓、参观红军墙、参观孝文化公园、南峰水泥厂远足活动和举行感恩教育“不要让爱的人失望”讲座等活动，对学生进行感恩孝德、团结协作、吃苦耐劳、纪律观念和环保意识方面的教育。开展心理和生理健康知识讲座与宣传活动，引导学生步入阳光健康的青春成长轨道。坚持用社会主义核心价值体系引领学生的思想道德建设，突出以爱国主义为重点教育内容，注重将修身养性的传统美德及校本精神纳入教育内容，形成德育内容的层次化、系列化。注重学生的养成教育，利用创建国家级卫生城市和创建省级文明县城的机会，通过文明卫生评比、文明卫生劝导、“大手牵小手”等活动重点抓好学生文明卫生养成教育，引导规范师生言行举止，在全校形成积极践行社会主义核心价值观的良好风尚。

新田县职业中等专业学校

【概　况】 新田县职业中等专业学校（以下简称新田县职业中专）创办于1975年，是全县唯一一所公办全日制职业学校，属正科级事业单位。学校占地面积6.5万余平方米（含2016年4月划拨原粮食局场地2万平方米），建筑面积3万余平方米，实习实训设备总价值800余万元，是省外派劳务培训基地、新田县“一户培养一产业工人”培训基地和县职教中心主体办学单位。现有教学班50个，在校学生3252人（其中，校内2395人、校外顶岗实习857人），在编教师127人，其中，双师型教师65人，高级职称教师19人。现开设有机械、计算机、电子、财会、师范、艺术、汽修七大类专业，实行“技能就业部”和“对口升学部”分部制教学。

【教育教学】 2016年，新田县职业中专参加全市职业学校学生技能大赛，共有96人获奖，其中17名学生被挑选为永州市参赛代表参加全省职业院校学生技能大赛；全市技能抽查抽考，汽车维修专业、计算机应用专业均以合格率100%、优秀率100%的好成绩排全市中职学校第一。毕业生一次性对口就业率达95%，订单培养率达到40%。自2013年开展职高对口高考升学工作以来，有141人上二本录取线，2014年至2015年连续两年参考上线率排全市中职学校第一。

【改善办学条件】 2016年，新田县职业中专通过职业教育攻坚，实施塑胶运动场、公租房、新校门等建设工程，通过抢抓“全省城乡困难家庭一户培养一产业工人现场”机遇，实施校园提质改造工程并启动“公共实训基地”建设项目。办学基础能力有较大的提高，校园环境彻底改观，学校被评为“省文明卫生单位”、“市绿色美丽校园”、县直满意单位、综治工作优秀单位、县先进基层党组织，职教攻坚工作在全省攻坚推进会上作典型发言并受到省教育厅推介。

【校企联合】 2016年，新田县职业中专与上市企业广东奥马电器集团公司、厦门冠捷科技、深圳中兴通讯股份有限公司、北汽集团株洲汽车公司等大中型企业建立校企合作订单人才培养；与企业联合办学开设高铁乘务员、机器人与无人机应用、电子商务等特色专业，打通连接学生与企业的便捷通道。

【上争项目】 2016年，新田县职业中专建设的“省机械加工技术专业校企合作生产性实训基地项目”和“湖南省2017年度职教攻坚项目”“省级高技能人才培训基础能力建设项目”均通过评审，并批准立项建设。连续上争3个省级重点项目，填补全县职业教育无省级重点建设项目的空白。通过开展跨省职业技能流动人口培训和一户一产业工人培训，让老百姓得到实惠，受到省市县各级领导的肯定和媒体报道，分别在省教育厅主办的《湖南教育快讯》以及《湖南教育》上作宣传推介。

新田县教师进修学校

【概　况】 新田县教师进修学校于1982年5月经地区教育局批准成立。1987年12月，批准备案为中等师范性质的县办教师进修学校。2004年2月24日，撤销县教师进修学校、县成人中等专业学校（县农科教中心、县职业中学），组建县职业中等专业学校，归口县教育局管理的科级事业单位，加挂县教师进修学校牌子，实行“两块牌子、一套人马”。2008年9月12日，将新田县教师进修学校从新田县职业中等专业学校中剥离出来，独立设置，为正科级全额拨款事业单位，归口县教育局管理。内设办公室、教务处、总务处、对外合作处，人员编制22名。现有教职工23人，其中，男教职工21人，女教职工2人，在职党员17人；大专学历4人，本科学历19人；高级教师8人，中级教师14人，专任教师22人。学校占面积2047平方米，建筑面积3000多平方米，现有多媒体教师1间，电脑室1间，图书室1间，藏书5万余册，档案室1间，教室12间。集“清华大学教育扶贫现代远程新田教学站”和“湖南广播电视大学新田工作站”三位于一体，是新田县规模最大、门类齐全的成人教育基地。学校有高考考前辅导班、各类教师培训班、全国普通话、信息技术等级考试考点和培点；为县干部教育培训提供优质资源。以“责任、奉献、敬业、激情”为校训，以“服务教师教育，提高教师素质；服务基础教育，提高教育质量”为办学理念，追求与时偕行、求实创新的发展目标。2016年，清华大学现代远程教学站被清华大学评为“优秀学站”，校长温为杰被评为“优秀教学站站长”，获“永州市无烟单位”“全省电大系统学习支服务资源配置先进站点”称号以及“2016年度全市电大招生工作一等奖”。

【培训组织】 2016年，新田县教师进修学校制定施行《新田县中小学教师继续教育管理办法》，实行教育行政主管部门、教师培训机构、各中小学校三位一体的培训管理模式，加强对师训工作的领导和宏观指导，各负其责，形成合力，共同推进教师培训工作的发展。从培训内容、培训方式、培训自主性、培训者队伍建设、规范培训管理等方面进行调研，落实“五个力求”：一是力求改进培训内容，贴近一线教师教育教学实际；二是力求转变培训方式，提升教师参训实效；三是力求强化培训自主性，激发教师参训动力；四是力求加强培训者队伍建设，增强为教师提供优质培训的能力；五是力求规范管理，为教师获得高质量培训提供保障。

【培训工作】 2016年，新田县教师进修学校坚持以提高学校研训队伍素质和指导能力为核心，以全县教育教学服务为宗旨，以牢固树立“服务理念、质量理念、引领理念”为根本，坚持“按需施培”工作思路，全年举办县级中小学教师培训项目19个，培训人数达7063人次（不含“国培计划”县级教师培训团队赴湘南学院培训53人、2016年国培省培网络三个第一次集中培训项目312人），完成培训任务。

【开展“国培计划”送教下乡活动】 2016年，新田县教师进修学校于9月18日启动实施“国培计划”送教下乡，历时4个月，培训总学时48学时，参训总人数400人（其中，初中英语60人，小学数学130人，小学语文130人，幼儿教师80人），参培率、出勤率均达100%。学员按时、保质保量参加“通识培训、问题诊断、示范教学、研课磨课、成果展示、总结提升”6个阶段的各项活动。安排观摩课44堂、专题微讲座32场，专题研讨12场，跟班实践4次，邀请省教育厅国培办领导、国培专家黄佑生主任，汨罗市教师发展中心、国培专家库成员熊周蓉，郴州湘南学院李定春教授为县“国培计划”送教下乡活动进行指导并为参加国培的学员授课。12月24日，县教育局党委书记、局长刘高庆赴省就全县“国培计划（2016）”项目县送教下乡项目实施情况以及成果作汇报展示，受到省领导、专家、评委和其他项目县的赞誉。

【培训管理】 2016 年，新田县教师进修学校将考核贯穿培训全过程，实施训前、训中、训后考查考核。训前，组织参学单位集体报到并领发教材，公布学员座位表，引导学员对号入座；举行简单的开班典礼。训中，安排专人负责对学员全天候地跟踪考勤，实行县教育局、进修学校与参训学校三方“联手共管”；凡缺勤超过 4 次以上视为旷课 1 天，记为不合格。训后，组织学员对所学内容进行统一考试、成绩载入档案。建立健全《教师培训质量监控、评估制度》，从增强培训针对性，改进培训内容，转变培训方式，加强培训者队伍建设等方面对教师培训工作实行跟踪反馈调查，针对集中培训、送培到校、省级远程培训等培训项目，面向参培学员下发“新田县教师培训工作质量跟踪反馈问卷调查表”，收集基层学校、一线教师问卷调查表，对问卷调查表进行统计、分析，形成分析报告，为教师培训工作提供参考，提升教师培训的质量和效果。

文化业态

综 述

【文化惠民工程】 2016 年，新田县开展文化惠民工程，通过举办系列活动，营造浓厚的文化氛围，让广大群众共享文化成果。春节期间，结合“书香新田”读书活动、“孝德文化五进”活动，组建农村文化工作小分队，送戏、送电影、送图书、送春联下乡，深入开展“文化惠民”“文化扶贫”“文化助困”活动。举办 2016 年新田县春节文艺晚会，举行猴年庆新春群众文化活动和闹元宵活动，组织舞龙、舞狮、扭秧歌、腰鼓舞、“高故事”、“走故事”等队伍在城区主要街道巡游、表演，重现传统文化的魅力与风采。3 月，在石羊举办“知青情缘 · 南国武当”文艺会演。成功举办硒锶丽人形象大使选拔赛、新田好声音等大型文艺演出、“10 · 17”扶贫颁奖文艺晚会、纪念红军长征胜利 80 周年合唱比赛。全年，送戏下乡 45 场次，放映农村电影 4352 场次，超额完成省级下达指标任务。

【文物保护与修缮】 2016 年，新田县继续加大对全县文物修缮，进一步加大文物保护力度。总造价 1304 万元的龙家大院保护修缮（一期）工程如期开展，工程进展顺利，已经完成工程总量的 50%；肖明、肖荣芳故居保护修缮工程顺利完工并通过验收，总造价 50 万元；文庙、万寿宫保护修缮工程，总造价 800 万元，目前工程已经进入了扫尾攻坚阶段；小源会议旧址保护环境整治工程（一期），总造价 150 万元，目前已编制《小源会议旧址环境整治工程（一期）设计方案》报省文物局审定。同时，完成河山岩等 9 个村申报第五批省级历史文化名村申报资料，做好龙家大院、谈文溪村、河山岩村、骆铭孙村 4 个村申报第七批中国历史文化名村申报资料准备工作。

【文化队伍建设】 2016 年，新田县制定《新田县“三区”人才支持计划文化工作者专项选派和培养工作实施方案》，选派 19 名优秀文化工作者对乡镇综合文化站工作进行指导，帮助或组织开展文艺骨干培训、基层文化活动、“我的书屋我的梦”等形式丰富的活动，辅导、培训群众文艺骨干 420 余人次。组建基层文化志愿者队伍注册人数 38 人，采取自主学习和定期培训相结合的办法，对文化志愿者开展专题培训。大力倡导“团结、和谐、奉献、互助”的团队精神，进一步激发了全系统干部职工的工作热情。认真梳理和完善各项规章制度，不断理顺、明确工作职责，推进工作的制度化、规范化、程序化。有力推动乡镇文化发展、提升公共文化服务水平，促进基层文化活力开展。

社会文化

【概　况】新田县文化馆位于龙泉镇文体中心内，现有在职人员11人，属财政全额拨款的公益性事业单位。主要职责是策划组织群众文化活动，举办群众性文艺演出、文艺比赛、各类展览及讲座。面向社会开展艺术培训、文艺作品创作，挖掘和保护非物质文化遗产，开展对外群众文化交流。

【群众文化建设】2016年，新田县文化馆组织和开展各类文化活动20多场，举办春晚、协助完成元宵节“扎故事”民俗文化活动，参加“欢乐潇湘·和美永州”大型群众文艺会演系列活动，选送节目《月下瑶山》获全市复赛铜奖；精选优秀作品参加第七届全市少儿音乐、舞蹈大赛，获一金一银三铜的成绩；举办纪念红军长征胜利80周年大型合唱比赛，全县参赛队伍41支，参赛人数多、涉及面广、影响大；参加全市社会水平考级数学成果展示、展演；开展民调送戏下乡活动，到各乡镇巡回演出20场，完成全省地方戏曲剧种新田普查工作。

【公益文化培训】2016年，新田县文化馆推进免费开放和业务辅导工作，建立完善群众文化骨干培训体系与考核机制，对乡镇社区等基层文化阵地提供免费辅导培训。举办乡镇文化辅导员培训班1期，社区文艺骨干培训班2期，广场舞培训班2期，培训人员3000余人次。为广大市民免费提供日常文化活动场地，利用馆内场地开展活动的群众团队10余个，活动4000余人次。成立群文志愿者进社区、乡镇宣传服务。

【非物质文化遗产申报和保护】2016年，新田县文化馆开展非物质文化遗产普查、挖掘和整理工作。9月，“建文帝传说”项目通过市级专家审定，成功申报市级保护名录，收集、整理门楼下瑶族乡“瑶族银饰工艺制作”项目与陶岭镇“三味辣椒制作工艺”项目申报县保市保名录。开展第十一个“文化遗产日”的宣传活动，宣传、推介新田的传统和民族文化。

【文化服务群众】2016年，新田县充分发挥文化场馆的作用，为群众开展各类文娱活动提供便利，促进群众文化活动。一是利用县文化馆举办乡镇文化辅导员培训班1期，社区文艺骨干培训班1期，广场舞培训班1期。为全县文艺爱好者、群文团体、机关企事业单位提供舞蹈、声乐、美术等免费排练场地。利用馆内场地进行活动群众团体达10余个，活动4000余人次。完成全省地方戏曲剧种新田普查工作，获得市级表扬，并作为先进典型在全市推广。精选6个优秀作品参加第七届全市少儿音乐舞蹈大赛，获得一金二银三铜的好成绩。县图书馆增加办证读者300人，固定办证人数613人，接待读者1.23万人次。年订购期刊83种，新购图书9549册，新添置通用书架8列、少儿书架5列。争取上级配送价值18万元的流动图书车1辆，开展“4·23”世界读书日活动、纪念中国共产党建党95周年暨红军长征胜利80周年征文活动、网络答题活动及评选第三届“三湘少年儿童阅读之星”活动。充分发挥乡镇综合文化站主阵地作用，组织开展各类免费培训活动42场次，参加培训人员1600余人次。378个农家书屋为农民和儿童提供免费借阅，成为农民朋友脱贫致富的加油站，青少年儿童求知娱乐的“黄金屋”。

文化执法

【概　况】1988年5月，成立新田县社会文化市场管理站，与县广播电视局下设的音像管理站分头管理新田文化市场。主要负责社会各类文化经营活动的审核，核发文化经营许可证。1993年，成立新田县人民法院文化法规执行室，对全县文化市场开展文化法规执法检查，清理、整顿城乡文化娱乐场所，核发文化经营许可证。1997年，为县文化新闻出版版权局下辖管理单位。2011年

12月，成立县文化市场综合执法大队，为正科级事业单位。2016年9月，为县文体旅游广电新闻出版局下属副科级事业单位，事业编制18名，大队长1名。受县文体旅游广电新闻出版局委托承担全县文化、体育、广播电视、新闻出版和版权市场行使执法职权。

【规范执法行为】 2016年，新田县文化市场综合执法大队从完善制度入手，强化制度建设。制定《文化执法办案制度》，规定行政处罚自由裁量权的范围标准，明确各个层次执法人员的权限；制定学习计划，把学习培训工作纳入大队工作的重点内容，建立长效的学习考核机制；完善机关财务管理制度、车辆管理制度、创卫工作制度、考勤制度等制度，为严格内部管理，确保廉洁从政、阳光执法提供制度保障。

【市场执法监管】 2016年，新田县文化市场综合执法大队发挥职能作用，明确全年全县文化市场以“扫黄打非”为抓手，启动平安文化市场建设工程。坚持“突出重点、解决难点、综合治理、全面推进”的原则，以打击网吧违规接纳未成年人及不按要求进行实名登记为重点，采取明察与暗访相结合、重点抽查与日常巡查相结合、重点时段和重点区域相结合、重点监管和跟踪监管相结合的方式，加大日常监管和专项整治力度。加大对举报网吧、校园周边及居民住宅区等重点领域的执法检查力度。关停不符合创卫要求的极速网吧、七星网吧，对违规接纳未成年人上网的枧头网吧立案处罚，三井网吧、金盆某家试营业网吧违规经营行为正在立案调查中。针对演出、歌舞娱乐市场开展“春雷”专项整治工作，开展执法检查200余次，联合执法2次，检查歌舞娱乐场所400家（次），对2家娱乐场所进行了立案查处，1家处理到位，有效地打击娱乐市场违规经营行为。

【出版物市场管理】 2016年，新田县文化市场综合执法大队加大对重点地区、重点领域、重点环节的监管力度，尤其是加大重要节日的连锁门店、商场、车站以及农村集贸市场等重点区域的市场检查力度，集中时间、集中力量，严厉打击各类侵权盗版行为，坚决查缴含有禁止内容的文化产品，全面清查政治性非法出版物、宣扬邪教和反动以及封建迷信、凶杀暴力、黄色淫秽内容的出版物，坚决取缔销售盗版图书、音像制品、计算机软件的无证照游商摊点。开展印刷企业的大检查。目前有4家印刷企业和18家打字复印店，重点检查印刷企业是否存在无证照经营、超范围经营及假冒或者盗用他人名义印刷、销售出版物等违法违规经营行为，查验印刷品承印手续是否完备、印刷企业安全生产制度是否落实。

广播电视

【概　况】 新田县广播电视台于2013年3月21日设立，为新田县正科级事业机构，接受县文广新局的行业管理，接受县委宣传部的指导和协调。内设办公室（计财股）、政工人事股、总编室、新闻部、技术股、网络管理股，下辖新田县广告文艺中心、新田县“村村响”广播播控中心、新田县小岗岭广播电视转播台、湖南有线新田网络有限公司。现有广播电视从业人员81人。主要职能是贯彻执行党中央、国务院及省、市、县有关新闻宣传、广播电视文艺宣传的法律法规和方针政策，把握正确舆论导向；不断提高节目质量及办台水平，当好党和人民的喉舌。负责新田县本级广播电视新闻宣传节目制作、对外合作交流、安全播出、安全传输发射、广电有线网络以及新媒体建设等任务。负责拟定全县广播电视事业、产业发展规划，办好县广播电视事业；负责组织审查广告播出，开展相关经营；负责广播电视有线传输网络的设计、建设、维护以及开发应用，发展壮大广播电视产业，促进广播电视事业发展。受县政府的委托，管理、经营所属企事业单位占有（用）的全部国有资产并承担国有资产保值增值的责任。负责全县广播电视新技术的科学研究和开发利用。负责全县广播电视人才的培训、培养、引进和使用工作。承办县委、县政府及上级有关部门交办的其他事项。2016年，获湖南省“村村响工程建设先进单位”，“永州市广播电视新闻通联工作先进单位”，县“党风廉政建设和反腐败工作先进单位”、“人口和计划生育工作优秀单位”、“宣传思想工作先进单位”、“2011—2015全县普法依法治理先进单位”、“办理人大代表议案建议先进单位”称号。

【新闻宣传】 2016年，新田县广播电视台开设《创卫创文进行时》《创卫曝光台》《决战一号民生工程》《一户培养一产业工人》《两学一做》《喜迎党代会》《人口与计生》《精准扶贫》《解读〈政府工作报告〉》《百姓故事》《创新创业》等专栏，全方位组织宣传报道，强化舆论引导。全年制作播出《新田新闻》262期，播出新闻稿件1426条；制作汇报专题片和宣传片18个。全年免费制作播出社会主义核心价值体系、公众应急知识、创国卫、创省文、综治民调、征兵、换届选举、消防安全、人口与计生等公益广告40000多条次，每天播出公益广告时间110分钟，占广告总播出时间的52%，取得较好的社会效益。主动加强与上级新闻媒体的沟通协作，做好策划对接，主要对城市建设、工业经济、人文历史、旅游发展等内容，采取多角度、多方位的宣传，报道新田科学发展的新举措、新发展、新成就，展示新田特色和亮点，提高新田的知名度与美誉度。2016年，在湖南卫视上稿56条，在湖南经视、都市、教育频道等省级其他媒体上稿80余条；在永州电视台上稿293条、永州电台上稿101条。在省、市电视台上稿排永州市各县区前列。长消息《湖南省“全国农村土地经营权抵押贷款试点县”首笔贷款在新发放》获“湖南广播电视奖”评选二等奖；有3件作品获永州广播电视奖，其中一等奖1个、三等奖2个。

【广电事业建设】 2016年，新田县广播电视台做好“村村响”广播系统的管理和维护，成立县“村村响”广播播控中心，安排专管人员每月对各乡镇、行政村进行一次电话调查，并在电视台和行政村广播室公布故障投诉受理电话，了解掌握广播系统运行情况，及时排除运行故障。系统运行稳定，在日常宣传、防灾避灾救灾等应急宣传和大型会议直播中发挥积极作用。6月23日—24日，全市“村村响”等三项公共文化服务工作推进会在新田县召开，介绍新田县“村村响”工程建设情况和管理经验。怀化市靖州苗族侗族自治县、郴州桂阳县、嘉禾县及永州市双牌、蓝山等县先后到电视台参观学习。将实施直播卫星“户户通”工程作为重点民生实事项目，将实施“户户通”的各项任务进行分解，做到收款开票、设备编码、组装分发、入户安装、信息录入分工明确。成立专门工程队，对需求量大的村，送设备上门并提供技术指导，进村入户指导安装，解决安装调试的一些技术问题。根据培训教材和有关资料，将设备组装、信号调试的操作方法与注意事项简明扼要地编成《户户通安装调试简易教程》，提供技术人员联系电话，随设备发给用户，推进安装调试进度，于10月底完成8500套设备的录入、安装、开通任务，并通过市局、省局验收。争取到小岗岭转播台基础设施改造项目扶持资金250万元。根据中央和省、市广电部门要求，推进中央广播电视节目无线数字化覆盖工程建设，完成建设任务。

【安全播出】 2016年，新田县广播电视台围绕“安全、优质播出”，贯彻“不间断、高质量、既经济、又安全”的技术维护管理总方针，完善集节目监管、技术监测、安全指挥于一体的广播电视安全播出监管体系，严格执行节目播出“三审制”和“重播重审制”，严格执行领导带班值班制度、安全保卫制度、“零报告”制度和“三位一体”机房值班制度等规章制度，落实广电设施巡查制度，加强广电基础设施保护。健全完善广播电视安全播出应急预案，提高应急处置能力。严格按照规定组织工程施工，建立外线作业医疗事故保险制度，要求施工人员必须规范操作、文明施工，配齐安全设备。落实台办公大楼各楼层防火责任人及职责，对广播电视播出机房、网络传输机房、配电房、电视编辑室、器材仓库等重要部位应定期进行消防检查，做好消防设施的定期检查，确保广播电视安全播出万无一失。11月，省消防总队、市消防支队分别对县广播电视台消防安全进行检查，给予高度评价。

湖南省新华书店有限责任公司新田县分公司

【概　况】 湖南省新华书店有限责任公司新田县分公司（以下简称新田县分公司），隶属于湖南省新华书店有限责任公司，是中南传媒集团股份有限公司（以下简称中南传媒）旗下的一家分公司。新田县分公司位于龙泉镇新华东路2号，占地面积1541平方米，成立于1950年，是一家有着65年光辉历程的国有图书音像出版物和文化用品发行企业，经营项目涵括中外文图书、教材、音像制品、电子出版物、文化用品、数码产品、预包装食品、乳制品等。公司坚持先进文化的前进方向，以社会效益为先，积极履行社会责任，近三年来向社会捐赠金额突破20万元，涉及政治、经济、文化、教育等多个领域，为新田县的政治文明、精神文明和物质文明做出不懈的努力与应有的贡献。

【教材、教辅发行】 2016年，新田县分公司贯彻落实国务院关于义务教育阶段学生全部享受免费的教科书的政策，做好义务阶段的免费教材发行工作，严格兑现“课前到书，人手一册”的服务承诺，创建中小学教材免费送书上门模式，全年送书上门400余车，做好教材的余缺调剂工作，及时解决学校因学生增减而产生的教材余缺，保证学校正常的教学秩序，达到服务“零投诉”目标；公司重视教辅资料发行工作，在准备下学期教辅用书征订前，参照省、市教育部门下发的教辅用书目录，根据教学需要和学生使用情况，向全县义务教育阶段的中、小学生发放自愿申购征订单，进行宣传征订。

【二星级标准化门店建设】 2016年，新田县分公司积极贯彻省公司精神，以标准化管理为手段，创二星级门店为目标，严格按照《门店标准化管理手册》的要求来开展门店工作，严格按照二星级标准化管理要求，进行日检、周检、月检，强化管理和员工培训，不断调整产品结构，强化营销等措施，提高门店的管理水平与运营水平，推动门店向高标准、高品质的方向持续发展。2012年，中心门店成功通过省公司“二星级标准门店建设”的持续达标验收。2015年通过门店改造升级后，多次获得上级公司领导的一致好评，成为新田县一道靓丽的文化景观。

【一般图书销售和政治理论读物发行】 2016年，新田县分公司中心门店响应政府“建设书香社会、推进全民阅读”的号召，立足自身党政宣传、教育服务、文化建设的推动者的角色定位，在党风廉政建设和反腐倡廉宣教的背景下加强政企联动，在突出阅读引导与构建“书香校园”的视野下探索店校合作，在转变经营思路和建设品牌形象的命题中谋求自身持续发展，以更开放的心态、更主动的作为、更的举措全面融入“倡导全民阅读”的生动实践中，在集团、省、市领导调研中多次受到好评。全年完成图书销售码洋172.4万元（其中包含潇湘晨报采购84.42万元），其中门店图书销售同比增长49.1%。

【“一转一改”】 2016年，新田县分公司转变经营思路，创升卖场环境。“一转一改”，即转变经营思路，改善卖场环境。公司打破书店仅仅等于图书零售店的旧有思维，转变“简单用商业平均利润衡量书店经营效益”的固化认识，顺应“从封闭到开放、从粗放到集约、从被动到主动”的市场资源配置要求，秉承“改善购书环境，让读者走进书店，分享体验式阅读魅力”的建设理念，将突出人与空间的对话、注重人与人之间的互动的“体验式阅读”模式应用到新田门店升级改造中，通过调整减少非图书类专柜，门店设备翻新，更置门头、书架，增设阅读桌椅，开设读者阅读专区，改变以往千店一面的格局，装修风格优雅、沉稳却不失温馨，店面布局明亮、开阔，增添人文艺术的氛围感受，通过与名家、地方作协之间的合作，搭建文化资源整合平台，营造浓郁阅读文化氛围。

【“三项升级”】 三项升级，即：购销升级、管理升级、服务升级。购销升级。进货上加大湘版图书进货份额，陈列上致力于提高其出镜率，支持兄弟出版社发展，追求集团效益最大化。营销上，改变以往以打折为主的营销模式，采取差异化、互动化的营销策略吸引广大读者。推出抽奖赢代金券的活动，确保在两次营销活动之间的真空时段，读者读书购书热情被持续激活。

管理升级。执行标准化和精细化管理到位，严格按照《门店标准化管理工作手册》中的标准，对门店的每日作业流程、陈列、营销、服务和安全等方面规范管理、作业；坚持使用门店的五种管理表格；每月有门店运营管理分析报告，全年有营销计划并执行到位；建立门店考核、培训和评优等激励与约束机制，实行经理店长责任连带、中层干部门店值班、选派读者现场督察、优秀店员每周评比四大机制以持续实现标准化管理，提升门店整体运营效率，确保充分适应全民阅读活动的需要。

服务升级。一方面，将培训遵循快速高效、由浅入深、因材施教的原则常态化开展，除采取集中授课的形式外，在日常工作中，充分发挥老同志经验丰富的优势进行指导，店长采用同步跟踪指导的形式进行针对性辅导。另一方面，根据市场劳动力的价格波动幅度，结合书店发展实际与人力支付水平，改变目前低薪和固定薪酬的做法，适度提升临聘员工薪酬，充分提高员工的责任心与归属感。在明确标准和细化考核的基础上，合理设置临聘员工的职位晋升和待遇晋级通道，员工安心工作、乐于工作、认真工作，为服务读者朋友、服务书业发展、服务全民阅读提供保障。

【企业文化建设】 2016年，新田县分公司深入开展创先争优活动，加强企业文化建设，继续推进党组织和党员公开承诺制度等活动；抓好组织建设，积极开展工会活动，组织开展工间操比赛活动；通过派出培训和内部培训方式，开展员工培训工作，门店业务培训日常化，通过多项任务考核，考核成绩与绩效挂钩的方式，提升队伍的业务素质及业务水平；加强廉政建设，班子成员以身作则，团结务实，积极营造风清气正，谋事干事的企业氛围。公司本着“顾客至上，服务第一”的原则，注重质量，强调品牌，业务精，服务优，树立新华书店的新形象

体　育

【全面健身情况】 2016年5月，新田县体育局合并到新田县文体旅游广电新闻出版局。建立健全单项体育协会8个，注重发挥作用，支持引导开展体育锻炼活动，形成“小型活动经常化、自发活动普遍化”的格局。全年举办、协办各种体育赛事和健身活动48次，参加活动1800人次，培训社会体育指导员48名，成立健身网点15个，经常参加健身人数5800人次。突出品牌意识，加快“一县一品”项目建设，高水平、高标准承办“中美篮球对抗赛”，打造新田体育新名片。

【体育设施建设】 2016年5月，新田县坚持从全县经济社会发展的实际出发，按照“量力而行，尽力而为”的原则，想方设法加大投入力度，加快体育设施配套建设。争取省、市支持的全面健身路径器材22套，加快建设湖南省第一批贫困地

区村综合文化服务中心示范点，全县有10个村配套体育设施建设，更换59套太阳能篮球架。全县现有体育场地618个，公共体育设施面积640470平方米，比上年同期增长7%。

【推广全民健身】 2016年，新田县文广体新局认真履行组织、监督、指导、服务的职能，坚持“社会体育社会办、群众体育群众办”，注重发挥体育协会作用，积极支持引导各协会组织开展体育锻炼活动，形成“小型活动经常化、自发活动普遍化”格局。老年体协月月有赛事；4月，举行全县工间操培训，参加全市工间操比赛获得优秀成绩；5月，举办全县象棋比赛；高水平、高标准筹备6月24日的中美篮球对抗赛，打造新田体育新名片；8月，举办了为期近一个月的篮球争霸赛；9月，举办全县干部职工气排球赛。

【体育后备人才培养】 2016年，新田县注重监管，加强学校体育建设，坚持走“体教结合”之路，努力办好业余体校，通过聘请重点中学骨干体育教师担任教练员，借助一中、二中、瑞华、思源、一小、四小等学校建好训练基地，加强体育苗子的选拔和训练。现有专兼职教练10名，在训运动员120名。2016年，参加全国高水平后备人才基地举重锦标赛，雷蕾获女子44公斤级少年组抓举、挺举、总成绩3枚银牌。参加省、市、各项比赛获金牌28枚、银牌13枚、铜牌11枚。

【体育事业发展】 2016年5月，新田县有体彩销售网点24个，比2015年数量增长20%。管理人员由省、市体彩中心进行调派，对全县所有网点的体彩销售进行管理和指导。加强体彩的管理、运作及市场开拓力度，电彩销量580万元，比2015年的480万元增长100万元。

社会建设

公用事业

城市建设投资发展

【概　况】 新田县城建投资发展集团有限公司（以下简称新田县城投集团），于 2015 年 7 月注册成立，注册资金为10亿元，资产规模70亿元，2016 年 12 月完成有限责任公司改制，是直属县人民政府管理的中 II 型国有独资企业，具有独立法人资格。实行现代企业机制管理运行，承担新田县城市基础设施建设投资开发和国有资产、土地资本经营任务，履行建设项目的投资主体、融资载体、建设实体三大职能。内设“五部二室”，形成以新田县城建投资公司为母公司，下设交投、城投房地产、亿通水务、方舟传媒、东泰资产、青云实业、众泰扶贫、高等级公路、自来水公司 9 家全资子公司和 1 家控股子公司——开元（新田）投资有限公司的企业构架。公司员工 86 人，其中，男性 53 人、女性 33 人，研究生学历 2 人、本科 52 人、专科 32 人，中级以上职称技术人员 22 人。2016 年，实现公司转型发展的大跨越。全年实现融资 18.97 亿元，实现融资到位 14.4 亿元，累计完成支付 11.42 亿元。全年实施城市基础设施提质改造、人防工程、中府国际广场、城市供水（二期）、易地扶贫搬迁等 51 个重点项目，完成投资额 10.66 亿元。2016 年，被县委、县政府评为“突出贡献奖先进集体”“综合绩效评估考核优秀单位”，同时获得 2016 年度“党风廉政建设和反腐败工作先进单位”“党建工作先进单位”“意识形态工作先进单位”称号。

【项目融资】 2016 年，新田县城投集团坚持“项目引领”方针，按照“政商结合、长短结合、高低结合、内外结合”的融资思路，积极探索多元化融资手段，逐步形成信贷、租赁、信托、资管、产业基金、企业债券多渠道融资新格局。全年实现融资 18.97 亿元，为 2015 年同期的 110%，到位 14.4 亿元，为 2015 年同期的 180%。全年累计完成支付 11.42 亿元，为项目建设提供坚强的资金保障。同时城投集团积极探索多元化、多渠道融资方式，遵循“资金跟着项目走”的原则，成功引进省建工集团、新天地集团、润兴实业有限公司等企业，以“融资·施工总承包”的模式，实现工程项目融资 40 亿元。

【重点项目建设】 2016 年，新田县城投集团抓住创国卫、创省文机遇，投身城市基础设施建设主战场，负责实施 43 个城市基础设施道路提质改造项目及其他 8 个重点项目建设，总投资 10.66 亿元。

城市基础设施道路提质改造项目。主要包括与省新天地集团合作的新田大道东、新田大道西、云鹤路西、双碧街中、陶然街中、银象路西等项目，以及与省建工集团合作的 13 条道路“白改黑”工程、9条道路绿化工程以及龙泉大道、双胜河片区开发、新嘉大道建设等43个项目，完成投资5亿元，完成道路提质改造沥青铺设38万平方米、混凝土路面30万平方米，新增绿地面积10余万平方米，铺设雨水管道3.3万米、污水管道3.2万米、给水管1.5万米，为新田县成功创建国家卫生县城创造良好的硬件条件。

中府国际广场项目。由新田城投集团旗下的全资子公司——城投房地产开发公司和湖南青云塔置业有限公司共同合作开发，是县委、县政府重点项目建设之一。项目用地面积6660平方米，项目地下为2层车库，面积约14450平方米，有车位400余个，地上20层，总建筑面积约80000平方米。项目于2015年年底动工建设，2016年10月28日开盘，年底完成主体建设任务，完成投资8000万元。

人防工程项目。由新田县城投集团负责实施，省五建公司承建，是县委、县政府重点项目建设之一。项目总投资约2850万元，主要为县人防办、环保局、人社局和档案局提供办公场所，包括地下1层，地上7层，项目于2015年年底动工建设，2016年年底完成主体建设任务，完成投资2200万元。

供水工程（二期）项目。总投资约8000万元，包括三水厂和城区供水管网建设，项目含EPC总合同承包范围内，由引水管道施工单位省建三公司施工。截至2016年年底，城区供水管网完成铺设20公里，完成投资1500万元。三水厂完成厂区基础设施、综合楼主体建设任务，完成水厂设备安装并进入试通水阶段，完成投资4200万元。

其他项目。完成全县征地报批2.24亿元，实现土地储备1万亩；易地扶贫搬迁完成项目融资2.96亿元。

【子公司运营情况】 新田县城投房地产开发有限公司成立于2012年12月，注册资金500万元，是城投集团旗下的全资子公司。专业从事房产经营管理、房地产开发等业务。公司自2015年全面运行，开发运营中府国际广场项目。

新田县方舟文化传媒有限公司成立于2015年6月，是城投集团旗下的全资子公司，注册资金1000万元。公司致力于有效整合县城户外广告资源开发、建设和运营，进行各类广告的设计、制作、安装和投放，对企业形象策划、公关活动策划、展览展示服务等有着强大的专业实力。2016年，全面进入实体化运作阶段，当年实现经营收入1000余万元。

新田县亿通水务有限公司成立于2015年5月，注册资金8000万元，是城投集团旗下的全资子公司。致力于水电、水源、水生态工程，给排水、城市防洪、水利综合经营以及与水利相关的各类水利水电工程及项目投融资等。2015年，公司承担县委、县政府一号民生工程——城市供水工程。该工程分两期按EPC模式实施，项目总投资约2.9亿元。一期工程从金陵水库新建引水管道近10公里，并于2016年2月完成供水管网建设实现并网供水。二期工程主要新建5万立方米/日水厂1座、配套新城区管网和改造升级旧城区管网等，预计2017年6月完工。

新田县众泰扶贫开发投资有限公司成立于2016年2月，注册资金3000万元，是城投集团旗下的全资子公司。公司从事各类扶贫开发相关项目的投融资建设，经营管理等业务。2016年，公司承担县委、县政府落实中央精准脱贫工程——易地扶贫搬迁工程，实施县城插花安置贫困户655户、2785人；农村搬迁按照统一图纸、统一“三通一平”规划建设集中安置点9个，预计2017年年底完工。2016年，公司实现融资296477元，其中，含中央预算资金4428.2万元，国家专项资金9419.5万元，长期政策性贷款1.58亿元。

金穗农村建设投资

【概　况】 新田县金穗农村建设投资开发有限公

司（以下简称农建投公司）成立于2016年5月25日，公司注册资本5000万元，经营业务范围有城乡统筹发展基础设施建设项目、社会公益项目及相关产业项目的投融资及开发建设；农村土地资源、水资源及森林资源开发利用；为农业农村经济发展提供金融服务；农产品、农副产品的经营。是新田县人民政府按照有关法律规定组建的国有独资公司，主要通过整合各类涉农资金，利用国家对“三农”投入政策的滚动效应，改变传统政府投资农业的方式，以市场配置资源取代行政审批分配，撬动金融和社会资金投资农业农村。公司设有综合管理部、投融资部、计划财务部、规划工程部、资产经营管理部5个部门，现有员工21名。

【筹资融资】 2016年7月13日，国家农业开发银行在湘西召开贫困村基础设施建设会，新田县农建投公司与国开行对接。对全县建档立卡的103个贫困村的基础设施建设项目需求进行一次全面摸底调查，根据实际制定新田县贫困村基础设施建设（一期）实施方案，项目总投资为10亿元，向国开行申请贷款8亿元。对接农商行金融扶贫小额信贷分贷统还业务，到位资金7700万元，对接建档立卡贫困户1869户，保证贫困户家庭每年增加纯收入4000元—5000元。利用对接的小额信贷资金投放“温氏模式”养殖户借款2500万元，为温氏养殖项目在新田县推进发挥作用。与农发行对接，申请改善农村人居环境贷款3亿元。完成规划、可研编制等前期工作，贷款到位后为新田县美丽乡村建设提供资金保障。

【制定规划】 2016年，新田县农建投公司创新投融资模式，加大对全县农村发展的投入，拟用5年左右的时间，直接投入约10亿元，撬动信贷、社会资金约30亿元，计40亿元资金投入全县农业农村建设。编制项目建设规划。按照“生态健康、生产高效、休闲观光”的总体目标，结合全县农业、经济、社会条件等因素，与财政部、发改委、农业委、扶贫办等部门衔接，确定全县重点区域、重要产业，编制完成2016年—2017年项目建设规划，细化资金投入区域和项目，为项目实施奠定坚实基础。编制县域美丽乡村体系规划。按照“统筹兼顾、分类推进、以人为本、生态优先、因地制宜”原则，高标准编制全县域美丽乡村体系规划，实现生产、生活、生态的有机结合。

【统筹推进中心工作】 2016年，新田县农建投扶贫帮困、综治、信访维稳等工作统筹兼顾，有序开展，取得实效。按照县委、县政府安排部署，公司联系金盆镇李仟二村、三井镇三和村及新隆镇开展扶贫帮扶活动，为驻点村投入资金6万余元用于改善基础设施；参与结对帮扶活动，组织员工捐款捐物，为贫困群众提供帮助。

工业园建设投资

【概　况】 新田县工业园建设投资公司是经新田县政府批准的国有独资公司，公司于2015年10月22日在新田县工商局注册成立，注册资本6000万元，公司采用企业化运作，现有员工18人。公司成立以来，通过园区基础设施路网建设项目、园区污水处理厂、公租房等项目先后从湖南省农业发展银行、中江国际信托股份有限公司、湖南省农业银行等银行融资5.6亿元，实际已到位资金3.4995亿元，为新田县工业园的发展奠定坚实的基础。公司主要经营工业园基础设施建设、园区土地管理经营、物业物流管理，是永州投资与资产管理业黄页行业内知名企业。公司现有资产12.21亿元（其中，流动资产4.54亿元，固定资产1.02亿元，无形资产6.65亿元）。公司始终秉承“踏实、拼搏、责任”的企业精神，并以诚信、共赢、开创的经营理念，创造良好的企业环境，以全新的管理模式，完善的技术，周到的服务，卓越的品质为生存根本。2016年，在新田县工业园投资3.11亿元，建设路网6条，建设公租房838套。

国网湖南省电力公司新田县供电分公司

【概　况】 国网湖南省电力公司新田县供电分公司（以下简称国网新田县供电公司），成立于1992年1月19日，隶属于国网永州供电分公司。现有在编员工61人，退休职工18人。公司下设综合管理部、财务资产部、发展建设部、调度控制中心、乡镇供电所管理部5个职能部室和运维检修中心、客户服务中心2个业务实施机构，以及龙泉、十字、新圩、石羊4个供电所。主要负责新田县12个乡镇以及宁远4个乡镇部分区域的电力建设、电能供电、电网维护任务。有220千伏变电站1座，110千伏变电站2座，35千伏变电站7座，主变容量294.15兆千瓦时。有客户12.87万户。2016年，售电量2.56亿千瓦时，最高负荷6.71万千瓦，最大日供电量96.82万千瓦时。

【电网建设】 2016年，国网新田县供电公司提高项目规划质量，争取更多电网工程项目落地；做好项目物资调配，及时匹配、协调供应商保障改造材料如期到位；更加注重项目实施环境，加强与地方政府、改造村组的沟通协作，及时宣传改造工作政策，争取村委和客户支持，为项目顺利实施奠定基础。2016年，争取农网升级改造工程资金5239万元（其中，户表集抄改造项目资金2402万元，农网改造升级项目资金2837万元），10个批次项目工程，较2015年2500万元增加电网投资2739万元。改造涉及34个行政村（其中，贫困村17个，中心村17个）、118个配电台区和2条10千伏线路，新建、改造10千伏线路22.62公里；新建台区43台、8120千伏安，改造台区75台、13270千伏安；新增综合配电箱118台；新建、改造220—380伏线路227.658公里；一户一表集抄改造85126户。

新田县自来水公司

【概　况】 新田县自来水公司成立于1981年，为副科级企业化管理事业单位，2016年5月隶属县城投集团管理，内设五部一厂，即综合部、财务部、客服部、营业部、工程部、水厂。现有员工116人，其中，在职在岗员工71人，中共党员29人，中级技术职称4人，公司员工平均年龄43岁。县城供水用户2.8万余户，水厂日供水能力4万立方米。2016年，新增用水户1751户，完成有效供水470万立方米，完成总产值1520万元；维修管网漏点3130处，水厂出厂水合格率99%以上。

【供水设施建设】 2016年，新田县自来水公司投资70余万元，扩建制水厂房，新购置消毒设施，改造虹吸滤池及辅助管道，完成二水厂的提质改造工作，实现与新建引水管道工程对接。2月3日，供水工程按期竣工通水，增强供水和制水能力，保证春节期间城区正常、安全供水。4月，开工建设曾山水厂（三水厂），按照10万立方米/日规模用地预留规划建设，分两期建设：其中第一期建设5万立方米/日，计划投资6000万元。水厂采用“格栅配水井—折扳絮凝池—平流沉淀池—气水反冲洗滤池—清水池”的先进工艺，配套相应的设备、设施。改建城区管网12589米，其中：龙泉大道DN400球墨铸铁管5239米、秀峰街DN44-600球墨铸铁管2615米、新华南路DN500球墨铸铁管253米、银象路DN200球墨铸铁管1104米、叠翠街DN300球墨铸铁管708米、云鹤街DN200球墨铸铁管270米、双碧街DN300球墨铸铁管2400米。新建城区管网11954米，其中：新田大道DN200-800球墨铸铁管6609米、双碧街DN300球墨铸铁管1254米、土珠山路DN200球墨铸铁管709米、南通路DN200球墨铸铁管540米、车站路DN400球墨铸铁管1153米、陶然街DN200-400球墨铸铁管1689米。

【供水服务】 2016年，新田县自来水公司加强窗口部门的员工专题培训，推广窗口文明服务规范用语，规范窗口工作人员的仪表仪容、言行举止，树立窗口形象，提高窗口服务质量。针对2016年全县基础设施建设实际，加强维修工作硬件建设，改善工作条件，保障维修工作需要，做到有问题及时处理，保障用户用水；强化科学管理，建立完善维修管理系统和抢修调度模式，双休日值班由一个维修人员增加到两个维修值班人员，保持24小时全天候的维修服务，强化监督考核，提高维修施工质量与速度，提高用户满意度。加强热点、难点问题整改。紧抓“创国卫”和城市供水工程建设契机，加大新水厂建设配合力度，完善供水设施建设，实施对旧城区严重老化、供水不畅的供水管网改造工作，解决新城区部分地区无供水管道的问题，扩大供水范围。合理增设缴费渠道，与银行对接，开通网上水费查询功能及联网代收水费业务、支付宝等网上缴费功能。利用单位服务大厅、公告栏、手机短信和政府新闻媒体、网站等公布办事流程、收费标准、办理时限、服务热线、服务承诺等方面的内容，推进司务公开，实行“一站式审批，一条龙服务，窗口式办文，阳光下操作”的工作方式，方便群众办事。

中国石化销售有限公司湖南永州新田石油分公司

【概　况】 中国石化销售有限公司湖南永州新田石油分公司（以下简称新田县石油分公司）隶属中国石化销售有限公司湖南永州石油公司，属国有企业，非自然人投资或控股的法人独资，在岗职工43人。下属加油站9座，其中，在营加油站7座，分别是中心加油站、城北加油站、腊树下加油站、龙泉加油站、城南加油站、十字加油站、莲花加油站。

【产品经营】 2016年，新田县石油分公司经营汽油、柴油、煤油、润滑油和燃料油的批发、零售、配送，非油品业务销售（烟酒、饮料、百货、食品、汽车用品、其他服务），加油站逐步转变综合服务站。拥有布局合理、遍布城乡、服务便捷、信誉良好的销售网络和一支经验丰富、争先创优、敢于竞争的市场营销队伍。

【提质改造】 2016年，新田县石油分公司分别对所下辖的中心站、腊树下站、十字站的营业房、罩棚进行提质增量改造，一改过去加油站低、矮、窄的面貌，使加油站宽、靓、新，提升加油站整体形象。以提高队伍素质为主线，提升服务水平为重点，实现企业全面协调持续发展。公司全面完成年度销售任务，销售轻油1.75万吨，非油品586.85万元，安全事故为零。

卫　生

综　述

【概　况】 新田县卫生和计划生育委员会成立于2015年12月9日，为县人民政府工作部门，机构为原县人口和计划生育委员会与县卫生局合并，人员、编制合并整合。有行政编制12名，其中，主任1名，副主任3名，纪检组长1名，总会计师1名。内设办公室、政工与教育宣传股、政策法规股（规划信息项目股）、财务股、疾病预防控制股（卫生应急办公室）、医政医管股、中医与保健股（新田县中医药管理局）、基层卫生股（县新型农村合作医疗领导小组办公室）、药物政策与科技股、流动人口计划生育管理股、计划生育基层指导股、计划生育家庭发展股、妇幼健康服务股13个机构。归口管理单位有县妇幼保健计划生育服务中心、县卫生计生综合监督执法局、县人民医院、县中医院、县疾病预防控制中心（卫生检测检验中心）、县爱国卫生运动委员会办公室、县计划生育协会、县新型农村合作医疗管理委员会办公室（后整合到人社部门）、县红十字会。所属事业单位有基本药物制度与卫生信息化管理办公室、医疗器械修配站、21个乡镇卫生院、计划生育药具管理站、流动人口计划生育管理服务站、卫生工作者协会。2016年，被省人口和计划生育领导小组办公室评为“全省计划生育管理创新奖二等奖”（“计生协会+诚信计生”流动人口管理服务新模式），被省卫计委评为“2016年度基本公共卫生服务项目”先进单位、“2016年度全省儿童保健服务合格县”。

【医疗卫生体制改革】 2016年，新田县医疗卫生体制改革工作坚持以“保基本、强基层、建基制”的工作思路，突出重点、创新机制、完善制度，全县医疗卫生体制改革工作有序开展。成立新田县深化医药卫生体制改革工作领导小组，领导小组下设办公室，由县卫计委主任兼任办公室主任，负责医改日常工作。下发《新田县医疗卫生服务体系规划（2016—2020年）》的通知、《新田县全面深化改革2016年工作要点》的通知及《关于重新核定县级公立医院医疗服务价格收费标准》的通知等文件，明确各有关单位的工作任务和职责。将医改工作相关内容纳入到全县国民经济和社会发展规划，根据需要安排基本医疗卫生服务机构基础设施建设投资，并研究制定基本医疗卫生服务收费标准与药品价格管理办法。建立国家基本药物制度，依法实施医药卫生专业机构、人员的准入和管理，指导开展医药卫生工作，组织对医药卫生工作的监督、检查、评估与技术指导，加强基层卫生服务体系建设，逐步实施基本公共卫生服务均等化，巩固、完善新型农村合作医疗制度，开展医药卫生相关调查及信息收集工作。

【县级公立医院改革】 2016年，新田县有县直公立医院3所（县人民医院、县中医医院、县妇计中心），按照政策要求严格执行药品零差率销售，全部取消药品加成（中药饮片除外）。各项业务工作正常运转，各项业务指标控制比较合理。2016年与2015年三院综合测算总收入同比增长6.84%；药品收入同比下降0.27%；药占比同比下降4.21%；门急诊病人均次费用同比下降0.09%；住出院病人均次费用同比下降0.02%。

【基本公共卫生服务】 2016年，新田县基本公共卫生服务工作稳步推进，人均基本公共卫生服务经费由2015年的40元增加到45元，全县投入基本公共卫生服务资金1517.85万元。新田县基本公共卫生服务工作位列2016年全市绩效考核排第二名，被市卫计委推荐为迎接全省基本公共卫生服务绩效考核单位。全县新建立城乡居民健康档案9604份，累计建立居民健康电子档案3622238份，居民健康建档率84.99%。

【健康宣教】 2016年，新田县开展健康知识讲座1878场（次），为41121人提供健康教育，开展健康咨询服务活动637期次，为25666人次提供健康咨询服务，发放高血压患者、糖尿病孕产妇保健、儿童、老年人健康保健等方面的宣传资料233890余份，更新黑板报宣传内容2008期，乡镇卫生院门诊部播放健康宣教影视资料10446小时。

【儿童保健服务】 2016年，新田县0岁—6岁儿童接种一类疫苗47565人次，单苗基础免疫、加强免疫接种率均达到96.2%以上。新生儿访视率、3岁以下儿童系统管理率达到85%以上。7岁以下儿童数30829人，7岁以下儿童健康管理27098人，管理率87.9%；3岁以下儿童数14599人，3岁以下儿童系统管理12487人，系统管理率85.5%；出生活产4229人，开展新生儿访视4081人，新生儿访视率96.5%。

【孕产妇健康管理服务】 2016年，新田县孕产妇保健产后访视率、系统管理率达到85%以上。分娩产妇4143例，孕早期建卡3973人，早孕建卡95.90%；产后访视4046人，产后访视率97.66%；孕产妇系统管理3889例，系统管理率93.87%；高危孕产妇筛查1063例，高危筛查率25.66%。

【老年人健康管理服务】 2016年，新田县新建65岁以上老年人居民健康档案837份，管理老年人居民健康档案35120份，其中，常住在家65岁以上老年人24674人，接受健康体检21233人，总体老年人健康体检率为60.46%，常住在家老年人健康体检率为86.05%。高血压患者健康管理服务工作。新发现高血压患者1418例，累计管理高血压患者14858例，高血压患者健康管理率36.8%；高血压患者随访14333例，随访率96.47%；高血压规范管理率81.13%，最后一次高血压患者血压控制率71.25%。

【糖尿病患者健康管理服务】 2016年，新田县新发现Ⅱ型糖尿病患者678例，累计管理糖尿病患者3472例，糖尿病患者健康管理率17.8%。糖尿病患者随访3374例，随访率为97.18%，规范管理率85.01%，最后一次血糖控制率73.85%。

【精神疾病患者管理服务】 2016年，新田县国家精神系统登记精神疾病患者1586人，登记率为4.78‰。抽查190例，规范管理162人，规范管理率85.26%。规律服药168人，规律服药率88.42%，最后一次访视稳定人数795例。

【计划生育综合执法体系建设】 2016年，新田县计划生育工作不断完善工作方法，制定出台《关于进一步加强人口与计生工作的补充意见》《全面推进“诚信”计生工作的意见》等系列文件，计划生育和计划生育协会工作纳入全县重点工作综合目标管理考核。各综合治理部门将计划生育工作与业务工作同安排、同检查、同考核，形成强大合力。

【计划生育基层基础工作】 2016年，新田县计划生育工作以村级目标责任制为抓手，强化日常工作督导和重要业务指标月考核通报，人口计划生育工作服务管理实现日常化、规范化。县直单位联系包村，一些后进村的计划生育工作进步较大。优质服务扩面增效，全年近3000名各类计生对象享受计生奖励扶助政策，2000余名对象享受国家免费孕前优生健康检查。信息共享不断推进，录入“实时通”信息同比增长14.8%。

【计划生育协会】 2016年，新田县在广东等地建立2个县级流出人口计划生育协会，17个乡级流出人口计划生育协会组织，会员达8700余人。协会组织发放宣传资料10.3万份，协办各类计划生育证件1123份，帮扶计划生育家庭1618户。成功举办以“弘扬生育文化，关爱少儿成长”为主题的大型活动，资助计划生育家庭和各类对象35.6万元。

爱国卫生

【概　况】 新田县爱国卫生运动委员会办公室设立于2003年12月，为全额拨款副科级事业单位。核定事业编制2名，其中主任1名。2010年12月，列入参照公务员法管理。2011年6月，人员编制从2名增加到3名；2013年3月，人员编制从3名增加到5名；2016年4月，人员编制从5名增加到8名。现有人员6人，其中在职在编5人，借调1人。内设综合股和农村治污站，具体承担爱卫办各项工作。2016年，获市爱卫办目标考核管理先进单位及县创文、创卫先进单位称号。

【农村改厕】 2016年，新田县启动贫困村、美丽乡村建设村基础设施建设，农村改厕融资2260万元，制定出台农村改厕工作实施方案。全县118个村启动农村改厕工作，“厕所革命”全县覆盖率90%以上。全年城区创卫城中（郊）村改建、拆除旱厕1500多座，农村新建房屋、政策资金扶持改建、拆除旱厕3200座。2016年，全县无害化卫生厕所普及率76.88%。

【病媒生物防制】 2016年，新田县爱国卫生运动委员会办公室推行市场化运作开展病媒生物防制活动，预防和控制各类病媒生物传播疾病的发生与流行，全年对县城、33个城中（城郊）村开展全面的灭鼠灭蟑活动，投放、发放灭鼠药9000公斤，发放蟑螂粉剂6000包，市场等公共场所用粘板、粘条3000张（条），使用烟雾悬浮剂等药品10余件。在县一中大礼堂组织全县食品“三小”、公共场所“五小”行业业主，以及全县各单位责任人员1200余人进行病媒生物防制工作和知识培训，发放灭鼠、灭蟑等药品1800包，发放宣传、技术资料1.2万册（份）。组织人员连续6个月对机关、学校、单位院内外的树林、绿地、花草及河岸绿地进行大范围、大面积的地面打药灭蚊蝇，把蚊蝇密度控制在最低限度。

【爱国卫生月活动】 2016年，新田县爱国卫生运动委员会办公室组织开展第28个爱国卫生月活动和周五的爱卫日活动，开展各类评比活动，动员广大城乡群众，积极参与城乡环境治理、病媒生物防制等活动。组织万人创卫、禁烟签名活动，倡导促健康生活方式。加强爱卫组织网络建设，乡镇、社区、村、单位和小区建立爱卫组织网络，保证各级爱卫工作有人专抓。解决一批社会反映强烈的公共卫生问题，在全县掀起创建全国卫的高潮。

卫生监督

【概　况】 2016年6月6日，根据《中共新田县委新田县人民政府关于新田县人民政府机构设置、职能职责变化及部分单位机构级别调整的通知》和《中共新田县委新田县人民政府关于印发〈新田县人民政府职能转变和机构改革方案的实施意见〉的通知》，将县卫生监督所与县社会抚养费征收管理局整合，组建新田县卫生计生综合监督执法局，为新田县卫生和计划生育委员会所属副科级公益一类事业单位。内设办公室、稽查股、公共场所卫生监督股、医疗机构卫生监督股、计划生育监督股5个股室，核定全额拨款事业编制23名，其中局长1名。

【卫生监督体系建设】 2016年，新田县成立县委书记任顾问，县长任组长，县委、人大、政府、政协领导任副组长的高规格卫生和计划生育领导小组，成立由县委书记任组长的执法体系建设领导小组，县乡两级形成“主要领导亲自抓，分管领导具体抓，业务部门直接抓”的工作格局。2016年10月24日，县委书记唐军带队考察湘阴县的先进经验，提出依托“智慧新田”管理平台，打造湘阴经验升级版；28日，召集相关部门座谈研究；31日，召开县委常委扩大会议专题研究，高位推进。以两办名义连续下发《关于加强乡镇卫生计生机构队伍建设的意见》《关于加强新形势下乡镇卫生计生监督管理工作的意见》等文件，高起点部署体系建设。整合原卫监所、社会抚养费征收局力量，组建新田县卫生计生综合监督执法局。将乡镇原卫生院、计生事务中心的管理监督人员全部调整成立乡镇卫生计生监督管理所，明确原计生统计专干为所长。聘请村（社区）卫生计生专干兼任监督协管员，组指导员兼任监督信息员，为基层增加卫生计生监督力量近5000人，筑牢基层网底。构建县、乡、村（社区）、组四级基层综合监督执法网络。将县、乡按区域划分为770多个网格，将村、组相关人员合理分配到各个网格，县、乡监督执法人员为网格责任人，形成属地化、全覆盖的监管网络。将原本乡镇负责的卫生公共管理、行政执法、群众工作归位到乡镇监督所，将原乡镇卫生院负责的相关监管职能全部归位到监督所，形成职责明确、运行高效的职能区划。村卫生计生专干、网格员、信息员坚持每月召开一次工作例会，通报信息，部署工作，畅通理顺工作体系。

【综合监督执法机制创新】 2016年，新田县创新综合监督执法工作机制。创建“智慧新田”监督信息平台。建设县卫生计生综合监督执法信息平台。从2016年10月下旬开始，动员全县监督执法力量开展地毯式集中清查，采集清理信息，建立被监管单位信息档案。全县采集录入相关信息8万余条，初步构建综合监督执法数据库。县财政投入近300万元建设“智慧新田”第三期工程，将卫生计生综合监督执法体系建设作重点内容纳入，实现“智慧新田”与综合监督执法信息平台无缝对接，充分利用770个网格功能促进综合监督执法信息搜集处理。建立健全业务规范。建立“案件线索—现场办案—结果运用”流程质量监控机制。完善投诉举报机制，畅通村组信息直报、群众举报受理渠道；完善属地管理、综合执法、委托办案业务流程。除社会抚养费征收外，1000元以内适用简易程序案件可由2名乡镇以上卫生计生监督员现场出具监督意见书和处罚决定书，对适用一般程序或听证程序案件报县级卫生计生综合监督执法局立案，联合县局职能股室开展联合办案；完善案件结果运用公开机制，公开公示案件受理、案件办理、处罚等相关信息。强化监管考核机制。坚持“放与管结合、放手不放任”的原则，实行“县卫计委—执法局—监督所—协管员”的层级监管考核机制，配备执法记录仪，对执法过程进行全程记录，对执法重点实时监控，对执法效果绩效考核，将每季度督察考评，兑现专项奖惩。

【工作保障】 2016年，新田县卫生计生监督执法局组织乡镇卫计综合监督执法所员工、村卫生计生专干、网格员、组信息员分别进行集中业务培训，熟悉卫生计生相关业务知识。按要求组织卫生计生监督员执法证及综合监督业务考试，对考试合格人员颁发执法证与卫生计生监督员证。从全县基层公共卫生经费中划拨4.33%统筹用于综合监督执法工作；组信息员每年增加240元绩效考核工资；县乡宣传版面及阵地建设投入13万元；县财政全额负担配备60台执法终端设备使用费用18.7万元；为县综合执法局、乡镇卫生计生监督员116人统一购置执法服装。

【医疗执业监督】 2016年，新田县医疗机构卫生监督股对全县481所（个）医疗机构（其中，公立医院4所，民营医院10所，乡镇卫生院21所，个体诊所19个，村卫生室435个）、1家消毒公司进行监督检查，发出《监督意见书》171份（村卫生室由乡镇卫生院协管），监督覆盖率达100%，立案查处60个案件（含简易程序案件），处罚金额5.91万元。

【公共场所卫生监督】 2016年，新田县公共场所卫生监督股对全县31家美容店、110家理发店、62家宾馆、24家洗浴中心、14家歌厅、6家网吧、1家影剧院、6家大型商场进行卫生监督检查，发出《监督意见书》351份，监督覆盖率达100%，立案查处7个案件，处罚金额1.13万元；对全县48所（家）学校、县自来水公司，1个集中式供水单位，1个二次供水单位，3个分质供水单位进行监督检查，发出《监督意见书》120余份，监督覆盖率100%。

【卫生监督稽查】 2016年，新田县卫生计生监督执法局组织全县乡镇卫生计生监督员、协管员进行业务培训，督导乡镇开展食品安全信息报告、职业卫生咨询指导、饮用水卫生安全巡查、学校卫生服务、非法行医和非法采供血信息报告等工作。

新田县红十字会

【概　况】 新田县红十字会是参照公务员法管理的群团组织副科级事业单位，人员编制4名。主要工作职责是开展救灾的准备工作，建设和管理备灾救灾设施；在自然灾害和突发事件中，开展救护与救助工作；依法接受国内外组织和个人的捐赠；及时向灾区群众和受难者提供急需的人道主义援助；普及卫生救护和防病知识；协助县人民政府开展无偿献血的宣传推动工作；推动遗体（器官）捐献工作；开展预防控制艾滋病宣传和健康教育、关心爱护艾滋病病毒感染者、患者及其他救助工作；依法开展募捐活动。设1个综合办公室，具体承担县红十字会机关日常工作。

【扶贫帮困】 2016年，新田县红十字会元旦春节期间“博爱送万家”走访慰问红十字康民医院的病人及金陵镇金陵圩村的困难户和五保老人100余人，发放慰问金1000元、棉被120床、家庭包15个，发放款物12000多元。世界红十字会第69

个生日，组织红十字康民专科医院和龙泉镇卫生院毛里分院的主要领导及医务人员26人，到枧头镇马场岭村开展红十字纪念日爱心义诊活动。发放红十字法宣传单、无偿献血宣传单、健康保健相关资料各200多份，检查人次156人（B超46人、心电图41人），免费发放药品约3800多元。发放“富丽真金助学基金”助学金1000元。2012年开始的富丽真金助学活动全部资助完毕，5年累计资助120000元。申报救助白血病儿童6人，获得救助1人，救助金3万元。红十字康民专科医院发行1000多张爱心救助卡帮助贫困家庭病患者，缓解患者的经济困难。

【推动三献】 2016年，新田县红十字会组织4次献血活动，采集造血干细胞血样2份，无偿献血人数861人，献血量314500毫升，完成市政府分配县全年献血任务108%。成功捐献相关器官和组织2人，2016年是新田县“人体器官捐献”开局之年。

新田县人民医院

【概　况】 新田县人民医院的前身是新田县人民政府卫生院，1956年经县人委批准成立新田县人民医院，院址坐落于县城西门外日西河桥头，现址龙泉镇新华西路39号。是一所集医疗、教学、科研为一体的综合医院，担负着全县人民的健康保健重任。2016年，全院在职员工531人，退休人员126人，党员131人，共青团员212人，其中，卫技人员415人，拥有高级技术职称37人，中级165人，初级213人。病床510张，占地面积51636平方米，建筑面积52875平方米，其中业务用房36855平方米。固定资产总值10144万元，其中医疗设备4773万元。年门诊208855人次，收治住院19762人次。

【公立医院改革】 2016年3月14日，新田县人民医院召开院长办公扩大会议，研究落实上级公立医院改革精神：改善服务态度、提高医疗质量，加强医疗安全，减少就医环节，缩短候诊排队时间。4月14日，市卫计委党组书记周长光，在县委副书记、县长秦山成，副县长杨柳青，县卫计委主任李文众的陪同下，到医院调研医改工作，对医院在医改方面采取的各项措施给予高度称赞。4月27日，在医院大会议室举行落实医德医风、净化医疗环境全员培训，要求全院干部职工着装整齐、挂牌上岗、推行文明用语90句，实行微笑服务、“一站式”服务。5月5日，与医保中心联合召开医保工作座谈会，有关部门负责人、医护骨干、病人家属代表40余人参加，收集用好医保农合政策建议30余条。6月14日，县人大常委会教科文卫工委主任李新才率人大代表10余人到医院调研医改和卫生工作，推动医院继续落实药品零利润销售与各项惠民政策。12月1日，市检查组到医院检查深化公立医院改革工作落实情况，对医院在改善服务态度、优化医疗环境、保障医疗安全、提高医疗质量方面采取的各项措施给予肯定。

【基础设施建设】 2016年，新田县人民医院加大基础设施的投入。年初，县委书记唐军，县委副书记、县长秦山成等领导到医院督察防控措施的落实。医院投入100余万元对原传染病房进行改造，添置相应的医疗器械，开设感染科住院部，设病床25张，定编工作人员10人。3月，医院投入80余万元，对医院公租房第一层进行改造装修，成为职工食堂，总面积500平方米，可同时供200余人进餐。同月，按照县委、县政府拆墙透绿要求，投资100多万元，拆除医院西边围墙150米，旧房10间、300平方米，新增停车位36个。为解决病人排队难现象，医院与建设银行合作，在医院开设自助服务终端系统，3月28日，44台自助服务终端投入使用，病人可在服务终端自主进行挂号、缴费、查询医疗费用、查看检验报告单等，此举为永州市县级医院首家开通的医疗自助服务终端。6月，投资1000多万元，引进德国1.5T核磁共振诊断系统，提高疾病的诊断水平，受到患者的欢迎。同月，为改善医疗环境，投入资金在门诊部后面兴建活动板房190平方米和300多平方米候诊大厅，设立新的西药房与挂号收费室，改善门诊就医环境。11月，将原西药房进行改建装修，设立急诊科新的抢救室，增添抢救设备投入使用。

【医德医风建设】 2016年，新田县人民医院把医德医风建设工作作为医院发展的长效机制，紧抓不放。年初，将卫生部颁发的医务人员“九不准”印发全体干部职工学习落实，在医院各诊疗室显眼位置悬挂，接受病人的监督。1月1日，举行“团结、奉献、爱心、责任”主题演讲比赛，有20多位选手参赛，ICU刘莉菲荣获一等奖，3人获二等奖，6人获得三等奖。1月4日，召开行风建设座谈会，聘请赵劲、欧高珍等9人为医院行风监督员。1月8日，院办发出表扬通报，号召全院干部职工向欧长文等8位拒收病人红包的医务人员学习。4月，配合县公安机关开展打击对住院产妇的诈骗活动，保护产妇的合法权益。6月，首次评选“服务之星”，谭祖华等23人当选。10月起，在全院干部职工中开展为期3个月的“卫生行风重点问题专项治理工作”，治理重点为开单提成、收受回扣红包、索要礼金、套取医保农合基金等行为。全年收到病人锦旗12面，感谢信8封，医务人员拒收转退红包7000多元，拾金不昧2次，病人满意度为89%。

【队伍建设】 2016年，新田县人民医院选送24名医护人员送上级医院进修学习。1月11日，县结核病门诊诊治工作从县疾控中心移交县人民医院。2月1日，市卫计委主任欧阳德群到医院考察H7N9防控工作，对医院防控工作表示满意。2月5日，组织科主任以上医务人员进行H7N9防控演练。3月，郴州市第四医院专家13人到医院指导ICU、妇产科、神经内科、消化内科、心血管内科、儿科、影像科查房和阅片工作。同月，医院传染病防治通过市级综合评审。3月10日，对医务人员进行“寨卡”病毒防治讲座。3月14日，省爱卫专家到医院进行传染病防治、食堂卫生调研。5月6日，省专家到医院检查感控工作，获2016年“全国医院感控横断面调查先进单位”称号。6月，省妇幼专家到医院检查妇幼工作，对医院儿科、新生儿科的工作给予高度评价。7月7日，《大众卫生报》报道急救中心成功抢救新圩镇湾头村4名集体中暑患者。7月9日，《永州日报》报道ICU成功抢救一名81岁心搏骤停50分钟老人。7月28日，医生雷云业、唐伟炜被邀请到永州市电视台《健康是福》专栏讲座。8月27日，医院被列入“湖南省急性心脑血管病救治协作网”。9月2日，副院长王献忠被评为“湖南省康复医学会骨科分会专家库专家”。11月，院长谭宁锋任湖南省医院协会会员、永州市第一届中医协会常务理事。11月2日，外三科成功施行新田第一例“颈椎骨折内固定”手术。11月17日，郴州市第一人民医院院长黄仁彬带领心内科、五官科、妇产科、普外科专家到医院实施对口支援。

新田县中医医院

【概　况】 新田县中医医院创建于1956年，是一所中医西医结合，集医疗护理、预防保健、康复、科研教学于一体的二级甲等中医医院，爱婴医院，是全县唯一一家“120”急救中心。坚持“以病人为中心、以发挥中医药特色优势”的办院宗旨。占地面积17330平方米，核定床位350张，开设床位300张，现有在职在岗职工327人，退休职工84人，副高以上职称5人，中级职称51人。医院临床科室设置齐全，开设“120”急救中心、ICU重症监护室、脑病科、外科、骨伤科、内科、妇产科、急诊科、眼耳鼻喉科、康复理疗科、肛肠科、血透室等14个临床科室，8个医技科室，9个职能科室。拥有16排螺旋CT、DR系统、彩色经颅多普勒、四维彩超、全自动生化分析仪、白内障超声乳化治疗仪、外科及妇科高清腹腔镜手术设备等一大批现代医疗设备。建立中心供氧、中心负压吸引系统，是省中医附一院双向转诊定点指导医院、永州市人民医院和郴州市第一人民医院技术指导医院，是全县卫生系统基层医务人员中医药知识及中医药适宜技术培训基地，是湖南省中医药和中西结合学会第六届理事会理事单位。2016 年，获市“消毒隔离管理先进单位”“无烟单位”称号。

【人才队伍建设】 2016 年，新田县中医医院实施“请进来、走出去”培训工程，继续保持与省、市级医院双向联盟；加强医院管理知识及业务知识培训，院领导及中层干部、科室业务骨干外出进修以及短期培训学习 50 人次；先后赴省参加大学生引进招聘会，招聘应届毕业本科生 29 名。招聘正式入编临床医技护人员 41 名。

【开设特色专科】 2016 年，新田县中医医院加强人才引进，人才培养及外引专家力度，不断提升专科技术水平。脑病科引进研究生郑斌为学科带头人，长期邀请郴州市张云强博士团队到院手术，成功抢救颅脑外伤及脑出血患者 150 余例，开展微创手术 100 余例，成功填补新田县颅脑微创外科空白。妇产科外送团队赴省市三甲医院进修微创腔镜，由湖南中医药大学附一院妇产科长期帮扶，附一院妇产科教授专家每月最后一周周五到新田中医医院坐诊、带教、手术，社会效益明显提升。外科形成以泌尿微创及腹腔镜为主体的技术团队。五官科引进国内资深眼科专家带教，添置一套价值 150 万元的超声乳化手术设备，成功开展白内障超乳化手术 500 余台，填补县超乳化手术项目空白。康复科发挥中医药特色优势，采用中医适宜技术及中医特色治疗方法治疗疼痛病、慢性疾病、疑难杂症，治疗效果良好，得到广大患者的肯定和认可，科室建设全面发展，综合技术能力不断增强。肛肠科是新田县唯一一家专科设备添置齐全，具备专科技术水平，采用中西相结合治疗方法治疗肛肠疾病的专科科室，湖南中医药大学附一院肛肠科长期帮扶新田中医医院，使新田中医医院肛肠专科特色凸显。

【中医药特色服务】 2016 年，新田县中医医院立足中医药特色服务，发挥中医药特色优势。一是合理配置应用中医诊疗设备，采取非药物中医治疗方法，发挥中医正骨、针灸、推拿、按摩、气功、熏蒸，拔罐、刮痧等中医非手术、非药物治疗技术简、便、廉、验的优势。二是实施“名中医”建设工程，丰富继承名、老中医药专家学术经验的方式方法，开展“师带徒”工作，确定师承人员 2 名。三是开展“西学中”培训，50 岁以下的西医临床人员和部分护理管理人员全部参加培训，力争到 2020 年，中医人员比例大于 70%。四是实施中医单病种规范化诊疗方案。在原来实施中医单病种的基础上，将中医单病种数不断增加，并制定相应的病种诊疗方案，加强医疗质量管理与控制，每月召开优质病历分析讲评会，按要求定期对诊疗方案进行评估并持续改进，确定优化方案，提高诊疗水平。五是全面开展中医特色治疗优势，在中医药特色治疗服务中，各科室配备标准化的中医治疗室，开展中医适宜技术均在 4 项以上。率先在全县开展中医体质辨识，历年来冬病夏治三伏贴、冬病冬治三九贴活动，得到人民群众的认可。

【“万人复明计划”项目活动】 2016 年，新田县中医医院“万人复明计划”项目是湖南省残联 2015 年—2017 年在全省 51 个贫困县市为 1 万名白内障患者实施免费复明手术的大型活动，省残联分配新田县贫困白内障免费手术 150 例，新田县中医医院被确定为项目实施定点医院。新田县做好项目的组织、宣传、筛查工作及手术治疗工作，“发现一例、手术一例、康复一例”，圆白内障患者“复明梦”，让患者感受到党和政府的关怀。完成白内障复明手术 150 例，收到很好的社会效果。

【举办“中医药知识及中医药适宜技术”培训】 2016 年，新田县中医医院为提高全县基层医疗卫生单位中医药服务能力，于6月20日—24日举办全县“中医药知识及中医药适宜技术”培训。培训内容为中医体质辨识与养生、急性中毒、糖尿病诊断和治疗标准——药物治疗的解读、过敏性休克、颅内高压、筋理论与筋针疗法。培训分5批次5天进行，全县各乡镇卫生院及乡村医生500余人参加培训。

【成功抢救“电风暴”一例】 2016年3月21日，新田县中医医院内一科与ICU联合成功救治一名“电风暴”患者。67岁的冠心病患者罗某突发胸闷、心悸、气促、呕吐，当日到县中医医院急诊就诊并收入内一科住院。住院期间患者先后4次出现心跳停止，心电监护显示室颤，确诊为“电风暴”。经内一科及ICU医护人员及时予以电除颤等抢救治疗，患者病情逐日好转，10天后康复出院。此“电风暴”危急重患者确诊并成功救治，在县中医医院院尚属首例。

妇幼保健

【概　况】 新田县妇幼保健计划生育服务中心成立于2016年5月，是新田县卫生和计划生育委员会所属副科级事业单位。主要职责是依法为全县妇女儿童提供健康教育、预防保健、计划生育技术服务、妇幼卫生信息管理、妇女儿童保健服务及妇幼卫生适宜技术等公共卫生服务，为妇女儿童健康提供基本医疗服务，实施妇幼重大公共卫生项目工作。中心分行政后勤、保健部、门诊部、住院部4个部分。编制人数99人，现有在岗职工123人，其中，卫生技术专业人员98人，占全院总人数的80%，中高级职称5人，中级职称26人。2016年，门诊诊治66258人次，住院诊治4617人次，总收入2100万元。

【孕妇保健】 2016年，新田县分娩产妇5969人，分娩活产数6009人。产前检查人数5930人，孕早期检查5894人，产后访视5876人；孕产妇系统管理5826人，系统管理率97.6%；住院分娩活产数6008人，住院分娩率99.98%；高危产妇1565人，高危筛查率26.22%，高危管理1565人，管理率100%，高危住院分娩1565人，高危住院分娩率100%；孕期接受产前筛查5058人，产前筛查率84.74%；全年孕产妇死亡1人（外籍流动人口，死亡原因为陈旧性宫外孕）。

【儿童保健】 2016年，新田县7岁以下儿童数30739人，儿童保健管理人数27606人，保健管理率89.8%；3岁以下儿童数14793人，儿童系统管理13639人，系统管理率92.2%；全年分娩活产数6009人，新生儿访视5848人，访视率97.3%；全年机构活产数3661人，听力筛查3944人，筛查率107.7%；新生儿疾病筛查3498人，筛查率95.5%；5岁以下儿童死亡21人，死亡率3.49‰。其中，婴儿死亡8人，死亡率1.33‰，新生儿死亡3人（均为早期新生儿），死亡率0.5‰，婴儿死亡占5岁以下儿童死亡的38.1%，新生儿死亡占婴儿死亡的14.3%，死亡原因排位为溺水、肺炎、交通意外、腹泻、先天性心脏病。

【婚前医学检查】 2016年，新田县民政结婚登记4212对，接受婚前医学检查3895对，婚检率92.47%。2016年，叶酸增补应服人数5326人，叶酸服用人数5096人，补服率95.68%；叶酸服用依从人数4792人，依从率94.03%。

【出生缺陷监测】 2016年，新田县出生缺陷监测医院（县人民医院、妇幼计生服务中心）分娩产妇数2562例，围产儿数2581例，围产儿死亡6例（死产5例，新生儿死亡1例），全县两家国家级监测医院大于或等于28周出生缺陷儿数为21例，发生率为81.36/万人。发生的种类中多指（趾）畸形排在第一位，计10例。

【妇女“两癌”普查】 2016年6月至9月，新田县开展农村妇女“两癌”普查工作，筛查任务数5100人，实际完成5126人，宫颈癌筛查出阳性病例252例，其中，宫颈癌2例、CIN1级4例、CIN2级3例、CIN3级10例。通过新田手机报、新田发布、新田新闻网、新田卫计网等平台广泛宣传农村适龄妇女“两癌”免费检查通知并普及健康理念。通过发放“两癌”免费检查宣传手册、《致广大妇女朋友的一封信》、宣传横幅、宣传标语、卫生计生宣传车、计生例会等方式进行广泛宣传。发放宣传手册 5000 份,《致广大妇女朋友的一封信》8000 份，各乡镇悬挂横幅 2 条，村级书写宣传标语 10 条，宣传车宣传 3 次。2016 年的“两癌”筛查流程改变以往由各乡镇卫生院承担各辖区内筛查任务的模式，统一由中心承担全县筛查任务，由“两癌”筛查小组自带筛查设备，按照日程安排深入到各乡镇进行筛查，并将筛查结果及时反馈给服务对象，对筛查中发现的问题详细告知服务对象并及时追踪随访。对于工作模式的创新，广大群众主动参与程度相比往年大幅提高。

【创建儿童保健合格县】 2016 年 5 月，新田县卫计委组织召开创建儿童保健服务合格县专题工作会议，对儿童保健服务合格县区创建工作进行统一安排部署，制定印发《新田县创建儿童保健服务合格县实施方案》，成立创建工作领导小组和技术指导小组，负责全县儿童保健服务合格县创建工作的组织、协调、领导工作。统一人员、制度、图文资料等软件的管理；统一房屋、设备等硬件设施的配置；统一创建工作阶段性时间节点。12 月 21 日，湖南省卫计委委托省妇幼保健院组织专家对新田县的儿童保健服务创建工作进行验收。2017 年 1 月，湖南省卫计委下发湘卫妇幼发〔2017〕1 号文件，确认新田县为“儿童保健服务合格县”。

社会保障

民政工作

【概　况】 新田县民政局内设办公室（政工法制股）、规划财务股、优待抚恤股（安置办、双拥办）、救灾救济股（县减灾委员会办公室）、基层政权和社区建设股（区划地名股）、社会福利和社会事务股（婚姻登记处）、县老龄工作委员会 7 个内设机构；县低收入家庭认定中心 1 个归口管理单位；县革命老区办公室、县慈善会办公室、县社会组织党工委办公室（县社会组织管理办公室）、县军队离退休干部管理所、县光荣院、县流浪乞讨人员救助管理站、县殡仪馆、县社会福利有奖募捐办公室、县社会福利中心、县烈士纪念设施管理所 10 个直属事业单位。2016 年，在机构调整改革中，县民政局增加事业编制 15 人，其中：直属单位新设立社会福利中心，定编 10 人；烈士纪念设施管理所，定编 2 人；县殡仪馆由自收自支事业单位改为全额拨款事业单位，定编 7 人，增编 2 人；县社会组织党工委办公室（县社会组织管理办公室）增编 1 人。现有在职干部职工 53 人，其中，党员 32 人，大专以上文化 27 人，研究生学历 1 人。2016 年，县民政局被市委、市政府评为“六五普法依法治理工作先进集体”，被市民政局评为“福彩销售绩效考核先进单位”，被县委、县政府评为“全县综合绩效评估优秀单位”，社会管理综合治理、党风廉政建设、人口与计划生育、信访、统战、关心下一代等工作被评为县先进。在全县“满意不满意”县直单位、二级机构和股室测评中，县民政局被授予满意单位称号，婚姻登记处、优待抚恤股、救灾救济股被授予满意股室称号。

【社会救助】 2016 年，新田县民政局开展“雁过拔毛”式腐败问题专项整治和民政系统干部职工及亲属违规享受低保问题专项清查工作，全年核减城市低保 282 户、436 人，农村低保 1182 户、1204 人，农村五保户 63 户、63 人。将符合条件的对象纳入保障范围，增加城市低保 26 户、44 人，农村低保 974 户、1046 人，农村五保 167 户、167 人。全县保障兜底脱贫对象 1598 户、3060 人，占农业人口的 0.79%，占农村低保的 10.7%。

从2016年4月开始，按照3100元/年·人的标准打卡发放兜底保障金，全年全县发放兜底保障金730.5万元，实现兜底保障标准与国家扶贫标准的“两线融合”。全县月均保障城市低保对象0.703万人，农村低保对象3.24万人，发放城乡低保救助资金6874.5万元，城市低保月人均补差248.9元，农村低保月人均补差121.7元；保障五保对象2273人，发放五保供养金829.9万元，农村五保分散供养标准3200元/年。城乡低保保障标准和五保供养标准达到省、市考核标准。救助因火灾、交通事故等意外事件和家庭成员突发重大疾病等原因导致基本生活暂时出现严重困难的对象2631户次，发放救助金165万元；支出医疗救助金676.64万元，救助医疗救助对象43761人次；发放临时救助金261万元，救助困难群众2497人次。2016年，提质改造新隆镇、骥村镇、门楼下瑶族乡、新华社区、秀峰社区、双胜社区6个“一门受理、协同办理”社会救助示范平台，并在龙泉镇、石羊镇、金盆镇、大坪塘镇新建4个示范平台。

【养老事业】 2016年，新田县民政局制定《2016年重点民生实事新增养老床位项目实施方案》，通过新圩镇敬老院建设，秀峰、双碧、双胜社区日间照料中心，双胜社区养老服务中心，龙泉镇东升村等4个城乡养老服务示范点建设完成重点民生实事民政项目建设任务。通过敬老院、城乡养老示范点、社区日间照料中心、社区养老服务中心建设，新建养老床位117张，超额完成省、市考核任务。对双胜、秀峰及双碧社区用房进行新建、改建和设施配备，完成养老床位43张，全面建设双胜社区小型养老服务机构，双胜、秀峰、双碧社区日间照料中心项目投入使用。落实基本养老服务补贴发放工作，按照每人每月20元的标准，为全县1610名符合补贴条件的失能半失能老年人发放补贴资金38.64万元，基本养老服务补贴覆盖率100%。加强高龄补贴对象动态管理，对全县90岁以上高龄老人和百岁老人进行全面核查。做好90岁—99岁老人高龄补贴、百岁老人长寿保健金的发放工作，为673名90岁以上高龄老人发放补贴80.7万元，为20名百岁老人发放长寿保健金9.6万元。投入20.7万元，为2万多名特困老人购买意外伤害保险。继续做好基层老年协会组建工作，全年组建农村老年协会184个，建会率94%；组建城市社区老年协会6个，建会率100%。积极建设公办养老机构，计划投入3000多万元，新建县社会福利中心、老年人养护院。2016年，完成选址、立项、规划设计前期准备工作。在县城附近征用200亩土地，包装新田县养老产业园项目，推行医疗结合养老模式，计划采用政府和民间资本合作等模式进行招商引资。

【救灾救济】 2016年，新田县先后发生6次洪涝（风雹）灾害，县民政局组织人员查灾、核灾，上报灾情，下拨救灾款321万元，做好自然灾害应急救助，解决受灾群众的基本生活，确保受灾地区的社会稳定。做好因灾倒损房屋恢复重建工作，发放因灾倒损房屋恢复重建资金118万元，资助82户灾民完成倒损房屋恢复重建工作。开展“5·12”防灾减灾日宣传活动，发放减灾防灾宣传手册1000余册、宣传单5000余份、防灾减灾宣传手提袋200多个、宣传挂图24张，提升群众对防灾减灾工作关注度，提高防灾减灾能力。投入29万元，做好政策性农房灾害保险工作。开展社区、学校等减灾防灾应急演练，枧头镇三元头社区成功创建为省级综合减灾示范社区。建立健全“基本生活、就医、就学、住房”四位一体的孤儿救助保障体系，通过银行“一卡通”为全县404名孤儿发放生活保障金290.4万元。开展“炎热天气”救助专项救助和“传递温暖·关爱救助”等救助活动，救助流浪乞讨人员2600人次，接领返乡26人，安置及救治流浪精神病人77人，支出流浪乞讨人员救助金125万元。开展“三留守”人员摸底排查工作，分别为全县13897名留守儿童、6577名留守老人、946名留守妇女建立档案并录入信息系统，为落实“三留守”人员关爱保护政策奠定基础。依法开展收养登记，做好2名病残弃婴的生活护理工作。为全县4737名困难残疾人、2636名重度残疾人发放“两项补贴”资金429.42万元。

【福彩和慈善事业】 2016年，新田县民政局开展福彩星级投注站点创建工作，新增投注站点10家。销售福利彩票2071.86万元，同比增长356.96万元，增幅20.8%。加大慈善宣传力度，提高慈善资金管理使用透明度，拓宽慈善资金募集渠道，募集慈善资金92.05万元，慈善救助1236人次。开展慈善“一日捐”活动，募集慈善资金21.8万元，比2015年增长11%；组织开展“金叶慈善医疗卡”慈善捐助活动，救助92人次，发放资金4.85万元；推选10名高中毕业生参加市政府组织开展的“爱心圆梦”慈善助学项目，每人受助金额0.8万元，接受捐助8万元。新建设投入使用秀峰、朝阳、新华、双碧4个社区慈善超市。

【优抚安置】 2016年，新田县民政局落实优待抚恤政策，足额发放各类优待抚恤资金，为4200余名优抚对象发放各类优待抚恤资金2300万元。接收退役士兵111人，自愿参训士兵培训率100%。安置符合政府安排工作条件的4名退役士兵，足额为107名自主就业退役士兵发放一次性经济补助64.4万元，以社会化发放放式落实到位。在“八一”建军节、元旦、春节期间，开展走访慰问驻新田部队和优抚对象活动，走访慰问困难优抚对象余人，发放慰问金200余万元。在县烈士纪念碑举办烈士纪念日公祭烈士活动。深度挖掘和整理烈士英雄事迹，开展形式多样的宣传，组织群众搞好祭扫烈士墓与学习瞻仰烈士活动。出资12万元为12户优抚对象完成危房改造；出资20余万元与市优抚医院合作，为重点优抚对象开展送医送药下乡服务。完成石羊镇、新圩镇、金盆镇、枧头镇、三井镇、金陵镇、门楼下瑶族乡7个乡镇、14个村建立“退役军人”之家工作，达到“四有”标准的目标。

【社区建设】 2016年，新田县民政局对社区建设实施定点帮扶指导，整合资源，筹集资金，共同推进县城社区标准化建设。经过公开招投标，5个社区标准化建设项目合同造价合计1561万元（其中，新华改扩建工程合同造价133万元，朝阳改扩建工程合同造价433万元，双碧改建工程合同造价239万元，秀峰社区改扩建工程合同造价205万元，双胜社区新建工程合同造价551万元），社区办公服务用房建设按照老社区不少于500平方米、新建社区不少于800平方米，以及“一委一会三站一办一中心两所一校两栏十室一超市”功能室的标准配置，5个社区标准化建设项目完工验收，统一外观设计和标识标牌，使社区服务用房成为县城一道亮丽的风景线。结合美丽乡村和农村网格化管理建设，确定龙泉镇小岗村、枧头镇云溪欧家村、枧头镇乐聪村、陶岭镇周家村、骥村镇乌下村5个村作为农村社区试点，按照设施相对完备、服务功能相对集中的要求，建立“一站式”便民服务站（中心）。悬挂统一制作的“公共服务中心”牌子，服务大厅将办事流程及工作人员职责上墙公布，提供党建、民政救助、社保、计生、国土、法律等公共服务。在龙泉镇中山社区、朝阳社区开展“三社联动”试点，按照“政府扶持、社会承接、专业支撑、项目运作”的思路，建立健全以社区为平台、社会组织为载体，社会工作专业人才为支撑的“三社联动”工作机制。

【社会组织登记】 2016年，新田县民政局完善社会组织登记管理制度，推进社会组织登记改革，新增注册社会组织6家，办理变更登记7项，撤销、注销社会团体6家。抓好社会组织年检年审工作，完成对97家社会组织的年检，参检率

98%。投入50万元，建好县社会组织孵化基地。根据县委、县政府制定的《关于推进行业协会商会与行政机关脱钩的实施方案》，完成新田县室内装饰装修协会、新田县内部审计协会、新田县职业安全健康协会、新田县经纪人协会4家行业协会的脱钩试点工作任务。县民政局、县扶贫办联合下发《关于引导“三社”力量参与精准扶贫实施方案》，引导全县社会组织、城市社区参与精准扶贫工作。做好社会组织党建工作，坚持社会组织审批与党组织审批同步的原则，要求有3名党员以上的社会组织预先成立党组织，完成社会组织党建工作任务。

【殡葬改革】 2016年，新田县制定出台《关于建立新田县殡葬管理和改革工作联席会议制度》，规范城区治丧行为。加强殡仪馆和公墓陵园基础设施建设，协同相关部门办理寨子岭陵园行政许可手续，完善管理制度，规范收费行为，殡葬服务水平和质量提升。新田县殡仪馆由自收自支转为全额拨款事业单位，编制由3名增加到7名。全年火化遗体207具，完成工作目标任务。争取财政支持，将惠民殡葬资金列入财政预算，抓好惠民殡葬政策的落实，为困难群众减免基本殡葬服务费20万元。

【婚姻登记】 2016年，新田县民政局办理结婚登记3872对，离婚登记719对，补发婚姻证件1497对，补录历史数据12438条，无有效投诉，登记合格率100%。

人力资源和社会保障

【概　况】 新田县人力资源和社会保障局（以下简称人社局）主要负责统筹城乡就业再就业、人事人才、社会保险、劳动者权益保护、公务员管理、事业单位管理及专业技术人员管理等工作。机关内设办公室等16个股室。下设就业服务局、社会劳动保险管理站、劳动保障监察大队、医疗保险基金管理中心、机关事业单位社会保险管理站、工伤保险站、城乡社会养老保险管理局、人事考试中心、人才资源服务中心、劳动人事争议仲裁院、信息中心、绩效评估与重点民生工程办公室、职业年金管理办公室13个二级机构，现有工作人员130余人。2016年，获湖南省青年文明号、湖南省示范仲裁院、永州市2016年度劳动人事争议仲裁机构效能建设先进单位、湖南省城乡居民养老保险基金财务管理工作优秀单位称号及永州市第5届创业杯男子篮球赛季军、永州市创业杯女子气排球赛二等奖、县纪念红军长征胜利八十周年合唱比赛组织奖、县“两学一做”知识竞赛第三名等荣誉。

【就业服务】 2016年，新田县人社局完成城镇新增就业人数5466人，其中，失业人员再就业人数1998人，就业困难人员再就业人数427人，新增农村劳动力转移就业2700人。新增创业主体3029户，带动城乡就业人数3850人。帮助城镇零就业家庭实现至少一人再就业42户，零就业家庭动态援助率100%。新增小额担保贷款发放3260万元。举办“春风行动”、就业援助月、民营企业招聘周、高校毕业生就业服务月等公共就业服务专项活动22场，完成帮助企业解决用工7800人。依托流动党工委设立劳务协作输出服务中心，按照“培训、就业、维权”三位一体的工作模式，开展外出务工人员维权宣传和劳动监察执法，开辟农民工维权“绿色通道”，免费提供法律援助，确保外出务工的贫困劳动力能够安心工作，实现稳定就业。

【社会保障】 2016年，新田县人社局社会保险基金征缴2.37亿元，发放支付各类社会保障待遇3.66亿元。其中，企业养老保险征缴4964万元，累计发放基本养老金10271万元，上争转移支付资金7113万元，本级财政配套资金124万元。机关事业养老保险参保人数7668人，征缴机关事业养老保险11020万元，征缴职业年金2160万元。新增失业保险参保人数1455人，累计参保人数20219人，征收失业保险292万元，发放失业保险30.44万元。参加工伤保险人数16116人，征收工伤保险543万元。征缴职工医疗保险基金3695万元，支出3685万元；征缴城镇居民医疗保险1665万元，支出1658万元。征缴城镇职工生育保险费104万元，支出城镇职工生育保险费用85万元。参合人数为333929人，征缴16555万元，争取上级资金12548万元，比2015年同期增加150万元，补偿支出13205.5万元，比2015年同期增加598万元，累计结余9739万元。参加城乡居民养老保险14.21万人，征缴保费1761万元。累计征收被征地农民社保资金6600.11万元（其中2016年征收2005.01万元）。推进机关事业单位养老保险改革，完成城乡居民医保的整合。

【公务员招录管理】 2016年，新田县人社局招录公务员41人，其中，乡镇科员29人，公安局民警3人，乡镇财政所科员8人，司法局科员1人；按程序异动公务员114人，其中，新进41人，县内调动59人，调出新田县14人。

【绩效评估】 2016年，新田县以县委、县政府名义下发《新田县2016年落实市绩效评估工作实施方案》，分解绩效评估工作80项指标任务，牵涉55个县直单位。形成书记、县长抓总，县委常委、政府副县长及其他县级领导分管负责，县直单位具体落实的工作格局。县绩效办负责日常工作协调，按照“一月一调度、半年一小结、年终作总结”的原则抓好全县绩效评估及重点民生实事项目工作。2016年，绩效评估获重点项目、党管武装等单项工作优秀县区称号。

【职业技能培训】 2016年，新田县人社局开展职业技能培训2350人次。其中，创业培训780人，职业技能培训1570人，主要涉及育婴师、室内装饰设计、模具设计师、机修钳工、家用电器产品维修工等工种。参加职业技能鉴定1117人，获得职业资格证书1084本。通过在工业集中区设立职业技能培训分中心，发挥园区企业职业培训主体作用，开展培训班12期，培训职工600余人；配合总工会、科商粮经委、妇联等部门开办电商培训班11期，培训学员500余人；联合园区企业举办家具行业职工职业技能竞赛活动，有5家家具企业，64名优秀员工参与到4个大类的竞赛活动。

【人事考试】 2016年，新田县各类考试试卷雷同率为0。完成2015年公开招聘事业单位工作人员的考核及聘用工作，招聘44人；2016年公开招聘网格管理员32人；面向全市公开选调工作人员20人；面向全县公开选调5人；完成招募“三支一扶人员”的面试、体检、考核工作；完成招录公务员41人的资格审查、体检、考察工作；协助县委组织部完成“三类人员”选拔考生招聘考试工作；指导教育、卫生系统公开招聘工作人员人事考试相关事宜；指导县人武部聘用民兵常驻应急分队临时人员60名；完成2016年公开招聘事业单位工作人员的报名及资格审查工作，报名人数2162人，计划招聘231人。人事考试工作实现零差错、零异常、零投诉。

【事业单位管理】 2016年，新田县规范办理公务员辞职4人，核准辞聘人员35人，解聘人员18人。规范机关事业单位工作人员请假审批159人；完成教育系统第二轮岗位设置49家，首次岗位设置并报市里审核备案28家，岗位异动260人；申报核准高级职称35人（其中，正高卫生1人、卫生副高25人、党校副高1人、农业副高7人、林业副高1人），申报并核准中级职称4人（农业2人、党校2人）；办理中小学教师职称过渡手续2991人。

【劳动关系协调】 2016年，新田县人社局开展工资集体协商企业户数228家，涉及木材、电脑等10个行业，覆盖双胜、朝阳和工业园3个企业集中区，覆盖人数1万余人；全县开展劳动用工备案企业115家，备案人数2838人。

【工资收入分配】 2016年，新田县人社局完成11000余名在职、退休人员人事统计工作；审批事业工作人员正常晋薪5800人次，办理新录（聘）用人员124人次；办理各类岗位异动451人次，办理工龄人事代理28人次；办理本地调动手续355人次，外地调入22人，调出新田县27人次；完成2015年度第13个月奖励工资审批；完成全县机关事业单位离退休人员增加养老金审批3110人次；办理退休手续146人；组织700人次，实施新田县机关事业单位工勤技能岗位考核（考试）工作；按政策审批一次性抚恤金49人，抚恤金额4735690元，办理困难遗属补助40人；审批办理请休假150人。

【社保卡建设】 2016年，新田县人社局社保卡建设以永州市创建全国社保卡综合应用示范基地为契机，创新工作思路，推进社保卡制发卡和综合应用。年底，实现累计发放社保卡30.5万张，占全县常住人口的91%，覆盖所有社保参保群体和农村未参保人员。实现“人社一卡通”“就医一卡通”“惠民一卡通”，树立全市社保卡应用典范，在2016年全市人社系统重点工作单项考核中排名全市第一。

城乡居民养老保险

【概　况】 新田县城乡居民社会养老保险局成立于2011年5月11日，为副科级全额拨款事业单位，归口人力资源和社会保障局管理，核定人员编制15名，内设综合股、基金财务股、参保缴费股、待遇核查股、被征地农民社会保障股，主要负责全县城乡居民基本养老保险政策的宣传、参保缴费数据的汇集、待遇核发和资格认证等工作，负责办理被征地农民参加城乡居民养老保险工作。

【基本养老保险】 2016年，新田县城乡居民基本养老保险参保人数为29.8万人，其中，缴费人员15.63万人，征缴基金1762万元；领取待遇人员5.17万人，年发放养老金4903.14万元。新田县城乡居民养老保险缴费标准设为每年100元、200元、300元、400元、500元、600元、700元、800元、900元、1000元、1500元、2000元、2500元、3000元14个档次，待遇人员基础养老金为每人每月80元。2016年6月—9月，县、乡两级业务经办人员进村入户，为全县5.17万名待遇人员进行照相认证，核实死亡人员1214人，并停发待遇，确保社保基金的安全。

【成功建设全市唯一城乡居民基本养老保险经办管理服务示范点】 2016年，新田县级财政落实基础养老金补贴190.81万元；支付县级缴费补贴118.04万元；为1530名重度（残一、残二）残疾人代缴保费15.3万元。新田县被评为2016年度全省城乡居民基本养老保险经办管理服务工作优秀单位，被授为全省16个示范点之一，成为永州市唯一的城乡居民基本养老保险经办管理服务示范点。

城乡居民医疗保险

【医疗保险管理服务】 新田县城乡居民医疗保险管理服务中心，由原新田县新型农村合作医疗管理委员会办公室更名，成立于2016年9月，归口新田县人力资源和社会保障局管理，为参公管理的副科级事业单位。2017年，按照《关于统一规范县区城乡基本医疗保险相关机构设置的通知》，原城乡居民医疗保险管理服务中心承担的征缴、待遇支付及结算等经办业务全部划归县医疗保险基金管理中心，现城乡居民医疗保险管理服务中心主要负责对定点医疗机构、协议药店进行稽核检查，对参保人员就医情况及产生的费用进行监测，对有关异常情况和违法行为及案件进行查处。

人力资源服务

【概　况】 2016年5月，县人社局“三定”方案将县人才流动服务中心和县就业服务局职业介绍的职能进行整合，组建成立新田县人力资源服务中心，为全额拨款公益二类事业单位。内设综合事务室、人事代理室、公益性岗位管理室3个机构，核定事业编制5名。主要负责人才交流、人事档案管理、人才供求信息发布、人才库建设、人才市场培育等工作。

【资源档案服务】 2016年，新田县人力资源服务中心完成流动人员和事业单位工作人员人事档案托管639份，人事档案调出179份，查阅人事档案1000余人次，接收并整理存档材料8000余份。“春风行动”期间，联合县就业服务局在县城及各乡镇举办规格不等的招聘会13场，进场招聘企业共80多家，提供就业岗位3500多个，组织进场求职人数1.3万多人次，免费发放岗位信息宣传单、各类政策法规宣传资料3.5万多份。

移民开发

【概　况】 新田县移民开发局成立于2007年4月，县政府直属正科级事业全额参管单位，负责全县大中型水库移民后期扶持政策落实、移民开发、移民培训、库区维稳等工作。内设办公室、计财股、后扶股、项目规划股、培训股5个股室，现有在职在岗干部职工15人。2016年，获省移民工作先进单位、市移民工作先进单位、市移民系统宣传信息工作先进单位、县人口和计划生育优秀单位、县社会综治维稳工作优秀单位、县信访工作优秀单位、县安全生产工作优秀单位称号。

【移民项目】 2016年，新田县确定库区移民扶贫对象1734人，减少贫困移民人口922人。累计投入移民项目资金1000多万元，完成金陵水库供水工程、下兰冲村通库公路及亮化工程等重点基础设施建设，解决饮水不安全问题移民村组10个，减少不通机耕道村组17个，修建通村公路30多条、灌溉渠20多条，缓解库区和移民安置区“出行难、饮水难、上学难、看病难”等实际问题，移民生产生活条件得到改善。

【移民培训】 2016年，新田县移民局举办3期移民实用技术培训班，培训移民280人；举办转移就业培训班1期，培训移民39人，实现转移就业37人，转移就业率97%。

【直补资金管理运行】 2016年，新田县移民局以银行“一卡通”形式，按季度为8277名移民人口发放移民直补资金427.2万元，发放率100%。为7户移民独生子女、两女户、特困户等计生家庭每户发放2000元的产业扶持资金。

【移民信访维稳】 2016年，新田县移民局处理移民和连带影响人口来信来访28件，保持“零”越级上访，库区和移民安置区社会大局保持和谐稳定。

乡镇概况

龙泉镇

【概　况】龙泉镇系新田县人民政府驻地，是全县政治、经济、文化、信息中心。龙泉镇于2008年由原龙泉镇、田家办事处、城东办事处合并而成。2015年撤乡并镇，2016年建制村合并工作完成后，全镇镇城总面积203.49平方公里，辖39个行政村（社区），年末常住人口11.86万人。2016年年末，实现生产总值20.1亿元，比2015年同期增长11.3%。地方财政收入2011.3万元，增长10.1%。固定资产投资突破1亿元，城镇居民人均可支配收入21682元，农村居民人均纯收入4453元。

【产业发展】2016年，新田县龙泉镇粮食生产稳中有升，全镇种植优质水稻4700亩、优质水果2900亩、优质大豆5400亩、玉米1900亩、优质蔬菜27000亩，金槐、香瓜、葡萄、金橘连片开发初具规模，“富硒”品牌产品远销国内外高端市场。现代生态农业发展成效显著，初步形成以东升农场为中心，辐射周围10公里范围集观光旅游、休闲养生、产品深加工等于一体的产业经济发展带。确权颁证、土地流转加快，促进现代农业的规模化经营；持续推进“科技兴烟”措施，完成种植烤烟5400亩，收购烟叶13200担，实现烟叶特产税120万元。培植生猪、肉牛、山羊、水产、家禽等养殖大户107户，特种养殖户11户，与温氏签约养殖生猪15户，年出栏生猪20余万头，出笼家禽130万羽，实现水产品总量900吨，完成荒山造林5000亩、通道造林6320余株，森林覆盖率54.7%，开发荒山种植经济作物1万余亩，基本完成境内荒山绿化工程。

【基础设施建设】2016年，新田县龙泉镇基础设施项目建设持续加快。硬化村级道路31公里，扩宽道路29公里，新修机耕道46公里，完成山塘清淤73口，渠道清淤230公里，整修小河坝11座，建设小水井23口，争取“一事一议”财政奖补项目32个，并全部实施完成。东升村、五柳塘、小岗、潮水铺、梅湾等村新农村建设示范点规划建设向纵深推进，农村水电路网基础设施建设不断夯实。重点项目建设迅速。完成征地3547亩，保障中部家博城、德恒实验学校、G234线等县重点项目开工建设。工业园区内基础设施项目建设完善，家私、机械、食品等产业亮点突出。民生项目建设稳步实施。协调配合实施龙泉大道、新华南路等“白改黑”和设施配套建设；潭田、挂兰、源头等14个村顺利通过美丽乡村验收；城乡完成改水改厕603户，农村环境污染治理工作稳步推进；配合县委、县政府创国卫、创省文成功；机关“一站式”便民服务中心投入使用，进一步打通服务群众“最后一公里”；整合资金完成村组织活动中心全覆盖工程，城乡文化广场、篮球场、通信网络等设施逐步完善。全镇形成以滨河路—公园路为纵轴、龙泉大道为横轴，东起潭田，西至七里坪、田家，南起工业园，北到扒田丘的核心项目建设区，有效带动周边5公里区域协同发展。

【脱贫攻坚工作】 2016年，新田县龙泉镇完成“四个率”各项任务，即：2016年财政专项资金拨付475万元，拨付率达100%；完成4个贫困村整体脱贫，计划脱贫率达100%，全镇实现903户、3020人如期完成脱贫计划指标；计划减贫危房改造指标第一批指标100户竣工，完成率达100%，第二批135户开工率达100%；新扶贫手册发放率达100%，覆盖责任人、村级和贫困户各一本，并核查填写规范。同时，上报搬迁贫困户共546户，纳入搬迁系统人数2289人；完成金融扶贫贷款2757人、2757万元，超额完成县下达的工作任务，按期启动第二批金融扶贫贷款政策。

【平安建设】 2016年，新田县龙泉镇顺应民意，配合县委、县政府取缔、关停民主村屠宰场；加大安全生产监管力度，排查、整改各类安全隐患600余处，取缔无证经营危化品企业133家，强制封停、关闭17家，获“市消防工作先进单位”称号；化解信访矛盾、信访积案160余起；调处矛盾纠纷200余起；积极配合县撤乡并镇、建制村合并工作，实现村两委平稳合并、平稳交接；社区、农村网格化建设推进迅速，实现全覆盖，社会大局稳定。

【社会民生事业】 2016年，新田县龙泉镇审核通过农村低保救助对象4837户、5517人，城镇低保救助对象3659户、5627人，五保供养对象227人，优抚对象651人，累计发放各类保障金3000余万元；城乡居民基本医疗保险参保人数91038人，参保率95%；全镇人口出生总数1675人，其中，一孩626人，二孩787人，三孩262人，完成“四术”827例，全面完成撤乡并镇后系统合并和人口信息采集工作，人口出生率14.46%；建设农家书屋15家，配置村级体育健身设施17处，“村村响、户户通”工程全覆盖，城乡群众文体活动更加丰富；抓好教育教学质量，中小学入学率、毕业率、合格率、升学率均有所提高；结合文明指数测评，开展文明乡镇创建活动；国防、统战、工青妇、老龄等工作取得长足进步。

【基层组织建设】 2016年，新田县龙泉镇坚持把党建工作作为全镇经济社会发展的抓手，健全机制，强化责任，突出重点，抓好落实，形成“抓党建，促发展”的浓厚氛围，圆满完成建制村合并工作，被评为“湖南省建制村合并先进乡镇”；加强党员队伍建设，通过设岗定责、结对帮扶、党员承诺等方式，引导党员发挥先锋模范作用，做好“五带头”；发展党员39名，培养入党积极分子192名，保障党员后备力量培养；开展“两学一做”学习教育，党员意识进一步增强；加强党风廉政建设，推行党务、政务、村委、财务公开，扩大监督渠道，提高监督实效。

【六届党代会一次会议】 2016年4月20日，龙泉镇第六届党员代表大会第一次会议召开，会议严格按照法定程序，顺利通过各项议程，选举产生新一届镇党委班子。

【十八届人代会一次会议】 2016年10月28日，龙泉镇第十八届人民代表大会第一次会议召开，会议严格按照法定程序，顺利通过各项议程，选举产生新一届镇人大、政府班子。

金陵镇

【概　况】 金陵镇位于县境东北部，镇境东、北与郴州市桂阳县接壤，南与龙泉镇毗邻，西与门楼下瑶族乡为界。解放初属第一区。1956年为金陵圩乡。1958年，归属东门桥公社管辖。1961年，从东门桥公社析出设金陵公社。1984年撤社为乡。1994年9月撤乡建镇。2015年12月，新田县乡镇区划调整，撤销莲花乡建制，将原莲花乡所辖的上户、下户、南塘、篮田、小源、大元冲、瓦窑头7个建制村划入金陵镇管辖，金陵镇政府驻地由永桂城迁往下户村（原莲花乡政府驻地）。2016年2月，建制村合并工作开展后，金陵镇辖莲花塘、大元冲、小源、篮田、龙珠、上游、千马坪、磨刀岭、山林岗、下兰冲10个建制村，金陵圩、永桂城、鳌头、下户4个居委会，其中千马坪为瑶族村。全镇镇域总面积76.08平方公里，林业用地约为9万亩，耕地面积为11561亩。

【脱贫攻坚】 2016年，新田县金陵镇坚持把脱贫攻坚作为“头等大事”，派驻驻村工作队14个，帮扶干部286人，实现驻村帮扶、结对帮扶全覆盖。狠抓贫困人口基础数据整改和动态管理，确定建档立卡人口为1389户、5732人。全年脱贫1429人，贫困村出列2个。建立农村金融服务站9个，开展“企业帮村”活动，推广金融造血扶贫等模式，引导城建投、农建投等3家企业与贫困村、贫困户开展金融帮扶，发放扶贫小额贷款1140万元，对接扶贫户346户、1140人。开展雨露扶贫计划助学20人，教育助学中小学生930人，123名贫困学生享受到教育扶贫救助基金7.4万元。城乡低保全面“洗牌”，清退对象798人，重新认证低保贫困人口192人，贫困兜底认定19户、41人，兜底保障更为精准。发展烤烟种植大户14户，带动贫困户52户种植烤烟1200亩。实行养殖规模化，联合温氏养殖，建成规模养殖示范区4个，带动贫困户96户，有效增加贫困农民的收入，完成贫困村3000亩楠竹低改。开展扶贫创业致富带头人培训工程，培训种养殖大户13户，聘请23个贫困户生态护林员。加大劳务协作扶贫力度，作为全省就业扶贫工作经验交流会现场点，信息采集和转移就业工作得到省市推介。

【现代农业】 2016年，新田县金陵镇推进农业供给侧结构性改革，推进农村产权制度改革。加快现代农业基地建设，流转土地1200多亩，培育农业合作社、家庭农场等新型农业经营主体11家，形成蔬菜、烤烟、水果、农产品加工等多个产业带。因地制宜搞加工，培育红薯干、手机配件、高山茶叶3家加工小企业。推进农旅融合，发展农家乐2家，实现乡村旅游综合收入100多万元。

【项目建设】 2016年，新田县金陵镇组建项目协调组协调解决问题60余个，确保多个重大项目顺利推进。S228线道路建设工程金陵段全部贯通，2个易地搬迁集中安置点建设及莲花中心校教学楼建设完成。实施兰田等9个村自来水工程；启动贫困村17条道路建设，完成村级道路提质改建37.2公里；渠道、机耕道、河道护砌3000余米，危桥改造3座，新建公厕16个；基本完成投资300多万元的天地山至永桂城段的河道治理工作。启动小源会议旧址二期修缮工程；实施政府机关60套公租房建设项目及基础配套工程；完成4个村的农村综合服务平台新建和改建工作，实施9个贫困村和2个单体光伏电站建设；实施6个村的农网改造、14个村的亮化工程，拉通10个村的光纤网线。

【生态环境】 2016年，新田县金陵镇抓好中央环保督察和省环保督察问题反馈整改工作1项，完成率100%。依托福音山国家森林公园核心景区打造，完成造林绿化173.3公顷，栽种通道大苗2000株；做好金陵水库库区保护，加大投入做好金陵水库水尾综合治理工程，明晰12处水源地标志牌设置；推行“河长制”，水质达标率96%以上。逐步推广垃圾分类减量，实现垃圾集中收集率85%，兴建垃圾焚烧炉6座；改水改厕工程实施顺利，完成贫困村公厕16座，“厕所革命”覆盖率达到86%以上；农村保洁机制进一步完善，村内卫生死角死面逐步消灭。加大对9个贫困村绿化、亮化以及背街小巷和环村路建设，完成种植各类景观树7215株，完成太阳能路灯安装700余盏。抓好畜禽养殖污染治理工作，关停禁养区内适度规模养殖户5户，整治限养区和养殖区内适度规模及以上养殖场3家。按照功能齐全、园林院落的标准完成镇政府机关大院路面“白改黑”以及便民服务中心功能等的提质改造，新增临时停车泊位22个，完成村级背街小巷硬化5.4公里，新建供水管网1.7公里。开展集镇违建专项整治，清除钢架雨棚6个，拆除违法建设800平方米，城镇秩序逐步改善。

【社会事业】 2016年，新田县金陵镇坚持以民为本的发展思想，民生支出累计309万元，补偿补助类项目按时打卡发放。开展学校周边网吧、游戏室、音像制品出租店专项整治，教育教学环境改善。发放五保户、90岁老人、大病救助、孤儿救助等民政保障资金180余万元。城乡居民养老保险缴费率97.66%，城乡居民医疗保险缴费率逐渐提升，新型农村合作医疗参合人数17303人，参合率96.2%，保障水平进一步提高。扎实做好人口与计生服务工作，全面实施两孩政策。开展平安创建，化解村内纠纷32起，成功调处7起调解难度大的村级矛盾纠纷，做到“小事不出村，大事不出镇”，社会大局持续稳定，综治民调位居市县前列。加大“三非”打击力度，处理耕地建房12起，拆除违建房屋5座。安全生产省级示范乡镇创建工作有序推进，落实企业主体责任，开展“打非治违”专项行动，及时处置2起重大安全事故险情，安全生产保持“零伤亡”。建设高标准的镇应急管理办公室，严格执行班子成员安全生产带队检查制度，镇领导带队安全检查106次，开展各领域安全隐患排查9次。联合主管执法部门取缔烟花爆竹非法经营行为15起，处罚三轮车非法营运9起，超载行为3起，纠正各类工商个体户违规经营行为15起。

骥村镇

【概　况】 骥村镇位于新田县西北部，沿用原驻村自然地名。距离县城8公里，南面与新田县龙泉镇相临，东面与门楼下瑶族乡毗邻，西北面与宁远县、祁阳县、金洞交界，地势北高南低，东、西、北面是山区，南面是山丘坡地。镇境解放初属第二区。1956年设骥村乡，1958年为骥村公社。1961年，骥村公社析分为田家、冷水井、骥村3个公社。1961年，骥村公社驻地迁往李家山村，仍袭原名。1984年，改社为乡，为骥村乡。1986年，撤销骥村乡，建立骥村镇。2015年乡镇区划改革，与冷水井乡部分村合并，成立新骥村镇。镇辖10个行政村，分别为乌下、黄栗山、黄公塘、槎源、下荣、肥源、肥溪源、李家湾、贺家、刘家山；4个社区，分别为骥村、胡家、三合、李家山；共计225个村民小组，6358户，2.67万余人。全镇镇城总面积96.8平方公里，耕地面积14789亩，其中，水田面积9547亩，旱土面积1507亩；水面面积37.35万亩；林地面积9.6万亩。

【农业产业建设】 2016年，新田县骥村镇立足资源优势和产业基地，挖掘特色、打造特色优势产业。精准、重点扶持花果、蔬菜、烤烟三大产业种植。早中稻播种面积680公顷，粮食总产量1.2万吨。引导群众调整传统农业生产方式，发展特色农业，砠坪和下荣2个村有13.3公顷富硒有机水稻，乌下建立富硒水稻基地20公顷，富硒有机水稻亩产400公斤，为农民增收190余万元。建立乌下和麻子塘富硒水果示范园2个，面积80公顷。全镇333.3公顷富硒水果总产量1万余吨，果农创收1000多万元。发挥蔬菜种植传统优势产业，建立黄栗山富硒红皮萝卜基地1个，面积20公顷；建立李家山富硒蔬菜基地1个，面积26.7公顷。全镇种植富硒蔬菜533.3公顷，群众收入4000万元。建立乌下、星子坪、贺家生猪标准化养殖示范区4个，示范养殖规模1.6万头。全镇出栏肉猪28100余头，出笼鸡、鸭、鹅11万羽。新发展特色养殖10余户，如星子坪村民10万羽鸽子养殖基地。完成120公顷烤烟生产任务，比2011年翻了五番，收购烟叶3500担，烟农创收500万元。完成造林绿化200公顷，通道造林

4000余株，实现全镇7333.3公顷山林绿化，森林覆盖率70%。

【脱贫攻坚】 2016年，新田县骥村镇完成小额扶贫贷款任务2000多万元。全镇共计贫困人口6408人、1500余户，全年预脱贫人口2600人，脱贫村5个。采取选派经验丰富的干部到村担任村党支部第一书记和副书记的方式帮助各村进行脱贫攻坚。乌下村修建通向桃花园的2.5公里水泥路，建设网络通信塔1座，投入144万元与温氏生猪养殖集团合作，建设年出栏2000头的生猪养殖场，修建排洪渠3公里；投入120余万元完成星子坪村至龙泉镇蛟龙塘村公路路基建设；黄栗山村在团省委的扶贫工作组的带领下，修建环村路3公里，投入100万余元修建新村级活动中心，发展红皮萝卜种植；三和社区实施环村亮化工程，新建路灯70座及1个村民健身中心，连通平湖水库的灌溉渠正在建设中；建设贺家、刘家山村的机耕道、灌溉渠。

【社会管理】 2016年，新田县骥村镇坚持依法治镇，开展社会矛盾纠纷排查调处工作，调处各类矛盾纠纷25起，调处率100%，调处成功率100%。高度重视群众来信来访工作，坚持依法信访、依法处访。贯彻“安全第一、预防为主”的方针，落实安全生产责任制和责任追究制。强化综治民调工作责任，实行主要领导包片、驻村干部包村、村干部包组到户的责任制，2016年下半年取得了全县第二名的成绩。深化社会治理机制改革，投入40余万元完成镇政府3个中心的装修、设备配置工作，以及示范点、面向村的网格化工作的全面建设，每个行政村均配备了工作人员，实现网格化建设全覆盖。

【城乡一体化建设】 2016年，新田县骥村镇完成并村工作，由原来的23个行政村合并为14个村（社区）。整合资金、加大投入对桐木洞3600余亩土地的现代农业示范园区的基本情况统计和规划建设，各村成立土地流转合作社，加快土地流转；加快肥源水库防汛河道整修与长牛塘、黄板源、银子塘3座小（2）型水库除险加固，形成以点带面的水、电、路的一体化示范园区建设工程。肥源水库集中供水工程实现全镇近18000人能喝上安全水、放心水。投入100余万元把黄栗山、李家山、陆家等村打造成为美丽乡村建设示范点。带动全镇“美好、绿化、亮化”工作进度。实施“文体兴镇”战略。加强村级文体器材的配备，有8个村（社区）的健身器材得到完善，联系县直单位、镇中小学和村舞蹈队在镇学校、乌下村等村部开展多次联合会演。抓好“三关爱”工程建设，联合县卫计委、县人民医院等卫生医疗部门在镇政府、乌下村开展计生协会宣传和联合义诊活动，普及医疗卫生知识，引导群众树立科学、文明、进步的婚育观念。做好全市计生协会、全省卫生计生体制建设示点工作。

【干部教育】 2016年，新田县骥村镇健全和完善党委中心组学习制度，坚持每月一次集中学习。年初制定详细的学习计划，对学习内容、学习时间、学习形式、学习纪律等作了明确规范，并严格规范执行。镇党委每月定期召开一次村支部书记例会，村支部每季度召开一次党员民主生活和培训会。举办新党员和入党积极分子培训班，组织全体党员重温誓词、学习党章、学习习近平总书记重要讲话精神等。发展新党员10名，一批年富力强、有文化的创业能人被接收到党组织。组织党员群众、服务对象代表和部分“两代表一委员”对镇党委开展基层组织建设年活动情况进行评议，评议结果好。开展党员干部结对帮扶活动。

门楼下瑶族乡

【概　况】 门楼下瑶族乡，因原有一座大门楼（牌坊）而得名。解放前，一部分属于仁智乡，一部分属于崇益乡。解放初期，分属一区和二区管理。1956年11月成立门楼下民族乡，1958年

9月改称团结人民公社，1968—1981年改为门楼下公社。1982年1月成立门楼下瑶族人民公社，1984年改成乡建制，是全县唯一的少数民族乡。2014年年末，辖门楼下、李北坑、起头岭、上里源、青皮源、小桥岭、长田、小水岗、大桥边、竹林坪、漕头源、马家、高岱源、鲁塘、泥塘、刘家、枫树脚、舍子源、三塘源、坳背20个行政村，1个居委会，118个村民小组，328个自然村。2015年年末，经乡镇区划调整改革将原来的20个村民委员会减少7个村民委员会。调整后，全乡辖门楼下、舍子源、上里源、起头岭、青皮源、三塘源、小水岗、泥塘、竹林坪、两江口、鲁塘、高岱源、刘家13个村民委员会，118个村民小组，328个自然村。2016年，全乡生产总值实现2741万元，累计完成财政收入289万元，人均纯收入实现2910元。

【产业发展】 2016年，新田县门楼下瑶族乡林业产业取得突破。种植杉树、楠竹等经济林2000公顷，完成楠竹低改400公顷，发展33.3公顷以上林业大户20余户。旱粮生产持续发展。推广以红薯、玉米为主的旱粮生产，建成以上里源、起头岭、门楼下村为主的红皮萝卜蔬菜种植带66.7公顷。畜牧产业发展迅速。起头岭、高岱源、鲁塘、竹林坪、两江口等村发展养殖大户13户，年出栏生猪1500多头，存栏肉牛100多头。农村经济组织发展较快，成立农民专业合作社9个、家庭农场3个，有效的带动全乡的经济产业发展。

【基础设施建设】 2016年，新田县门楼下瑶族乡投入1450余万元，实施河坝维修、新建灌溉水渠等小水利项目37个，投入1650多万元，完成坳背、高岱源等9个村人畜安全饮水工程。配合S228线建设，完成竹林坪、大桥边等村征地任务，投入5000万元，完成通畅工程168公里，惠及17个行政村。启动“点亮门楼下”工程，完成圩场电能照明路灯建设和青皮源村30盏太阳能路灯的安装。建设垃圾池640余个，配备垃圾转运车2台、分类垃圾桶9000余套。完成通道造林任务68公里，实施大桥边、坳背、舍子源、青皮源4个美丽村庄建设。

【民本民生】 2016年，新田县门楼下瑶族乡完成大干源、坳背、高岱源、马家村350余人的移民搬迁工程，小桥岭、青皮源、枫树脚村整体移民工程顺利推进，大桥边、马尾漕、竹林坪等移民点纳入县“十三五”规划。筹集资金300万元，新建教学楼2600平方米，争取“唯爱协会”与97名贫困学生进行一对一帮扶助学，发放大学生奖励资金17万余元，初中升学率连续3年排全县前列。医疗服务水平提升，新型农村合作医疗和城乡居民养老保险征缴工作铺开，疾病预防得到控制。完成危房改造247户，发放危房改建补助资金220万元，低保对象基本实现应保尽保。建立留守儿童和空巢老人台账，实行结对帮扶，争取社会各界捐助70万元。投入20万元完成鲁塘、青皮源2个村的幸福院建设。完成小额信贷841万元，贫困户人均增收1000元。

枧头镇

【概　况】 枧头镇沿用驻地自然地名为名，因村边井内有天然石枧槽而得名。1956年设富柏乡。1958年建枧头公社。1961年，枧头公社分为毛里、十字、枧头3个公社。1984年，撤社为枧头乡。1995年，撤销枧头乡，建立枧头镇。2015年，撤乡并镇，原毛里乡8个村、原十字镇19个村、原枧头镇16个村合并为枧头镇。辖龙家大院村、云溪欧家村、水楼脚村、星塘村、新夏荣村、马鞍塘村、萧家村、豪山村、大塘背村、永新村、乐聪村、彭梓城村、大观堡村、马场岭村、李郁村、桑田村、胡志良村、周家山村、乐塘村、上富柏村、查林村、大利村、老夏荣居委会、十字居委会、枧头居委会、三元头居委会、龙元茂居委会，计22个行政村，5个居民委员会，145个自然村，409个村民小组。枧头镇是全县唯一的省级中心镇、市小城镇建设示范村、市新农村建设示范镇。境内旅游资源丰富，有国家级文物保护单位、国家AAA级旅游景区龙家大院，省级历史文化名村彭梓城村、大观古堡、云溪欧家村、红色文化萧明故里等景区景点。位于新田县城西北方向，镇人民政府位于龙元茂行政村，距离县城18公里，枧头镇东与龙泉镇相临，南与三井、石羊镇接壤，西临金盆镇，北临宁远，S323线贯穿全境，距二广高速公路接口仅8公里，总面积110.89平方公里。耕地面积29788亩，其中，水田21114亩，旱土8674亩；山林面积3.8万亩，水域面积2100亩。人口密度为436人/平方公里。全镇总人口4.8万人，居民以汉族为主。

【经济发展】 2016年，新田县枧头镇坚持以项目推进为总抓手，实现项目建设“亿”字号的重大突破。实现国民社会生产总值2.86亿元，增长11.2%；财政收入实现890万元，增长13.6%；农民人均纯收入6687元，增长19%。易地搬迁贫困户601户、2515人，布局并动工建设小城镇、龙家大院和老夏荣3个安置点，实施基础设施项目2亿元。毛黄公路连接G234线以及S323线、S282线、S215线和高速，枧新公路、金十公路启动。投资5600万元的杨家洞中型水库除险加固工程基本完工，投资1300万元的全国小农水项目枧头项目区顺利实施；争取财政局、发改委、水利局、扶贫办、代赈办、移民局等单位的扶持，全镇新修机耕道46条、7公里，排灌渠5公里，整修骨干山塘45座，清淤护砌水渠11公里。

【集镇建设】 2016年，新田县枧头镇坚持集镇建设为龙头，打造小城镇、新农村、旅游三大亮点，提高集镇品味与魅力，政府的公信力、知名度和群众满意度大幅提升。以被列为湖南省中心镇和永州市小城镇建设示范镇为契机，坚持“政府引导、群众主体、上争外引、组团开发、市场运作”的方式，分期组团开发特色小城镇建设，强化功能配套，提高区域竞争力和辐射力，总投资1.2亿元的枧头特色小城镇项目推进迅速。集镇建设助推公路沿线建设，总投资2000万元的S323沿线“穿衣戴帽”建设项目启动。境内龙家大院成功晋升为国家AAA级旅游景区、国家级文物保护单位，总投资上亿元的龙家大院创国家AAAA级旅游景区和文物修缮保护工程启动，该项目涵盖周边10平方公里内的旅游资源，将作为旅游精准扶贫的主战场打造，其中龙家大院修缮保护工程、彭梓城古民居和萧明故居修缮保护工程顺利实施，紫薇公园和百花园建设初具规模，游客中心、龙文化广场、水上乐园即将动工，通过在旧民居维护、历史文化底蕴挖掘、山林绿化、美化建设上想办法、精包装，旅游产业不断发展，实现接待游客6万人次，枧头知名度进一步提升。

【产业发展】 2016年，新田县枧头镇围绕农业增效、农民增收目标，把品种调新、产业调特、产品调优、规模调大，产业结构优化升级。实现烤烟种植面积521.2公顷，收购烟叶13375担，实现烟农收入1980万元。引进全国生猪养殖龙头企业温氏集团，在彭梓城和马鞍塘村建设种猪场养殖基地，种猪场投入使用后年产种猪30余万头，可辐射和带动周边发展养殖年出栏1000头以上的养殖大户300余户。种植富硒商品蔬菜366.7公顷以上；药材种植以青蒿、苦参、颠茄为主，种植面积200公顷。完成荒山造林253.3公顷，种植大苗80万株，油茶种植333.3公顷。坚持发展第三产业。通过整合旅游资源，以旅游、餐饮、商贸为主的第三产业发展迅速，第三产业比重显著提高。

【民本民生】 2016年，新田县枧头镇实施精准扶贫，开展“一进二访”活动，完善建档立卡信息平台，按“五个一批”分别落实帮扶措施，2016年预脱贫4218人。强化计生服务，稳定人口数量，提高人口素质，落实计生利益导向机制，推进“诚信”计生。狠抓学校管理和素质教育，学校入学率、升学率有新提高，境内学校各项排名名列全县前茅。开展新型农村合作医疗、城镇居民医保和城乡居民基础养老保险等工作，养老保险参合率90%以上。农村土地确权颁证工作稳步推进，完成资料整理归档和面积到户确认。清欠工作有序开展，完成清理欠款100余万元。

金盆镇

【概　况】 金盆镇由金盆圩乡更名而来。原乡沿用驻地自然地名，金盆圩因地处山中盆地，金盆意喻地肥景美，又开过圩场，故名。镇境解放初属第四区，1956年撤区并乡后设陈晚乡。1958年，归石羊公社管辖。1961年，从石羊公社分出单置公社，因公社驻地在徐家铺，取名徐家公社。1970年，改前进公社。1975年，驻地迁往陈晚村，仍为前进公社。1981年地名普查时，因同名改为金盆圩公社。1984年，撤销公社改置金盆圩乡。2015年，撤乡并镇区划改革后更名为金盆镇。镇人民政府驻地陈晚社区，辖陈晚1个社区，陈维新、徐家铺、大坪、下塘窝、李进、光辉、黎家湾、河三岩、青山坪、徐家、刘志孙、李仟二、云砠下、骆伯二、骆铭孙、陈继16个行政村，56个自然村，178个村民小组。总面积48.88平方公里。

【农村经济】 2016年，新田县金盆镇坚持向结构调整要效益、向特色产业要增收，全镇经济发展运行保持稳定增长。坚持产业富民思路，进一步优化以烤烟、油茶、水稻三大产业为主，畜牧水产、经济林果、蔬菜药材为辅的“三主三辅”农业产业格局，发展壮大特色优势产业。烤烟种植面积318.7公顷，超额完成烤烟收购任务8237担，为农民创收近2000万元。在全县率先与油茶企业合作，引进新田大地油茶开发有限公司、湖南中联天地油茶开发公司等油茶企业。目前，有433.3公顷油茶挂果，建成以下塘窝村和刘志孙村为中心的2个333.3公顷以上油茶基地，新增油茶种植53.3公顷。全国最大生猪养殖企业温氏集团签约骆铭孙村筹办现代化种猪场，租赁土地120公顷，总投资1.8亿元，将带动全镇生猪养殖跨越发展。目前，骆铭孙种猪场正进入建设阶段，全镇发展温氏养殖合作户8家，建成后，预计可年生产生猪32000余头。全镇以下塘窝村为中心的蔬菜种植规模达106.7公顷，为农户增收近400万元。引进湖南舜康生物有限公司，流转土地66.7公顷，在河山岩村建成高标准的瓜蒌种植基地。

【基础设施建设】 2016年，新田县金盆镇坚持以项目建设为抓手，多方整合涉农项目和资金，集中财力办大事，整合项目增效益，推进新农村建设，为群众办好道路交通、农田水利、安全饮水等造福群众的实事好事，取得较好的效果。实施和平、李进、黎家湾等村通村道路硬化工程；完成大坪、奉家、刘志孙等村的环村道路硬化改造。投资600万元，实施李进河道整治项目；完成投资400万元的鸭轱岩、鸡井、狗头井、湾背洞4座小（2）型水库的除险加固项目；投资500万元的赵家水库引水渠项目、争取资金800余万元涉及徐家、李进、徐家铺、陈继等村的农业综合开发项目有序推进；实施投资300万元的一事一议集中连村项目。在全镇各村进行渠道清淤护砌26公里，恢复和改善农业用水灌溉体系功能，扩大和改善灌溉面积1000余亩；全面清淤整修山塘43余座；完成骆铭孙、骆伯二、李仟二、金盆窝、奉家、下塘窝等村机耕道建设近11公里；完成投资280万元的镇政府公租房建设项目，以及镇政府自筹150余万元资金进行机关大院绿化、美化改造及便民服务中心项目，干部职工的办公与生活条件改善。

【民本民生】 2016年，新田县金盆镇深化扶贫开发，发放冬春救助款17余万元，资助贫困户1400余人。兑现粮食、农资、农机等各项惠农补助资金200余万元。对全镇农村低保对象和扶贫对象进行重新登记评议，新增低保对象227人、兜底对象447人，评议出建档立卡扶贫对象5861人。累计发放低保金900余万元、医疗救助金200余万元、救灾救济资金50余万元。投资300余万元对五保户、低保户、残疾人等困难户的危房进行改造，改善弱势群体人居条件。全镇城镇居民社会养老保险参保人数6860人，征缴66万元，发放养老保险金455万元。“新农合”参保人数18710人，参保金110万元，参合率78%。向党员及社会募捐筹集资金2万余元，帮扶困难党员和留守儿童50余人。中学和中心校教育教学质量与管理水平进一步提高，一直在全县同类学校保持领先地位。投入480余万元的金盆镇中学操场、教学楼、校门道路等改造工程有序推进，学校办学条件改善。组织开展“三无”车辆载客整治活动11次，下达限期整改通知110余份，查扣违法车辆9台，杜绝农用车搭载学生现象的发生。投资220万元的镇卫生院综合楼投入使用。举办计划生育宣传教育培训活动20场次，发放宣传单12000多份、宣传品6000多个，悬挂展板、宣传栏58块；落实计生各项奖扶帮扶政策，申报核查并发放独生子女奖励金5万余元，孕前优生健康检查300多人次。

【社会维稳】 2016年，新田县金盆镇综治民调工作在全县排位第一。创新社会管理模式，推进网格化管理工作，完成全镇17个村的网格化工作阵地建设工作。加强对重要领域、重点群体、重大节点的综合治理，采取针对性举措，排查不稳定因素和各类矛盾纠纷21起，有效的稳控县际、镇际纠纷5起，没有出现群体性事件和集体上访。定期开展“打非治违”专项整治和安全生产大检查活动，对安全隐患进行全面排查治理，查扣违法违纪车辆17台。实现全镇安全生产零事故。加强对打击“三非”的宣传，对全镇“三非”重点户进行排查摸底，联合县公安局、县国土局、县住建局等单位对占用耕地建房重点户进行强制执法2次，镇政府组织执法3次，拆除违法占用耕地建房4栋，清除违法占用良田建房地基11处。通过抓宣传、抓示范、抓投入、抓制度，配备保洁员36人，购置垃圾桶15000余个，清运陈年垃圾200吨；投入5万元树立大型宣传牌3块，书写永久性标语26条，悬挂宣传版面25块，书写临时性标语300多条。河山岩、徐家铺、骆铭孙、下塘窝、金盆窝、陈晚等村组织村民筹资出劳，规范村级卫生管理，加大清运清扫力度，争创县级、市级文明卫生示范村。投资25余万元，在镇村主干道种植绿化苗木6300余株，完成荒山和石漠化治理面积6000余亩，完善造林示范点3个，植树造林800余亩。成立土地确权领导小组，设置专门的办公场地，在20个行政村开展土地确权颁证工作。

【脱贫攻坚】 2016年，新田县金盆镇开展贫困户建档立卡工作，做好数据比对、排查和核实，确保“零差错”，做到扶贫对象精准。结合镇产业优势和自然条件，重点发展油茶产业和烤烟及优质稻种植，结合产业调整促进农旅结合，走休闲观光农业发展模式，做到脱贫项目精准。抓好资本扶持，推动小额信贷工作，完成小额信贷任务1134万元，解决贫困群众产业开发的资金困难。强化技能扶持，提高贫困群众就业增收的能力素质。按照精准扶贫的要求，对考入二本以上院校的建档立卡贫困户大学生做到应助尽助。推进易地扶贫搬迁，加强改进干部驻村帮扶，推动精准扶贫战略落到实处。统筹实施水、电、路等基础设施和学校、卫生室等公共服务为重点覆盖工程，支持困难家庭危房改造、特困群众易地搬迁、行政村街道亮化、乡村清洁等工程。

三井镇

【概　况】 三井镇位于新田县南部，东与新圩镇交界，南与石羊镇、金盆镇交界，西与枧头镇交界，北与龙泉镇交界，距离县城14公里。三井因村前有三口水井而得名。镇境解放初属第四区。1956年撤区并镇后设三井圩乡。1958年归石羊公社所辖。1961年从石羊公社分出建立三井公社。1984年，撤销三井公社，建立三井乡。2015年区划改革，撤乡并镇，建立三井镇，镇政府驻三井圩。全镇总面积65.77平方公里，其中，陆地63.67平方公里，占96.8%；水域面积2.1平方公里，占3.2%。辖20个行政村，2个居民委员会，86个自然村，272个村民小组，总人口3.4万人。

【产业结构调整】 2016年，新田县三井镇按照"稳定散户、发展大户"的烤烟生产指导思想，坚持走"科技兴烟、提质增效"之路，推进林溪河沿岸、山下大洞、洞心—唐家等生产区烤烟种植示范点建设，烤烟面积达到546.7公顷，收购烤烟1.3万多担。重点抓好烟稻轮作，突出发展有机或无公害等优质稻、无公害蔬菜、富硒大豆等规模农业基地，发展高效特色农业、避灾减灾农业和生态休闲农业，巩固壮大粮食产业。发展种粮大户100余户。立足农业大镇的实际，采取"公司+基地+农户"的全新经营模式，扩大富硒大豆、富硒蔬菜和富硒罗汉果的种植面积。引导村民调整产业结构，形成三个示范基地：在高峰、平乐脚等村建立千亩富硒大豆生产基地；在茂家、罗溪、上凤、山下、洞心、唐家等村建立富硒蔬菜种植示范基地；在油草塘建立罗汉果种植示范基地。巩固壮大油草塘"银丰"生猪养殖合作社；发展杨柳塘、高峰、石岩头和罗家坪村生猪养殖；罗家坪生态园小香鸡畅销各地；山下杨柳冲自然村肖艾英的"富硒山羊"合作社通过省级验收，进入省、市"菜篮子工程"，多元促增收格局逐渐形成。以国家1.2亿元光伏产业项目落户罗溪为契机，结合国家新能源示范城市、绿色能源示范县、太阳能示范村创建政策，推进光伏应用。

【基础设施】 2016年，新田县三井镇加快病险水库除险加固建设的进度，申报山塘整修等项目。高峰村至平乐脚断头路和油麻岭、砠湾、曹家窝打石塘自然村环村公路建设完工，罗家坪村道、大凤村道、三井圩至洞心村道路拓宽工程完工，白云山道路拓宽工程稳步推进，曹家窝、石岩头村环村公路夯实基础。三井圩村打危桥与油麻岭村危桥改造完工。城乡公交一体化公交线路正在申报，完成3条线路的勘测。S231线三井境内铺设柏油。新增自建烤房100余座，密集型烤房群10座，各烤房的基础设施完工并投入使用。投资60万元，在三井圩、谈文溪村完成村小游园建设（群众休闲中心）。投资100多万元，在茂家、罗溪、大凤、七贤山、三井圩、谈文溪、塘坪等村安装200多盏太阳能路灯。以镇政府出资，村里出劳力的方式，投资30余万元为全镇36个村购买路灯设施。塘坪村的"旧村改造"拆除危房10000多平方米。投资20多万元的大坝水库人畜安全饮水提质改造工程基本完工；上凤、车头水、塘伏坊、晒鱼坪的安全饮水工程完工；长冲、茂家、罗溪等村的安全饮水问题得到解决。

【社会事业】 2016年，新田县三井镇城镇医保参保率100%，"新农保"参保率92%，"新农合"参保率98%。60岁以上老人待遇发放率为100%。劳动力信息采集完成。小学、初中入学率100%，初升高升学率80%。加强公共卫生服务，建立居民健康档案，公平、公正、公开地评议出低保对象2613人，扶贫建档立卡帮扶对象7098人。全镇计划生育工作稳步推进，人口出生性别比为107，控制在正常值范围。全镇通道造林，种植大苗珍贵树种20000余株，荒山造林666.7公顷，其中，石坠—石林岗—古牛岗片区连片种植油茶80公顷。全镇累计投入绿化造林及森林防火资金100万余元。投资60万元的三井圩市场改造项目完工，投资60万元的茂家圩场提质改造工程初步完工。完成垃圾池建设36个，排污水沟建设18处，垃圾桶购置300个，聘请保洁员38人。投资近20万元，新建塘坪垃圾焚烧炉1座。投资近20万元，拆除茂家、三井圩场乱搭乱建棚40余个，统一广告宣传牌10处，加划道路标志标线。投资近30万元，修建三井圩主路排水渠500余米。投资近100万元的三井圩、塘坪村的污水处理工程建设完工。投资150万元对茂家学校实施校门新建、教室门窗更换、改建中心幼儿园工程。投资400多万元新建卫生院业务用房2栋，职工宿舍1栋。新建村卫生室3个，新建农村养老院3个。新配备篮球架、健身器材9处。新增农村书屋18个，新增校车停靠点牌20余个。

【平安建设】 2016年，新田县三井镇排查和调处各类矛盾纠纷；一些宅基地纠纷、山林纠纷、权属纠纷及时得到调处和稳控，各类矛盾纠纷调处与稳控率达98%以上。通过进村入户排查摸底，安排村干部为情报信息员，无集体上访，无进京、赴省市上访。党政主要领导带队，以分组轮班的方式，每逢圩日定期或不定期对全镇道路交通安全、烟花爆竹、市场秩序进行集中整治。

石羊镇

【概　况】 石羊镇位于新田县西南部，因原驻地石羊圩村前洞中许多自然石形似真羊而得名。地处永州、郴州两市三县交界之地，位于县城南端，距县城21公里，面积46平方公里，与嘉禾县、宁远县交界，新嘉公路、新土公路在石羊镇交汇成十字路口，素有“新田南大门”之称。境内在解放初期属第四区。1956年设石羊圩乡。1961年成立石羊公社。1984年撤社改名为石羊乡，1995年10月批准为建制镇。2016年，撤乡并镇，赤湾头与立新村合并为赤新村、三源头与水车洞合并为三水村、沙田村与张家湾村合并为沙田村、地头村与乐山村合并为地头居委会、史家和廖宅晚村合并为友谊村。镇人民政府设在地头居委会，辖3个居委会，18个行政村，202个村民小组，总人口34900人。境内自然条件优越，交通运输便利、旅游资源丰富，是全县的烤烟大镇、边贸重镇、工业新镇、旅游名镇和经济强镇。有耕地15530亩，其中，水田12919亩，旱土2611亩。

【产业发展】 2016年，新田县石羊镇围绕提高农业综合生产能力，推进规模化、专业化、集约化发展，推进高效农业、循环农业、生态农业建设。烤烟产业优势明显。以现代烟草农业建设为统揽，完善基础设施，调动烟农种烟积极性，提高服务意识，创新收购模式，创建和谐收购环境，烤烟市管秩序持续稳定。发展优质稻，创新栽培技术，加快土地流转步伐，调动农民的种粮积极性，培植30亩以上种粮大户15户，50亩以上种粮大户10户。富硒产业乘势而上。依托自然资源优势，抢抓机遇，精准定位，实施差异化、特色化、高端化农业发展战略，做大做强“富硒”品牌。醋水豆腐合作社、富硒松茸合作社，富硒水稻合作社、富硒蜂蜜合作社等一大批专业合作社相继成立。加快新型高效林、畜牧业发展步伐。探索林地流转方式，培育造林大户，壮大集体经济。目前，欧家窝、龙眼头等村千亩造林基地基本建成。发展现代畜牧业，成功对接温氏集团，史家村生猪标准化养殖基地初具雏形，规模不断壮大。

【基础设施建设】 2016年，新田县石羊镇把基础设施建设作为加快经济发展的关键来抓，从解决群众最迫切、最需要的问题着手，争取项目支持，推进基础设施建设。农业设施方面。实施“一事一议”项目12个、硬化道路0.5万米、建设机耕道7条，解决群众生产、生活不便的问题；投资80余万元奖补塘罗、沙田、龙眼头等村的121座密集型集约式烤房；立新水库集中供水工程得到市、县有关部门关注，工程建设稳步推进。交通建设方面。投入215万元对十字路口至石羊天桥的路段进行升级改造；修建石宏公路清水湾至沙田段、塘田至欧家窝公路、三源头至大井头公路等公路10条，计18公里；拓宽赤湾头至东田公路、周山公路2条，计4.5公里。水利建设方面。完成山塘整修清淤35口，小河坝8座，沟渠清淤整修34公里，新建小水池、小水窖10座，小水泵站改造整修1座。耗资450万元开展宏发圩区域中小河流治理工程，工程包括廖宅晚精品示范点1个，廖子贞经济果林400亩，高标准桥梁2座，中小河流治理工程完成招投标工作。

【城乡建设】 2016年，新田县石羊镇建立健全各项工作机制，推动城乡环境大改善。城镇化建设大力推进。对十字路口至石羊的路段进行升级改造，群众出行更为便捷；地头、长亭等村建设完善村民活动广场，文明、三源头等村配备文体设施，石羊镇便民服务中心建设完成；制定《圩场执法制度》，安排专人每圩进行轮班执勤。美丽乡村建设加快步伐。开展“三边造林”和“联村建绿”活动，完成通道造林种植5000余株，联村建绿1000余亩。拆除旱厕50多座，土坯房、牛栏、厕所拆除面积3100平方米。投入50万元实施政府机关及镇属单位绿化、美化、亮化工程，镇域环境得到有效改善；通过示范引领，地头、田心、夏源、长亭等村的美丽乡村建设有序推进。全镇18个行政村和3个居委会实施改水改厕；投入20万元对圩场集市店铺招牌统一规划、设计、制作。加强饮用水源地保护，实施农村饮用水集中供水工程项目，立新水库集中供水工程顺利推进。

【社会稳定】 2016年，新田县石羊镇加强基层基础工作，巩固以镇综治办为中心，各职能部门配合的控制处置防线，把矛盾纠纷化解在源头、化解在基层、化解在萌芽。坚持月排查制度，通过干部下访和现场办公等形式排查并化解基层发生的各类矛盾纠纷，排查出各类矛盾纠纷96起，基层化解95起，调处率成功率90.0%。通过进村入户排查摸底，安排村干部为信息员，及时汇报上访户状况。抓好信访公开承诺制和党政主要领导带班接访，做好初信初访工作，接待信访案件45余件。开展8次安全生产大排查大整顿，对镇内非煤矿山、加油站、烟花爆竹销售场所、营运载客机动车逐一进行安全隐患排查。

【脱贫攻坚】 2016年，新田县石羊镇有赤湾头、水车洞、三元头、张家湾、山口洞5个省级重点扶贫村，贫困人口1186人，占总人口的23%。2016年，开展加强烟叶生产基础设施建设，对烤烟房建设给予80多万元的奖补资金；与全国农业产业化重点龙头企业——广东温氏食品集团有限公司的合作，采取“公司＋基地＋农户”的合作养猪模式，带动60多户贫困户发展养殖业，预计年出栏15000头；鼓励贫困村以村为单位发展“一村一品”；“硒之道”富硒水稻种植合作社发展富硒稻种植面积1000多亩，建设赤湾头瓜蒌基地150亩，宋家瓜蒌基地300余亩，夏源油茶基地300亩左右；推进金融产业扶贫小额贷款工作，计201户贫困户，贷款1050万元；有4020人享受养老保险待遇，2505人享受低保补助。

【社会事业】 2016年，新田县石羊镇做好乡镇卫生计生机构改革，挂牌成立石羊镇卫生计生办公室和石羊镇卫生计生监督管理所；截至12月20日，完成手术任务72例；新写永久性户外墙体标语30条，更换计划生育宣传版面90块，书写小标语260条，悬挂宣传横幅5条。精准识别建档立卡贫困户1499户、贫困人口5463人。开展“一进二访”帮扶活动，落实结对帮扶措施。开展农村低保动态管理，评定农村低保2570人、城镇低保40人。完善大病保险制度，兑付大病救助40余人次，大病救助金10余万元。农村产权制度改革顺利推进，建立镇土地流转服务中心；城乡规划工作启动，完成测绘工作；投资8万元硬化石羊村民广场，为群众提供休闲娱乐平台。

【“一打三整治”工作】 “打黑除恶”方面。政法组会同镇派出所工作人员，深入全镇重点行业场所开展社会整治专项排查摸底。开展网上追逃行动，追回清水湾村在逃人员3人。开展枪爆物品收缴工作，收缴枪支64支。“雁过拔毛”式腐败问题和“纠‘四风’、治陋习”专项整治方面。以问题为导向，明确工作重点，逐户发放便民举报受理卡8000张，发放《惠民政策一册明》5000份，逐村张贴举报内容公告220张。查处违规享用两项制度优惠政策问题21起，截留挪用问题2起，“不作为、乱作为”问题4起，优亲厚友问题4起，吃拿卡要6起，公款吃喝4起，处理的案件涉及资金50余万元。对上级移交的信访件、群众举报和红网搜集的32条问题线索，全部登记造册、逐一处理到位、逐一检查销号。软弱涣散村整治方面。有软弱涣散村6个，分别是龙眼头村、沙田村、地头村、东田村、清水湾村、山口洞村。各村工作组按要求及时驻队，针对软弱涣散原因都按照“一村一策”制定具体整顿措施，并明确了责任人、整改时限，采取有效措施抓好落实。乡风文明整治方面。加大宣传力度，书写永久性宣传标语10条，制作小标语260块，悬挂横幅3条，制作镇村宣传版面27块。开展巡回演讲16次，送戏下乡3次，送电影下乡5次，普法宣传3次，志愿者服务9次，评选出文明乡村3个，五好文明户26户。

【党的建设】 2016年，新田县石羊镇加强党委自身建设，抓好党委中心组学习、专题学习、科学发展观和创先争优等学习实践活动。通过依法民主选举，把一批政治素质好、廉洁奉公、年富力强、能带领群众致富奔小康的优秀党员选进村级领导班子，优化村支两委班子结构。开展党员冬春训工作及党员远程教育，增强发展动力。按照“改善结构，慎重发展”的原则发展党员13名，消除党员发展空白村。对外出半年以上的党员进行了调查摸底，建立名册。抓好党员干部的党性、党风、党纪教育，落实“三会一课”和“四议两公开”等制度。建立村务监督工作报告和村财镇管等制度。

新圩镇

【概　况】 新圩镇位于新田县南部，距县城15公里。新圩圩前河中有一石，形状如牛，得名石牛圩。明嘉靖二十三年（1544年）改建圩场，改名新圩。解放初境内属第五区。1956年为新圩乡。1958年为新圩公社。1961年，新圩公社分为大坪塘、邓家村、新圩、高山、新隆5个公社。1981年因同名，以驻地名改为下漕洞公社。1984年改为下漕洞乡。1986年撤乡建镇，为大漕洞镇。1994年更名为新圩镇。2015年撤乡并镇，新圩镇19个村，高山乡8个村，大坪塘镇3个村，合并为新圩镇。全镇总面积63.06平方公里，辖16个行政村，2个居委会，2个社区，79个自然村，总人口38927人。全镇耕地面积2.5万亩，其中水田1.8万亩。境内旅游资源丰富，有国家级文物保护单位郑作明故居等景区。2016年10月，高山村、三占塘村、石门头村被列入“全国乡村旅游扶贫重点村”。2016年，生产总值1.18亿元，比2015年度增长7%。地方财政收入863万元，比2015年度增长6.8%。固定资产投资330万元，人均纯收入7661元，比2015年度增长60%。

【产业发展】 2016年，新田县新圩镇坚持以农民增收为目的，农村经济稳步发展，产业化经营水平大幅提高，现代农业发展有新突破，土地流转初具规模，伍家村硒源生态农业、梧村兴大兴种养合作社等一批现代化农业企业迅速成长壮大。把烤烟产业作为增加农民收入的主导产业，规范并提升烤烟生产合作社的育苗、机耕、烘烤、分级等专业化服务，建设优质烤烟基地。种植烤烟7150亩，收购烟叶11691担。富锶矿泉水、富硒大米、富硒蔬菜产业逐渐成为全镇特色产业，培植建立富硒水果、富硒大豆、富硒蔬菜特色基地253.3公顷。其中：伍家、梧村等村发展富硒水稻和蔬菜基地200公顷；三占塘、高山、周家等村发展富硒大豆基地26.7公顷；高山、何昌等村发展富硒水果基地26.7公顷。北京九矿集团总投资2亿元的富锶矿泉水项目完成征地7.3公顷，目前正在进行采矿权审批。富硒农业产业逐渐成为全镇新的经济增长点，涌现出富硒产业园、富硒柑橘示范园等典型。利用土壤富含硒，水富含锶等资源优势，发展生猪、肉鸡、肉鸽、黑豚、竹鼠养殖和云耳种植、加工产业，带动周边村民增收。年出栏500头以上生猪养殖场15家，争取项目资金10万元以上的8家，年存栏生猪3.2万余头；梧村兴大兴种养合作社，年出栏肉鸡1.2万羽以上，商品鸡和鸡蛋远销到长沙、上海等省市，年产值120万元以上。

【基础设施建设】 2016年，新田县新圩镇争取和实施一大批基础设施建设项目，争取农村“一事一议”财政奖补项目71个，投入资金426万元，完善镇村基础设施。争取交通部门的立项支持，开展村与村之间的断头路建设，新修环村水泥路20.9公里，实现镇内交通大循环。其中包括新圩、程家、长富等村的环村路硬化，及已完成桥面铺装的道塘至三占塘村的渡改桥项目。礤溪头水库、螺丝洞水库除险加固工程完工，整修开挖大塘30余口，新修整修干支渠7公里，新建和修复农村小型水利工程26个，新增灌溉面积401公顷，改善灌溉面积866.7公顷，农业防灾抗灾能力提高。投资899万元的集中供水工程，惠及11个村、1.8万人。投入3700万元实施16个村的土地整治项目，完成中低产田改造73.3公顷。投入600多万元的现代农业发展项目惠及15个村，农业综合生产能力增强。推进总投资600万元的上禾塘、兰溪、白芒3个村土地整理项目，完善机耕道和渠系配套，提高农业综合生产能力。实施镇政府60套、原高山政府64套、卫生院60套、新圩电站30套公租房项目，改善机关干部职工居住条件。

【美丽乡村建设】 2016年，新田县新圩镇大力实施绿化美镇战略和农村清洁工程，开展村庄“四化一改”，创建省级卫生镇和市级新农村建设示范镇。对于有条件、有筹资能力修建环村公路和村内巷道的村，镇政府积极协助公路立项，争取列入“一事一议”财政奖补范围。大力开展荒山造林，注意路边、河边、村庄周边造林和房前屋后植树，坚持封山育林，防火护林，除草抚林，村规管林，依法治林。荒山造林180公顷，所有进村道路种植大苗，把梧村、湾头、桐木窝等村建成秀美村庄。推行村级卫生区分区包干制度，将村级卫生区划分为村级公共区和农户责任区，村级卫生区由村集体出资聘请专人进行保洁维护，农户责任区由农户承担包卫生、包秩序、包绿化的“三包”责任。推行垃圾统一清运制度，分类清除垃圾。各村向农户收取环境卫生费，解决公共区保洁员工资和垃圾清运资金。加强村庄主街道、村民活动广场等公共活动场所的亮化，政府财政扶持与村民自筹资金相结合，对积极性高、有自筹资金的村给予优先重点支持，方便群众夜间出行。按照“召开会议、集体回收、拆除旧房、统一规划、公开出让、配套建设、落实补偿、张榜公布、政府补贴”的步骤逐步推进村改造工程，对村两委干部积极性高、群众基础好的山水塘、梧村等村的空心村改造给予重点扶持。倡导利用荒山荒地集中连片建房，降低群众住房配套设施建设成本，切实保护耕地。

【小城镇建设】 2016年，新田县新圩镇发挥小城镇聚集产业、繁荣经济的作用，建设和管理相结合，扩容和提质相促进，加快全国重点镇建设步伐。按照“注重特色、远近结合、协调发展”的理念，做好小城镇发展规划，与专业公司洽谈规划方案和合同，力求小城镇建设规划切合实际，布局合理，打造一个经济发展与文化内涵、城镇建设与自然生态完美融合的宜居、宜业、宜游的名副其实的全国重点镇。以省级卫生镇的标准，强化集镇管理，拆除乱搭乱建的棚子42个，整治占道经营和车辆乱停乱放。推进集贸市场改造工程，改善市场环境，主街道所有门店招牌统一大小、规格和颜色，主街道铺上人行道板。

【社会事业】 2016年，新田县新圩镇投入资金1100万元，完成2所合格学校建设。加强校园管理，提高教师素质与教学质量。新圩中心校，高山中心校学生及格率、优秀率位居全县农村学校前列。标准化卫生院建设启动，加快村级卫生室建设，为群众提供优良的医疗服务，农村合作医疗参合率95%。对低保户进行清理和规范。完善农村五保户供养、特困户生活救助等社会救助帮扶体系，完善农村最低生活保障制度和困难家庭危房改造制度，农村五保、低保对象实行应保尽保，全镇有低保对象2530人。发放低保、五保、优抚对象等保障经费420万元。实行大病救助415户，补助金额136万元。落实计划生育奖励扶助政策，突出宣传教育，推行动态管理制度，坚持每月考评，实现计生重心下移，每年人口自然增长率在7‰左右，人口出生率在12‰以内。妥善处理和及时化解人民内部矛盾，调处较大矛盾纠纷15起。

新隆镇

【概　况】 新隆镇因驻地龙会寺有一座闻名的新隆桥而得名。位于新田县东南角，北与大坪塘镇相邻，南与陶岭镇、嘉禾县石桥镇和坦坪乡接壤，西与新圩镇交界，东与桂阳县飞仙镇和古楼乡相连。镇人民政府驻龙会寺村，距县城26公里。镇境解放初属第五区。1956年撤区并乡设龙会寺乡。1958年为新圩公社所辖。1961年从新圩公社分出单设新隆公社。1984年撤社改乡为新隆乡。1995年撤乡建镇，2016年与原高山乡的梅家、洞水、石古凤合并为新新隆镇。辖龙会寺、野乐、神桥、坪洞、临河、城塘溪、龙会潭、候桥、山田湾、心安、佃湾11个村民委员会，43个自然村，160个村民小组，辖区内有中华林场。总面积42.05平方公里，辖区总人口20900人。全年完成地方生产总值19906万元，完成社会固定资产投资931万元，农民人均纯收入3589元，镇财政收入331万元。

【精准扶贫】 2016年，新田县新隆镇坚持以脱贫攻坚统揽经济社会发展大局，全镇完成地方生产总值2.5亿元、财政收入598万元、社会固定资产投资7500万元，同比2015年分别增长25%、77%、25%；农民人均可支配收入达8500元，同比增长11%；全年可脱贫157户、713人，龙会寺社区脱贫出列。针对识别不准、帮扶不实、工作不力等脱贫攻坚突出问题进行全面集中整改，清理“四类对象”392户、941人，删除其他识别不准和拼户人员232人，纳入未整户纳入人员1157人，按程序新识别“五类人员”38户、154人，确保扶贫工作不错漏一户一人。对标“一超过、两不愁、三保障”和“三率一度”要求，推进“五个一批”工程。针对贫困户生产现状和需求，发放产业扶贫奖扶资金815人、51.99万元，发放扶贫小额贷款168万元。按照政策要求，325户、1582人（其中，县城插花安置294人，心安、东溪、龙会寺村集中安置215人，分散安置1153人）搬入新家，完成年度任务的131%。聘请生态护林员8名，发放公益林管护资金8万元。关注贫困学生，发放义务教育阶段贫困学生住宿补贴433人、16.71万元；落实“雨露计划”政策，扶持补助13人、3.9万元。城乡低保全面清理整顿重新“洗牌”，清退1206户、1179人，重新评定社会兜底保障对象114户、166人。将原石鼓凤、洞水、大坪头、枚家、龙会潭、山田湾、樟树下、乐塘8个贫困村，整合为龙会寺、坪洞、临河、龙会潭、山田湾、城塘溪6个贫困村，选派强有力的工作队长担任第一书记，实现结对帮扶全覆盖，促进各项工作更聚焦，各种资源更聚集，各方力量各聚合。同时，完成合并村后首次“村两委”换届工作，依法选举产生支部委员57

名，村委委员 61 名。

【农业经济】 2016 年，新田县新隆镇坚持“绿水青山就是金山银山”理念，加大土地流转力度，粮食、烤烟、水果、养殖等产业齐头并进，增加农民收入。增加粮食等传统产业科技含量，扩大规模，提高质量，完成粮食生产 746.7 公顷、种植蔬菜、绿肥 373.3 公顷。与恒丰粮油公司签订定向水稻收购协议，发展水稻种植大户 4 户，野乐村彭达农场生产的富硒无公害大米获得湖南省农科院认证。城塘溪乐塘自然村采取农户以土地入股的方式，引进企业种植八月瓜（七叶木通）20 公顷。野乐村清香橘增加到 46.7 公顷，增收 20 万元。山田湾村引进江永技术人才扩大红心柚种植 240 亩，增收 25 万元。新建密集型烤烟 18 座，培育职业烟农 12 名，收购烟叶 2664 担，烟农售烟收入 346.32 万元。按照“企业连基地”的养殖模式，在野乐、山田湾、心安、佃湾等村新建与温氏合作养殖场 5 个，出栏生猪 1.5 万头。落实动物疫情防控工作，防疫密度 100%，全年无重特大动物疫情事故发生。

【乡村面貌】 2016 年，新田县新隆镇坚持以项目推进为总抓手，精心包装项目，加强基础设施建设，增强发展后劲。各村编制《2016—2020 年发展规划》，涉及村组道路、饮水安全、能源建设、农田水利、医疗卫生、文体设施、环境整治、集贸市场建设等项目 638 个，资金总额 4.8 亿元，为实现乡村振兴奠定基础。支持配合 G234 线工程建设，完成征地 413.96 亩、房屋拆迁 2 座，新隆镇境内工程全线完成清表任务，路基等建设进展顺利。贫困村公路基础设施建设投入资金 515.59 万元，新建龙会潭至黄牛冲、枚家至王家等 5 条公路，提质改造乔亭至山田湾、石鼓凤至大坪头等 6 条公路，完成东溪纱帽岭至嘉禾枸杞坪、侯桥至嘉禾上沉岭、洞水至新侯桥 3 条公路的测量测绘。亮化工程投入资金 230 余万元，新增太阳能路灯 696 盏。农田水利设施投入资金 80 万元，实施心安泵站维修，机耕道建设、山塘整修、渠道护砌 43 处。完成易地扶贫搬迁配套基础设施建设规划、预算和招投标，总投资 1895 万元。投入 400 万元，建成村级光伏发电项目 6 个。农村综合服务平台建设进度加快，野乐、城塘溪 2 个改建项目基本完工，心安、佃湾、龙会寺 3 个新建项目正在抓紧施工。

【社会事业】 2016 年，新田县新隆镇以创建绿色乡镇为契机，推进绿化造林，完成荒山造林 2000 余亩，种植树苗约 28.2 万株，种植通道大苗 1745 株。城乡居民养老保险参保率 99.89%，医保参保率保持在 98% 以上，两项工作均被评为县先进。新增贫困劳动力转移就业 90 人，在全县率先举行就业扶贫交通补助发放仪式。完成危房改造 156 户，补助资金 180 余万元。投入 45 万元，新隆镇中学校园文化建设项目进展顺利，初中毕业生升入高中阶段就读率 85.7%。新隆中心校中心幼儿园建成投入使用，改善了校办学条件。投入 220 万元，新建新隆镇卫生院业务楼。创建市级文明乡镇，游塘村创建百岁健康示范村，野乐村创建文化服务中心示范村。全年计生服务累计完成 146 例，发放独生子女户、纯两女户奖扶补贴 6.37 万元。重新评定低保对象 84 户、142 人（不含兜底户）。全年发放临时救济 20 余万元、老兵补助 23 万元、残疾人两项补贴 21 万元。为部队输送优秀兵员 7 名。

【社会大局】 2016 年，新田县新隆镇在重大节庆日和各敏感时期等重要阶段，抓好政法综治信访维稳工作，全年累计排查各类不稳定因素 45 起，实现到京、到省“零上访”。调处龙会寺村谢某意外死亡事故，侯桥、神桥村 2 起交通意外死亡事故，化解 234 国道纠纷 30 余起，被评为全县社会治安综合治理先进单位。落实网格化管理模式，深化“网格化管理、组团式服务”，每个村建成高标准的网格服务平台，配备电脑、高拍仪等先进设备。树立“大安全”理念，通过开展

"一乡一长廊""一村一公约""一户一手册""一镇一竞赛"等活动，发放安全常识手册、平安农机、道路交通安全等宣传资料12000余份，提升全民安全素养。推进"四个签字背书"，排查各类生产经营单位375个，发出限期整改通知书43份。建立"一企一档一清单""一乡一月一案件""一险一案一专人"等监管制度，开展道路交通、烟花爆竹、非煤矿山、食品药品安全专项整治行动，发出行政处罚文书11份，罚款890元，淘汰黄标车35辆，全镇未发生重大安全生产责任事故，创建市平安农机示范乡镇。

陶岭镇

【概　况】 陶岭镇因境内陶岭山得名，地处新田县东南边陲，东与新隆镇接壤，南与郴州市嘉禾县广发镇、坦坪镇、石桥镇毗邻，西连石羊镇，北接新圩镇，距新田县城22公里，S215线与县道新土路在此交会，交通较为便利。全镇总面积40.02平方公里，辖洪仁、邝胡、大坪、郑家、周家、陶市、富上、仁岗、东山、刘何、李家、合福坊、田心、石塘、牛塘15个村（居）民委员会，其中陶市社区为镇政府驻地村，总人口2.2万余人，165个村民小组。2016年，实现生产总值2.45亿元，比上年同期增长8.6%。地方财政收入816万元，增长13%。农村居民人均纯收入7661元。

【经济发展】 2016年，新田县三井镇种植烤烟66.7公顷，发展50亩以上烤烟大户7户。投入40余万元，在石塘村新建标准化密集型烤烟房12座、4000平方米，配套建设机耕道1200余米。继续深化特色农业发展，完善仁岗村"陶岭三味辣椒"种植基地基础设施建设，鼓励扶持仁岗、门背、田心、李家、东山岭、楼下等村种植三味辣椒200公顷。推广完善"公司＋基地＋农户"的生产经营模式，形成规模化种植、精细化加工、科学化销售的生产销"一条龙"模式，实现"陶岭三味辣椒"经济与社会价值的最大化。以美丽乡村建设为契机，实施仁岗、陶市、大坪、楼下、东山岭、郑家等村背街小巷水泥硬化9.6公里。拓宽仁岗村进村路0.6公里，完工新嘉公路至上马塘村1.9公里的道路拓宽项目。实施渠道整修15条计8000余米，疏通主灌渠6000余米，改善400公顷水田的灌溉问题。完成牛塘、仁岗、梓木塘、狗头窝4座小（2）型水库的除险加固工程。

【美丽乡村建设】 2016年，新田县三井镇按照布点科学、重点突出、串点成线、连线成片、有序推进的要求，开展美丽乡村建设。结合小城镇建设，将政府驻地村陶市村打造成功能齐全、容纳量大、整洁秀美的边贸集镇，重点对集镇卫生、经营户占道营运及乱搭乱占等行为进行整治；利用县扶贫工作队和周家村环境卫生基础较好的优势，将周家村打造成蔬果业较为发达、生态公园建设稳步推进的生态文明特色示范村；依托"陶岭三味辣椒"和"特色休闲农庄"2个基地，将仁岗村打造成休闲旅游观光综合开发项目。出台村级环境卫生考核奖惩管理办法，聘请保洁员56名，其中镇政府聘请3名保洁员负责新嘉公路和新土公路陶岭段的卫生保洁工作。5月，对全镇各行政村开展环境卫生自查自纠，评选出"卫生清洁户与欠清洁户"，并在村内进行公示。对在自查自纠工作中发现的56个问题，要求各村整改，并做好"回头看"工作。利用仁岗水库与苗圃基地，打造以休闲观光为主，集采摘、垂钓、娱乐于一体的仁岗休闲旅游观光农庄，种植各类花卉树木46.7公顷。

【发展环境】 2016年，新田县三井镇利用专栏、传单、标语、会议等多种形式开展安全生产宣传教育活动。印发宣传单6000余份，设置大型宣传牌3块、路灯宣传牌50余块，张贴宣传标语300余条，悬挂宣传横幅80余条，制作户外不锈钢宣传牌14块。5月29日，在圩场开展集中宣传咨询日活动。组织开展道路交通联合整治2次，查处非法载人载客农用车、三轮摩托车60余次，全部依法作出处理；开展非煤矿山企业联合执法检查7次，下达整改指令书、复查通知书14份；开展烟花爆竹经营联合整治3次，下达整改指令书10份。通过开展联合执法，全镇安全生产形势大为好转。同时，扎实开展领导班子定期进村、进企业检查安全生产工作，对全镇15个行政村及加油站、液化气站、砖厂、石灰厂、建材厂等企业制度建设、现场、工作人员等进行检查，对存在隐患的及时下达整改通知书。化解各类矛盾纠纷80余起，未发生一起进京、赴省、到市上访事件。在李家征地23亩，用于建设公安检查站、交警中队、派出所等。统筹推进农村网格化建设，镇与陶市、周家、仁岗以及其他贫困村基本完成网格化建设。8月12日，全县农村网格化建设工作现场会在陶岭召开。东山岭—楼下山林权属纠纷基本得到稳控。

【民生民本】 2016年，新田县三井镇对符合条件的130户、283人全部纳入兜底范围。对全镇符合条件的314份困难残疾人“两项补贴”申报申请资料全部进行初核，并整理归档上报县民政局。完成930万元的金融产业小额信贷，超出任务数8个百分点，位居全县前列。周家村、门背下村、富上村已与温氏集团签订合作养殖协议，并就养殖场建设地址和环保评估等进行衔接沟通，年底建成投入使用。更新公路沿线和各村计生宣传版面30块。建立健全镇、村干部计生工作考核细则，实行每月督察，按季考核，调动镇、村干部计生工作的积极性；发挥陶岭驻花都流动人口党支部作用，为在粤务工、经商陶岭籍人员提供优质计生服务。

【初步建成爱莲公园】 2016年11月，陶岭镇周家村依托丰富的自然资源和人文资源，在村内后龙山开始打造新田县首个以廉政文化为主题，集健身、运动、休闲、观光于一体的村级休闲教育公园——爱莲公园。一方面满足村民劳作之余的休闲娱乐，另一方面吸引四方宾客到村旅游，带动当地特色产品销售，促进村级经济升级发展。公园一期工程面积280亩，投入资金120万元，种植大量奇花异草，建成670平方米林间彩砖走道，2个古色古香的凉亭，1个健身场，大批林间休息长椅，上百块保护花木和设施的宣传牌，还配有一批垃圾箱，爱莲塘也已经开挖完成。漫步公园，原始森林密布，古木奇石到处可见，天然氧分让人惬意。公园附近的古路、古井、石岩和惜字塔，至今保存完好，为公园平添一道亮丽的风景。二期工程将进行改造升级，完善路灯、音响等其他设施，并设置廉政文化碑刻长廊，融入廉洁、廉政等多元化元素，依托爱莲公园，传承发扬廉洁文化思想，让村民在观景游玩时潜移默化地接受教育，引起警示。同时，结合周边其他旅游项目，以点带面，促进陶岭区域性乡村旅游休闲产业的发展。

大坪塘镇

【概　况】 大坪塘镇位于新田县东南部，面积78.66平方公里，辖93个自然村，280个村民小组。2014年，撤销大坪塘乡，设立大坪塘镇。2015年12月，新田县乡镇行政区划调整后，将原知市坪乡所辖的全部17个建制村并入大坪塘镇，镇人民政府驻知市坪居委会（原知市坪乡人民政府驻地），距县人民政府驻地龙泉镇16公里。2016年1月建制村合并后，全镇辖大坪塘、知市坪2个居民委员会，土桥坪、大凤头、大冲、白杜、大山仁、冷水塘、龙溪、白杜尧、定家村、黄家舍、龙井塘、石溪、火柴岭、草坪、留家田15个村民委员会，17个村（居）民委员会。2016年，全镇总人口3.67万人、9048户，以汉族居多，另有瑶族、客家族等少数民族人口。当地方言以新田官话、南乡土话、桂阳土话为主。2016

年，被评为全省“创新创业，带动就业”示范乡镇、全省扫黄打非示范乡镇、全市绿色永州建设工作模范乡镇、全市计划生育工作先进乡镇、全市“雁过拔毛”式腐败问题专项整治工作先进单位、全县综合绩效评估先进单位（排名第3）、全县计划生育先进单位、全县农业农村工作优秀单位、全县美丽乡村建设工作优秀单位（排名第1）、全县民政工作先进集体、全县宣传工作先进单位、“六五”普法工作先进单位、“三八”红旗集体。

【脱贫攻坚】 2016年，新田县大坪塘镇实现全年脱贫2600人的目标任务，重点抓好贫困村驻村帮扶示范带动。实施产业扶贫带动。在第一轮脱贫的6个贫困村中结合实际、因地制宜，重点抓好产业发展。其中，适合烤烟产业发展的大山仁村、王家寨村、板溪村通过千山烤烟合作社的业务指导和技术引导，发展烤烟生产。通过乡镇干部担保贷款解决资金难题，全镇贫困户发展烤烟种植面积173.3公顷；在适合蔬菜种植的留家田村通过三箭集团发展富硒蔬菜20公顷；在火柴岭村和小塘村发展特色养殖，为贫困户免费发放鸡苗12000多羽，并结合荒山荒土现状，引进金槐种植40公顷。引进温氏养殖大户7户，生猪养殖量1万余头，产业扶贫工作进展顺利。实施金融扶贫工程。超额完成金融扶贫贷款任务，并在前期主动联系县农业银行，探索企业结对贫困村，劳动力定点输出的扶贫工作。推进土地流转的金融贷款业务，引导和支持有能力的人通过创业就业、带动贫困区群众实现脱贫。实施救助兜底保障工程。抓好危房改造工作，做好易地搬迁或集中安置选址的前期准备工作，优化农村房屋布局，使农村建房规范有序、秩序井然，抓好医疗卫生，落实好政策兜底。实施基层基础提升工程。筑牢村级阵地，发展集体经济，做好第一、二批12个驻村帮扶示范带动，引导社会参与。

【美丽乡村建设】 2016年，新田县大坪塘镇按照“突出重点、统筹兼顾”的基本原则，坚持以秀美村庄建设为重点，突出抓好乡村村道建设、背街小巷硬化、主道路灯铺设、房前屋后绿化和环境卫生整治等秀美村庄建设项目，以点带面、稳步推进美丽乡村建设规划。年初，提出“凡是抓不好环境卫生整治工作的村一律不给项目”的工作要求，从干部层面引起高度重视。5月，开展“卫生整治月”活动，带领村支书对各村卫生进行交叉检查评比，召开全镇的卫生评比通报会，落实重奖重罚措施。在群众中召开座谈会、在校园中开展卫生知识讲堂。以三个美丽乡村重点村为抓手，着力抓好基础设施建设，镇政府对美化、亮化工作进行重点奖补，争取交通、农业、农村等上级资金，鼓励致富能人捐资，整合资金用于改善村容村貌，大坪塘村、知市坪村、白杜村、白杜尧村等村的基础设施有明显改观。对2个农贸市场的卫生整治进行公开招标，集镇区域设立垃圾中转站，将垃圾统一转运至县垃圾处理场，污染治理取得明显效果。投入130多万元用于排污沟建设、道路扩宽、绿化提质改造、旧房穿衣戴帽、统一门面招牌等工作，基础设施建设取得较好成效。建立健全村级保洁机制和卫生评比机制，为克服保洁费难收取的实际困难，对收取保洁经费进行严格考核，截至3月底，所有村级都按要求收取卫生保洁费并存入村级账户。

【农业现代化】 2016年，新田县大坪塘镇重点抓好农村经济建设，用经济发展带动“三农”工作进步。在稳定优质水稻这一传统主导产业的基础上，扩大优质烟叶种植，实行烟稻轮作。出台奖励政策助推烤烟扩面，烤烟种植面积373.3公顷。规范千山烤烟专业合作社营运，按照建设全省一流的目标，发挥示范效应。建立健全大豆、葡萄等合作社。做好凤神油茶、富硒农产品研发中心的基地建设，引导传统养殖向专业养殖转型，温氏养殖基地建设顺利，发挥“公司+基地+农户”的模式。抓好农村产权制度改革后续工作，土地确权基础信息核实工作在7月初基本完成。烟草土地整理项目落地大坪塘镇，完成土地整理项目规划333.3公顷。耕地流转达286.7公顷。引导各村发展集体经济，探索林地统一收归集体管理模式，农民按面积参与分红，发展村集体造林。在板溪村进行探索，流转荒山和林地100公顷，全部由村集体统一种植、管理。在大坪塘、知市坪、山口等村进行推广。加大农民实用技术和技能培训力度，提高劳动力就业转移，增强农民致富能力；优化返乡农民工创业环境，鼓励和引导积累一定资金、掌握一定技能的返乡农民工自主创办各种实体，引领群众致富。完善农业技术推广体系，鼓励农户流转土地承包经营权，支持组建富硒蔬菜、葡萄等农村经济合作组织，构建与外界进行农业技术交流及产供销“一条龙”合作的平台。

【社会维稳】 2016年，新田县大坪塘镇围绕创建“平安乡镇”“平安边界”的工作目标，通过层层定责任、层层抓预防，构筑牢固的防控体系，未发生进京赴省上访事件。在各村开设宣传栏、书写永久性宣传标语、印发8000余份安全生产与法治宣传等宣传资料，在校园开展安全生产、交通、消防、禁毒知识讲座。班子成员包干化解矛盾纠纷，落实信访接待制度，减少各类矛盾纠纷的发生；加强对道路交通、消防安全企业、在建建筑工地、学校、公共场所、饮食卫生、烟花爆竹等重点领域的安全生产管理。2016年以来，重点化解各类遗留问题，主要领导亲自抓矛盾化解，解决知市坪村唐某堵路2年造成主干道半边路问题，解决大坪塘村私人地基影响蒋先云故居红色旅游景点规划难题，解决大坪塘集镇区域多户违法搭建木屋影响镇容镇貌等各种历史遗漏矛盾。

【民生事业】 2016年，新田县大坪塘镇健全计生政策及利益导向机制，展开以“创先争优，服务大局”为主的计生协会特色工作，宣传二孩政策，推进“诚信计生”。帮扶计生困难家庭126户，落实各类措施364例。农村低保动态调整、孤儿救助、五保供养、农业生产补贴发放、农机补贴信息资料上报、危房改建资料收集、农业保险、精准扶贫等相关政策在落实过程中力求公平、公正、公开，确保政策宣传到位，保障群众知情权。提高“新农合”和“新农保”的参合率。

人 物

新任县委书记、副书记、常委简介

唐　军　女，汉族，湖南祁阳人，1977 年 4 月出生。1998 年 6 月加入中国共产党。1998 年 8 月参加工作。长沙铁道学院机电系供热通风与空调工程专业毕业，大学学历，工学学士，湘潭大学公共管理硕士。

1998 年 8 月从长沙铁道学院机电系供热通风与空调工程专业毕业后，分配到永州市芝山区邮亭圩镇工作。1999 年 12 月，任永州市芝山区邮亭圩镇政府团委书记、宣传部部长。2000 年 6 月，任永州市芝山区邮亭圩镇党委委员、宣传部部长。2001 年 10 月，任永州市芝山区肉底乡党委书记。2002 年 3 月，任共青团永州市委副书记、党组成员，永州市芝山区肉底乡党委书记。2003 年 6 月，任共青团永州市委副书记、党组成员（其间：2006 年 9 月至 2009 年 10 月，获湘潭大学公共管理专业公共管理硕士学位）。2006 年 12 月，任共青团永州市委书记、党组副书记。2007 年 7 月，任共青团永州市委书记、党组书记。2010 年 1 月，任中共永州市江永县委副书记。2012 年 3 月，任中共新田县委副书记，新田县人民政府党组书记、代县长。2012 年 4 月，任中共新田县委副书记、新田县县长。2014 年 1 月，任中共新田县委书记。

秦山成　男，汉族，湖南东安人，1971 年 4 月出生。1992 年 1 月加入中国共产党。1993 年 7 月参加工作。中央党校法律专业毕业，大学文化。

1993 年 7 月从零陵师专物理教育专业毕业后，分配到江永县上江圩乡政府工作。1994 年 8 月，任江永县委办干事。1996 年 3 月，任江永县委办副科级秘书。1997 年 7 月，任永州市委统战部调研室副主任科员。1998 年 1 月，任永州市委统战部调研室副主任。1999 年 11 月，任永州市委统战部经济联络科科长（其间：2000 年 8 月至 2002 年 12 月，在中央党校函授学院法律专业本科学习）。2001 年 2 月，任永州市委统战部经济联络科科长兼办公室主任。2002 年 2 月，任永州市委统战部办公室主任。2003 年 6 月，任永州市委统战部副处级纪检员。2007 年 12 月，任永州市委统战部副部长。2010 年 1 月，任中共江永县委常委、常务副县长。2011 年 6 月，任中共江华瑶族自治县委常委、常务副县长（其间：2012 年 4 月至 2013 年 1 月，挂职任湖南省财政厅资产管理处副处长）。2012 年 8 月，任中共江华瑶族自治县委副书记。2014 年 1 月，任中共新田县委副书记、代县长。2014 年 2 月，任中共新田县委副书记、县长、党组书记。

易先平　男，汉族，湖南临澧人，1978 年 3 月出生。1999 年 1 月加入中国共产党。1999 年 8 月参加工作。省委党校经济学（经济管理）专业毕业，研究生文化。

1999 年 8 月从常德高等专科学校计算机专业毕业后，分配到常德市档案局工作（其间：1997

年9月至1999年12月，在国防科技大学计算机及运用专业自考本科学习）。2002年1月，任常德市档案局副主任科员。2005年12月，任常德市档案局业务指导科副科长。2007年4月，任常德市档案局办公室主任。2008年12月，任省档案局办公室主任科员（其间：2006年9月至2009年7月，在省委党校经济管理专业在职研究生学习）。2010年5月，任省档案局办公室副主任。2011年11月，任省档案局（馆）科技信息处副处长（主持工作）。2013年7月，任省档案局（馆）科技信息处副处长。2014年12月，任省档案局（馆）电子声像部主任。2016年8月，任中共新田县委副书记。

王名扬 男，汉族，湖南祁东人，1973年2月出生。1996年12月加入中国共产党。1995年9月参加工作，湘潭大学法律专业毕业，大学文化。

1995年7月从零陵师范专科学校中文专业毕业后，分配到永州市祁阳县进宝塘镇人民政府工作（其间：1997年10月至1998年8月，在祁阳县城镇规划局工作）。1998年8月，任永州市祁阳县委组织部科员、办公室副主任。2002年8月，任永州市祁阳县委组织部副科级组织员。2003年8月，任永州市委组织部副科级组织员（其间：1999年1月至2004年12月，在湘潭大学法律专业自考本科学习；2004年12月至2005年9月，任中央保持共产党员先进性教育活动第四督导组组员）。2006年9月，任永州市委组织部正科级组织员。2008年3月，任永州市委组织部干部二室副主任。2009年12月，任永州市委组织部办公室副主任（主持工作）。2010年6月，任永州市委组织部办公室主任（副处级）。2011年2月，任永州市委组织部党建室主任。2015年4月，任东安县委常委、组织部部长、统战部部长。2016年8月，任中共新田县委常委、副县长候选人（常务）。2016年11月，任中共新田县委常委、常务副县长、党组副书记。

刘安平 男，汉族，湖南祁阳人，1970年6月出生。1993年8月加入中国共产党。1991年7月参加工作，国防科学技术大学自考计算机应用专业毕业，大学文化。

1991年7月从北京电子专科学校计算机软件专业毕业后，分配到零陵地委办机要科工作。1996年6月，任市委办文电科副科长。1999年6月，任市委办机要处副主任科员。2001年4月，任市委办机要处副主任（其间：2001年6月，在国防科学技术大学计算机应用专业自考本科学习）。2002年4月，任市委办机要室副主任科员。2004年1月，任市委办机要室主任科员（其间：2004年3月至2005年7月，挂职任祁阳县下马渡镇党委副书记；2005年7月至2008年1月，挂职任祁阳县浯溪镇党委副书记）。2008年1月，任市委办值班室副主任。2009年6月，任市委办副处级督查员。2012年5月，任永州市委办值班室主任。2013年8月，任永州市委总值班室（市委应急办公室）主任。2015年4月，任新田县委常委、副县长。2016年8月，任中共新田县委常委、县委办主任。

刘晓燕 女，汉族，湖南新田人，1982年2月出生。2000年6月加入中国共产党。2000年7月参加工作，湖南师范大学汉语言文学专业毕业，大学文化。

2000年6月，从祁阳师范学校文秘专业毕业后，分配到新田县茂家学校任教。2003年10月，考入新田县田家办事处任党委秘书。2004年11月，任共青团新田县委副书记。2007年12月，任共青团新田县委书记。2011年3月，任新田县骥村镇党委书记。2014年11月，任新田县三井乡党委书记。2015年12月，任新田县三井镇党委书记。2016年8月，任中共新田县委常委、统战部部长。

汤小兵 男，汉族，湖南冷水滩人，1975年7月出生。1994年12月加入中国共产党。1995年10月参加工作，湖南师范大学汉语言文学专业毕业，大学文化。

1995年7月从零陵师专中文专业毕业后，分配到零陵监狱二大队工作。1996年10月，任零陵监狱二大队科员。1997年6月，任永州市司法局办公室科员。2000年1月，任永州市司法局办公室副主任科员。2002年1月，任永州市司法局监狱管理科副科长。2004年3月，任永州市纪委监察局副科级干部。2004年6月，任永州市纪委监察局副科级纪检监察员。2007年11月，任永州市纪委正科级纪检监察员。2008年2月，任永州市纪委纠风室副主任。2013年8月，任永州市纪委纠风室主任。2014年10月，任永州市纪委第四纪检监察室主任。2016年8月，任中共新田县委常委、纪委书记。

李祥佐　男，汉族，湖南新田人，1969年8月出生。1993年9月加入中国共产党。1988年7月参加工作，湘潭大学行政管理专业自考毕业，大学文化。

1988年7月从湖南供销学校统计专业毕业后，分配到新田县统计局工作。1992年12月，任新田县计委正股级干事。1995年9月，任新田县人民政府办公室秘书。1998年5月，任新田县人民政府办公室副主任科员。2000年4月，任新田县茂家乡党委书记。2005年1月，任新田县财政局党组书记、第一副局长。2008年1月，任新田县财政局党组副书记，提名为财政局局长。2008年4月，任新田县财政局党组副书记、局长。2010年6月，任新田县副处级干部、县财政局党组副书记、局长。2011年3月，任新田县副处级干部。2012年5月，任新田县人民政府党组成员、副县长。2016年8月，任中共新田县委常委、政法委书记。

何　勇　男，汉族，湖南宁远人，1975年4月出生。1998年3月加入中国共产党。1997年7月参加工作，湘潭大学法学院法律专业法律硕士毕业，研究生文化。

1997年7月从中国政法大学经济法系经济法专业毕业后，分配到东安县紫溪镇人民政府工作。2000年2月，任东安县委组织部研究室、干部组科员。2002年4月，任东安县人民法院党组成员、纪检组长。2004年12月，任东安县计划生育委员会党组成员、纪检组长。2007年12月，任东安县新圩江镇党委副书记、党委委员、镇长候选人。2008年4月，任东安县新圩江镇党委副书记、党委委员、镇长。2010年12月，任永州市科技局总工程师。2015年9月，任永州市科技局党组成员、副局长。2016年8月，任中共新田县委常委、宣传部部长。

陈志华　男，汉族，湖南东安人，1970年2月出生。1992年6月加入中国共产党。1993年7月参加工作，中央党校函授学院党政专业毕业，大学文化。

1993年6月从零陵师范专科学校政史专业毕业后，分配到东安县工业技校任教。1994年6月，任《东安报》编辑、记者。1995年1月，任东安县委宣传部理教室主任。1998年12月，任东安县委宣传部副主任科员。1999年4月，任东安县委宣传部副科级纪检员。2002年4月，任东安县委宣传部副部长。2002年7月，任东安县委办公室副主任兼政研室主任。2003年6月，任东安县委办主任科员兼政研室主任（正科）。2004年12月，任东安县花桥镇党委书记。2007年8月，任东安县委宣传部副部长（借用到市委宣传部工作）。2008年2月，任永州市委宣传部主任科员。2008年3月，任永州市委宣传部办公室主任。2011年3月，任永州市委宣传部办公室主任、网络网评网监管理科科长。2012年5月，任永州市委网宣办主任（副处级）、市政府办副主任。2015年4月，任永州市零陵区委常委、宣传部部长。2016年8月，任中共新田县委常委、组织部部长。

蒋昌辉　男，汉族，湖南道县人，1972年7月出生。1994年8月加入中国共产党。1991年8月参加工作，桂林陆军学院步炮合成指挥专业毕业，大学文化。

1991年8月至1995年7月，在桂林陆军学院八队学习。1995年7月至1999年12月，在部队锻炼。1999年12月，任湖南江永县人武部政工科干事。2003年6月，任湖南道县人武部军事科参谋。2006年3月，任湖南道县人武部政工科科长。2007年3月，为南京陆军指挥学院学员。2008年2月，任湖南道县人武部副部长兼军事科科长。2014年1月，任湖南新田县人武部政委。2015年9月，任中共新田县委常委、人武部政委。

县人大常委会主任、副主任简介

欧阳涛 男，汉族，湖南宁远人，1962年8月出生。1984年8月加入中国共产党。1983年7月参加工作，中央党校函授学院法律专业函授本科毕业，大学文化。

1983年7月从零陵师范专科学校数学专业毕业后，分配到新田县骥村公社工作。1983年12月，任新田县骥村公社秘书。1985年9月，任新田县骥村乡党委副书记、乡长。1987年2月，任新田县骥村镇党委书记。1988年5月，任新田县经济体制改革委员会副主任。1990年6月，任新田县计生委副主任。1993年1月，任新田县计生委党组书记、主任。2000年6月，任新田县人民政府县长助理（副县级）（其间：2000年8月至2002年12月，在中央党校函授学院法律专业本科学习）。2007年11月，任新田县人民政府副县长。2015年4月，任新田县委常委、政法委书记。2016年11月，任新田县人大常委会主任、党组书记。

郑智新 男，汉族，湖南新田人，1968年11月出生。1990年2月加入中国共产党。1984年5月参加工作，湖南省委党校法学理论学专业毕业，研究生文化。

1984年5月，在新田县陶岭学区任教。1989年9月，在零陵师范学习。1991年7月，中专毕业后分配到新田县骥村镇政府工作。任党委秘书（其间：1991年9月至1994年7月，在郴州教育学院函授中文专业大专学习）。1992年11月，任新田县十字乡党委宣传委员（其间：1995年8月至1997年12月，在中央党校函授学院政法专业本科学习）。1995年9月，任新田县十字乡党委副书记。1996年12月，任新田县骥村镇党委副书记、镇长候选人。1997年4月，任新田县骥村镇党委副书记、镇长。1999年6月，任新田县骥村镇党委书记。2003年3月，任新田县规划建设局局长、党组书记。2003年6月，任新田县人民政府助理调研员、县规划建设局局长、党组书记。2003年9月，任新田县人民政府助理调研员、县国土资源局党组书记、局长。2004年10月，任新田县人民政府助理调研员（其间：2005年9月至2008年7月，在湖南省委党校法学理论专业在职研究生学习）。2007年11月，任新田县人大常委会副主任、党组成员。2012年10月，任新田县人大常委会副主任、党组副书记。

毛群联 女，汉族，湖南常德人，1968年9月出生。1991年7月参加工作，湖南省委党校法学理论专业在职研究生毕业，研究生文化，文学学士。

1991年7月从湖南师范大学汉语言文学专业毕业后，分配到常德鼎城区西洞庭一中任教，任校团总支宣传委员。1993年8月，调新田县一中任教，任语文教研组组长。2001年1月，任新田县教委副主任。2002年4月，任新田县文联主席。2002年12月，任新田县文联主席、县政协副主席（兼）（其间：2004年9月至2007年7月，在湖南省委党校在职研究生法学理论专业学习）。2007年11月，任新田县政协副主席。2016年11月，任新田县人大常委会副主任。

贺安祥 男，汉族，湖南新田人，1962年12月出生。1991年1月加入中国共产党。1982年8月参加工作，中央党校函授学院经济管理专业函授本科毕业，大学文化。

1982年8月从道县师范中师专业毕业后，先后在新田县门楼下瑶族乡中学、新田县城关三完小任教（其间：1986 年 9 月至 1989 年 7 月，在零陵师专政治专业大专学习）。1987 年 7 月，调新田县教委工作。1989 年 3 月，调新田县人民政府办公室工作。1993 年 10 月，任新田县广播电视局副局长。1997 年 4 月，任新田县文化局局长、党组书记。2000 年 4 月，任新田县计委党组成员、副主任。2001 年 1 月，任新田县广播电视局党组副书记、局长（其间：2001 年 8 月至 2003 年 12 月，在中央党校函授学院经济管理专业本科学习）。2002 年 4 月，任新田县广播电视局党组书记、局长。2009 年 5 月，任新田县民政局党组成员、副书记、局长。2012 年 9 月，任新田县人大常委会党组成员、副主任，县民政局党组副书记、局长。2012 年 11 月，任新田县人大常委会副主任、党组成员。

刘志斌 男，汉族，湖南新田人，1972 年 5 月出生。1993 年 12 月加入中国共产党，1992 年 7 月参加工作，兰州学院会计学专业函授本科毕业，大学文化。

1992 年 7 月从零陵商校会计审计专业，毕业后分配到新田县城东乡财政所工作。1993 年 3 月，调新田县十字乡财政所工作（其间：1994 年 9 月至 1996 年 12 月，在永州市委党校涉外经济管理专业函授专科学习；1996 年 10 月，借调到新田县委组织部工作）。1998 年 3 月，调新田县委组织部工作（其间：1998 年 6 月至 1999 年 2 月，任新田县金陵镇土地堂村党建扶贫工作组组长；1998 年 8 月至 2000 年 12 月，在中央党校法律专业函授本科学习）。2002 年 4 月，任新田县委组织部副科级组织员、干部办主任。2003 年 4 月，任新田县委组织部副科级组织员、干部室主任。2005 年 1 月，任新田县大坪塘乡党委书记（其间：2006 年 3 月至 2009 年 1 月，在兰州商学院会计学专业函授本科学习）。2007 年 9 月，任新田县龙泉镇党委书记。2009 年 5 月，任中共新田县委组织部副部长、纪检员（兼）、县直属机关党工委委员（兼）。2010 年 2 月，任中共新田县委组织部副部长。2012 年 11 月，任新田县民政局党组副书记、局长。2013 年 12 月，任新田县民政局党组书记、局长。2016 年 11 月，任新田县人大常委会副主任、党组成员。

周艳芳 女，汉族，湖南冷水滩人，1975 年 6 月出生。1994 年 4 月加入中国共产党。1995 年 7 月参加工作，湖南省委党校法学理论专业在职研究生毕业，研究生文化。

1995 年 7 月从湖南吉首大学食品化学专业毕业后，被省委组织部选调到新田县莲花乡政府工作。1996 年 6 月，任莲花乡党委委员（其间：1996 年 8 月至 1998 年 12 月，在中央党校政法专业函授本科学习）。1997 年 2 月，任枧头镇党委副书记。1998 年 11 月，任莲花乡党委副书记、乡长。2000 年 4 月，任新田县妇联副主席。2001 年 7 月，任新田县人民检察院党组成员、副检察长、检察委员会委员。2004 年 2 月，任新田县人民检察院党组成员、副检察长、检察委员会委员、正科级检察员（其间：2004 年 10 月至 2007 年 6 月，在湖南农业大学经济法学自考本科学习）。2008 年 1 月，任新田县人民检察院党组副书记、副检察长、检察委员会委员、正科级检察员（其间：2008 年 9 月至 2011 年 6 月，在湖南省委党校在职研究生法学理论专业学习）。2016 年 11 月，任新田县人大常委会副主任、党组成员。

县人民政府县长、副县长简介

秦山成 （参见 P279“秦山成”）

王名扬 （参见 P280“王名扬”）

吴新波 男，汉族，湖南双牌人，1972 年 8 月出生。1995 年 6 月加入中国共产党。1992 年 7 月参加工作，中央党校函授学院政法法律专业函授本科毕业，大学文化。

1992年7月从湖南省机电学校市场营销专业毕业后，分配到蓝山县竹管寺镇工作。1992年12月，任蓝山县竹管寺镇副镇长。1995年11月，任蓝山县委组织部组织员。1997年4月，任蓝山县委组织部副科级组织员。1999年2月，任蓝山县团县委书记。2000年9月，任蓝山县正市办事处党委书记。2003年4月，任蓝山县总市办事处党委书记。2003年8月，任蓝山县副处级干部、总市办事处党委书记。2009年8月，任蓝山县政府党组成员、副处级干部。2010年6月，任蓝山县政府党组成员、副县长。2016年11月，任新田县副县长、党组成员。

刘大兵 男，汉族，湖南新田人，1971年2月出生。1997年6月加入中国共产党。1991年7月参加工作，中央党校函授学院法律专业毕业，大学文化。

1991年7月从零陵农校经作专业毕业后，分配到新田县农业局工作。1997年5月，调共青团新田县委任职。1998年5月，任共青团新田县委副书记，兼任县城市建设指挥部办公室主任。2001年1月，任新田县骥村镇党委副书记。2001年4月，任新田县骥村镇党委副书记、镇长。2001年12月，任新田县城东办事处党委书记。2003年2月，任新田县房产局党组副书记、副局长。2004年2月，任新田县房产局党组书记、局长。2008年1月，任新田县经济委员会党组副书记、主任、县工业园党工委书记。2009年5月，任新田县委办第一副主任、县工业园党工委书记。2009年6月，任新田县工业园党工委书记（副处级）、县工业园管委会主任（副处级）、县委办第一副主任。2010年1月，任新田县工业园党工委书记（副处级）、县工业园管委会主任（副处级）。2010年6月，任新田县政府副县长。2010年12月，任新田县政府副县长、党组成员。

周　平 男，汉族，湖南娄底人，1972年7月出生。1998年6月加入中国共产党。1993年8月参加工作，中央党校函授学院法律专业毕业，大学文化。

1993年8月从湖南广播电视大学财会专业，毕业后分配到冷水滩市公安局工作。1996年5月，任永州市公安局冷水滩分局行财股科员。1997年10月，任永州市公安局行财装备科科员。1999年11月，任永州市公安局户政管理科科员（其间：2001年8月至2003年12月，在中央党校函授学院法律专业本科学习）。2002年4月，任永州市公安局户政管理科副科长。2007年8月，任永州市公安局政治部人事科科长。2010年3月，任永州市公安局政治部副主任兼人事科科长。2010年12月，任宁远县公安局政委。2014年1月，任永州市冷水滩区公安分局政委。2014年9月，任新田县政府副县长候选人、县公安局局长。2014年11月，任新田县政府副县长、党组成员，县公安局党委书记、局长。

杨柳青 女，汉族，湖南零陵人，1982年11月出生。2001年8月加入中国共产党。1999年12月参加工作，湖南省委党校经济管理专业在职研究生毕业，研究生文化。

1999年7月从长沙民政学校计算机专业毕业后，分配到永州市芝山区富家桥镇工作。2002年6月，借调到永州市芝山区委办任秘书（其间：2000年9月至2003年6月，在湖南省委党校经管专业函授大专学习）。2003年10月，任永州市零陵区委办秘书。2003年11月，任永州市芝山区石山脚乡党委副书记（其间：2004年8月至2006年12月，在中央党校法律专业函授本科学习）。2005年7月，任永州市零陵区石山脚乡党委副书记。2006年3月，任永州市零陵区石山脚乡党委委员、组织委员。2008年5月，任永州市零陵区石山脚乡党委副书记、乡长候选人。2008年12月，任永州市零陵区石山脚乡党委副书记、乡长（其间：2009年9月至2012年6月，湖南省委党校经济管理专业在职研究生学习）。2011年3月，任永州市零陵区石山脚乡党委书记。2015年12月，任新田县人民政府副县长、党组成员。

彭晓军 男，汉族，湖南新田人，1967年9月出生。1997年6月加入中国共产党。1991年7月参加工作，湖南省委党校经济学专业毕业，研究生文化。

1991年7月从湖南大学机械工程系机械制造专业毕业后，分配到新田县水利水电局工作。1998年12月，任新田县新圩镇副镇长。2000年4月，任新田县城东办事处党委副书记。2001年1月，任新田县毛里乡党委副书记、乡长候选人。2001年4月，任新田县毛里乡党委副书记、乡长。2007年9月，任新田县大坪塘乡党委书记（其间：2005年9月至2008年7月，在湖南省委党校经济学经济管理专业在职研究生学习）。2009年5月，任新田县石羊镇党委书记。2010年2月，任新田县政府党组成员，县政府办公室党组书记、主任。2015年11月，任湖南福音山国家森林公园管理局局长（副处级）。2016年11月，任新田县政府副县长、党组成员。

李勖川 男，汉族，湖南新田人，1974年4月出生。1997年7月参加工作，中央党校经济管理专业函授本科毕业，大学文化。

1997年7月从零陵师专政史专业毕业后，分配到新田县委党校任教（其间：1999年8月至2001年12月，在中央党校经济管理专业函授本科学习）。2000年4月，任新田县城东办事处副主任。2003年4月，任新田县城东办事处副主任、计生领导小组常务副组长。2007年9月，任新田县人口和计划生育委员会副主任科员。2008年1月，任新田县人口和计划生育委员会副主任。2010年2月，任新田县司法局副局长。2012年11月，任新田县信访局副局长、主任科员。2014年11月，任新田县住房和城乡规划建设局副局长。2016年5月，任新田县城市管理行政执法局局长。2016年11月，任新田县政府副县长。

政协新田县委员会主席、副主席简介

王佑生 男，汉族，湖南祁阳人，1965年9月出生。1993年1月加入中国共产党。1988年8月参加工作，中国人民解放军国防科技大学公共管理专业毕业，研究生文化，公共管理硕士。

1988年8月从南开大学控制理论专业毕业后，分配到零陵地区计委工作（其间：1989年1月至1989年12月，挂职任江华县涛圩镇教育专干）。1993年12月，任零陵地区计委饲料办副主任。1997年6月，任永州市计委基建投资科科长（其间：2001年10月至2004年6月，在中国人民解放军国防科技大学公共管理专业学习，获公共管理硕士学位）。2002年4月，任永州市发展计划委员会基建投资科科长。2003年6月，任宁远县政府副县长（其间：2007年11月至2008年2月，在美国弗吉利亚州奥多梅恩大学学习）。2010年6月，任新田县委常委（其间：2010年4月至2011年1月，挂职任中国建设银行湖南省分行机构业务部副总经理）。2011年6月，任新田县正处级干部、县政协党组副书记（排第一）。2012年9月，任新田县政协主席、党组书记。

何三明 男，汉族，湖南新田人，1962年12月出生。1998年3月加入中国共产党。1983年8月参加工作，北京师范大学汉语言文学专业函授本科毕业，大学文化。

1983年6月从零陵师范专科学校汉语言文学专业，毕业后曾在新田一中、新田县新圩中学任教（其间：1986年9月至1989年6月，在北京师范大学汉语言文学专业函授本科学习）。1997年3月，调新田县人民政府办公室工作。1999年12月，任新田县十字乡党委副书记。2000年3月，任新田县十字乡党委副书记、乡长。2001年1月，任新田县十字乡党委书记。2001年12月，任新田县莲花乡党委书记。2003年10月，任新田县城管局副局长。2004年2月，任新田县人事局党组副书记、副局长。2005年1月，任新田县人事局党组书记、局长。2007年9月，任新田县教育局党组副书记、局长。2012年9月，任新田县政协副主席，县教育局党组副书记、局长。2012年10月，任新田县政协党组副书记、副主席，县教育局党组副书记、局长。2012年11月，任新田县政协副主席、党组副书记。

龙石佑 男，汉族，湖南新田人，1963年10月出生。1984年7月参加工作，北京师范大学汉语言文学专业函授本科毕业，大学文化。

1984年7月从零陵师专中文专业毕业后，分配到新田县新圩中学任教。1985年2月，调新田县第一中学任教，担任学校工会副主席（其间：1986年9月至1989年6月，在北京师范大学汉语言文学专业函授本科学习）。1998年7月，调新田县政府办公室工作。2002年4月，任新田县教育局副局长。2005年1月，任新田县教育局副局长、职业中专第一校长。2005年6月，任新田县教育局副局长、职业中专第一校长、新田县科协副主席（兼）。2007年11月，任新田县政协副主席（兼）、县教育局副局长、职业中专第一校长。2008年9月，任新田县政协副主席（兼）、县一中校长。

李咏梅 女，汉族，湖南长沙人，1968年12月出生。1990年9月参加工作，中央党校函授学院法律专业函授本科毕业，大学文化。

1990年9月从湖南省商业管理干部学院财务会计专业毕业后，分配到新田县审计事务所工作。1997年12月，调新田县审计局工作、担任办公室主任（其间：1998年8月至2000年12月，在中央党校法律专业函授本科学习）。2002年11月，任新田县监察局副局长。2006年7月，任新田县工商业联合会会长。2007年11月，任新田县政协副主席（兼）、县工商业联合会主席、县总商会会长。2012年9月，任新田县政协副主席。

郑龙杰 男，汉族，湖南新田人，1969年1月出生。1990年10月加入中国共产党。1989年1月参加工作，中央党校函授学院经济管理专业函授本科毕业，大学文化。

1989年1月，在新田县大坪塘乡政府工作（其间：1995年9月至1997年7月，在湖南行政学院行政管理专业大专学习）。1998年12月，任新田县大坪塘乡副乡长。1999年1月，任新田县大坪塘乡副乡长、计生办主任。1999年12月，新田县大坪塘乡党委委员、纪委书记（其间：2001年8月至2003年12月，在中央党校函授学院经济管理专业本科学习）。2001年12月，任新田县大坪塘乡党委副书记。2002年8月，任新田县大坪塘乡党委副书记、计生办主任。2003年2月，任新田县骥村镇党委副书记、镇长。2007年9月，任新田县金盆圩乡党委第一副书记。2008年1月，任新田县金盆圩乡党委书记。2009年10月，任新田县副处级干部、金盆圩乡党委书记。2012年9月，任新田县副处级干部。2016年11月，任新田县政协副主席、党组成员。

黄美华 女，汉族，湖南新田人，1976年4月出生。1996年7月参加工作，省委党校法律专业在职研究生毕业，研究生文化。

1996年6月从湖南省水利水电学校水利工程专业毕业后，分配到新田县水利局工作（其间：2001年9月至2005年7月，在江西省南昌水利专科学校水利水电工程管理专业函授专科学习）。2003年4月，任新田县水利局防汛办公室副主任。2005年1月，任新田县洞心办事处主任（其间：2005年9月至2007年12月，在湖南省委党校法律专业函授本科学习）。2007年12月，任新田县科学技术协会主席（其间：2008年9月至2011年6月，在湖南省委党校法律专业在职研究生学习）。2009年5月，任新田县妇女联合会主席。2012年11月，任新田县工商业联合会主席候选人。2013年6月，任新田县工商业联合会主席。2016年11月，新田县政协副主席（兼）、县工商业联合会主席。

附　录

文件选录

中共新田县委印发《关于坚持从严管党治党切实强化巡查监督着力提升工作实效的实施办法（试行）》的通知

新发〔2016〕1号

各乡镇党委，县委各部委，县直有关单位党组织：

现将《关于坚持从严管党治党切实强化巡查监督着力提升工作实效的实施办法（试行）》印发给你们，请认真贯彻执行。

中共新田县委

2016年6月21日

关于坚持从严管党治党切实强化巡查监督着力提升工作实效的实施办法（试行）

为贯彻落实全面从严治党要求，进一步强化党内监督，促进领导干部廉政勤政，推动党的先进性和纯洁性建设，根据《中国共产党章程》《中国共产党地方委员会工作条例》《中国共产党党内监督条例（试行）》《党委（党组）意识形态工作责任制实施办法》《湖南省党委（党组）意识形态工作责任制实施细则》等规定，参照《中国共产党巡视工作条例》结合新田县实际，制定本实施办法。

一、指导思想

以邓小平理论、“三个代表”重要思想和科学发展观为指导，深入贯彻落实习近平总书记系列重要讲话精神，突出坚持党的领导，聚焦全面从严治党，牢固树立政治意识、大局意识、核心意识、看齐意识；加强党的建设，不断完善党内监督制度，充分发挥巡查监督作用，严明党的纪律规矩，实践“四种形态”；切实解决党的观念淡漠、组织涣散、纪律松弛和“为官不为、为官乱为”“各自为政、部门利益至上、推诿拖延”等问题，践行“三严三实”，着力提升全县党员干部队伍的执行力和工作实效，确保县委、县政府重大决策部署的贯彻执行，为全面建设品质活力智慧新田提供坚强保障。

二、组织机构

县委成立巡查工作领导小组（以下简称领导小组），由县委书记、县长任顾问，县委副书记任组长，县委常委、纪委书记，县委常委、组织部长任副组长。成员由相关部门主要负责人组成；领导小组向县委负责并汇报工作，下设办公室

（以下简称巡查办），办公地点设在县纪委，由县委常委、纪委书记兼任办公室主任，负责巡查日常工作；根据工作需要，县委成立巡查组，巡查组由组长、副组长、巡查员组成。组长根据每次巡查任务确定并授权，副组长、巡查员从县纪委委员，纪检干部及相关职能部门的工作人员中根据巡查需要抽调。巡查组工作人员应当具备坚定理想信念，在思想上政治上行动上同县委保持高度一致；坚持原则，敢于担当，依法办事，公道正派，清正廉洁；遵守党的纪律，严守党的秘密；熟悉党务工作和相关政策法规，具有较强的发现问题、沟通协调、文字综合等能力；身体健康，能胜任工作要求等条件。

三、工作职责

1. 巡查工作领导小组的职责：贯彻落实县委有关决议、决定；研究提出巡查工作规划、年度计划和阶段任务安排；听取巡查工作汇报；研究巡查结果的运用，分类处置，提出相关意见和建议；向县委报告巡查工作情况；对巡查组进行管理和监督；研究处理巡查工作中的其他重要事项。

2. 巡查工作领导小组办公室的职责：向巡查工作领导小组报告工作情况，传达贯彻巡查工作领导小组的决策和部署；统筹、协调、指导巡查组开展工作；承担政策研究、制度建设等工作；对县委巡查工作领导小组决定的事项进行督办；办理巡查工作领导小组交办的其他事项。

3. 巡查组的职责：巡查组实行组长负责制，副组长协助组长开展工作，具体履行巡查职责，承担巡查任务，向巡查领导小组负责并汇报工作。

四、巡查对象

主要为各乡镇、县委各部委，县直各机关、事业单位，各人民团体领导班子及其成员等，因工作需要可以延伸至相关二级机构和股室负责人；县委要求巡查的其他单位领导班子及其成员。

五、巡查方法和内容

1. 巡查方法。分常规巡查和专项巡查，常规巡查由巡查办拟定年度巡查工作计划，报巡查工作领导小组审核县委审定后，组织实施；专项巡查是指一定时期内对特定单位、特定人员、特定问题、特定事项开展的有针对性的巡查工作。县委可以根据工作需要，安排开展机动灵活的专项巡查，巡查内容由领导小组根据县委要求确定。

2. 巡查内容。巡查聚焦党的纪律和执行力建设、意识形态建设、组织建设、作风建设、党风廉政建设，着力发现以下问题：

（1）不遵守政治纪律和政治规矩，存在违背党的路线方针政策的言行，有令不行、有禁不止，不与县委保持高度一致，阳奉阴违，拉帮结派，政治意识、大局意识、核心意识、看齐意识不强等问题；

（2）对上级党委政府的重大事项不贯彻、不执行，对县委常委会议、县政府常务会议、县委县政府主要领导办公会议确定事项，县人大、县政协“两会”议定的重大事项及人大重要议案、政协重要提案等落实进度慢、差距大，或对领导、上级机关的交办件、督办件未能及时落实等问题；

（3）对部门、单位之间需要相互协调或配合的工作，主责机关单位不主动作为或相关机关单位不积极配合，各自为政、部门利益至上、推诿拖延、办事拖拉等问题；

（4）不履行或不正确履行工作职责，不落实或不按要求落实一次性告知、限时办结、受理监督卡等行政审批制度，“为官不为、为官乱为”等问题；

（5）党组织不严格落实意识形态工作的主体责任，不落实党委（党组）书记的第一责任、分管领导的直接责任、其他班子成员的“一岗双责”责任等问题；

（6）党组织书记党建工作思想不重视、履行基层党建工作“第一责任人”职责不到位、制度执行不到位、程序规范不到位、问题解决不到位等问题；

（7）违反廉洁纪律，以权谋私、贪污贿赂、腐化堕落等问题；

（8）违反组织纪律，违规用人、拉票贿选、买官卖官，以及独断专行、软弱涣散、严重不团结等问题；

（9）违反群众纪律、工作纪律、生活纪律，不严格执行中央八项规定精神，搞形式主义、官僚主义、享乐主义和奢靡之风等问题；

（10）县委要求了解的其他事项。

六、工作方式和权限

1. 工作方式

巡查组可以采取以下方式开展工作：

（1）听取被巡查党组织的工作汇报和重要事项的专题汇报；

（2）与被巡查党组织领导班子成员和其他干部群众进行

个别谈话；

（3）受理反映被巡查党组织领导班子及其成员和下一级党组织领导班子主要负责人问题的来信、来电、来访等；

（4）向有关知情人询问情况；

（5）调阅、复制有关文件、档案、会议记录等资料；

（6）召开座谈会；

（7）列席被巡查乡镇（单位）的有关会议；

（8）进行民主测评、问卷调查；

（9）以适当方式到被巡查乡镇（单位）的下属单位了解情况；

（10）开展专项检查；

（11）提请有关单位予以协助；

（12）县委批准的其他方式。

2. 工作权限

（1）巡查组依靠被巡查党组织开展工作，不干预被巡查乡镇（单位）的正常工作，不履行执纪审查的职责；

（2）巡查组应当严格执行请示报告制度，对巡查工作中的重要情况和重大问题及时向巡查工作领导小组请示报告。特殊情况下，巡查组可以直接向县委书记报告；

（3）巡查期间，经巡查工作领导小组批准，巡查组可以将被巡查党组织管理的干部涉嫌违纪违法的具体问题线索，移交纪律检查机关或者政法机关处理，涉嫌违反《新田县机关作风效能建设问责办法暂行办法》（新发〔2015〕1号）规定的具体问题线索，移交作风办处理；对群众反映强烈、明显违反规定并且能够及时解决的问题，向被巡查党组织提出处理建议。

七、工作程序

1. 巡查组开展巡查前，应当向县纪检监察机关、政法机关和县委办、政府办、人大办、政协办、组织、审计、信访等部门和单位了解被巡查党组织领导班子及其成员的有关情况。

2. 巡查组进驻被巡查乡镇（单位）后，应当向被巡查党组织通报巡查任务，按照规定的工作方式和权限，开展巡查了解工作。巡查组对反映被巡查党组织领导班子及其成员的重要问题和线索，可以进行深入了解。

3. 巡查了解工作结束后，巡查组应当形成巡查报告，如实报告了解的重要情况和问题，并提出处理建议。对存在的普遍性、倾向性问题，应当形成专题报告，分析原因，提出建议。

4. 巡查工作领导小组应当及时听取巡查组的巡查情况汇报，研究提出处理意见，报县委决定。

5. 县委应当及时听取巡查工作领导小组有关情况汇报，研究并决定巡查成果的运用。

6. 经县委同意后，巡查组应当及时向被巡查党组织领导班子及其主要负责人分别反馈相关巡查情况，指出问题，有针对性地提出整改意见。

根据巡查工作领导小组要求，巡查组将巡查的有关情况通报同级党委和政府有关领导及其职能部门。

7. 被巡查党组织收到巡查组反馈意见后，应当认真整改落实，原则上在 20 天内完成整改任务，并将整改情况报告报送巡查办；因特殊情况不能在 20 天内整改到位的，应当以书面形式向巡查组说明情况并明确整改完成时间。被巡查党组织主要负责人为落实整改工作的第一责任人。

8. 对巡查发现的问题和线索，县委作出分类处置的决定后，依据干部管理权限和职责分工，按照以下途径进行移交：

（1）对领导干部涉嫌违纪的线索和作风方面的突出问题，移交纪律检查机关；

（2）对执行民主集中制、干部选拔任用等方面存在的问题，移交组织部门；

（3）其他问题移交相关单位。

9. 纪律检查机关、组织部门收到巡查移交的问题或者线索后，应当及时研究提出谈话函询、初核、立案或者组织处理等意见，并于 2 个月内将办理情况反馈巡查办。

10. 巡查办应当会同巡查组采取适当方式，了解和督促被巡查乡镇（单位）整改落实工作并向巡查工作领导小组报告。巡查工作领导小组可以直接听取被巡查党组织有关整改情况的汇报。

11. 巡查进驻、反馈、整改等情况，应当以适当方式公开，接受党员、干部和人民群众监督。

八、结果运用

1. 巡查结果和巡查整改情况作为干部考核评价、选拔任用、奖励和惩处等组织处理的重要依据。

2. 对发现被巡查单位不适合担任现职领导干部的情况，巡查组提出处理建议，报巡查工作领导小组同意，按干部管理权限移交相关部门核实处理。对在巡查工作中发现的德才兼备、业绩突出、群众公认的干部，巡查组提出推荐建议，经巡查办报巡查工作领导小组同意，按干部管理权限向相关部门书面举荐。

九、纪律与责任

1. 县委和巡查工作领导小组应当加强对巡查工作的领导。对组织领导巡查工作不力，发生严重问题的，依据有关规定追究相关责任人员的责任。纪检组织、审计机关、政法机关和组织、信访等部门及其他有关单位，应当支持配合巡查工作。对违反规定不支持配合巡查工作，造成严重后果的，依据有关规定追究相关责任人员的责任。

2. 巡查工作人员应当严格遵守工作纪律，有下列情形之一的，视情节轻重，给予批评教育、组织处理或者纪律处分；涉嫌犯罪的，移送司法机关依法处理。

（1）应当发现的重要问题没有发现的；

（2）不如实报告巡查情况，隐瞒、歪曲、捏造事实的；

（3）泄露巡查工作秘密的；

（4）工作中超越权限，造成不良后果的；

（5）利用巡查工作的便利谋取私利或者为他人谋取不正当利益的；

（6）有违反巡查工作纪律的其他行为的。

3. 被巡查党组织领导班子及其成员应当自觉接受巡查监督，积极配合巡查组开展工作，有下列情形之一的，视情节轻重，对该单位领导班子主要负责人或者其他有关责任人员，给予批评教育、组织处理或者纪律处分；涉嫌犯罪的，移送司法机关依法处理。

（1）隐瞒不报或者故意向巡查组提供虚假情况的；

（2）拒绝或者不按照要求向巡查组提供相关文件材料的；

（3）指使、强令有关单位或者人员干扰、阻挠巡查工作，或者诬告、陷害他人的；

（4）无正当理由拒不纠正存在的问题或者不

按照要求整改的；

（5）对反映问题的干部群众进行打击、报复、陷害的；

（6）其他干扰巡查工作的。

各单位党组织应根据本办法的各项规定，结合单位实际，积极配合巡查工作，正确对待巡查发现的问题，及时主动整改，切实提升工作实效，全面推进县委、县政府各项决策部署的落实。

（根据上级党委审查意见，相关规定以此文件为准）

中共新田县委、新田县人民政府关于加快推进美丽乡村建设的实施方案

新发〔2016〕6号

为深入贯彻落实《中共永州市委永州市人民政府关于加快推进美丽乡村建设的实施意见》（永发〔2016〕1号）精神及县委、县政府建设品质活力新田的战略部署，大力改善农村生产生活生态环境，努力实现城乡协调发展，加快建成全面小康社会，制定本实施方案。

一、建设目标

按照“科学规划布局美、村容整洁环境美、业兴民富生活美、乡风文明身心美、村稳民安和谐美”要求，积极开展“百村示范、千村创建、村村整治”行动，有计划、有步骤地推进全县美丽乡村建设。“十三五”期间，围绕“一核（县城）四线（S323、S231、S215、S228）”，通过办点示范，每年启动3个以上市级以上美丽乡村创建村，每个乡镇启动1个以上县级以上美丽乡村创建后备村，到2020年，全县建成20个以上整洁有序、经济活跃、生态优美、特色鲜明、乡风文明的市级以上美丽乡村，建成2条美丽乡村旅游精品线路，100%的乡镇政府驻地、85%的行政村完成村庄环境综合整治。

2016年完成“1线6村示范，着手29个村后备，整治61个村环境，构建3级垃圾处理体系”。即：完成S323沿线村风貌工程，打造6个市级以上美丽乡村示范村（其中云溪欧家、龙家大院和东升村争取通过省级美丽乡村验收，莲花塘村、谈文溪村和梅湾村通过市级美丽乡村验收），着手29个美丽乡村县级示范后备村的基础设施建设，开展市定61个村人居环境整治（包括污水处理、畜禽养殖粪便处理、饮用水源保护和改厕工作），建立“户分类、村收集、镇转运、县处理”的垃圾清运体系。

2017年莲花塘村、谈文溪村和梅湾村等3个村争取通过省级美丽乡村验收，从29个美丽乡村创建后备村中择优4个村打造成市级美丽乡村，从没开展人居环境整治的村中选择40个村的开展人居环境整治，完成S215沿线村风貌工程。

2018年—2020年，每年争取创建1个省级美丽乡村示范村，从美丽乡村创建后备村中择优4个村通过市级美丽乡村验收，每年从没开展人居环境整治的村中选择20个以上的村开展人居环境整治，完成S231、S228沿线村风貌工程。

二、建设原则

1. 规划先行。秉承先策划、再规划、后建设的理念，突出规划引领，形成以美丽乡村建设规划为龙头，村庄布局规划、土地利用规划、产业发展规划、农村土地综合整治规划、特色文化村落保护与发展规划和旅游发展规划为基础的“1+6”区域美丽乡村建设规划体系，注重规划与精准扶贫、农村网格化相结合，做到因地制宜、突出特色、切实可行，防止贪大求洋。2016年底，全县所有乡镇、50%以上的行政村完成规划编制，2017年底，所有行政村完成规划编制。原已制定

新农村建设规划的行政村要根据美丽乡村建设标准进行完善和提升。

2. 明确主体。县、乡镇是美丽乡村建设的责任主体，党政一把手是第一责任人，要紧密结合本地实际，制定美丽乡村建设方案和实施推进的时间表、路线图、任务书，统筹抓好具体组织实施工作。

3. “点线面”结合。按照布点科学、重点突出、串点成线、连线成片、有序推进的要求，把领导办点、重点线路建设和全面推进工作结合起来。县乡领导要带头办美丽乡村建设示范点，以点带面。所有行政村要加强农村环境综合整治、农村建房规范管理等工作。

4. 彰显特色。因村制宜、突出重点，结合自然地形，依托山水资源、历史文化资源，精心设计载体，形成“一景、一业、一貌、一品”，彰显村庄特色。注重挖掘传统农耕文化、山水文化、人居文化中的丰富内涵，提炼和体现村庄个性魅力。

5. 产业支撑。始终把发展产业夯实经济基础作为美丽乡村建设的工作重点，发挥区位、生态、资源优势，坚持绿色生态发展理念，提倡生态经济化，因地制宜发展特色产业，注重农业、生态、旅游有机结合，促进一、二、三产业融合发展，坚持保护与开发并重，构建可持续发展的生态经济格局。

三、建设内容

1. 治理农村垃圾。建立“户分类、村收集、乡镇转运、县处理”的收集、转运、处理机制，推进农村垃圾生态无害化处理新模式，改善农村环境卫生状况。2016 年，全县农村垃圾集中收集的行政村要全覆盖，每个行政村要建设足够数量的垃圾集中收集点，每个乡镇要建有 1 个以上垃圾转运站，农村垃圾集中收运率达到 100%，集中到县垃圾填埋场填埋处理。待环境能源发电项目建成后，再集中到发电厂处理。建立政府引导、以村集体和群众为主的农村卫生管护制度，按照每 1000 名村民配备 3 名管护人的比例组建村庄保洁管护队伍，建立农村环境卫生管理长效机制。县乡财政分别按照在家人口的多少以及工作情况每年每人奖补不少于 6 元的保洁费。在有条件的地方，提倡借鉴城市物业管理的理念，建立市场化保洁运作机制。

2. 治理农村污水。加大农村卫生厕所改造力度，2016 年，县里确定枧头镇进行全镇域卫生厕所改造，力争改造 10 万户农户旱厕。到 2020 年底，全县农村卫生厕所普及率达到 100%。因地制宜开展生活污水处理，对毗邻城镇的村庄，纳入城市污水收集管网统一处理；在人口集聚村庄建设污水集中处理设施，进行集中处理；对人口相对分散的村落，采用“三池净化”式分散处理；对农家乐污水，建立隔油池纳管治理。加强畜禽水产养殖污染治理，积极淘汰落后养殖产能，开展畜禽养殖废弃物综合利用和病死动物无害化处理示范工程建设，人居范围内家禽家畜实行圈养。到 2020 年，规模养殖场畜禽粪便综合利用率达到 70% 以上，农村生活污水处理率达到 90% 以上。同时要积极探索建立社会资本参与农村污水治理的市场化机制。

3. 治理农村水环境。强化退耕还林、封山育林等措施，搞好水土流失治理。清淤池塘沟渠，疏浚和修复村庄排水系统，实现农村河道池塘水沟无垃圾、水畅其流。加强水库、山塘、河坝、蓄洪区（坝）等水利工程的整治，提高运用效益。深化流域治理，突出生态修复，大力开展生态清洁型小流域建设，整乡整村推进农村河道综合治理，治理投肥养鱼，推广河道池塘水沟生态整治技术，提高水体自我净化能力。抓好农村饮用水源地保护，全面划定饮用水源保护区，加强饮用水源地水质监测。开展农村饮水提质增效，实现由基本满足农村饮水需要向全面提供清洁安全饮水转变。到 2020 年农村自来水普及率达到 80%，水质达标率比 2015 年提高 10 个百分点以上。

4. 大力完善基础设施。完善农村路网结构，重点解决断头路、重要生活线路、经济线路和产业线路连通不足的问题，到 2020 年，实现 100% 的通村、通组公路路面硬化和道路两旁绿化。逐步完善配套服务设施，提高农村公路桥梁抗灾能力和安全畅通水平。加快农村新一轮电网改造，对未改造的农村电网和已进行改造，但因电力需求快速增长出现供电能力不足、供电可靠性较低的农村电网，按照新的建设标准和整体改造时序改造到位，到 2020 年，力争实现 100% 的村完成电网改造升级任务，一户一表率达到 100%。开展“点亮行动”，在村庄内主巷道和文化活动等公共场所，安装路灯并确保正常使用，到 2020 年，全县 85% 以上的行政村完成路灯安装任务并建立长效管护使用机制。推进农村信息化，实施网络进村工程，创新“互联网 + 三农”模式，推进“智慧新田”建设向乡村、向农业延伸，加大农村综合信息与民生服务站点建设，2016 年，电视、电话、广播通村率达 100%。

5. 大力发展现代农业。在稳定和提高粮食生产的基础上，大力发展果蔬、畜禽水产、油茶、茶叶、烤烟、竹木、药材等特色产业，发展融合二、三产业于一体的现代高效生态农业，推进农业产业链整合和价值链提升。有序促进土地向专业种养大户、家庭农场、专业合作社、农业企业等新型农业经营主体流转，发展适度规模经营，提高规模化经营水平。大力推进标准化生产，切实加强园艺作物标准园、畜禽养殖标准化示范场、水产标准化健康养殖示范场建设，着力打造一批农业生产标准化示范基地和知名产品，力争到 2020 年，主要农产品规模基地标准化覆盖率达到 80% 以上、“三品一标”农产品覆盖率 60% 以上。大力发展农业清洁生产，推广应用测土配方施肥、秸秆还田，发展冬季绿肥生产，到 2020 年实现化肥、农药使用量零增长。完善农民教育培训机制，培养新型职业农民。探索农村集体经济发展有效路径，开发利用集体资源，发展壮大村级集体经济，到 2020 年，所有行政村集体经济收入达 10 万元以上。

6. 大力发展农村电子商务。抢抓国家实施“互联网 +”的战略机遇，不断完善农村电商发展政策和机制，确保与阿里巴巴、甲骨文公司签订的合作协议落地生根。鼓励支持社会资本和工商资本参与农村电子商务平台建设，加快新田特色农副产品、旅游产品的网上推广销售，为美丽乡村建设发挥积极推动作用。2016 年，完成县级电子商务服务中心和 20% 的村级电子商务服务点建设，到 2020 年，全县全部完成县级电子商务服务中心建设和正常运营，100% 的行政村完成村级商务建设和运营。

7. 大力发展乡村旅游。推进旅游与农业、生态、文化融合发展，利用农村民居景观、田园风光、山水资源、人文特色，重点打造一批特色旅游小镇和乡村旅游示范村，引导创建 20 个以上星级乡村旅游点。充分发掘和保护新田县已有的 10 余个国家级和省级古村落、古民居、古树名木和民俗文化等历史文化遗产，把历史文化底蕴深厚的传统村落培育成传统文明和现代文明有机结合的特色文化村。2016 年，建设龙家大院、云溪欧家和东升村 3 个美丽乡村旅游景点，将 S323 梅湾至新夏荣段打造成旅游线路。到 2020 年，建成南北分别以龙家大院和东升村为中心辐射 10 公里村庄的生态旅游景观圈，围绕 S323、S231、S215、S228 沿线村打造 4 条旅游线路，打造全国乡村旅游品牌。

8. 大力美化村庄环境。全面规范村民建房，农村所有新建房屋必须按规划先批后建，清理整治农村违规建房，严厉查处违规私搭乱建行为。加大危旧房改造力度，将美丽乡村建设与农村危旧房改造相结合，拆除村内破旧房和违法建筑，全县争取用三年左右时间，全部完成农村 D 级以上危房改造任务，80%的行政村废弃空心房处置率达到100%。对村庄内及道路两旁的线杆进行清理，确保线杆竖立和线路架设走向规范，提倡管线下地，做到能并杆的并杆、能隐蔽的隐蔽。大力改变农村房屋“裸墙”现象，对影响村庄美观的外墙和屋顶等进行美化，在2020年建成美丽乡村的20个以上村实现立面美化全覆盖。加强村庄绿化，以创建生态村为抓手，大力开展村边、宅边、水边、路边“四边”绿化，打造四季有绿有花、季相分明、层次丰富的绿化景观，形成道路河道乔木林、房前屋后果木林、公园绿地休憩林、村庄周围风景林的村庄绿化格局。

9. 大力加强乡风文明建设。塑造心灵与风景同美。将培育和践行社会主义核心价值观贯穿美丽乡村建设全过程。加强诚信教育，倡导契约精神、科学精神；广泛宣传优秀基层干部、道德模范、身边好人等先进事迹，推动形成家庭和睦、民风淳朴、文明有礼、崇德向善、守望相助的乡风民风民俗；大力推进乡村文体活动阵地建设，加强医疗、养老、便民服务中心等公共服务设施建设；深入开展形式多样的各种文明创建活动，2016年，10%的农户、村、乡镇创建成为文明户、文明村、文明乡镇；到2020年，50%的农户、村、乡镇创建成为文明户、文明村、文明乡镇，农民文明素质和农村社会文明程度显著提高。

10. 大力加强基层组织建设。强化党建引领和带动，选优配强村“两委”班子，把农村基层党组织建设成为美丽乡村建设的坚强战斗堡垒。全面推行“一三五”村级治理模式，推进农村网格化建设，发挥村民委员会、村民议事会、村务监督委员会的作用，落实岗位承诺制、村干部值班和周例会制、为民服务全程代理制、党员管理积分制、“四议两公开”制度，不断提高农村党员队伍管理水平。

四、保障措施

1. 强化组织领导。各级党委、政府要把美丽乡村建设作为推进农村经济社会全面发展的重要载体和主要抓手，坚持党政主要负责人亲自抓。按照县管总、乡（镇）推进、村组实施的原则，认真落实各级责任，加快建设步伐。县里成立县委书记为组长，县长为第一副组长，县委副书记为常务副组长，常务副县长、分管副县长等县级领导为副组长，县直有关单位主要负责人为成员的新田县美丽乡村建设工作领导小组。领导小组下设办公室，负责全县美丽乡村建设的政策研究、协调指导、调查调度、督察考核以及日常事务等工作。乡镇要成立相应的领导班子，履行管总职责，配强工作班子力量，形成强力推进美丽乡村建设的工作机制。

2. 强化责任分工。明确县直各相关部门责任，形成推进美丽乡村建设的工作合力。县委组织部负责农村党组织和干部队伍建设工作；县委宣传部负责美丽乡村宣传工作；县住建局负责村庄规划、整治村容村貌、古村落和历史文化名村的保护与开发等工作；县环保局负责农村污水的治理；县交通运输局负责农村路网和公交站点的建设；县农业委负责农村产业发展；县水利局负责农村饮水安全、水源保护和河道治理等工作；县林业局负责农村绿化工作；县科经委负责农村电子商务工作；县文体局负责乡村旅游，会同县住建局负责古村落和历史文化名村的保护与开发等工作；县城管局负责农村垃圾治理工作；县卫计委负责农村改厕工作；县供销联社负责农村垃圾回收利用工作；县文明办负责农村精神文明建设；县财政局负责相关资金的整合和奖补、考核资金的投入；县农建投公司负责美丽乡村项目的建设和融资工作；县农商银行负责美丽乡村建设抵押融资工作；县扶贫办负责美丽乡村建设的扶贫工作；县农开办负责美丽乡村建设的农业开发工作。其他成员单位按照自身的职能履行美丽乡村建设职责。各责任单位要制定具体的指导方案。

3. 强化资金投入。从2016年起，县财政每年安排1000万元以上专项资金用于推进美丽乡村建设，实行以奖代补，并逐年增加美丽乡村建设财政投入。各乡镇和各部门要积极向上争取项目资金，按照“渠道不乱、用途不变、各司其职、各记其功”的原则，加大美丽乡村建设财政资金整合力度、社会资金的融资力度，集聚财力用于美丽乡村建设。整合精准扶贫小额贷款，组建形式多样的产业合作社，参与美丽乡村建设。积极建立政策性农业发展担保公司，引导金融机构创新金融产品和服务，扩大林权、土地承包经营权等农村产权抵押贷款试点。县农建投公司是美丽乡村建设的融资平台和建设主体。县农建投公司要加大全县农村农业资产的盘活力度，提高融资和投资能力。同时要探索建立市场化、社会化投入机制，按照“谁投资、谁经营、谁受益”的原则，鼓励不同经济成分和各类投资主体以独资、合资、承包、租赁等多种形式参与美丽乡村建设。

4. 强化宣传推介。加强舆论宣传，提高全社会对推进美丽乡村建设重要性的认识。电视、网络主流媒体以及微信、微博等新媒体要加大对美丽乡村的宣传，开辟美丽乡村建设专栏，每月确定一个重点宣传内容，及时宣传工作中涌现出来的好典型、好做法、好经验，并对美丽乡村建设中的不作为、乱作为现象进行曝光。在乡镇、村庄主要干道、重要地方制作宣传标语、悬挂宣传标识。

5. 强化督察考核。按照“科学合理、操作简便、有所创新”的要求，由县美丽乡村建设工作领导小组根据省市美丽乡村建设标准提出考核验收标准。从2016年起，每年组织对美丽乡村建设的考核验收工作。把美丽乡村建设列入各级党政干部执行力考核和政府绩效考核，加强督促检查，严格考核奖惩，并将考核结果作为评价党政领导班子政绩、干部选拔任用和拨付下年度扶持资金、以奖代补资金的主要依据。

中共新田县委、新田县人民政府关于进一步加快建设教育强县的若干意见

新发〔2016〕7号

自2008年县委、县政府作出建设强县决定以来，全县教育事业取得长足发展，教育投入不断加大，办学条件明显改善，教育质量稳步上升。但城乡之间、区域之间、校际之间的差距依然较大，农村学校太弱、县城学校太挤问题没有根本解决，名师名校建设推进不快，教师队伍内生动力依然不足，教育的发展后劲和影响力还有很大提升空间。为进一步加快教育强县步伐，特制定本意见。

一、进一步明确教育强县的总体要求

1. 指导思想。全面贯彻中共十八大和十八届三中、四中、五中全会精神，以邓小平理论、“三个代表”重要思想、科学发展观为指导，深入学习贯彻习近平总书记系列重要讲话精神，全面践行创新、协调、绿色、开放、共享发展理念，紧扣提高教育质量战略主题，以立德树人为根本任务，以促进公平为基本要求，以优化结构为主攻方向，以改革创新为根本动力，高度重视学前教育，巩固提高义务教育，加快发展职业技术教育，全面提升教育质量，形成“体系完整、布局合理、发展协调、水平一流、人民满意”的教育发展局面，为全县经济社会发展提供强有力的人才支持和智力支撑。

2. 基本原则。坚持优先发展。切实保证经济社会发展规划优先安排教育发展，财政资金优先保障教育投入，公共资源优先满足教育和人力资源开发需要。坚持科学发展。依法科学治教，不断提升教育教学质量和改善办学条件，确保全县

人民公平享有各类教育资源。坚持创新发展。立足县情，转变观念，开放办学，深化改革，不断培育和创造新田县教育的特色和优势。

3. 目标任务。到 2018 年，全县教育综合实力大幅提升，城区大班额问题基本得到解决，进入全市先进行列。到 2020 年，教育治理体系和治理能力现代化加快推进，教育综合领域改革实现突破，教育均等化水平、教育教学质量、名师名校建设达到全省一流，教育整体水平和综合实力全面提升，率先实现教育现代化。

二、全面推进教育又好又快发展

4. 加快发展学前教育。全面推进第二期学前教育三年行动计划及重大项目建设。继续推进农村公办幼儿园和县城普惠制幼儿园建设，到 2020 年每个乡镇办好 1 所公办幼儿园，全县普惠制幼儿园比例达到 80% 以上。推进《3—6 岁儿童学习与发展指南》实验工作，着力改变幼儿教育小学化倾向。加大省市示范性幼儿园建设，逐步淘汰一批不合要求的民办幼儿园，在 2020 年前建好 2 所以上高标准的省示范性幼儿园，提升全县幼儿教育水平。

5. 均衡发展义务教育。加快教育布局调整。坚持初中和中心小学向集镇集中，落实薄弱学校提质改造计划，加大寄宿制学校建设力度，确保每个镇初中建成标准寄宿制学校、建好 1—2 所标准寄宿制小学。高度重视农村中小学校及教学点的发展，搞好农村合格学校建设，启动标准化学校建设工作，改善农村办学条件。积极实施教育联盟制度，采取强校带弱校的方式，通过选派优秀教师和利用现代信息技术等途径，提升农村学校的教学质量和办学水平，促进城乡义务教育高位均衡发展。

6. 优质发展高中教育。坚持高中向县城集中，新建一所民办普通高中，做好新田一中整体搬迁工作。加大对普通高中的扶持力度，县财政每年安排专项资金用于一中、二中的基础设施建设和教育教学管理。积极应对招生制度改革，完善综合素质评价办法，注重课程改革研究、内涵发展和特色发展。建立健全拔尖人才培养资助制度和奖学金制度，县财政设立拔尖人才培养财政专项资金，每年对初中毕业学业考试成绩排前 100 名且在本县就读的学生实行奖励，其中 1—30 名每生奖励 2000 元，31—100 名每生奖励 1000 元。鼓励学生参加各级各类比赛，经教育部门组织选拔，学生参加全国性运动会获前三名的，予以重奖；参加省全运会、青运会、省体育传统项目学校运动会、省中学生运动会和省青少年运动会获得第一名、第二名（市第一名）、第三名的，分别奖励 3000 元、2500 元和 2000 元。参加市级以上或教育行政部门举办的艺术类和奥林匹克竞赛，获得国家级以上竞赛三等奖及以上的，予以重奖；获得省级竞赛一等奖、二等奖（市级竞赛一等奖）的，分别奖励 5000 元、3000 元。上述奖励经费由县财政予以保障。对学生参加体育、艺术及奥赛获奖的，学校可给予其指导老师一定金额奖励。积极探索分层教学及特优、特长生培养导师制，鼓励学有余力的学生选择初高中“二四学制”模式，加快普通高中教育优质化、精品化、特色化、多样化进程，促进高中教育水平整体提升。到 2020 年，高中毛入学率达到 87% 以上，初中毕业生就读高中比例达到 90% 以上，本科上线率达 50% 以上。

7. 突出发展职业教育。按照“建基地、树品牌、促就业、创特色”的思路，以服务县域经济发展为目标，主动与县域企业对接。加大职业教育资源整合力度，实施县职业中专整体搬迁，建好县职教中心，扶持县职业中专做大做强，加快职业教育发展步伐。加强专业课程和实训基地建设，办好 1—2 个服务地方产业发展的品牌专业。加大职高对口高考的培养力度，继续保持职高对口高考上线率排全市前茅的位置并逐年提高上线人数。抓好实施“一户一产业工人”

教育培训计划。

8. 鼓励发展民办教育。将民办教育纳入教育事业发展规划，发展、扶持、引进优质民办学校。依法保障民办学校与公办学校的教职工及受教育者享有同等权利，建立公、民办学校教师有序流动机制。健全公共财政对民办教育的扶持政策，设置民办教育专项经费并逐年提高。切实加强对民办学校的规范管理和督导评估，加大对教育培训机构监管力度，鼓励、引导民办学校积极参与社会组织评估工作，建立健全风险防范机制。

9. 大力发展终身教育推动学习型社会建设。落实国家《老年教育发展规划（2016—2020年）》。积极推动家庭教育、社区教育发展。加强社区教育资源库建设。

三、大力改善教育教学条件

10. 切实解决城区学位紧张问题。科学布局学校规划，调整完善城区教育资源布局，确保学校建设用地，留足教育发展空间。推行城区学位建设三年行动计划，改建新田一中现校区，新办九年一贯制的云梯学校，新建西北片区学校，加快南部新城学校建设步伐，抓好城东中学、田家学校、龙泉五小等城边学校提质工程，进一步扩大城区义务教育资源，满足适龄少年儿童就学需求。严格执行划片招生、就近入学等制度，合理分流学生。

11. 大力推进名校建设工程。进一步解放思想，系统研究打造名校办法。坚持自主培育与引进合作相结合，加强与省市名校优质教育资源的交流合作，大力培育、引进一批名师、名家和学科带头人。通过自主培育、合作办学、托管办学、引进民资办学等多种方式，加快名校建设步伐，努力建成一批办学特色优、师资队伍强、教育质量高、体制机制活、社会评价好，且在全省、全市有影响力的品牌学校、特色学校。到2020年，力争把新田一中、南部新城学校办成省内名校，云梯学校、思源学校、瑞华学校办成全市名校，新田二中办成体育特色学校。开展新田名校评选活动，三年内评选10所新田名校，由县财政给予重奖。

12. 加快教育信息化建设。加大对现代教育技术装备投入力度，加快终端设施普及，推进数字化校园建设，到2016年底，全面完成中小学“三通两平台”建设。实施移动互联网条件下教育提质提档项目建设，促进学校之间的优质资源共享。启动中小学教师信息技术应用能力提升工程，不断提高教育信息化水平。

四、切实激发教师队伍内生动力

13. 加强教师资源配置管理。建立“县管校用”的中小学教师管理体制，县教育局在县编委核准的编制总额内每学年按照班额、生源等情况具体分配各校人员编制，并报县编办备案。依法履行中小学教师的资格认定、招聘录用、职务（职称）评聘、调配交流、档案管理、培养培训和考核奖惩职能。加大优秀教育人才引进力度，完善公开招聘教师的长效机制。在县纪委、县组织部、县编办、县人社局等部门的监督和指导下，由县教育局按县编委批准的招聘计划，根据《湖南省事业单位公开招聘人员试行办法》和《新田县事业单位公开招聘人员试行办法》组织教师公开招聘。实施教师全员培训工程，5年内对所有教师轮训一遍。县财政按照不低于幼儿园、中小学和中等职业学校教职工工资总额（含绩效工资）的1.5%安排培训经费，并逐步提高。严格教师借调抽调，不经县委常委会议研究同意，任何单位均不得从教育部门抽调人员从事非教育工作。

14. 加强校长队伍建设。严格校长选拔。落实校长办学自主权，推进和完善校长负责制，建立和完善校长权利、义务和责任相统一的管理制度。积极推进校长职业化改革，实行校长任期目标管理，考核结果向社会公开，并报相关部门备案，作为续解聘和奖惩的重要依据。建立名校长评选制度，从2016年起，五年评选10名新田名校长，入选的名校长每人每年享受10000元津贴，纳入县财政预算。

15. 加强名师队伍建设。建立健全以名师为龙头的教师职业成长通道，形成骨干教师、学科带头人、名师三个层次的教师成长阶梯。从2015年开始，三年内评选不超过全县教师总数8%的县级骨干教师，评选不超过全县骨干教师总额的30%的县级学科带头人。开展新田名师评选活动，到2018年，全县共评选50名“新田名师”。出台骨干教师、学科带头人、名师评选管理办法，实行任期目标考核和有进有出的动态管理机制，明确其权利和义务。从2016年起，考核合格的县骨干教师、学科带头人、名师，分别按照每人每年3000元、5000元、8000元的标准发放县政府人才津贴，所需经费由县财政列入预算。鼓励教师参加教学比武等教研活动，通过教育行政主管部门逐级选拔，获得市级一等奖、省级二等奖、省级一等奖、省级特等奖、国家级二等奖、国家级一等奖、国家级特等奖的教师及学校，各奖600元、1000元、1500元、2000元、3000元、4000元、6000元，所需经费列入县财政预算。

16. 完善教师激励机制。科学制定教师队伍绩效考核细则。从2015年起，县财政每年专项设立教学质量奖，并允许学校从公用经费中拿出不超过30%的经费用于推进教育改革发展和调动教师工作积极性。坚持每年举行一次教育表彰活动，由县财政安排专门资金对为教育发展做出贡献的教师予以奖励。完善教师职称评聘办法，为教师职业发展提供良好平台。积极改善教师工作生活条件，让农村教师安心工作。坚持绩效工资向一线教师倾斜和教学岗位优于教辅岗位的原则，充分发挥绩效工资激励作用，促进教师科学、合理、公平竞争。事业单位岗位设置后新增的经费统一划拨到学校，由学校根据考核情况发放。

17. 健全教师考核评价制度。加强师德师风建设，把师德建设作为学校工作考核和办学质量评估的重要指标，把师德表现作为教师资格定期注册、业绩考核、职称评审、岗位聘用、评优奖励的首要内容，用制度规范教师的从教行为。完善重师德、重能力、重业绩、重贡献的教师考核评价制度，探索实行学校、教师、学生、家长等多方参与的评价办法，建立健全教师岗位竞争机制，实行末位淘汰和末位待岗培训制度，引导教师潜心教书育人，打造一支思想素质高、业务能力强、爱岗敬业的教师队伍。

五、认真落实教育发展保障措施

18. 落实领导责任。把建设教育强县工作纳入全县经济社会发展规划和绩效考核管理体系，保证教育优先发展。严格落实党政议教制度和人大、政协视察调研制度，县委、县政府定期召开教育工作专题会议，乡镇党委、政府每年至少召开2次教育工作专题会议，教育主管部门要经常召开专题会议，研究解决教育发展中面临的困难和问题。落实教育强县督导评估机制，加强对政府及部门和乡镇履行教育职责的督导。编办、发改、财政、人社、国土、住建、公安、卫计、交通等有关部门要在各自职责范围内，积极推进教育强县建设有关工作。各乡镇要积极创建教育强镇，扎实推进教育事业发展。

19. 完善投入保障机制。依法落实教育经费“三个增长”，优化财政支出结构，将学前、义务教育、免费中职教育、普通高中教育、职成教育、社区教育、民办教育等教育事业发展所需经费全面纳入公共财政保障范围，建立建设教育强县的投入保障机制，确保城市教育附加费和地方教育附加全额、城市基础设施配套费的20%、城市维护建设税的15%、土地出让总收入的2.5%、农村税费改革转移支付资金的67%、新增一般性转移支付的25%、残疾人事业基金的5%、上级拨入的教育专项补助资金等政策性教育经费及学校合法收入全部用于教育事业发展。进一步完善学生资助体系，保障免费补助经费预算安排，推动精准扶贫，确保不让一名孩子因家庭贫困而失学。充分调动社会力量捐资助学的积极性，鼓励企事业单位、社会团体和个人向学校投入。积极化解普通高中债务，到2016年底全面化解高中债务。做大教育基金，有序引导社会资本进入教育领域，逐步建立以教育基金会为主的社会教育投资体系。

20. 优化教育发展环境。积极倡导尊师重教，完善县级领导干部联系学校制度，营造教育发展的良好氛围。大力推进依法治教，切实抓好校园周边环境整治工作，保护学校和师生的合法权益。严格实行学校检查准入制度，任何单位和个人不得随意进入学校进行检查、收费和罚款，确有必要检查的，必须先征得县委、县政府分管教育领导批准，并报县优化办和县教育局备案后方可进入。检查和处理结果要通报反馈给县优化办和县教育局，对学校违规违纪处罚的资金除应退给学生的以外，本着“只处分人、不带走钱”的原则，收缴县财政后，全额转入县教育基金会。加强学校周边环境、食品安全综合整治，进一步规范校车运营管理，健全校园安全防范体系，完善学校突发事件应急处置机制，确保一流的教学环境，确保校园安全。

21. 切实减轻学校负担。严禁向学校乱收费和乱摊派，对学校的各类行政事业性收费除上交给上级的以外，一律按半收取；不得向学校强行征订各类报纸杂志和推销各类书籍，党报党刊按上级规定数量订阅。从2016年起，各级各类学校不再派人参加中心工作，不参加较长时间的非教学培训，不承担招商引资任务。

中共新田县委办公室、新田县人民政府办公室关于加强全县基层医疗卫生服务体系建设的意见

新办发〔2016〕86号

近年来，随着医药卫生体制改革的深入推进，基层医疗卫生服务体系不断完善，基层医疗卫生机构的公益性日益凸显，城乡居民在基层就医的经济负担明显减轻，但基层医疗卫生机构服务能力仍然薄弱，基层医务人员工作积极性下降和乡村医生结构不合理等问题突出。从现在到2020年是全面建成小康社会的决胜阶段，根据全国卫生与健康大会精神，《中共湖南省委办公厅湖南省人民政府办公厅关于进一步加强基层医疗卫生服务体系建设的若干意见》（湘办发〔2015〕38号）和《中共永州市委办公室永州市人民政府办公室关于加强全市基层医疗卫生服务体系建设若干实施意见》（永办发〔2016〕24号）、《中共新田县委办公室新田县人民政府办公室关于印发〈新田县乡镇区划调整改革卫生计生机构重组方案〉等乡镇区划调整改革配套实施方案的通知》（新办发〔2015〕76号）等文件精神，结合新田县实际，经县委、县政府同意，现就加强全县基层医疗卫生服务体系建设提出如下实施意见。

一、进一步明确目标任务

1. 总体目标。从2016年起，用三年时间集中解决基层医疗卫生机构的业务用房和基本设备配套建设问题，改善基层医疗卫生服务条件，优化服务环境，加强队伍建设，完善服务功能和运行机制。到2020年，建立健全覆盖城乡居民的基本医疗卫生制度，提升基层医疗卫生机构服务能力，为群众提供安全、有效、方便、价廉的医疗卫生服务。

二、进一步优化机构设置

2. 重新制定医疗机构设置规划。按照新的

乡镇行政区划设置和《医疗机构设置规划指导原则》要求，以区域内居民医疗卫生服务需求为导向，结合基层计划生育服务机构与基层卫生医疗机构资源整合的相关规定，重新制定区域医疗机构设置规划，合理配置基层医疗卫生资源，科学设置乡镇卫生院，提高资源利用效益。

3. 优化乡镇卫生院规划布局。因乡镇合并造成当地居民就医不便，根据医疗卫生机构设置及居民需求，新田县拟保留 21 个乡镇卫生院，其中中心卫生院 4 个，一般乡（镇）卫生院 8 个，乡（镇）卫生院分院 9 个，全部以独立法人、独立核算的体制存在。调整后的 21 个卫生院（中心卫生院、乡镇卫生院）全部加挂镇（乡）公共卫生事务中心牌子，中心卫生院、镇（乡）卫生院加挂妇幼保健计划生育服务站牌子，其他分院加挂妇幼保健计划生育服务分站牌子。调整后的一般乡（镇）卫生院及分院在国家卫生各项政策如基础建设、人力配置、购买服务等方面享受建制乡镇卫生院同等待遇，确保其均衡发展，让农村居民享受公平、可及的卫生计生服务。

三、进一步提升服务能力

4. 明确功能定位。乡镇卫生院以维护当地居民健康为中心，综合提供公共卫生和基层医疗服务，承担县卫生计生委委托的卫生管理职能（中心卫生院是农村基层区域的医疗卫生服务中心，并承担所辐射的周边或一般卫生院的技术指导工作）。一般卫生院以妇女、儿童、老年人、慢性病人、残疾人、贫困居民等为服务重点，开展健康教育、预防、保健、康复、计划生育技术服务和一般病、多发病的诊疗服务。

5. 加强业务用房建设。要对照国家发布的各类基层医疗卫生机构建设标准，按照“填平补齐”原则，加大财政投入和争取项目资金补助，由县政府主导协调，抓好卫生院业务综合楼建设，解决基层卫生院业务用房问题。

6. 加强医疗卫生设备建设。根据工作实际需要和轻重缓急，由财政统筹相关资金，用两到三年的时间配备好基层卫生院的健康快车和欠缺的医疗卫生设备和急诊急救设备。要抓住“从 2015 年起省级财政连续 3 年，每年投入 5000 万元为中心卫生院配备临床所需的医疗卫生设备和急诊急救设备，每年投入 2000 万元社区卫生服务中心配备医疗康复设备和公共卫生服务设备”的机遇，积极争取设备建设项目资金，不断提升基层医疗卫生机构的辅助诊断、健康管理水平和急诊急救能力。

7. 加强医疗业务能力建设。乡镇卫生院要全面提供与其功能相适应的基本医疗卫生服务，承担起农村常见病、多发病的门诊急诊和住院服务。重点在中心卫生院设立临床检验检测中心，承担辐射区域一般卫生院临床检验检测工作；鼓励中心卫生院加强与上级医疗机构合作，加强特色科室建设；各乡镇卫生院均要建立中医药综合服务区，加大中医药适宜技术推广运用，提高中医药服务能力。制定好中心卫生院特色科室建设计划，纳入建设计划的中心卫生院，允许开展特色诊疗项目。加强全科医学科室建设，在保证全科诊疗基础上，综合考虑当地居民需求、老龄化进程、双向转诊需要和机构基础条件等因素，因地制宜发展中医、康复、护理等特色科室。鼓励基层医疗卫生机构与上级医院建立远程会诊、心电图和影像等远程诊断系统，提高诊断能力。

8. 逐步建立分级诊疗体系。要加强统筹协调，加快制定分级诊疗规范，推进基层首诊负责制，根据国家卫计委制定的双向转诊标准出台实施方案，开展公立医院对口支援基层医疗卫生机构工作。重点加强对医疗卫生机构的业务指导、技术支持和人才培养，帮助提高服务水平。要建立医疗卫生机构与上级医院的转诊绿色通道，方便患者合理转诊。

9. 加大信息化建设力度。加强乡村医务人员信息化培训力度，提高乡村两级医务人员信息化水平，加强与融达公司、电信公司的沟通协调，建立健全问题反馈处理及稳定畅通的信息化运行机制，实现信息互联互通。加大对农村网络的建设和投入，提高网络速度，缩短看病报账时间。缩短老百姓就医时间，减轻医务人员负担。

四、进一步加强药品配备使用管理

10. 加强政策培训和宣传。加强对医务人员，特别是卫生院长、个体诊所医师、乡村医生基本药物制度和基本药物目录的培训和宣传，掌握政策要领，转变传统观念，改变不良用药习惯，规范个体诊所用药行为，引导群众合理用药。

11. 完善基层药品配备使用管理。乡镇卫生院要坚持执行基本药物制度，根据《湖南省卫生计生委关于进一步完善基层医疗机构药品配备使用管理的意见》（湘卫药政发〔2014〕1号），可在本省医保（“新农合”）药品报销目录内配备使用一定数量或比例的非基本药物，采购品种不得超过本机构本年度基本药物品规总数的25%，采购金额不得超过本机构本年度基本药物采购金额总数的30%，满足患者用药需求，实行“零差率”使用。继续巩固村卫生室基本药物制度。对于自愿实施基本药物制度的非政府办基层医疗卫生机构，有条件的地方可采取购买服务的方式推进。

12. 加强基层药品配送和付款监管。要加强对实施基本药物制度的药品采购、备送、零差率使用和药款支付等环节的监管，重点加强药品配送服务监管，督促中标供药企业按照药品购销合同规定的时间、地点、数量及时配送。要按照《国务院办公厅关于完善公立医院药品集中采购工作的指导意见》（国办发〔2015〕7号），加强组织协调，按照远近结合、城乡联动的原则，提高采购、配送集中度，统筹做好医院与基层医疗卫生机构的药品供应配送管理工作。

五、进一步完善编制管理和人事分配制度

13. 完善人员编制管理。按照省委省政府文件规定，重新核定乡镇卫生院的人员编制。根据基层医疗卫生机构实际，全县乡镇卫生院人员编制按每1000人服务人口配备1.4人的标准核定。在核定编制总额内进行动态调整，向偏远山区乡镇倾斜。严禁挤占基层医疗卫生机构编制和借用基层医疗卫生机构在编在岗人员。对基层医疗卫生机构长期占编不在岗的人员，要加大清查力度并予以清退。对于长期借调、抽调到相关单位的人员，符合条件的按程序调入，不符合条件的予以清退。

14. 完善专业人员招聘政策。根据各专业岗位的空岗情况，分期分批精准招录专业技术人员，补足专业技术人员，达到结构合理，满足医疗卫生服务的需要。基层医疗卫生所需专业技术人才，由卫生计生委在编制限额内，根据《新田县事业单位公开招聘试行办法》按照公开、公平、公正的原则，招聘卫生人才，办理聘用相关手续。基层医疗卫生机构招聘高层次、紧缺岗位人才，经人社部门、编制部门研究上报上级人社部门、编制部门核准，采取直接考核的方式招聘。订单定向医学生毕业后，由与其签订“订单定向培养服务协议”的卫生计生委办理编制使用核准手续后，商人力资源社会保障局安排到乡镇卫生院工作，确保有编有岗。加强对享受优惠政策招聘和定向培养的基层医疗卫生专业技术人员的管理，为其开展工作提供必要的条件，对违反协议或规定擅自离岗的人员，取消其因优惠政策所享受的待遇（资格）。

15. 建立合理的人才培养机制。加强在岗人员临床进修及在职培训。以高等院校为依托，定期为基层医疗卫生机构定向培养急需的全科医生和医疗技士，特别要注重为基层培养安得下心、看得了病的本土医务人才；建立帮带帮扶机制。加强县级医院对基层医疗机构的帮带帮扶，本着缺什么帮什么的原则，扶助基层医疗机构的发展。同时，分期分批安排基层医生到市、县两级医院进行岗位培训，提高医技水平；建立对口支援机制。采取定期组织专家到基层开展义务巡诊等活动，加强对基层和农村常见病、慢性病和多发病防治的技术指导，带动基层医务人员提高技术水平，帮助基层建设一支技术过硬的医务人员队伍，进一步提高基层医疗服务能力，满足广大群众享受更优质的医疗卫生服务。

16. 完善绩效工资分配机制。进一步健全绩效工资制度，奖励绩效工资占绩效工资比例不低于60%。乡镇卫生院负责聘用人员的考核与奖惩，并根据考核结果分配奖励性绩效工资。绩效工资分配应向工作一线、关键岗位、业务骨干、贡献突出人员倾斜，合理拉开收入差距，体现多劳多得、优绩优酬。县卫生计生委负责基层医疗卫生机构负责人的考核与奖惩，并根据考核结果分配奖励性绩效工资。

17. 提高基层医疗卫生机构人员待遇。建立乡镇卫生院绩效工资水平正常增长机制，单位绩效工资总额应与其提供的医疗卫生服务数量和质量挂钩。在核定年度绩效工资总量的基础上，乡镇卫生院提取不超过 50% 的收支结余，按照财政部、原卫生部印发的《基层医疗卫生机构财务制度》的有关规定，作为单位当年的职工福利基金、奖励基金。对其中效益好的单位，其绩效工资水平原则上不高于当地事业单位绩效工资水平基准线的 3 倍。采取评选服务标兵等方式，给予优秀业务骨干奖励。对乡镇卫生院正式工作人员，按省人社、财政部门相关规定，落实乡镇工作补贴。城乡住房建设、发改、财政、卫生计生等部门要统筹规划，加快实施乡镇卫生院住房建设。

六、进一步加强村卫生室和乡村医生队伍建设

18. 明确乡村医生职责。乡村医生（包括在村卫生室执业的执业医师、执业助理医师）主要负责向农村居民提供公共卫生和基本医疗服务，并承担卫生计生部门委托的其他医疗卫生服务相关工作。

19. 合理配置乡村医生。随着基本公共卫生服务的深入开展和基层首诊、分级诊疗制度的逐步建立，综合辖区服务人口、服务状况和预期需求以及地理条件等因素，合理配置乡村医生，原则上按照每 1000 人服务人口不少于 1 名的标准配备乡村医生。

20. 加快村卫生室建设。要采取公建民营、政府补助等方式，支持村卫生室房屋建设和设备购置。新建村卫生室，原则上建在人口集中、交通方便的地点，或与村部共建，由村委会无偿提供建设用地，纳入新农村建设范畴。抓好精准扶贫村的卫生室建设。对贫困村和尚未设立村卫生室的空白村要优先安排村卫生室建设项目，2016—2019 年确保实现村卫生室标准化建设全覆盖。加快信息化建设，运用移动互联网技术，建立以农村居民健康档案和基本诊疗为核心的信息系统并延伸至村卫生室。

21. 加强乡村医生继续教育。按照《全国乡村医生教育规划（2011—2020 年）》要求，切实加强乡村医生的教育和培养工作。鼓励符合条件的在岗乡村医生进入中、高等医学院校接受医学学历教育，提高整体学历层次。对于按规定参加学历教育并取得医学相应学历的在岗乡村医生，政府对其学费给予补助。

22. 加强乡村医生培养。针对未设置卫生室的“空白村”以及乡村医生严重老化的地区，依托省内有关高校设立培养基地，实施乡村医生本土化人才免费定向培养，培养对象毕业后，按照《乡村医生从业管理条例》规定，由省卫生计生部门统一组织考试，对考试合格人员发放“乡村医生执业证书”，并全部回本村为当地居民提供基本医疗卫生服务。允许其他具有医学中专及以上学历人员，通过省卫生计生部门组织的全省统一考核，取得“乡村医生执业证书”，充实到乡村医生队伍。确保到 2020 年实现 125 个贫困村、空白村每村都有一名乡村医生。

23. 落实乡村医生补偿政策。根据乡村医生工作的实际情况、服务能力和服务成本，采取购买服务的方式，保障乡村医生合理的收入水平。对于乡村医生提供的基本公共卫生服务，通过政府购买服务的方式，根据核定的任务量和考核结果，将相应的基本公共卫生服务经费拨付给乡村医生。在2014年和2015年将农村地区新增的人均5元基本公共卫生服务补助资金全部用于乡村医生的基础上，未来新增的基本公共卫生服务补助资金继续重点向乡村医生倾斜，用于加强村级基本公共卫生服务工作。进一步完善村卫生室实施基本药物制度后的多渠道长效补偿机制，按规定落实财政专项定额补助。随着经济社会的发展，动态调整乡村医生各渠道补助标准，逐步提高乡村医生的待遇水平。

24. 建立乡村医生执业风险化解机制。采取县域内医疗卫生机构整体参加医疗责任保险、设立专项基金的途径，建立适合乡村医生特点的医疗风险分担机制，有效化解乡村医生开展医疗卫生服务面临的执业风险。

25. 完善乡村医生养老政策。引导符合条件的乡村医生按规定参加职工基本养老保险。不属于职工基本养老保险覆盖范围的乡村医生，可在户籍地参加城乡居民基本养老保险。对符合条件的老年乡村医生，按规定给予生活困难补助。

26. 逐步建立乡村医生退出机制。在每5年一次的乡村医生执业再注册时，对年满65周岁、身体健康状况难以胜任村卫生室工作任务的乡村医生，原则上不予再注册。年满60周岁的在岗乡村医生，本着自愿原则，可以退出乡村医生岗位，可以进行注销注册。

七、加强组织领导

27. 提高思想认识。要充分认识深化医药卫生体制改革对全面建成小康社会的重要作用，充分认识加强基层医疗卫生服务体系建设对深化医药卫生体制改革的重要作用，切实统一思想，加强组织领导，把进一步加强基层医疗卫生服务体系建设作为改善民生的重点工作摆上重要议事日程，定期研究，加大投入，抓紧落实，严格督办，不断提升基层医疗卫生服务能力，促进新田县深化医药卫生体制改革目标顺利实现。

28. 强化工作职责。各有关部门要加强协调配合，落实各自职责。组织部门要加强卫生计生部门领导班子建设，优化领导班子结构，注重选配有医疗卫生专业知识背景的人员进入领导班子，增强班子整体功能；宣传部门要大力宣传基层深化医药卫生体制改革政策，发掘卫生计生系统先进典型，正确引导舆论，形成全社会支持医药卫生体制改革、参与医药卫生体制改革的良好氛围；发改（物价）部门要优化基层医疗卫生机构布局，加强基层医疗卫生机构基础建设，做好基层医疗卫生机构医疗卫生服务收费标准的制定、执行监督工作；财政部门要按照政策规定及时足额安排基层医疗卫生机构各项补助资金和基层卫生人才培养资金；编制部门要科学合理配置基层医疗卫生机构编制资源，发挥编制的使用效益；人力资源社会保障部门要加大基层医疗卫生机构人员聘用力度，支持基层医疗卫生机构的人才队伍建设，制定完善符合基层医疗卫生服务特点的医保政策；规划建设部门要加强新建小区社区卫生服务用房建设保障工作；环保部门要支持基层医疗卫生机构污水和废物处理工作；市场监督部门要加强对药品的销售、使用管理；卫生计生部门要加强基层医疗卫生机构管理，努力提高医疗卫生服务能力和质量，引导群众就近就医，不断提升人民群众健康水平。

29. 优化服务环境。政府举办基层医疗卫生机构属于公益性事业单位，各有关部门在其建设发展中，要给予大力支持，实行政策倾斜，对其在基础设施建设项目报建时的行政性收费予以免收，服务性收费按最低标准减半收取，在水电费缴纳价格方面与基层同类事业单位缴纳标准保持一致。要妥善处理好医患纠纷，依法打击涉医违法犯罪行为，为基层医疗卫生机构创造良好的社会环境。

30. 严格督导考核。县委、县政府建立目标考核机制，将基层医疗卫生服务体系建设情况特别是基本公共卫生服务项目落实情况纳入对乡镇党委、政府和相关部门绩效考核的重要内容。县委督查室、政府督查室对本意见的有关政策落实情况，要加大督促检查力度，定期组织开展督察，及时通报相关情况，确保各项政策措施落到实处。

31. 卫计委、财政局、发改委、人社局、编办等部门根据本意见，制定具体实施细则，报县委、县政府审定后实施。

新田县贯彻落实《法治政府建设实施纲要（2015—2020年）》实施方案

为贯彻落实《中共中央国务院关于印发〈法治政府建设实施纲要（2015—2020年）〉的通知》（中发〔2015〕36号，以下简称《纲要》），实现到2020年基本建成职能科学、权责法定、执法严明、公开公正、廉洁高效、守法诚信的法治政府总目标，结合《湖南省贯彻落实〈中共中央关于全面推进依法治国若干重大问题的决定〉的实施方案》（湘发〔2014〕23号）、《湖南省贯彻落实〈纲要〉实施方案》（湘发〔2016〕19号）和新田县实际，制定本实施方案。

一、总体要求

全面贯彻中共十八大和十八届二中、三中、四中、五中全会精神，以马克思列宁主义、毛泽东思想、邓小平理论、“三个代表”重要思想、科学发展观为指导，深入贯彻习近平总书记系列重要讲话精神，按照协调推进“四个全面”战略布局要求，加强党的领导，坚持从新田实际出发，将政府工作全面纳入法治轨道，使新田县各级政府职能依法全面履行，依法行政制度体系完备，行政决策科学民主合法，宪法法律严格公正实施，行政权力规范透明运行，人民权益切实有效保障，依法行政能力普遍提高，为建设品质活力新田提供有力法治保障。

二、主要任务和具体措施

（一）依法全面履行政府职能

目标：牢固树立创新、协调、绿色、开放、共享的发展理念，坚持政企分开、政资分开、政事分开、政社分开，简政放权、放管结合、优化服务，政府与市场、政府与社会的关系基本理顺，政府职能切实转变，宏观调控、市场监管、社会管理、公共服务、环境保护等职责依法全面履行。

措施：

1. 深化行政审批制度改革

（1）全面清理行政审批事项。全部取消非行政许可审批事项。取消不符合行政许可法规定的资质资格准入许可。由乡镇实施更方便有效的行政审批事项，依法可以下放的，一律下放乡镇管理。取消或下放束缚企业生产经营、影响群众就业创业行政许可事项，做好已取消和下放行政审批事项的落实和衔接，保证审批权和相应的监管责任同时下放、同时承接。加强和改进督查评估，将行政审批制度改革纳入政府督查内容，纳入各级政府绩效评估，积极引入民意调查、专家评估、第三方评估机制，着力解决放权不同步、不协调、不到位问题，推动改革举措落地见效。

（2）严格控制新设行政许可。建立健全新设行政许可的审查论证机制，加强合法性、必要性、合理性审查论证。地方性法规在权限范围内拟设定行政许可，要经过专家论证并向社会公开征求意见；县政府及各部门规范性文件一律不得设立行政许可。行政许可实施机关应当及时将依法新增的行政许可项目及有关资料报本级人民政府法制部门备案审查。不得以备案、登记、注册、年检、认证等形式变相设定行政许可。

（3）实行行政审批事项目录化、编码化管理。梳理、编纂行政审批事项目录，健全目录化、编码化管理制度，规范行政审批行为。

（4）大力推行便民、高效、公开、规范的行政审批模式。各级政府要建立健全政务服务中心，实行政府服务、电子政务、政府信息公开一体化运行、最大限度地把行政审批事项集中到政务中心，实现审批部门、事项、权限、人员进驻全覆盖。同时积极开展相对集中行政许可权改革试点，稳步推进相对集中行政许可权工作。

（5）建设投资项目在线审批监管平台。实施投资项目在线审批监测并向社会公开，实现部门间的横向联通及各级政府间的纵向贯通。

（6）全面清理规范行政审批中介服务。对行政审批中介服务进行全面清理，对保留的行政审批中介服务事项实行清单管理、全面公开，坚决破除中介服务垄断，切断行政机关与中介服务机构之间的利益链，规范中介服务收费，进一步完善监管体系，促进中介服务市场健康发展。深入开展全覆盖、无死角的行业协会商会与行政机关脱钩改革，实现“机构分离，规范综合监管关系；职能分离，规范行政委托和职责分工关系；资产财务分离，规范财产关系；人员管理分离，规范用人关系；党建、外事等事项分离，规范管理关系”。

2. 大力推行权力清单、责任清单、负面清单制度并实行动态管理

（7）全面深化权责清单工作。制定政府工作部门权力清单动态调整办法，建立动态调整常态机制。梳理编制政府部门核心权力清单，推进权力清单、责任清单“两单融合”，强化清单的权威性和约束力。

（8）实行统一的市场准入制度。按照国家部署，推进负面清单制度，确保清单之外领域各类市场主体可依法平等进入。

（9）落实行政事业性收费和政府性基金目录清单制度。清理取消不合法、不合理的收费基金项目，公布收费目录清单。目录清单之外的和擅自提高征收标准、扩大征收范围的行政事业性收费和政府性基金一律不得执行。

3. 优化政府组织结构

（10）完善行政组织制度。加强机构编制管理的科学化、规范化、法制化，进一步推进行政机关机构、职能、权限、程序、责任法定化。

（11）完善行政程序制度。推进行政决策、行政决定、行政规划、行政指导等各种行政行为运行的法治化，建立权责一致、分工合理、决策科学、执行顺畅、监督有力的行政管理体制。

（12）深化行政体制改革。优化政府机构设置、职能配置、工作流程，理顺部门职责关系，推进事权法治化、规范化。积极稳妥实施大部门制。

4. 推进投资和价格体制改革

（13）转变政府投资管理职能。确立企业投资主体地位，根据国家核准目录修订情况，及时修订完善新田县企业投资项目核准目录，依法减少投资项目前置审批，鼓励大众创业、万众创新，营造良好的营商环境。

（14）推进价格体制改革。完善主要由市场决定价格的机制，规范政府重点监管价格的行为。严格执行《湖南省定价目录》，大幅缩减政府定价种类和项目，全面放开竞争性领域商品和服务价格。

5. 加强市场监管

（15）维护市场统一和公平竞争。清理、废除妨碍市场统一和公平竞争的各种规定和做法，破除部门保护、地区封锁和行业垄断。加大反垄断执法力度。

（16）深化商事制度改革。进一步清理工商登记前置审批，严格执行《工商登记前置审批事项目录》。加快工商登记后置审批改革，清理公布《新田县工商登记后置审批事项目录》。推进工商注册登记制度便利化，在工商营业执照、组织机构代码证和税务登记证“三证合一”的基础上，再整合社会保险和统计登记证，实现“五证合一、一照一码”，降低创业准入的制度性成本。完善放宽市场主体住所（经营场所）登记条件的规定，推行电子营业执照和全程电子化登记，实行“一址多照”和“一照多址”。

（17）加强和创新市场监管。制定实施加强市场监管的有关制度，加强事中事后监管，创新市场监管方式，完善市场监管体系，建立透明、规范、高效的协同监管、综合监管机制，全面推进随机抽取检查对象、随机选派执法人员，及时公布查处结果的“双随机、一公开”监管制度。

（18）加强社会信用体系建设。全面贯彻《国务院关于印发〈社会信用体系建设规划纲要（2014—2020年）〉的通知》（国发〔2014〕21号）、《国务院关于建立完善守信联合激励和失信联合惩戒制度加快推进社会诚信建设的指导意见》（国发〔2016〕33号）和《湖南省人民政府关于印发〈湖南省社会信用体系建设规划（2015—2020年）〉的通知》（湘政发〔2015〕20号），推行全国统一的社会信用代码制度，建立健全县级信用信息共享交换平台，配合国家推进企业信用信息公示“全国一张网”建设，建立健全诚信行为褒扬和激励机制，依法依规对失信行为进行行政性约束和惩戒，规范信用黑名单制度，着力构建“有信可查、守信激励、失信必究、市场规范”的社会信用体系，切实增强社会成员诚信意识，营造良好信用环境，提升永州整体竞争力。

（19）规范外资管理政策。落实外资管理有关法律政策，清理规范已出台政策，保持外资政策稳定、透明、可预期。

（20）建立健全对外投资促进制度和服务体系。落实《湖南省人民政府办公厅关于印发〈湖南省对接“一带一路”战略推动优势企业“走出去”实施方案〉的通知》（湘政办发〔2015〕80号）、《湖南省对外投资产业和国别指导意见》，支持企业扩大对外投资，推动装备、技术、标准、服务走出去。

6. 创新社会治理

（21）提高社会治理科学化和法治化水平。加强社会治理法规、体制机制、能力、人才队伍和信息化建设。完善社会组织登记管理制度。适合由社会组织提供的公共服务和解决的事项，交由社会组织承担。支持和发展社会工作服务机构和志愿服务组织。规范和引导网络社团社群健康发展，加强监督管理。推进社会自治，发挥市民公约、乡规民约、行业规章、团体章程等社会规范在社会治理中的积极作用。

（22）深入推进社会治安综合治理。健全落实领导责任制，制定加强社会治安防控体系建设的实施意见，完善立体化社会治安防控体系，有效防范管控影响社会安定的问题，保护人民生命财产安全。

（23）提高公共突发事件防范处置和防灾救灾减灾能力。制定实施“十三五”应急体系建设规划，抓好应急值守及预案体系、应急队伍、应急科普宣教等基础工作，提升应急管理综合水平。落实中央防灾减灾“十三五”规划，健全防灾减灾救灾制度机制，加强地震、气象、测绘、地质等工作，及时、有效应对各类灾害。

（24）全方位强化安全生产。建立企业隐患排查治理和全县事故应急救援系统，制定完善全县安全生产行政检查、生产事故调查处理、烟花爆竹管理等方面的规章制度。

（25）全过程保障食品药品安全。加快建立科学完善的食品药品安全治理体系，坚持产管并重，严把从农田到餐桌、从实验室到医院的每一道防线。严格执行《湖南省食品生产加工小作坊小餐饮和食品摊贩管理条例》，制定打击食品药品违法犯罪活动的部门协作制度。

7. 优化公共服务

（26）加快基本公共服务体系建设。进一步贯彻落实《湖南省政府服务规定》，制定和落实基本公共服务体系均等化“十三五”规划，编制公布公共服务事项目录和办事指南，完善基本公共服务清单制度，着力促进教育、卫生、文化等社会事业健康发展，强化政府促进就业、调节收入分配和完善社会保障职能，加快形成政府主导、覆盖城乡、可持续的基本公共服务体系，实现基本公共服务标准化、均等化、法定化。

（27）建立健全政府购买公共服务制度。公开政府购买公共服务目录，加强政府购买公共服务质量监管。推进公共服务提供主体和提供方式多元化，凡属事务性管理服务，原则上都要引入竞争机制向社会购买；确需政府参与的，实行政府和社会资本合作模式。

8. 强化生态环境保护

（28）加快建立完善并落实生态文明制度。贯彻实施《中共湖南省委湖南省人民政府关于印发〈绿色湖南建设纲要〉的通知》（湘发〔2012〕9号）、《湖南省人民政府办公厅关于印发〈湖南省实施低碳发展五年行动方案（2016—2020年）〉的通知》（湘政办发〔2016〕32号）、《湖南省实施〈中华人民共和国水法〉办法》、《湖南省实施〈中华人民共和国水土保持法〉办法》、《湖南省湘江保护条例》、《湖南省林业条例》等法规文件，全面落实《永州市水污染和大气污染治理实施方案（2016—2020年）》（永政发〔2016〕15号）、《永州市落实〈水污染防治行动计划〉实施方案（2016—2020年）》（永政发〔2016〕16号）、《永州市水功能区划》、《永州市最严格水资源管理制度实施办法》（永政发〔2014〕15号）、《永州市江河水库水资源保护办法》（永政发〔2013〕25号），修改或制定实施《永州市封山育林实施办法》（永政办发〔2012〕34号）、《永州市城市绿线管理办法》（永政办发〔2012〕36号）、《永州市城市公园管理办法》（永政办发〔2014〕62号）、《永州市古树名木保护管理办法》（永政办发〔2012〕31号）和《永州市公园广场管理条例》等规章制度，有效约束开发行为，促进绿色发展、循环发展、低碳发展。

（29）深化资源型产品价格和税费改革，实行资源有偿使用制度和生态补偿制度。按照国家部署，加快推进水、电、气、油资源产品价格改革，进一步推进农业水价综合改革，全面实行阶梯水价制度，积极推进输配电价改革试点，建立居民用气上下游价格联动机制，适时调整成品油价格，充分发挥市场决定价格作用，坚持放管结合，营造良好价格环境。按照国家部署，全面推进资源税改革，进一步理顺资源税费关系，构建有利于资源节约、环境保护、经济结构调整和发展方式转变的资源税费制度。建立健全生态补偿机制，推进区域补偿、流域补偿和要素补偿。积极争取将新田县森林覆盖率高、生态环境好的区域纳入国家重点生态功能区。抓好湘江源头区域国家生态文明先行示范区建设，探索建立环境空气质量生态补偿机制。

（30）改革完善生态环境保护管理体制机制。健全大气污染防治工作机制，推进大气污染防治专项行动，保护和改善新田县环境空气质量。进一步建立健全水环境保护行政执法责任制，为实施湘江保护与治理第二、第三个“三年行动计划”提供法治保障。严格执行取水许可制度和水资源论证制度，落实最严格水资源管理制度“三条红线”控制指标。完善并严格实行环境信息公开制度、环境影响评价制度和污染物排放总量控制制度。落实《中共中央办公厅国务院办公厅关于印发〈党政领导干部生态环境损害责任追究办法（试行）〉的通知》（中办发〔2015〕45号）、《中共湖南省委办公厅湖南省人民政府办公厅关于印发〈湖南省重大环境问题（事件）责任追究办法（试行）〉的通知》（湘办发〔2015〕13 号）、《永州市人民政府关于贯彻落实〈湖南省环境保护工作责任规定（试行）〉的意见》（永政发〔2015〕18 号）和《永州市较大环境问题（事件）责任追究办法（试行）》（永办发〔2015〕22 号），建立健全生态环境损害赔偿制度。落实《湖南省开展领导干部自然资源资产离任审计试点实施方案》，探索并逐步完善领导干部自然资源资产离任审计制度，推动领导干部切实履行自然资源资产管理和生态环境保护责任，促进自然资源资产节约集约利用和生态环境安全。

（二）完善依法行政制度体系

目标：提高政府规范性文件质量，构建系统完备、科学规范、运行有效的依法行政制度体系，使政府管理各方面制度更加成熟更加定型，为建设社会主义市场经济、民主政治、先进文化、和谐社会、生态文明，促进人的全面发展，提供有力制度保障。

措施：

9. 加强规范性文件监督管理

（31）严格规范性文件制定程序。落实合法性审查、廉洁性评估、集体讨论决定等制度，对规范性文件实行统一登记、统一编号、统一公布制度。规范性文件不得设定行政许可、行政处罚、行政强制等事项，不得减损公民、法人和其他组织合法权益或者增加其义务。规范性文件应当按照法定要求和程序予以公布，未经公布的不得作为行政管理依据。规范性文件未经过合法性审查，未实行统一登记、统一编号、统一公布，被确认违法的，要依法追究直接负责的主管人员和其他直接责任人员的责任。

（32）落实规范性文件申请审查制度。公民、法人和其他组织认为规范性文件违法的，可以申请政府法制部门和部门法制机构审查，审查结果应在 30 日内给予书面答复，因特殊原因可以延期 15 日。

（33）坚持备案审查制度。所有规范性文件都要纳入备案审查范围，做到有件必备、有备必审、有错必纠。

10. 建立规范性文件清理长效机制

（34）严格执行规范性文件有效期制度。落实《湖南省规范性文件管理办法》有关规范性文件的有效期制度，起草单位应当于规范性文件有效期届满前 6 个月内进行评估，需要继续执行的，应当重新公布。定期开展规范性文件清理，对规范性文件一般每 2 年清理一次，清理结果通过政府公报、指定的政府网站等本级政府统一的政府信息发布平台及其他媒体向社会公布。

（35）实行规范性文件目录和文本动态化、信息化管理。各级政府及其部门要根据规范性文件立改废情况及时作出调整并通过政府公报、指定的政府网站等本级政府统一的政府信息发布平台及其他媒体向社会公布。

（三）推进行政决策科学化、民主化、法治化

目标：行政决策制度科学、程序正当、过程公开、责任明确，决策法定程序严格落实，决策质量显著提高，决策效率切实保证，违法决策、不当决策、拖延决策明显减少并得到及时纠正，行政决策公信力和执行力大幅提升。

措施：

11. 健全依法决策机制

（36）完善重大行政决策程序。所有重大行政决策，都必须严格按照公众参与、专家论证、风险评估、合法性审查、集体讨论决定等法定程序进行。进一步细化和完善相关程序制度的具体流程、操作标准和工作制度，提高程序制度的针对性、操作性和有效性，既强化决策程序的刚性约束，又保障行政决策的效率。

（37）推行重大行政决策目录化管理。各级人民政府对涉及本地经济社会发展全局、社会涉及面广、专业性强、与人民群众利益密切相关的重大决策事项，要编制目录，实行动态管理。凡是纳入目录的事项，应当按照重大行政决策程序实施。

12. 增强公众参与实效

（38）完善行政决策征求意见制度。事关经济社会发展全局和涉及群众切身利益的重大行政决策事项，应当广泛听取意见，与利害关系人进行充分沟通，并注重听取有关人大代表、政协委员、人民团体、基层组织、社会组织的意见。

（39）建立行政决策公众参与平台。各级政府和行政机关要依托政府网站，加强公众参与平台建设，对社会关注度高的决策事项，应当公开信息、解释说明，及时反馈意见采纳情况和理由。

（40）推行行政决策民意调查制度。推行文化教育、医疗卫生、资源开发、环境保护、公用事业等重大民生决策事项民意调查制度，广泛集中民意、吸纳民智。

13. 提高专家论证和风险评估质量

（41）注重专家咨询论证。建立行政决策咨询论证专家库，对专业性、技术性较强的决策事项，应当组织专家、专业机构进行论证。选择论证专家要注重专业性、代表性、均衡性，支持其独立开展工作，逐步实行专家信息和论证意见公开。

（42）落实并完善重大决策社会稳定风险评估机制。落实中央、省市有关建立健全重大决策社会稳定风险评估机制的要求，健全重大决策社会稳定风险评估机制，将社会稳定风险评估作为重大决策的前置程序，并将评估结果作为重大决策的重要依据，从源头上防范不稳定因素。

14. 加强合法性审查

（43）落实行政机关内部重大决策合法性审查机制。重大行政决策未经合法性审查或经审查不合法的，不得提交讨论或制发文件。建立行政机关内部重大事项合法性审查机制，明确审查范围、标准和流程，加强审查力量，实现全县政府系统合法性审查工作全覆盖。

（44）推行政府法律顾问制度和公职律师制度。贯彻落实《中共中央办公厅国务院办公厅印发〈关于推行法律顾问制度和公职律师公司律师制度的意见〉的通知》（中办发〔2016〕30号）和《永州市人民政府法律顾问工作规则》（永政办发〔2014〕24号）、《永州市人民政府关于普遍建立法律顾问制度的意见》（永政发〔2015〕20号）、《新田县人民政府关于普遍建立法律顾问制度的意见》（新政发〔2016〕5号）。县级以上政府和部门普遍设立法律顾问、公职律师，乡镇政府根据需要设立法律顾问和公职律师。政府机关讨论、决定重大事项之前，应当听取法律顾问、公职律师的法律意见。起草、论证有关法规规章草案和规范性文件送审稿，应当邀请法律顾问、公职律师参加，或者听取其法律意见。充分发挥法律顾问、公职律师在制定重大行政决策、推进依法行政中的积极作用。

15. 坚持集体讨论决定

（45）重大行政决策实行集体讨论决定。重大行政决策应当经政府常务会议或者全体会议、部门领导班子会议讨论，由行政首长在集体讨论基础上作出决定。行政首长拟作出的决定与会议组成人员多数人的意见不一致的，应当在会上说明理由。集体讨论情况和决定要如实记录、完整存档。

16. 严格决策责任追究

（46）推进重大行政决策后评估。决策机关应当跟踪决策执行情况和实施效果，根据实际需要开展重大行政决策后评估，及时调整、完善。

（47）建立健全重大决策责任追究制度。制定《新田县重大行政决策责任追究办法》，实施重大决策终身责任追究制度及责任倒查机制，对决策严重失误或者依法应当及时作出决策但久拖不决造成重大损失、恶劣影响的，严格追究行政首长、负有责任的其他领导人员和相关责任人员的党纪政纪和法律责任。

（四）坚持严格规范公正文明执法

目标：权责统一、权威高效的行政执法体制建立健全，法律法规规章得到严格实施，各类违法行为得到及时查处和制裁，公民、法人和其他组织的合法权益得到切实保障，经济社会秩序得到有效维护，行政违法或不当行为明显减少，对行政执法的社会满意度显著提高。

措施：

17. 改革行政执法体制

（48）推进执法重心下移。根据不同层级政府的事权和职能，按照减少层次、整合队伍、提高效率的原则，合理配置执法力量。推行一级执法，推进执法重心向县区、乡镇街道下移，把机构改革、政府职能转变调整出来的人员编制重点用于充实基层执法力量。

（49）推行综合执法改革。大幅减少政府执法队伍种类，重点在食品药品安全、工商、质检、公共卫生、安全生产、文化旅游、资源环境、农林水利、交通运输、城乡建设、渔业、商务等领域内推行综合执法，支持有条件的地方和领域推行跨部门综合执法，探索在乡镇开展综合执法改革试点。

（50）理顺城管执法体制。认真落实《中共中央国务院关于深入推进城市执法体制改革改进城市管理工作的指导意见》(中发〔2015〕37号)，贯彻实施《湖南省城市综合管理条例》，明确城市管理综合执法职责范围，加强城市管理综合执法机构和队伍建设，提高城市管理和服务水平。

（51）理顺行政强制执行体制。按照国家统一部署和要求，制定理顺行政强制执法体制的指导意见，依法科学配置行政强制执行权，依法梳理和确定行政机关强制执行的范围和权限，严格履行行政强制执行程序，探索建立强制执行行政机关协作机制，提高行政强制执行效率。

（52）健全行政执法和刑事司法衔接机制。完善案件移送标准和程序，建立行政执法与刑事司法信息共享平台，建立健全行政执法机关、公安机关、检察机关、审判机关案情通报、案件移送、联席会议等制度。

18. 完善行政执法程序

（53）进一步规范行政执法裁量权。贯彻执行《湖南省规范行政裁量权办法》，在完善并严格执行行政处罚裁量权基准的基础上，逐步建立健全行政许可等裁量权基准。

（54）建立行政执法全过程记录制度。行政执法机关及其执法人员要通过文字、音像等记录方式，对执法程序启动、调查取证、审查决定、送达执行、归档管理等行政执法整个过程进行跟踪记录。

（55）落实行政执法程序制度。严格执行《湖南省行政程序规定》，落实行政执法的启动、调查、证据、期限和决定等程序制度，提升行政执法规范化、法治化水平。

（56）完善行政执法权限协调机制。及时解决执法机关之间的权限争议，建立异地行政执法协助制度。

（57）严格执行重大行政执法决定法制审核制度。行政执法部门作出行政许可、行政处罚、行政强制、行政确认、行政收费和行政征收、征用等重大行政执法决定前，要由其法制机构进行合法性、适当性审查，未经法制审核或者审核未通过的，不得作出决定。

19. 创新行政执法方式

（58）推行行政执法公示制度。加强行政执法信息化建设和信息共享，有条件的地方和部门要建立统一的行政执法信息平台，行政许可、行政处罚决定书原则上要在网上公开，完善网上执法办案及信息查询系统。

（59）提升行政执法的科技化水平。强化科技、装备在行政执法中的应用，探索运用现代通信、互联网新技术。

（60）坚持文明执法。推广运用说服教育、劝导示范、行政指导、行政奖励等非强制性执法手段。

（61）健全公民和组织守法信用记录。完善守法诚信褒奖机制和违法失信行为惩戒机制。

20. 全面落实行政执法责任制

（62）明确行政执法责任。制定实施《新田县行政执法责任制办法》，厘清不同部门及机构执法职权，实现执法责任到岗到人，严格实行权责挂钩。

（63）加强行政执法监督。制定实施《新田县行政执法监督办法》，进一步明确行政执法监督的主体、内容、方式和程序。加快建立统一的行政执法监督网络平台，建立健全投诉举报、情况通报等制度，坚决排除对执法活动的干预，防止和克服部门利益和地方保护主义，防止和克服执法工作中的利益驱动，惩治执法腐败现象。完善县、乡两级政府行政执法管理，加强统一领导和协调。

（64）建立行政执法监督信息共享制度。政府法制部门在办理行政应诉、行政复议、合法性审查、案卷评查等过程中，发现重大违法情形，要及时通报同级监察部门。监察部门要将处理结果及时通报政府法制部门。

（65）严格行政执法责任追究。建立健全常态化的行政执法责任追究机制，对执法不作为、缓作为、乱作为等行为严肃追责。

21. 健全行政执法人员管理制度

（66）严格行政执法人员资格管理。全面实行行政执法人员持证上岗和资格管理制度，实行行政执法人员通用法律知识网上考试，统一考试方式、考试内容和考试标准。在网上公开持证人员信息。

（67）逐步推行行政执法人员平时考核制度。科学合理设计考核指标体系，考核结果作为执法人员职务级别调整、交流轮岗、教育培训、奖励惩戒的重要依据。

（68）规范执法辅助人员管理。制定辅助执法人员管理办法，明确执法辅助人员适用岗位、身份性质、职责权限、权利义务、聘用条件和程序等。

22. 加强行政执法保障

（69）支持依法公正执法。各级党政机关和领导干部要支持行政执法机关依法公正行使职权，严禁行政执法人员做不符合法律规定的事情。对妨碍行政机关正常工作秩序、阻碍行政执法人员依法履责的违法行为，坚决依法处理，推动形成全社会支持行政执法机关依法履职的氛围。

（70）落实经费保障。行政机关履行执法职责所需经费，由各级政府纳入本级政府预算，保证执法经费足额拨付。改善执法条件，合理安排执法装备配备、科技建设方面的投入。严格执行罚缴分离和收支两条线管理制度，严禁下达或者变相下达罚没指标，严禁将行政事业性收费、罚没收入同部门利益直接或者变相挂钩。

（五）强化对行政权力的制约和监督

目标：科学有效的行政权力运行制约和监督体系基本形成，惩治和预防腐败体系进一步健全，各方面监督形成合力，人民群众的知情权、参与权、表达权、监督权得到切实保障，损害公民、法人和其他组织合法权益的违法行政行为得到及时纠正，违法行政责任人依法依纪受到严肃追究。

措施：

23. 健全行政权力运行制约和监督体系

（71）完善权力监督制度。坚持用制度管权管事管人，坚持决策权、执行权、监督权既相互制约又相互协调，确保行政机关按照法定权限和程序行使权力。起草规范性文件，要有效落实公开行政权力运行流程、惩治和预防腐败、防控廉政风险、防止利益冲突等要求，切实把权力关进制度的笼子。

（72）加强诚信建设。发挥政府诚信建设示范作用，加快政府守信践诺机制建设。加强公务员诚信管理，建立公务员诚信档案，作为干部考核、任用和奖惩的重要依据。

24. 自觉接受党内监督、人大监督、民主监督、司法监督

（73）切实履行主体责任。贯彻执行《中国共产党党内监督条例》、《中国共产党问责条例》，在党委对党风廉政建设和反腐败工作的统一领导下，各级政府及其部门党组（党委）要切实履行主体责任，主要负责人是第一责任人，对本级政府本部门党风廉政建设负总责。

（74）自觉接受人大监督。认真执行向本级人大及其常委会报告工作制度，接受询问和质询制度，报备规章、规范性文件制度。认真研究处理人大及其常委会组成人员对政府工作提出的有关审议意见，及时研究办理人大代表提出的意见和建议，切实改进工作。

（75）自觉接受政协监督。及时研究办理政协委员提出的意见和建议。健全知情明政机制，政府相关部门向政协定期通报有关情况，为政协委员履职提供便利、创造条件。

（76）自觉接受司法监督。贯彻落实《国务院办公厅关于加强和改进行政应诉工作的意见》（国办发〔2016〕54 号），出台《永州市行政机关行政案件应诉工作办法》。支持人民法院依法受理和审理行政案件，健全行政机关依法出庭应诉制度，尊重并执行人民法院生效裁判。积极配合检察机关对行政机关在履行职责中发现的行政违法行为进行监督。重视法院、检察院的司法建议，认真研究改进措施，及时予以反馈。严格落实行政应诉责任追究制度，对于行政机关干预、阻碍人民法院依法受理和审理行政案件，无正当理由拒不到庭或者未经法庭许可中途退庭，被诉行政机关负责人不出庭应诉也不委托相应的工作人员出庭，拒不履行人民法院对行政案件的判决、裁定或者调解书的，由任免机关或者监察机关依照《中华人民共和国行政诉讼法》、《行政机关公务员处分条例》、《中共中央办公厅国务院办公厅关于印发〈领导干部干预司法活动、插手具体案件处理的记录、通报和责任追究规定〉的通知》（中办发〔2015〕23 号）等规定，对相关责任人员严肃处理。

25. 加强行政监督和审计监督

（77）完善政府内部层级监督制度。改进上级行政机关对下级行政机关的监督，建立健全常态化、长效化监督制度。

（78）加强政府内部权力制约。对财政资金分配使用、国有资产监管、政府投资、政府采购、公共资源转让、公共工程建设等权力集中的部门和岗位实行分事行权、分岗设权、分级授权，定期轮岗，强化内部流程控制，防止权力滥用。

（79）进一步强化监察机制。各级监察机关要切实履行监督责任，确保廉政建设各项任务落实。

（80）完善审计制度。健全有利于依法独立行使审计监督权的审计管理体制，建立具有审计职业特点的审计人员管理制度，基本形成与国家治理体系和治理能力现代化相适应的审计监督机制。制定关于实行审计监督全覆盖的实施意见，对公共资金、国有资产、国有资源和领导干部履行经济责任情况实行审计全覆盖。制定强化上级审计机关对下级审计机关领导的实施办法，强化上级审计机关对下级审计机关的领导。建立和完善审计查出问题整改情况向人大常委会报告机制。

26. 完善社会监督和舆论监督机制

（81）整合统一投诉举报平台。整合政府部门公共服务和投诉举报平台，探索建立统一的政府公共服务和投诉举报平台。畅通举报箱、电子信箱、热线电话等监督渠道，方便群众投诉举报、反映问题，依法认真调查处理违法行政行为并及时反馈。

（82）重视发挥媒体监督作用。发挥报刊、广播、电视等传统媒体监督作用，加强与互联网等新兴媒体的互动，重视运用和规范网络监督，建立健全网络舆情监测、收集、研判、处置机制，推动网络监督规范化、法治化。

27. 全面推进政务公开

（83）完善政务公开制度。贯彻落实《中共中央办公厅国务院办公厅印发〈关于全面推进政务公开工作的意见〉的通知》（中办发〔2016〕8号）和《湖南省实施〈中华人民共和国政府信息公开条例〉办法》，全面推进政务公开工作。坚持以公开为常态、不公开为例外原则，推进决策公开、执行公开、管理公开、服务公开、结果公开。

（84）加强政府信息发布。重点推进并规范财政预算、公共资源配置、重大建设项目批准和实施、社会公益事业建设、重要民生和扶贫资金分配使用等领域的政府信息公开。完善政府新闻发言人、突发事件信息发布等制度，做好对热点敏感问题的舆论引导，及时回应人民群众关切。各行政机关要建立健全依申请公开的工作机制，切实做好依申请公开工作。

（85）创新政务公开方式。加强互联网政务信息数据服务平台和便民服务平台建设，提高政务公开信息化、集中化水平。

28. 完善纠错问责机制

（86）加强行政问责规范化、制度化建设，加大行政问责力度，增强行政问责的针对性和时效性。坚决纠正行政不作为、乱作为，坚决克服懒政、庸政、怠政，坚决惩处失职、渎职。认真落实党风廉政建设责任制，坚持有错必纠、有责必问，对“四风”问题突出、发生顶风违纪问题或者出现区域性、系统性腐败案件的地方、部门和单位，既要追究主体责任、监督责任，又要严肃追究领导责任。问责情况要定期通报，典型问题要公开曝光。

（六）依法有效化解社会矛盾纠纷

目标：公民、法人和其他组织的合法权益得到切实维护，公正、高效、便捷、成本低廉的多元化矛盾纠纷解决机制全面形成，行政机关在预防、解决行政争议和民事纠纷中的作用充分发挥，通过法定渠道解决矛盾纠纷的比率大幅提升

措施：

29. 健全依法化解纠纷机制

（87）建立健全矛盾纠纷化解工作机制。贯彻落实中央关于完善多元化纠纷解决机制的意见，健全矛盾纠纷化解工作机制，构建对维护群众利益具有重大作用的制度体系，建立健全社会矛盾预警机制、利益表达机制、协商沟通机制、救济救助机制。

（88）强化重点领域治理。及时收集分析热点、敏感、复杂矛盾纠纷信息，加强群体性、突发性事件预警监测。重点加强对影响或危害食品药品安全、安全生产、生态环境、网络安全、社会安全等方面重点问题的治理。强化依法应对和处置群体性事件机制和能力。

（89）加大普法力度。引导和支持公民、法人和其他组织依法表达诉求和维护权益。

30. 加强行政复议工作

（90）完善行政复议制度。改革行政复议体制，积极探索整合行政复议职责。

（91）完善行政复议办案机制。健全行政复议审理机制，加大公开听证审理力度，完善与相关单位的互动沟通机制，督促作为行政复议被申请人和第三人的有关行政机关依法履行相关义务，纠正违法或不当行政行为。完善复议办案工作责任制，提高行政复议办案质量，增强行政复议的专业性、透明度和公信力。

（92）加强行政复议能力建设。以县区政府行政复议机构建设为重点，充实行政复议工作人

员，推动全县行政复议机构设置、人员配备与所承担的工作任务相适应，充分发挥行政复议在解决行政争议中的重要作用。推进行政复议规范化建设，加强行政复议培训交流，切实提高行政复议人员素质。落实审理室、听证室、接待室、档案室等办案场所和有关装备保障，行政复议经费列入本级政府预算。

31. 完善行政调解、行政裁决、仲裁制度

（93）健全行政调解制度。落实《国务院关于加强法治政府建设的意见》（国发〔2010〕33 号）、《湖南省行政程序规定》中有关行政调解的制度规定，进一步建立完善行政调解机制，规范行政调解程序，充分发挥有关行政机关行政调解职能。

（94）健全行政裁决制度。落实《湖南省行政程序规定》中有关行政裁决的制度规定，健全完善行政裁决程序，提高行政裁决能力，推动有关行政机关充分履行行政裁决的法定职责，强化行政机关解决同行政管理活动密切相关的民事纠纷功能。

（95）完善仲裁制度。县委、县政府要加强对仲裁工作的领导，政府法制机构要加强对仲裁工作的联系和指导，提升仲裁员和仲裁机构工作人员素质，规范仲裁行为，提高仲裁公信力，充分发挥仲裁解决经济纠纷、化解社会矛盾、促进社会和谐的作用。

32. 加强人民调解工作

（96）健全人民调解组织网络和运行机制。认真贯彻实施《中华人民共和国人民调解法》，积极稳妥地发展人民调解组织，积极指导、支持和保障人民调解组织开展工作。实现村委会、居委会人民调解组织全覆盖，推进企事业单位、乡镇街道、社会团体、行业组织中人民调解组织建设。完善人民调解各项制度，健全人民调解、行政调解、司法调解的联动机制。重点协调解决消费者权益、劳动关系、医患关系、物业管理等方面的矛盾纠纷，促进当事人平等协商、公平公正解决矛盾纠纷。

33. 改革信访工作制度

（97）把信访纳入法治化轨道，保障合理合法诉求依照法律规定和程序就能得到合理合法的结果。落实《湖南省信访条例》，规范信访工作程序，加强初信初访办理，规范联合接访工作，完善群众利益协调和权益保障机制，引导群众依法逐级走访，维护信访秩序。优化传统信访途径，实行网上受理信访制度，健全及时就地解决群众合理诉求机制。严格实行诉访分离，推进通过法定途径分类处理信访投诉请求，引导群众在法治框架内解决矛盾纠纷。落实《湖南省信访事项复查复核办法》，健全完善复查复核机制，完善涉法涉诉信访事项依法终结制度。

（七）全面提高政府工作人员法治思维和依法行政能力

目标：政府工作人员特别是领导干部牢固树立宪法法律至上、法律面前人人平等、权由法定、权依法使等基本法治理念，恪守合法行政、合理行政、程序正当、高效便民、诚实守信、权责统一等依法行政基本要求，做尊法学法守法用法的模范，法治思维和依法行政能力明显提高，在法治轨道上全面推进政府各项工作。

措施：

34. 树立重视法治素养和法治能力的用人导向

（98）强化用人法治导向。抓住领导干部这个全面依法治国的“关键少数”，把法治观念强不强、法治素养好不好作为衡量干部德才的重要标准，把能不能遵守法律、依法办事作为考察干部的重要内容，把严守党纪、恪守国法的干部用起来。在相同条件下，优先提拔使用法治素养好、依法办事能力强的干部。

（99）严肃处理违法违纪干部。对特权思想严重、法治观念淡薄的干部要批评教育、督促整改，问题严重或违法违纪的，依法依纪严肃处理。

35. 加强对政府工作人员的法治教育培训

（100）完善并落实学法制度。政府工作人员特别是领导干部要系统学习中国特色社会主义法治理论，学好宪法以及与自己所承担工作密切相关的法律法规。县（区）政府及其部门每年至少举办一期领导干部法治专题培训班，各级政府领导班子每年应当举办两期以上法治专题讲座。各级党校、行政学院等要把宪法、法律列入干部教育必修课。

（101）健全行政执法人员岗位培训制度。各级政府及其部门每年要组织开展行政执法人员通用法律知识、专门法律知识、新法律法规等专题培训。

（102）加大对公务员初任培训和任职培训中法律知识的培训力度。适当增加公务员初任培训和任职培训中法律知识内容的比重，丰富培训的方式、方法，提高培训的实效性。

36. 完善政府工作人员法治能力考查测试制度

（103）加强对领导干部任职前法律知识考查和依法行政能力测试。将考查和测试结果作为领导干部任职的重要参考，促进政府及其部门负责人严格履行法治建设职责。

（104）优化公务员录用、晋升测查内容。增加公务员录用考试中法律知识的比重，实行公务员晋升依法行政考核制度。

37. 注重通过法治实践提高政府工作人员法治思维和依法行政能力

（105）自觉运用法治思维和法治方式解决实际问题。政府工作人员特别是领导干部想问题、作决策、办事情必须守法律、重程序、受监督，牢记职权法定，切实保护人民权益。要自觉运用法治思维和法治方式深化改革、推动发展、化解矛盾、维护稳定，依法治理经济，依法协调和处理各种利益问题，避免埋钉子、留尾巴，努力营造办事依法、遇事找法、解决问题用法、化解矛盾靠法的良好法治环境。注重发挥法律顾问和法律专家的咨询论证、审核把关作用。

（106）落实“谁执法谁普法”的普法责任制。贯彻落实《中共湖南省委办公厅湖南省人民政府办公厅关于在全省各级国家机关中实行“谁执法谁普法”责任制的意见》（湘办发〔2015〕51号），建立行政执法人员以案释法制度，使执法人员在执法普法的同时不断提高自身法治素养和依法行政能力。

三、组织保障和落实机制

38. 加强党对法治政府建设的领导

（107）主动报告重大问题。各级政府要在党委统一领导下，谋划和落实好法治政府建设的各项任务，主动向党委报告法治政府建设中的重大问题，及时消除制约法治政府建设的体制机制障碍。

（108）及时部署年度重点工作。各级政府及其部门要结合本地区本部门实际，每年部署法治政府建设年度重点工作，发挥牵引和突破作用，带动法治政府建设各项工作全面深入开展。

（109）加强法治力量建设。各级政府及其部门要落实国务院文件的要求，进一步加强法治机构和队伍建设，使法治机构的规格、编制与其承担的职责和任务相适应，充分发挥法治机构在推进依法行政、建设法治政府方面的组织协调、督促检查、考核评价作用。加大对法治干部的培养、使用和交流力度，重视提拔政治素质高、法律素养好、工作能力强的法治干部。政府法治机构及其工作人员要不断提高思想政治素质和业务工作能力，努力当好政府或者部门领导在依法行政方面的参谋、助手和顾问。要特别重视加强基层依法行政能力建设，着力解决县区政府及其部门法制机构设置和力量配备与建设法治政府任务要求严重不相适应的突出问题。

39. 落实第一责任人责任

（110）认真履行第一责任人职责。党政主要负责人要履行推进法治建设第一责任人职责，将建设法治政府摆在工作全局的重要位置。对不认真履行第一责任人职责，本地区本部门一年内发生多起重大违法行政案件、造成严重社会后果的，依法追究主要负责人的责任。

（111）定期报告法治政府建设情况。县区政府每年1月底前要向同级党委、人大常委会和上一级政府报告上一年度法治政府建设情况，县区政府部门每年1月底前要向本级政府和上一级政府有关部门报告上一年度法治政府建设情况。报告要通过报刊、政府网站等向社会公开。

40. 强化考核评价和督促检查

（112）强化考核评价。各级党委要把法治建设成效作为衡量各级领导班子和领导干部工作实绩的重要内容，纳入政绩考核指标体系，并列为年度绩效考核评估的重要内容。各级政府要制定法治政府建设指标体系和考核办法，每年组织考核评价，充分发挥考核评价对法治政府建设的重要推动作用。

（113）加强督促检查。各级政府及其部门的党组织要领导和监督本单位模范遵守宪法法律，坚决查处执法犯法、违法用权等行为。要加强对法治政府建设进展情况的督促检查，结合法治政府建设年度重点工作，开展定期检查和专项督查。对工作不力、问题较多的，要及时约谈、责令整改、通报批评。

41. 加强理论研究、典型示范和宣传引导

（114）加强理论研究。加强中国特色社会主义法治政府理论研究，坚持从新田实际出发，解决实际问题，为法治政府建设提供理论支撑和决策参考。

（115）加强典型示范。积极开展建设法治政府示范创建活动，大力培育建设法治政府先进典型。通过召开现场会、经验交流会等形式及时总结、交流和推广经验，充分发挥先进典型的示范带动作用。定期通报和曝光违法行政典型案例，分析原因、吸取教训、改进工作。

（116）加强宣传引导。落实《中共湖南省委办公厅湖南省人民政府关于加强社会主义法治文化建设的意见》（湘办发〔2015〕52号），大力开展推进依法行政、建设法治政府宣传工作。加强正面宣传引导，以报刊、广播、电视、网络等多种媒体形式，广泛宣传法治政府建设目标、工作部署、先进经验、典型做法，正确引导舆论、凝聚社会共识，营造全社会关心、支持和参与法治政府建设的良好社会氛围。

（117）层层制定实施方案。各级各部门要根据本实施方案和任务措施分工安排的要求，结合实际，尽快制定实施方案，明确提出时间进度安排和可检验的成果形式。各级政府的实施方案要向本级政府及其上级部门备案。

在贯彻落实本实施方案过程中，各牵头单位和责任单位要根据部门职责承担并履行好本实施方案确定的相关任务，做好统筹协调，及时沟通协商，形成工作合力，并按要求定期向县委、县政府报告年度工作进展情况。各项工作任务除本实施方案有明确时间要求外，原则上应当在2019年年底前完成。政府法制机构要牵头开展督促检查。各级各部门在贯彻落实本实施方案中遇到的问题和困难，要及时向县委、县政府报告。各级各部门要振奋信心，积极进取，攻坚克难，切实推进新田县法治政府建设一步一个脚印向前迈进，为建设品质活力新田做出扎扎实实的贡献。

附件：《新田县贯彻落实〈法治政府建设实施纲要（2015—2020年）〉实施方案》任务措施分工安排

附件：

《新田县贯彻落实〈法治政府建设实施纲要（2015—2020年）〉实施方案》任务措施分工安排

表1

序号	任务措施	分工安排	完成时间
1	全面清理行政审批事项	县编办牵头，各有关部门、各级政府按职责分工分别负责	2017年
2	严格控制新设行政许可	县编办、县政府法制办牵头，各有关部门按职责分工分别负责	
3	实施行政审批事项目录化、编码化管理	县编办牵头，各有关部门、各级政府按职责分工分别负责	2017年
4	大力推行便民、高效、公开、规范的行政审批模式	县政府办公室、县编办牵头，各有关部门、各级政府按职责分工分别负责	2018年
5	建设投资项目在线审批监管平台	县发改委牵头，各有关部门、各级政府按职责分工分别负责	2016年
6	全面清理规范行政审批中介服务	县发改委、县编办、县民政局牵头，各有关部门、各级政府按职责分工分别负责	2017年
7	全面深化权责清单工作	县编办、县政府法制办牵头，各有关部门、各级政府按职责分工分别负责	2017年
8	实行统一的市场准入制度	各有关部门按职责分工分别负责	2018年
9	落实行政事业性收费和政府性基金目录清单制度	县财政局、县发改委牵头，各有关部门、各级政府按职责分工分别负责	2016年
10	完善行政组织制度	县编办牵头，各有关部门、各级政府按职责分工分别负责	
11	完善行政程序制度	县政府法制办负责	2018年
12	深化行政体制改革	县编办牵头，各有关部门、各级政府按职责分工分别负责	2019年
13	转变政府投资管理职能	县发改委负责	2017年
14	推进价格体制改革	县发改委负责	2017年
15	维护市场统一和公平竞争	县科商粮经委、县发改委、县市监局牵头，各有关部门、各级政府按职责分工分别负责	
16	深化商事制度改革	县市监局牵头，县地税局、县国税局等有关部门、各级政府按职责分工分别负责	2016年
17	加强和创新市场监管	县市监局牵头，县发改委、县农委等有关部门、各级政府按职责分工分别负责	2017年
18	加强社会信用体系建设	县发改委牵头，人民银行新田支行、县公安局、县市监局、县编办、县人民法院等单位按职责分工分别负责	2018年
19	规范外资管理政策	县科商粮经委牵头，县发改委、县政府法制办、县市监局等有关部门按职责分工分别负责	
20	建立健全对外投资促进制度和服务体系	县科商粮经委牵头，县发改委、县地税局、县国税局、县市监局等有关部门按职责分工分别负责	2018年
21	提高社会治理科学化和法治化水平	县综治办、县民政局牵头，县发改委、县公安局等有关部门、各级政府按职责分工分别负责	
22	深入推进社会治安综合治理	县综治办牵头，县公安局、县司法局等有关部门、各级政府按职责分工分别负责	2017年
23	提高公共突发事件防范处置和防灾救灾减灾能力	县政府办公室牵头，县公安局、县安监局、县民政局、县卫计委、县市监局、县水利局、县林业局、县农委等有关部门按职责分工分别负责	
24	全方位强化安全生产	县安监局牵头，县公安局、县科商粮经委、县住房城乡建设局、县交通运输局等有关部门、各级政府按职责分工分别负责	
25	全过程保障食品药品安全	县市监局牵头，县公安局、县农委、县卫计委等有关部门、各级政府按职责分工分别负责	

续表 1

序号	任务措施	分工安排	完成时间
26	加快基本公共服务体系建设	县政府办、县发改委牵头，县财政局、县教育局、县民政局、县人力资源社会保障局、县国土资源局、县住房城乡建设局、县卫计委、县文体旅广新局、县市监局、县统计局、县残联等有关部门、各级政府按职责分工分别负责	
27	建立健全政府购买公共服务制度	县财政局牵头，县发改委、县民政局、县教育局、县卫计委、县人力资源社会保障局、县文体旅广新局等有关部门、各级政府按职责分工分别负责	2018 年
28	加快建立完善并落实生态文明制度	县政府法制办、县环保局牵头，县发改委、县财政局、县科商粮经委、县国土资源局、县住房城乡建设局、县农委、县水利局、县林业局、县市监局等有关部门按职责分工分别负责	2019 年
29	深化资源型产品价格和税费改革，实行资源有偿使用制度和生态补偿制度	县财政局、县地税局、县环保局、县发改委牵头，县科商粮经委、电网公司、县国土资源局、县水利局、县林业局等有关部门、各级政府按职责分工分别负责	2019 年
30	完善改革生态环境保护管理体制机制	县环保局牵头，县委组织部、县编办、县监察局、县审计局、县发改委、县财政局、县国土资源局、县水利局、县农委、县林业局等有关部门、各级政府按职责分工分别负责	2019 年
31	严格规范性文件制定程序	县政府办公室、县政府法制办牵头，各有关部门、各级政府按职责分工分别负责	2016 年
32	落实规范性文件申请审查制度	县政府法制办牵头，各有关部门、各级政府按职责分工分别负责	2016 年
33	落实备案审查制度	县政府法制办牵头，各有关部门、各级政府按职责分工分别负责	2016 年
34	严格执行规范性文件有效期制度	县政府办公室、县政府法制办牵头，各有关部门、各级政府按职责分工分别负责	
35	实行规范性文件目录和文本动态化、信息化管理	县政府办公室、县政府法制办牵头，各有关部门、各级政府按职责分工分别负责	2017 年
36	完善重大行政决策程序	县政府办公室、县政府法制办牵头，各有关部门、各级政府按职责分工分别负责	2017 年
37	推行重大行政决策目录化管理	县政府办公室、县政府法制办牵头，各有关部门、各级政府按职责分工分别负责	2016 年
38	完善行政决策征求意见制度	县政府办公室牵头，各有关部门、各级政府按职责分工分别负责	2017 年
39	建立行政决策公众参与平台	县政府办公室牵头，各有关部门、各级政府按职责分工分别负责	2018 年
40	推行行政决策民意调查制度	县政府办公室牵头，县文体旅广新局、县教育局、县卫计委、县国土资源局、县环保局、县农委、县水利局、县林业局、县住房城乡建设局、县统计局等有关部门、各级政府按职责分工分别负责	2017 年
41	注重专家咨询论证	县政府办公室、县政府法制办牵头，各有关部门、各级政府按职责分工分别负责	2016 年
42	落实并完善重大决策社会稳定风险评估机制	县维稳办牵头，各有关部门、各级政府按职责分工分别负责	2016 年
43	落实行政机关内部重大决策合法性审查机制	县政府办公室、县政府法制办牵头，各有关部门、各级政府按职责分工分别负责	2016 年
44	推行政府法律顾问制度和公职律师制度	县政府办公室、县政府法制办牵头，各有关部门、各级政府按职责分工分别负责	2017 年
45	重大行政决策实行集体讨论决定	县政府办公室牵头，各有关部门、各级政府按职责分工分别负责	2016 年
46	推进重大行政决策后评估	县政府办公室牵头，各有关部门、各级政府按职责分工分别负责	2017 年
47	建立健全重大决策责任追究制度	县政府办公室、县纪委、县监察局牵头，各有关部门、各级政府按职责分工分别负责	2017 年
48	推进执法重心下移	县编办、县政府法制办牵头，各有关部门、各级政府按职责分工分别负责	2016 年

续表1

序号	任务措施	分工安排	完成时间
49	推行综合执法改革	县编办、县政府法制办牵头，各有关部门、各级政府按职责分工分别负责	
50	理顺城管执法体制	县城管执法局牵头，县编办、县住房和城乡规划建设局、县政府法制办等配合	2016年
51	理顺行政强制执行体制	县政府法制办、县编办、县司法局、县人力资源社会保障局，行政强制执行相关单位按职责分工分别负责	2017年
52	健全行政执法和刑事司法衔接机制	县委政法委牵头，县政府法制办、县公安局、县纪委、县监察局、县司法局、县审计局等有关部门、各级政府按职责分工分别负责	2017年
53	进一步规范行政执法裁量权	县政府法制办牵头，各有关部门、各级政府按职责分工分别负责	
54	建立行政执法全过程记录制度	县政府法制办牵头，各有关部门、各级政府按职责分工分别负责	2017年
55	落实行政执法程序制度	县政府法制办牵头，各有关部门、各级政府按职责分工分别负责	2018年
56	完善行政执法权限协调机制	县编办、县政府法制办牵头，各有关部门、各级政府按职责分工分别负责	
58	推行行政执法公示制度	县政府法制办牵头，各有关部门、各级政府按职责分工分别负责	2018年
59	提升行政执法的科技化水平	各有关部门、各级政府按职责分工分别负责	
60	坚持文明执法	县政府法制办牵头，各有关部门、各级政府按职责分工分别负责	
61	健全公民和组织守法信用记录	县发改委、人民银行新田支行牵头，县公安局、县市监局、县编办及其他县社会信用体系建设领导小组成员单位按职责分工分别负责	2017年
62	明确行政执法责任	县政府法制办牵头，各有关部门、各级政府按职责分工分别负责	2017年
63	加强行政执法监督	县政府法制办牵头，各有关部门、各级政府按职责分工分别负责	2017年
64	建立行政执法监督信息共享制度	县政府法制办、县纪委、县监察局牵头，各有关部门、各级政府按职责分工分别负责	2017年
65	严格行政执法责任追究	县纪委、县监察局牵头，各有关部门、各级政府按职责分工分别负责	
66	严格行政执法人员资格管理	县政府法制办牵头，各有关部门、各级政府按职责分工分别负责	2016年
67	逐步推行行政执法人员平时考核制度	县人力资源社会保障局牵头，各有关部门、各级政府按职责分工分别负责	2017年
68	规范执法辅助人员管理	县政府法制办牵头，各有关部门、各级政府按职责分工分别负责	2018年
69	支持依法公正执法	各有关部门、各级政府按职责分工分别负责	
70	落实经费保障	县财政局牵头，各有关部门、各级政府按职责分工分别负责	2017年
71	完善权力监督制度	县纪委、县监察局、县政府法制办牵头，各有关部门按职责分工分别负责	
72	加强诚信建设	县政府办公室、县人社牵头，各有关部门、各级政府按职责分工分别负责	2017年
73	切实履行主体责任	县纪委、县监察局牵头，各有关部门、各级政府按职责分工分别负责	
74	自觉接受人大监督	各有关部门、各级政府按职责分工分别负责	
75	自觉接受政协监督	各有关部门、各级政府按职责分工分别负责	
76	自觉接受司法监督	县政府办公室、县监察局、县政府法制办牵头，各有关部门、各级政府按职责分工分别负责	
77	完善政府内部层级监督制度	县纪委、县监察局、县政府办公室、县政府法制办牵头，各有关部门、各级政府按职责分工分别负责	
78	加强政府内部权力制约	县监察局、县编办牵头，县发改委、县财政局、县国资委、县住房城乡建设局、县交通运输局、县水利局等有关部门、各级政府按职责分工分别负责	
79	进一步强化监察机制	县纪委、县监察局负责	
80	完善审计制度	县审计局负责	2018年

续表 1

序号	任务措施	分工安排	完成时间
81	整合统一投诉举报平台	县政府办公室牵头，有关部门、各级政府按职责分工分别负责	2018 年
82	重视发挥媒体监督作用	县委宣传部牵头，县政府办公室、县监察局、县信访局等有关部门按职责分工分别负责	
83	完善政务公开制度	县政府办公室牵头，县政府法制办、县政务中心配合	2018 年
84	加强政府信息发布	县政府办公室牵头，各有关部门、各级政府按职责分工分别负责	2017 年
85	创新政务公开方式	县政府办公室、县政务中心牵头，各有关部门、各级政府按职责分工分别负责	2018 年
86	加强行政问责规范化、制度化建设，加大行政问责力度，增强行政问责的针对性和时效性	县监察局牵头，县委组织部、县人力资源社会保障局、县审计局等有关部门、各级政府按职责分工分别负责	2018 年
87	建立健全矛盾纠纷化解工作机制	县综治办牵头，各有关部门、各级政府按职责分工分别负责	2017 年
88	强化重点领域治理	县综治办牵头，县公安局、县市监局、县安监局、县环保局等有关部门、各级政府按职责分工分别负责	
89	加大普法力度	县司法局牵头，各有关部门、各级政府按职责分工分别负责	
90	完善行政复议制度	县政府法制办牵头，县编办等有关部门、各级政府按职责分工分别负责	2017 年
91	完善行政复议办案机制	县政府法制办牵头，各有关部门、各级政府按职责分工分别负责	2017 年
92	加强行政复议能力建设	县编办、县政府法制办、县财政局牵头，各有关部门、各级政府按职责分工分别负责	2017 年
93	健全行政调解制度	县政府法制办牵头，各有关部门、各级政府按职责分工分别负责	2017 年
94	健全行政裁决制度	县政府法制办牵头，各有关部门、各级政府按职责分工分别负责	2018 年
95	完善仲裁制度	县政府法制办牵头，县司法局、县编办、县人力资源社会保障局等有关部门、各级政府按职责分工分别负责	2017 年
96	健全人民调解组织网络和运行机制	县综治办、县司法局牵头，各有关部门、各级政府按职责分工分别负责	2019 年
97	把信访纳入法治化轨道，保障合理合法诉求依照法律规定和程序就能得到合理合法的结果	县委政法委、县信访局牵头，各有关部门、各级政府按照职责分工分别负责	2017 年
98	强化用人法治导向	县委组织部、县人力资源社会保障局负责	
99	严肃处理违法违纪干部	县纪委、县监察局牵头，各有关部门、各级政府按职责分工分别负责	
100	完善并落实学法制度	县司法局、县委组织部牵头，县委宣传部、县人力资源社会保障局、县委党校等有关部门、各级政府按职责分工分别负责	2016 年
101	健全行政执法人员岗位培训制度	县政府法制办、县人力资源社会保障局牵头，各有关部门、各级政府按职责分工分别负责	2017 年
102	加大对公务员初任培训和任职培训中法律知识的培训力度	县人力资源社会保障局、县政府法制办牵头，各有关部门、各级政府按职责分工分别负责	2017 年
103	加强对领导干部任职前法律知识考查和依法行政能力测试	县委组织部牵头，县人力资源社会保障局、县政府法制办参加	2017 年
104	优化公务员录用、晋升测查内容	县人力资源社会保障局牵头，各有关部门、各级政府按职责分工分别负责	2017 年
105	自觉运用法治思维和法治方式解决实际问题	各有关部门、各级政府按职责分工分别负责	
106	落实“谁执法谁普法”的普法责任制	县司法局牵头，各有关部门、各级政府按职责分工分别负责	
107	主动报告重大问题	县政府办公室牵头，县政府法制办等有关部门、各级政府按职责分工分别负责	

续表 1

序号	任务措施	分工安排	完成时间
108	及时部署年度重点工作	县政府办公室牵头，县政府法制办等有关部门、各级政府按职责分工分别负责	
109	加强法制力量建设	县编办、县政府法制办牵头，各有关部门、各级政府按职责分工分别负责	2017 年
110	认真履行第一责任人职责	县委办公室、县政府办公室、县纪委、县监察局牵头，各部门、各级政府按职责分工分别负责	2016 年
111	定期报告法治政府建设情况	县政府办公室牵头，县政府法制办等有关部门、各级政府按职责分工分别负责	
112	强化考核评价	县委组织部、县人力资源社会保障局牵头，县政府法制办等有关部门、各级政府按职责分工分别负责	2016 年
113	加强督促检查	县政府办公室、县政府法制办牵头，各有关部门、各级政府按职责分工分别负责	
114	加强理论研究	县委宣传部、县政府法制办牵头，各有关部门、各级政府按职责分工分别负责	
115	加强典型示范	县政府办公室、县政府法制办牵头，各有关部门、各级政府按职责分工分别负责	2016 年下半年启动
116	加强宣传引导	县委宣传部牵头，县政府法制办、县文体广新局等有关部门、各级政府按职责分工分别负责	
117	层层制定实施方案	各级政府及其部门按职责分工分别负责	2016 年

文件目录

一、县委、县政府文件目录

2016 年新田县委文件目录一览表

表 2

发文字号	文件标题
新委〔2016〕1 号	关于支持新田县全面小康建设工作的请示
新委〔2016〕2 号	关于 2015 年度县处级干部考核结果认定的请示（市委组织部）
新委〔2016〕3 号	关于 2015 年度县处级干部考核结果认定的请示（市人社局）
新委〔2016〕4 号	关于请求中国光大集团对新田县精准扶贫予以扶助支持的请示
新委〔2016〕5 号	关于给予永州市新田县享受省里出台的集中连片特困地区优惠政策的请示（省委）
新委〔2016〕6 号	关于给予永州市新田县享受省里出台的集中连片特困地区优惠政策的请示（省政府）
新委〔2016〕7 号	关于召开中国共产党新田县第十二次代表大会的请示
新委〔2016〕8 号	关于赵红萍所犯错误处分的请示
新委〔2016〕9 号	关于给予陈建军开除党籍处分的请示
新委〔2016〕10 号	关于举办土地质量地球化学调查成果服务精准扶贫经验交流会有关事项的请示
新委〔2016〕11 号	关于对周艳芳、黄美华、宋桂雄等三人破格（越级）提拔进行重新认定的请示
新委〔2016〕12 号	关于兴永郴赣铁路过境新田的请示（市委）
新委〔2016〕13 号	关于兴永郴赣铁路过境新田的请示（市政府）
新委〔2016〕14 号	关于召开专题民主生活会的请示（市纪委）

续表 2

发文字号	文件标题
新委〔2016〕15 号	关于召开专题民主生活会的请示（市委组织部）
新委〔2016〕16 号	关于同意设立新田县教育局党委的批复
新委〔2016〕17 号	关于同意设立新田县卫生和计划生育委员会党委的批复
新委〔2016〕18 号	关于同意设立湖南福音山国家森林公园管理局党委的批复
新委〔2016〕19 号	关于同意设立新田县科技商务粮食和经济信息化委员会党组的批复
新委〔2016〕20 号	关于同意设立新田县农业委员会党组的批复
新委〔2016〕21 号	关于同意设立新田县机关事务服务中心党组的批复
新委〔2016〕22 号	关于同意设立新田县市场和质量监督管理局党组的批复
新委〔2016〕23 号	关于同意设立新田县文体旅广电新闻出版局党组的批复
新委〔2016〕24 号	关于同意设立新田县城市管理行政执法局党组的批复
新委〔2016〕25 号	关于同意设立新田县公路局党组的批复
新委〔2016〕26 号	关于同意设立新田县人民防空办公室党组的批复
新委〔2016〕27 号	关于同意设立新田县公共资源交易中心党组的批复
新委〔2016〕28 号	关于同意设立新田县政务服务中心党组的批复
新委〔2016〕29 号	关于兴永郴赣铁路过境新田的请示（中铁四院）
新委〔2016〕30 号	关于对新田县生物质能发电项目予以大力支持的请示（市政府）
新委〔2016〕31 号	关于新田县出席中国共产党永州市第五次代表大会代表候选人预备人选的请示（市委）
新委〔2016〕32 号	关于新田县出席中国共产党永州市第五次代表大会代表选举结果的报告（市委）
新委〔2016〕33 号	关于同意成立新田县扶贫开发办公室党组的批复
新委〔2016〕34 号	关于陈学军违纪案件处分意见的请示（市纪委）
新委〔2016〕35 号	关于请求支持新田全面小康建设工作的请示
新委函〔2016〕1 号	关于邀请湖南自然韵黑茶科技有限公司及相关战略投资机构来新田考察的函
新发〔2016〕1 号	关于印发《关于坚持从严管党治党切实强化巡查监督着力提升工作实效的实施办法（试行）》的通知
新发〔2016〕2 号	关于印发《新田县党风廉政建设主体责任和监督责任追究暂行办法》的通知
新发〔2016〕3 号	关于批转《新田县第十六届人大常委会 2016 年工作计划要点》的通知
新发〔2016〕4 号	关于批转《政协新田县第八届委员会常务委员会 2016 年工作要点》的通知
新发〔2016〕5 号	关于印发《中共新田县委换届工作方案》的通知
新发〔2016〕6 号	关于加快推进美丽乡村建设的实施方案
新发〔2016〕7 号	关于进一步加快建设教育强县的若干意见
新发〔2016〕8 号	关于加强和改进党的群团工作的实施意见
新发〔2016〕9 号	关于中国共产党新田县第十二次代表大会代表选举工作的通知
新发〔2016〕10 号	关于印发《2016 年新田县绩效评估实施方案》的通知
新发〔2016〕11 号	关于印发《新田县 2016 年创先争优加快发展大考核方案》的通知
新发〔2016〕12 号	关于省委巡视第八组对新田县巡视反馈意见整改落实情况的通报
新发〔2016〕13 号	关于县乡两级人民代表大会换届选举工作实施意见
新发〔2016〕14 号	关于印发《新田县政协换届工作方案》的通知
新发〔2016〕15 号	关于推进终身教育和学习型社会建设的实施意见
新发〔2016〕16 号	关于印发《中共新田县委工作规则》的通知
新发〔2016〕17 号	关于印发《新田县贯彻落实〈法治政府建设实施纲要（2015—2020 年）〉实施方案》的通知

2016 年新田县政府文件目录一览表

表 3

发文字号	文件标题
新政发［2016］1 号	关于 2016 年民兵整组工作的通知
新政发［2016］2 号	关于加强新时期爱国卫生工作的实施意见
新政发［2016］3 号	关于表彰 2015 年度见义勇为先进个人的决定
新政发［2016］4 号	关于印发《新田县政府合同管理办法》的通知
新政发［2016］5 号	关于普遍建立法律顾问制度的实施意见
新政发［2016］6 号	关于加强农村留守儿童关爱保护工作的实施意见
新政发［2016］7 号	关于取消、承接和调整一批行政审批事项的通知
新政发［2016］8 号	关于全面建立困难残疾人生活补贴和重度残疾人护理补贴制度的实施意见
新政发［2016］9 号	关于扶助 2016 年贫困大学新生的决定
新政发［2016］10 号	关于奖励 2016 年全国普通高考优秀师生的决定
新政发［2016］11 号	关于印发《新田县推进供给侧结构性改革促进经济持续健康稳定发展实施意见》的通知
新政发［2016］12 号	关于公布 2016 年县政府工作部门行政权力的通知
新政发［2016］13 号	关于印发《2017 年度新田县城乡居民医保参保缴费工作实施方案》的通知
新政发［2016］14 号	关于清理规范 73 项行政审批中介服务事项的决定
新政发［2016］15 号	于印发《新田县地方品牌精品入驻永州市源味街优惠办法（暂行）》的通知
新政发［2016］16 号	关于鼓励支持企业上市和进入“新三板”及其他场外市场挂牌的若干意见（试行）
新政发［2016］17 号	关于印发《新田县临时救助实施细则》的通知
新政发［2016］18 号	关于撤销国有土地使用证的决定
新政发［2016］19 号	关于印发《新田县人民政府工作规则》的通知
新政发［2016］20 号	关于印发《新田县清理规范投资项目报建审批事项实施方案》的通知

二、县委办、县政府办文件目录

2016 年新田县委办公室文件目录一览表

表 4

发文字号	文件标题
新办发〔2016〕1 号	关于做好低温雨雪冰冻天气防范应对工作的紧急通知
新办发〔2016〕2 号	关于印发《乡镇党委书记履行基层党建工作责任述职评议会议工作方案》的通知
新办发〔2016〕3 号	印发《关于开展县级领导定期坐班接访、律师参与接访活动的实施意见》的通知
新办发〔2016〕4 号	关于做好 2016 年春节期间维护社会稳定工作的通知
新办发〔2016〕5 号	2015 年全县优化经济环境和机关作风效能建设工作“满意不满意”县直单位、二级机构和股室测评结果通报
新办发〔2016〕6 号	2015 年特别突出贡献奖、部分绩效评估重点工作评奖情况通报
新办发〔2016〕7 号	关于表彰 2015 年度落实党风廉政建设和反腐败工作先进单位的决定
新办发〔2016〕8 号	关于对 2015 年度创建国家卫生县城工作进行奖惩的决定
新办发〔2016〕9 号	印发《关于实行信访维稳工作责任追究的暂行规定》的通知
新办发〔2016〕10 号	关于印发《新田县 2016 年乡镇领导班子换届工作实施方案》的通知
新办发〔2016〕11 号	关于印发《新田县 2016 年清明期间重大纠纷隐患重点守护方案》的通知
新办发〔2016〕12 号	关于切实做好社会治安综合治理民调工作的通知

续表 4

发文字号	文件标题
新办发〔2016〕13 号	关于印发《新田县“十三五”易地扶贫搬迁实施意见》的通知
新办发〔2016〕14 号	关于印发《2016 年县委常委会议组成人员、县政府领导带头解难题实施办法》的通知
新办发〔2016〕15 号	关于印发《2016 年县委经济工作会议和〈政府工作报告〉确定的任务责任分解表》的通知
新办发〔2016〕16 号	关于印发《新田县 2016 年重点项目建设考核办法》的通知
新办发〔2016〕17 号	关于转发《中共新田县委宣传部 2016 年宣传思想文化工作要点》的通知
新办发〔2016〕18 号	印发《关于贯彻落实湖南省党委（党组）意识形态工作责任制实施细则的意见》的通知
新办发〔2016〕19 号	关于加强换届风气监督的实施意见
新办发〔2016〕20 号	关于印发《2016 年市委经济工作会议报告和〈政府工作报告〉相关事项责任落实分解表（新田县）》的通知
新办发〔2016〕21 号	关于印发《新田县 2016 年扶贫工作要点》的通知
新办发〔2016〕22 号	关于印发《新田县集中调处各类纠纷矛盾突击月活动实施方案》的通知
新办发〔2016〕23 号	关于印发《新田县分类指导加速推进全面建成小康社会 2016 年工作要点》的通知
新办发〔2016〕24 号	关于认真做好《新田年鉴（2016）》编纂的通知
新办发〔2016〕25 号	关于印发《新田县总工会主要职责内设机构和人员编制规定》的通知
新办发〔2016〕26 号	关于印发《新田县妇女联合会主要职责内设机构和人员编制规定》的通知
新办发〔2016〕27 号	关于印发《中国共产主义青年团新田县委员会主要职责内设机构和人员编制规定》的通知
新办发〔2016〕28 号	关于印发《新田县工商业联合会主要职责内设机构和人员编制规定》的通知
新办发〔2016〕29 号	关于印发《新田县残疾人联合会主要职责内设机构和人员编制规定》的通知
新办发〔2016〕30 号	关于印发《新田县红十字会主要职责内设机构和人员编制规定》的通知
新办发〔2016〕31 号	关于印发《关于实行县乡党委（党组）班子成员履行“一岗双责”抓党建工作的实施意见》的通知
新办发〔2016〕32 号	关于印发《新田县农村环境综合整治整县推进工作方案》的通知
新办发〔2016〕33 号	关于印发《新田县“一户一产业工人”培养工程实施意见》的通知
新办发〔2016〕34 号	印发《关于在全县党员中开展“两学一做”学习教育实施方案》的通知
新办发〔2016〕35 号	印发《关于中共新田县委常委会深入开展“两学一做”学习教育安排建议》的通知
新办发〔2016〕36 号	关于表彰 2015 年度“优秀医务工作者”的决定
新办发〔2016〕37 号	关于在全县国家机关中实行“谁执法谁普法”责任制的实施意见
新办发〔2016〕38 号	关于转发《新田县关心下一代工作委员会 2016 年工作计划安排要点》的通知
新办发〔2016〕39 号	关于进一步加强脱贫攻坚领导和基层扶贫队伍建设的意见
新办发〔2016〕40 号	关于印发《新田县创建省文明县城工作攻坚推进方案》的通知
新办发〔2016〕41 号	关于印发《2016 年度新田县打击“三非”行为工作考核奖惩办法》的通知
新办发〔2016〕42 号	关于印发《新田县统筹推进农村网格化建设工作方案》的通知
新办发〔2016〕43 号	关于印发《关于进一步加快新田县普通高中发展的若干意见》的通知
新办发〔2016〕44 号	关于印发《关于进一步加强教师队伍管理的意见（试行）》的通知
新办发〔2016〕45 号	关于表彰 2015 年度全县先进基层党组织、优秀基层党组织书记、优秀共产党员和优秀党务工作者的决定
新办发〔2016〕46 号	关于印发《新田县“名校、名校（园）长和名师”评选与管理暂行办法》的通知
新办发〔2016〕47 号	关于印发《关于落实省委巡视第八组对新田县巡视情况反馈意见的整改方案》的通知
新办发〔2016〕48 号	关于印发《新田县巡视整改工作责任追究办法》的通知
新办发〔2016〕49 号	关于印发《2016 年全县优化经济发展环境和作风效能建设工作要点》的通知

续表 4

发文字号	文件标题
新办发〔2016〕50 号	关于表彰全县 2015 年度记三等功和嘉奖人员的决定
新办发〔2016〕51 号	关于印发《2016 年全县优化经济环境和机关作风效能建设工作“满意不满意”乡镇、县直单位、二级机构和股室测评方案》的通知
新办发〔2016〕52 号	关于印发《新田县创建省文明县城工作考评奖惩办法》的通知
新办发〔2016〕53 号	关于印发《新田县创国卫工作责任追究暂行办法》的通知
新办发〔2016〕54 号	关于印发《全省城乡困难家庭“一户培养一产业工人”脱贫解困经验交流会工作方案》的通知
新办发〔2016〕55 号	关于印发《新田县美丽乡村建设工作考评奖惩办法》的通知
新办发〔2016〕56 号	关于 2016 年上半年全县综治民调工作考核情况的通报
新办发〔2016〕57 号	关于印发《关于推进行业协会商会与行政机关脱钩的实施方案》的通知
新办发〔2016〕58 号	关于召开中国共产党新田县第十二次代表大会的通知
新办发〔2016〕59 号	关于印发《新田县 2016 年度落实党风廉政建设责任制检查考核实施方案》的通知
新办发〔2016〕60 号	关于印发《新田县机关建立公务员职务与职级并行制度的实施办法》的通知
新办发〔2016〕61 号	关于印发《关于开展“一打三整治”专项行动的实施意见》的通知
新办发〔2016〕62 号	关于印发《新田县农民负担综合治理工作实施方案》的通知
新办发〔2016〕63 号	关于印发《中共新田县委领导成员分工安排》的通知
新办发〔2016〕64 号	关于开展第 32 个教师节庆祝活动的通知
新办发〔2016〕65 号	关于表扬 2015—2016 学年度先进集体和先进个人的决定
新办发〔2016〕66 号	关于印发《新田县人大代表、政协委员推荐提名工作方案》的通知
新办发〔2016〕67 号	关于共青团新田县第十七次代表大会代表名额分配及选举工作的通知
新办发〔2016〕68 号	关于印发《新田县脱贫攻坚专项巡查工作实施方案》的通知
新办发〔2016〕69 号	关于印发《新田县驻村结对帮扶工作方案》的通知
新办发〔2016〕70 号	关于印发《新田县精准扶贫宣传工作方案》的通知
新办发〔2016〕71 号	关于印发《新田县脱贫攻坚奖励和后续扶持实施意见》的通知
新办发〔2016〕72 号	关于印发《新田县 2016 年落实市绩效评估实施方案》的通知
新办发〔2016〕73 号	关于印发《2016 年新田县“一帮二促”企业帮扶行动实施方案》的通知
新办发〔2016〕74 号	关于开展党内规范性文件清理工作的实施方案
新办发〔2016〕75 号	关于印发《新田县侨联换届工作方案》的通知
新办发〔2016〕76 号	关于印发《新田县 2016 年全面小康、脱贫攻坚工作创先争优调度考核办法》的通知
新办发〔2016〕77 号	关于印发《新田县全面小康示范乡镇、村创建工作考评办法》的通知
新办发〔2016〕78 号	关于将每月 17 日定为新田县“结对帮扶日”的通知
新办发〔2016〕79 号	关于印发《2016 年乡科级党政正职述责述廉述德评议工作方案》的通知
新办发〔2016〕80 号	关于印发《2016 年落实党风廉政建设和反腐败工作分工意见》的通知
新办发〔2016〕81 号	关于印发《全县开展收缴整治枪爆物品专项行动实施方案》的通知
新办发〔2016〕82 号	关于整改落实市委换届风气监督第二轮专项巡察情况反馈意见的通知
新办发〔2016〕83 号	关于印发《关于加强新形势下党建带团建工作的实施意见》的通知
新办发〔2016〕84 号	关于印发《新田县脱贫攻坚工作责任追究暂行办法》的通知
新办发〔2016〕85 号	关于印发《新田县创建省园林县城实施方案》的通知
新办发〔2016〕86 号	关于加强全县基层医疗卫生服务体系建设的意见
新办发〔2016〕87 号	关于印发《乡镇党委书记履行意识形态工作责任述职评议工作方案》的通知

续表 4

发文字号	文件标题
新办发〔2016〕88 号	关于印发《2016 年招商引资工作目标管理考核办法》的通知
新办发〔2016〕89 号	关于印发《新田县 2016 年度精神文明建设和意识形态工作责任制考核实施方案》的通知
新办发〔2016〕90 号	关于印发《〈永州市志 · 新田县概况〉编写工作实施方案》的通知
新办发〔2016〕91 号	关于印发《新田工业集中区工业企业入园工作流程》的通知
新办发〔2016〕92 号	关于印发《新田县 2016—2017 年度精准扶贫领导办点、单位联村安排表》和《2016 年软弱涣散村党组织县级领导联系点、县直单位结对帮扶村安排表》的通知
新办发〔2016〕93 号	关于开展党组（党委）向县委报告工作的通知
新办发〔2016〕94 号	关于印发《新田县精准扶贫脱贫攻坚工作考核实施方案》的通知
新办发〔2016〕95 号	关于召开中国共产主义青年团新田县第十七次代表大会的通知
新办发〔2016〕96 号	关于做好 2017 年度全县党报党刊发行工作的通知
新办发〔2016〕97 号	关于印发《新田县城至土桥公路建设工程实施方案》的通知
新办发〔2016〕98 号	关于开展 2016 年度落实党风廉政建设责任制检查考核的通知
新办发〔2016〕99 号	关于做好 2017 年元旦春节期间有关工作的通知
新办发〔2016〕100 号	关于印发《新田县开展农民工工资支付情况集中专项执法检查工作方案》的通知
新办发〔2016〕101 号	关于印发《新田县工业园建设投资开发有限公司组建方案》的通知
新办发〔2016〕102 号	关于印发《关于进一步加强和改进离退休干部工作的实施意见》的通知
新办发〔2016〕103 号	关于印发《新田县领导干部任期经济责任审计工作联席会议制度》的通知
新办〔2016〕1 号	关于对全县国家公职人员在重点项目指挥部任（兼）职取酬进行全面清查摸底的通知
新办〔2016〕2 号	关于印发《2016 年春节期间县城净化、亮化、美化工作实施方案》的通知
新办〔2016〕3 号	关于印发《新田县清理临时机构和县直单位、乡镇乱发津贴补贴问题实施方案》的通知
新办〔2016〕4 号	转发《县纪委、县委宣传部关于学习宣传贯彻〈中国共产党廉洁自律准则〉〈中国共产党纪律处分条例〉和〈中国共产党巡视工作条例〉的实施方案》的通知
新办〔2016〕5 号	关于印发《新田县关于进一步开展基层干部不作为、乱作为等损害群众利益问题专项整治工作的实施方案》等 9 个专项整治实施方案的通知
新办〔2016〕6 号	关于印发《新田县 2013—2015 年度扶贫专项资金巡视检查实施方案》的通知
新办〔2016〕7 号	关于成立和调整新田县农村承包土地经营权抵押贷款试点工作等领导机构的通知
新办〔2016〕8 号	关于进一步深化专项整治工作的通知
新办〔2016〕9 号	关于表彰 2015 年度全县党务工作先进个人的决定
新办〔2016〕10 号	关于印发《新田县 2016 年金融产业扶贫工作方案》的通知
新办〔2016〕11 号	关于印发《关于继续开展党政机关和领导干部办公用房清理整治督查工作实施方案》的通知
新办〔2016〕12 号	关于关于印发《新田县开展农村全面小康示范村创建活动实施方案》的通知
新办〔2016〕13 号	印发《关于进一步加强新时期计划生育协会工作的意见》的通知
新办〔2016〕14 号	关于印发《新田县贫困村金融扶贫服务站建设工作方案》的通知
新办〔2016〕15 号	关于印发《新田县“雁过拔毛”式腐败问题专项整治工作实施方案》的通知
新办〔2016〕16 号	关于印发《新田县发展新田温氏畜牧有限公司合作养殖场实施方案》的通知
新办〔2016〕17 号	关于做好金融产业扶贫小额贷款工作的通知
新办〔2016〕18 号	关于成立县委统一战线工作领导小组的通知
新办〔2016〕19 号	关于成立县领导班子换届工作领导小组的通知
新办〔2016〕20 号	关于成立县第十二次党代表大会筹备工作领导小组和工作机构的通知

续表 4

发文字号	文件标题
新办〔2016〕21 号	关于印发《新田县加强法治文化建设工作方案》的通知
新办〔2016〕22 号	关于进一步明确打击“三非”行为工作职责的通知
新办〔2016〕23 号	关于成立新田县美丽乡村建设工作领导小组和明确美丽乡村建设工作职责的通知
新办〔2016〕24 号	关于印发《省委巡视第八组反馈的问题整改清单》的通知
新办〔2016〕25 号	关于印发《省委巡视第八组反馈的问题整改清单》的通知
新办〔2016〕26 号	关于印发《省委巡视第八组反馈的问题整改清单》的通知
新办〔2016〕27 号	关于印发《新田县金穗农村建设投资开发有限公司组建方案》的通知
新办〔2016〕28 号	关于成立新田县深化供销合作社综合改革领导小组的通知
新办〔2016〕29 号	关于进一步规范乡镇干部值班备勤工作的通知
新办〔2016〕30 号	关于进一步加强和规范领导干部外出请示报告等 10 个事项的通知
新办〔2016〕31 号	关于成立县乡两级换届选举工作领导小组的通知
新办〔2016〕32 号	关于调整新田县扶贫开发领导小组成员的通知
新办〔2016〕33 号	关于认真核实未脱贫人口信息的通知
新办〔2016〕34 号	关于成立新田县创建省园林县城工作领导小组的通知
新办〔2016〕35 号	关于印发《关于加强乡镇卫生计生机构队伍建设的意见》的通知
新办〔2016〕36 号	关于印发《关于加强新形势下乡镇卫生计生监督管理工作的意见》的通知
新办〔2016〕37 号	关于成立新田县脱贫攻坚综合巡查工作领导小组的通知
新办〔2016〕38 号	关于印发《新田县乡镇纪委书记副书记提名考察办法（试行）》的通知
新办〔2016〕39 号	关于印发《新田县纪委派驻（出）纪检组组长副组长提名考察办法（试行）》的通知
新办〔2016〕40 号	关于成立新田县城乡网格化建设工作领导小组的通知
新办〔2016〕41 号	关于开展“助学一日捐”活动的通知
新办〔2016〕42 号	关于成立新田县“智慧新田”建设工作领导小组的通知
新办〔2016〕43 号	关于成立县委对台工作领导小组的通知

2016 年新田县政府办公室文件目录一览表

表 5

发文字号	文件标题
新政办发〔2016〕1 号	关于转发《湖南省人民政府办公厅关于运用大数据加强对市场主体服务和监管的实施意见》的通知
新政办发〔2016〕2 号	关于印发《新田县低温雨雪冰冻灾害应急预案》的通知
新政办发〔2016〕3 号	关于做好第三次全国农业普查的通知
新政办发〔2016〕4 号	关于印发《新田县农业“三项补贴”改革实施方案》的通知
新政办发〔2016〕6 号	关于印发《新田县清理整治环境保护违规建设项目工作实施方案》的通知
新政办发〔2016〕7 号	关于印发《新田县农村承包土地的经营权抵押贷款试点实施方案》的通知
新政办发〔2016〕8 号	关于 2016—2017 年农村土地流转指导基准价的通知
新政办发〔2016〕9 号	关于印发《2016 年新田县外来物种管理工作总体方案》的通知
新政办发〔2016〕10 号	关于印发《新田县 2016 年度义务教育合格学校、农村公办幼儿园建设规划》的通知
新政办发〔2016〕11 号	关于印发《新田县应急知识宣传活动方案》的通知
新政办发〔2016〕12 号	关于印发《新田县被征地农民参加养老保险实施办法》的通知

续表 5

发文字号	文件标题
新政办发〔2016〕13 号	关于印发《新田县被征地农民参加养老保险实施方案》的通知
新政办发〔2016〕14 号	关于印发《关于对县价格管理局违规出租住房、门面的处置工作方案》的通知
新政办发〔2016〕15 号	关于印发《新田县工业园建设投资有限公司资金管理（试行）办法》的通知
新政办发〔2016〕16 号	关于印发《“1·15”火灾集中安置户安置房分配实施方案》的通知
新政办发〔2016〕17 号	关于提高城乡居民最低生活保障和农村五保分散供养标准的通知
新政办发〔2016〕18 号	关于印发《新田县人民政府领导成员工作分工》的通知
新政办发〔2016〕19 号	关于印发《新田县县级储备粮管理办法》的通知
新政办发〔2016〕20 号	关于印发《新田县安全生产监督管理局主要职责内设机构和人员编制规定》的通知
新政办发〔2016〕21 号	关于印发《新田县环境保护局主要职责内设机构和人员编制规定》的通知
新政办发〔2016〕22 号	关于印发《新田县住房和城乡规划建设局主要职责内设机构和人员编制规定》的通知
新政办发〔2016〕23 号	关于印发《新田县交通运输局主要职责内设机构和人员编制规定》的通知
新政办发〔2016〕24 号	关于印发《新田县审计局主要职责内设机构和人员编制规定》的通知
新政办发〔2016〕25 号	关于印发《新田县公安局主要职责内设机构和人员编制规定》的通知
新政办发〔2016〕26 号	关于印发《新田县发展和改革委员会主要职责内设机构和人员编制规定》的通知
新政办发〔2016〕27 号	关于印发《新田县农业委员会主要职责内设机构和人员编制规定》的通知
新政办发〔2016〕28 号	关于印发《新田县民政局主要职责内设机构和人员编制规定》的通知
新政办发〔2016〕29 号	关于印发《新田县司法局主要职责内设机构和人员编制规定》的通知
新政办发〔2016〕30 号	关于印发《新田县教育局主要职责内设机构和人员编制规定》的通知
新政办发〔2016〕31 号	关于印发《新田县人民政府办公室主要职责内设机构和人员编制规定》的通知
新政办发〔2016〕32 号	关于印发《新田县林业局主要职责内设机构和人员编制规定》的通知
新政办发〔2016〕33 号	关于印发《新田县人力资源和社会保障局主要职责内设机构和人员编制规定》的通知
新政办发〔2016〕34 号	关于印发《新田县城市管理行政执法局主要职责内设机构和人员编制规定》的通知
新政办发〔2016〕35 号	关于印发《新田县妇幼保健计划生育服务中心主要职责内设机构和人员编制规定》的通知
新政办发〔2016〕36 号	关于印发《新田县人民政府行政效能投诉中心主要职责内设机构和人员编制规定》的通知
新政办发〔2016〕37 号	关于印发《新田县人民防空办公室主要职责内设机构和人员编制规定》的通知
新政办发〔2016〕38 号	关于印发《新田县科技商务粮食和经济信息化委员会主要职责内设机构和人员编制规定》的通知
新政办发〔2016〕39 号	关于印发《新田县水利局主要职责内设机构和人员编制规定》的通知
新政办发〔2016〕40 号	关于印发《新田县普通高校毕业生基层单位就业学费补偿管理办法》的通知
新政办发〔2016〕41 号	关于印发《新田县县级生态公益林区划界定工作实施方案》的通知
新政办发〔2016〕42 号	新田县全面推进社会保障卡综合应用工作实施方案
新政办发〔2016〕43 号	关于印发《新田县 2016 年涉嫌非法集资广告资讯信息排查清理活动实施方案》的通知
新政办发〔2016〕44 号	关于印发《新田县贯彻落实〈湖南省出生缺陷防治办法〉实施方案》的通知
新政办发〔2016〕45 号	关于印发《新田县 2016 年农业保险工作实施方案》的通知
新政办发〔2016〕46 号	关于印发《新田县农业文化遗产普查工作实施方案》的通知
新政办发〔2016〕47 号	关于印发《新田县生态保护红线划定工作方案》的通知
新政办发〔2016〕48 号	关于印发《新田县国土资源局主要职责内设机构和人员编制规定》的通知
新政办发〔2016〕49 号	关于印发《新田县乡村教师支持计划（2016—2020 年）实施细则》的通知
新政办发〔2016〕50 号	关于印发《新田县政府购买服务实施办法（试行）》的通知

续表 5

发文字号	文件标题
新政办发〔2016〕51 号	关于印发《新田县政务服务中心主要职责内设机构和人员编制规定》的通知
新政办发〔2016〕52 号	关于印发《新田县不动产登记中心主要职责内设机构和人员编制规定》的通知
新政办发〔2016〕53 号	关于印发《新田县人民政府领导成员工作分工》的通知
新政办发〔2016〕54 号	关于转发《湖南省烟叶基础设施建设项目工程管护暂行办法（试行）》的通知
新政办发〔2016〕55 号	关于印发《新田县扶贫开发办公室主要职责内设机构和人员编制规定》的通知
新政办发〔2016〕56 号	关于印发《新田县统筹整合使用财政涉农资金实施方案》的通知
新政办发〔2016〕57 号	关于印发《新田县市场和质量监督管理局主要职责内设机构和人员编制规定》的通知
新政办发〔2016〕58 号	关于印发《新田县“十三五”农村精准扶贫规划（2016—2018 年）》的通知
新政办发〔2016〕59 号	关于印发《新田县文体旅游广电新闻出版局主要职责内设机构和人员编制规定》的通知
新政办发〔2016〕60 号	关于印发《新田县财政局主要职责内设机构和人员编制规定》的通知
新政办发〔2016〕61 号	关于印发《新田县 2016 年主要污染物总量减排计划》的通知
新政办发〔2016〕62 号	关于印发《新田县新型农业经营主体产业扶贫工作实施方案》的通知
新政办发〔2016〕63 号	关于新田县 2015 年度城乡居民基本养老保险、城镇居民基本医疗保险和 2016 年度城乡居民医疗保险（新农合）工作考核结果的通报
新政办发〔2016〕64 号	关于印发《新田县医疗卫生服务体系规划（2016—2020 年）》的通知
新政办发〔2016〕65 号	关于印发《新田县简化优化公共服务流程方便基层群众办事创业工作方案》的通知
新政办发〔2016〕66 号	关于印发《新田县 2016 年农业标准化建设实施方案》的通知
新政办发〔2016〕67 号	关于印发《新田县政府工作部门行政职权动态管理办法》的通知
新政办发〔2016〕68 号	关于印发《新田县 2016 年精准扶贫新型农业经营主体贷款保证保险试点工作实施方案》的通知
新政办发〔2016〕69 号	关于印发《新田县 2016 年度法治政府建设工作考核方案》的通知
新政办发〔2016〕70 号	关于印发《新田县农村建设资金管理中心主要职责内设机构和人员编制规定》的通知
新政办发〔2016〕71 号	关于印发《新田县园林绿化管理中心主要职责内设机构和人员编制规定》的通知
新政办发〔2016〕72 号	关于印发《全县今冬明春火灾防控工作方案》的通知
新政办发〔2016〕73 号	关于调整国有划拨土地补缴土地价款比例的通知
新政办发〔2016〕74 号	关于印发《新田县 2016 年农村改厕工作实施方案》的通知
新政办发〔2016〕75 号	关于印发《新田县城至土桥公路工程征地拆迁安置补偿实施办法》的通知
新政办发〔2016〕76 号	关于印发《新田县第十七届人民政府领导成员工作分工》的通知
新政办发〔2016〕77 号	关于印发《新田县政府购买棚户区改造服务管理暂行办法》的通知
新政办发〔2016〕78 号	关于印发《新田县工业园建设资金管理中心主要职责内设机构和人员编制规定》的通知
新政办发〔2016〕79 号	关于印发《新田县大湾林场主要职责内设机构和人员编制规定》的通知
新政办发〔2016〕80 号	关于印发《新田县人民政府常务会议议事决策规则》的通知
新政办发〔2016〕81 号	关于印发《新田县人民政府工作制度》的通知
新政办发〔2016〕82 号	关于印发《2016 年度新田县金融机构支持地方经济发展考核奖励办法》的通知
新政办发〔2016〕83 号	关于印发《2017 年春节期间县城夜景亮化工作实施方案》的通知
新政办发〔2016〕84 号	关于印发《新田县肥源国有林场主要职责内设机构和人员编制规定》的通知
新政办发〔2016〕85 号	关于印发《新田县美丽乡村精品线路立面改造实施方案》的通知